Neue Fischer Weltgeschichte

Herausgegeben von
Jörg Fisch
Wilfried Nippel
Wolfgang Schwentker

Neue Fischer Weltgeschichte
Band 9

Gudrun Krämer

Der Vordere Orient und Nordafrika ab 1500

S. Fischer

Erschienen bei S. FISCHER

© 2016 S. Fischer Verlag GmbH, Hedderichstr. 114,
D-60596 Frankfurt am Main

Karten: Peter Palm, Berlin
Satz: Dörlemann Satz, Lemförde
Druck und Bindung: GGP Media GmbH, Pößneck
Printed in Germany
ISBN 978-3-10-010829-6

Zur *Neuen Fischer Weltgeschichte*

Was ist Weltgeschichte? Die Rede von ihr führt die Idee einer Totalität mit sich, einer Totalität des Raumes und der Zeit, des Geschehens und der Erfahrung, des Handelns und des Erleidens. Doch so notwendig die Vorstellung eines Ganzen im Ablauf der Zeit als regulative Idee der Weltgeschichte ist, sowenig kann der Mensch eine solche Gesamtheit empirisch erfassen.

Im Bewusstsein dieser Begrenzung bildet für die *Neue Fischer Weltgeschichte* die Aufgliederung des Globus in überschaubare, geographisch vorgegebene und historisch gewachsene Regionen den Ausgangspunkt. Innerhalb dieses Rahmens versteht sie sich nicht als Geschichte von Ländern oder Staaten, sondern als eine solche von Räumen und der Wechselwirkungen zwischen ihnen. Sie setzt Akzente durch Verbindungen und Trennungen, indem sie manche Kontinente, so Afrika und Europa, als Einheiten behandelt, während sie Amerika und insbesondere Asien stärker gliedert. Gewichtung und Strukturierung erfolgen auch in der zeitlichen Dimension, wenn eine Weltregion in zwei chronologisch aufeinanderfolgenden Bänden behandelt wird – im Falle Europas sind es sogar mehrere Bände. In solchen Schwerpunktsetzungen liegt einerseits das Eingeständnis eines Eurozentrismus, in dessen Tradition diese Weltgeschichte steht, ob sie will oder nicht, und andererseits der Ansporn für seine Überwindung in einer konsequenten systematischen Gleichbehandlung der verschiedenen Räume.

Die einzelnen Bände beschreiben einleitend die Rahmenbedingungen des jeweiligen Raumes für eine auf den Menschen bezogene und zumindest teilweise auch von ihm gemachte Geschichte, während sie am Schluss nach dem weltgeschichtlichen Ertrag (im positiven wie im negativen Sinne) fragen. Innerhalb einer Weltregion wird die Geschichte in Epochen behandelt, und jede Epoche ist ihrerseits nach Sachgebieten gegliedert, wobei Politik, Gesellschaft, Wirtschaft und Kultur im Vordergrund stehen.

Das Vorgängerwerk, die weitverbreitete *Fischer Weltgeschichte* aus den 1960er Jahren, erhob den Anspruch, zu zeigen, »wie die Menschheit in ihrer Geschichte zum Selbstbewusstsein erwacht«. Die Geschichtswissenschaft ist seither zurückhaltender geworden. Die *Neue Fischer Weltgeschichte* betrachtet ihren Gegenstand nicht als einlinigen Fortschrittsprozess, sondern als polyphones Geschehen mit ständig wechselnden Haupt- und Nebenstimmen, die ihre Bedeutung behalten, selbst wenn sie längst verstummt sind.

Die Herausgeber

Inhalt

Schluss

Anhang

Einleitung

1. Raum und Zeit

Die Region des Vorderen Orients und Nordafrikas definiert sich in erster Linie über Politik, Kultur und Religion, und dementsprechend beweglich sind und waren ihre Konturen. Das ist nicht ungewöhnlich: Aller Raum wird von Menschen »gedacht«, »vorgestellt« und in gewissem Umfang auch physisch gestaltet, und als soziales Konstrukt ist er das Produkt einer bestimmten Epoche. Die Tatsache, dass wir heute von einem Großraum »Vorderer Orient und Nordafrika« sprechen, der in west-östlicher Richtung von Marokko über Ägypten, die Arabische Halbinsel und den syrisch-irakischen Raum bis nach Iran reicht und in nord-südlicher Richtung von der Türkei bis in den Sudan, unterstreicht die enge Verbindung von Raum und Zeit. Genauer betrachtet, gliedert der Großraum sich in mehrere Subregionen: den Maghreb, der die heutigen Staaten Marokko, Algerien, Tunesien und Libyen umfasst; Ägypten und Sudan, die durch den Nil verbunden werden; die Türkei, Iran und die Staaten der Arabischen Halbinsel; und schließlich den Fruchtbaren Halbmond mit den heutigen Staaten Libanon, Syrien, Israel, Palästina, Jordanien und Irak, wobei zumindest für frühere Jahrhunderte noch einmal unterschieden werden muss zwischen der Levante (Libanon bis Jordanien) und Mesopotamien, dem von Euphrat und Tigris bewässerten Zweistromland (Irak). Über mehrere Jahrhunderte war das Osmanische Reich ein zentraler Akteur innerhalb des hier behandelten Raums und neben ihm das Safavidische Reich mit Schwerpunkt Iran; der Maghreb und größere Teile der Arabischen Halbinsel folgten einer je eigenen Dynamik. Vergleichbares gilt für die nach dem Ersten Weltkrieg entstandenen arabischen Nachfolgestaaten des Osmanischen Reiches, die Türkei, Iran und das nach dem Zweiten Weltkrieg gegründete Israel.

Nach außen lässt sich der Großraum nur schwer abgrenzen: Zwar wird Nordafrika im Norden durch das Mittelmeer begrenzt und im Süden durch die Sahara, doch blockierte weder das Meer noch die Wüste die transregionalen Kultur- und Handelskontakte, Migration, Krieg und Eroberung. Die Grenzen des Vorderen Orients waren nie klar gezogen. Osmanen und Safaviden waren eng verflochten mit Regionen und Kulturen jenseits des Vorderen Orients und Nordafrikas. Vormoderne Imperien sind, anders als die modernen Territorialstaaten, nicht durch klare Grenzen markiert. Zentralasien, der Kaukasus und der indische Subkontinent zählen ebenso wenig zum Vorderen Orient und Nordafrika wie die Sahelzone, das Horn von Afrika und die ostafrikanische Küste, doch unterhielten all diese Regionen über Jahrhunderte enge Beziehungen zum Maghreb, zu Ägypten, Sudan, Oman und dem Jemen. Südosteuropa und Griechenland, die jahrhundertelang integraler Teil des osmanischen Herrschaftsbereichs waren, werden in der Regel der europäischen Geschichte zugeordnet, das tributpflichtige Khanat der Krimtataren der osteuropäischen und zentralasiatischen Geschichte. Das Osmanische Reich lässt sich jedoch ohne seine europäischen Territorien nicht beschreiben, das Safavidenreich nicht ohne den südlichen Kaukasus und das heutige Afghanistan. Daher muss auch die Erzählung immer wieder über den Vorderen Orient und Nordafrika hinausgreifen.

»Vorderer Orient« selbst ist ein kolonialer Begriff, der deutlich eine bestimmte Blickrichtung erkennen lässt: Es ist der Blick von Europa auf die Region, denn anders hat das Adjektiv »vorderer« ebenso wenig Sinn wie die für die Neuere Geschichte vielgebrauchten Begriffe »Naher« oder »Mittlerer Osten«. Während »Vorderer Orient« oder »Vorderasien« auch als Bezeichnung für die altorientalischen Reiche und das pharaonische Ägypten verwandt werden, sprechen Historiker und Politikwissenschaftler heute vorzugsweise vom »Nahen« und vom »Mittleren Osten«.[1] Auch diese Begriffe sind je nach Epoche recht unterschiedlich belegt worden. Heute beschreibt »Naher Osten« gewöhnlich den Raum zwischen Ägypten und dem Irak, »Mittlerer Osten« die weitere Region einschließlich der Türkei, Irans, Afghanistans und Pakistans; der Maghreb wird häufig hinzugerechnet, gelegentlich aber auch gesondert betrachtet. Ungeachtet seiner kolonialen Färbung wird zumindest der Terminus »Naher Osten« in der Region selbst viel gebraucht, zumal der Begriff »Osten« als Beschreibung eines geographischen und/oder kulturellen Raums hier durchaus verankert ist. So bezeichnet im Arabischen *mashriq* (Mashrek) das Gebiet, in dem die Sonne aufgeht, also den Osten, *maghrib* (Maghreb) den Westen, wo sie untergeht. Nichts anderes beschreiben die Begriffe Orient und Okzident. Immer wieder haben sich Literaten, Künstler und später auch politische Aktivisten der Region zugleich dem »Osten« zugeordnet, im Sinne eines territorial nicht allzu genau gefassten Kulturraums, der vom Maghreb bis nach Ostasien reichen konnte. Alternative Bezeichnungen wie »Westasien« haben für die Region von Iran über Mesopotamien und Kleinasien bis in die Levante ihre Berechtigung, suggerieren aber eine historisch unhaltbare Abgrenzung gegenüber Ägypten, Sudan und dem Maghreb und sind in den regionalen Sprachen bezeichnenderweise nicht verankert.

Auch Epochengrenzen verraten die Perspektive derer, die sie ziehen. Zum einen sind sie raumgebunden, zum anderen verlaufen Entwicklungen in Politik, Wirtschaft und Kultur nicht unbedingt parallel. Es macht daher einen Unterschied, ob politische Ereignisse, ökonomische Strukturen, kulturelle Strömungen oder künstlerische Stile als Grundlage der Periodisierung gewählt werden. Einen Unterschied macht ferner, ob die der Periodisierung zugrunde gelegten Phänomene lokalen bzw. regionalen Ursprungs sind oder von äußeren Mächten herbeigeführt (»induziert«) werden. Dies ist vor allem im Zusammenhang mit dem Paradigma von Aufstieg, Blüte und Niedergang von Bedeutung, das auch für das Osmanische und das Safavidische Reich eine große Rolle gespielt hat. Eine am europäischen Geschehen orientierte Gliederung der Epochen in Frühe Neuzeit, Neuzeit und neueste Zeit ist für den Vorderen Orient und Nordafrika durchaus möglich. Gleiches gilt für den Begriff der Moderne. Eine konventionell nach Dynastien gegliederte Darstellung ist an sich zwar fragwürdig, in einem historischen Überblick, der eine gewisse Schematisierung erzwingt, jedoch nicht ganz zu vermeiden – wenn man darüber nicht vergisst, dass Ökonomie, Kunst und Kultur sich einem politisch begründeten Grobschema nicht ohne weiteres unterordnen.

2. Religionen, Sprachen und Ethnien

Ethnizität und Kultur werden in der Wissenschaft heute als soziale Konstrukte verstanden, die Zugehörigkeit, Solidarität und Identität stiften sollen. Das trifft auf Stammesverbände ebenso zu wie auf religiöse und nationale Gemeinschaften. Sie alle konstituieren sich, sieht man von vollkommen abgeschieden und endogam lebenden Gruppen ab, nicht quasi naturwüchsig durch Herkunft und Abstammung (Volk), sondern werden im Wesentlichen von Menschen erdacht oder »vorgestellt«.[2] Das schließt nicht aus, dass die anthropogenetische Forschung biologische Abstammungslinien identifiziert, wie sie das mit der raschen Weiterentwicklung gentechnischer Methoden seit neuerem wieder tut, nachdem derartige Vorhaben vor allem in Deutschland lange Zeit unter Rassismusverdacht standen. Aber biologische Abstammung und Gruppenbildung sind nicht identisch, und daher werden »Völker« und »Stämme« nicht primär durch die Biologie, sondern im weitesten Sinn durch (Interessen-) Politik gestiftet. Aus der gemeinsamen Abstammung folgt auch nicht die gemeinsame Sprache und umgekehrt. In noch höherem Maß gilt dies für das Verhältnis von Abstammung, Religion und Kultur.

Kulturell gesehen war die Region zumindest jenseits des Maghrebs und der Arabischen Halbinsel bis ins 20. Jahrhundert hinein ungemein vielfältig, allenfalls übertroffen durch den indischen Subkontinent. Der Irak zum Beispiel bot ein geradezu atemberaubendes Bild des kleinteiligen Mit- und Nebeneinanders ethnischer, sprachlicher und religiöser Gruppen und Gemeinschaften. Soziale Gruppen und Gemeinschaften, die vorrangig mit Bezug auf Abstammung, Sprache und Kultur konstituiert bzw. konstruiert wurden, werden im Folgenden als »ethnisch« bezeichnet. Gelegentlich waren diese

Gruppen zugleich in religiöser Hinsicht einheitlich; ein markantes
Beispiel bieten hier die christlichen Armenier. Häufig diente ein eth-
nisches Label als Sammelbegriff für ein Bündel einzelner Gruppen,
die keineswegs immer als Einheit auftraten; das gilt etwa für Berber (die Eigenbezeichnung lautet heute Imazighen, Sing. Amazigh),
Kurden und Tscherkessen. Die ethnischen Zuordnungen wandelten
sich immer wieder: So bezeichnete der arabische Begriff ʿarab bis ins
19. Jahrhundert die arabischsprachigen nomadischen Bewohner der
Wüsten und Steppen, nicht die arabischsprachige Population insgesamt. Mit türk waren die Wanderhirten und Bauern des ländlichen
Kleinasiens gemeint, nicht die Gesamtheit aller türkischsprechenden
Personen. Die türkischsprechenden Städter im südöstlichen Balkan
und in Westanatolien, den ehemals byzantinischen Kernzonen des
Osmanischen Reiches, galten als rumi (Römer, Byzantiner). Im Arabischen wiederum waren rum die griechisch-orthodoxen Christen.
Vermeintlich ethnische Labels beschrieben somit unterschiedliche
soziale Gruppen.[3] Ethnisch verstanden wurden sie vor allem unter
dem Vorzeichen des Nationalismus, und diese Ethnisierung religiöser, sprachlicher und geographischer Zugehörigkeit ist keineswegs
selbstverständlich. Gleiches gilt für die Betonung religiöser Zugehörigkeit gegenüber Ethnizität und Sprache, wie sie besonders klar im
Verhältnis von »Muslim« und »Türke« zum Ausdruck kommt.

Vom 16. bis in das ausgehende 19. Jahrhundert wurde die Bevölkerung des Vorderen Orients und Nordafrikas nicht durch massive
Migrations-, Verdrängungs- oder Vernichtungsprozesse verändert.
Dies bedeutet natürlich nicht, dass sich niemand bewegte: Freiwillig oder unfreiwillig wanderten im 16. Jahrhundert aus Spanien und
Portugal vertriebene sephardische Juden nach Nordafrika und in
das Osmanische Reich ein; im Osmanischen und im Safavidischen
Reich wurden aus strategischen und ökonomischen Gründen immer
wieder tribale, ethnische und religiöse Gruppen zwangsumgesiedelt.
Die Zeiten des massenhaften Zustroms tribaler Verbände aber waren vorbei. Vom ausgehenden 19. Jahrhundert an gerieten die Gesellschaften dann erneut in Bewegung: Die forcierte Migration und
Vertreibung sunnitischer Muslime aus Südosteuropa, der Krim und

dem Kaukasus hatte bereits in den 1770er Jahren eingesetzt; in den
1880er Jahren verstärkte sich die jüdische Zuwanderung nach Palästina; massive Auswirkungen hatten Vertreibung und Massenmord
an kleinasiatischen Christen seit den 1890er Jahren und der sogenannte Bevölkerungsaustausch zwischen Türken und Griechen in
den frühen 1920er Jahren. Die Gründung des Staates Israel im Jahr
1948 war mit der Flucht und Vertreibung Hunderttausender arabischer Palästinenser verbunden, wenig später gefolgt von der Migration und Ausweisung Hunderttausender orientalischer Juden.

Die Entkolonisierungs- und Nationalisierungspolitik im Maghreb,
in Ägypten und in Teilen des Fruchtbaren Halbmonds führte in den
1950er und 1960er Jahren zur Flucht und Vertreibung europäischer
Staatsangehöriger und nichtmuslimischer Minderheiten, die mit
Kolonialismus oder Zionismus in Verbindung gebracht wurden. Die
Etablierung der Islamischen Republik Iran im Jahr 1979 war begleitet von einem Massenexodus regimefeindlicher Iraner; die Kriege im
Irak, in Syrien und am Persischen Golf lösten seit den 1990er Jahren
riesige Flüchtlingsströme aus, und deren Zahl potenzierte sich noch
einmal im Gefolge der politischen Proteste der Jahre 2010/11 (Ara-
bellion, Arabischer Frühling) und der eskalierenden Hegemonialkonflikte zwischen sunnitischen und schiitischen Regionalmächten.
Weniger politisch als vielmehr ökonomisch bedingt war dagegen die
Massenmigration von Arbeitskräften in die ölproduzierenden Staaten der Arabischen Halbinsel und nach Libyen, die in den 1970er
Jahren einsetzte und neben Arabern erstmals auch Millionen von
Arbeitskräften aus Südasien und Südostasien erfasste, die allerdings
als Gastarbeiter eingestuft wurden und deren Aufenthalt entsprechend als zeitlich begrenzt galt und gilt.

Es ist mit Recht argumentiert worden, dass Religion und Sprache
für Politik und Gesellschaft des Vorderen Orients und Nordafrikas
generell bedeutsamer waren als die ethnische Herkunft.[4] Fast überall zählte, ob jemand als Muslim, Christ, Jude oder Zoroastrier galt,
wenn dies auch nicht unbedingt in der Weise rechtlich festgeschrieben und politisch relevant wurde wie seit dem ausgehenden 19. Jahrhundert unter den Vorzeichen moderner Nations- und Staatsbil-

dung. Für alle großen religiösen Gemeinschaften stellte sich daher die Frage nach Rechtgläubigkeit und Häresie. Grenzziehungen sind im islamischen Recht und in der islamischen Theologie ebenso angelegt wie in der jüdischen, christlichen und zoroastrischen – und häufig genug übersetzten sich diese Grenzziehungen in staatliches Handeln. Der heutige Betrachter muss die entsprechenden Zuschreibungen kennen, er muss sie jedoch nicht übernehmen.

Fast überall im Vorderen Orient und in Nordafrika bildeten Muslime zahlenmäßig die Mehrheit – Sunniten im Maghreb, in Ägypten, Sudan, im Fruchtbaren Halbmond und auf der Arabischen Halbinsel mit Ausnahme des nördlichen Jemens, Omans und der nordostarabischen Golfküste; Zwölferschiiten in Iran, in bestimmten Regionen des Iraks, an der Ostküste der Arabischen Halbinsel und im südlichen Libanon; fünferschiitische Zaiditen im nördlichen Jemen; die aus der frühislamischen Bewegung der Kharijiten hervorgegangenen Ibaditen in Oman (vgl. Schaubild im Anhang). Kleinere muslimische Gemeinschaften wie die siebenerschiitischen Ismailiten lebten verstreut im heutigen Indien, Pakistan, Afghanistan, Iran, Syrien, Libanon, Jemen und Ostafrika; ihr Zentrum lag bis ins 20. Jahrhundert auf dem indischen Subkontinent. Die muslimischen Untergruppen können nur in Ermangelung eines passenden deutschen Ausdrucks als »Konfessionen« oder »Denominationen« bezeichnet werden. Die Bezeichnung »Sekte« sollte man grundsätzlich meiden.

Neben den Sunniten, Schiiten und Ibaditen lebten in verschiedenen Regionen Gruppen, die sich selbst als Muslime verstanden oder dies zumindest unter bestimmten Umständen taten, die von der Mehrheit aber nicht als Muslime anerkannt wurden oder wiederum nur, wenn dies politisch opportun schien. Zu nennen sind hier die türkischen und kurdischen Aleviten, die aus der weitverzweigten, auf Ali, den Cousin und Schwiegersohn des Propheten Muhammad, ausgerichteten religiösen Strömung hervorgingen, die mit ihnen nicht identischen syrischen Alawiten, die früher oft Nusairis genannt wurden, oder auch die Drusen. All diese Gemeinschaften lebten bis ins 20. Jahrhundert hinein in bestimmten Regionen und brachten ihre religiösen Traditionen erst spät in schriftliche Form. Im 19. Jahrhundert entstanden neue religiöse Bewegungen wie die Ahmadiyya, die sich selbst als Muslime verstanden, von der Mehrheit aber als Abtrünnige (Apostaten) ausgegrenzt wurden und werden. Die Bahais hingegen lösten sich vom Islam und entwickelten sich zu einer eigenständigen Religionsgemeinschaft; auch sie werden in weiten Teilen der islamischen Welt als Apostaten verfolgt.

Das Spektrum der orientalischen Kirchen reichte von den griechisch-orthodoxen Christen als Angehörigen der früheren byzantinischen Reichskirche über die mia- bzw. monophysitischen Armenier und Kopten bis zur duophysitischen Kirche des Ostens. Nachdem sich im 12. Jahrhundert bereits die libanesischen Maroniten der Autorität des Papstes unterstellt hatten, entstanden im 16. und 17. Jahrhundert weitere mit Rom unierte Kirchen. Unter dem Einfluss einer intensivierten europäischen Mission formierten sich im 18. Jahrhundert neue katholische und im 19. Jahrhundert mehrere protestantische Kirchen, ein Prozess, der innerhalb der betroffenen Gemeinschaften heftige Spannungen auslöste. Die muslimische Mehrheitsgesellschaft nahm hiervon in der Regel wenig Notiz. Auch das Verhältnis der verschiedenen jüdischen Gruppen (orientalische Juden, Sepharden, Aschkenasen, Karäer) zueinander war häufig angespannt. Religionsgemeinschaften wie die iranischen Zoroastrier (Anhänger Zarathustras, auf dem indischen Subkontinent: Parsen) und die kurdischen Jesiden spielten im sozialen und politischen Geschehen jenseits ihrer eigenen Siedlungsgebiete kaum eine Rolle.

In vielen Teilen des Vorderen Orients und Nordafrikas existierten mehrere Sprach- und Schriftkulturen nebeneinander. Manche waren Schriftsprachen, andere nicht; einige waren über weite Regionen verbreitet, andere nur lokal oder regional verankert. Das Phänomen der Mehrsprachigkeit oder, wie es genauer heißen sollte: der Kompetenz in mehreren Sprachen beschränkte sich zumal unter Nichtmuslimen keineswegs auf die gebildeten Eliten. Arabisch war nicht allein die Sakralsprache der Muslime in der gesamten muslimischen Ökumene, sondern diente zwischen Marokko und dem Irak über alle religiösen Grenzen hinweg den gebildeten Kreisen als Verkehrssprache, in vielerlei Dialekten auch als Alltagssprache der breiten Bevölkerung. Zu Arabisch, Persisch und Türkisch mit ihren unterschiedlichen Sprachebenen kamen berberische Sprachen und Dialekte, die kollektiv als Tamazight bezeichnet werden, nubische Sprachen, türkische und kurdische Sprachgruppen, West- und Ostarmenisch. Von besonderem Interesse sind die sprachlichen Mischungen und Grenzgänge (»cross-overs«): Das Osmanische etwa entstand aus einer Verbindung türkischer, arabischer und persischer Elemente. Viele ethnisch-religiöse Minderheiten übernahmen im Laufe der Zeit Arabisch, Persisch oder Türkisch als ihre Schrift- und Umgangssprache; gelegentlich verwendeten sie hierfür ein eigenes Alphabet oder gewisse Sonderzeichen. Die christlichen Kopten in Ägypten beispielsweise sprachen und schrieben Arabisch. Die griechisch-orthodoxen Karamanlı in Kleinasien hingegen schrieben ihren türkischen Dialekt in griechischen Lettern; viele osmanische Armenier schrieben Türkisch in armenischer Schrift, in Teilen des Iraks schrieben Juden eine eigene Form des Aramäischen in hebräischen Buchstaben. Im Zuge von Wanderungsbewegungen einschließlich der Massenmigration in westliche Länder wurden diese Sprachen und Dialekte seit dem späten 19. Jahrhundert auch weit über ihr Ursprungsgebiet hinaus verbreitet.

3. Leitlinien, zentrale Begriffe und Konzepte der Darstellung

Die Geschichte des Vorderen Orients und Nordafrikas ist die Geschichte von Beziehungen, Austausch und Transfers und daher Teil der Globalgeschichte, ein »Interaktionsgeschehen innerhalb weltumspannender Systeme«.[5] Dabei richtete sich der Blick über Jahrhunderte hinweg nicht primär auf Europa, sondern auf Zentralasien, den Indischen Ozean und Teile Südostasiens, im Falle des Maghrebs auch auf den subsaharischen Raum. Aus China wurden materielle Güter, Techniken und künstlerische Ausdrucksformen adaptiert, jenseits des mongolischen Machtbereichs jedoch keine Institutionen

und Praktiken; auch übersetzt wurde, so scheint es, kaum. Japan und
Korea lagen bis an die Wende zum 20. Jahrhundert jenseits des Hori-
zonts. Erst im Verlauf des 19. Jahrhunderts trat Europa ins Zentrum
der Aufmerksamkeit, später gefolgt von den Vereinigten Staaten von
Amerika.

Für diese wie für jede andere historische Darstellung gelten gewisse Regeln: Die Historikerin muss für die Sprache ihrer Quellen
sensibel sein, sie kann sie aber nicht einfach übernehmen, sondern
muss sie im Lichte heutiger Annahmen befragen, zum Beispiel daraufhin, wie sie gesellschaftliche Gruppen und Verhältnisse darstel-
len bzw. »repräsentieren«, und daraufhin, was sie *nicht* sagen und
erfassen. Das ist die »Dekonstruktion«, von der vor allem die Dis-
kurstheorie handelt. Die Quellen sprechen zu ihren Lesern – aber
sie sprechen ihre eigene Sprache. Mit Blick auf außereuropäische,
noch dazu kolonial überformte Gesellschaften und Kulturen stellt
sich die Frage nach der Übertragbarkeit moderner, das heißt in der
Regel westlich geprägter Begriffe besonders dringend. Die Übersetzung von einer Sprache in die andere beinhaltet bekanntlich nie die
bloße Übertragung stabiler Bedeutungen, ganz abgesehen von den
Verschiebungen in Metaphorik, Klangfarbe und Sprachmelodie, die
für die Rezeption eine ganz zentrale Rolle spielen. Jede Übersetzung
bringt einen Verlust an Nuancen und Konnotationen der Ausgangssprache mit sich. Sie kann aber auch, und das wird häufig übersehen,
bereichernd wirken, wenn nämlich die Empfängersprache auf dem
konkreten Feld über feinere Farben und Ausdrucksmöglichkeiten
verfügt als die Ausgangssprache.

Auch mit Blick auf den Vorderen Orient und Nordafrika gibt
es Begriffe, die zumindest sinngemäß ins Deutsche übersetzt werden müssen, um eine unnötige Exotisierung zu vermeiden und die
vergleichende Betrachtung zu ermöglichen. Fachtermini wie Scharia (islamische Rechts- und Werteordnung, der *islamic way of life*),
Waqf (fromme Stiftung) oder Timar (Pfründe) können jedoch nicht
durchgängig vermieden werden. Die Aufgabe wird nicht leichter
dadurch, dass die moderne Wissenschaft immer neue Termini her-
vorbringt, die in einigen Fällen die Wünsche betroffener Gruppen

aufgreifen, die mitunter ihre Eigenbezeichnungen ändern, in anderen modischen Konventionen folgen. An die Stelle des mittlerweile als abwertend verstandenen »Zigeuner« etwa ist die Bezeichnung Sinti und Roma getreten. Die Kategorie »Rasse« kann man seit der nationalsozialistischen Diktatur im deutschen Sprachraum nicht mehr verwenden, in den USA ist *race* ein politischer Kernbegriff. Eine Person oder Gruppe »weiß« zu nennen ist in der Regel kein Problem, »schwarz« oder »farbig« hingegen schon. Auch hier ändert sich der Sprachgebrauch ständig: Was vor nicht allzu langer Zeit »Schwarzafrika« hieß, heißt nun subsaharisches Afrika. In den USA war die Bezeichnung *black* lange Zeit akzeptiert, wurde dann aber weitgehend durch *African American* ersetzt; in Teilen des subsaharischen Afrika hingegen werden die Bezeichnungen »schwarz« und »Schwarzer« weiterhin ganz selbstverständlich verwandt. Immer ist die Wortwahl nicht eine bloße Frage der *political correctness*, sondern Hinweis auf die Standortgebundenheit (und damit zugleich Wandelbarkeit) wissenschaftlicher Rede.

Grundsätzlich gefragt werden muss daher zum einen, wie Politik, Gesellschaft und Kultur in ihrer eigenen und in späteren Zeiten vorgestellt und repräsentiert wurden, und zum anderen, mit welchen Kategorien sie heute wissenschaftlich analysiert oder »erzählt« werden können. Die folgenden Leitfragen machen dies deutlich: Wie ist Kultur zu verstehen, und zwar gerade im Verhältnis zu Religion – als durchgehendes Muster der Wahrnehmung und Repräsentation oder als abgegrenztes Feld neben anderen sozialen Feldern wie Politik, Wirtschaft oder Recht? Was heißt »islamisch geprägt« – ein Konzept, das sich im Übrigen in keiner der regionalen Sprachen ausdrücken lässt? Wie gestaltet »der« Islam als Religion und Kultur individuelle und kollektive Identität, gesellschaftliche Organisation und politisches Handeln in »islamisch geprägten« Räumen und Gemeinschaften? Die Frage wird im Zusammenhang mit den Prozessen der Modernisierung und Säkularisierung besonders wichtig. Religion und Gesellschaft des Vorderen Orients und Nordafrikas scheinen nicht nur im Vergleich zu Westeuropa geringer institutionalisiert zu sein. Wie wirkt sich dies auf die soziale und politische Ordnung aus? Was sind geeignete Kategorien sozialer Ordnung? In welchen physischen und sozialen Räumen bewegen sich Individuen und Gemeinschaften?

Fragen von Gleichheit und Ungleichheit sollen in der Erzählung breiten Raum einnehmen. Dazu gehören Geschlechterrollen und das Geschlechterverhältnis, die ja mehr umfassen als die Stellung der Frau. Sie sollen, wenn immer möglich, nicht als separates Thema abgehandelt, sondern in alle Themenfelder eingearbeitet werden. Ähnliches gilt für das Verhältnis von Muslimen und Nichtmuslimen und für die so wichtigen Abstufungen von Freiheit und Unfreiheit, die unterschiedlichste Felder berühren, allzu häufig aber als Sonderthemen (Toleranz, Unterdrückung, Sklaverei) behandelt werden.

I Die frühneuzeitlichen Imperien im 16. Jahrhundert

A Reichsbildungen

Um 1500 dominierten zwei Großreiche den Vorderen Orient und mit Einschränkungen auch Nordafrika, beide wurden von Eroberern türkischer oder turko-mongolischer Herkunft gegründet: Am ältesten und langlebigsten war das Osmanische Reich (um 1300–1922), das im 16. und 17. Jahrhundert von Südosteuropa und den ägäischen Inseln über Kleinasien bis in den Kaukasus reichte und von Mesopotamien über die Levante, den Hijaz, die ostafrikanische Küste und Ägypten bis in das heutige Algerien. Das entspricht dem heutigen Vorderen Orient und Nordafrika ohne Marokko, das Innere der Arabischen Halbinsel, Oman und Iran. Kurzlebiger und territorial weniger ausgedehnt war das Safavidische Reich (1501–1722), das neben dem heutigen Iran zeitweise auch Teile Afghanistans, Aserbaidschans, des Kaukasus und des Iraks beherrschte. Das turko-mongolische Reich der Großmoguln in Indien, das kurze Zeit später entstand (1511 bzw. 1526, je nachdem, ob man den Einmarsch der Timuriden unter Babur oder die Schlacht von Panipat als entscheidend wertet) und mit dem die Osmanen und Safaviden vielfältige Beziehungen unterhielten, muss hier gewissermaßen außen vor bleiben. Im Osten konkurrierten im 16. Jahrhundert die Usbeken mit den Osmanen und Safaviden. Auf der Arabischen Halbinsel und im Maghreb behaupteten sich regionale Mächte: Oman war unabhängig, Teile des Jemens hingegen gerieten für ein Jahrhundert unter osmanische Herrschaft. In Marokko verteidigten einheimische Dynastien ihre Stellung gegenüber lokalen Rivalen, Osmanen, Spaniern und Portugiesen, während die Region zwischen Westalgerien und der Cyrenaika in der zweiten Hälfte des 16. Jahrhunderts unter osmanische Herrschaft gelangte. Im Folgenden werden die Grundzüge von Herrschaft und Gesellschaft immer wieder am osmanischen Beispiel illustriert, da sie dort am dichtesten dokumentiert und aufgearbeitet sind. Das Safavidenreich bildet hierzu in vielem einen aufschlussreichen Kontrast.

1. Osmanen und Safaviden

Rückblick: Das Osmanische Reich vom Beylik zum Sultanat

Die »Türk« der innerasiatischen Steppe, die sich seit der Spätantike auf dem Weg friedlicher Wanderung und kriegerischer Vorstöße im eurasischen Raum ausbreiteten und erste »alttürkische« Reiche gründeten, vertraten ursprünglich wohl keine auf gemeinsamer Abstammung begründete ethnische Gruppe, sondern eine politische Einheit, die sich aus einer Anzahl tribaler Verbände zusammensetzte.[6] Als gemeinsame Verkehrssprache scheinen sie Türkisch benutzt zu haben, sprachen allerdings verschiedene Dialekte und bedienten sich darüber hinaus je nach Religionszugehörigkeit verschiedener Schriften. Über die Zeit differenzierten sich ihre Lebensweise und ihre Kultur einschließlich des religiösen Bekenntnisses in den verschiedenen Lebensräumen immer stärker aus; die islamisierten Türken wurden in den zeitgenössischen Quellen Turkmenen genannt. Im 11. Jahrhundert etablierte sich ein Zweig des zum sunnitischen Islam konvertierten Familienverbands der Seldschuken in Kleinasien, wo er unter dem Namen Rum-Seldschuken bekannt wurde, »römische« Seldschuken – ein Hinweis auf Ostrom bzw. Byzanz; ihre Hauptresidenz wurde Konya, das byzantinische Ikonion. 1243 unterlagen die Rum-Seldschuken den Mongolen und wurden 1260 Vasallen der Il-Khane, Nachkommen des mongolischen Eroberers Dschingis Khan (gest. 1227), die mittlerweile große Teile Irans, des Iraks und des Kaukasus unterworfen hatten.

Zu den turkmenischen Anführern, die sich an der Wende zum 14. Jahrhundert zwischen dem rum-seldschukisch-ilkhanidischen und dem byzantinischen Machtbereich bewegten, gehörte ein gewis-

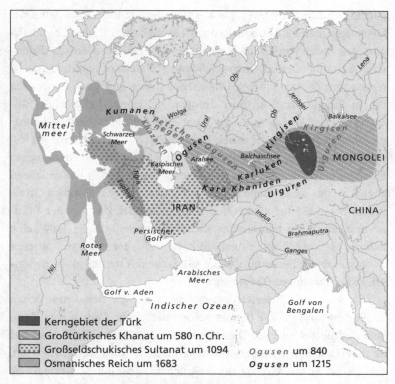

Karte 1: Türkische Stammesgruppen, Dynastien und Reiche

ser Osman (möglicherweise hieß er Atman, gestorben ist er vermutlich 1326), auf den sich die Osmanen später als Gründer von Staat und Reich beziehen sollten. Osman setzte sich mit seinem Anhang – Schafe züchtenden Wanderhirten, die zum Islam konvertiert und wahrscheinlich unter mongolischem Druck im frühen 13. Jahrhundert nach Westen gezogen waren – im nordwestlichen Kleinasien fest. Seine Erfolge zogen immer neue turkmenische Gruppen an, die weitgehend autonom unter ihren eigenen militärischen und religiösen Anführern als Grenzkämpfer von der Beute und den Abgaben der unterworfenen Bevölkerung lebten. 1326 eroberte Osmans Sohn Orhan (regierte wohl von 1324 bis 1362) das Handelszentrum Prousa

(Bursa) und kurz darauf Nikaia, das spätere Iznik. 1354 setzten die
Osmanen über die Dardanellen auf europäischen Boden über, nahmen den Hafen von Gallipoli und gut ein Jahrzehnt später das thraki-
sche Adrianopel ein. Diesen wichtigen Handelsknotenpunkt machten sie zum Zentrum ihrer europäischen Besitzungen und benannten
ihn in Edirne um. Von dort drangen sie immer tiefer nach Südosteuropa vor. Ungeachtet aller Siege auf kleinasiatischem und europäischem Boden war die osmanische Herrschaft jedoch wenig gefestigt. 1402 unterlag Sultan Bayezid I. in der Schlacht von Ankara dem
Heer des turko-mongolischen Eroberers Timur. In den 1430er Jahren
aber stieg das osmanische Sultanat erneut zu einer regionalen Großmacht auf. 1453 fiel schließlich Konstantinopel, das seit der Plünderung durch ein lateinisches Kreuzfahrerheer im Jahr 1204 seine
frühere Stellung längst eingebüßt hatte und eher von symbolischer
denn von realer Bedeutung war, 1461 folgte das byzantinisch-georgi-
sche Kaiserreich von Trapezunt.

Die Siege signalisierten keineswegs das Ende des osmanischen
Eroberungsdrangs, für den es keine »natürliche Grenze« gab und
kein definiertes Endziel: Die Osmanen hatten kein »Vaterland«, das
es zu verteidigen galt, sondern einen Macht- und Einflussbereich,
den sie bis an die Grenze des Möglichen ausweiteten. Strategische
und kommerzielle Überlegungen spielten dabei eine wichtige Rolle.
Zur gleichen Zeit tauchten im Osten neue Widersacher auf: Die
wohl nach ihren Feldzeichen benannten turkmenischen Stammes-
konföderationen der (tendenziell schiitischen) »Schwarzen Widder«
oder »Hammel« (Kara Koyunlu) und der (sunnitischen) »Weißen
Widder« oder »Hammel« (Ak Koyunlu) unterwarfen die Region
von Ostanatolien bis zum Kaspischen Meer; im Südosten reichte ihr
Einfluss bis an den Euphrat und die iranische Provinz Kerman. Ihre
Hauptstoßrichtung wies jedoch nach Osten, nicht nach Westen; ihre
Hauptgegner waren dementsprechend nicht die Osmanen, sondern
die Timuriden, deren Herrschaft in Zentralasien und Nordostiran
(Khurasan) sie zwischen 1500 und 1507 beseitigten.[7] Zur selben Zeit
aber erwuchs den Osmanen ein Gegner, der eine ganz andere Dynamik entfaltete als die miteinander konkurrierenden Weißen und

Schwarzen Widder: die religiös-politische Bewegung der Safaviden, die eine Neuorientierung osmanischer Politik erzwang.

Der Aufstieg der Safaviden

Auch die Anfänge der Safaviden reichen in die Wirren des Mongolensturms zurück, als sich zwischen Zentral- und Kleinasien ein maßgeblich von Predigern, Heilern, Sufis und Derwischen getragener Islam verbreitete, der vielfach ausgesprochen eigenwillige Formen annahm. In diesem unruhigen Milieu wirkte Scheich Safi ad-Din (er lebte um 1252 bis 1334 und war also ein Zeitgenosse Osmans und Orhans) als Meister einer Sufi-Bruderschaft, die später als »Safawiyya«, das heißt »Anhänger des Safi ad-Din«, bekannt wurde. Die Familie stammte ursprünglich wohl aus dem kurdischen Gebiet und lebte seit dem 11. Jahrhundert in der Nähe von Ardabil, im heutigen Aserbaidschan, wo sie umfangreichen Landbesitz erwarb. Typisch für seine Zeit und Umgebung, verband Safi ad-Din das Selbstverständnis als Sunnit mit der besonderen Verehrung Alis – des Cousins und Schwiegersohns des Propheten Muhammad – und der von den Schiiten verehrten Imame. Das machte ihn nicht zum Schiiten; seine Bruderschaft wurde erst später schiitisiert, und dieser Prozess war nicht geradlinig. Safi ad-Din selbst sprach Persisch, die Mehrheit seiner Anhänger einen westtürkischen Dialekt. Schrittweise passte sich die Familie des Scheichs kulturell und sprachlich ihrer Anhängerschaft an.

Einer seiner Nachfolger, Scheich Junaid (gest. 1460), verwandelte die Bruderschaft in eine militante religiös-politische Bewegung, wie sie zu anderer Zeit und an anderem Ort auch die Fatimiden, die Almoraviden und die Almohaden gebildet hatten. Hier manifestierte sich eine Verknüpfung von Religion und Politik, die unter islamischen Vorzeichen möglich, aber keineswegs zwingend ist. Die Bewegung (hier passt der Begriff besonders gut) war im kulturellen wie im physischen Sinn mobil. Von der Vorstellung starrer Schranken zwischen Muslimen und Christen, Sunniten und Schiiten, Türken, Mongolen, Kurden und Persern muss man sich für diesen Zeitraum grundsätzlich freimachen. Wie die Safawiyya zu dieser Zeit organisiert war, ist kaum mehr auszumachen. Der mongolische Begriff *oymaq* für ihre militärischen Einheiten lässt sich als Clan oder Stamm übersetzen, doch folgt daraus nicht notwendig, dass Clans und Stämme ihre Grundlage abgaben. Mittlerweile waren die Mitglieder der Safawiyya unter ihren Gegnern als Kızılbaş (türk. Rotköpfe) bekannt, und zwar wegen ihrer Kopfbedeckung, einer roten Kappe mit zwölf Zwickeln, um die turbanartig ein Tuch gewunden werden konnte; die zwölf Zwickel verwiesen auf die zwölferschiitischen Imame, die persische Bezeichnung *taj-i Haidari* (»Haidar-« oder »Löwen-Krone«), auf Ali. Die Fremdbezeichnung übernahmen sie schließlich selbst. Von den Kara Koyunlu aus Ardabil vertrieben, fanden sie unter den kleinasiatischen Turkmenen breiteren Rückhalt und bei den (sunnitischen) Ak Koyunlu militärische Unterstützung, die durch Heiraten gefestigt wurde. Der Anführer der Ak Koyunlu, Uzun Hasan (reg. 1457–1478), war zu einer regionalen Größe aufgestiegen, suchte unter anderem ein Bündnis mit Venedig und nutzte für seine Zwecke das tribale Register ebenso wie das religiöse. Nach seinem Tod verwickelten sich die Kızılbaş in die Kämpfe um lokale und regionale Vormacht, in denen ihr Oberhaupt, Scheich Haidar, und dessen ältester Sohn Ali ums Leben kamen. Haidars jüngerer Sohn Ismail wurde nach Lahijan in die kaspische Region Gilan gebracht, wo ihn der lokale Machthaber, ein zaiditischer Schiit, unter seinen Schutz nahm. In Lahijan gewann Ismail wohl erstmals tiefere Einblicke in schiitische Lehren.

Als Ismail 1499 an die Spitze der Kızılbaş trat, war er zwölf Jahre alt. Ungeachtet seiner Jugend erwies er sich als charismatischer Führer ungewöhnlichen Formats und Anspruchs, den er in eigenen Gedichten unterstrich – ein Hinweis auf die zentrale Rolle der Dichtung für Propaganda und Polemik.[8] Sein Selbstverständnis bewegte sich deutlich jenseits etablierter Doktrinen, gleich ob sunnitisch oder schiitisch, aber es stand in Einklang mit den messianischen Verheißungen seines Ursprungsmilieus. Mit ihm trat er zugleich in Konkurrenz zu anderen messianischen Führern, die in meist mehrdeutiger Weise als Mahdi, Imam, »Vertreter des Imam«, »Abglanz«, »Hülle« oder Inkarnation Gottes auftraten. Häufig artikulierten sie eine Unzufriedenheit mit den herrschenden Verhältnissen. Der Mehrheit der sunnitischen und zwölferschiitischen Muslime galten Ismail und seine Gefolgsleute dagegen als religiöse »Übertreiber« (arab. *ghulat*). Ismail verließ seinen Zufluchtsort Lahijan und wandte sich zunächst nach Ardabil, dem Stammsitz der Familie. Bald schlossen sich ihm weitere turkmenische Stammesgruppen an; Eheschließungen festigten die Bande unter den führenden Clans der Kızılbaş. 1500 schlugen sie die Truppen des Shirvanshah, eines Machthabers am Kaspischen Meer, gegen die Ismails Großvater und Vater im Kampf gefallen waren. Nach einem Sieg über die Ak Koyunlu zogen sie 1501 in deren Residenz Täbriz ein, eines der großen Handelszentren entlang der Seidenstraße, das schon früheren Dynastien als Hauptsitz gedient hatte. In Täbriz nahm Ismail – der gerade einmal den nordwestlichen Rand Irans besetzt hatte – den Titel eines persischen Großkönigs an (*shahanshah* oder *padishah-i Iran*) und ließ zugleich die Freitagspredigt im Namen der von den Zwölferschiiten verehrten Imame halten. Bis 1512 eroberten die Kızılbaş West- und Zentraliran sowie den Irak einschließlich Bagdads und der Schreinstädte Najaf, Kerbela und Kazimain, die im Arabischen als '*atabat* (Schwellen) bekannt sind und in denen mehrere zwölferschiitische Imame bestattet lagen. Im Kampf gegen die turko-mongolischen Usbeken nahmen sie das nordostiranische Khurasan ein sowie Herat im heutigen Afghanistan, wo der Timuride Husain Baiqara – Vorbild vieler türkischer und turko-mongolischer Herrscher einschließlich der Osmanen – noch wenige Jahre zuvor Hof gehalten hatte (vgl. Karte 2).

Das Osmanische Reich: Vom Sultanat zum Imperium

Die Safaviden, die unter den Turkmenen in Kleinasien, Syrien und dem nördlichen Irak viel Rückhalt fanden und im Gegensatz zu den Osmanen selbst aktiv für ihre Überzeugung missionierten, bedrohten die osmanische Herrschaft von außen wie von innen. Sultan Bayezid II. (reg. 1481–1512) reagierte vorsichtig auf die neue Bedrohung und stieß damit, wie es scheint, in der Armee auf Widerstand. Noch zu seinen Lebzeiten brachten sich seine Söhne Korkud, Ahmed und Selim als Nachfolger in Stellung. Als in der Gegend von Antalya

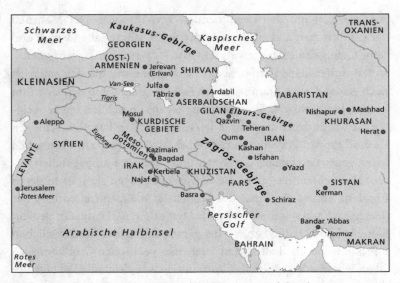

Karte 2: Iran, Kaukasus und angrenzende Gebiete im 16. Jahrhundert

ein gewisser Şah Kulu (pers. Shah Qulu, »Sklave des Schahs«), dessen Vater im Dienst von Ismails Großvater Haidar gestanden hatte, zugunsten der Safaviden bzw. Kızılbaş agitierte, schlossen sich ihm viele unzufriedene osmanische Gefolgsleute an. In dieser kritischen Lage rebellierte Prinz Selim und zwang seinen Vater 1512 zur Abdankung.

Auf den Thron gelangt, ging Selim I. (später bekannt als Yavuz Selim: der »Grimme« oder »Gestrenge«) mit größter Härte gegen wirkliche und vermeintliche Anhänger des Şah Kulu und der Safaviden vor. Tausende wurden nach Südosteuropa deportiert, ebenso viele massakriert; gewisse Quellen sprechen von bis zu 40 000 Toten. Als eine safavidische Armee auf anatolischen Boden vordrang, entschloss sich der Sultan zum Gegenschlag. Um zu rechtfertigen, dass er Muslime bekämpfte, verschaffte er sich ein Rechtsgutachten (Fatwa), das Ismail und seine Anhänger zu Häretikern und den Kampf gegen sie für religiös geboten erklärte.[9] In der Schlacht von Çaldıran nordöstlich des Van-Sees erlitt das von Schah Ismail per-

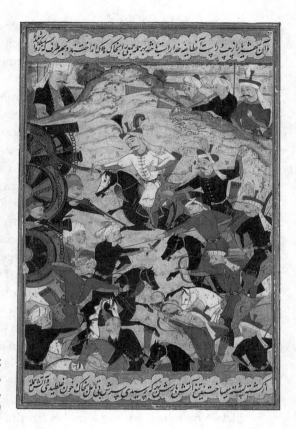

Abb. 1: Die Schlacht
von Çaldıran (anon.,
Geschichte Schah Ismails,
Isfahan, nach 1675)

sönlich angeführte safavidische Heer im August 1514 eine vernich-
tende Niederlage. Ausschlaggebend waren die Disziplin, Logistik
und Artillerie der auch zahlenmäßig überlegenen osmanischen
Truppen. Dann aber weigerten sich diese, weiter nach Osten vorzu-
rücken, und zwangen den Sultan zur Umkehr – ein Beleg unter
vielen für die Grenzen seiner Macht, die keineswegs unumschränkt
(absolut) war.

   Die Konfrontation mit den Safaviden erhöhte die Bedeutung
Südostanatoliens und Syriens als Grenzland zum Machtbereich der
Mamluken, freigelassenen »weißen« Militärsklaven, die seit dem
13. Jahrhundert den Raum zwischen Ägypten, Syrien, Hijaz und Je-

men beherrschten. Schon Bayezid hatte gegen die Mamluken Krieg geführt, nun fürchteten die Osmanen nicht ohne Grund ein safavidisch-mamlukisches Bündnis. 1515 nahmen sie das turkmenische Emirat der Dhulkadir ein, einen klassischen Pufferstaat im anatolisch-syrischen Grenzgebiet, der sich den Mamluken als Vasall unterstellt hatte, um sich so vor den Osmanen zu schützen. Im folgenden Jahr zog Sultan Selim mit seinem Heer aus Istanbul aus, wobei zunächst unklar blieb, ob es gegen die Safaviden oder die Mamluken gehen würde. Die Entscheidung fiel bald, denn alarmiert vom Fall der Dhulkadir rückte der Mamlukensultan Qansuh al-Ghuri in Syrien vor. Im August 1516 kam es nördlich von Aleppo zur Schlacht von Marj Dabiq. Erneut scheinen Logistik und Feldartillerie der Osmanen den Ausschlag gegeben zu haben, doch war auch ihre Kavallerie der mamlukischen überlegen. Qansuh al-Ghuri fiel, sein Heer löste sich auf; die osmanischen Truppen besetzten Syrien, ohne auf nennenswerten Widerstand zu treffen. Abermals scheint jedoch das weitere Vorgehen unklar gewesen zu sein. Erst ein Gegenangriff des neuen Mamlukensultans in Gaza und die Ermordung eines osmanischen Unterhändlers führten die Entscheidung herbei: Ende Januar 1517 besiegte die osmanische Armee in der Nähe von Kairo die mamlukische Streitmacht. Der Fall des mamlukischen Sultanats bedeutete zugleich das Ende des abbasidischen Schattenkalifats. Symbolisch wichtig war überdies die Unterwerfung des Emirs von Mekka, machte sie den Sultan doch zum Herrn der islamischen heiligen Stätten in Mekka und Medina. Auch materiell lohnten sich die Eroberungen: Nur ein Jahrzehnt später trugen die syrischen Provinzen Aleppo und Damaskus rund zehn Prozent zum osmanischen Staatshaushalt bei, Ägypten mit seinen reichen Einkünften aus Landwirtschaft, Gewerbe und Transithandel sogar ein Viertel.[10]

Die Konsolidierung safavidischer Herrschaft in Iran

Die Niederlage von Çaldıran beschädigte den Nimbus Schah Ismails als charismatische Heilsfigur, förderte letztlich aber, wie oft bemerkt worden ist, die Iranisierung der Safaviden, die zugleich ein Musterbeispiel für die Veralltäglichung von Charisma darstellt (dazu unten mehr). Die Safaviden kamen in mehr als einer Hinsicht vom Rand: Sie eroberten Iran von den nordöstlichen Grenzlanden aus und waren auf iranischem Boden nicht verwurzelt. Ismails Stammbaum war zudem mit seiner Mischung aus Kurden, Turkmenen und byzantinischen Prinzessinnen außergewöhnlich »farbig«. Religiös gesehen vertraten die Safaviden eine bestenfalls marginale, von sehr vielen Sunniten und Zwölferschiiten als heterodox (abweichend) bewertete Richtung des Islam. Die Verwandlung der Safaviden äußerte sich ideologisch in der schrittweisen Abkehr von der extremen Schia; organisatorisch wurden die Kızılbaş durch neue, an die Person des Schahs gebundene Gruppen und Institutionen in Armee, Verwaltung und religiösem Establishment ergänzt und zu einem gewissen Grad sogar verdrängt.

Die Konsolidierung im Innern ging mit langwierigen, rücksichtslos geführten Kampagnen an zwei Fronten einher: Im Nordosten kämpften die Safaviden mit den Usbeken um Khurasan und Transoxanien, die klassische Durchzugsroute türkischer und mongolischer Stammesgruppen auf ihrer Wanderung nach Westen. Die Auseinandersetzung wurde religiös aufgeladen als Kampf der Schiiten gegen die Sunniten, reihte sich in der zeitgenössischen Wahrnehmung zugleich aber in den vorgeblichen Gegensatz von »Iran« und »Turan« ein (Turan bezeichnete in Iran die nordöstlich angrenzenden »türkischen« Gebiete). Im Nordwesten stritten die Safaviden mit den Osmanen um Südostanatolien, Mesopotamien und den Kaukasus von Dagestan bis Georgien. Während die Safaviden schließlich Transoxanien an die Usbeken verloren, konnten sie Khurasan dauerhaft halten. 1558 eroberten sie im heutigen Afghanistan die wichtige Grenzstadt Kandahar von den indischen Großmoguln zurück. Im Westen aber erwiesen sich letztlich die Osmanen als überlegen: 1534 nahmen sie Bagdad ein, 1546 gewannen sie Basra am Persischen Golf. Der Frieden von Amasya zog 1555 die Grenze zwischen safavidischem und osmanischem Gebiet nach politischen, nicht nach kulturellen Gesichtspunkten: Das mehrheitlich turksprachige Aserbaidschan wurde safavidisch und ist als Folge bis heute zwölferschiitisch orientiert. In Georgien und Armenien zementierte der Vertrag die bereits bestehende Unterscheidung in einen westlichen und einen östlichen Landesteil. Westgeorgien und Westarmenien fielen an die Osmanen, Ostgeorgien (Kartlien und Kachetien) und Ostarmenien an die Safaviden, die sich allerdings mit einer lockeren Oberhoheit begnügten. Ungeachtet mehrerer Wellen der Zwangskonversion blieben sowohl Armenien als auch Georgien christlich. Der »arabische Irak« mit seinen schiitischen Pilgerstätten und Gelehrtenzentren sowie die kurdischen Gebiete blieben in osmanischer Hand. Um sich besser vor osmanischen Angriffen zu schützen, verlagerte Ismails Sohn und Nachfolger Tahmasp I. seine Residenz von Täbriz in das weiter östlich, in den persischsprachigen Kernlanden gelegene Qazvin.

2. Die Osmanen und ihre Nachbarn

Im 16. Jahrhundert expandierte das Osmanische Reich an allen Fronten, und zwar nicht nur unter Selims Sohn Süleiman I. (reg. 1520–1566), der sich als einer der letzten osmanischen Herrscher noch regelmäßig an die Spitze seines Heeres stellte, sondern auch unter dessen Sohn und Nachfolger Selim II. (reg. 1566–1574), der dies nicht mehr tat. Süleiman, im Osmanischen Reich später bekannt als Kanuni, »der Gesetzgeber«, in Europa als »der Prächtige«, bestieg den Thron ohne Kampf (sein Vater Selim hatte, um mögliche Thronrivalen auszuschalten, alle seine Brüder und Neffen sowie vier seiner fünf Söhne umbringen lassen) und in einer Phase expansiver Hochstimmung. Zwei strategische Eroberungen – Belgrad 1521 und Rhodos 1522 – schienen gleich zu Beginn seiner Herrschaft neue Triumphe anzukündigen; beide hatte Mehmed II. »der Eroberer« im vorhergehenden Jahrhundert nicht einzunehmen vermocht. Doch in den Habsburgern und den Portugiesen fand Süleiman andere Gegner, als Mehmed II. sie in Byzanz gehabt hatte und Selim I. in den Mamluken und den Safaviden. Ungarn konnten die Osmanen in großen Teilen erobern, Wien und Rom nicht. Die Feldzüge zu Lande wurden begleitet vom Kampf um das Mittelmeer, das Rote und das Schwarze Meer und um Präsenz im Indischen Ozean. Im 16. Jahrhundert verfolgte die osmanische Regierung erstmals eine eigene Flottenpolitik, die, sieht man vom Mittelmeer ab, auf die Sicherung der Fernhandelswege gegenüber den nahezu zeitgleich expandierenden Safaviden und Portugiesen abzielte.

Feldzüge zu Lande und zu Wasser wurden bis ins 18. Jahrhundert nur von April oder Mai bis Anfang November geführt; anders sah es aus klimatischen Gründen in den arabischen Territorien aus. Der Marsch von Edirne nach Ungarn betrug etwa 50 Tage und von Istanbul nach Bagdad sogar 120, beides ohne die unverzichtbaren Rastzeiten.[11] An der osmanischen Ostfront konnte daher kein Feldzug innerhalb eines Jahres durchgeführt werden. Das erforderte nicht nur eine effiziente Logistik, sondern auch eine kluge Bündnispolitik; Macht- und Handelspolitik gingen dabei mitunter eigenwillige Verbindungen ein. Die Rhetorik war imperial und religiös, die Diplomatie häufig genug pragmatisch; eine martialische Jihad- bzw. Kreuzzugsrhetorik verhinderte nicht den intensiven Austausch von Waren, wie es auch zu den Zeiten der Kreuzzüge gewesen war.

Die Schwarzmeerregion

Die Gebiete nordwestlich des Schwarzen Meeres und zwischen Schwarzem und Kaspischem Meer (heute Moldawien, Ukraine, Russische Föderation, Georgien und Aserbaidschan), die als Bindeglied das Mittelmeer mit den eurasischen Steppen verbanden, waren fruchtbar und nicht zuletzt aus diesem Grund für die Osmanen interessant. Von hier konnte Istanbul nicht nur mit Getreide, sondern auch mit Sklaven und Luxuswaren wie Pelzen versorgt werden. Nach dem Fall Konstantinopels eroberten die Osmanen in der zweiten Hälfte des 15. Jahrhunderts strategisch gelegene Städte und Festungen am Schwarzen Meer, um 1550 war es faktisch ein osmanisches Binnenmeer. In den nördlich angrenzenden Steppen hingegen waren die Osmanen bis ins 17. Jahrhundert militärisch kaum präsent. Um kräfteschonend ihre Interessen zu wahren, arrangierten sie sich vielmehr mit lokalen Mächten. Ab 1475 diente das Khanat der

Krimtataren unter der Familie der Giray als Puffer zum expandierenden Moskowiter Großfürstentum, zu Polen (ab 1569 Wahlkönig-
tum Polen-Litauen) und zu diversen Kosakenverbänden. Das
Krimkhanat war dem Sultan tributpflichtig und lieferte vor allem
Sklaven, die in unablässigen Feld- und Beutezügen in der Steppe,
in Südrussland und in der heutigen Ukraine gefangen wurden, und
erhielt seinerseits von Istanbul Subsidien und militärische Unterstützung.

Die regionale Machtbalance verschob sich in der Mitte des
16. Jahrhunderts, als Russland – Großfürst Iwan IV. von Moskau
hatte sich 1547 zum Zaren gekrönt – die Khanate von Kazan und As-
trakhan besetzte, die nahe der Mündung der Wolga in das Kaspische
Meer lagen. Damit hielt Russland die für den Handel so wichtige
untere Wolga besetzt.[12] Angeblich um zentralasiatischen Pilgern die
Wallfahrt nach Mekka zu erleichtern, tatsächlich aber um osmanische Truppen und Material direkt vom Schwarzen an das Kaspische
Meer oder auch an die iranische Grenze befördern zu können, plante
der osmanische Großwesir Sokollu Mehmed Pascha 1569 einen Kanal zwischen Don und Wolga. Das Unternehmen scheiterte jedoch
an der mangelnden Unterstützung durch den Khan der Krim. In den
1570er Jahren weiteten Kosakenverbände – militärische Einheiten
unklarer ethnischer Herkunft, die in der heutigen Ukraine und der
Region des Don weitgehend eigenständig agierten – ihre Beutezüge
auf osmanisches Territorium aus: 1614 plünderten sie die Schwarz-
meerhäfen Sinop und Trabzon (Trapezunt), in den 1620er Jahren
drangen sie mit eigenen Booten bis in den Bosporus vor. Von 1637
bis 1642 hielten Donkosaken das für den Handel wichtige Asow an
der Mündung des Don in das Asowsche Meer besetzt, ein früheres
Zentrum der Goldenen Horde, das bis ins 18. Jahrhundert zwischen
Osmanen und Russen umkämpft blieb. In der Mitte des 17. Jahrhunderts aber gerieten die Kosaken weitgehend unter die Kontrolle des
Zaren; manche ihrer Hetmane (von dt. Hauptmann) unterstellten
sich dem Sultan. Die Eroberung der strategisch wichtigen polnischen Festung Kamieniec Podolski (türk. Kamaniçe) sicherte 1672
die osmanische Nordostfront für weitere zwei Jahrzehnte ab.

Südosteuropa und das Mittelmeer

In Südosteuropa und im Mittelmeerraum waren im 16. Jahrhundert Habsburg und Venedig die großen Gegenspieler der Osmanen. Zu Lande ging es in erster Linie um Ungarn und die Donaufürstentümer, zur See um die Kontrolle des westlichen Mittelmeerraums. Das unterstreicht die Bedeutung des Osmanischen Reiches als *europäische* Macht – tatsächlich kann man die Geschichte des frühneuzeitlichen Europas ohne die Osmanen nicht schreiben. Die Reformation und die Rivalität zwischen den Habsburgern in Spanien, den Niederlanden und Österreich auf der einen Seite und Frankreich auf der anderen, die auch in Italien und Nordafrika um Besitz und Einfluss konkurrierten, zogen neue Gräben in Europa und schufen zugleich neue Koalitionen. Als die Osmanen 1521 das serbische Belgrad einnahmen, den »Schlüssel zu Ungarn«, schien das zugleich den Weg für eine Eroberung Wiens zu öffnen. Die ehemals venezianischen Territorien in Albanien, Griechenland und der Ägäis waren bereits weitgehend in osmanischer Hand, doch besaß Venedig noch immer wichtige Inseln in der Ägäis sowie Handelsinteressen in der Levante und der Schwarzmeerregion. 1522 eroberten die Osmanen Rhodos, den Sitz des Johanniter-Ordens, ein Schritt, der vorrangig dazu diente, den Seeweg nach Ägypten zu sichern und die Johanniter als Korsaren auszuschalten. 1530 siedelten diese nach Malta über (daher wurden sie später auch als Malteser-Orden bekannt), von wo aus sie weiter gegen die Osmanen agierten.

1525 wurde König Franz I. von Frankreich durch Kaiser Karl V. bei Pavia besiegt, gefangen genommen und erst gegen große Zugeständnisse wieder freigelassen. Darauf verständigte der französische König sich mit Sultan Süleiman – ohne diese Verständigung, die im übrigen Europa, da sie die Religionsgrenze überschritt, als »unheilige Allianz« denunziert wurde, in aller Form vertraglich festzulegen. Hier zeigten sich die Grenzen einer pragmatischen Kooperation mit dem religiös Anderen: Auf öffentliche Zustimmung konnte keine der beiden Seiten zählen. Die französisch-osmanische »Allianz« bestand bis ins ausgehende 18. Jahrhundert, als Napoleon Bonaparte Ägypten besetzte; aber sie blieb immer eine abhängige Variable im

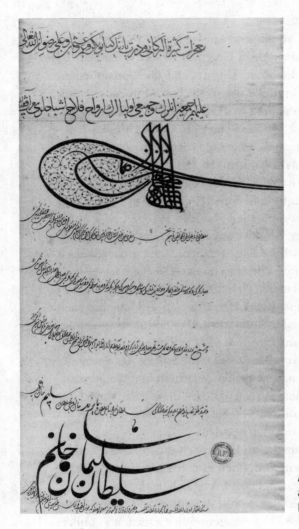

Abb. 2: Brief Sultan Süleimans
an den französischen König
Franz I.

Arsenal der beteiligten Mächte, deren eigentlicher Gegner die Habsburger waren. Militärisch wurde sie allenfalls zur See wirksam. Immerhin kam die Zusammenarbeit dem Levante-Handel zugute, den
der Sultan durch sogenannte Kapitulationen begünstigte, Handelsverträge mit nichtmuslimischen Mächten (hier dem französischen

König), die ihren Namen der Tatsache verdankten, dass sie sich aus mehreren Kapiteln zusammensetzten; mit Kapitulation hatte dies nichts zu tun.[13]

Die folgenden Jahre wurden vom Kampf um Ungarn beherrscht. In der Schlacht von Mohács fiel 1526 Lajos (Ludwig) II. Jagiello, König von Ungarn und Böhmen. Die politisch und religiös zerstrittenen ungarischen und böhmischen Stände wählten daraufhin zwei konkurrierende Nachfolger: Erzherzog Ferdinand von Österreich, den jüngeren Bruder Karls V., und den ungarischen Magnaten János Szapolyai (dt. Zapolya), einen erklärten Gegner der Habsburger, den der Sultan anerkannte. Süleiman eroberte 1529 Buda und zog von dort weiter gegen Wien, musste die Belagerung aber nach wenigen Monaten erfolglos abbrechen. Ungarn wurde nach weiteren Kämpfen 1541 in drei Gebiete aufgeteilt: Im Westen und Norden befand sich das sogenannte Königliche Ungarn, das die Habsburger gegen einen symbolisch wichtigen Tribut verwalteten. In der Mitte lag die zentral verwaltete, aber nur von wenigen Muslimen bewohnte osmanische Provinz Buda. Im Osten wurde das osmanische Vasallenfürstentum von Siebenbürgen (Transsilvanien, osman. Erdel) gebildet. Faktisch entwickelte sich ein Kondominium, in dessen Rahmen Osmanen, Habsburger und der lokale Adel strittige Fragen mehr oder weniger friedlich regelten. Österreich siedelte an der langen, von der Adria bis in die heutige Slowakei reichenden »Militärgrenze« Wehrbauern an und sicherte sie über starke Garnisonen, Festungen und Wachtürme. Nach den beiden »Langen Türkenkriegen« von 1593 bis 1606 und von 1683 bis 1699 sollte der Frieden von Karlowitz 1699 schließlich die Donau als osmanisch-österreichische Grenze festlegen. Weitere zwei Jahrzehnte später war ganz Ungarn einschließlich Siebenbürgens und des Banats in österreichischer Hand.

Eng mit den Landkriegen verbunden waren die Kampagnen im Mittelmeer; umkämpft waren dabei neben diversen nordafrikanischen Hafenstädten die ägäischen Inseln. Bereits im 14. Jahrhundert hatten mehrere kleinasiatische Fürstentümer (Beyliks) in der Ägäis Krieg geführt, die Osmanen bauten nach 1354 Gallipoli als Flottenstützpunkt aus. Die Einnahme von Konstantinopel, dessen Versorgung vom freien Zugang durch die Meerengen abhing, erhöhte ebenso wie die Unterwerfung Ägyptens, Mekkas und Medinas die Bedeutung maritimer Stärke für den Erhalt osmanischer Macht. Das Osmanische Reich wurde erstmals zu einer ernstzunehmenden Seemacht. Das Know-how kam anfangs aus Venedig und Genua und wurde fortlaufend durch Männer erweitert, die in osmanische Dienste traten, sei es, weil sie aus anderen Gebieten vertrieben wurden (Muslime von der Iberischen Halbinsel), sei es, weil sie ein besseres Fortkommen suchten (Korsaren und Konvertiten).

Während die Konstruktion der osmanischen Kriegsschiffe bis in die zweite Hälfte des 17. Jahrhunderts unverändert blieb, änderte sich die Ausrüstung. Im 15. Jahrhundert handelte es sich meist um Galeeren (mehrreihige Ruderschiffe mit und ohne Segel) mit Rammsporn oder Enterbrücke, wie sie im Mittelmeer auch die Venezianer, Spanier und Korsaren benutzten. Um 1500 wurden sie mit Kanonen aufgerüstet, was dazu führte, dass sie schwerer und weniger wendig waren, zugleich aber ihre militärische Schlagkraft erhöhte. In den 1560er Jahren erlaubten neue Techniken den Bau größerer und schwererer Kriegsschiffe, die zuerst die Venezianer verwendeten und 1571 in der Seeschlacht von Lepanto gegen die Osmanen zum Einsatz brachten. Anders aber als die für den Atlantik entwickelten hochseetüchtigen Galeonen und Karacken der Portugiesen, Engländer, Niederländer und Franzosen – Segelschiffe mit hohen Bordwänden, die aus unterschiedlicher Position Breitseiten abfeuern konnten –, waren die osmanischen Kriegsschiffe schlecht für die Hochseeschifffahrt geeignet und nicht wintertüchtig. Die Notwendigkeit, regelmäßig Wasser und Lebensmittel für die Besatzung an Bord zu schaffen, schränkte die Bewegungsfreiheit (nicht nur) der osmanischen Flotte zusätzlich ein.

Zur See waren die Osmanen ihren europäischen Gegnern daher nicht überlegen. Anfangs operierte die osmanische Flotte vorwiegend im Schwarzen Meer und in der Ägäis, wenngleich schon im ausgehenden 15. Jahrhundert einzelne Korsaren des westlichen Mittelmeers in den Dienst des Sultans traten, während andere sich den Sultanen von Tunis oder Marokko andienten. Die berüchtigten

Korsaren der nordafrikanischen »Barbareskenküste« taten im Übrigen wenig anderes als die gefeierten englischen Freibeuter oder auch die Ritter des Johanniter-Ordens: Nominell unterschieden sich Freibeuter und Korsaren von Piraten, indem sie sich einer Sache verschrieben, vorzugsweise dem Kampf für den König und die wahre Religion; die Christen sahen sich im Kreuzzug, die Muslime im Jihad. Anders als die Piraten verfügten sie entweder über eine förmliche Genehmigung ihres Souveräns, feindliche Schiffe zu kapern (Frei- oder Kaperbrief), oder sie handelten mit dessen stillschweigender Duldung. Ihr Geschäft war dennoch Plünderei, Raub und Sklavenhandel, verbunden mit der Terrorisierung der gegnerischen Bevölkerung. Die muslimischen Korsaren setzten so den Grenzkrieg der muslimischen Ghazis mit anderen Mitteln fort. Wie jene waren sie nicht an förmliche Kriegserklärungen gebunden, und wie jene hielten sie nur selten die Regeln humaner Kriegführung ein: Das Meer war bis ins frühe 18. Jahrhundert ein rechtsfreier Raum und der Seekrieg permanent, selbst wenn die beteiligten Mächte zu Lande gerade im Frieden lebten.

Die osmanische Seefahrt gewann zu Beginn des 16. Jahrhunderts eine neue Qualität, als eine Reihe von Seefahrern, die sich zunächst als Piraten hervorgetan hatten, in den Dienst des Sultans traten. Als Befehlshaber osmanischer Flotten verknüpften sie von da an die Freibeuterei mit der Eroberung. Zu den bekanntesten dieser Männer zählen Kemal Reis (Re'is), der Onkel des berühmteren Piri Reis, sowie die Brüder Oruç (oder Aruj) und Hızır, vermutlich Söhne einer griechischen Mutter und eines ehemaligen Janitscharen, der sich auf der ägäischen Insel Lesbos niedergelassen hatte. Hızır wurde später unter dem arabischen Ehrennamen Khair ad-Din, »Bester des Glaubens«, bekannt (in Europa Khair ad-Din Barbarossa, osman. Barbaros Hayreddin). Als Prinz Korkud, unter dessen Protektion zumindest Oruç anfangs gestanden hatte, im Kampf um den Thron seinem Bruder Selim unterlag, verlagerten sie 1513 ihre Aktivitäten von der Ägäis an die tunesische Küste. Der Sultan von Tunis gestattete ihnen, ihre Beutezüge gegen die Abgabe eines Beutefünftels als religiös legitimierte *ghazwa* fortzusetzen; das entsprach den Kaperbriefen europäischer Mächte. 1516 riefen die Einwohner der Hafenstadt Algier die Brüder gegen die spanischen Habsburger zu Hilfe, die im Zuge der Reconquista immer neue Brückenköpfe (span. *presidios*) an der nordafrikanischen Atlantik- und Mittelmeerküste anlegten und vor den Toren Algiers die Festung Peñon errichteten. Vom stark befestigten Algier aus, wo sie über einen exzellenten Hafen, ein fruchtbares Hinterland und Zugang zum Transsaharahandel verfügten, operierten die Brüder sehr erfolgreich im westlichen Mittelmeer. Oruç kam 1518 ums Leben. Um seine Position zu festigen, bot Hızır, der bis dahin gewissermaßen als Privatunternehmer aufgetreten war, dem Sultan die Gefolgschaft an. Dieser akzeptierte, verlieh ihm den Titel eines Statthalters von Algier und sandte ihm Kanonen sowie ein Kontingent von mehreren tausend Janitscharen. Das erweiterte die osmanische Präsenz im westlichen Mittelmeer, schuf erstmals aber auch direkte Berührungspunkte und damit unweigerlich zugleich Konflikte mit den spanischen Habsburgern.

1533 ernannte Sultan Süleiman Khair ad-Din zum Großadmiral der osmanischen Flotte. Nachdem dieser mehrere bis dahin venezianische Inseln der Ägäis erobert hatte, bildeten Venedig und der Kirchenstaat mit den Habsburgern Karl V. und Ferdinand von Österreich 1538 die Heilige Liga. Ihre vereinigte Flotte unter dem Kommando des Genuesen Andrea Doria aber unterlag 1538 in der Seeschlacht vor Preveza, einer Küstenstadt im südlichen Epirus, der osmanischen Flotte. Die Gunst der Stunde nutzend, aktivierte der französische König die informelle anti-habsburgische Allianz. 1543 belagerte ein französisch-osmanischer Flottenverband das zu dieser Zeit habsburgische Nizza. Die osmanischen Schiffe erhielten sogar die Erlaubnis, im Hafen von Toulon zu überwintern, dessen Einwohner allerdings zuvor evakuiert worden waren, um möglichen Zusammenstößen vorzubeugen.[14] In wechselvollen Kämpfen eroberte die osmanische Flotte mehrere Hafenstädte im heutigen Libyen, Tunesien und Algerien sowie auf der Insel Menorca. Mit der Abdankung seines Vaters, Karls V., erbte Philipp II. 1556 die Krone von Spanien, den spanischen Niederlanden und 1580 auch von Portugal; die Kaiserkrone des Heiligen Römischen Reiches fiel an Erzherzog Maximilian von Österreich. Philipp II. schloss 1559 Frieden mit Frankreich und hielt sich so den Rücken frei für neue Kampagnen gegen die Osmanen.

Ungeachtet eines geltenden Friedensvertrages eroberte die osmanische Flotte 1570/71 das venezianische Zypern, unterlag im Oktober 1571 jedoch bei Lepanto im Golf von Patras einer Flotte der Heiligen Liga unter Don Juan d'Austria, dem jungen Halbbruder Philipps II. Das Desaster von Lepanto – die letzte mediterrane Seeschlacht übrigens, die noch mit Galeeren geführt wurde – blieb ohne unmittelbare Folgen, da alle Schiffe wegen des anstehenden Winters in ihre Häfen zurückkehren mussten.[15] Die Osmanen bauten unverzüglich eine neue Flotte, den Verlust der Mannschaften konnten sie so rasch nicht ausgleichen. 1573 überließen die Venezianer Zypern vertraglich den Osmanen. Philipp II. schloss 1580 mit dem Sultan einen Waffenstillstand, der die beiderseitige Grenze im westlichen Mittelmeerraum bis in die Neuzeit festschrieb. Politisch hatte der Sieg von Lepanto dennoch erhebliche Konsequenzen: In Europa entfachte er die Hoffnung, die Osmanen zurückdrängen und das Heilige Land zurückerobern zu können; vor allem in Portugal und im Kirchenstaat lebte die Kreuzzugsidee wieder auf. Zur gleichen Zeit drängten England und die Niederlande als aufsteigende Seemächte ins Mittelmeer. Im Zuge der kolonialen Expansion rivalisierender europäischer Staaten nahm die Seeräuberei ungekannte Ausmaße an.

Rotes Meer, Indischer Ozean und das Horn von Afrika

Um 1500 errichteten die Portugiesen entlang der Küsten Afrikas und Arabiens Stützpunkte und drangen bis in den Indischen Ozean vor. Damit wurde nicht nur ein neues Element in das regionale Gefüge eingeführt, es entstanden zugleich neue globale Zusammenhänge. Das sogenannte (erste) Zeitalter der Entdeckungen gilt nicht zu Unrecht als Auftakt der europäischen kolonialen Expansion. Als Marksteine gelten die Umrundung des Kaps der Guten Hoffnung durch den Portugiesen Bartolomeu Dias im Winter 1487/88, die »Entdeckung« Amerikas durch den in spanischen Diensten stehenden Genuesen Christoph Kolumbus im Jahr 1492 und die »Entde-

ckung« des Seewegs nach Indien durch den ebenfalls in spanischen
Diensten stehenden Portugiesen Vasco da Gama im Jahr 1497/98 –
ein Seeweg, den chinesische, malaiische, indische, iranische und
arabische Seeleute zumindest abschnittweise längst kannten. 1513
erblickte der Spanier Vasco Núñez de Balboa als erster Europäer den
Pazifik, in den Jahren 1519 bis 1521 gelang dem Portugiesen Ferdinand Magellan (Fernão de Magalhães) die erste Weltumsegelung,
bei der er selbst freilich ums Leben kam. In Europa veränderte die
Entdeckung der Neuen Welt und des Seewegs nach Indien das bestehende Weltbild. Zugleich entwickelte sich die Atlantikküste zu
einem neuen Schwerpunkt von Handel, Gewerbe und Bevölkerung.
Die Auswirkungen auf die islamische Welt blieben indes zunächst
begrenzt.

Von Westeuropa ausgehend lassen sich in den zweieinhalb Jahrhunderten zwischen 1500 und 1750 zwei parallele und ganz unterschiedlich angelegte Projekte ausmachen, die jedoch in vielfältiger
Weise miteinander verbunden waren:[16] Das eine umfasste die Eroberung, Besiedlung und Missionierung der beiden Amerikas sowie der
Karibik. Vor allem Nordamerika fing die überschüssige europäische
Bevölkerung auf, während Mittel- und Südamerika sowie die Karibik Bodenschätze wie Gold und Silber und tropische Agrargüter wie
Zucker und Tabak lieferten. Das andere Projekt bestand im Handel
entlang der Küsten Afrikas und des Indischen Ozeans bis hin nach
Südost- und Ostasien, einem Handel, der durch Waffengewalt er-
zwungen und geschützt wurde. Er baute auf alten Routen und Netzen auf, zerstörte diese in Teilen aber auch. Hier ging es vor allem
um die Kontrolle des lukrativen Handels mit Luxus- und Massengü-
tern: von Textilien, Seide, Porzellan und Waffen über Pfeffer, Ingwer,
Zimt und andere Gewürze, etwas später auch Kaffee und Tee, bis
zu Edelhölzern, Reis und sonstigen Lebensmitteln. Verknüpft waren beide Projekte über die gehandelten Waren. Der Sklavenhandel
war integraler Teil des Atlantik- und des Indienhandels. Getragen
wurde der koloniale Handel auf europäischer Seite vornehmlich von
nationalen, meist privaten Handelsgesellschaften (chartered compa-
nies), deren Regierungen ihnen das Recht einräumten, sich zu be-

waffnen, auf fremdem Boden Festungen zu errichten und mit fremden Mächten Verträge abzuschließen. Dies knüpfte nahtlos an die etablierte Praxis der Frei- und Kaperbriefe an und stand wie diese für die Kommerzialisierung und Privatisierung der Kriegführung, die mit den Religionskriegen und den Kämpfen um die Hegemonie in Europa begonnen hatte.

1493 legte Papst Alexander VI. in seiner Bulle »Inter caetera« einen vorgestellten Längengrad etwa 1000 Seemeilen westlich der Kapverdischen Inseln als Grenze zwischen den Interessensphären Spaniens und Portugals fest. Alle Gebiete westlich dieser Linie sollten an Spanien fallen, jene östlich davon an Portugal, die Schifffahrt anderer Mächte sollte als Piraterie gelten. Die beiden Kronen bestätigten diese Regelung 1494 im Vertrag von Tordesillas. Im Einklang mit dieser Vereinbarung stieß Portugal im 16. Jahrhundert bis zu den Gewürzinseln im heutigen Indonesien vor und formte aus den besetzten Territorien den Estado da India. Im portugiesischen Kolonialreich verbanden sich kommerzielle, machtpolitische und religiöse Interessen, verstanden die Portugiesen ihre Aktivitäten doch als Teil des christlichen Kreuzzugs gegen den Islam. Ihre Erfolge verdankten sie vor allem der Tatsache, dass ihre Handelsschiffe im Gegensatz zu denen der außereuropäischen Konkurrenz hochseetüchtig, von großem Fassungsvermögen und schwer bewaffnet waren – und dass sie systematisch Gewalt einsetzten. 1507 okkupierten die Portugiesen ein erstes Mal die Insel Hormuz, einen strategisch an der Einfahrt zum Persischen Golf gelegenen Knotenpunkt des Indien- und Ostindienhandels, sowie den Hafen Maskat in Oman. Aus Sicht der muslimischen Mächte gefährdete dies nicht nur den lukrativen Fern- und Transithandel, sondern auch die Pilgerfahrt nach Mekka und Medina. Um eine mögliche Blockade des Roten Meers zu verhindern, rüsteten die Mamluken mit osmanischer Unterstützung in den 1510er Jahren mehrere Flotten aus. 1515 aber fiel Hormuz endgültig an die Portugiesen. 1517, etwa zeitgleich mit der osmanischen Eroberung Ägyptens, griffen sie erstmals Jidda an, den Versorgungshafen von Mekka und Medina, der erhebliche Einnahmen aus dem Indienhandel bezog. Der Ausbau osmanischer Flottenstützpunkte in

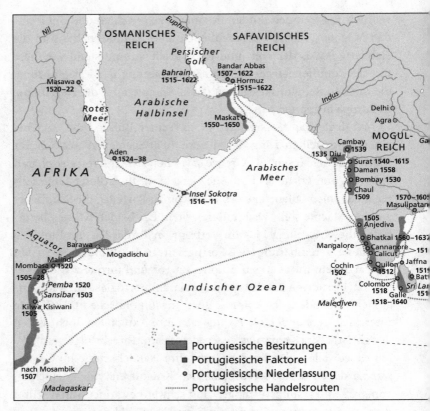

Karte 3: Portugiesische Expansion entlang der Indienroute

Suez, am Roten Meer und am Persischen Golf konnte die portugiesische Expansion nicht aufhalten. Bis 1530 errichtete der Estado da India entlang der maritimen Handelsstraße nach Süd- und Südostasien von Sansibar über Mombasa, Mogadischu, Aden, Sokotra und Hormuz eine Kette befestigter Handelsstützpunkte und machte den einheimischen Fernhändlern scharfe Konkurrenz. Zwischen 1550 und 1650 kontrollierte Portugal sogar die strategisch wichtige Küste Omans (das Hinterland blieb unter einheimischer Herrschaft). Drei osmanische Flotten, die auf Bitten des muslimischen Fürsten von Gujarat zwischen 1530 und 1551 an die indische Westküste segelten,

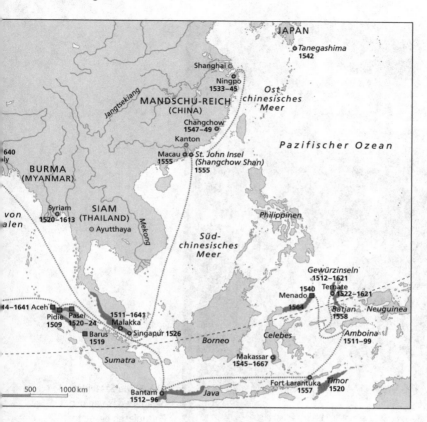

verfehlten ihr Ziel ebenso wie die Flottenexpeditionen unter Admiral Piri Reis.

Konnten die Osmanen sich gegen die Seemacht Portugal auch nicht durchsetzen, so blieben sie ihren mittelöstlichen, afrikanischen und asiatischen Nachbarn militärisch doch überlegen. Das galt zunächst einmal für die Safaviden, deren regionale Bedeutung nicht losgelöst von der portugiesischen Expansion gesehen werden kann. Nach der Einnahme Bagdads und Basras 1534 bzw. 1546 weiteten die Osmanen, nicht zuletzt aus kommerziellen Gründen und um die Pilgerfahrt nach Mekka und Medina zu schützen, ihren Einfluss auf

Abb. 3: Die Safaviden belagern das von den Portugiesen besetzte Hormuz (pers.).

die nordöstliche Arabische Halbinsel (al-Hasa, al-Qatif und Bahrain), die äthiopische Küste und das Horn von Afrika aus. Dass es sich hier um ein zentral gesteuertes Vorgehen handelte, muss bezweifelt werden, denn die Aktionen gingen entweder von den neuernannten osmanischen Statthaltern oder von osmanischen Flottenadmirälen aus, die recht eigenmächtig handelten. Bedenkt man die Schwierigkeiten der Kommunikation über große Distanzen, gab es hierzu auch kaum eine Alternative. Auf dem Weg nach Diu stationierte ein osmanischer Admiral 1538 im jemenitischen Zabid und in Aden Garnisonen. Gut ein Jahrzehnt später wurden im Zuge neuer Vor-

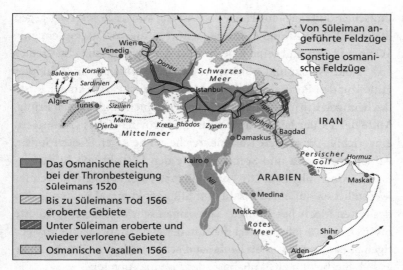

Karte 4: Das Osmanische Reich im 16. Jahrhundert

stöße in das jemenitische Hochland die Städte Taʿizz und Sanʿa eingenommen, ein Aufstand des zaiditischen Imam blutig niedergeschlagen und um 1570 größere Teile des Jemens in das Osmanische
Reich eingegliedert. Möglicherweise bewogen die Interessen am
Handel mit Pfeffer, Gewürzen und Kaffee Großwesir Sokollu Mehmed dazu, den Bau eines Kanals von Suez bis an das Mittelmeer in
Auftrag zu geben, doch scheiterte dieses Projekt ebenso wie der ge-
plante Don-Wolga-Kanal.[17] Schon in den 1630er Jahren schüttelte
eine andere Linie der zaiditischen Imame die osmanische Herrschaft
wieder ab.

Nicht nur im indischen Gujarat, sondern auch an der Ostküste Afrikas und im malaiischen Archipel, namentlich in Aceh an der Nord-
westspitze Sumatras, unterstützten die Osmanen lokale Muslime mit
Kanonen, Feuerwaffen und wohl auch Artilleristen gegen die vordringenden Portugiesen. Am Horn von Afrika – dem Gebiet der
heutigen Staaten Äthiopien, Eritrea, Dschibuti und Somalia – verschärften sich die Auseinandersetzungen zwischen lokalen Christen
und Muslimen. Der Jihad, den Ahmad Grañ, der Imam eines mus-

limischen Sultanats am Horn von Afrika, von 1526 bis 1543 gegen die christlichen Äthiopier führte, gehört in diesen Zusammenhang. Während Grañ und seine Krieger über den osmanischen Statthalter von Zabid Waffen und Musketiere bezogen, erhielten die Äthiopier Hilfe von den Portugiesen. Osmanische Versuche, sich an der Küste des heutigen Eritreas festzusetzen, hatten keinen langfristigen Erfolg. Mitte der 1550er Jahre wurde zwar eine Provinz Habeş (Äthiopien) eingerichtet, die größere Küstenbereiche der heutigen Staaten Sudan, Äthiopien, Eritrea und Somalia sowie den Distrikt von Jidda umfasste, jedoch nicht effektiv kontrolliert werden konnte und sich im Wesentlichen auf eine Anzahl von Stützpunkten auf beiden Seiten des Roten Meers beschränkte. Der osmanische Statthalter residierte bis ins frühe 18. Jahrhundert meist in der Hafenstadt Suakin im heutigen Sudan, von da an im heute saudischen Jidda. Faktisch handelte es sich hierbei um ein Anhängsel der Provinz Ägypten.

B Militär, Recht und Verwaltung

Die »Staaten« des Vorderen Orients und Nordafrikas waren in der Frühen Neuzeit agrarisch strukturiert und patrimonial verfasst, wobei im Osmanischen Reich das bürokratische Element deutlich stärker ausgeprägt war als in der übrigen Region. In einer patrimonialen Ordnung ist der Herrscher – gleichgültig ob mit religiösem Charisma ausgestattet oder nicht – die zentrale Bezugsperson. Ihm und seinem Haus gelten Loyalität und Gehorsam der Machteliten und der einfachen Untertanen. Personen, Clans und Familien besitzen Vorrang vor Institutionen, persönliche Bindungen Vorrang vor formalen Regeln. Das hat erhebliche Auswirkungen auf den Grad der Institutionalisierung. Auch im 16. und 17. Jahrhundert wurde Macht auf allen Ebenen über »Haushalte« ausgeübt. Wie diese Haushalte gebildet wurden und über welche Mechanismen sie sich generationenübergreifend stabilisierten, hing von vielerlei Faktoren ab, darunter nicht zuletzt dem Status von Frauen, denn ob diese eigenständig Besitz, Titel und Klientelnetze erwerben und weitergeben konnten oder nicht, machte einen erheblichen Unterschied.[18] Am besten versteht man Haushalte als Bündel von Patron-Klienten-Beziehungen, das eine biologische Familie als Kern haben konnte und sich häufig auf einen physischen Ort – einen Wehrturm, einen Palast oder eine Kaserne – konzentrierte. Lokale Identitäten und Solidaritäten waren zwar durchaus vorhanden und drückten sich in der Verteidigung kollektiver Rechte und lokaler Traditionen aus. Generell aber besaßen vertikale Bindungen größeres Gewicht als horizontale; für Erstere stehen exemplarisch die Patron-Klienten-Beziehungen, für Letztere Standes- und Klassenbewusstsein. Die breite Masse der Untertanen sollte gegenüber der herrschenden Dynastie loyal sein,

die Anpassung an eine von der Obrigkeit vorgegebene »Leitkultur«
wurde, anders als später unter nationalistischen Vorzeichen, nicht
verlangt. Von den militärischen und politischen Eliten wurde zumindest in den Imperien über die Loyalität hinaus ein spezifischer,
von höfischen Konventionen definierter Habitus erwartet.

Loyalität und Gehorsam, die den Untertanen abverlangt wurden, beinhalteten zweierlei: dass sie Steuern, Abgaben und Dienstbarkeiten entrichteten, deren Art und Umfang in der Regel jedoch
verhandelbar blieben, und dass sie auf aktiven Widerstand gegen
die Obrigkeit verzichteten. Als Gegenleistung verpflichtete sich der
Herrscher im Einklang mit klassischen Regierungslehren, die im
Orient als »Zirkel der Gerechtigkeit« bekannt waren, zum Schutz des
Reiches und der Untertanen nach innen und außen. Diesen Schutz
erwarteten die Untertanen und forderten ihn gegebenenfalls sogar
ein. Die Erwartung war zwar nicht vertraglich festgelegt, aber in eine
ritualisierte Sprache gefasst, die nahezu universal verstanden wurde:
Der Herrscher war der Vater, der seine Kinder führte, bzw. der Hirte,
der seine Herde behütete. Herrschte er im Einklang mit dem Gesetz, war er gerecht, tat er dies nicht, war er ein Tyrann. Die Untertanen hatten das Recht, sich an den Herrscher zu wenden, wenn
sie von den Reichen und Mächtigen bedrängt wurden (»Wölfen«,
die die Schafe anfielen), und bei ihm Gerechtigkeit zu suchen. Die
Wahrung von Recht und Gerechtigkeit wurde weitgehend mit der
inneren Sicherheit und der Durchsetzung der Scharia – hier zeigen
sich die spezifisch islamischen Vorzeichen – gleichgesetzt. Islamisch
legitimiert wurde auch die Verteidigung und Ausweitung der Grenzen. Im Einklang mit diesem Ideal von Ordnung und Gerechtigkeit
bezeichneten sich das Osmanische und das Safavidische Reich als
»wohlgeschützte Lande«.[19]

Besonders gut lassen sich die Grundzüge patrimonial-bürokra-
tischer Herrschaft am Beispiel des Osmanischen Reiches zeigen, das
auf der Grundlage alttürkischer, seldschukisch-ilkhanidischer und
römisch-byzantinischer Traditionen eine eigene, spezifisch osmanische Ordnung schuf. Das Osmanische Reich war in seiner »klassischen Zeit« die bedeutendste muslimische Macht der Welt mit einer

florierenden, auf Landwirtschaft, Handel und Gewerbe beruhenden Wirtschaft und einer vergleichsweise starken Zentralverwaltung. Im globalen Vergleich war ihm nur China unter der Ming-Dynastie (1368–1644) überlegen. Die Bevölkerung wird für die Zeit um 1520 heute auf etwa 15 Millionen Menschen geschätzt und für die Zeit um 1600 auf 18 bis 22 Millionen Menschen, von denen reichsweit rund 85 Prozent auf dem Land lebten und die verbleibenden 15 Prozent in den Städten; auf der anatolischen Hochebene machte die städtische Bevölkerung weniger als 10 Prozent aus, in der Provinz Syrien dagegen rund 20 Prozent.[20] Das Bevölkerungswachstum, die Zunahme von Siedlungen und Märkten sowie das Flächenwachstum vieler Städte im 16. Jahrhundert können als Indiz für Prosperität gelten, wobei auch Europa, China und Japan im 16. Jahrhundert einen deutlichen Bevölkerungszuwachs verzeichneten. Der Anteil tribaler Gruppen war nicht zu vernachlässigen, jedoch deutlich geringer als in Iran, im Maghreb und auf der Arabischen Halbinsel. Die Gesamtbevölkerung Irans schätzen Kenner auf sechs Millionen Menschen um 1600 und neun bis zehn Millionen um 1650.[21] Damit lag sie deutlich unter der Bevölkerungsgröße Japans, Chinas oder Mogul-Indiens. Für die übrigen nahöstlichen und nordafrikanischen Territorien liegen keine verlässlichen Zahlen vor.

Das »klassische Zeitalter« des Osmanischen Reiches wird üblicherweise auf die Jahre 1450 bis 1600 oder 1450 bis 1650 angesetzt; ein Fachhistoriker spricht für die Jahre 1580 bis 1826 sogar von einem »zweiten Osmanischen Reich«.[22] Das Anfangsdatum 1450 korreliert in etwa mit der Eroberung Konstantinopels, obgleich die Pfeiler staatlicher Ordnung sich bereits früher herausgebildet hatten und der Einschnitt in vielerlei Hinsicht nicht so tief war, wie er gelegentlich dargestellt wird. Schwerer festzulegen ist das Enddatum, da politische, militärische, ökonomische und kulturelle Prozesse nicht gleichförmig verliefen und Beginn und Charakter des Strukturwandels, der lange Zeit unter dem Vorzeichen der Krise betrachtet wurde, in der Forschung umstritten sind. Von einer echten Zäsur kann, wie sich noch zeigen wird, weder für 1600 noch für 1650 gesprochen werden.

1. Strukturen des Imperiums

Das Osmanische Reich war ein Imperium, weniger ausgeprägt auch
das Safavidische Reich. Grundlage des »imperialen Modells« ist eine
Vielfalt von Herrschaftspraktiken und Regelungen zwischen dem
imperialen Zentrum und lokalen Kräften. Hierin unterscheidet es
sich grundlegend von den modernen National- und Territorialstaaten, die eine einheitliche Kontrolle ihres durch Grenzen klar markierten Territoriums und der auf ihm lebenden Bevölkerung ausüben oder dies zumindest versuchen. Damit ist nicht gesagt, dass
die imperialen Eliten eine solche zentrale Kontrolle nicht angestrebt
hätten – ihnen fehlten die Mittel, dieses Bestreben flächendeckend
zu verwirklichen. Der Historiker Klaus Kreiser nennt das Osmanische Reich aus diesem Grund ein »Imperium wider Willen«.[23] Ob die
vormodernen politischen Entitäten als »Staaten« bezeichnet werden
können, ist in der Forschung umstritten. Dies gilt umso mehr im
islamischen Kontext, wo sie als *daula* (türk. *devlet*) bezeichnet werden. *Daula* steht in erster Linie für »Haus« oder »Dynastie« und damit vorrangig für Personen, nicht für Territorien und Institutionen.
Sprachlich verweist es auf die dynamische Bewegung des Sich-Dre-
hens. Gemeint ist das sich drehende Glücksrad, das den von der
Glückskonstellation Begünstigten nach oben trägt. Damit beschreibt
daula geradezu das Gegenteil des »statischen«, »stehenden« Staates.
Ungeachtet der in der Sprache aufscheinenden Vorstellung von Bewegung bildeten sich im Zuge einer Herrschaftsverdichtung dennoch Verfahren und Institutionen heraus, die sich als staatlich fassen
lassen. Der Osmanist Maurus Reinkowski hat von einem »Reich mit
staatlichen Strukturen« gesprochen.[24] In diesem weiten Sinn wird
der Staatsbegriff auch im Folgenden verwandt.

Der vormoderne Staat lag der Gesellschaft gewissermaßen auf
und stützte sich auf deren lokale Eliten und Repräsentanten. »Herrschaft« bedeutete unter diesen Bedingungen die Kontrolle der wichtigen Städte, strategischen Punkte, Verkehrs- und Handelsstraßen
sowie die Fähigkeit, Ressourcen abzuschöpfen und Gehorsam ge-

gebenenfalls durch gezielte Eingriffe zu erzwingen.[25] Obgleich die postkoloniale Forschung diese Begriffe ablehnt, kann man mit Blick auf das Osmanische Reich sehr wohl von einem Zentrum und einer Peripherie bzw. mehreren Peripherien sprechen: Sein politisches Zentrum war der Aufenthaltsort des Sultans, von der Mitte des 15. Jahrhunderts an also entweder Konstantinopel / Istanbul oder Edirne. Da unterschiedliche Bevölkerungsgruppen und Territorien zu unterschiedlichen Zeiten in das Reich eingegliedert wurden, galten zwischen den Beteiligten unterschiedliche Arrangements, die auf lokale Gegebenheiten Rücksicht nahmen und diese in gewissem Umfang abbildeten. In vielen Fällen beruhten sie auf Aushandlungsprozessen. Nicht überall führte die militärische Unterwerfung zur förmlichen Eingliederung in das Reich, vielmehr bestanden unterschiedliche Formen des Vasallentums, der Halbautonomie, ja selbst des Kondominiums, die lokale Eliten allgemein zu Loyalität und konkret zu Tribut und der Stellung von Truppen verpflichteten.

Gemäß der klassischen Maxime des Teile-und-Herrsche *(divide et impera)* strebte die Zentralgewalt ein Radialsystem an, in dem alle entscheidenden Akteure wie die Speichen eines Rades auf das Zentrum hin ausgerichtet waren; »horizontale« Verstrebungen zwischen unterschiedlichen Räumen und Akteuren an der Peripherie (sprich in den Provinzen) sollten so weit wie möglich unterbunden werden, um eine übergreifende Mobilisierung von Gegenmacht zu verhindern.[26] Der Zentralgewalt standen gegenüber lokalen Kräften im Wesentlichen drei Handlungsoptionen zur Verfügung: einbinden, ausgrenzen und unterdrücken. Auf weiten Teilen des eigenen Territoriums besaß sie jedoch nicht das Gewaltmonopol, sondern musste sich mit konfliktfähigen Gruppen arrangieren, die in der Lage waren, Widerstand gegen als illegitim empfundene Ansprüche zu leisten – und nicht selten auch gegen legitime. Mangels geeigneter Ressourcen blieb das imperiale Zentrum für die Durchsetzung seiner Ziele somit auf die Kooperation bzw. Kollaboration lokaler Eliten angewiesen. In der Regel griff »der Staat« nicht in die inneren Belange einer Gruppe ein, gleichgültig ob Stamm, Zunft oder Religionsgemeinschaft, sondern suchte deren Außenbeziehungen zu kontrollieren.

Den einzelnen Untertanen erreichte er nur in den seltensten Fällen. Insofern ergibt sich hier eine Parallele zur *indirect rule*, die europäische Kolonialmächte in späterer Zeit praktizieren sollten.

Die Widerstandskraft und Anpassungsfähigkeit des Osmanischen Reiches, das über alle Krisen und Gefährdungen hinweg in unterschiedlicher Verfassung mehr als sechs Jahrhunderte lang Bestand hatte (und damit beinahe ebenso lang wie sein habsburgischer Nachbar), sind oft kommentiert worden. Die Langlebigkeit verdankte sich nicht allein militärischer Stärke, also dem Einsatz oder der Androhung von Gewalt, sondern zugleich einer bemerkenswerten Flexibilität, ja Elastizität, die es den Regierenden erlaubte, unterschiedliche Bevölkerungsgruppen einzubinden und bestehende Regelungen periodisch an gewandelte Umstände anzupassen. Im Gegensatz zu anderen Eroberern boten die Osmanen unterworfenen Eliten die Möglichkeit, in die Reichselite aufzusteigen, in der frühen Ära sogar ohne vorherige kulturelle Angleichung. Das Römische Reich ist für diese Form der Durchlässigkeit vielleicht das bekannteste Beispiel. Hier liegt zugleich ein fundamentaler Unterschied zu den europäischen Kolonialregimen späterer Jahrhunderte, die lokale Eliten zwar gleichfalls häufig in ihrer angestammten Position beließen, ihnen aber nicht den Weg in die Machtelite der »Metropole« eröffneten.

Flexibilität und Offenheit charakterisierten vor allem die Anfänge osmanischer Herrschaft und Verwaltung: Soweit wir diese rekonstruieren können, waren personale Bindungen zwischen Individuen, Familien und Häusern in der frühen Phase wichtiger als Institutionen und Gesetze, und Tribut und Beute spielten in Ermangelung einer verlässlichen Kontrolle von Land und Bevölkerung eine größere Rolle als Steuern und Abgaben. Allerdings setzte der Sultan schon früh ein Verfügungsrecht über erobertes Land durch und sicherte sich so ein zentrales Mittel, über Patronage und Geschenke Männer an sich zu binden. Damit folgte er nicht nur einer gängigen imperialen Praxis, die von Byzanz bis China genutzt wurde, er handelte auch im Einklang mit dem islamischen Recht.[27] Positionen und Einkünfte, Apanagen und Pfründen wurden anfangs wohl einigermaßen informell an Mitglieder des eigenen Haushalts und die wichtigsten Gefolgsleute und Verbündeten vergeben. Im Zuge der Eroberungen erhielten militärische Anführer einen Anteil an der Beute sowie Land und andere Einkünfte aus den eroberten Territorien, wo sie recht eigenständig schalteten und walteten. Ihre Gegenleistung bestand in militärischer Gefolgschaft. Zwischen zivilen und militärischen Aufgaben bestand keine klare Trennung. Vor allem in den Grenzregionen – und das hieß anfangs fast überall – wurden Stammesführer und unterworfene Fürsten in der Regel als Vasallen in ihren Territorien belassen. Das Grundprinzip lautete Inklusion, also Einbindung. Lokale Eliten (die nicht unbedingt älter waren als die Osmanen selbst) wurden kooptiert und so lange in ihrer Stellung belassen, bis man stark genug war, sich ihrer zu entledigen. Das Verfahren war flexibel und pragmatisch und gestaltete sich daher von Ort zu Ort verschieden. In Ermangelung stabiler Institutionen von Staatlichkeit, eines stehenden Heeres und regelmäßiger Einkünfte gab es zu dieser Strategie zunächst keine Alternative. Sie barg aber die stete Gefahr der Illoyalität, zumal wenn lokale Machthaber sich miteinander verbündeten und in der näheren oder weiteren Umgebung Partner fanden, die ihre Interessen gegenüber der Zentralgewalt unterstützten, was nicht nur in Grenzregionen vorkam.

In der zweiten Hälfte des 15. Jahrhunderts begann die Macht, sich stärker in den Händen des Sultans und seines Haushalts zu konzentrieren. Die Anbindung militärischer und bürokratischer Eliten an den Herrscher qua Kooptation und Inklusion stellte einen ersten Schritt in Richtung Zentralisierung und Institutionalisierung dar. Ein zweiter, entscheidender Schritt bestand im Aufbau eines stehenden Militär- und Verwaltungsapparates. Seine Pfeiler waren die Vergabe von Landpfründen (Timars) an Reiter und »staatliche« Amtsträger, die Rekrutierung unfreier Eliten und die Besteuerung der ländlichen Haushalte. Die Verdichtung und Institutionalisierung von Herrschaft ging mit der Entmachtung solcher Mitstreiter und Gefolgsleute einher, die über eine eigenständige Machtbasis verfügten, mit der sie dem Sultan gefährlich werden konnten. Betroffen waren insbesondere Männer, die den Aufstieg der Osmanen mitgetragen hatten und sich diesen mehr oder weniger ebenbürtig fühlten. Dabei handelte es sich in erster Linie nicht um die christlichen Fürsten Südosteuropas und Kleinasiens, die sich den Osmanen teils freiwillig, teils unfreiwillig angeschlossen hatten, sondern um türkisch-muslimische Familien und Haushalte, die in der westlichen Literatur nicht ohne Berechtigung als »anatolischer Landadel« bezeichnet werden und die zumindest potentiell eine Gegenmacht zur osmanischen Zentralregierung darstellten.

Schon im 14. und beginnenden 15. Jahrhundert waren die Osmanen auf dem Gebiet von Recht und Verwaltung neue Wege gegangen; die Einnahme Konstantinopels trieb diesen Prozess weiter voran. Anders als die chinesischen und japanischen Kaiser, die weitgehend frei eigenes Recht setzten, waren die osmanischen Sultane dabei nicht nur an Brauch und Sitte gebunden. Sie mussten in gewissem Umfang auch islamische Normen beachten, wenn ihr Handeln den eigenen muslimischen Untertanen als legitim erscheinen sollte. Die islamische Tradition gestand dem Herrscher jedoch das Recht zu, im Rahmen der islamischen Rechts- und Werteordnung, der Scharia, die öffentliche Ordnung zu gestalten (arab. *siyasa shar'iyya*). In diesem durchaus weiten Rahmen bewegten sich die Sultane, wenn sie Gesetzessammlungen (osman. Sing. *kanunname*) zu Fragen des Bodenrechts, der Organisation von Herrschaft und Verwaltung, protokollarischen Regelungen, Gehältern sowie zu Teilbereichen des Strafrechts erstellen ließen, zu deren Anwendung die osmanischen Amtsträger verpflichtet wurden. Ähnliche Kodifizierungen hatten mongolische Herrscher vorgenommen (man denke an Dschingis Khans Gesetz, die *yasa*), und die turkmenischen Ak Koyunlu waren ihnen hierin gefolgt, hingegen kannten die Kalifen und Sultane von den Umayyaden bis zu den Mamluken kein kodifiziertes herrscherliches Gesetz neben der Scharia.

Eine der frühesten Gesetzessammlungen, die Sultan Mehmed II. zugeschrieben wurde, berücksichtigte erkennbar die für die Herrschaftsausübung unmittelbar relevanten Bereiche.[28] Im Einklang mit etablierten Praktiken verfügte sie, dass mit Ausnahme von religiösem Stiftungsgut sowie von Gärten, Wohnhäusern und Gewerbebauten, über die ihre Eigentümer frei verfügen konnten, der gesamte Grund und Boden außerhalb der dörflichen und städtischen Gemarkungen sowie Wasser und Bodenschätze als Eigentum des Sultans zu gelten habe, der sie gewissermaßen im Namen der muslimischen Gemeinschaft verwaltete. Der Begriff *miri* (von arab. *amiri*: »dem Fürsten zugeordnet«) brachte das zugrundeliegende patrimoniale Verständnis von Herrschaft deutlich zum Ausdruck. Ein Teil der Fläche war Krongut im Besitz des Sultans und seiner Familie, der größte Teil wurde anstelle von Sold und Salär als widerrufbare Pfründe an Militärs und Bürokraten vergeben. Die Eroberungen des 16. Jahrhunderts stärkten die Position des Sultans ungemein, denn in Ostanatolien, Syrien und Irak lag der Anteil des Kronguts deutlich höher als in den älteren Provinzen. In ehemals rum-seldschukischen und turkmenischen Territorien allerdings blieb, wie es scheint, Privatbesitz an ländlichem Grund und Boden erhalten. Dass die Scharia hier nicht die entscheidende Referenz abgab, zeigte sich, als Mehmed II. in großem Umfang Privatland und Stiftungsgut enteignete, um damit die von ihm begünstigten alten und neuen Eliten auszustatten. Die Maßnahme ist von einigen Historikern mit der Säkularisation des Kirchen- und Klostergutes im Westeuropa des 16. Jahrhunderts verglichen worden.[29] Dem ist entgegenzuhalten, dass der Sultan keine religiöse Institution enteignete, die sich ihm hätte entgegenstellen können, sondern Privatpersonen und -haushalte. Politisch gesehen macht das einen erheblichen Unterschied.

2. Der Herrscher und seine Familie

Wie sichert man unter den Bedingungen begrenzter Ressourcen und schwacher Institutionalisierung Loyalität? Auch im Vorderen Orient und in Nordafrika bildete die Heiratspolitik ein bewährtes, wenn auch nicht unbedingt verlässliches Mittel, personale Bindungen womöglich über mehrere Generationen abzusichern. Für so gut wie jedes Herrscherhaus waren Heiraten die Fortsetzung der Politik mit anderen Mitteln. Das galt für die regierenden Fürsten ebenso wie für ihre Söhne und weiblichen Verwandten, an erster Stelle die Schwestern und Töchter. Eheschließungen geben damit immer zugleich Aufschluss über politische Machtverhältnisse und soziale Hierarchien. Im islamischen Kontext kamen dabei zwei Prinzipien zum Tragen, die unter bestimmten Bedingungen in Konkurrenz zueinander treten konnten: Grundsätzlich ist nach islamischem Recht der Mann Ehe- und Haushaltsvorstand, in bestimmten Belangen sogar Vormund der Ehefrau. Sie schuldet ihm Gehorsam, behält allerdings das Verfügungsrecht über das von ihr in die Ehe eingebrachte Vermögen.[30] Da der Ehemann in diesem Sinn Gewalt über seine Ehefrau hat (arab. *wilaya*), kann er nach Auffassung der meisten sunnitischen Religions- und Rechtsgelehrten – abweichend hier manche schiitischen Ulama – auch eine Jüdin oder Christin heiraten; diese sollte zur Konversion bewegt werden, muss aber nicht konvertieren. Die gemeinsamen Kinder werden auf jeden Fall als Muslime geboren. Insoweit richtet sich der Status der Ehefrau maßgeblich nach dem Status ihres Mannes – aber nicht ausschließlich, denn als zweites Grundprinzip gilt nach islamischem Recht die Ebenbürtigkeit der Ehepartner (arab. *kafaʼa*). Ihm zufolge darf eine Frau nur in die Ehe mit einem Mann gegeben werden, der ihr nach bestimmten Kriterien ebenbürtig ist. Zu diesen zählen neben der Religionszugehörigkeit – der Ehemann einer Muslimin muss zwingend Muslim sein, damit nicht ein Nichtmuslim im obengenannten Sinn Gewalt über sie erlangt – auch sein Vermögen und sein sozialer Rang. Die Nachkommen des Propheten Muhammad beispielsweise achteten in der Regel streng darauf, ihre Töchter und Schwestern nicht außerhalb der eigenen Statusgruppe zu verheiraten, soweit es sich dabei nicht um Angehörige der militärischen und zivilen Machteliten handelte.

Nach den Regeln des islamischen Rechts konnte der Herrscher, wie jeder freie muslimische Mann, zur gleichen Zeit bis zu vier Ehefrauen haben (Polygamie bzw. korrekt: Polygynie), dazu eine unbegrenzte Anzahl an Sklavinnen und Konkubinen. (Sklavinnen stehen ihrem Herrn sexuell zur Verfügung, sofern er ihr alleiniger Eigentü-

mer ist und sie für ihn nicht nach komplizierten Verwandtschafts-
regeln tabu sind. Konkubinen sind Sklavinnen, mit denen er über
einen gewissen Zeitraum Geschlechtsverkehr hat, ohne sie zu heiraten.) Die Scheidung war für den Mann einfach, und viele Männer
schlossen im Laufe ihres Lebens eine ganze Reihe von Ehen (serielle
Ehe), sei es, weil ihre Ehefrau früh verstarb, sei es, weil sie eine neue
Partnerin begehrten. Nicht wenige derjenigen, die es sich finanziell
leisten konnten, kombinierten Polygynie und serielle Ehe; dementsprechend hoch konnte die Zahl ihrer Kinder sein, und dementsprechend elastisch war auch das Verständnis von Familie. Eine Sklavin,
die ihrem Herrn ein Kind geboren hatte (arab. *umm walad*), besaß
einen privilegierten Status: Sie durfte zu seinen Lebzeiten nicht verkauft werden und wurde – vorausgesetzt, die Erben beachteten diese
Bedingung – spätestens nach seinem Tod freigelassen. Kinder aus
dieser Verbindung galten, soweit der Mann sie als die eigenen anerkannte, nach Auffassung der meisten muslimischen Religions- und
Rechtsgelehrten als frei geboren und besaßen das uneingeschränkte
Erbrecht.

Für die Thronfolge zählte allein die männliche Linie, Ausdruck
der dezidiert patriarchalischen Struktur der vorderorientalischen
Gesellschaften. Nicht umsonst enthalten die Stammbäume muslimischer Dynastien in der Regel nur die Namen der Männer. Frauen
spielten in der dynastischen Linie allenfalls dann eine Rolle, wenn
sie muslimisch und von vornehmer Herkunft waren; in vielen Fällen
aber ist nicht einmal der Name der Mutter des regierenden Herrschers überliefert. Der Herrscher konnte Sohn einer Sklavin sein,
ohne dass dies seinen Status beeinträchtigt hätte, und selbst deren
Hautfarbe (und damit unter Umständen auch die seine) spielte
kaum eine Rolle. Im Osmanischen und im Safavidischen Reich entstammten freilich alle Herrscher den Verbindungen ihrer Väter mit
»weißen«, also hellhäutigen Sklavinnen oder Ehefrauen. Eine Kö-
nigin gab es nicht, wohl aber eine unter Umständen einflussreiche
Favoritin und – in vielen Fällen noch wichtiger – die Mutter des
Monarchen. Der Harem konnte so zu einem Machtzentrum werden,
allerdings einem sehr gut abgeschirmten.

Zur Zeit ihres Aufstiegs, als sie noch nicht deutlich über die Schar ihrer Mitstreiter hinausragten, schlossen die Osmanen »politische« Ehen mit frei geborenen Frauen, darunter nicht wenige Angehörige christlicher Adelshäuser. Sultan Orhan war im frühen 14. Jahrhundert bereits stark genug, eine Tochter des byzantinischen Thronanwärters Johannes VI. Kantakouzenos mit Namen Theodora zu heiraten. Beginnend mit Sultan Murad I. (reg. 1362–1389) aber besiegelten dynastische Ehen nicht mehr ein Bündnis auf Augenhöhe, sondern die Unterwerfung dessen, der die Frau in die Ehe gab. Die Osmanistin Leslie Peirce spricht von Frauen als regelrechten »Siegestrophäen«.[31] Das markierte zugleich den wachsenden Abstand des osmanischen Hauses gegenüber seinen Nachbarn und der »anatolischen Aristokratie«. Sofern die Sultane und Prinzen überhaupt noch förmliche Ehen eingingen, scheinen sie diese nicht vollzogen zu haben. Kinderlos, ohne eigenen Haushalt und ohne die Möglichkeit, in eigenem Namen Stiftungen und Bauten zu errichten, hinterließen die Ehefrauen aus edlem Geblüt keinerlei Spuren. Zwischen 1450 und 1550 waren wohl alle osmanischen Sultane – Selim I. war möglicherweise eine Ausnahme – Söhne von Konkubinen, nicht der regulären Ehefrauen ihres Vaters. Zugleich scheint es bis ins frühe 16. Jahrhundert üblich gewesen zu sein, den Nachwuchs auf einen Sohn pro Konkubine zu begrenzen. Sobald diese dem Sultan einen Sohn geboren hatte, schlief er nicht mehr mit ihr; wurde sie nicht von ihm schwanger, gab er sie in der Regel an einen hochrangigen Militär, Bürokraten oder Gelehrten weiter. Eine Familie im landläufigen Sinn – Vater, Mutter, Kinder – gab es am osmanischen Hof nicht. Affektive Bindungen zwischen Vätern und Söhnen entwickelten sich selten, wohl aber enge Mutter-Sohn-Beziehungen.

Sultan Süleiman I. brach mit der Tradition, und zwar aus Liebe zu seiner Konkubine Hürrem, wohl eine Sklavin aus Ruthenien in der heutigen Ukraine, die von Krimtataren geraubt und nach Istanbul verkauft worden war. In westlichen Quellen wird sie, abgeleitet von der polnischen Bezeichnung für Ruthenierin, Roxelane genannt. In einem für die Zeitgenossen aufsehenerregenden Akt ließ Süleiman Hürrem nach der Geburt eines ersten gemeinsamen Sohnes frei und nahm sie, wenige Monate nach dem Tod seiner Mutter, 1534 in aller Form zu seiner Ehefrau, die von da an den Titel einer Khasseki Sultan trug. (»Khasseki«, abgeleitet von »eigen«, »privat«, bezeichnete sie als dem Sultan gehörend, das nachgestellte »Sultan« als weibliches Mitglied des Herrscherhauses.) Hürrem gebar Süleiman noch vier weitere Söhne und eine Tochter. Die Söhne begleitete sie nicht, wie bislang üblich, in die Provinz, sondern verblieb an der Seite ihres Mannes in der Hauptstadt. Während seiner zahlreichen Feldzüge sandte sie Süleiman Briefe, von denen einige erhalten sind, auch tauschten die Ehegatten Gedichte aus. Als Hürrem 1558 starb, ließ Süleiman sie, die zu ihren Lebzeiten zahlreiche wohltätige Einrichtungen gestiftet hatte, neben seinem eigenen Mausoleum im Istanbuler Süleimaniyye-Komplex bestatten.

Beachtung verdienen zugleich die Ehen der osmanischen Prinzessinnen. Bis in die Mitte des 15. Jahrhunderts wurden die Töchter, Schwestern und, soweit vorhanden, die Enkeltöchter der regierenden Sultane mehrheitlich mit Angehörigen muslimischer Häuser verheiratet, die ihnen im Prinzip ebenbürtig waren. Von der Mitte des 15. Jahrhunderts an wurden sie vornehmlich mit einflussreichen Männern des Reiches vermählt – immer unter der Voraussetzung, dass diese Muslime waren. Gelegentlich wurden auch Ehen unter Cousins und Cousinen geschlossen. Beginnend mit Süleiman I. gab der Sultan häufig eine seiner Schwestern, Töchter oder Enkeltöchter einem aufstrebenden Wesir oder dem Großwesir zur Ehefrau, eine Praxis, die bis ins 20. Jahrhundert beibehalten wurde. Hier siegte einmal mehr die Staatsräson über das islamische Recht, denn die meisten Wesire und Großwesire waren zu dieser Zeit Männer einfacher Herkunft, oft »Pfortensklaven«, und damit nach klassischer Rechtsauffassung den weiblichen Verwandten eines regierenden Monarchen nicht ebenbürtig. Dennoch kam das soziale Gefälle zum Ausdruck, denn der Wesir wurde in der Regel nicht nach seinen Wünschen befragt, und er musste sich vor der Eheschließung von seinen bisherigen Ehefrauen und Konkubinen trennen. Die Ehe einer osmanischen Prinzessin war monogam. Die Einheirat in das Haus Osman unterstrich nicht nur den Statusgewinn des Wesirs als

Schwager oder Schwiegersohn *(damad)* des regierenden Sultans. Die
Ehe sollte, indem sie andere Bindungen aufhob, seine unbedingte
Loyalität zur Dynastie garantieren. Die Nachkommen des Sultans
aus der weiblichen Linie besaßen im Übrigen kein Anrecht auf den
Thron und wurden üblicherweise bestenfalls Provinzgouverneur –
auch dies diente der Begrenzung der Konkurrenz innerhalb des
Herrscherhauses.

Es sagt einiges über die anders gearteten Machtverhältnisse am
Safavidenhof aus, dass hier bis ins 18. Jahrhundert politische Ehen
geschlossen wurden und die weiblichen Angehörigen des Herrscherhauses ganz allgemein eine stärkere Stellung besaßen.[32] Ungeachtet
ihres religiösen Charismas sahen die Safaviden offenkundig die Notwendigkeit, ihre Position über die Verbindung mit einflussreichen
Familien auch aus dem eigenen Machtbereich zu festigen. Schah
Ismail, sein Sohn Tahmasp und später dessen Enkel Abbas I. machten regen Gebrauch von der Heirats- als Bündnispolitik, wobei in
den Quellen vorrangig von ihren zahlreichen Töchtern und Schwestern die Rede ist. Die Schahs selbst heirateten weiterhin über religiöse
und kulturelle Grenzen hinweg in georgische und tscherkessische
Adelshäuser oder in die Familien iranischer Prophetennachkommen
ein. Dass sie ihre Töchter in prominente iranische Gelehrtenfamilien
gaben, unterscheidet sie von ihren – auch in dieser Hinsicht so viel
»säkulareren« – osmanischen Nachbarn.

3. Thronfolge

Der kritische Punkt in jeder ganz auf den Herrscher zugeschnitte-
nen patrimonialen Ordnung ist die Thronfolge: Nach turko-mon-
golischem Brauch ging die Nachfolge des regierenden Khans auf
einen seiner männlichen Angehörigen über (in erster Linie Söhne
und Brüder), wobei sich aufgrund der Aufteilung der Weidegebiete
Besitz und Herrschaft jedoch häufig rasch aufsplitterten. Die Osmanen und die Safaviden hingegen hoben die Anrechte der Brüder

zwar nicht auf, übertrugen die Herrschaft bis ins 17. Jahrhundert jedoch an einen der Söhne des Sultans oder Schahs. Somit herrschte das Erbprinzip, jedoch ohne Primogenitur, bei der der älteste Sohn Reich, Titel und Vermögen erbt. Vielmehr waren nach islamischem Recht im Prinzip alle Söhne eines Herrschers, die er als die eigenen anerkannt hatte, zur Nachfolge berechtigt, gleichgültig ob von einer freien Frau oder von einer Sklavin bzw. Konkubine geboren.

Im Osmanischen Reich konnte der regierende Sultan nicht selbst seinen Nachfolger bestimmen. Vielmehr mussten sich die Thronanwärter aus eigener Kraft durchsetzen, um von den Großen des Reiches bzw. des Hofes als Sultan anerkannt zu werden. Das hatte den Vorteil, dass aus einem größeren, auf die Regierungsaufgabe vorbereiteten Pool von Kandidaten energische und in diesem Sinn fähige Herrscher auf den Thron gelangten. Nach zeitgenössischer Auffassung manifestierte sich in diesem Verfahren die Fortune (türk. *kut*, auch *devlet*), ja göttliche Gnade, deren ein Prinz bedurfte, wenn er erfolgreich regieren wollte.[33] Der Nachteil bestand in den fast unvermeidlichen und häufig genug blutigen Kämpfen um die Nachfolge. Deutlicher konnte die Verbindung von Herrschaft und Gewalt nicht unterstrichen werden. Der Begriff des Bürgerkriegs, der in diesem Zusammenhang verschiedentlich verwendet wird, ist allerdings irreführend: Hier kämpften keine Bürger um die Gestaltung des Gemeinwesens, sondern Herrschersöhne um die ungeteilte Macht, nicht selten übrigens noch zu Lebzeiten ihres Vaters.

Spätestens vom ausgehenden 14. Jahrhundert an löste jeder Tod eines Sultans eine Krise aus: Die Prinzen waren, da alle gleichermaßen zur Thronfolge berechtigt, von Geburt an Konkurrenten. Sie wuchsen bei ihren Müttern im Harem auf, bis ihr Vater sie im Alter zwischen zehn und zwölf Jahren als Statthalter in die anatolische Provinz sandte (später wurde das Alter etwas angehoben), wo sie unter der Anleitung eines vom Vater bestimmten Mentors, der zunächst die Amtsgeschäfte führte, politische und militärische Erfahrung sammelten und zugleich einen eigenen Haushalt aufbauten. Jeder der Prinzen strebte eine Statthalterschaft an, die möglichst nah bei Istanbul lag. Um sie herum bildeten sich Faktionen, unter denen häufig Pfortentruppen die entscheidende Rolle spielten. Vergleichbares galt für die Safaviden, wo die Kızılbaş als Königsmacher auftraten, denn anders als bei den Osmanen unterstanden die safavidischen Prinzen, wenn sie als nominelle Statthalter in eine Provinz entsandt wurden, dort der Vormundschaft eines Kızılbaş-Emirs. Ungeachtet der starken monarchischen Tradition Irans war die Stellung der Safavidenschahs in jeder Hinsicht schwächer als die der osmanischen Sultane. Die blutigen Machtkämpfe, die nach dem Tod Schah Ismails, seines Sohns Tahmasp und dessen Enkels Abbas ausbrachen, illustrieren es eindrücklich. Dabei stand nicht die safavidische Herrschaft als solche in Frage, vielmehr kämpften Kızılbaş-Führer mit ihren Gefolgsleuten und Verbündeten um ihre Position *innerhalb* der bestehenden Ordnung. Gefährlich wurden die Auseinandersetzungen vor allem dann, wenn die Thronanwärter versuchten, mit Hilfe äußerer Verbündeter ihre Ansprüche durchzusetzen (leicht anachronistisch ließe sich von einer Internationalisierungsstrategie sprechen), und feindliche Nachbarn die Phase des Übergangs zur Einmischung, wenn nicht Invasion nutzten. Daher das »Drama des leeren Throns«[34] und die Versuche, den Tod des Herrschers gegebenenfalls zu kaschieren, bis sich ein Nachfolger mehr oder weniger fest etabliert hatte.

Die Osmanen wussten um diese Gefahren und erprobten unterschiedliche Wege, sie zu umgehen, die zugleich Aufschluss über die Stellung des Sultans innerhalb der Machtelite geben: Auf Sultan Mehmed II. wird die ausdrückliche Rechtfertigung des Brudermords – *nach* Erlangung der Herrschaft, nicht gewissermaßen präventiv – als besondere Praxis der Konfliktvermeidung zurückgeführt: »Wer immer von meinen Söhnen die Herrschaft erlangt, für den ist es angemessen, um der Ordnung der Welt willen seine Brüder zu töten«.[35] Das war freilich nach islamischem Recht und allgemeinem Empfinden Mord und bedurfte der Begründung; sie bestand darin, dass der Tod einiger dem Reich größeres Blutvergießen ersparen sollte. Das Prinzip des Gemeinwohls, das hier zum Ausdruck kam, ist im islamischen Recht gut verankert. Hier reflektierte es in erster Linie jedoch die Staatsräson – und zugleich die Schwäche familiärer Bande innerhalb des osmanischen Hauses. In der Regel wurden in diesen Fällen die Prinzen mit einer Seidenschnur erdrosselt, damit kein königliches Blut floss; viele wurden sogar ehrenvoll an der Seite ihres verstorbenen Vaters bestattet. Man darf aber nicht übersehen, dass es sich hierbei um eine äußerst riskante Strategie handelte: Ein einziger kinderloser Sultan hätte die osmanische Dynastie erlöschen lassen.

Zum Brudermord trat im 16. Jahrhundert der Sohnesmord, Ausdruck der häufig schwierigen Beziehungen zwischen Vätern und Söhnen gerade in den herrschenden Familien. Enge Bindungen zwischen Vätern und Söhnen waren selten; emotionale Bindungen knüpften die Monarchen vorrangig zu ihren männlichen »Sklaven«, im Fall der Safaviden gelegentlich auch zu führenden Kızılbaş. Bindung beinhaltet Nähe, Vertrautheit und damit zugleich Vertrauen. Die Söhne hingegen verkörperten Gegensätzliches – die Chance auf Fortsetzung des Hauses auf der einen Seite, Gefahr für den eigenen Machterhalt auf der anderen. Die Spannung schloss Wertschätzung, ja Zuneigung nicht aus, resultierte meist jedoch in Misstrauen und Ambivalenz. All das war nicht neu: Schon dem berühmten seldschukischen Wesir Nizam al-Mulk wurde der Ausspruch zugeschrieben, ein treuer Sklave sei besser als 300 Söhne, denn die Söhne hofften auf den baldigen Tod ihres Vaters, während der Sklave seinem Herrn ein langes Leben wünsche.[36] Ähnlich wie Sultan Süleiman, der mehrere seiner Söhne töten ließ, verhielt sich Schah Abbas I., der aus Furcht um seinen Thron seine Brüder und Söhne entweder blenden oder töten ließ. Die starke Stellung der Frauen am safavidischen Hof äußerte sich nicht zuletzt darin, dass die Safaviden auch Prinzessinnen blenden ließen, wenn sie diese als Gefahr wahrnahmen.

Die brutalen Praktiken erregten in der Bevölkerung allerdings Unwillen, die Religions- und Rechtsgelehrten missbilligten sie, und die Chronisten vermieden es, von ihnen zu berichten. Zugleich reduzierten sie die Zahl der legitimen Thronfolger in gefährlicher Weise. An der Wende zum 17. Jahrhundert gaben die Osmanen die Praxis des Brudermords auf. Wahrscheinlich beruhte dies auf keiner bewussten Entscheidung: Die Sultane waren vielfach zu jung, um in dieser Sache zu urteilen, und zugleich nicht länger die zentralen Entscheidungsträger, die ihre Vorgänger gewesen waren. Im selben Zug etablierte sich das Seniorat, bei dem das älteste männliche Mitglied der Familie den Thron bestieg. Aber auch dieses Verfahren hatte seine Kosten, denn von nun an wurden die Söhne, Brüder und Neffen des regierenden Sultans zwar am Leben gelassen, aber im Palast faktisch gefangen gehalten, wo sie in steter Angst vor der möglichen Tötung lebten.

4. Distanz und Nähe

Bis in die Mitte des 16. Jahrhunderts waren die osmanischen Sultane wie viele frühere und manche zeitgenössische Herrscher mobil und zogen regelmäßig selbst ins Feld. Das änderte sich in dem Maß, in dem das Reich expandierte und Feldzüge nicht mehr nur zwischen April und November, sondern mehr oder weniger durchgehend über mehrere Jahre geführt wurden, wobei die Armeen in Grenznähe überwinterten. Die nomadische Vergangenheit der Osmanen zeigte sich unter anderem darin, dass der Herrscher und sein Hof über mehrere Generationen den jährlichen Wechsel zwischen Sommer- und Winterweiden beibehielten und daher eine Sommer- und eine Winterresidenz hatten. Gemäß dem Grundsatz, dass die physische Nähe zum Herrscher über Macht und Einfluss auf Reichsebene entschied, lag das politische Zentrum dort, wo der Herrscher sich aufhielt. Noch im 15. Jahrhundert besaßen Bursa und Edirne zwar große Paläste, waren jedoch nicht der ständige Aufenthaltsort des Herrschers, sondern allenfalls zeitweise Residenz.

Im 16. Jahrhundert aber rückte Istanbul zum unbestrittenen Zentrum des Osmanischen Reiches auf und blieb es bis zu dessen Untergang. Wer etwas werden oder erreichen wollte, musste sich nach Istanbul begeben. Hierin unterschied sich das Osmanische Reich von den meisten seiner Nachbarn: Die Safaviden verlegten ihre Residenz gleich mehrfach, und ähnlich hielten es die marokkanischen Sultane und die Imame Omans. Sultan Mehmed II. ließ nach 1453 das weit-

gehend zerstörte und nahezu entvölkerte Konstantinopel wieder-
aufbauen und aus Südosteuropa und Kleinasien neben Türken und
Turkmenen auch zahlreiche Juden, Slawen, Armenier und Griechen
in die Hauptstadt umsiedeln. Wie in den europäischen Reichsteilen
generell machten in Konstantinopel Christen einen großen Teil der
Bevölkerung aus. Dennoch wurde es in muslimischen Kreisen später als »Islambol« bekannt (»vom Islam erfüllt«). Den Namen Konstantinopel behielten die Osmanen im Übrigen lange in türkisierter
Form bei (Kostantiniyye). Dort, wo einst das byzantinische Stierfo-
rum stand, ließ Mehmed einen Palast errichten, in dem er auch seinen Harem unterbrachte und der bald als »Alter Palast« bezeichnet
wurde. Wenig später entstand auf einem Hügel im europäischen Teil
der Stadt der Topkapı-Palast, in den der Sultan einzog und der bis
1863 die offizielle Sultansresidenz blieb, über die Jahrhunderte aber
mehrfach überbaut und umgestaltet wurde. Der Palast war beinahe
eine Stadt im Kleinen, die sich – ganz ohne imposante Einzelge-
bäude – locker, aber verschachtelt und in Teilen undurchdringlich
über ein weites Areal erstreckte. Von der Grundidee her ähnelte er
der Verbotenen Stadt der chinesischen Ming-Kaiser, die freilich um
einiges größer und streng entlang einer Achse gebaut war. Hier wie
dort war die Anlage Programm: Ihr Mittelpunkt war der Herrscher,
der in ihr, so lautete die berühmte Formulierung des osmanischen
Literaten und Bürokraten Mustafa Ali, lebte wie eine »Perle in der
Muschel«.[37]

Die schrittweise Ausgestaltung des Topkapı-Palastes zum symbolischen Ausdruck osmanischer Herrschaft ist sehr gut dokumentiert.[38] Das Gelände mit seinen weitläufigen Gärten wurde durch
eine Mauer gegen die Stadt abgeschlossen. Durch mehrere Tore und
Höfe führte der Weg von den äußeren Rändern hin zum Innersten
der Macht, den am Dritten Hof gelegenen Privaträumen des Sultans.
Das »imperiale Tor«, unweit der Hagia Sophia gelegen, die unter
Mehmed II. ohne größere Umbauten zur Moschee umfunktioniert
worden war, führte in einen ersten, äußeren Hof. Dieser war offen
zugänglich; bis hierhin konnten auch einfache Untertanen ohne großes Hindernis gelangen. Das »Friedenstor« führte in einen Zweiten

Hof, zu dem gewöhnliche Untertanen und auswärtige Besucher nach kurzer Kontrolle Zugang hatten. In diesem Hof befand sich das Gebäude, in dem der Diwan oder Staatsrat zusammentrat. Der Weg vom Zweiten in den Dritten Hof führte durch das »Tor der Glückseligkeit«, an dem der Sultan Audienz hielt und Botschafter empfing. Im Dritten, für die Öffentlichkeit geschlossenen Hof lagen die Räume, in denen die Pagen des Sultans lebten und unterrichtet wurden, und zugleich die Eingänge zu den Privatgemächern des Sultans, die niemand unerlaubt betreten durfte. Seit dem 17. Jahrhundert wurde dieser innerste Bereich als *darü's-saade* (»Sitz der Glückseligkeit«) bezeichnet. Hier – und nicht in einer Moschee – wurden auch die Reliquien des Propheten Muhammad und der vier rechtgeleiteten Kalifen aufbewahrt, die im Laufe des 16. Jahrhunderts von Mekka und Damaskus nach Istanbul überführt worden waren. Als Zeichen des Respekts vor der imperialen Majestät herrschte strikte Ruhe; in Anwesenheit des Sultans wurde vielfach per Zeichensprache kommuniziert, einige der Diener und Sklaven waren taubstumm. Als tabu (arab. *haram*) galten daher nicht allein die Frauengemächer (der Harem), sondern auch dieses vom Sultan und seinen Dienern bewohnte Areal *(harem-i hümayun)*. Der Sultan war der Einzige, der alle Schranken überwinden und sämtliche Räume des Palastes betreten konnte.

Grundsätzlich herrschte somit eine räumliche Trennung zwischen einer in Teilen öffentlichen, »politischen« Sphäre und einer von der Außenwelt strikt abgeschirmten »privaten«, deswegen aber nicht unpolitischen Sphäre. Die öffentliche Sphäre war und blieb männlich dominiert. Die meisten Veränderungen erfuhr die »private«, auch von Frauen bewohnte Sphäre. Schon Mehmed II. soll seine jeweiligen Lieblingskonkubinen mitsamt ihren Dienerinnen im Topkapı-Palast untergebracht haben. Der Rest seines Harems befand sich, ebenso wie der Haushalt seiner Mutter und seines Vorgängers, im Alten Palast. Süleiman I. ließ den Wohntrakt im Topkapı-Palast umbauen, in den wohl auch seine Favoritin Hürrem samt Kindern und Dienerschaft einzog. Für seine Zeit wurde die Gesamtzahl der Palastbewohner auf 5000 geschätzt. Sultan Murad III. verlegte am

Ende des 16. Jahrhunderts seine Privatgemächer von den Räumlichkeiten am Dritten Hof in den Harem der Frauen und schränkte damit den Zugang zu seiner Person noch weiter ein. Hier lagen die Anfänge der Seklusion, die sich im 17. Jahrhundert so deutlich bemerkbar machen sollte und für die es zwar im imperialen Japan und China, nicht aber an den anderen Höfen der Region eine Entsprechung gab. Unter seinem Nachfolger Mehmed III. nahm schließlich die Sultansmutter *(valide sultan)*, die bislang im Alten Palast residiert hatte, ihren Wohnsitz im Harem, was diesen als Machtzentrum zusätzlich aufwertete. Der ihr unterstehende Bereich konzentrierte sich um einen neuerbauten Vierten Hof. Der innere Bereich bevölkerte sich weiter, als zur selben Zeit die Prinzen nicht länger zur Ausbildung in die Provinzen gesandt, sondern im Palast gehalten wurden.

Es versteht sich von selbst, dass das Hofzeremoniell der Repräsentation von Macht und Status diente. Wie an anderen Höfen markierten Kleidung, Kopfbedeckung, Titel und Anrede, die Platzierung bei förmlichen Anlässen und nicht zuletzt der Austausch von Geschenken den Rang einer Person. Den Ausgleich zur wachsenden Entrücktheit des im Palast residierenden Herrschers schufen Feste, die – nicht anders als im zeitgenössischen Europa, in China, Indien und Peru – über das Mittel der höfischen Prachtentfaltung der Selbstdarstellung des Monarchen und der Repräsentation der Ordnung von Staat und Gesellschaft dienten. Unterschiedliche Anlässe bedingten unterschiedliche Abstufungen von Öffentlichkeit: Hoffeste fanden im Palast statt, öffentliche Feste im städtischen Raum.[39] Frauen waren bei bestimmten Festlichkeiten als Zuschauerinnen zugelassen. Am aufwendigsten wurde bis ins 18. Jahrhundert hinein nicht etwa die Thronbesteigung eines Herrschers gefeiert, sondern die Beschneidung der Prinzen; weniger glanzvoll, aber immer noch prächtig, die Abreise der Prinzen in ihre Provinz und die Hochzeiten der Prinzessinnen, gelegentlich auch deren Geburt. Die Prinzen hingegen heirateten entweder gar nicht oder taten dies in der Provinz. Hochzeitsfeierlichkeiten in der Hauptstadt hätten ihnen die Möglichkeit gegeben, über Brot und Spiele Einfluss auf die Istanbuler Bevölkerung zu nehmen und womöglich dem regierenden Sultan gefährlich zu werden. Auszug und siegreiche Rückkehr der Armee wurden ebenso festlich begangen wie religiöse Feste und Anlässe. Der Sultan trat, wenn er nicht nach siegreicher Schlacht triumphal in seine Hauptstadt einzog, allenfalls als Zuschauer auf (vgl. Abb. 21, 25 und 26).

Das Zeremoniell der Thronbesteigung illustriert sehr gut Formen herrscherlicher Legitimation und Selbstdarstellung im Wechselspiel von Distanz und Nähe. Im Osmanischen Reich bestieg der Sultan tatsächlich einen Thron, der auf Feldzügen mitgeführt wurde, zu diesem Anlass aber in der Regel vor dem Tor der Glückseligkeit im Zweiten Hof des Topkapı-Palastes aufgestellt wurde. In Iran trug der Schah nach altiranischer Sitte eine Krone; nicht so die osmanischen, marokkanischen und omanischen Sultane oder die zaiditischen Imame des Jemens.[40] Hinzu kam von alters her die Huldigung (arab. *bai'a*) der Großen des Reiches, in der tribale und islamische Traditionen ineinanderflossen. Seit dem 16. Jahrhundert ist zudem ein Element belegt, das den kriegerischen Auftrag des Herrschers als Verteidiger des Islam und Mehrer des Reiches zum Ausdruck brachte: 1566 begab sich Sultan Selim II. im Rahmen seiner Inthronisation erstmals nach Eyyüb, einem Ort vor den Toren Istanbuls, an dem nach osmanischer Überlieferung ein Gefährte des Propheten Muhammad mit Namen Abu Ayyub (osman. Eyyüb Ensari, türk. Eyüp) begraben lag, der an der ersten Belagerung Konstantinopels im Jahr 674 teilgenommen hatte. Seine Gebeine wurden kurz nach der osmanischen Eroberung der Stadt an dieser Stelle »aufgefunden«. Aus dem 15. Jahrhundert datiert auch der Schrein des Eyyüb, an dessen Stelle später eine Moschee errichtet wurde. Mit dem symbolischen Akt des Besuchs in Eyyüb gliederte sich die osmanische Dynastie in die islamische Eroberungsgeschichte ein. Zugleich bot er dem Volk eine Gelegenheit, den neuen Sultan aus der Nähe zu sehen. Erst im 17. Jahrhundert wurde der Sultan – der zu dieser Zeit seltener in den Krieg zog als seine Vorgänger – am Schrein von Eyyüb erstmals von einem ranghohen Religionsgelehrten mit einem Schwert gegürtet, wobei dieses Schwert mal dem Propheten Muhammad, mal dem Dynastiegründer Osman zugeschrieben wurde. Politisch relevant aber waren nur drei Elemente: die Thronbesteigung, die Huldigung der Eliten und die Verteilung von Geld an die Pfortentruppen und hohen Würdenträger des Reiches. Fielen diese Zahlungen gering oder überhaupt aus, konnte dies zu Protesten führen und die Herrschaft des neuen Sultans kompromittieren.

5. Palast- und Reichseliten

Wie der marokkanische Sultan oder der Safavidenschah war der osmanische Sultan Inhaber der ungeteilten Befehlsgewalt, die allerdings der Scharia unterstand und in der Praxis durch organisierte, konfliktfähige Gruppen eingeschränkt wurde, seien es Stämme, militärische Einheiten, Zünfte oder religiöse Gruppen. Zugleich delegierte er wichtige Hoheitsfunktionen an Männer seines Vertrauens. Alle Fürstentümer des Vorderen Orients und Nordafrikas verfügten zu dieser Zeit über einen Stab von Männern, die Aufgaben in der Militär- und Zivilverwaltung wahrnahmen. In Marokko war dieser Stab als Makhzen (arab. *makhzan*, Speicher) bekannt. Für das Osmanische Reich lässt sich mit Fug und Recht von einer Bürokratie sprechen und sogar, wie noch zu zeigen sein wird, von Beamten im Sinne des »Fürstendieners«. Wenngleich es daher in höherem Maß zentralisiert und bürokratisiert wurde als seine orientalischen Nachbarn, konnte der Sultan auf die persönliche Treuebindung nicht verzichten, auf der Herrschaft zu dieser wie zu früheren Zeiten beruhte. Was sich änderte, war die Zusammensetzung der Machtelite. Für die Ausübung der Herrschaft griff der Sultan im 16. Jahrhundert immer seltener auf Mitglieder seiner Familie und des südosteuropäischen und anatolischen Adels zurück, rekrutierte seinen Haushalt und die Spitzen von Militär und Verwaltung vielmehr vorrangig aus unfreien Männern, Eunuchen und islamischen Gelehrten.

Der osmanische Herrschaftsapparat gliederte sich idealtypisch in drei Stränge, die jeweils eine eigene Ausbildung durchliefen und in unterschiedlicher Weise an den Sultan bzw. den Palast gebunden waren: das Militär (»Männer des Schwertes«, osman. *ehl-i seif* oder *seifiyye)*; die zivile Bürokratie (»Männer der Feder«, *kalemiyye*) sowie die Richter und die Professoren an islamischen Hochschulen (»Männer des religiösen Wissens«, *ilmiyye)*. Strenggenommen müsste man den Palast als vierten Karrierestrang hinzufügen, denn aus dem Palast, genauer noch aus der Innersten Kammer, wurden im patrimonialen System vielfach die höchsten Ränge von Militär und Bürokratie, in seltenen Ausnahmen auch des Rechtswesens und der sunnitisch-islamischen Hochschulen besetzt. In dieser Aufteilung kam eine gewisse Unterscheidung zwischen militärischen und nichtmilitärischen sowie religiösen und nichtreligiösen Aufgaben zum Ausdruck. Für die Doppelstruktur – hier mehrheitlich unfreie militärische und bürokratische Eliten, dort überwiegend frei geborene religiöse – gab es in der Region reichlich Vorbilder, der weitgehende Ausschluss von Angehörigen des Herrscherhauses aus der Machtelite war dagegen ungewöhnlich.

Rechtlich gesehen bestand zumindest in dieser »klassischen Zeit« eine klare Trennung zwischen Herrschenden und Beherrschten: Im Osmanischen Reich herrschte eine unabhängig von ihren tatsächlichen Aufgaben als »Militärs« oder »Krieger« *(askeri)* bezeichnete Elite über die »Herde« *(reaya)* der Untertanen. Die Zweiteilung modifizierte ein Schema, das man in der arabischen Tradition als 'amma und *khassa*, »gemeines Volk« und »Elite«, kannte. Während die religiöse und die militärisch-administrative Elite einschließlich der unfreien »Pfortensklaven« mit hoheitlichen Aufgaben betraut war, blieben die steuerpflichtigen Untertanen hiervon ausgeschlossen. Der Askeri-Status beinhaltete rechtliche und fiskalische Privilegien, namentlich die Befreiung von den meisten Steuern und demütigenden Strafen, die auf Sultan Bayezid II. (reg. 1489–1512) zurückgeführt wurde.[41] Faktisch schuf er eine eigene Gerichtsbarkeit für das, was man heute Staatsapparat nennen würde. Zur steuerbefreiten Elite zählten der Sultan mit seiner Familie und seinem Haushalt, das Militär, die Spitzen der Verwaltung und die sunnitischen Religions- und Rechtsgelehrten sowie die Nachkommen des Propheten, die damit ihren Status als eine Art Erbadel ohne rechtliche und politische

Befugnisse wahrten. Vor allem in den europäischen und arabischen Provinzen zählten auch christliche Kleriker und Lokalfürsten sowie die Vorsteher jüdischer Gemeinden zu dieser Elite. Der Status des Askeri war somit nicht deckungsgleich mit der Zugehörigkeit zum Islam, wenngleich sunnitische Muslime (geborene wie konvertierte) die überwältigende Mehrheit der Askeri stellten. Die Bindung an ihren Herrn unterschied im Übrigen die Militärs und Bürokraten deutlich von den Prophetennachkommen, die nach eigenen Regeln über die Zugehörigkeit zu ihrer (erblichen) Statusgruppe befanden.

Die Unterscheidung in Askeri und Reaya war nicht religiös begründet, sondern sie war politisch, vom Staat gesetzt, und sie stand vielfach quer zu den sozialen und ökonomischen Hierarchien. Anders ausgedrückt, sie spiegelte das Herrschaftsverhältnis wider, nicht die soziale Ordnung. Männer, die am unteren Ende der gesellschaftlichen Stufenleiter standen, konnten dennoch Askeri sein – ein als Christ geborener »schwarzer« Eunuch oder ein Sklave des Sultans, über den dieser frei verfügte, oder sogar der freigelassene Sklave eines Askeri. Dagegen zählte ein vermögender, frei geborener muslimischer Kaufmann oder Grundbesitzer zu den Reaya, wenn er nicht qua Funktion in den Kreis der Askeri vordrang. Von der Konzeption her war der Askeri-Status nicht erblich, sondern an die Eignung und Leistung des betreffenden Individuums geknüpft. Je nach Ausprägung konnte aus dieser Konstruktion eine Meritokratie oder eine Günstlingswirtschaft entstehen. So nahmen es zeitgenössische in- und ausländische Beobachter – sei es bewundernd, sei es ablehnend – auch wahr.

Dennoch war das Osmanische Reich von der universal zu nennenden Tendenz, Status, Ämter und Privilegien als erblich zu betrachten, nicht ausgenommen, und tendierte somit wie andere Gesellschaften zu einer quasiständischen Abschließung.[42] Was für Bauern, Handwerker und einen großen Teil der Religions- und Rechtsgelehrten selbstverständlich war – die Weitergabe von Fachwissen, Beruf, Anrechten und Einkünften innerhalb der eigenen Familie bzw. des eigenen Haushalts –, weitete sich sukzessive auf den Staatsapparat aus, der über längere Zeit gerade *nicht* so angelegt gewesen war.

Der klassischen Konzeption nach war nur ein einziges »Staatsamt« erblich, nämlich das des Sultans. Zugleich bemühten sich seit dem ausgehenden 16. Jahrhundert immer mehr Untertanen um eine Aufnahme in die Ränge der Askeri. Man kann dies als Beweis für die Durchsetzungskraft sozialer Gruppen gegenüber dem Herrscher und seiner Verfügung über Ämter, Status und Einkünfte interpretieren. Dennoch blieben Rechtsstatus, Besitz und Teilhabe an der Herrschaft weitgehend entkoppelt. Die patrimoniale Ordnung verwandelte sich nicht in eine auf Geburt, Amt und Beruf gestützte ständische Ordnung, in der soziale Privilegien mit politischen Rechten korrespondierten. Vor allem entstand kein rechtlich und politisch anerkannter und privilegierter Adel. Anders als im zeitgenössischen China, Japan und Teilen Europas unternahm der Staat auch keine Anstrengungen, die Zugehörigkeit zu bestimmten Berufsgruppen per Geburt festzuschreiben und gegebenenfalls zu erzwingen.

Der Aufstieg in die Reichselite erforderte eine kulturelle Angleichung (Akkulturation). Nur wer die aus türkischen, persischen und arabischen Elementen komponierte osmanische Sprache der Dichtung und Verwaltung beherrschte, sich zum sunnitischen Islam bekannte und die höfische Etikette einhielt, konnte in diese Elite aufgenommen werden. Grundsätzlich ausgeschlossen wurde hiervon jedoch niemand – soll heißen: kein Mann und kein Eunuch –, gleichgültig, ob ursprünglich frei oder unfrei, Muslim oder Nichtmuslim. Dabei zählte zumindest für die imperiale Machtelite nicht so sehr, in welche Religionsgemeinschaft ihre Angehörigen geboren worden waren; entscheidend war vielmehr das Bekenntnis zum Zeitpunkt der Amtsübernahme. Viele waren Konvertiten. Hier kam zugleich der bereits erwähnte Vorrang von Religion und Sprache gegenüber der ethnischen Zugehörigkeit und regionalen Herkunft zum Tragen: Mit Ausnahme der sunnitischen Religions- und Rechtsgelehrten war die osmanische Reichselite in großen Teilen nicht türkischer, sondern europäischer oder kaukasischer Abstammung; auch Araber und Kurden waren nur schwach vertreten.

Fürstendiener und Pfortensklaven

Kennzeichen einer patrimonialen Ordnung ist die Rekrutierung der inneren Machtelite aus dem Haushalt des Herrschers. Im Vorderen Orient und in Nordafrika verband sich diese Form der Herrschaft mit der Institution der unfreien Eliten. Im Osmanischen Reich waren nur wenige Mitglieder des herrscherlichen Haushalts vom Rechtsstatus her frei: der Sultan selbst und die anderen Mitglieder der agnatischen Linie, seine von ihm anerkannten Kinder (aber nicht zwingend deren Mütter), daneben Ärzte, Astrologen, religiöse Berater, Zwerge und Artisten. Der restliche Haushalt umfasste zumindest im 16. und 17. Jahrhundert Sklaven und Freigelassene. Unfreie Eliten sind aus Japan (zumindest bis zum Shogunat der Tokugawa, das heißt bis etwa 1600) ebenso bekannt wie aus dem vorislamischen Iran und aus Byzanz; sie dienten den muslimischen Dynastien der Abbasiden, Aghlabiden, Samaniden und Seldschuken, nicht jedoch den Großmoguln in Indien. Die Osmanen unterschieden sich von den meisten ihrer Vorgänger und Zeitgenossen dadurch, dass sie Sklaven in großem Umfang nicht nur im Militär, sondern auch in der »zivilen« Verwaltung beschäftigten; vereinzelt gelangten freigelassene Sklaven sogar in die religiöse Hierarchie der Ilmiyye. Die Sklaven des Sultans waren anfänglich überwiegend Kriegsgefangene oder Teil des von unterworfenen Gegnern geleisteten Tributs; in seltenen Fällen kamen sie als Geschenk in den Besitz des Sultans oder wurden auf dem freien Markt gekauft. In dem Maße, in dem nichtmuslimische Gebiete in das Osmanische Reich eingegliedert wurden, reduzierte sich der Nachschub an Kriegsgefangenen. Damit erhöhte sich die Bedeutung der sogenannten Knabenlese, die wohl zu den bekanntesten Institutionen des Osmanischen Reiches zählt.[43]

Die »Knabenlese« (osman. *devşirme*: Einsammeln) entstand um 1400 im Zusammenhang mit dem Aufbau einer stehenden Truppe von Fußsoldaten. In den südosteuropäischen Provinzen und in geringerem Umfang später auch in Westanatolien und in Ungarn, das heißt *innerhalb* des Reiches, wurden Söhne christlicher Untertanen – in ihrer Mehrheit wohl Bauern – im Alter zwischen acht und 20 Jahren als Tribut eingezogen, im Türkischen unterrichtet und zum Islam

Abb. 4: Knabenlese
(Süleimanname,
Istanbul 1558)

bekehrt, um dem Sultan nach sorgfältiger Ausbildung am Hof, in der
Armee oder der Verwaltung zu dienen. Die Knabenlese war islamrechtlich problematisch, waren die nichtmuslimischen Untertanen
des Sultans als »Schutzbefohlene« (Dhimmis) doch vor Versklavung
geschützt, solange sie ihren Pakt mit den muslimischen Eroberern
einhielten. Legitimiert wurde sie, wie es scheint, mit dem Anrecht
des Herrschers auf das Beutefünftel, das in Anlehnung an Koran 8,41
denjenigen auferlegt wurde, die sich den muslimischen Eroberern
nicht freiwillig ergaben und daher mit Gewalt unterworfen wurden.
Selbst diese Konstruktion blieb fragwürdig genug: Sowohl der Pakt
der Nichtmuslime mit den muslimischen Eroberern als auch die

gewaltsame Unterwerfung einzelner Territorien waren juristische Fiktionen, die aktuelle Herrschaftspraktiken legitimieren sollten. Sie entsprachen nicht unbedingt den historischen Tatsachen.

An der Wende zum 16. Jahrhundert wurde die Knabenlese reguliert, wenngleich die Regeln im Folgenden nicht immer eingehalten wurden: Als Altersgrenze für die »eingesammelten« Knaben galt die Pubertät, und mit Ausnahme der Bosnier, die zumindest nach ihrer Massenkonversion in den 1460er Jahren angeblich ausdrücklich gewünscht hatten, »Sklaven der Pforte« werden zu dürfen, sollten keine Muslime, keine Türken, keine Städter, keine Söhne von Notabeln und Klerikern und keine Waisen rekrutiert werden; Juden wurden nirgends eingezogen. In den arabischen und kurdischen Gebieten wurde die *devşirme* überhaupt nicht durchgeführt, obgleich es auch dort genügend Dhimmis gab. Aus praktischen Überlegungen heraus wurde zugleich auf gewisse soziale Faktoren geachtet: So lautete eine Vorschrift, nie den einzigen Sohn einer Familie einzuziehen, der einmal für die Versorgung seiner Eltern und die Steuerzahlung des bäuerlichen Haushalts verantwortlich werden sollte; auch Verheiratete blieben ausgespart. In der Regel wurde wohl ein Knabe auf 40 Haushalte rekrutiert. Die These nationalistischer Kreise des 19. und 20. Jahrhunderts, der »Blutzoll« habe ganze Landstriche des Balkans entvölkert, ist nachweislich falsch. Dennoch wird man sich fragen müssen, wie die Knabenlese von den Betroffenen, das heißt den Knaben, ihren Eltern, Freunden und Verwandten, wahrgenommen wurde. Empfanden sie die Rekrutierung als Entwurzelung und Verlust ihrer Identität oder aber als Chance des Aufstiegs in die imperiale Machtelite, von der unter Umständen auch die Angehörigen profitierten, bedeutete die Aufnahme in den osmanischen Militär- und Staatsapparat doch nicht zwingend die Kappung aller heimatlichen Bande? Die Quellen erlauben hier keine klaren Aussagen.

Nach langem Fußmarsch in Istanbul angekommen, wurden die Knaben zunächst beschnitten und damit zumindest nominell zu (sunnitischen) Muslimen gemacht; vom Islam wussten sie zu diesem Zeitpunkt noch nicht allzu viel. Dem folgte eine Selektion, die weitgehend über ihre weitere Karriere entschied und zugleich eine wichtige Grundlage für die Kompetenz und Leistungsfähigkeit der osmanischen Machtelite bildete: Die Mehrheit der Knaben wurde auf die Aufnahme in das Janitscharencorps und andere Einheiten der »Pfortentruppen« vorbereitet, manche an hohe Würdenträger übergeben, die sie in ihren Haushalt aufnahmen. Die bestaussehenden und intelligentesten Knaben gingen an den Palast des Sultans. Etwa 80 bis 100 Knaben wurden so pro Aushebung in die Hofschule des Topkapı-Palastes aufgenommen, andere in Edirne ausgebildet.

Über die Ausbildung an der Hofschule des Topkapı-Palastes (die im Übrigen erst 1909, nach der Jungtürkischen Revolution, aufgehoben wurde) sind wir über eine Reihe von Selbstzeugnissen recht gut unterrichtet. Der Genuese Gianantonio Menavino war von Piraten gefangen genommen und 1504 an Sultan Bayezid II. verkauft worden, dem er bis zu seiner Flucht ein Jahrzehnt lang als Page diente. Er berichtet von intensivem Sprachunterricht in Türkisch (das heißt Osmanisch), Arabisch (so weit, dass die Knaben den Koran lesen und rezitieren konnten) sowie Persisch, dazu wurden ihm Grundkenntnisse des (sunnitischen) Islam vermittelt. Besonders anschaulich ist der Bericht des wohl aus dem damals polnischen Lwów (dt. Lemberg, heute das ukrainische Lwiw) stammenden Albertus Bobovius alias Ali Ufki (um 1610–1675), ein bedeutender Musiker, Verfasser einer osmanischen Grammatik und Übersetzer der Bibel ins Osmanische.[44] Ufki zufolge hatten die jungen Pfortensklaven eine gewisse Wahlfreiheit: Unterrichtet wurden neben den Sprachen und den Grundlagen des Islam zum einen Kalligraphie und Musik, zum anderen Bogenschießen, Reiten, Speerwurf und Ringen. Die Bildungsinhalte blieben persisch geprägt; nur für die Minderheit derjenigen, die eine religiöse Karriere anstrebten, lag der Schwerpunkt auf dem Arabischen. Insgesamt spiegelte sich hier das Ideal eines waffenfähigen, kultivierten, rundum gebildeten Mannes, dessen militärische Fähigkeiten freilich nicht restlos auf die Bedürfnisse der zeitgenössischen Kriegführung abgestimmt waren. Im safavidischen Iran bot sich ein ähnliches Bild: Der kurdische Historiker Sharaf Khan Bitlisi, der in der zweiten Hälfte des 16. Jahrhunderts als Geisel am safavidischen Hof lebte, schildert recht detailliert die religiöse und militärische Ausbildung (Bogenschießen, Polo, Reiten und Schwertkampf), die zur Festigung männlicher Tugenden führen sollte. Über die Erziehung junger Sklavinnen im Harem ist wenig bekannt; nicht selten wurden die im Palast ausgebildeten Knaben und Mädchen später miteinander verheiratet.

Am osmanischen Hof dauerte die Ausbildung der Pagen etwa sieben bis acht Jahre, in denen die Heranwachsenden von der Außenwelt abgeschnitten im Palast lebten. Über die interne Dynamik dieses streng geführten Internats, das sicher nicht ohne Einschüchterung und Bestrafung auskam, kann man nur spekulieren; die Chroniken scheinen über keine Grenzüberschreitungen zu berichten, ja nicht einmal über harmlose Streiche. Viele der Pagen wurden anschließend in der Reichsverwaltung eingesetzt, einige der exklusiven berittenen Palastgarde (Pforten-Sipahis) zugeteilt, andere den sogenannten Hofgärtnern (osman. *bostancı*), bewaffneten Einheiten, die neben den Palastgärten auch sonstige sultanische Besitzungen bewachten. Eine kleine Elite diente dem Sultan als Pagen im inneren Palast bzw. in der Inneren Kammer *(enderun)*. Außerhalb der Frauengemächer wurde der Sultan somit nicht von Sklavinnen bedient, sondern von jungen, gebildeten und gutaussehenden Männern, die – in dieser Hinsicht vergleichbar den Leibdienern und Kammerherren zeitgenössischer europäischer Höfe – seine Kleidung und Gemächer in Ordnung hielten und zu seiner Unterhaltung beitrugen. Die Institution illustriert einen Grundzug patrimonialer Herrschaft: Der Dienst am Staat begann mit dem Dienst an der Person des Herrschers.[45] Sosehr dies jedoch den Verhältnissen an den Höfen der Valois oder der Tudors ähneln mochte (auch ein Heinrich VIII. verbrachte die meiste Zeit mit seinen *männlichen* Gefährten und nicht mit seinen Frauen und Mätressen): Es waren Sklaven, die den Sultan umgaben, nicht Angehörige des einheimischen Adels, hinter denen immer eine Familie stand, die einen der Ihren am Hof platzierte.

Der rechtliche und soziale Status der »Sklaven« des Herrschers war kompliziert: Beachtung verdient zunächst die Tatsache, dass sie genau genommen nicht Sklaven des Herrschers hießen, sondern

»Sklaven der Pforte« (*kapu* oder *kapı kulları*) bei den Osmanen und »Sklaven des erhabenen Haushalts« (*ghulam-i khassa-yi sharifa*) bei den Safaviden. Das deutet auf eine gewisse Abstraktion hin, vom Herrscher hin zur Monarchie als Institution, vergleichbar dem Hinweis auf »die Krone« im britischen Sprachgebrauch, und tatsächlich war der Status des Sklaven nicht an die Lebens- und Regierungszeit einzelner Herrscher geknüpft. Nicht jeder als Sklave (*kul, ghulam*) bezeichnete Diener des Herrschers war im Übrigen rechtlich gesehen unfrei; unter ihnen fanden sich vereinzelt auch frei geborene Muslime. Nicht wenige Sklaven wurden zu einem bestimmten Zeitpunkt freigelassen. Dennoch setzte sich schrittweise die Vorstellung durch, alle Angehörigen der imperialen Militär- und Zivilverwaltung seien Kul und der Sultan oder Schah könne sie – anders als der Herr eines gewöhnlichen Sklaven – jederzeit (und das heißt willkürlich) töten lassen und ihren Besitz konfiszieren.[46] Ihr Leib und Eigentum waren rechtlich nicht geschützt. In der Regel wurde freilich nur das Vermögen solcher »Sklaven« konfisziert, die wegen eines Vergehens verurteilt und hingerichtet worden waren. Anders als gewöhnliche Sklaven durfte der Herrscher die Kul nicht weiterverkaufen; sie konnten sich frei bewegen, in der Regel auch heiraten (hier gab es lange Sonderregelungen für die Janitscharen) und, mindestens ebenso wichtig, Besitz und Eigentum erwerben. Das Vermögen der meisten Kul ging an ihre islamrechtlichen Erben. Sie konnten aber auch fromme Stiftungen einrichten und auf die eine oder andere Weise einen generationenübergreifenden Haushalt begründen. Waren keine Erben vorhanden, so fiel das Vermögen an den Herrscher und nicht, wie bei freien Untertanen, an die Staatskasse. Der Rechtsstatus des Kul und sein sozialer Status, der sich aus der Position seines Herrn ableitete, fielen somit nicht zusammen.

Die gemeinsame Erfahrung der Entwurzelung und Umerziehung führte, wie es scheint, zu keiner echten Gemeinsamkeit der über die Knabenlese oder über Kriegs- und Raubzüge rekrutierten osmanischen Pfortensklaven. Mit Ausnahme der Pfortentruppen waren sie weder als Gruppe organisiert, noch besaßen sie eine autonome Machtbasis jenseits des Hofes. Allerdings bildeten sie gelegentlich landsmannschaftliche Netzwerke: Anders als die Militärsklaven früherer Zeiten, anders auch als die ägyptischen Mamluken und die kaukasischen Ghulam der Safaviden, wurde die Mehrzahl der osmanischen Pfortensklaven bis ins 17. Jahrhundert nicht im Ausland rekrutiert, sondern aus dem Kreis der eigenen nichtmuslimischen Untertanen. Das machte es für sie leichter, die Verbindung zu ihren Herkunftsorten und Familien zu wahren und gegebenenfalls eigene regionale Patronagenetze aufzubauen. Deutlich wird das unter anderem an ihrer Stiftungstätigkeit, die häufig den Heimatort begünstigte. Mit der steten Expansion des Osmanischen Reiches gelangten im 16. und 17. Jahrhundert zunehmend Kaukasier (Georgier, Abkhasen und Tscherkessen vor allem) in die militärische und bürokratische Elite. Für sie sind ähnliche Netzwerke dokumentiert, allerdings keine Stiftungen in der früheren Heimat.[47] Alles in allem kam unter der Reichselite das imperiale Muster zum Tragen, bei dem die vertikalen Bindungen so angelegt waren, dass sie die horizontalen nach Möglichkeit überlagerten (Radialsystem). Nicht weniger interessant ist, dass die Netzwerke an den Grenzen des Reiches haltmachten: Zwar sind die kaukasischen Sklaveneliten der Byzantiner, Fatimiden, Mamluken, Osmanen und Safaviden noch nicht vergleichend untersucht worden, doch deutet nichts darauf hin, dass sie die gemeinsame Herkunft zur Kooperation über die politischen Grenzen hinweg nutzten.

Das System bot fähigen Männern außerordentliche Chancen des sozialen Aufstiegs und der materiellen Bereicherung, machte sie jedoch zugleich vollkommen abhängig vom Zentrum der Macht. Bis ins ausgehende 16. Jahrhundert war dies der Sultan; in späteren Zeiten lag die Entscheidung über Aufstieg und Fall häufig in der Hand höfischer Cliquen. Das meritokratische Element, bei dem Fähigkeit und Verdienst mehr zählten als Geburt und Herkunft, wirkte auch auf europäische Beobachter attraktiv. Nur diese Attraktion erklärt das Phänomen der adeligen Konvertiten (in Europa abwertend Renegaten genannt), die an den osmanischen Hof gingen und dort nicht selten hohe und höchste Positionen einnahmen.

Einen Sonderfall bildeten die Eunuchen: Eunuchen gab es in

Byzanz, China und im gesamten Vorderen Orient sowie in Nordafrika, allerdings waren sie im Wesentlichen dem Herrscher und einigen wenigen religiösen Einrichtungen vorbehalten und selbst in den Haushalten der Machtelite extrem selten.[48] Islamrechtlich gesehen war ihre Existenz problematisch: Während es Muslimen verboten war, muslimische Knaben und Männer, und das galt selbst für Sklaven, zu entmannen, war umstritten, ob es auch verboten war, Eunuchen zu halten, die von Nichtmuslimen kastriert worden waren, zumal wenn dies außerhalb des *dar al-islam* geschehen war. Die Safaviden und ihre Nachfolger, die Qajaren, bestraften gelegentlich selbst frei geborene Muslime mit Entmannung. Je nach Verfahren war von Eunuchen keine sexuelle Konkurrenz zu befürchten, zumindest nicht die Zeugung von Kindern. Eunuchen waren aus diesem Grund die einzige Gruppe, die sich sowohl in der männlichen als auch in der weiblichen Sphäre bewegen durfte. Das qualifizierte sie für die Rolle, in der sie berühmt wurden, nämlich als »Hüter der Schwelle«. Als das sogenannte dritte Geschlecht waren Eunuchen nicht etwa aus dem herrscherlichen Haushalt und der höfischen Gesellschaft ausgeschlossen, sondern im Gegenteil Hüter ihrer wertvollsten Güter – als Wächter des herrscherlichen Harems mit seinen Ehefrauen, Konkubinen und Kindern, als Erzieher der Kinder des Sultans, als Verwalter seines privaten Vermögens und schließlich als Hüter der Kaaba in Mekka. Damit dienten Eunuchen zugleich als Mittler zwischen der weitgehend abgeschlossenen »privaten« und der öffentlichen Sphäre. Die Abwertung auf sexuellem Gebiet konnte so auf vielerlei Weise kompensiert werden.

Bei den Eunuchen, wie bei Sklaven generell, spielte im Übrigen die Hautfarbe eine wichtige Rolle, die ansonsten für Rang und Ansehen einer Person weit weniger bedeutsam war als etwa im zeitgenössischen Europa: Die Eunuchen, die den Zugang zum Dritten Hof des Topkapı-Palastes bewachten, waren »weiß«, das heißt hellhäutig und eurasischen Ursprungs, die des imperialen Harems waren »schwarz«, also dunkelhäutig und zumeist afrikanischer Herkunft. Bis ins späte 16. Jahrhundert war der »weiße« »Agha des Tores«, der Petitionen an den Sultan weitergab und damit zu einem

Abb. 5: »Schwarze« Eunuchen am osmanischen Hof (Shahanshahname des Seyyid Lokman, Istanbul 1592–1597)

gewissen Grad den Zugang zum Herrscher kontrollierte, einer der einflussreichsten Männer am osmanischen Hof. Im ausgehenden 16. Jahrhundert allerdings, als der Sultan seine Privatgemächer in den Harem der Frauen verlegte und wenig später die Sultansmutter im Topkapı-Palast ihren Wohnsitz nahm, scheint der »schwarze« »Agha des Sitzes der Glückseligkeit« an die zentrale Stelle gerückt zu sein. Er verwaltete das persönliche Vermögen des Sultans, seiner Mutter und sonstiger Mitglieder des Herrscherhauses und führte die Oberaufsicht über die Sultansstiftungen sowie diejenigen Stiftungen, deren Erträge für die heiligen Stätten in Mekka und Medina bestimmt waren. Den Beschaffungsmöglichkeiten entsprechend hielten die Safaviden bis zu den großen Kaukasuskampagnen fast ausschließlich dunkelhäutige, mehrheitlich wohl aus Indien stammende

Eunuchen, die nicht nur die weiblichen Angehörigen des Herrscher-
hauses umgaben, sondern als Prinzenerzieher auch die Söhne des
Schahs. Afrikanische Sklaven und Eunuchen dominierten an den
Höfen der nordafrikanischen Sultane, der Imame Omans und des
Jemens und der Emire von Mekka und Medina. So groß allerdings
Einfluss, Vermögen und der protokollarische Rang hochgestellter
»schwarzer« Sklaven und Eunuchen an den unterschiedlichen Höfen
sein mochten, die Machteliten blieben doch weitestgehend »weiß«.

Besonderes Interesse verdient ein Aspekt, der sich mit dieser
Form patrimonialer Herrschaft verband: Sie schuf eine höfische
Männergesellschaft, ja regelrecht einen Männerbund. Die Beziehungen zwischen Herren und »Sklaven« waren vielfach affektiv besetzt,
gelegentlich homoerotisch. Schah Abbas I. verkörperte diesen Typus
exemplarisch.[49] Die engsten Vertrauten des Herrschers waren in der
Regel nicht seine Blutsverwandten und schon gar nicht seine Söhne,
Brüder oder Cousins; die meiste Zeit verbrachte er entweder mit seinen Favoritinnen oder mit seinen Sklaven, gerade auch die Zeit der
Muße und Zerstreuung. Dazu gehörten zumindest bei den Osmanen
und Safaviden Trinkgelage. Die Institution des Trinkgefährten ist aus
der turko-mongolischen ebenso wie aus der arabisch-islamischen
Tradition bekannt, wo sie sich freilich mit der Vorstellung verband,
der Trinkgefährte solle den Fürsten unterhalten und zerstreuen,
nicht ihn beraten. Schon gar nicht sollte er eigenständig politische
Macht ausüben.

6. Militär

Weniges beleuchtet den Wandel, ja die Transformation osmanischer
Herrschaft so deutlich wie die Verfassung des Militärs. Die osmanische Expansion verdankte sich anfangs wohl überwiegend hoch-
mobilen berittenen Bogenschützen, die mit Überraschungsangriffen
gegen unbefestigte Dörfer und Städte die größten Erfolge erzielten,
jedoch über keine ausgefeilten Belagerungstechniken verfügten.

Dementsprechend herrschte eher »Kleinkrieg«, offene Feldschlachten waren selten.[50] Bis ins ausgehende 14. Jahrhundert genügte das, um in Südosteuropa und Kleinasien Land zu gewinnen. Schrittweise wurde die Kriegführung dann aber reguliert, professionalisiert und technisch aufgerüstet. An die Stelle des raschen Vorstoßens und Zurückziehens *(hit-and-run)* trat der Stellungs- und Abnutzungskrieg, der die Kriegführung verlangsamte und eine ganz andere Strategie, Logistik und Befestigungstechnik erforderte. Der Wandel der Militärtechnologie beleuchtet geradezu exemplarisch die vielfach beschriebenen Prozesse von Beziehung, Austausch und Transfer. Dabei hebt die westliche Militärgeschichtsschreibung in der Regel ganz auf die Rolle europäischer Innovationen ab. Gegen diese »eurozentrische Froschperspektive« argumentiert nun aber mit Verve eine breiter angelegte, komparative Forschung, die auf die »unentwirrbaren Fäden des Hin und Her« militärtechnischer Neuerungen verweist.[51] Die Geschichte der Feuerwaffen liefert ihr reichlich Material.

Militärtechnologie, Feuerwaffen und leichte Verbände

Das Schießpulver wurde bekanntlich in China erfunden und wanderte auf verschiedenen Wegen nach Westen, wo es zunächst für Feuerwerke verwandt und sehr viel später auch für militärische Zwecke genutzt wurde. Das Entscheidende lag im Unterschied zwischen dem »passiven« Brenn- und dem »aktiven« Zündstoff. Schon für die erste Hälfte des 14. Jahrhunderts ist auf der Iberischen Halbinsel der gelegentliche Einsatz von Kanonen bezeugt, und zwar auf muslimischer Seite. Von Westeuropa ausgehend verbreiteten sich Feldartillerie und Handfeuerwaffen im 14. und 15. Jahrhundert auch auf dem Balkan, doch kam ihnen zu dieser Zeit noch keine kriegsentscheidende Bedeutung zu. Die ungarischen Kriege der 1440er Jahre brachten hier die Wende. 1453 fiel die Kanonengießerei im genuesischen Pera, direkt gegenüber Konstantinopel gelegen, in osmanische Hand; die Osmanen setzten die Geschütze sogleich bei der Belagerung Konstantinopels ein. Als Handfeuerwaffe verwendeten die Osmanen zu dieser Zeit die Arkebuse, eine Vorform der Muskete. Mit der Zeit wurden Handfeuerwaffen entwickelt, die auch zu Pferd abgeschossen und daher von Reitern benutzt werden konnten. Das lief den Konventionen des ritterlichen Kampfes zuwider und wurde aus diesem Grund vielfach abgelehnt; ganz verweigern konnten sie sich den geänderten militärischen Erfordernissen jedoch nicht.

Wahrscheinlich in der zweiten Hälfte des 15. Jahrhunderts, vielleicht aber schon früher schufen die Osmanen ein eigenes Artilleriecorps, das vorwiegend über die Knabenlese rekrutiert wurde, und integrierten im frühen 16. Jahrhundert die für diese Zeit moderne, leichte Artillerie in ihre Kriegführung. Die Waffen wurden zum Teil selbst gefertigt, zum Teil von den Genuesen geliefert, die großen Anteil am Transfer der jeweils neuesten Waffentechnologie hatten. Auch später spielten europäische Handwerker und Waffentechniker, viele von ihnen Kriegsgefangene und Konvertiten, eine wichtige Rolle bei der Entwicklung der osmanischen Militärtechnologie. Mitte des 16. Jahrhunderts rüsteten die europäischen Mächte einschließlich der Osmanen erneut auf und um. In den Armeen wurden die Fußsoldaten immer wichtiger, was die Kriegführung weiter verlangsamte. Erst jetzt verbreiteten sich im Osmanischen Reich Handfeuerwaffen, für die es keiner langwierigen Spezialausbildung bedurfte. Musketen und Gewehre mit ihrer kürzeren Reichweite, geringeren Zielgenauigkeit und Schusshäufigkeit waren dem türkischen Kompositbogen an sich nicht überlegen, jedoch billiger in der Herstellung und einfacher im Gebrauch. Das erlaubte die Rekrutierung weniger gut ausgebildeter Männer und verwischte zugleich – die sozialen Unruhen des ausgehenden 16. und des 17. Jahrhunderts sollten es zeigen – erneut die Grenze zwischen professionellen Militärs, irregulären Einheiten und bewaffneten Untertanen. Mit Blick auf ihren militärischen Nutzen sollten die Fußsoldaten und die Artillerie allerdings nicht überschätzt werden: Bis ins 18. Jahrhundert blieben die mit Handfeuerwaffen ausgestatteten osmanischen Reiter häufig schlachtentscheidend.

Mit der Militärtechnologie wandelten sich zugleich die Anforderungen an Material, Finanzen und politische Steuerungskapazitäten. Im 16. Jahrhundert bestand das osmanische Militär aus mehreren, sozial und rechtlich sehr unterschiedlich verfassten Säulen: einer von

Reitern gebildeten Provinzarmee, die über Landpfründen entlohnt wurde; einem besoldeten, stehenden Heer mit Fußsoldaten, Reiterei und Artillerie; einer Vielzahl leichterer Verbände, die regional unterschiedlich zusammengesetzt waren; und schließlich einer Flotte, die sich ebenfalls aus mehreren Elementen zusammensetzte. Damit entsprach es recht genau der Ordnung, die der Militärhistoriker Thomas Kolnberger für die mediterrane »Militärzone« der Antike beschrieb, die vom Mittelmeer bis zu Rhein und Donau sowie zu den ariden und semiariden Regionen zwischen dem Atlantik und der Arabischen Halbinsel reichte: Im Zentrum stand eine schwere Infanterie, die von der Reiterei flankiert und zu Lande und zu Wasser von Leichtbewaffneten und Spezialverbänden unterstützt wurde. Bis dahin hatte das osmanische Militär demgegenüber stärker dem der antiken vorderasiatischen Königreiche geähnelt, in deren Armeen, selbst wenn sie stehend waren, die Reiterei und die Bogenschützen eine weit größere Rolle spielten und der Seekrieg küstennahen Untertanen und Verbündeten übertragen wurde.[52] Eine Wehrpflicht gab es im 16. Jahrhundert nicht, auch wurden keine fremden Söldner angeworben. Militärhistoriker bescheinigen den Osmanen, die begrenzten Ressourcen eines frühmodernen Staates effizient eingesetzt und eine Armee geschaffen zu haben, die nach Größe, Ausbildung und Bewaffnung bis ins 17. Jahrhundert allen Konkurrenten zumindest ebenbürtig, wenn nicht überlegen war.

Auch im 16. und 17. Jahrhundert gab es reguläre und irreguläre Einheiten, die als Hilfs- und Grenztruppen aus der Untertanenbevölkerung rekrutiert und meist nur auf einzelne Feldzüge geschickt wurden; eine große Rolle spielten dabei Stammesverbände, die zwar nicht regelmäßig besteuert, wohl aber fallweise für militärische Einsätze aufgeboten wurden. In vielen Teilen des Reiches spielten leichtbewaffnete, unter eigenen Anführern kämpfende Verbände wie die vor allem unter der städtischen Bevölkerung ausgehobenen Azeb (arab. ʿazab) eine wichtige Rolle. Sie wurden in den Provinzen zu unterschiedlichen Zeiten auf unterschiedliche Weise rekrutiert und bewaffnet. Der technologische Wandel des 16. Jahrhunderts ließ ihre militärische Bedeutung freilich stark zurückgehen. Weiterhin eingesetzt wurden sie beim Brücken- und Straßenbau, bei Schanzarbeiten und zur Bewachung von Festungen, nicht selten dienten sie als billiges Kanonenfutter.

Eine wichtige Rolle spielten Leichtbewaffnete in der osmanischen Kriegsflotte, die, anders als etwa die der Venezianer, kaum Galeerensklaven benutzte. Unter dem Druck, in kurzer Zeit eine große Zahl an Männern aufbieten zu müssen, griffen die Behörden gelegentlich sogar auf die Bevölkerung Istanbuls zu, die vom Militärdienst an sich freigestellt war. Vereinzelt boten sich gegen Bezahlung Freiwillige an. Ergänzt wurden die Kontingente durch Kriegsgefangene und verurteilte Verbrecher, die dann tatsächlich als Galeerensklaven dienten. Auch an dieser Stelle wurde die Schranke zwischen Militär und Untertanenbevölkerung somit durchlöchert, nicht aber die zwischen steuerprivilegierten Askeri und steuerpflichtigen Reaya.

Provinzreiterei

Vom ausgehenden 14. Jahrhundert an scheinen zumindest für bestimmte zentralanatolische Distrikte Militärpfründen belegt zu sein, deren Vergabe einen wichtigen Einschnitt in der Heeresverfassung und damit auch im politischen Gefüge des osmanischen Sultanats bedeutete.[53] Die Pfründen oder Präbenden – besteuerbare Einheiten von Land oder sonstige Einnahmequellen – wurden als *dirlik* (Zuwendung, Schenkung, Gabe) oder *timar* (Sorge, Aufmerksamkeit) bezeichnet. Obwohl Timar strenggenommen nur eine Untereinheit des Dirlik beschreibt, hat es sich als Oberbegriff für die nichterblichen Landpfründen der osmanischen Provinzreiterei und -verwaltung eingebürgert. Dabei knüpften die Osmanen erkennbar an vorosmanische Praktiken an: Schon die Byzantiner, Il-Khane, Rum-Seldschuken und Ak Koyunlu hatten Pfründen (arab. *iqtaʿ*) vergeben. Im osmanischen Kontext bestand die Neuerung darin, dass mittels solcher Pfründen autonome Verbände, die von der Beute, erobertem Land und herrscherlichen Schenkungen gelebt hatten, in professionelle Militärs umgewandelt wurden, die *als Individuen* auf den Sultan verpflichtet wurden, dessen Aufgebot sie jederzeit »Heerfolge« zu leisten hatten. Das war ein bedeutsamer Schritt hin zur Institutionalisierung und Bürokratisierung von Herrschaft, denn die Zuteilung von Timars setzte eine Erfassung der verfügbaren Ressourcen – Land, Ernteerträge und sonstige Leistungen der steuerpflichtigen Untertanen – voraus, die das Osmanische Reich weitaus genauer ermittelte als seine orientalischen Nachbarn. Institutionalisierung und Bürokratisierung bedeuteten für sich genommen jedoch nicht die Schaffung eines stehendes Heeres: Die Reiter wurden für einzelne Feldzüge aufgeboten und nach deren Beendigung wieder dorthin entlassen, wo ihr Timar lag, in der Regel also in die Provinz.

Die Vergabe von Timars wurde schrittweise auf die europäischen Provinzen, Mittel- und Westanatolien ausgedehnt, nach 1516 auch auf Syrien und die Provinz Mosul im nördlichen Irak, nicht aber auf den übrigen Irak, Ostanatolien, Ägypten, den Maghreb, Jemen, Hijaz oder gar die Provinz Habeş. Die Vergabe folgte lokalen Gepflogenheiten und war dementsprechend uneinheitlich. Im 14. und frühen 15. Jahrhundert konnten südosteuropäische Kleinadelige noch Timars übernehmen, ohne zum Islam überzutreten, erhielten Ämter aber nur auf Provinz- und Distriktebene, nicht in der zentralen Reichsverwaltung. In einem Gesetzbuch definierte Sultan Bayezid I. die Rechte und Pflichten derer, die Anspruch auf die mit dem Timar verknüpften Einkünfte besaßen: Neben dem Timar-Halter (Timarioten) selbst waren das seine Ehefrau(en) und Töchter sowie seine Freigelassenen, nicht jedoch seine männlichen Verwandten einschließlich der Söhne. Erst im beginnenden 16. Jahrhundert wurde die Vergabepraxis einigermaßen standardisiert, in den sultanischen Gesetzbüchern für die verschiedenen Distrikte und Provinzen festgehalten und von der zentralen Reichsverwaltung kontrolliert.

Der Wert der einzelnen Pfründen wurde nach den aus ihnen abgeleiteten Einkünften in der Silbermünze *akçe* berechnet, nicht in Naturalien. Im Hintergrund stand somit eine Vorstellung vom Geldwert des vergebenen Titels, erster Hinweis auf die Monetarisierung von Herrschaft und Agrarwirtschaft, die im 17. Jahrhundert so deutlich hervortreten sollte. Die Höhe der Einkünfte war allerdings nicht streng an das »Amt« gekoppelt, sondern richtete sich wesentlich

nach Person und Rang des »Amtsträgers« und wurde dementsprechend flexibel festgelegt, ja regelrecht ausgehandelt – ein Beleg mehr
für die Personalisierung von Herrschaft im Rahmen dieser patrimonial-bürokratischen Ordnung. Am zahlreichsten waren naturgemäß
die Pfründen der kleinsten Einheit, die vorzugsweise an schwere
Reiter (Sing. *sipahi* von pers. *sipah*: Armee) vergeben wurden und
sich ihrerseits in mehrere Kategorien untergliederten. Die Sipahis
hatten auf eigene Kosten Pferd, Helm, Panzer, Waffen und sonstiges
Gerät einschließlich Kleidung, Kochgeschirr und Zelten zu stellen, je
nach Größe des Timars auch weitere Bewaffnete und deren Ausrüstung. Zumindest von der Intention her deckten sich Aufgaben und
Einkünfte der Timars sowohl in räumlicher als auch in inhaltlicher
Hinsicht. Der Empfänger versah also innerhalb eines vorgegebenen
Gebiets bestimmte Aufgaben.

Im 16. Jahrhundert bestand ein solches Timar im Durchschnitt
aus einem Dorf oder einer Anzahl von Dörfern mit den sie umgebenden Feldern, deren Steuern und Abgaben dem Timar-Halter zustanden. Das war nicht allzu attraktiv, verband es doch anspruchsvolle
Pflichten mit vergleichsweise geringen Einkünften – es sei denn, die
Kriegszüge brachten Beute und Sonderzuwendungen. Der Sipahi
war nicht Eigentümer, sondern lediglich Besitzer des *miri*-Landes.
Einen Teil der Einkünfte erhielt er von den Bauern meist in bar, das
Übrige in Naturalien, üblicherweise einem Anteil an der Ernte. Die
Timars trugen somit in mehr als einer Hinsicht zur Verbreitung der
Geldwirtschaft und Monetarisierung der Landwirtschaft bei. Die Sipahis bildeten zugleich eine tragende Säule der osmanischen Lokal-
und Provinzverwaltung: Sie waren verpflichtet, auf dem Timar, zumindest aber in dem dazugehörigen Distrikt zu wohnen. Sie waren
für Sicherheit und Ordnung in ihrem Timar verantwortlich, erhielten vielfach einen Teil der dort verhängten Bußen und Strafzahlungen, sammelten häufig auch den Zehnten und sonstige Steuern ein
und entlasteten so die Zentralverwaltung von wichtigen Aufgaben.
In einigen Provinzen konnten sie den Bauern sogar Fronarbeit abverlangen und auf landflüchtige Bauern Abgaben erheben.

Die Timar-Vergabe war Teil einer umfassenden Strategie, die der

Entstehung eines grundbesitzenden Adels vorbeugen sollte. Diesem Zweck diente zunächst das Rotationsprinzip, nach dem eine Land-pfründe in der Regel für höchstens drei Jahre vergeben wurde. An-schließend sollte der Timar-Halter ein anderes Timar übernehmen und – so ist zu vermuten – gegebenenfalls mit seiner Familie an den entsprechenden Ort übersiedeln. Allerdings sollten freigewordene Timars nur an Sipahis vergeben werden, die zuvor im selben Dis-trikt gedient hatten, sich dort also auskannten. Nicht selten wurde das Timar auch widerrechtlich in kleinere Anteile aufgeteilt. Die Söhne eines Sipahis besaßen zwar grundsätzlich Anrecht auf ein Timar, nicht aber auf das des eigenen Vaters und nicht zwingend eines derselben Kategorie. Die Timars waren also gerade *nicht* le-hensähnlich angelegt. Freilich bestand hier wie in anderen Bereichen von Staat und Gesellschaft eine gewisse Tendenz zur Erblichkeit, die sich in dem Versuch niederschlug, zeitlich begrenzte Pfründen in erbliche Lehen umzuwandeln – und in manchen Fällen gelang das auch.

Das Timar bildet eine der zu fiskalischen Zwecken geschaffe-nen Einheiten (»Steuerhülsen«), die die dahinterliegenden sozialen Beziehungen nur schwer erkennen lassen. Überhaupt bleiben die Sipahis für den modernen Betrachter merkwürdig unlebendig: Wäh-rend Bürokraten, Literaten und Religionsgelehrte schriftliche Quel-len hinterlassen haben, darunter aufschlussreiche Selbstzeugnisse, sehen wir die Sipahis und Timar-Halter allenfalls in ihrer militäri-schen Rolle. Ausgerechnet die Angehörigen derjenigen Institution also, die wie kaum eine andere die osmanische Ordnung in ihrer klassischen Epoche trug, treten kaum als handelnde, denkende und fühlende Subjekte hervor. Wir wissen weder, ob sie mit ihren Fami-lien tatsächlich im Rhythmus weniger Jahre von Timar zu Timar zo-gen, noch, wo sie nach ihrer Verabschiedung aus dem aktiven Dienst lebten, und wir wissen kaum etwas über ihr soziales und kulturelles Leben einschließlich ihrer Heiratspraktiken. Ihr Geschick hing maß-geblich von der Gunst mächtigerer Männer ab, in letzter Konsequenz des Sultans selbst. Sie konnten sich Hoffnungen auf Anerkennung ihrer militärischen Leistung machen. Garantiert war sie nicht. Inwieweit sie auf horizontaler Ebene Solidarität mit anderen Sipahis übten, lässt sich allenfalls aus den dokumentierten Fällen kollektiven Widerstands gegen einzelne Maßnahmen ableiten. Exemplarisch stehen hierfür die Celali-Revolten des 16. und 17. Jahrhunderts, von denen an anderer Stelle die Rede sein wird.

Pfortentruppen (Janitscharen)

Einen ganz anderen Typus bildeten sozial, kulturell und von ihrem Wirkungsfeld her gesehen die Janitscharen und sonstigen Pfortentruppen.[54] Wann genau der Sultan oder einer seiner Wesire damit begann (Ende des 14. Jahrhunderts oder womöglich schon früher?), aus christlichen Kriegsgefangenen eine stehende Truppe von Fußsoldaten zu formen, die als Sultansgarde allein ihm ergeben und jederzeit zu mobilisieren sein würde, lässt sich nicht mehr erkennen. Wie so oft überlagern sich hier fromme und heroische Legenden, die komplizierte Prozesse bündeln und einer herausragenden Persönlichkeit zuordnen. Die Angehörigen der so geschaffenen »neuen Truppe« (osman. *yeni çeri*, Janitscharen) erhielten einen regelmäßigen Sold und waren daher in vollem Umfang Soldaten, nicht irreguläre Söldner oder Krieger. Interessant ist bereits ihr Ausbildungsweg: Die über die Devşirme »eingesammelten« und für den Militärdienst ausgewählten Knaben wurden zunächst einmal akkulturiert, ja regelrecht umerzogen. Als Erstes schickte man sie für mehrere Jahre aufs anatolische Land, um sie sowohl an harte körperliche Arbeit als auch an die türkische Sprache und Kultur zu gewöhnen. Hier war nicht der vielsprachig gebildete osmanische Gentleman das Rollenvorbild, sondern der türkische Bauer sunnitischer Observanz. Anschließend wurden die jungen Männer nach Istanbul zurückbeordert und Kasernen zugeteilt, von wo aus sie, nun aber gegen täglichen Sold, auf dem Bau, in Werften, Gärten oder Küchen mehrere Jahre lang erneut körperliche Arbeit leisteten; manche wurden regelrecht an Handwerker vermietet und erwarben so praktische Fähigkeiten und Kenntnisse, ohne jedoch voll ausgebildete, zunftfähige Handwerker zu werden. Über ihre religiöse Ausbildung wissen wir wenig. Erst zum Abschluss dieses langen Prozesses, während

Abb. 6: Großwesir Sokollu Mehmed hält Kriegsrat (Hünername des Seyyid Lokman, Istanbul), 1584–1588

dessen sie vor allem als billige Arbeitskräfte dienten, wurden die jungen Männer einer Einheit der sogenannten Pfortentruppen zugewiesen. Dazu zählten neben den Janitscharen, Kanonieren und anderen Einheiten auch die sogenannten Hofgärtner (*bostancı*) und die nach Rang und Ansehen höher stehende berittene Palastgarde, die militärische und zeremonielle Aufgaben wahrnahm (Pforten-Sipahis, nicht zu verwechseln mit der Provinzreiterei). Manche der jungen Männer waren zu diesem Zeitpunkt freigelassen worden, andere nicht. Rechtlich gesehen frei waren auf jeden Fall die Pforten-Sipahis.

Im 14. und frühen 15. Jahrhundert bildeten die Janitscharen – die erste stehende Truppe Europas – nur kleine Einheiten von Fußsoldaten, die dem Sultan als Leibgarde dienten und bei der Belagerung von Festungen eingesetzt wurden. Ihre Stärke verdankten sie der Nähe zum Sultan und einem ausgeprägten Corpsgeist, den sie auch später leichter aufrechterhalten konnten als andere Einheiten, weil sie in Istanbul und den Provinzen in eigenen Kasernen stationiert, uniformiert und gedrillt wurden und daher organisiert waren. Bis ins frühe 16. Jahrhundert war es ihnen nicht nur während des aktiven Dienstes, sondern auch nach dessen Ende verboten zu heiraten. Das verringerte, da die Janitscharen offiziell auch keine Konkubinen haben durften, die Gefahr, dass sie eigene Haushalte gründeten, und erhöhte sowohl ihre gesellschaftliche Isolation als auch ihre Abhängigkeit vom Sultan. Früh entwickelten sie ein besonders enges Verhältnis zu der – so gar nicht orthodoxen – Bektaşi-Bruderschaft, die dem ländlichen, religiös sehr offenen kleinasiatischen Milieu entstammte. Es ist vermutet worden, dass der »Synkretismus« der Bektaşis den religiösen Bedürfnissen der ursprünglich christlichen Janitscharen entgegenkam, doch muss das mangels aussagekräftiger Zeugnisse Spekulation bleiben.[55]

Die anfängliche Maxime, die Janitscharen als kompaktes und hochdiszipliniertes Elitecorps zu bewahren, wurde unter dem Druck einer gewandelten Militärtechnologie schließlich aufgegeben. Eine wichtige Rolle spielte dabei die Verbreitung von Feldartillerie und Handfeuerwaffen, die zugleich die militärische Rolle der Fußsoldaten gegenüber der Reiterei aufwertete. Im Verlauf des 16. Jahrhunderts verwandelten sich die Janitscharen von einer Sultansgarde zu einem stehenden Heer mit Zehntausenden von Angehörigen, die in der Hauptstadt Istanbul, an strategischen Orten und in den Grenzgarnisonen stationiert waren. Mit dem zahlenmäßigen Zuwachs büßten die Janitscharen ihren Elitestatus ein und wurden zu einem der größten Truppenteile der osmanischen Armee. Zugleich verloren sie ihren Charakter als exklusiv militärischer Verband. Unter Selim I. wurde den Janitscharen erlaubt, nach der Entlassung aus dem aktiven Dienst zu heiraten und sich auf diese Weise in die lokale Gesellschaft einzugliedern. Zugleich wurde ihnen gestattet, schon während ihrer Dienstzeit in privaten Unterkünften zu wohnen; damit entfiel die strikte Kasernierung, die bislang für eine gewisse Isolierung gesorgt hatte. Während höherrangige Pfortensklaven Timars erhielten und in die niederen Ränge der Provinzverwaltung wechselten, übten einfache Janitscharen zumindest von der zweiten Hälfte des 16. Jahrhunderts an häufig ein Handwerk oder ein Gewerbe aus (für das viele von ihnen ja zumindest rudimentär ausgebildet waren).

In ihrer Gesamtheit lockerten diese Faktoren ihre Bindung an die Person des Sultans und machten die Schranken zur lokalen Gesellschaft durchlässiger. Große Teile der Truppe wurden militärisch unprofessioneller und politisch unzuverlässiger. Die Janitscharen erhielten ihren Sold in bar. Sie auf langen Feldzügen an entfernten Fronten regelmäßig zu entlohnen war schwierig; jede Verzögerung rief Protest und Unzufriedenheit hervor, die sich politisch und militärisch niederschlugen. Wie unter anderen Teilen der Machtelite bildeten sich »ethnische« Blöcke, die auch politisch relevant werden konnten. Die Janitscharen standen zwar bis zum Schluss loyal zum Haus Osman, aber, wie die hohe Zahl der Meutereien und Dienstverweigerungen belegt, nicht zu jedem einzelnen Sultan.

7. Reichs- und Provinzverwaltung

So zentral der Herrscher für jede patrimonial-bürokratische Ordnung sein mag – vollkommen allein entschied er nicht. In der Regel beriet er sich mit Männern (und Frauen) seines Vertrauens, war an deren Rat aber nicht gebunden. Es gab daher keine formalisierten Entscheidungsprozesse; dementsprechend hoch war die Abhängigkeit von Charakter und Fähigkeiten des Herrschers und der inneren Machtelite. Im Osmanischen Reich diente der Staatsrat (Diwan) als Beratungs- und Entscheidungsgremium, auch in rechtlichen Dingen.[56] Er kümmerte sich um äußere Beziehungen, diplomatische Missionen und Empfänge von Botschaftern; um Ernennungen und Beförderungen staatlicher Amts- und Funktionsträger; um militärische Fragen inklusive Truppenaushebungen und um die Bau-

Abb. 7: Diwan, Schreiber und
der Sultan (Şehname-i Selim
Han, Istanbul, um 1571)

aufsicht, insbesondere über Brücken und Wasserleitungen in Istanbul und den Provinzen, sowie um Petitionen, Beschwerden und vieles andere mehr. Zur Klärung von Sachverhalten konnte er Kommissionen in die Provinzen entsenden und vor allem über Personen mit Askeri-Status selbst zu Gericht sitzen. Faktisch entwickelte er sich zu einer obersten Berufungs- und Kassationsinstanz, die es im islamischen Recht, das keinen Instanzenzug kennt, an sich nicht gibt. Bekannt ist dagegen, außerhalb der kanonischen Strafen (arab. *hudud*), die Berufung an den Herrscher. Von den 1470er Jahren an tagte der

Diwan in einem Gebäude am Zweiten Hof des Topkapı-Palastes, auf Kriegszügen im Zelt des Großwesirs. Der Sultan konnte an seinen Beratungen teilnehmen oder ihnen im Verborgenen zuhören. Meist aber erstatteten ihm der Großwesir oder der ganze Diwan Bericht. Ein Protokoll der Sitzungen wurde nicht angefertigt, so dass man nicht genau erkennen kann, wie detailliert der Sultan in Regierung und Verwaltung des Reiches eingriff.

Im 16. und 17. Jahrhundert waren die drei Karrierestränge der Militärs, der Finanz- und Zivilverwalter und der Richter und Madrasa-Professoren im Prinzip getrennt; Titel wie *paşa*, *agha*, *efendi*, *çelebi* oder *şeyh* kennzeichneten die Angehörigen der verschiedenen Bereiche. Wie sich an vielen Beispielen zeigen ließe, waren die Grenzen allerdings durchlässig. So diente der Vater des berühmten Gelehrten Katib Çelebi, ein frommer Mann, der sich gern in der Gesellschaft von Religionsgelehrten bewegte, als Pforten-Sipahi und zugleich als Schreiber in einer Finanzkanzlei.[57] Zahlenmäßig war der zentrale Apparat nicht allzu groß; selbst im 18. Jahrhundert gehörten ihm nie mehr als 1500 Männer an und damit weit weniger als zur gleichen Zeit in Frankreich oder Russland.[58] Allerdings sind zur Reichsbürokratie die Timar-Halter, Steuerpächter, Janitscharen und sonstigen Amts- und Funktionsträger in den Provinzen hinzuzuzählen, die auf lokaler Ebene die Verwaltung aufrechterhielten.

Die Machtfülle hoher Amtsträger variierte je nach deren Persönlichkeit und der Stärke ihrer Familien- und Patronagenetze erheblich. Üblicherweise traten sie als Angehörige eines Haushalts auf, über den sie die Mittel aufboten, die sie für ihren Aufstieg und Machterhalt benötigten. Wichtig war bei alledem ihr Amtsverständnis: Mit Einkünften verknüpfte Positionen galten primär als Versorgungsstellen, nicht als Ämter mit klar definierten Pflichten und Aufgaben.[59] Das ist etwas anderes als das Ethos des bürgerlichen Beamten, obgleich auch osmanischen Amtsträgern Pflicht- und Verantwortungsbewusstsein nicht fremd waren. Weil es in der Militär- und Zivilverwaltung keine festgelegte Laufbahn mit standardisierten Prüfungen gab, waren Patronage und Protektion umso wichtiger. Die fachliche Qualifikation war für den Aufstieg notwendig, aber sie reichte nicht aus. Neben den regulären Einkünften in Gestalt von Gehalt und Pfründen erhielten Amtsinhaber nicht selten Ehrengaben und »Geschenke«, mussten ihrerseits aber, vor allem im Zusammenhang mit Beförderungen, erkleckliche »Gebühren« entrichten und diejenigen »beschenken«, die über ihre Beförderung entschieden. Beides konnte bis hart an die Grenze zu Erpressung und Bestechung gehen, nicht selten wurde diese Grenze überschritten. In einem solchen System wird es schwierig, zwischen zulässigem Geschenk und unzulässigem Ämterkauf zu unterscheiden und das Ausmaß an Korruption zu bestimmen.

Schon im 16. Jahrhundert scheint es an vielen Stellen deutlich mehr qualifizierte Kandidaten als attraktive Positionen gegeben zu haben. Das bedeutete lange Warte- und häufig sehr kurze Amtszeiten, für die man gewisse Kompensationen wie etwa die »Gerstengelder« (Sing. *arpalık*) schuf, die zusätzlich zu den mit einem Amt verknüpften regulären Einkünften oft auf Lebenszeit gewährt wurden: Die »Gerstengelder« waren klassische Sinekuren, das heißt Posten mit Einkünften, aber ohne Pflichten; die Amtsgeschäfte wurden häufig von anderen, schlechter bezahlten Kräften wahrgenommen, die der Empfänger der Sinekure selbst bestimmte. Zugleich hatten hochrangige Militärs, Bürokraten und Kadis – gleichgültig, ob sie gerade ein einträgliches Amt innehatten oder nicht – erhebliche Ausgaben für den eigenen Haushalt und ihr Gefolge, die zu unterhalten sie ihr Rang verpflichtete. Großwesire unterhielten im 16. und 17. Jahrhundert Hunderte von freien und unfreien Dienern und Gefolgsleuten, nicht anders im kleineren Maßstab die Provinz- und Distriktgouverneure, Militärrichter, Kanzleichefs usw. Das verstärkte sowohl die Bedeutung von Patronage- und Klientelnetzen, über die sich derart große Haushalte finanzieren ließen, als auch die Konkurrenz um lukrative Posten und Einkünfte.

Dem Großwesir als Stellvertreter des Sultans unterstanden im Prinzip alle zivilen und militärischen Amtsträger mit Ausnahme der muslimischen Religions- und Rechtsgelehrten. Bis zur Eroberung Konstantinopels im Jahr 1453 waren die meisten osmanischen Wesire und Großwesire frei geborene Muslime, danach stellten unfreie Pfortensklaven die Mehrheit.[60] Im 15. und frühen 16. Jahrhundert fanden sich – Ausdruck der osmanischen Inklusionsstrategie in den Zeiten des Aufstiegs – unter den Großwesiren noch Söhne des europäischen christlichen Adels, ja sogar des byzantinischen Kaiserhauses. Sultan Süleiman beendete jedoch die Politik der Kooptation vornehmer Männer mit potentiell eigenständiger Machtbasis. Türkisch-muslimische Großwesire stammten von da an allenfalls aus Bauernfamilien, die nicht in der Lage gewesen wären, aus eigener Kraft Gegenmacht zu mobilisieren. Die Mehrzahl aber gelangte über die Knabenlese in den Dienst des Sultans, viele stammten aus Albanien, andere aus Bosnien und dem Kaukasus, unter ihnen zahlreiche Abkhasen (osman. Abaza). Hier lag der entscheidende Unterschied zu den ständisch geordneten Gesellschaften Japans, Chinas oder Europas, in denen die oberen Ränge der Verwaltung mit freien Männern besetzt wurden, die häufig Grundbesitzer adeligen Standes waren.

Sokollu Mehmed Pascha (um 1505–1579), als Sohn einer kleinadeligen serbischen Familie in dem bosnischen Dorf Sokol geboren, verkörpert geradezu exemplarisch Bildung und Karriere eines Pfortensklaven: Mit etwa 16 Jahren wurde er über die Knabenlese rekrutiert, an der Palastschule umfassend ausgebildet und stieg dann über eine lange Kette militärisch-administrativer Posten bis zum Großwesir Süleimans I. auf. Selim II., der ihm noch als Prinz eine seiner Töchter zur Frau gegeben hatte, überließ ihm weitestgehend die Staatsgeschäfte. Nepotismus war geradezu der Grundpfeiler seiner Karriere, und zwar passiv wie aktiv: Gezielt wurden Verwandte über die Devşirme rekrutiert und, wie andere Protégés und Klienten, in wichtigen Positionen platziert. Die Einnahmen, die Sokollu Mehmed auf legalem oder illegalem Weg, insbesondere durch Ämterverkauf, erzielte, investierte er in Handels- und Immobiliengeschäfte – nicht zuletzt daher wohl auch sein Interesse an den erwähnten Kanalbauprojekten. Zwar stiegen auch nach seinem (gewaltsamen) Tod mehrere enge Familienangehörige in höchste Ränge auf. Letztlich aber gelang es selbst einem so erfahrenen Netzwerker wie Sokollu Mehmed Pascha nicht, einen mehrere Generationen übergreifenden Haushalt aufzubauen.

Die Zentralverwaltung gliederte sich in verschiedene Kanzleien, die einem obersten Kanzleichef unterstanden, und rekrutierte sich vor allem aus Angehörigen muslimisch-türkischer Familien, die in der Regel eine Madrasa, eine höhere islamische Schule, besucht und anschließend eine Spezialausbildung als Schreiber, Sekretär (*katib*, osman. Pl. *küttab*) oder auch Kämmerer *(defterdar)* erhalten hatten. Ihre Zahl nahm über die Jahre ebenso zu wie ihre Bedeutung. Die Redaktion offizieller Dokumente oblag einem eigenen Kanzleichef *(nişanci)* und den ihm unterstellten Schreibern. Im Zentralarchiv *(defterhane)* wurden unter anderem die Kataster, Timar-Titel und Stiftungsurkunden aufbewahrt, daneben wichtige Beschlüsse des Diwans, Sultanserlasse und ähnliche Dokumente. Bis 1500 diente Griechisch als Sprache der osmanischen Diplomatie, in der auch ein Teil der amtlichen Korrespondenz gehalten war. Danach wurden nur noch die drei »islamischen« Sprachen Osmanisch, Persisch und Arabisch verwandt; von diesem Zeitpunkt an dürften die Schreiber zugleich mehrheitlich Muslime gewesen sein. Die Finanzverwaltung benutzte Persisch und eine Spezialform der osmanischen Kanzleischrift *(siyakat)*, was eine spezielle Ausbildung voraussetzte. Die Kadi-Amtsregister (arab. Sing. *sijill*, von latein. *sigillum)*, die der heutigen Forschung als wichtige Quelle der Sozial- und Wirtschaftsgeschichte dienen, waren in Osmanisch angelegt, in den arabischen Provinzen auch in Arabisch.

Zensus und Kataster

In der Vormoderne dienten Zensus und Kataster in der Regel einem eng definierten Zweck. In den meisten Fällen waren dies die Besteuerung und der Militärdienst, seltener die Zuteilung von Privilegien, Rechten und sonstigen Leistungen. Anders gesprochen, sie dienten dem Zugriff der Obrigkeit auf Land und Leute, nicht der Wahrung irgendwie gearteter Ansprüche der Untertanen gegenüber dem Staat. Ein Zensus sollte dementsprechend nicht die Gesamtbevölkerung einschließlich der Frauen, Kinder, Abhängigen und Sklaven erfassen, sondern nur die erwachsenen dienst- und steuerpflichtigen Männer.[61] Das war für sesshafte Bauern, Handwerker und Händler relativ einfach, nicht jedoch für Nomaden und Halbnomaden, die aus diesem Grund meist pauschal als Gruppe veranlagt wurden und generell eher Tribut leisteten, als reguläre Steuern zu entrichten. Von den meisten Steuern befreit waren neben den Angehörigen der militärischen und zivilen Machtelite auch die Religions- und Rechtsgelehrten der anerkannten Religionsgemeinschaften der Muslime, Christen und Juden sowie die Nachkommen des Propheten Muhammad. Nicht oder geringer besteuert wurden zudem die frommen Stiftungen. Die Bodensteuer und die von Nichtmuslimen erhobene Kopfsteuer (Jizya, auch *kharaj*) machten einen hohen Anteil an den Steuereinnahmen aus – wiederum ein Hinweis auf den agrarischen Charakter der frühneuzeitlichen Staaten, aber auch auf die Bedeutung islamischer Konzeptionen von Herrschaft und Recht.

Nur die wenigsten Staaten der Region waren zu dieser Zeit in der Lage, die eigene Bevölkerung zu zählen und zumindest das kultivierte Land zu vermessen, um auf dieser Grundlage die zu erwartenden Steuern und Abgaben zu berechnen. Weder die Safaviden noch die marokkanischen Sultane führten detaillierte Erhebungen durch, wohl aber hatten dies die Il-Khane als Oberherren der späten Rum-Seldschuken getan, die starken Einfluss auf die osmanische Finanzverwaltung nahmen. Selbst im Osmanischen Reich waren die Verfahren nicht einheitlich, sondern den regionalen Bedingungen angepasst.[62] Wo immer möglich, dokumentierten eine Art Kataster *(tapu)* und ein Register *(tahrir)* Dorf für Dorf und Stadt für Stadt die menschlichen und materiellen Ressourcen sowie die Leistungen der steuerpflichtigen Individuen und Gruppen. Im ländlichen Raum enthielten sie Angaben über die geschätzten Ernteerträge, die Lage der Felder und die Zuteilung von Landtiteln, die Namen der Steuerpflichtigen, des zuständigen Timar-Halters und des jeweiligen Dorfes; die Bauern erhielten eine Urkunde über ihr erbliches Nutzungsrecht an dem von ihnen bestellten Boden. Die Angaben wurden im Abstand von etwa 20 Jahren aktualisiert bzw. hochgerechnet. Im 16. Jahrhundert wurde für jeden Verwaltungsbezirk in Rumelien, West- und Zentralanatolien, Syrien und Nordirak ein solches Verzeichnis angelegt, jeweils begleitet von einem sultanischen

Gesetzbuch *(kanunname)*, das in einer Zusammenstellung von Gewohnheitsrecht, herrscherlicher Satzung und islamischen Rechtsbestimmungen die Pflichten und Rechte der Betroffenen regelte. In den übrigen Provinzen wurden mehrere Distrikte zusammengefasst, für die ein gemeinsames *kanunname* galt.

Bis zum Aufbau einer entsprechenden Bürokratie im 19. Jahrhundert wurden die geforderten Daten von Repräsentanten der zu erfassenden Gruppen selbst geliefert, seien es Dörfer, Stadtviertel, Zünfte, lokale nichtmuslimische Gemeinschaften oder Stämme; für die Richtigkeit der Angaben zeichneten ihre Ältesten oder Scheichs verantwortlich. Deren Interesse konnte durchaus darin liegen, die Mitgliederzahl der eigenen Gruppe möglichst gering anzusetzen, um so den Steuerbetrag, der ihnen individuell oder kollektiv auferlegt wurde, niedrig zu halten. Nicht zuletzt deshalb war und ist es schwierig, den Steuerregistern die genaue Bevölkerungszahl des Reiches oder einzelner Regionen zu entnehmen. Als Grundeinheit der Erfassung diente für die sesshafte Bevölkerung der Haushalt oder Herd (osman. *hane*). Wie dieser Haushalt definiert wurde, war und ist nicht nur im Zusammenhang von Demographie und Steuererhebung wichtig, sondern auch für das Verständnis von Familien- und Wirtschaftseinheiten generell. In den osmanischen Registern wurden die – zumeist männlichen – Haushaltsvorstände gezählt, zu denen noch die männlichen Junggesellen hinzugerechnet wurden. Abhängige Haushaltsmitglieder wie Frauen und Kinder, Diener, Knechte und Sklaven blieben in der Regel unberücksichtigt. Der Haushalt stellte somit eine zu Steuer- und Verwaltungszwecken geschaffene Größe dar; er war nicht deckungsgleich mit der biologischen Klein- oder Großfamilie. Tatsächlich belegen Detailuntersuchungen selbst innerhalb begrenzter geographischer Räume wie etwa der Provinz Syrien erhebliche Unterschiede in den Familienstrukturen, Wohn- und Lebensformen. Große, womöglich mehrere Generationen umfassende Mehrfamilienhaushalte waren angesichts hoher Sterblichkeitsraten in den frühneuzeitlichen Gesellschaften auf jeden Fall seltener als gemeinhin angenommen. Wenn die Forschung daher heute für die osmanische ebenso wie für die zeitgenössische europäische, japanische oder chinesische Gesellschaft von durchschnittlich fünf Personen pro Haushalt ausgeht, so ist das allenfalls als Näherungswert zu betrachten.

Rechtswesen

Im Osmanischen wie im Safavidischen Reich herrschte eine ausgeprägte Rechtsvielfalt, wenn nicht ein Rechtspluralismus. Von besonderem Interesse ist dabei das Verhältnis von islamischem Recht (Scharia und Juristenrecht, *fiqh*), sogenanntem Gewohnheitsrecht (*'ada, 'urf, örf*) und herrscherlicher Satzung (osman. *kanun*; in Iran *'urf*). Generell sollten Scharia, Gewohnheitsrecht und herrscherliche Satzung nicht als Gegensätze begriffen, sondern in ihrer wechselseitigen Beeinflussung wahrgenommen werden. Die Scharia war bis ins ausgehende 19. Jahrhundert nicht kodifiziert, das heißt nicht in positives, auf dem Boden des jeweiligen Staates geltendes Recht umgewandelt, das umstandslos für alle Untertanen galt. Nach der Vorstellung frommer Muslime regelte die Scharia zwar alle Bereiche menschlichen Lebens. Zumindest im Osmanischen und im Safavidischen Reich wurde sie jedoch vor allem auf den Gebieten angewandt, die nach modernen europäischen Kategorien zum Zivilrecht zählen, namentlich Personenstands-, Erb-, Handels- und Wirtschaftsrecht, und auch dort nicht flächendeckend. Im Boden-, Steuer- und Strafrecht hingegen – nach den islamischen Regierungslehren die primären Felder herrscherlicher Satzung »im Rahmen der Scharia« – kam sie nicht zur vollen Anwendung. Schon das Gesetzbuch Sultan Bayezids I. enthielt eine Sammlung strafrechtlicher Bestimmungen, die von den Richtern anzuwenden waren. Leider erfährt man dabei wenig über ihre Durchsetzung. Wie schon zu früheren Zeiten dürfte diese in die Zuständigkeit der militärischen und politischen Amtsträger oder Machthaber gefallen sein. Die Todesstrafe musste immerhin durch einen Richter bestätigt werden – ob dies in der Praxis immer geschah, scheint fraglich. Die drakonischen Körperstrafen (*hadd*, Pl. *hudud*) des islamischen Rechts kamen, das interessiert mit Blick auf aktuelle Debatten, extrem selten zur Anwendung.[63]

Zugleich lebten viele bäuerliche und nomadische Gruppen in

erster Linie nach eigenem »Gewohnheitsrecht«, das sich nicht unbedingt an der Scharia orientierte, wobei dahingestellt sei, wie weit dieses Recht zeitlich zurückreichte und wessen Gewohnheit es wiedergab. Nichtmuslimische Untertanen des Herrschers konnten als Dhimmis eigenen Rechtsvorschriften folgen, die in größeren Städten von eigenen Instanzen durchgesetzt wurden. Sehr häufig aber trugen sie ihre Streitfälle vor das Scharia-Gericht, von dem sie sich wohl größere Wirksamkeit versprachen. In den osmanischen Gerichtsakten sind Nichtmuslime und freie muslimische Frauen auf jeden Fall reichlich vertreten, Bauern und Nomaden, Freigelassene, Sklavinnen und Sklaven hingegen seltener.

Gerade auf dem Rechtssektor hob sich das Osmanische Reich deutlich von seinen muslimischen Vorgängern und Zeitgenossen ab, und zwar zum einen durch die starke Rolle sultanischer Satzung, die anfangs ohne ausdrücklichen Bezug auf die Scharia formuliert wurde, und zum anderen durch die Schaffung einer Hierarchie sunnitischer Amts- und Funktionsträger. Beides zielte auf eine Zentralisierung von Herrschaft ab. Die bereits erwähnte Sultan Mehmed II. zugeschriebene Gesetzessammlung wurde durch weitere herrscherliche Dekrete ergänzt, modifiziert und aktualisiert, konnte also ohne komplizierte Verfahren an gewandelte Bedingungen und Bedürfnisse angepasst werden. Dazu gehörte auch das Bemühen um eine schrittweise Vereinheitlichung der für einzelne Distrikte und Provinzen zusammengestellten Regelungen im Sinne eines reichsweit gültigen »osmanischen Gesetzes«. Nach eigenem Bekunden setzte der Sultan dabei nicht *neues* Recht, sondern schrieb lediglich die vor Ort gültige, von den Vorgängerdynastien sanktionierte Rechtspraxis (osman. *kanun-i kadim*) fest. Sie und nicht die Scharia stand hier für das »gute, alte Recht«.

Parallel dazu fand, Ausdruck des mittlerweile entschiedener islamisch auftretenden Staates, eine bewusstere Angleichung an das islamische Recht statt. Zwar wurde schon zuvor ein sultanisches Edikt nur rechtskräftig, wenn das Gutachten eines islamischen Rechtsgelehrten, eine Fatwa, seine Übereinstimmung mit der Scharia bestätigte, faktisch aber ergaben sich gelegentlich unübersehbare

Widersprüche. Im 16. Jahrhundert formulierten die obersten Rechts- und Religionsgelehrten des Reiches das geltende Boden- und Steuerrecht so um, dass es besser in die Kategorien der hanafitischen Rechtsschule passte, der die Osmanen folgten. Nicht zuletzt diesem Umstand verdankte Sultan Süleiman I. seinen Beinamen »Kanuni«, »der Gesetzgeber«. Dennoch war die Scharia weiterhin nicht alleinige Norm und Referenz der osmanischen Rechtsordnung: Tragende Säulen der Herrschaft wie die Knabenlese und der Brudermord widersprachen ihr ebenso wie die Besteuerung von Prostitution und die Zinsnahme durch Muslime. Das *cash waqf*, bei dem eine fromme Stiftung aus Geldvermögen eingerichtet wurde, billigten nur hanafitische Ulama, alle anderen Rechtsschulen lehnten es ab. Im Strafrecht wurde die Scharia allenfalls partiell durchgesetzt.

Eine osmanische Besonderheit lag in der Schaffung einer Hierarchie mit weitgehend festgelegter Karriere (*ilmiyye*, von arab. *'ilm*, religiös relevantes Wissen), in die sich diejenigen sunnitischen Religions- und Rechtsgelehrten eingliedern mussten, die als Richter oder als Professoren an den imperialen Madrasen wirken wollten (vgl. Kap. I D, 2).[64] Damit trieben die Osmanen die Institutionalisierung der Justiz weiter als die meisten ihrer muslimischen Vorgänger und Zeitgenossen, bewegten sich aber durchaus auf gesichertem Boden, denn die islamische Tradition gewährte dem Herrscher bei der Ordnung des Rechtswesens beachtliche Freiheit, solange er im weitesten Sinne die Scharia beachtete. (Das Prinzip ist als *siyasa shar'iyya* bekannt und noch heute relevant.) Im Einklang mit derselben Tradition waren die Richter dem Herrscher unterstellt. Aber sie waren fast durchweg freie Männer und insofern weniger eng an die Person des Herrschers gebunden als andere »Staatsdiener«. Ungeachtet aller staatlichen Kontrollbestrebungen gab es Ansätze für eine Unabhängigkeit der Justiz, zumal Scharia und Juristenrecht im Wesentlichen unabhängig von der Obrigkeit erarbeitet worden waren. Auch die einzelnen islamischen Rechtsschulen (arab. *madhhab*, Pl. *madhahib*) waren in sich plural. Rechtsgelehrte und Richter hatten in vielen Fragen die Wahl zwischen mehreren Rechtsauffassungen, die als gleichermaßen legitim galten. Bei Bedarf konnten sie oder eine der

Prozessparteien bei einem qualifizierten Rechtskenner (Mufti) Rat holen.

Die Richter-Stellen in den Provinzen waren zwar unterschiedlich angesehen und vergütet, doch gab es auch im Osmanischen Reich keine gerichtliche Hierarchie (Instanzenzug). Allerdings konnten Konfliktparteien ihr Anliegen vor den Sultan, den Diwan oder den Mufti von Istanbul mit dem Titel eines *şeihülislam* tragen, die das Urteil eines lokalen Richters gegebenenfalls kassierten. Solche Petitionen sind in großer Zahl erhalten und werden zunehmend als Quellen für die osmanische Wirtschafts- und Sozialgeschichte genutzt. Im Gegensatz zum Kadi, der Recht sprach und gemeinsam mit dem Gouverneur und den örtlichen Truppenkommandanten die Obrigkeit vertrat, legte der Mufti auf der Grundlage der normativen Quellen und autoritativer Textsammlungen früherer Gelehrter in Gutachten (Fatwas) die Rechtslage dar. In den meisten Provinzen agierte er gewissermaßen als Privatmann kraft eigener Autorität; nur an bestimmten Orten zählten die Muftis zur Ilmiyye. Das Urteil eines Richters war verbindlich, galt jedoch nur für den konkreten Fall und schuf auch keinen Präzedenzfall. Die Fatwas eines Muftis hingegen waren nicht rechtsverbindlich, doch konnten sie gesammelt und in anonymisierter Form auf andere Fälle übertragen werden. Die Sonderstellung des Şeihülislam spiegelt sich in der Tatsache, dass seine Rechtsgutachten im Prinzip für alle osmanischen Richter bindend waren. Nur sie wurden in bearbeiteter Form in größerer Zahl in Anthologien gesammelt.

Provinzverwaltung

Selbst in seiner klassischen Epoche setzte sich das Osmanische Reich aus sehr unterschiedlichen Zonen zusammen, die von kaum gesicherten Berg-, Wald-, Steppen- und Wüstenregionen bis zu engmaschig überwachten strategischen Städten und Regionen reichten. Allmählich kristallisierte sich eine einheitliche Gliederung in Unterbezirk, Bezirk und Provinz heraus, doch wurden immer wieder neue Bezirke und Provinzen geschaffen oder bestehende umbenannt. In manchen Gebieten wurden Garnisonen eingerichtet, Festungen gebaut, Tribut erhoben und Geiseln gefordert, jedoch weder Zensus noch Kataster angelegt, keine Timars vergeben oder keine Kadis entsandt. In anderen Regionen behielt die lokale Elite ihre Besitzungen, während sich der zentralstaatliche Zugriff auf einige wenige Leistungen und Lieferungen beschränkte. Die wechselnden Arrangements wurden teils in aller Form festgeschrieben, teils nur faktisch toleriert. Es gilt also, stets hinter die von den osmanischen Behörden errichtete Fassade flächendeckender imperialer Kontrolle zu blicken.

Auch die osmanische Provinzverwaltung wurde im Laufe der Zeit pragmatisch aus- und umgeformt. Zu den Ende des 14. Jahrhunderts westlich und östlich der Dardanellen eingerichteten Großprovinzen Rumelien und Anatolien kamen im Laufe der Eroberungen stetig neue Provinzen hinzu; 1527 waren es insgesamt acht, 1609 bereits 32.[65] Die osmanischen Verwaltungseinheiten und Gerichtsbezirke waren vor allem für die Obrigkeit relevant, der sie vorrangig zu Steuerzwecken dienten; darüber hinaus konnten an den Distriktgrenzen auch Zölle auf bestimmte Güter erhoben werden. Für das Selbstverständnis und das Zusammengehörigkeitsgefühl der einheimischen Bevölkerung dagegen bildeten Verwaltungseinheiten nicht unbedingt die entscheidende Größe. Die meisten Provinzen (osman. *vilayet*, *eyalet*) in Rumelien, Anatolien und Syrien waren ihrerseits in Distrikte (osman. *sancak*, arab. *liwa'*: Flagge, Standarte) unter eigenen Distriktgouverneuren (osman. *sancakbeyi*, *mirliva*, arab. *amir al-liwa'*) unterteilt, die als wichtigste administrative Einheiten dienten und sich in der Regel um eine Stadt gruppierten. Diese Untergliederung galt nicht für die arabischen Provinzen Bagdad, Basra, al-Hasa, Ägypten, Tripoli (im heutigen Libyen), Tunis, Algier und, soweit sie von den Osmanen überhaupt kontrolliert wurden, den Jemen oder Habeş. Auch wurden in diesen Territorien keine Timars vergeben. In den unruhigen Grenzgebieten zum Safavidenreich herrschten eigene Bedingungen. Hier gaben halbautonome Familien, Clans und Stämme den Ton an. Zu ihnen zählten die Marscharaber im Südirak, vor allem aber die kurdischen Stammesführer in Ostanatolien, im Nordwestirak und in Nordsyrien, die – häufig mit dem Titel eines Emirs oder Khans – als erbliche »Statthalter« in ihren Stammesgebieten wirkten.

In den Provinzen konzentrierte sich die osmanische Staatsgewalt auf eine begrenzte Zahl von Personen und Institutionen, deren Handlungsspielraum je nach lokaler Konstellation und der Persönlichkeit der Amtsinhaber stark variierte. Die Ämterrotation sollte der Bildung lokaler Machtblöcke entgegenwirken. Die aus Istanbul entsandten Spitzen der Provinzverwaltung vom Gouverneur über den Kämmerer bis zum Kadi entstammten daher in aller Regel nicht der lokalen Gesellschaft, waren ihr kulturell aber auch nicht ganz fremd. Die mittleren und unteren Ränge dagegen rekrutierten sich vielfach aus der lokalen Gesellschaft, so dass Staat und Gesellschaft auf diesen Ebenen stärker ineinandergriffen. Das ist nicht zuletzt mit Blick auf moderne, nationalistisch gefärbte Vorstellungen über das Verhältnis des »türkischen Staats« zur »arabischen / kurdischen / bulgarischen / ungarischen / griechischen Gesellschaft« wichtig.[66] Ebenso spielt es eine Rolle bei der Frage nach dem kolonialen Charakter des Osmanischen und des Safavidischen Reiches, die uns im Zusammenhang mit den Reformen des 19. Jahrhunderts noch beschäftigen wird.

Zur Provinzverwaltung zählten die Provinz-, Distrikts- und Unterdistriktsgouverneure mit ihrem Stab von Schreibern, Wachen und sonstigen Bediensteten; die vor Ort stationierten regulären und irregulären Truppen unter ihren Kommandanten, die auch die Polizeigewalt ausübten; die Kadis und die Kämmerer, die für die Überweisung der Steuern und Abgaben nach Istanbul verantwortlich waren; schließlich Steuerpächter, die, ebenso wie die Vertreter des Kadis, die Gerichtsschreiber und die Muftis, häufig der Provinzgesellschaft entstammten. Eine effektive Kontrolle der Bevölkerung war mit diesem beschränkten Personal und seinen ebenso beschränkten Straf- und Zwangsmitteln nur in Abstimmung mit den lokalen Eliten möglich – also städtischen Notabeln einschließlich der Amts- und Würdenträger der Nichtmuslime, Dorf- und Stammesscheichs, gegebenenfalls auch »heiligen Männern« und lokalen Machthabern. Jenseits der Hauptstadt Istanbul und ausgewählter strategischer Orte wurde osmanische Herrschaft im Prinzip vermittelt ausgeübt. Systematische Eingriffe in die lokale Wirtschaft, das soziale Gefüge, örtliche Sitten und Gebräuche waren – soweit sie nicht der Sicherung strategischer Interessen dienten – weder beabsichtigt noch durchsetzbar.

Die Provinzgouverneure (*vali*, arab. *wali, muhafiz*), die in der Regel den Rang eines Paschas besaßen, wurden vom Sultan bzw. der höfischen Machtelite ernannt und waren im Prinzip jederzeit abrufbar. Idealtypisch bestand eine Hierarchie, an deren Spitze die Generalgouverneure *(beylerbeyi)* standen, gefolgt von Provinz- und Distriktgouverneuren. Die kollektive Bezeichnung *ümera* wies sie als militärische Befehlshaber aus (osman. *ümera* entspricht dem arabischen Plural von *amir*, Befehlshaber oder Fürst). Mit der Ernennung erhielten die Gouverneure eine Pfründe, bestehend aus spezifizierten Einkünften aus der jeweiligen Provinz. Das machte sie zu den wohlhabendsten Männern des Reiches, die allerdings mit dem Amt hohe finanzielle Risiken eingingen, da sie zum Unterhalt eines umfangreichen Haushalts samt militärischem Gefolge verpflichtet waren. Beteiligungen am Handel, Investitionen, nicht selten auch Geldverleih und Getreidespekulation mehrten ihre persönlichen Einkünfte. Die höchsten Vertreter der osmanischen Zentralgewalt waren damit zugleich lokale Wirtschaftsakteure, von denen unter anderem Baumaßnahmen erwartet wurden, die dem Gemeinwohl dienten. Auch die Rekrutierung eines bewaffneten Anhangs war regulärer Teil ihrer Aufgaben; illegitim wurde sie nur, wenn dieser Anhang gegen den Sultan und die Zentralregierung eingesetzt wurde. Dass die Gouverneure zum Teil unfreie Pfortensklaven waren, spielte vor Ort keine Rolle: Sie vertraten den Sultan. Diejenigen unter ihnen, die eine Ausbildung an der Hofschule genossen hatten, waren kultivierte Mitglieder der osmanischen Bildungselite – in dieser Hinsicht den chinesischen Literaten-Bürokraten (»Mandarinen«) vergleichbar – und den örtlichen Gelehrten, Kaufleuten und Literaten kulturell weder fremd noch unterlegen. Raghıb Mehmed Pascha (gest. 1763) war ein prominentes Beispiel dieses freilich nicht allzu häufigen Typus.[67]

Bei alledem regierten die Provinz- und Distriktgouverneure nicht unumschränkt. Parallel zu den Verwaltungsdistrikten, zum Teil auch deren Grenzen überschreitend, waren die Gerichtsbezirke angelegt. Auch die kirchliche Organisation – und das konnte für die Herausbildung lokaler Identität wichtig sein – deckte sich selten mit den osmanischen Verwaltungsgrenzen. Die Gerichtsbezirke waren im Prinzip so definiert, dass keines der Dörfer mehr als eine Tagesreise vom Sitz des Kadis entfernt war. Dies war die Entfernung, über die ein Bauer verpflichtet war, seinen Ernteanteil an den Timar-Halter zu transportieren. Häufig hielten die Richter in einer Moschee oder in ihrem Privathaus Gericht, gegebenenfalls unterstützt von einem oder mehreren Stellvertretern und Gerichtsschreibern, dazu Gerichtszeugen, die unter anderem den Leumund der Parteien zu bezeugen hatten und der örtlichen Gesellschaft entstammten. Die auf ein bis zwei Jahre entsandten Richter vertraten die hanafitische Rechtsschule, wandten neben der Scharia aber auch den sultanischen *kanun* an. Folgte die örtliche Bevölkerung einer anderen Rechtsschule, so konnte der Kadi Gelehrte dieser Rechtsschule als Vertreter oder Mufti hinzuziehen. Anders als die Kadis waren diese Männer oft jahrzehntelang tätig, nicht selten handelte es sich um ortsansässige Nachkommen des Propheten. Gerade unter den Religions- und Rechtsgelehrten bildeten sich an vielen Orten regelrechte Dynastien heraus, soll heißen Familien, innerhalb deren Bildung und Ämter mit den dazugehörigen Einkünften (Verwaltung frommer Stiftungen, Positionen an Madrasen und Moscheen) vererbt wurden. Aber sie blieben, und das ist wichtig, an ein Ernennungsdokument *(berat)* der Zentralbehörde gebunden.

Die Aufgaben eines osmanischen Kadis waren ausgesprochen weit gefächert und beschränkten sich keineswegs auf die Rechtsprechung innerhalb der islamischen Scharia-Gerichte. Forscher haben den Kadi daher allgemeiner als »Magistrat« bezeichnet.[68] Er nahm eine große Zahl notarieller und quasi standesamtlicher Aufgaben wahr, was ihn zu einer wichtigen Persönlichkeit der städtischen wie der ländlichen Gesellschaft machte. Der Kadi redigierte und registrierte Kaufverträge, Kredite und Immobiliengeschäfte, Eheschließungen, Scheidungen und Erbteilungen. Er übte, manchmal neben oder mit dem Marktaufseher, die Oberaufsicht über die städtischen Bauten,

Preise und Gewichte und über die islamischen frommen Stiftungen aus, die für die städtische Ordnung von größter Bedeutung waren. Dazu kamen hoheitliche Aufgaben bei der Erstellung der Steuerregister, der Mobilisierung von Ruderern, Hilfskräften und anderen irregulären militärischen Einheiten sowie – bemerkenswerterweise kam diese Aufgabe nicht dem Gouverneur zu – der Ausrüstung und Verpflegung der kämpfenden Truppe. Hingegen war ihm die Strafgerichtsbarkeit an vielen Orten entzogen, wo sie in den Händen des Gouverneurs und der örtlichen Truppenkommandeure lag. Anders als der Gouverneur und der örtliche Truppenkommandant verfügte der Kadi zwar über keine eigenen Macht- und Zwangsmittel, trat in Krisen- und Konfliktsituationen jedoch nicht selten als politischer Akteur hervor.

Die formale Über- und Unterordnung im Rahmen einer reichsweiten Hierarchie darf nicht darüber hinwegtäuschen, dass die tatsächlichen Gestaltungsmöglichkeiten der Gouverneure und Kadis vor Ort begrenzt waren. Ohnehin beschränken sich unsere Kenntnisse im Wesentlichen auf die städtischen Verhältnisse. Über die Dörfer sind wir sehr viel schlechter unterrichtet. Soweit sie überhaupt eine religiöse Infrastruktur hatten, wirkte der Schreiber und Prediger zugleich als Notar, Vorbeter (Imam) und Koranschullehrer, vollzog Beschneidungen, Heiraten und Begräbnisse und verkündete offizielle Mitteilungen. Geklagt wurde über die mangelnde Bildung der Dorfimame, zugleich lebten sie aber von sehr bescheidenen Gebühren und Honoraren. Vieles deutet darauf hin, dass Streitigkeiten nach Möglichkeit außergerichtlich und gemäß lokalem Brauch beigelegt wurden, der von der Scharia vielleicht beeinflusst, mit dieser aber nicht identisch war und vielerorts nicht nur von Muslimen, sondern auch von Nichtmuslimen befolgt wurde.

Kontrovers: Feudalismus und Lehnswesen

Führende Osmanisten haben die auf Pfründenwirtschaft beruhende politische Ökonomie des Osmanischen Reiches »im weiten Sinn feudal« genannt.[69] Ähnliches ist für viele vormoderne Ordnungen gesagt worden, in denen eine politisch-militärische Elite das Land und die von ihnen abhängigen, häufig unfreien Bauern kontrollierte, die Krieger sich von ihrer Ausbildung und Ausrüstung her deutlich vom Rest der Bevölkerung abhoben und Herrschaft territorial fragmentiert war. Einige dieser Faktoren treffen auf den safavidischen Iran zu; die tribal organisierten Gesellschaften zwischen Marokko, Sudan und Oman hingegen lassen sich nicht einmal im weiten Sinn als feudal beschreiben. Selbst auf osmanischem und safavidischem Boden entstand keine auf Grund- bzw. Lehnsherrschaft gegründete Feudalordnung europäischen oder japanischen Zuschnitts, in der feudale Beziehungen die tragende Säule der Herrschaft bildeten und nicht ein Element unter mehreren. Allerdings waren auch in Japan und Europa die Verhältnisse plastischer, als es die Sprache des Rechts und der Politik suggeriert, zumal wenn einschlägige Begriffe von einer Sprache in die andere wandern. So ist das deutsche »Lehnswesen« in anderen Sprachen oft mit »Feudalismus« übersetzt worden, weil »Lehen« dem lateinischen *feudum* oder *beneficium* entspricht. Doch können sich Lehnswesen und Feudalismus zwar überlagern, sind aber nicht deckungsgleich.[70]

Im Lehnswesen des europäischen Mittelalters stiften Besitzübertragungen besondere soziale Beziehungen zwischen freien, rechtsfähigen Personen, die symbolisch ausgedrückt werden und Ethos und Verhalten der Machteliten prägen. Die personale Dimension dieser Beziehung wird als Vasallität bezeichnet, die dingliche beinhaltet die Übertragung eines Lehens in Form von Land oder anderen Einnahmequellen, die der Herr seinem Vasallen zur zeitlich begrenzten Nutzung überlässt (Nießbrauch, *beneficium*). Anstelle einer Zahlung oder Abgabe leistete der Vasall Treuedienste. Symbolische Akte wie Treueid *(homagium)*, »Handgang« und Investitur bezeugten die wechselseitige Bindung. Über das Verhältnis zu anderen sozialen Gruppen einschließlich der Bauern ist damit wenig gesagt; die Rolle von Frauen für Struktur und Erhalt des Lehnswesens bleibt weitgehend ausgeblendet. Demgegenüber beschreibt Feudalismus ein breiteres Phänomen, das neben dem Binnenverhältnis und dem Ethos der Machteliten die Ordnung von Herrschaft, Recht und Eigentum allgemein betrifft. Als Kennzeichen einer Feudalordnung gelten die geographische und politische Fragmentierung von Herrschaft; die Verknüpfung politischer Rechte und sozialer Privilegien in der Hand der Vasallen, die in ihrem Territorium als fürstliche Landesherren auftreten können, und die Verbindung von Herrschaftsrechten mit Konventionen ritterlicher oder adeliger Lebensführung. Spätestens in der Frühen Neuzeit hatten sich in Europa allerdings wesentliche Züge des Lehnswesens verwischt, und auch die Feudalordnung änderte fortwährend ihre Gestalt. In Frankreich wurde sie erst mit der Französischen Revolution beseitigt, in deutschsprachigen Landen mit den Bauernbefreiungen des frühen 19. Jahrhunderts und in anderen Teilen Europas noch deutlich später.

Die osmanische Pfründenwirtschaft unterschied sich von der zeitgenössischen europäischen Feudalordnung in mehrfacher Hinsicht: Gemeinsam war beiden die Ausbeutung ländlicher Produzenten durch eine militärische Elite, wobei der Grad der Ausbeutung sich nicht exakt bemessen lässt. Jedoch verknüpften sich im Osmanischen Reich Grundeigentum, Herrenrechte, sozialer Status und Konventionen der Lebensführung nicht nach feudalem Muster. Die Beziehungen der Machtelite zum Sultan waren durch personale Abhängigkeit bis hin zum Sklavenstatus gekennzeichnet, nicht durch Vasallität, die *gegenseitige* Pflichten formalisiert. Herrschaft war, sieht man von den Vasallenfürstentümern an der Peripherie ab, weder geographisch noch politisch fragmentiert. Das Reich unterhielt eine zentrale Finanz- und Justizverwaltung, die reichsweit Regeln setzte. Einen grundbesitzenden Adel gab es jenseits bestimmter südosteuropäischer Territorien zumindest nicht von Rechts wegen. Gouverneure, Timar-Halter und Pfortentruppen mutierten nicht zu Grundherren mit festen Herrensitzen (Burgen) und feudalen Herrenrechten über eine abhängige, womöglich unfreie ländliche Bevölkerung. Dafür sorgte, soweit sie konsequent eingehalten wurde, nicht zuletzt die Rotation der Amtsträger. Der Sipahi war nicht zur Fürsorge über die ihm im weitesten Sinn unterstellten Menschen verpflichtet; er fungierte in lokalen Streitigkeiten weder als Richter noch als Schlichter. Das patriarchale Ethos des Feudal- und Grundherren scheint sich nicht entwickelt zu haben. Die Bauern wiederum beschützte nicht allein die abstrakte Norm der Gerechtigkeit, die durch Tradition, Religion und sultanische Satzung genauer bestimmt wurde, sondern der Zugang zu den von der Zentralregierung eingesetzten Kadi-Gerichten und in letzter Instanz zum Sultan selbst. Die Vielzahl erhaltener Petitionen lässt auf ein gewisses Grundvertrauen in die Obrigkeit schließen. Nicht selten waren die Bauern sogar bewaffnet. »Im weiten Sinn feudale« Verhältnisse entwickelten sich im 17. und 18. Jahrhundert allerdings in peripheren Räumen wie dem Libanon-Gebirge und den kurdischen Bergen, in denen das Timar- und Sipahi-System ohnehin nicht funktionierte.[71]

C Wirtschaft und Gesellschaft

1. Soziale Ordnung

In der gesamten Region herrschte eine Distinktionskultur, in deren Rahmen sich Individuen und soziale Gruppen durch Kleidung, Haartracht, Sprache, Gestik und Verhalten voneinander unterschieden und zum Teil auch bewusst voneinander abgrenzten. Pluralität und Differenz wurden auf diese Weise sichtbar gemacht. Ob das im Einzelnen freiwillig geschah oder nicht, macht natürlich einen Unterschied. »Freiwillig« bedeutet freilich nicht, dass Individuen nach eigenem Gusto ihre Kleidung, Haartracht, Sprache, Gestik und Verhalten gestalteten, wohl aber, dass einzelnen Gruppen bestimmte Zeichen oder Marker der Distinktion weder verweigert noch aufgezwungen wurden. Für Letzteres gibt es auch im frühneuzeitlichen Vorderen Orient durchaus Beispiele.

Entgegen einer weitverbreiteten Auffassung, die das Zählen und Messen der kolonialen Moderne zuordnet, teilten auch die vormodernen Autoritäten des Vorderen Orients und Nordafrikas ihre Bevölkerung in unterschiedliche Kategorien ein, und diese Klassifikationen waren rechtlich, politisch und sozial von Bedeutung. Auch ihnen lag an dem, was der Sozialhistoriker James Scott die »Lesbarkeit« der Gesellschaft genannt hat.[72] China und Japan sind hierfür hervorragende Beispiele und ebenso das Osmanische Reich mit seinen Registern und Katastern. Auch außerhalb der staatlichen Sphäre gab es Grenzziehungen religiös-moralischer und sozialer Natur, und dies ungeachtet der egalitären Ideale, die sich aus dem Koran ableiten lassen. Die geforderte Ebenbürtigkeit der Ehepartner (arab. *kafa'a*) ist nur ein Beispiel unter mehreren. Das islamische Recht funktioniert nicht »ohne Ansehen der Person«. Gerechtigkeit, davon wird noch zu reden sein, ist nicht zwingend gleichbedeutend mit sozialer Gleichheit, sondern steht in vielen Kulturen für eine wohlgefügte Ordnung, in der alle Individuen und Gruppen den ihnen zustehenden Platz erhalten – und diesen Platz auch einhalten. Islamisch geprägte Gesellschaften waren auf jeden Fall von frühester Stunde an sozial differenziert, verknüpften den sozialen Rang in der Regel aber nicht mit politischen Rechten – und auch nicht mit religiösem Verdienst. Zugleich ließen sie ein beachtliches Maß an sozialer Mobilität über die Grenzen von Geburt, Ethnie und Hautfarbe zu. Sosehr sich die Obrigkeit um die Aufrechterhaltung bestehender sozialer und rechtlicher Schranken bemühte, waren diese Schranken in der Realität doch durchlässig. Dafür sorgte nicht zuletzt der schier unstillbare Bedarf an Männern, die diese Ordnung nach innen und außen verteidigten. Hohe Sterblichkeitsraten erzwangen selbst dort eine Öffnung, wo der Staat und privilegierte gesellschaftliche Gruppen ein Interesse daran hatten, den Status quo zu erhalten.[73]

Ganz allgemein war soziale Zugehörigkeit in den Gesellschaften des Vorderen Orients und Nordafrikas schwächer institutionalisiert als im frühneuzeitlichen Europa, Japan oder China. Eine im strengen Sinn ständische Ordnung, die auf Geburt, Amt oder Beruf gegründete soziale und politische Rechte miteinander verknüpfte und an die Einhaltung eines besonderen gruppenbezogenen Ethos (Standesethik) band, gab es nirgends. Ungeachtet aller Tendenzen zur Erblichkeit von Beruf, Amt und Status und der mit ihnen verbundenen Abschließungsmechanismen, die sich in der Mitte des 17. Jahrhunderts deutlicher abzeichneten, kodifizierte der Staat keine ständischen Privilegien und Verhaltensregeln. Kleiderordnungen erließ er in der Regel nicht für Berufs- und Statusgruppen, sondern für Frauen und Nichtmuslime. In Korporationen organisiert waren am ehesten städtische Handwerker, Händler und Gewerbetreibende mit ihren Zünften oder zunftähnlichen Vereinigungen, an bestimmten Orten auch die Prophetennachkommen. Soweit amts- und berufsbezogene Verhaltensregeln existierten, wie das »Ethos des Kadi« (arab. *adab al-qadi*), waren sie nicht von der Obrigkeit definiert, sondern von der betreffenden Gruppe selbst.

Bei sozialer Differenzierung neigt der moderne Leser dazu, in

Kategorien sozialer *Schichtung* zu denken, in denen die soziale Lage durch ein »Oben« und »Unten« bestimmt wird. Das ist auch für die Gesellschaften des Vorderen Orients und Nordafrikas nicht ganz falsch, beschreibt die soziale Ordnung in vielen Fällen aber nur unzureichend.[74] Auch der Begriff der Kaste ist nicht passend. Der marxistische Begriff der Klasse bleibt in konkreten Einzelfällen zu diskutieren. Sinnvoll ist allerdings das Konzept der Statusgruppe. Als solche lassen sich die Nachkommen des Propheten Muhammad (arab. *sayyid* oder *sharif*, Pl. *ashraf*) fassen, die – unabhängig von ihrer ökonomischen Stellung – so gut wie überall gewisse rechtliche und fiskalische Privilegien genossen und, nicht weniger bedeutsam, ihre Gruppenzugehörigkeit weitgehend unabhängig von der Obrigkeit in eigenen Registern festhielten. Sie wurden also nicht wie andere soziale Einheiten vom Staat definiert. An vielen Orten unterstanden die Prophetennachkommen einem eigenen Oberhaupt mit dem arabischen Titel eines *naqib*, das in der Regel allerdings von der Obrigkeit in seiner Funktion bestätigt wurde. Um Missverständnissen vorzubeugen, sollte hinzugefügt werden, dass die Nachkommen des Propheten, obwohl sie sich mehrheitlich auf Muhammads Tochter Fatima, deren Ehemann Ali und einen ihrer Söhne Hasan und Husain zurückführten, in ihrer Mehrheit Sunniten waren, nicht Schiiten. Hervorzuheben ist auch, dass die Prophetennachkommen zu den wenigen sozialen Gruppen gehörten, bei denen die weibliche Linie ebenso viel zählte wie die männliche. Das machte die Einheirat in Sayyid-Familien für soziale Aufsteiger und militärische Eliten besonders attraktiv.

Am klarsten stratifiziert waren tribale Gesellschaften wie die des heutigen Mauretanien mit ihren vergleichsweise klar voneinander abgegrenzten endogamen »Klassen« von Freien, Freigelassenen und Sklaven, bei denen der Rechtsstatus und die wirtschaftliche Tätigkeit mit Abstammung und Hautfarbe korrelierten. Der Jemen hingegen illustriert die Bedeutung von Statusgruppen, die sich nicht ohne weiteres in ein Schema von »oben« und »unten« bringen lassen. Im Jemen bildeten Stammesangehörige, Richter, Prophetennachkommen, städtische Handwerker, Arbeiter und Tagelöhner – die, da unbewaffnet, kollektiv als »Schwache« *(du'afa')* bezeichnet wurden –, Sklaven und deren Nachfahren sowie Juden als abhängige Schutz- befohlene mehrere, im Prinzip endogame Statusgruppen. Sie unter- schieden sich entweder durch ihre wirtschaftliche Lage und Tätigkeit oder durch Abstammung und tribale Bindung (die Richter gehörten keinem Stamm an, die Prophetennachkommen bildeten eine eigene Gruppe) und durch das Recht, Waffen zu tragen (weder Richter noch Handwerker, Sklaven und Juden trugen Waffen). Das komplizierte Gefüge ließ Ausnahmen zu, wurde im Jemen bis ins 20. Jahrhundert jedoch kaum je grundsätzlich in Frage gestellt – wohl aber in der südostasiatischen Diaspora jemenitischer, insbesondere hadrami- tischer Migranten, die über Generationen ihre Bindung an die Hei- mat aufrechterhielten.

2. Freiheit und Unfreiheit

So gut wie alle Gesellschaften des Vorderen Orients und Nordafri- kas waren patrilinear verfasst. Für den Status des Einzelnen zählte daher in der Regel der Status des Vaters mehr als jener der Mutter. Ausnahmen finden sich vor allem an den Polen der sozialen Ord- nung, das heißt unter den politischen, militärischen und religiösen Eliten auf der einen Seite und unter Sklavinnen und Sklaven auf der anderen. Die Sklaverei trug freilich deutlich andere Züge als die Plantagensklaverei im zeitgenössischen Amerika und in der Karibik, an der sie häufig gemessen wird. Selbst wenn die Rolle unfreier os- manischer und safavidischer Eliten nicht überbewertet werden darf, erwiesen sich die gesellschaftlichen Schranken als ungleich durchläs- siger. Die für Amerika und die Karibik charakteristische Verbindung von Herrschaft, Eigentum und Hautfarbe bzw. Rasse war im Vorde- ren Orient und in Nordafrika weniger starr, und die Hautfarbe bzw. Rasse galt nicht als alles bestimmende Kategorie sozialer Zuordnung. Weit besser eignen sich zum Vergleich die Abstufungen von Unfrei- heit und Abhängigkeit im mittelalterlichen Europa, bei denen sich dingliche und personale Aspekte in einer nicht selten verwirrenden Weise verschränkten.[75]

Im Kontext von Freiheit und Unfreiheit spielten die religiös-rechtlichen Bestimmungen des Islam eine wichtige Rolle. Koran und Sunna stellten die Institution der Sklaverei ebenso wenig in Frage wie das Alte und das Neue Testament. Gerechtfertigt wurde sie, wenn überhaupt, durch den Umstand, dass der Prophet Muhammad und seine Gefährten Sklavinnen und Sklaven hatten, durch die behauptete Zivilisierung versklavter Gefangener und durch den im islamischen Recht fest verankerten Schutz des Eigentums. Das islamische Recht behandelte in erster Linie den legitimen Erwerb von Sklaven; es eröffnete verschiedene Wege aus der Unfreiheit und empfahl zudem die Freilassung von Sklaven als religiös verdienstvolle Handlung. Die amerikanische Historikerin Madeline Zilfi spricht in diesem Zusammenhang von einem paternalistischen Anstrich.[76] Bei der Sklaverei kann man durchaus von einer »islamisch geprägten« Institution sprechen, wenn man dabei nicht übersieht, dass gesellschaftliche Normen und soziales Verhalten nicht ausschließlich (wenn überhaupt) aus Koran und Sunna abgeleitet wurden. Hier wie in vielen anderen Zusammenhängen wirkte die von den geltenden Machtverhältnissen geprägte Trias von Religion, Brauch und Konvention. Viele Fragen blieben unter den muslimischen Religions- und Rechtsgelehrten umstritten, so etwa, ob Nichtmuslime Sklaven halten durften, zumal wenn diese zum Islam konvertierten. Generell aber richteten religiös-rechtliche Gebote und Verbote wenig aus in einem Umfeld, in dem ungeachtet aller Skrupel Sklaverei ein selbstverständlicher Teil des Alltagslebens war. Insgesamt empfiehlt es sich, Freiheit und Unfreiheit unter mehreren Gesichtspunkten zu betrachten: Nicht nur der Rechtsstatus einer Person ist zu berücksichtigen, sondern auch ihr sozialer Status und ihre gesellschaftliche Rolle sowie Fragen von Moral und Religion.

Der Sklavenstatus konnte von den Eltern bzw. einem Elternteil vererbt werden. Die Kinder von Sklaven wurden nach der Auffassung der meisten Ulama unfrei geboren. Nach schiitischem Recht mussten in diesem Fall beide Eltern Sklaven sein, nach sunnitischer

Mehrheitsmeinung war der Status der Mutter ausschlaggebend. Dies reflektierte zum einen die auch den römischen Juristen bekannte Tatsache, dass – mit Ausnahme von Findelkindern, die nach islamischem Recht als freie Muslime gelten – die Mutter eines Kindes leichter zu bestimmen ist als der Kindsvater *(pater incertus, mater semper certa)*. Zum anderen spiegelt sich hierin der Umstand, dass Sklaven nur selten in konventionellen Ehe- und Familienverhältnissen lebten, in denen sich die Vaterschaft eindeutig nachweisen ließ. Wollte ein Herr seine Sklavin heiraten, musste er sie zuerst freilassen. Die Sklavinnen seiner Frau oder Konkubine durfte er nicht belästigen oder »berühren«. Sklavinnen, die ihrem Herrn ein Kind geboren hatten (arab. *umm walad*), das dieser anerkannte, sollten nicht weiterverkauft werden und spätestens nach dem Tod ihres Besitzers freikommen. Das gemeinsame Kind war, sofern vom Vater als legitim anerkannt, frei und erbberechtigt, die Mutter hingegen nicht. Nicht wenige Sklavinnen und Sklaven wurden in einem Testament bedacht, nicht selten wurden sie in einer wohltätigen Stiftung berücksichtigt. Die Selbstversklavung oder der durch Armut motivierte Verkauf eigener Kinder waren islamrechtlich nicht zulässig, wurden in Zeiten extremer Not aber bis ins beginnende 20. Jahrhundert praktiziert. Schuldknechtschaft ist kaum belegt.

Die große Mehrheit der Sklavinnen und Sklaven wurde allerdings nicht unfrei geboren, sondern im Zusammenhang von Krieg, Raub und Piraterie unfrei gemacht. Hinsichtlich dieser Formen der Versklavung war die Rechtslage kompliziert. Muslimische Juristen unterschieden nach dem Status der Kampfhandlung, in deren Verlauf Gefangene gemacht wurden, nach der Religionszugehörigkeit der Gefangenen (Muslime, nicht als Muslime anerkannte Gruppen und Personen, sogenannte Schriftbesitzer, Polytheisten) sowie nach deren Geschlecht, Ethnizität und Hautfarbe. Die Religionszugehörigkeit spielte dabei eine größere Rolle als Ethnizität und Hautfarbe. Muslime durften nach islamischem Recht grundsätzlich nicht von Muslimen versklavt werden, ebenso wenig diejenigen Nichtmuslime, die als Schutzbefohlene auf islamischem Boden, das heißt innerhalb des *dar al-islam*, lebten – ein Grundsatz, der, wie erwähnt, bei der osmanischen Knabenlese verletzt wurde. Angehörige nicht anerkannter Religionsgemeinschaften wie etwa die Jesiden galten manchen muslimischen Religions- und Rechtsgelehrten als potentiell versklavbar, anderen nicht.

Muslime hatten schon früher Krieg gegen andere Muslime geführt, obgleich der Islam das ausdrücklich missbilligt und die Einheit der muslimischen Gemeinschaft als hohes Gut propagiert. Nicht immer gab man sich die Mühe, solche Kampagnen religiös-rechtlich zu legitimieren. Häufig aber wurde eine Rechtfertigung gesucht, indem man den Widersacher zum Rebellen, Häretiker oder Apostaten erklärte, gegen den der bewaffnete Kampf nach islamischem Recht erlaubt, wenn nicht sogar geboten ist. Damit war freilich noch nicht geklärt, ob gefangene Rebellen, Häretiker und Apostaten (womöglich samt ihrer Frauen und Kinder) auch versklavt werden durften. Meist geschah dies nicht, stattdessen wurden sie unter Berufung auf Koran 5,33 getötet, verstümmelt oder verbannt. Die Osmanen hingegen ließen sich noch im frühen 18. Jahrhundert von sunnitischen Ulama ihr Recht auf Versklavung der für ungläubig erklärten schiitischen Untertanen der Safaviden bestätigen. In der Regel wurden muslimische Gefangene jedoch nicht versklavt, sondern gegen Lösegeld freigelassen, als Geiseln einbehalten, zwangsverschleppt oder im schlimmsten Fall getötet; im subsaharischen Afrika und am Horn von Afrika (und hier wird man das Kriterium der Ethnizität und Hautfarbe nicht übersehen) sah es gelegentlich anders aus.

Islamrechtlich legitimiert waren hingegen Gefangennahme, Versklavung und Verkauf von »Ungläubigen« samt ihren Frauen und Kindern *außerhalb* des islamischen Herrschaftsbereichs, vor allem, wenn dies im Rahmen des Jihad bzw. der Ghazwa geschah. In diesem Zusammenhang zählten auch Juden und Christen zu den Ungläubigen, der Begriff war hier also weiter gefasst als in bestimmten theologischen Kontexten. Der Übertritt eines versklavten Gefangenen zum Islam galt als religiös verdienstvoll, brachte ihm jedoch nicht automatisch die Freiheit. Vertreibungen von Angehörigen anderer Religionsgemeinschaften aus dem jeweiligen Herrschaftsbereich (man denke an die Ausweisung von Juden und Muslimen aus Spanien und Portugal nach der Reconquista) waren im islamischen Raum ausgesprochen selten, umso häufiger hingegen Verschleppungen und Zwangsumsiedlungen in den eigenen Machtbereich. Muslimische Sieger nutzten andersgläubige Gefangene somit für ihre ökonomischen und politischen Zwecke, indem sie entweder Lösegeld verlangten oder sie als Sklaven verkauften. Das Lösegeld für einen Gefangenen bemaß sich nach seinem sozialen und politischen Status, sein Marktpreis als Sklave hingegen nach seiner Nützlichkeit, die körperliche Eigenschaften einschließlich Geschlecht und Hautfarbe ebenso berücksichtigte wie besondere Fähigkeiten und Kenntnisse. Tribut, Geschenk, Kauf und Raub wurden damit gerechtfertigt, dass alle Ungläubigen jenseits des islamischen Herrschaftsbereichs potentiell Sklaven der Muslime seien.

Angaben über die Gesamtzahl der auf die eine oder andere Weise versklavten Menschen sind extrem schwierig zu erhalten. Die Schätzungen gehen zum Teil weit auseinander, beruhen sie vielfach doch auf der Hochrechnung von Daten, die nur für einzelne Jahre oder Ereignisse vorliegen. Ob in der Schwarzmeerregion zwischen 1450 und 1700 tatsächlich, wie geschätzt wurde, 2,5 Millionen Menschen versklavt und in islamisches Gebiet verkauft wurden und im Mittelmeer zwischen 1530 und 1780 rund 1,25 Millionen, lässt sich nicht klären.[77] Im 16. und 17. Jahrhundert war angesichts ständiger Feld- und Beutezüge an unterschiedlichen Fronten die Zahl der versklavten Gefangenen auf jeden Fall hoch. Häufig sahen Friedensverträge allerdings einen Gefangenenaustausch vor. Eine Schlüsselrolle bei der Zufuhr »weißer« Sklaven in das *dar al-islam* spielten bis in die Mitte des 18. Jahrhunderts die Tataren und Kosaken der Region zwischen Schwarzem und Kaspischem Meer. Der dichtbevölkerte Kaukasus bildete bis ins 19. Jahrhundert die wichtigste Quelle für die männlichen Sklaveneliten der Osmanen und Safaviden und lieferte zugleich eine große Zahl von Haremssklavinnen. Aber auch an der Grenze zum Habsburgerreich wurden zahllose Gefangene gemacht.

Im Mittelmeer spielten bis ins frühe 18. Jahrhundert Korsaren und Piraten die wichtigste Rolle im Sklavenhandel, der im Übrigen durch eine Reihe von Selbstzeugnissen vergleichsweise gut dokumentiert

Abb. 8: »Wie die gefangenen Christen verkaufft und besichtigt werden«
(B. Schachman, Ende 16. Jahrhundert)

ist. Auf muslimischer Seite wurde das Korsarenwesen uneinheitlich beurteilt: Während einzelne lokale Machthaber die Raubzüge als Ghazwa anerkannten, verweigerten ihnen viele Ulama die religiöse Rechtfertigung. Das änderte freilich nichts daran, dass auch nach ihrer Überzeugung gefangene »Ungläubige« versklavt werden durften. Viele europäische Gefangene wurden verkauft und in der bäuerlichen Landwirtschaft oder im städtischen Handwerk und Gewerbe eingesetzt. Auch hier handelte es sich mithin um ein Massenphänomen, wobei die Versklavung europäischer Gefangener in der europäischen Literatur, Musik und Kunst – man denke an Opern wie »Die Entführung aus dem Serail« oder »Die Italienerin in Algier« – einen weit stärkeren Eindruck hinterlassen hat als die Versklavung muslimischer Gefangener in europäischen Ländern. Für Sizilien, Malta und verschiedene italienische Stadtstaaten sind im 16. Jahrhundert Zehntausende muslimischer Sklaven bezeugt, und auch die Habsburger besaßen im 17. und 18. Jahrhundert unfreie muslimische Diener, von denen viele wohl früher oder später getauft wurden. Eine jüngere Arbeit spricht in diesem Zusammenhang von »dekorativer Sklaverei« als einer Form der Unfreiheit, die weniger der unmittelbaren Ausbeutung diente als vielmehr dem exotischen »Dekor«.[78] Die Mohren, die an europäischen Höfen gehalten wurden und noch im »Rosenkavalier« ihren Auftritt haben, weisen in diese Richtung.

Im Gegensatz zu den hellhäutigen, »weißen« Sklaven gelangte die Mehrzahl der dunkelhäutigen, »schwarzen« Sklaven über den Handel auf islamisches Territorium. Das schloss Gewaltanwendung selbstverständlich nicht aus. Die klassischen Handelsrouten für afrikanische Sklaven führten vom *bilad as-sudan*, dem »Land der Schwarzen« der muslimischen Geographen, das die Sahelzone vom heutigen Sudan über Tschad, Niger, Nordnigeria und Mali bis nach Mauretanien und Senegal umfasst, auf den Transsahararouten in den Maghreb, nach Ägypten und in den islamischen Osten. Getrennte Handelswege verbanden die ostafrikanische Küste, Sansibar und Oman mit den Sklavenmärkten im Vorderen Orient, in Iran und Indien. Die Pilgerfahrt nach Mekka und Medina spielte eine bedeutende Rolle im Sklavenhandel. Diese Handelsnetze wurden im 16. Jahrhundert um den von Europäern beherrschten transatlantischen Sklavenhandel erweitert. Schon ab 1525 ist die Verschiffung muslimischer Sklaven aus Westafrika nach Amerika durch europäische Sklavenhändler bezeugt. Beteiligt waren aber auch muslimische Sklavenhändler, die sich nicht immer an die Scharia hielten, sondern auch Muslime als Sklaven verkauften, sowie Afrikaner, die ihre Nachbarn, Feinde oder Untertanen gefangen nahmen und verkauften, ein wichtiger Aspekt der Kriege und Fehden, die schon damals einen »Gewaltmarkt« schufen.

Nach islamischem Recht besaßen Sklaven einen gemischten Rechtsstatus als Person *und* Sache und waren daher – aus der Sicht der Juristen, nicht unbedingt in der Praxis – nicht vollkommen rechtlos. Im Osmanischen Reich beispielsweise hatten sie grundsätzlich Zugang zu den Kadi-Gerichten (in deren Registern sie allerdings selten auftauchen) und zum Oberhaupt der jeweiligen Sklavenhalterzunft, der auf die Einhaltung bestimmter Verhaltensregeln verpflichtet war. Der Sklave galt als Eigentum seines Herrn (auf beiden Seiten, also

Herren wie Sklaven, betraf dies sowohl Männer als auch Frauen), der frei über ihn verfügen, ihn gegen seinen Willen verheiraten, ihn schlagen und züchtigen, aber nicht verstümmeln oder grundlos töten durfte. Kinder unter sieben Jahren sollten nicht ohne ihre Mutter verkauft werden. Dass der Islam grundsätzlich eine humane Behandlung von Sklaven forderte, bot keine Garantie dafür, dass dies auch geschah. Nicht selten wurden Sklavinnen und Sklaven in rascher Abfolge gekauft und wieder verkauft. Vieles richtete sich hier nach den materiellen Rahmenbedingungen, namentlich den Unterhaltskosten und den Möglichkeiten des Neuerwerbs. Je teurer und qualifizierter ein Sklave, desto höher die Wahrscheinlichkeit einer anständigen Behandlung. Wie in anderen Sklavenhaltergesellschaften wurde die Zahl der Sklavinnen und Sklaven durch hohe Sterblichkeit und geringe Geburtenraten auf der einen Seite, Freikauf und Freilassung auf der anderen stetig reduziert, weshalb ein kontinuierlicher Nachschub gewährleistet werden musste.

Während Sklaverei und Unfreiheit in Europa und Amerika eher ein Kennzeichen der ländlichen Gesellschaft waren, fanden sie sich im Vorderen Orient und in Nordafrika vornehmlich in der städtischen Welt. In Marokko, im muslimischen West- und Ostafrika sowie auf Sansibar allerdings bearbeiteten Sklaven große Zuckerplantagen und im Osmanischen Reich Landgüter wie die Krondomänen. Verbreitet war zumindest im Osmanischen Reich zudem die unfreie Arbeit in den Bergwerken, und angesichts ihres hohen Beitrags zum osmanischen Staatshaushalt kann sie quantitativ nicht unbedeutend gewesen sein. Die Mehrzahl der Sklavinnen und Sklaven diente jedoch im Haushalt, im Harem und im städtischen Gewerbe. In Istanbul sollen Sklaven und Freigelassene in der Mitte des 16. Jahrhunderts rund ein Fünftel der Stadtbevölkerung ausgemacht haben, in Bursa möglicherweise die Hälfte.[79] Die Haussklaverei umfasste eine weite Spanne von Tätigkeiten, die von Unterricht und Kindererziehung über handwerkliche Tätigkeiten bis zu Hausarbeit und sexuellen Diensten reichten und damit sehr unterschiedliche soziale Rollen beinhalteten. Selbstverständlich genoss der Erzieher der eigenen Kinder in den Augen seines Herrn einen anderen Status als der Stallknecht. Viel Beachtung hat die zumindest im vermögenden städtischen Milieu verbreitete Haremssklaverei gefunden und damit zugleich die Institution des Konkubinats.

Das islamische Recht sah eine Reihe von Möglichkeiten vor, dem Sklavenstatus aus eigener Kraft zu entkommen. Dazu zählten der Freikauf oder die Freilassung nach einer bestimmten Frist, die allerdings je nach Region und Rechtsschule sehr unterschiedlich geregelt waren. Nach schiitischem Recht konnten beispielsweise nur muslimische Sklaven freigelassen werden. In einigen Teilen des Osmanischen Reiches wurden Sklaven nach sieben Jahren freigelassen, in anderen nach Erbringung einer festgelegten Leistung, die sich in Geld oder Sachwerten bemessen konnte. Im osmanischen Handwerk war dieser Brauch als *mükatebe* bekannt, eine Art zeitlich begrenzter Unfreiheit, aus der sich der Unfreie durch eigene Arbeit freikaufen konnte. Für Sklavinnen war dies angesichts beschränkter Erwerbsmöglichkeiten schwerer. Auf dem anatolischen Land gab es eine Einrichtung, bei der mittellose Mädchen bis zu ihrer Verheiratung als Dienstmagd unfreie Arbeit leisteten. Der Status von Freigelassenen, die dem islamischem Recht zufolge frei geborenen Muslimen hätten gleichgestellt werden müssen, variierte erheblich von Gesellschaft zu Gesellschaft: Folgten die einen den islamrechtlichen Vorgaben und behandelten Freigelassene als den Freigeborenen ebenbürtig, so drückten andere den Freigelassenen und ihren Nachkommen noch über Generationen den Stempel der sozialen Minderwertigkeit auf. Das war gerade mit Blick auf die für eine Eheschließung geforderte Ebenbürtigkeit von Bräutigam und Braut von einiger praktischer Relevanz. Das aus der frühislamischen Zeit bekannte Prinzip, dem zufolge männliche Freigelassene und deren Familie und Nachkommen Klienten (Mawali) ihrer früheren Herren wurden, theoretisch auf Dauer, faktisch meist über drei Generationen, fand sich an manchen Orten auch in späterer Zeit. Das konnte neben der Abhängigkeit auch Versorgung bedeuten. Gerade an diesem Punkt spielte das Geschlecht eine wichtige Rolle: Freigelassenen Mädchen und Frauen standen, von häuslichen Diensten abgesehen, nur sehr wenige Tätigkeitsbereiche offen, so dass sich ihre materielle Lage durch die

Freilassung unter Umständen sogar verschlechterte. Einige Quellen deuten darauf hin, dass manche einen Ausweg in der Prostitution suchten. Viele Herren gaben ihnen bei der Freilassung allerdings eine Ausstattung mit, begünstigten sie in ihrem Testament oder suchten ihnen einen Ehepartner.

Der soziale Status der unfreien und der freigelassenen Männer und Frauen war somit alles andere als einheitlich. Man sollte vielleicht nicht überbewerten, dass der Terminus »Sklave« selbst mehrdeutig und nicht auf die Gruppe der rechtlich Unfreien beschränkt war, sondern durchgängig für das Verhältnis von Gott und Mensch verwandt wurde. Abdallah (»Sklave Gottes«) war ein häufiger Vorname, und selbst der Herrscher bezeichnete sich als »Sklave Gottes«. Aber auch europäische Fürsten nannten sich »Knecht Gottes«, ohne dass dies den Status von Knechten beeinflusst hätte. Wichtiger waren andere Faktoren: Der Sklave und die Sklavin galten (auch) als Person, die im Stand der Unfreiheit gewisse einklagbare Rechte behielt; sie konnten Besitz, ja faktisch sogar Eigentum erwerben, darunter eigene Sklavinnen und Sklaven; ihr Rechtsstatus definierte nicht alle sozialen Beziehungen, und sie besaßen nicht selten die Möglichkeit, dem Status der Unfreiheit nach einer bestimmten Frist legal zu entkommen, ohne dass ihnen oder ihren Nachkommen ein Stigma anhaftete. Dazu trug sicher bei, dass in den meisten muslimischen Gesellschaften Unfreiheit nicht in der Weise mit Hautfarbe und Rasse – der Begriff ist hier nicht zu vermeiden – identifiziert wurde wie in Europa und Amerika. Anders als von Orlando Patterson in seiner wegweisenden Studie beschrieben, bedeutete Sklaverei in den islamisch geprägten Gesellschaften nicht notwendigerweise den »sozialen Tod« des Versklavten.[80] Faktisch bestätigte sich das aus der islamischen Geschichte bekannte Prinzip, wonach sich die Stellung des Einzelnen nicht allein aus seinem Rechtsstatus als Freier, Freigelassener oder Sklave ergab, sondern aus der persönlichen Bindung an einen Herrn, dessen Stellung gewissermaßen auf die von ihm Abhängigen abfärbte. Nichts zeigt dies besser als die Tatsache, dass der freigelassene Sklave eines Askeri den steuerprivilegierten Status seines Herrn erbte und der Sklave des Sultans Herrengewalt über freie Muslime ausüben konnte. Immer galt, dass der mit höchsten Ämtern und weltlichen Gütern ausgestattete Pfortensklave mit dem gewöhnlichen Haussklaven außer dem Rechtsstatus nichts gemein hatte, ebenso wie die unfreie Favoritin des Herrschers Welten von der unfreien Küchenmagd trennten.

3. Land und ländliche Gesellschaft

Wiederholt wurde auf den agrarischen Charakter der Staaten und Gesellschaften des Vorderen Orients und Nordafrikas hingewiesen und damit auf die Tatsache, dass die Mehrheit der Bevölkerung außerhalb der Städte »auf dem Land« lebte (das konnte allerdings sehr unterschiedliche Dinge bedeuten) und der Staat einen Großteil seiner Einkünfte aus ländlichen Ressourcen bezog. Dennoch sind die ländlichen Verhältnisse weitaus schlechter dokumentiert und erforscht als die städtischen. Die lückenhafte Archiv- und Aktenlage, der Mangel an narrativen Quellen einschließlich Selbstzeugnissen, unzureichende Kenntnis der materiellen Kultur machen Verallgemeinerungen riskant. In der gesamten Region wurde nur ein Bruchteil der verfügbaren Fläche landwirtschaftlich genutzt, sei es ganzjährig oder saisonal.[81] Überall bestand ein enger Zusammenhang von naturräumlichen und klimatischen Gegebenheiten, sozialer Struktur und politischer Ökonomie. Die Oasenlandschaft der Arabischen Halbinsel schuf ganz andere Bedingungen als die Ökologie bergiger Regionen im marokkanischen Atlas, im Nordjemen oder im Südlibanon. Selbstverständlich wirtschafteten Bauern im Niltal anders als Bauern auf der iranischen Hochebene, wenngleich beide sich auf komplizierte Bewässerungssysteme verstanden. Ebenso selbstverständlich folgten Kamelnomaden im Innern der Arabischen Halbinsel einem anderen Rhythmus als halbnomadische Schafzüchter in Kleinasien. Gleichwohl lassen sich einige verbindende Faktoren benennen: Ein großer Teil der Territorien bestand aus Steppen, Wüsten, Marsch- und Bergland, die sich allenfalls für die Vieh- und

Abb. 9: Dorf im Najd mit Moschee (Graf Rzewuski, 1817–1819)

Weidewirtschaft eigneten. Die Bauern waren mehrheitlich frei, die bewirtschafteten Flächen von kleiner oder mittlerer Größe; Großgrundbesitz und Plantagenwirtschaft bildeten jenseits der Krongüter bis weit ins 19. Jahrhundert hinein die Ausnahme.

In Bezug auf den landwirtschaftlich nutzbaren Grund und Boden wurde zwischen mehreren Kategorien unterschieden: Staatsland, Privatland, Kronland und Stiftungsland; hinzu traten an manchen Orten komplexe Formen der gemeinschaftlichen (»kommunitären«) Nutzung. Entscheidend für die Zuordnung war unter anderem, ob das Land unter den Pflug genommen wurde oder nicht. Überall kam es weniger auf das Eigentum an Grund und Boden an als vielmehr auf die unter Umständen verbrieften Anrechte auf Einkünfte aus der agrarischen Produktion sowie auf Wasser-, Weide- und Durchzugsrechte. Anrechte waren also häufig mehrschichtig. Dass es bei der Aushandlung dieser Anrechte zu Konflikten kommen konnte, versteht sich von selbst; wie sie geregelt wurden, sagt viel über die soziale Struktur und politische Ordnung sowie über Vorstellungen von Recht und Gerechtigkeit aus. Üblicherweise beruhten diese Anrechte auf unterschiedlichen Kombinationen von lokalem Gewohnheitsrecht, obrigkeitlicher Satzung und islamischem Recht, die wiederum die Machtverhältnisse auf mehreren Ebenen widerspiegelten. Sie regelten die Ansprüche auf Nutzung und Einkünfte auf der einen Seite und die Steuer- und Dienstpflichten gegenüber lokalen und imperialen Eliten auf der anderen. Nomaden konnten nur in seltenen Fällen systematisch besteuert werden.

Am detailliertesten lassen sich die Verhältnisse einmal mehr für das Osmanische Reich rekonstruieren. Auch hier bestanden mit Bezug auf Landnutzung und bäuerliche Rechte große regionale Unterschiede, die häufig weit in die Geschichte zurückreichten. In den sultanischen Gesetzbüchern suchte der Staat die Beziehungen zur ländlichen Bevölkerung zumindest auf der Ebene der Verwaltungsbezirke, tendenziell sogar auf Provinz- und Reichsebene zu vereinheitlichen. Individuelles Privateigentum (arab. *milk* oder *mulk*, türk. *mülk*) gab es in den meisten Provinzen nur an bebautem Grund und Boden innerhalb von Ortschaften sowie an Obst- und Weingärten in deren unmittelbarer Umgebung. Gemeinsam war ihnen, dass sie nicht gepflügt wurden. Wo sich, wie etwa im nördlichen Irak und in Syrien, Privateigentum aus vorosmanischer Zeit auch an landwirtschaftlichen Flächen hielt, mussten Bauern und Pächter häufig doppelte Abgaben leisten – an den Staat auf der einen Seite und den Eigentümer auf der anderen. Überdies konnte privates Land legal vom Staat konfisziert werden, was seine Umwandlung in Stiftungsland attraktiv machte, die es im Prinzip vor Enteignung schützte.

Der größte Teil der landwirtschaftlichen Nutzfläche außerhalb der dörflichen und städtischen Siedlungen galt seit der osmanischen Eroberung als »Staatseigentum«, genauer gesagt als Eigentum der muslimischen Gemeinschaft, »verwaltet« durch den Fürsten (daher *miri*). Das in klassisch patrimonialer Weise als persönlich aufgefasste Verfügungsrecht des Fürsten – in diesem Fall des Sultans – erstreckte sich auf die Steuern, Abgaben und Dienstleistungen der auf dem *miri*-Land lebenden Menschen sowie die Vergabe dieser Einkünfte und Leistungen an Personen seiner Wahl. Anders als in China oder Japan aber kam es nirgends zu einer periodischen Zu- und Neuverteilung des »Staatslandes« an die bäuerlichen Produzenten. Der Sultan und seine engsten Familienangehörigen verfügten frei über das Kronland, das sie in Domänen (vielfach auch durch unfreie Arbeit) bewirtschaften lassen, als Pfründen vergeben oder in Stiftungsland umwandeln konnten. Als Eigentum des Fürsten galt zudem alles, was unter der Erde liegt, also Wasser, Bodenschätze und Bergwerke.

Die osmanischen Bauern waren von ihrem Rechtsstatus her frei (»im Leib frei« hätte man für das frühneuzeitliche Europa gesagt) und im Prinzip nicht schollenpflichtig (also auch nicht hörig). Die übliche Wirtschaftseinheit war der von einem Haushalt – in der Regel eine Bauernfamilie samt Abhängigen, unter ihnen nicht selten Sklaven – bewirtschaftete Hof. Auf Türkisch hießen die einzelnen Bauernhöfe *çift(lik)* oder *boyunduruk* und verwiesen so, wie schon bei den Römern und Byzantinern, auf das Ochsengespann (türk. *çift*), das dieses Land an einem Tag umpflügen konnte. (Ganz ähnlich übrigens die Verhältnisse im Maghreb, wo sie allerdings eher für das 19. Jahrhundert untersucht sind.)[82] Die Größe dieser Fläche variierte gemäß der Beschaffenheit des Bodens und den klimatischen Verhältnissen; in Kleinasien lag sie im Durchschnitt zwischen fünf und 15 Hektar. Das Flächenmaß *dönum* (von türk. *dönmek*: umdrehen) war wie bei den Byzantinern nach dem Seil benannt, mit dem diese Fläche vermessen wurde.[83] Die bäuerlichen Haushalte waren zwar nicht Eigentümer des *miri*-Landes, von dem sie lebten, aber sie galten als seine Besitzer und konnten ohne Rechtsgrundlage nicht vertrieben werden. Sofern sie das Land regelmäßig bearbeiteten, konnten sie es individuell oder kollektiv nutzen und mit Genehmigung der zuständigen Instanz bebauen und verpachten. Sie durften es aber weder in Privateigentum noch in eine fromme Stiftung umwandeln; vererbt wurden lediglich die Besitz- und Nutzungsrechte. Bei der Übertragung der Titel von einer Generation auf die nächste wurden die Bestimmungen des islamischen Erbrechts, die unweigerlich zu einer Zersplitterung des Besitzes führten, häufig umgangen: Um lebensfähige Wirtschaftseinheiten zu erhalten, an deren Bewahrung der Staat aus fiskalischen und politischen Gründen ein lebhaftes Interesse hatte, wurden in klarem Widerspruch zum islamischen Erbrecht nur die Söhne und Töchter des Erblassers berücksichtigt und auch die Töchter vielfach ausgeschlossen oder, falls keine Söhne vorhanden, erst gegen die Zahlung einer sogenannten Einstandsgebühr (osman. *tapu*) in das Erbe eingesetzt. Nach hanafitischem Recht aufgeteilt wurden demgegenüber der bewegliche Besitz sowie die auf dem Grundstück befindlichen Bauten.

Die Bauernhöfe waren mit Abgaben belegt, deren Höhe sich nach ihrer Leistungsfähigkeit richtete und die zum Beispiel für Witwen und unverheiratete Bauern herabgesetzt wurden. Am wichtigsten war hierbei der im islamischen Recht verankerte Zehnte (arab. *'ushr*, türk. *öşr*), der meist in Naturalien erhoben wurde und in der Regel 20 bis 30 Prozent der Ernte betrug, gelegentlich aber bis zu 50 Prozent reichen konnte. In Rumelien, Anatolien und Syrien wurden die bäuerlichen Steuern und Abgaben in der Regel von einem Timar-Halter eingezogen, dessen Verfügungsgewalt über die ihm unterstellten bäuerlichen Haushalte jedoch, wie erwähnt, beschränkt war. So hatten die Bauern Zugang zum Scharia-Gericht, in dem nicht der Timar-Halter oder gar ein Grundherr Recht sprach, sondern der Kadi, und wie die osmanischen Gerichtsakten belegen, wurde dieser Zugang auch genutzt, und zwar von Männern wie von Frauen. Dennoch war und blieb die Einziehung der Steuern konfliktträchtig: So waren die Bauern verpflichtet, den geschuldeten Ernteanteil selbst auf den nächstgelegenen Markt zu transportieren, und dieser Anteil wurde in Gegenwart des Timar-Halters festgelegt. Befand dieser sich zum fraglichen Zeitpunkt auf einem Feldzug, bestand die Gefahr, dass die Ernte bis zu seiner Rückkehr verdarb. Wurden die Abgaben im Rhythmus der islamischen Mondmonate berechnet, die nicht mit dem landwirtschaftlichen Jahr zusammenfallen, waren die Bauern unter Umständen gezwungen, ihre Steuern zu entrichten, bevor sie ihre Ernte verkaufen konnten, was sie unweigerlich in die Verschuldung trieb. Zu den regulären Steuern kamen Fronarbeit, sonstige Dienstleistungen und Sonderabgaben, die vielfach kollektiv eingezogen und ohne Beteiligung der Timar-Halter direkt an den Distrikt-

oder Provinzgouverneur weitergeleitet wurden. An dieser Stelle kam das Dorf als Kollektiv von Einzelhöfen ins Spiel. Nichtmuslime schließlich zahlten, wo immer sich diese Bestimmung durchsetzen ließ, neben höheren Abgaben auch die Kopfsteuer *(jizya)*.

Waren die Bauern im Prinzip auch nicht schollenpflichtig, so mussten sie ihr Land doch kontinuierlich bestellen oder aber der Obrigkeit einen finanziellen Ausgleich leisten. Im Fall der Zuwiderhandlung waren die zuständigen Autoritäten berechtigt, Landflüchtige mit Gewalt auf ihren Hof zurückzubringen. Dennoch verließen nicht wenige Bauern ohne Genehmigung ihren Hof, und die Beweislast, dass sie in einem bestimmten Dorf wohnhaft und steuerpflichtig waren, lag bei den zuständigen Instanzen. Zusätzliche Konflikte entstanden durch saisonale oder temporäre Übergänge zwischen bäuerlicher, halbnomadischer und nomadischer Wirtschaft, die in Anatolien, den kurdischen Gebieten und bestimmten arabischen Territorien nicht selten waren. *Miri*-Land, das über eine bestimmte Zeitspanne – im Allgemeinen waren es drei Jahre – nicht bestellt wurde, fiel an den Staat zurück, der es neu zuteilen konnte. Umgekehrt durfte Land, das im Verlauf von drei Jahren mindestens einmal bestellt worden war, vom Staat nicht konfisziert werden. Nicht kultiviertes Öd- und Brachland, das in Gestalt von Steppe, Wüste, Sumpf-, Marsch- und Bergland in vielen Regionen einen großen Teil der Fläche ausmachte, galt als herrenlos und konnte unter der Bedingung, dass es bestellt wurde, in Besitz genommen werden – der Staat war nicht zuletzt aus steuerlichen Gründen an einer Ausweitung der kultivierten Flächen interessiert. Die Verfügbarkeit von Land, verbunden mit einer gewissen Mobilität, schuf vielerorts Entlastung in sozialen und politischen Konflikten. Über landlose Bauern, Land- und Wanderarbeiter wissen wir nur wenig.

Wenn somit in weiten Teilen des Osmanischen Reiches rechtlich gesehen kein Privateigentum an der landwirtschaftlichen Nutzfläche bestand, waren individuelle und kollektive Besitz- und Nutzungsrechte doch anerkannt und geschützt. Eine Sonderform der Bewirtschaftung stellte das sogenannte *mushaʿ*-System dar, über dessen Verbreitung aber wenig Klarheit herrscht, zumal es erst für das

19. Jahrhundert genauer untersucht ist und auch dann nur für einzelne Regionen des historischen Syriens. Dort beschrieb es ein »kommunitäres Besitz- und Bewirtschaftungsverhältnis«, eine Mischform von gemeinschaftlichen und individuellen Rechtsansprüchen einzelner Personen, Haushalte oder Familien.[84] Das betreffende Terrain wurde innerhalb einer Dorfgemeinschaft in festgelegten Abständen entweder auf der Grundlage fixer Quoten oder aktueller Leistungsfähigkeit neu verteilt, anschließend aber für eine festgelegte Zeit von einer Person, einer Familie oder einem Haushalt individuell bewirtschaftet. Betroffen waren allerdings nur kultivierte Flächen, auf denen zumeist Getreide angebaut wurde, nicht hingegen Obstgärten, Olivenhaine und Weinpflanzungen. Überall im Vorderen Orient und in Nordafrika waren Wasser-, Weide- und Durchzugsrechte von besonderer Wichtigkeit für die ländliche (und das heißt nicht nur die bäuerliche) Wirtschaft und Gesellschaft. Das in unmittelbarer Dorfnähe gelegene Weideland galt vielfach als kollektives Dorfeigentum, das gegen jede Form des Übergriffs verteidigt wurde.

Fast überall im Vorderen Orient und in Nordafrika herrschte die Subsistenzwirtschaft vor, doch gab es daneben Elemente der Geldwirtschaft, zumal die bäuerlichen Abgaben nicht durchgehend in Form von Naturalien und Dienstleistungen beglichen wurden, sondern auch mit Geld. Die Vielzahl an Märkten belegt die Bedeutung des Handels auch für die ländliche Bevölkerung. Ökonomisches Wachstum – sei es intensiv oder extensiv, das heißt durch eine intensivere Nutzung, technologische Neuerungen oder eine Ausweitung der Flächen bedingt – war kaum je Ziel der bäuerlichen Haushalte. Die eigene Arbeitskraft oder auch das eigene Ochsengespann begrenzten die genutzte Wirtschaftsfläche; arbeitsintensive Kulturen oder der Einsatz produktivitätssteigernder Technologien waren wegen des Steuerdrucks in der Regel uninteressant. Die angebauten Kulturen hingen selbstverständlich von den naturräumlichen und klimatischen Bedingungen ab. Fast überall dominierte der Regenfeldbau; entlang der großen Flüsse Nil, Euphrat und Tigris, auf dem ariden iranischen Hochplateau oder auch in Oman und im Jemen wurden ausgeklügelte Bewässerungssysteme unterhalten. Im mediterranen Raum wurden bis zu einer Höhe von 700 Metern neben Getreide auch die klassischen mediterranen Kulturen Oliven, Wein und bestimmte Früchte angebaut. Auf der Arabischen Halbinsel, im maghrebinischen Hinterland und im Südirak zählten Datteln zu den wichtigsten Agrarprodukten. Weinreben dienten in einem muslimischen Umfeld in erster Linie nicht zur Produktion von Wein, sondern von Rosinen, die bis zur Verbreitung des Zuckers als wichtigster Süßstoff dienten. In einzelnen Regionen wurden vorwiegend zum Verkauf bzw. Export bestimmte Kulturen *(cash crops)* angebaut, dann allerdings häufig nicht auf bäuerlichen Höfen, sondern auf größeren Gütern, die von Pächtern und Verwaltern mit Hilfe von Landarbeitern und Sklaven bewirtschaftet wurden.

Bauern und Nomaden

Tribale Strukturen beschränkten sich im Vorderen Orient und in Nordafrika nicht auf die nomadisch lebende Bevölkerung. Auf der Arabischen Halbinsel, in den kurdischen Bergen, in Mittelägypten oder im südlichen Maghreb waren auch sesshafte Bauern tribal organisiert. Die frühneuzeitlichen Quellen sprechen dabei mit großer Selbstverständlichkeit von Sippen, Clans und Stämmen. Die moderne Wissenschaft hingegen streitet seit Jahren über das Konzept des Stammes; manche Fachleute lehnen es grundsätzlich ab.[85] Weitgehend unbestritten ist, dass die Gemeinschaft des »Stammes« ein soziales Konstrukt darstellt, das eine vor allem *politisch* wirksame Solidargemeinschaft als *Verwandtschafts*gruppe mit gemeinsamer Abstammung oder Genealogie beschreibt. Dementsprechend zentral ist die Genealogie für Konstitution und Selbstverständnis tribaler Gruppen. Werden Außenstehende einzeln oder als Gruppe in die Gemeinschaft aufgenommen, so geschieht dies gemeinhin über die Konstruktion einer gemeinsamen Genealogie.

Auch jenseits der womöglich geteilten tribalen Strukturen ist der Gegensatz zwischen sesshaften Bauern und umherziehenden Nomaden weniger scharf als vielfach angenommen. Das Bild von den räuberischen, treu- und gesetzlosen Nomaden, die eine stete Bedrohung für Stadt und Land bilden, ist weit über den Vorderen

Orient und Nordafrika hinaus verankert, und zwar gerade in den zeitgenössischen Quellen. Im Arabischen ist »Zivilisation« (*madaniyya*, von *madina*, Stadt) schon sprachlich mit der Stadt identifiziert, »Kultur« mit »Kultivierung« (*'umran*). Die moderne wissenschaftliche Literatur verweist allerdings darauf, dass sesshafte und nomadische Ökonomien bis in die Neuzeit miteinander verflochten waren, die Übergänge zwischen Sesshaftigkeit und Nomadismus fließend sein konnten und daher beide Begriffe eine große Bandbreite unterschiedlicher Lebens- und Wirtschaftsformen bezeichnen. Dieses Neben- und Miteinander reicht weit in die Geschichte zurück: Schon im Alten Orient bildete die nomadische Viehzucht einen wichtigen Zweig der Agrarwirtschaft, zu der sie unter anderem bestimmte Rohstoffe beisteuerte; Ackerbau und Viehzucht waren Teil eines über den Handel integrierten Wirtschaftssystems. Dabei ist die ökonomische Komplementarität zu unterscheiden von Misch- und Übergängen der Lebens- und Wirtschaftsformen. Grundsätzlich gilt: Je unkomplizierter die landwirtschaftliche Technik, desto einfacher der Übergang von einer Wirtschafts- und Lebensform in die andere. Künstliche Bewässerung, ausgeklügelte Fruchtwechsel, anspruchsvolle Kulturen und Zuchtverfahren erforderten Spezialkenntnisse und Erfahrungen, die sich nicht kurzfristig erwerben ließen, und standen einem solchen Wechsel im Weg.

Exemplarisch für diese Misch- und Übergangsformen steht der als Wanderweidewirtschaft oder Transhumanz bezeichnete Halbnomadismus, der über Jahrhunderte in weiten Teilen Eurasiens und des Mittelmeerraums praktiziert wurde und in manchen Gegenden bis heute praktiziert wird. In diesen Regionen beschreibt er den Wechsel einer Gruppe von Viehhaltern zwischen Winter- und Sommerweiden, die in einer gewissen Entfernung voneinander liegen mussten, damit das Vieh nicht bereits im Sommer die Winterweiden leerfraß. Aus klimatischen Gründen lagen die Winterweiden normalerweise in der Ebene, die Sommerweiden auf den Bergen. In einer anderen Variante der Transhumanz gehörten die Herden sesshaften, oft ackerbautreibenden Eigentümern und wurden saisonal von Hirten auf die Hochweiden getrieben. Viehzucht wurde im Vorderen Orient und in Nordafrika – im Gegensatz zur Nutztierhaltung – nur selten von Bauern betrieben und blieb weitgehend die Domäne von Nomaden und Halbnomaden. Auf den saisonal genutzten Hochweiden entstanden gelegentlich Ansiedlungen, die in Zeiten politischer Gefahr, bei Missernten oder Naturkatastrophen längerfristig bewohnt, aber auch leicht wieder aufgegeben werden konnten. An vielen Orten entstanden auf diese Weise Satellitendörfer (osman. *mezraa*), in die sich Bauern zeitweise zurückziehen konnten, was ihre Mobilität erhöhte. Doch konnte es auch unabhängig von politischem Druck für einzelne Familien oder größere Gruppen sinnvoll und notwendig sein, in Dürrezeiten mit ihrem Vieh in die Steppe auszuweichen und in Regenperioden Ackerbau zu betreiben – was im Übrigen nicht zwingend eine rasche Änderung der tradierten Lebensweise, Sitten und Gebräuche nach sich zog. So schwierig im Übrigen das Leben in Steppen- und Wüstenzonen sein mochte: Jenen, die sich in dieser Umgebung zu bewegen wussten, bot sie mancherlei Schutz, zum einen gegen die Übergriffe der Obrigkeit, zum anderen vor Seuchen und Epidemien, die in periodischen Abständen die städtische Gesellschaft dezimierten.

Ungeachtet aller ökonomischen Komplementarität und wechselseitigen Abhängigkeit blieb das Verhältnis zwischen sesshafter und nomadischer Bevölkerung aber gespannt, und zwar weitgehend unabhängig von deren ethnischer Zusammensetzung. Immer ist neben der ökonomischen die politische Dimension zu beachten, genauer gesagt das Stör- und Unruhepotential, das von Nomaden und Halbnomaden ausging. Nomaden waren organisiert, mobil und bewaffnet und entsprachen damit dem modernen Konzept der konfliktfähigen Gruppe. Die Möglichkeiten, sie zu kontrollieren, zu besteuern und zu militärischen und zivilen Dienstleistungen heranzuziehen, waren mit den Mitteln vormoderner Staatlichkeit begrenzt. Im Gegenteil: Nomaden waren in der Lage, Oasen, Dörfer und Städte zu überfallen, Reisende und Händler zu bedrohen und ihnen fallweise Schutzgelder abzupressen. Gelegentlich verbündeten sich auch Bauern, Städter und Nomaden gegen die politischen Autoritäten oder äußere Feinde. Andererseits konnten Nomaden für die Obrigkeit

Abb. 10: Rast in der Wüste (Graf Rzewuski, 1817–1819)

auch zu Partnern werden, namentlich als Bewacher einzelner Stra-
ßen- und Wegabschnitte wie etwa entlang der Pilgerroute nach
Mekka und Medina. Das setzte freilich beträchtliche Mittel voraus,
denn die Stammesgruppen ließen sich ihre Dienste bezahlen. In den
Blick der Obrigkeit traten Nomaden und Halbnomaden grundsätzlich als Gruppe, nicht als Individuen; besteuert und zu militärischen
und sonstigen Diensten herangezogen wurden sie, wenn überhaupt,
kollektiv.

Interessant ist die wechselseitige Wahrnehmung: Auf städtischer
Seite stand neben der typischen Herablassung des Städters gegenüber
Bauern und Nomaden eine kulturelle Wertschätzung, die bis in die
nationalistische Ära mit ihrer Verklärung von Blut und Boden häufig weniger den Bauern galt als vielmehr den Bewohnern von Wüste
und Steppe. Wie beim Konzept der Jahiliyya, der vorislamischen
»Zeit der Unwissenheit«, zeigte sich hier eine gewisse Zwiespältig-
keit: Die vorislamischen Araber galten zwar in religiöser Hinsicht als

»unwissend«, dazu als sozial rückständig und politisch unbeherrsch-
bar, sie verkörperten zugleich aber die Ideale sprachlicher Reinheit
und edler Tugend. Vergleichbares lässt sich für die Türk der eurasischen Steppe als Inbegriff alttürkischer Schlichtheit und Mannesehre
sagen. Wie so oft fiel es leichter, die Idealbilder längst vergangener
Geschlechter zu bewundern als die eigenen Zeitgenossen.

Der Anteil von Nomaden und Halbnomaden an Wirtschaft und
Gesellschaft in der Region ist, zumal wenn man die genannten Übergänge und Mischformen berücksichtigt, nicht präzise zu beziffern.
Die Statistiken sind selbst dort, wo die Obrigkeit sich um eine genaue Erfassung ihrer Ressourcen bemühte, unvollständig und un-
zuverlässig. Am höchsten lag der Anteil von Nomaden (im ostara-
bischen Raum: Beduinen) und Halbnomaden erwartungsgemäß in
den Steppen- und Wüstenzonen: im nordafrikanischen Hinterland
von Marokko bis ins moderne Libyen, in Mittelägypten und an den
Randzonen des Nildeltas, in Teilen des Sudans, auf der Arabischen
Halbinsel, in der syrischen Wüste sowie in Teilen des Iraks, Kleinasiens und Irans.

Autonomie und Widerstand

Zum Lebens- und Erfahrungshorizont der ländlichen Gesellschaft
in der Frühen Neuzeit, also dem unmittelbar erfahrenen und dem
vorgestellten physischen und sozialen Raum, können wir mangels
aussagekräftiger Quellen aus der Perspektive der ländlichen Bevölkerung selbst nicht allzu viel sagen. Der unmittelbar erfahrene und
erlebte Raum umfasste in der Regel wohl das eigene Dorf bzw. die
eigene Oase, den nächstgelegenen Markt, unter Umständen die Di-
strikthauptstadt oder auch bestimmte Pilgerstätten und Schreine.
Darüber, wie weit der vorgestellte Raum reichte und wen die »vorgestellte« Gemeinschaft umschloss, die der Einzelne nicht persönlich kannte und erlebte (*imagined community* im Gegensatz zur
face-to-face group), kann man nur spekulieren. In einzelnen Fällen
mögen das religiöse Gemeinschaften gewesen sein – die muslimische Umma, die armenische Kirche, das jüdische Volk –, in anderen
Fällen ethnische Gruppen, Clans oder Stämme. Inwieweit sie zudem

für individuelles und gemeinschaftliches Handeln relevant waren, ist
kaum zu klären.

Erstaunlich schwer zu fassen ist aber auch die Rolle des Dorfes für
die ländliche Bevölkerung. Seine Bedeutung erschöpfte sich sicher
nicht darin, den Behörden als Steuereinheit zu dienen. Die Obrigkeit
konnte das Dorf nicht einmal im Osmanischen Reich ohne weiteres
durchdringen. Sie blieb auf die Kooperation lokaler Eliten angewiesen, die ihrerseits über ein gewisses Droh- und Verweigerungspo-
tential verfügten, so dass die Beziehungen zur Zentral- und Provinzverwaltung immer wieder neu ausgehandelt werden mussten. Vieles
deutet darauf hin, dass die dörflichen Gemeinschaften ihren Mitgliedern als autonom erschienen und dass ihnen die Verteidigung
dieser Autonomie viel wert war. Autonomie im Sinne weitgehender
Selbstversorgung ist jedoch nicht zu verwechseln mit völliger Isolation: In großen Teilen des Vorderen Orients und Nordafrikas waren
Dörfer und Oasen horizontal und vertikal über Familien-, Clan- und
Stammesbindungen, Handel und Gewerbe, Kredit und Patronage
und nicht zuletzt über religiöse Orte, Anlässe und Gemeinschaften
vernetzt. Gleichzeitig wird man davon ausgehen müssen, dass ein
großer Teil der ländlichen Gesellschaft – insbesondere der weibliche – nur begrenzt mobil war.

Bauern galten den Eliten als beschränkt und lenkbar, und diese
Sichtweise prägt auch die Mehrzahl der Quellen. Die Stereotype
vom Hirten und der Herde (gerne auch der »blökenden Herde«)
waren selbstverständlicher Teil des politischen Vokabulars. Bauern
wussten ihre Rechte aber durchaus zu verteidigen, und für das Osmanische Reich sind ihre Handlungsmöglichkeiten vergleichsweise
gut dokumentiert: In Rechtsstreitigkeiten konnten sie sich an den
Kadi wenden; der Gouverneur oder gar der Sultan allerdings befanden sich in der Regel jenseits ihrer Reichweite. Immerhin bestand
die Möglichkeit, sich vor der Obrigkeit durch Sprecher vertreten zu
lassen oder Petitionen einzureichen. Die Erwartung, Gerechtigkeit
nicht nur fordern zu können, sondern auch zu erlangen, spielte dabei
eine wichtige Rolle. Selbstverständlich gab es auf dem flachen Land
Unzufriedenheit, und sie drückte sich in vielerlei Weise aus: durch

Flucht und Rückzug in weniger gut kontrollierbare Räume, durch passiven Widerstand, ländliches Banditentum und schließlich durch den offenen Widerstand gegen lokale Grundbesitzer, staatliche Steuereintreiber und andere Vertreter der Obrigkeit. Widerstand wurde besonders dort wirksam, wo die Bauern bewaffnet waren, und das galt im 16. und 17. Jahrhundert für große Teile des Vorderen Orients und Nordafrikas.

Dennoch sind in dieser Region für die Frühe Neuzeit nur wenige Bauernrevolten dokumentiert, Bauernkriege gar nicht. Die Gründe liegen nicht allein, wie gelegentlich vermutet wurde, in einem Mangel an sozialem Zusammenhalt, lokaler und überlokaler Organisation, mobilisierenden Ideen und Utopien oder gar an Mobilität.[86] Dagegen dürfte eine wichtige Rolle die Tatsache gespielt haben, dass die bäuerlichen Haushalte nicht – wie in anderen Weltregionen – durch expandierende Grundherrschaften und Latifundien in ihrer Existenz bedroht wurden. In vielen Gebieten herrschte nicht ein Mangel an Land, sondern eher an Arbeitskräften, und Unzufriedene fanden ausreichend Rückzugs- und Fluchtmöglichkeiten, wenn sie von ihrer Obrigkeit zu sehr unter Druck gesetzt wurden. Ausbeutung existierte ohne Zweifel, Enteignung und Verelendung hingegen sind nicht großflächig bezeugt. Hunger und Hungersnöte gab es, aber, wie es scheint, nicht im Umfang wie etwa im ungleich dichter bevölkerten China. Alles in allem war die Bauernschaft bemerkenswert ruhig.

4. Die frommen Stiftungen

Wie fast überall in der islamischen Welt, machte auch im Vorderen Orient und in Nordafrika der religiöse Stiftungsbesitz *(waqf,* Pl. *auqaf)* nicht nur einen großen Teil des städtischen Grund und Bodens sowie der auf ihm befindlichen Bauten und Einrichtungen aus, sondern auch der ländlichen Flächen und damit zugleich der Einkünfte aus agrarischer Produktion. Die frommen Stiftungen bildeten eines der Scharniere zwischen ländlicher und städtischer Ökonomie.

Mit der Einrichtung eines Waqf griff der Eigentümer eines Gutes gewissermaßen in den normalen Geschäfts- und Erbgang ein (arab. *waqafa* heißt »stehenbleiben«, »anhalten«):[87] Das Gut wurde auf ewig Gott übertragen und konnte von diesem Zeitpunkt an, zumindest theoretisch, in seiner Substanz nicht mehr verändert und weder vererbt noch verkauft, verpfändet oder vom Staat konfisziert werden. Daher auch die Bezeichnung »tote Hand« für frommes Stiftungsgut. Zugleich unterlag es, sofern es überhaupt besteuert wurde, in der Regel niedrigeren Steuersätzen. Vererbt werden konnten jedoch Ansprüche auf Einkünfte aus dem Stiftungsgut. Diese Einkünfte – seien es die Steuern und Abgaben eines Dorfes, die Erträge eines Handwerksbetriebs oder die Mieteinnahmen aus einer Immobilie – flossen entweder einem wohltätigen Zweck zu oder den vom Stifter bzw. der Stifterin benannten Begünstigten. Wohltätige Stiftungen (arab. *waqf khairi*) konnten religiöse Einrichtungen wie Moscheen, Koranschulen, Madrasen, Sufi-Konvente und Heiligenschreine unterhalten. Sie konnten aber auch öffentliche Einrichtungen wie Brunnen, Brücken, Wasserleitungen, Hospize für körperlich und psychisch Kranke, Armenküchen, Waisenhäuser, Friedhöfe oder auch Bibliotheken alimentieren. Handelsgebäude, Karawansereien und Märkte dienten in erster Linie ökonomischen Zwecken. Viele dieser Einrichtungen waren jedermann zugänglich, unabhängig von Religion, Status und Geschlecht. Für die städtische Infrastruktur waren sie von enormer Bedeutung. Fromme Stiftungen wurden im Übrigen auch von Christen und Juden eingerichtet. Frauen spielten als Stifterinnen eine herausragende Rolle.

Die sogenannten Familienstiftungen (arab. *waqf ahli* oder *waqf dhurri*), deren Begünstigte nicht zwingend mit den Angehörigen einer biologischen Familie oder eines Haushalts identisch waren, blieben vom islamrechtlichen Standpunkt aus zwar umstritten, machten aber die große Mehrheit der frommen Stiftungen aus. Häufig waren beide Zwecke – die finanzielle Absicherung eines bestimmten Personenkreises und allgemeine Wohltätigkeit – miteinander verquickt. Dies war vor allem dann der Fall, wenn die vom Stifter als Begünstigte benannten Personen und deren Nachkommen starben

Abb. 11: Öffentlicher Brunnen oder: »Turckische stifftung den durstigen trinckens zu geben« (B. Schachman, Ende 16. Jahrhundert)

und das Stiftungsgut, soweit es noch erhalten war, einem gemein-nützigen Zweck zugeführt wurde. In beiden Fällen, der wohltätigen wie der Familienstiftung, lag der Zweck darin, das betreffende Ei-gentum vor dem Zugriff der Obrigkeit zu schützen, die Steuerlast zu mindern und die Bestimmungen des islamischen Erbrechts zu um-gehen, das eine Aufsplitterung des Erbes bewirkte. Aus demselben Grund konnte es für die ländliche Bevölkerung von Vorteil sein, Stif-tungsgut zu bewirtschaften, da dieses in der Regel vor Sondersteuern und -abgaben besser geschützt war als Staats- und Privatland.

Die Verwaltung eines Waqf lag bei dem vom Stifter bestimmten Verwalter (nicht selten ein Familienmitglied, ein Nachkomme des Propheten oder ein Vertreter der militärischen Elite), dem Mufti und dem Kadi. Frauen kamen für diese Rolle normalerweise nicht in Frage. Da die Verwaltung einer größeren Stiftung soziales Pres-tige, wirtschaftlichen Gewinn und politischen Einfluss versprach – kulturelles, soziales, ökonomisches und politisches Kapital im Sinn Pierre Bourdieus –, waren Konflikte gewissermaßen vorprogrammiert. Dementsprechend häufig sind einschlägige Rechtsstreitig-keiten in den Gerichtsakten der Kadis vermerkt. In der Einrichtung der frommen Stiftungen spiegelte sich zugleich das hierarchische Verhältnis von Stadt und Land: Während das Stiftungsgut nicht sel-ten auf dem Land lag, wo die Erträge erwirtschaftet wurden, befan-den sich die Nutznießer und Verwalter überwiegend in den Städ-ten. Eine Ausnahme waren allenfalls ländliche Sufi-Konvente, Dorf-moscheen oder Koranschulen, die über fromme Stiftungen unterhal-ten wurden.

5. Stadt und städtische Gesellschaft

Die Verstädterungsraten waren im 16. und 17. Jahrhundert unein-heitlich und lagen beispielsweise in Syrien und Ägypten weit höher als in Iran, Marokko oder auf der Arabischen Halbinsel. Wie überall stellt sich auch hier zunächst die Frage, welche Art von Ortschaft überhaupt als Stadt gelten soll und wie sich eine städtische Wirt-schafts- und Lebensform gegebenenfalls definieren lässt. Der Vordere Orient und Nordafrika kannten in der Frühen Neuzeit kein eigenes Stadtrecht und kaum eine der Institutionen, die zur gleichen Zeit viele (wenn auch keineswegs alle) Städte Mittel- und Westeuropas strukturierten – Bürgerschaft, Bürgermeister, Bürgereid, Stadtrat, Rathaus. Islamrechtlich war der Unterschied zwischen städtischen und ländlichen Siedlungen jedoch recht klar markiert: Als Stadt galt eine Ortschaft mit einem regelmäßigen Markt, einer Moschee, in der die Freitagspredigt gehalten wurde (daher die Bezeichnung Frei-tagsmoschee, arab. *jami'*, im Unterschied zur bloßen Stadtteil- oder Dorfmoschee, arab. *masjid*) und in der ein oder mehrere von der Obrigkeit ernannte Richter residierten.[88]

Die Städte besaßen darüber hinaus eine Infrastruktur, die den Dörfern und Oasen fehlte und die in vielen Fällen von frommen Stiftungen getragen wurde – Bäder, Armenküchen, Krankenstatio-nen, Hospize für Geisteskranke, Waisenhäuser, Koranschulen und

Bibliotheken. Viele Städte waren durch Stadtmauern und Tore geschützt, die häufig auch einzelne Stadtviertel voneinander abgrenzten. Öffentliche Plätze gab es nicht in allen Städten, in vielen aber private Parks und Gärten. Die größeren Städte verfügten zumindest im Osmanischen Reich zudem über eine Reihe städtischer Ämter: Die Marktaufsicht, Polizei und eine Art Feuerwehr wachten nicht nur über die Wasser- und Abwasserversorgung und gewährleisteten den Schutz vor Bränden und Überflutungen, sie waren zugleich mit der Abwehr von Sittenverstößen, Verbrechen, innerer Unruhe und äußeren Gefahren betraut. Im Osmanischen Reich ergingen im Namen des Sultans baupolizeiliche Vorschriften (die allerdings häufig missachtet wurden). Vom frühen 17. Jahrhundert an amtete in vielen osmanischen Städten ein von der Zentralregierung eingesetzter Stadtbaumeister oder Baufachmann, der den Kadi in baulichen Fragen beriet. Eine ebenso wichtige Rolle spielten informelle Strukturen auf der Ebene der einzelnen Stadtviertel, die neben der sozialen Kontrolle gleichfalls die Abwehr von Gefahren zum Ziel hatten.

Städte boten ihren Bewohnern in der Vormoderne zwar eindeutig mehr soziale Einrichtungen und auch mehr Möglichkeiten der Bildung und Unterhaltung, aber sie waren tendenziell ungesünder als das flache Land. Räumliche Enge, unzureichende Wasser- und Abwasserversorgung, häufige Brände und Epidemien wie Pest, Cholera und Typhus illustrieren die Gefahren. In vielen kleineren und mittleren Städten war der Unterschied zwischen städtischer und ländlicher Lebensweise allerdings weniger ausgeprägt als im zeitgenössischen Mittel- und Westeuropa. Die Osmanistin Suraiya Faroqhi spricht zumindest für die anatolischen Kleinstädte von einer »halbagrarischen Lebensweise«, bei der sich die städtische Bevölkerung aus ihren eigenen Gärten und Weinbergen versorgte.[89] Setzt man, wie oben angesprochen, die Durchschnittsgröße eines Haushalts mit fünf Personen an, so kommt man für Bursa in den 1570er und 1580er Jahren auf eine Einwohnerzahl von rund 65 000, für Kayseri auf gut 30 000 und für Ankara auf etwa 25 000. Die Bevölkerungszahlen sind zwar kaum präzise zu ermitteln, aufschlussreich ist jedoch das deutliche Flächenwachstum zwischen 1550 und dem späten 17. Jahrhundert, das in verschiedenen Quellen dokumentiert und durch archäologische und baugeschichtliche Studien nachgewiesen ist.[90]

Ganz anders Metropolen wie Istanbul, Kairo, Aleppo oder später auch Isfahan: Istanbul war in der Mitte des 16. Jahrhunderts eine der größten Städte der Welt, Zentrum nicht nur des Osmanischen Reiches, sondern auch der griechisch-orthodoxen und der armenisch-apostolischen Kirche sowie des sephardischen Oberrabbinats. Mit der osmanischen Eroberung wurde die Stadt, die bis dahin unter byzantinischer Herrschaft gestanden hatte, erneut an ihr Hinterland angeschlossen. Die Versorgung und Kontrolle Istanbuls zählten fortan zu den wichtigsten Aufgaben der Zentralregierung. Neuere Berechnungen haben die ursprünglich sehr viel höheren Bevölkerungsangaben für das 16. Jahrhundert nach unten korrigiert, von einer halben Million auf vielleicht 200 000. Damit war es immer noch etwas größer als Paris und London. Zahlen sind allerdings schwer zu erhalten, da in Istanbul nach dem 15. Jahrhundert keine Steuerregister mehr angelegt wurden. Nach der Eroberung hatte Sultan Mehmed II. noch zum Mittel der Zwangsumsiedlung gegriffen, um die verlassene und in Teilen zerstörte Stadt zu beleben. In den folgenden Jahrhunderten kehrte sich die Problematik um: Ihr Status als Mittelpunkt des expandierenden Reiches machte sie zum Anziehungspunkt gerade für die ländliche Bevölkerung. Alle Versuche, den Zuzug zu begrenzen, erwiesen sich als wirkungslos. Bis zum Ersten Weltkrieg wurde Istanbul zwar militärisch kaum je ernsthaft bedroht, wohl aber durch Naturkatastrophen (Erdbeben, Unwetter, Überschwemmungen), Seuchen und nicht zuletzt eine Vielzahl schwerer Brände, die ganze Stadtviertel zerstörten. Dennoch stieg die Einwohnerzahl kontinuierlich.

In vielen Städten des Vorderen Orients und Nordafrikas waren Wohn- und Geschäftsquartiere räumlich voneinander getrennt. Die Märkte (pers. *bazar*, arab. *suq*, türk. *pazar* oder *çarşı*) bestanden aus einzelnen Läden und Ladenstraßen, Karawansereien und anderen Handelsgebäuden (arab. und türk. *khan*, pers. *sarai*); die wertvollsten Waren wurden in abschließbaren, überdachten Märkten gehandelt und gelagert. Komplizierte Eigentums- und Besitzverhältnisse konnten staatlicher und privater Initiative im Wege stehen. Ein Grund lag in den islamischen Erbregeln, die, wenn sie konsequent eingehalten werden, unweigerlich zu einer Zersplitterung von Eigentums- und Nutzungsrechten führen. Der andere Grund lag in der Dichte frommer Stiftungen: Viele der städtischen Einrichtungen, gerade auch der kommerziellen, waren Teil einer frommen Stiftung, die gewissermaßen als Kulturzentrum und soziale Einrichtung in einem fungierte. Der Begriff *külliyye* (von arab. *kull*: ganz, komplett), der im 20. Jahrhundert für die großen, um eine Moschee gruppierten Sultansstiftungen geprägt wurde, verweist auf die Breite ihrer Funktionen. Ihr Rechtsstatus erschwerte Eingriffe in den Bestand, selbst wenn ihre Verwalter immer wieder Mittel und Wege fanden, Stiftungsgut – etwa durch Tausch, Pacht und Miete – profitabel zu bewirtschaften. Die »tote Hand« war, wie eine Vielzahl von Detailstudien belegt, keineswegs so tot, wie die ältere Forschung annahm. Insgesamt aber waren Kauf, Verkauf, Vermietung und Verpachtung, Sanierung und Umbau der Grundstücke und Immobilien sowie die Unrat- und Abfallbeseitigung im städtischen Raum unter den geltenden Bedingungen nicht leicht zu organisieren.

Die urbane Bevölkerung war – außer im Fall äußerer Bedrohung – nicht auf gesamtstädtischer Ebene organisiert, sondern auf der Ebene von Stadtvierteln bzw. Nachbarschaften. Den Zugang gewährleisteten Durchgangsstraßen, Nebenstraßen und Sackgassen. Nicht selten waren einzelne Quartiere, Nachbarschaften oder Sackgassen durch Tore gesichert, die nachts geschlossen wurden; gelegentlich waren sie sogar ummauert. Das schützte ihre Bewohner vor Außenstehenden und erlaubte Frauen, sich in diesem engen Raum freier zu bewegen, diente zugleich aber der sozialen Kontrolle. Fremde konnten kaum unbeobachtet in das Quartier eindringen, Ehestreitigkeiten und moralisch fragwürdiges Verhalten blieben selten unbemerkt. An vielen Orten verteidigten Gruppen junger, unverheirateter Männer, die sich zwischen lokaler Selbstverteidigung und Kleinkriminalität bewegten, ihre Quartiere und deren Bewohner. Dieselben jungen, unverheirateten Männer konnten gerade für Frauen aber auch zur Bedrohung werden. Bei bestimmten Vergehen wurden die Bewohner einer

Nachbarschaft kollektiv haftbar gemacht. Die Obrigkeit erhob zudem gewisse Steuern, Abgaben und Dienstbarkeiten auf Quartiersebene, wobei im letzteren Fall die Quartiere selbst bestimmten, wer diese Dienste ausführen sollte. Diese konnten unter anderem den Feuerschutz und die Abfallbeseitigung betreffen.

Die Unterscheidung von »öffentlich« und »privat« war in den Gesellschaften des Vorderen Orients und Nordafrikas durchaus bekannt und auch rechtsrelevant, sie wurde aber zu unterschiedlichen Zeiten und an unterschiedlichen Orten unterschiedlich definiert.[91] Das gilt zum einen für den Wohnraum, zum anderen für innerstädtische Räume. Wohnhaustypen variierten naturgemäß je nach Klima, der Verfügbarkeit von Baustoffen, lokalen Bautraditionen sowie dem wirtschaftlichen und sozialen Status der Eigentümer und Bewohner. Deren Religionszugehörigkeit spielte dabei an den meisten Orten keine Rolle, Nichtmuslime bauten, wenn sie sich nicht in besonderer Weise gefährdet sahen, im Prinzip also nicht anders als Muslime. Neben großen Wohnhäusern und palastartigen Villen, die womöglich über Generationen im Besitz einer Familie bzw. eines Haushalts blieben, standen schlichte Mietshäuser und Hütten, deren Einwohner weitaus häufiger wechselten. In der Regel gehörte das Haus dem männlichen Familienoberhaupt; osmanische Gerichtsakten, Kataster und Register dokumentieren jedoch auch eine beachtliche Zahl weiblicher Hausbesitzer.

Die Anlage der Häuser sollte im Grundsatz Außenstehenden den Einblick in den (»privaten«) Raum verwehren, der von Männern und Frauen genutzt wurde. Im Fall der dichtgebauten einfachen Häuser und Wohnungen war dies jedoch kaum zu erreichen. Nur in wohlhabenden Haushalten waren ein äußerer, für männliche Gäste recht frei zugänglicher und ein innerer, von den Frauen des Hauses bewohnter und gegen männliche Besucher strikt abgeschirmter Teil des Hauses voneinander getrennt, bei den Reichsten waren die Frauen sogar in separaten Flügeln oder Gebäuden untergebracht. In den turksprachigen Regionen des Osmanischen Reiches bezeichnete *selamlık* den äußeren, »männlichen« Bereich, Harem den inneren, »weiblichen«, zu dem nur ausgewählte männliche Verwandte (und gegebenenfalls Eunuchen) Zutritt hatten. Ansonsten waren die Räume, von den Empfangshallen großer Häuser abgesehen, multifunktional und leicht umzugestalten, denn außer Truhen, Regalen und Wandschränken gab es kaum schweres Mobiliar. Mit eigenen Küchen waren allein größere Häuser ausgestattet, einfache Behausungen und Mietwohnungen hingegen meist nicht. Ihre Bewohner versorgten sich über Bäckereien und Garküchen. Gegessen wurde in der Regel allerdings zu Hause.

Die Zahl der Orte, die zumindest Teilen der städtischen Bevölkerung jenseits der eigenen Nachbarschaft offenstanden, war begrenzt. An dieser Stelle schlug das Prinzip der Geschlechtertrennung durch, das Frauen – kaum anders als in den meisten zeitgenössischen nichtmuslimischen Gesellschaften – gerade im prinzipiell frei zugänglichen, öffentlichen Raum erhebliche Restriktionen auferlegte, während der Mann als das »sichtbare Geschlecht« erschien.[92] Neben dem Geschlecht spielten allerdings der soziale Rang und Rechtsstatus (frei oder unfrei) eine Rolle. Wie schon im antiken Griechenland galt: Je höherstehend die Frau, desto unsichtbarer. Die ehrbare Frau zeigte sich nicht in der Öffentlichkeit. War sie überhaupt physisch präsent, so diente die Verschleierung als bewegliche Schranke. Dabei ging es immer um ihre anziehende wie ablenkende Wirkung auf Männer und damit ihr Störpotential für die »öffentliche Ordnung«. Märkte waren im Prinzip allgemein zugänglich, innerhalb bestimmter Grenzen auch für Frauen, stifteten aber hier so wenig wie anderswo engere soziale Beziehungen. Eine wichtige Rolle spielten Bäder (arab. Sing. *hammam*), die in der Regel Angehörigen unterschiedlicher sozialer, ethnischer und religiöser Gruppen zugänglich waren. Sie dienten nicht nur der Körperpflege (für das Hammam kann man durchaus von einem Wellness-Konzept sprechen), sondern auch als Orte der Geselligkeit, des Austauschs von Informationen, Nachrichten und Klatsch. Vor allem für muslimische Frauen stellte das Bad – neben dem Markt, den Heiligengräbern und Schreinen, gegebenenfalls auch Gärten und Parks mit ihren ganz anderen Funktionen – einen der wenigen öffentlichen Räume dar, die ihnen zumindest zu bestimmten Zeiten offenstanden. Für die Moschee galt dies dagegen

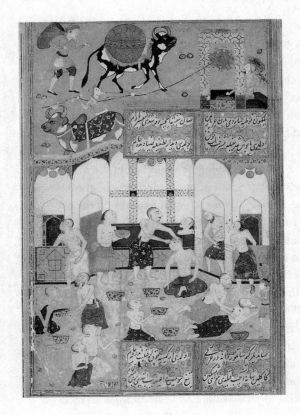

Abb. 12: Im Badehaus
(Schiraz, 16. Jahrhundert)

nicht oder nur eingeschränkt. An vielen Orten waren zumindest jüngere Frauen nicht zum gemeinschaftlichen Freitagsgebet zugelassen; innerhalb der Moschee waren sie auf eigene, in der Regel enge und weniger gut ausgestattete Zonen beschränkt. Begründet wurde dies wiederum mit ihrem Ablenkungspotential gegenüber den anwesenden Männern. Kaffeehäuser und Teehäuser waren wie andere, weniger reputierliche Orte allein Männern vorbehalten.

Die Liebe zu den Gärten ist gerade für den Vorderen Orient seit Jahrhunderten verbürgt. Mit Ausnahme der Armen hatten viele Städter innerhalb oder außerhalb des Stadtgebiets einen eigenen Garten, der Freunden und der eigenen Familie offenstand. Manche größeren Städte verfügten zumindest ab dem 17. Jahrhundert über

Abb. 13: Picknick in Kağıthane nahe Istanbul, um 1900

öffentliche Parks oder parkähnliche Landschaften, in denen Männer und Frauen spazieren gehen und, schon damals ein höchst populärer Zeitvertreib, picknicken konnten.[93] Die wichtigsten Orte weiblicher bzw. für Frauen zugänglicher Geselligkeit und Unterhaltung aber blieben die eigene Nachbarschaft, das eigene Haus und, in der Oberschicht, der Harem. Spielte sich somit ein Großteil des täglichen Lebens auf vergleichsweise engem Raum ab, so waren zumindest die männlichen Stadtbewohner in ihm doch nicht eingeschlossen. In der Regel gehörten sie verschiedenen Gruppen und Vereinigungen an – Familien bzw. Haushalten, Clans, Zünften, Sufi-Bruderschaften –, die sich zum Teil überlappten, zum Teil aber auch in unterschiedlichen Räumen bewegten.

Da die Städte kein eigenes Stadtrecht besaßen und mit wenigen Ausnahmen keine der aus dem westeuropäischen Kontext vertrauten Institutionen wie die Kommune, Stadträte oder Bürgermeister hervorbrachten, ist im Anschluss an Max Weber vielfach gefolgt worden, die Einwohner der »islamischen Stadt« hätten kein kollektives Bewusstsein und keine kollektive Identität entwickelt.[94] Das ist nicht ganz richtig. In vielen Städten gab es ein städtisches Patriziat, in der Regel Kaufleute, Grundbesitzer und Religions- und Rechtsgelehrte, nicht wenige von ihnen Nachkommen des Propheten Muhammad, die sich dezidiert von den unteren Schichten abgrenzten, aber doch mit der eigenen Stadt identifizierten und diese in vielen Fällen auch faktisch regierten. Ob Nichtmuslime zu diesem städtischen Patriziat gehören konnten, lässt sich nicht allgemein beantworten; einiges deutet darauf hin, dass dies vor dem 19. Jahrhundert kaum je der Fall war. Zumindest traten Nichtmuslime nicht als offizielle Sprecher ihrer Stadt auf. Für ein städtisches Selbstbewusstsein, ja einen gewissen Lokalpatriotismus spricht das tradierte Genre der *fada'il*-Literatur (arab. *fada'il* meint Vorzüge, Tugenden), das vor allem die religiösen Einrichtungen und die bedeutendsten Gelehrten, Heiligen und Sufis einer Stadt festhielt. Auch Namen und Warenbezeichnungen, die auf die Herkunft der jeweiligen Person oder Ware verweisen (al-Fasi auf Fès, ad-Dimashqi auf Damaskus, al-Isfahani auf Isfahan), deuten in diese Richtung. Im Osmanischen Reich sprechen zumindest seit dem 16. Jahrhundert Stadtansichten und gemalte Veduten für eine Identifikation mit der eigenen Stadt. Städte waren insgesamt zwar nicht nach westeuropäischem Muster organisiert und inkorporiert; Kommunen und der für bestimmte europäische Städte charakteristische Kommunalismus entstanden nicht. Die Organisation der Stadt und ihrer einzelnen Teile war vielmehr informell und flexibel, im Alltagsleben auf die Stadtteilebene konzentriert, in Krisenzeiten aber stadtteilübergreifend und oft genug in der Lage, die Stadt als eigenständige, autonome Größe gegen äußere Gefahren zu verteidigen.

6. Wirtschaft und Wirtschaftspolitik

Ungeachtet ihres agrarischen Charakters spielten Handel und Gewerbe eine bedeutende Rolle für die frühneuzeitliche Wirtschaft und Gesellschaft, weshalb der Staat bestrebt war, sie in gewissem Umfang zu kontrollieren. Zwar wird man selbst für das Osmanische Reich nicht von einer staatlichen Wirtschafts- und Sozialpolitik sprechen: Der Staat versuchte weder, die Wirtschaft flächendeckend zu regulieren, noch bot er seinen Untertanen, von den wohltätigen Stiftungen des Herrscherhauses und sonstiger Eliten einmal abgesehen, im Fall von Krankheit, Not und Alter ein umfassendes Netz sozialer Sicherheit. Dennoch versprach die Obrigkeit im Rahmen tradierter Vorstellungen von Gerechtigkeit und legitimer Herrschaft ihren Untertanen Sicherheit, Recht und Ordnung. Zumindest in strategischen Orten wie der Hauptstadt sah sie sich verpflichtet, die Bevölkerung mit lebensnotwendigen Gütern und Dienstleistungen zu annehmbaren Preisen zu versorgen. Die Armee musste in Friedens- wie in Kriegszeiten unterhalten und der Hof mit Verbrauchs- und Luxusgütern beliefert werden. All dies erforderte entsprechende Vorkehrungen. Die Logik war im Grundsatz jedoch eine *politische*, nicht eine *ökonomische*: Es ging um die Sicherung der militärischen Stärke, des sozialen Friedens und des Komforts der Elite, nicht um die Stimulierung wirtschaftlichen Wachstums um des Wachstums willen. So wichtig dabei die militärische Komponente war, handelte es sich doch um keine reine Kriegswirtschaft, als die das osmanische System gelegentlich beschrieben wurde.[95]

Von Hofwerkstätten, Bergwerken und Krongütern abgesehen, unterhielten der Staat bzw. der Hof keine eigene Produktion. »Staatliche« Manufakturen und Handelsmonopole, wie sie etwa die Mamluken gekannt hatten, blieben die Ausnahme. Der Staat setzte freilich nicht allein auf den freien Markt, um dessen Mehrwert »abzuschöpfen«, sondern griff im Rahmen seiner Möglichkeiten in Produktion, Handel und Distribution ein. Zu den einschlägigen Instrumenten zählten Preisfestlegungen, Zölle und die Kontrolle der gewerblichen Produktion, die Auf- und Abwertung der Währung, die Besteuerung der produktiven Teile der Bevölkerung – an erster Stelle Bauern und Handwerker – und die Sicherung der innerstädtischen wie der transregionalen Verkehrs- und Handelswege. Im selben Kontext ist der Umgang mit nichtmuslimischen Gruppen und Mächten zu sehen: Spezielle Handelsverträge, die sogenannten Kapitulationen, gewährten ausländischen Kaufleuten gewisse Immunitäten und Privilegien. In Marokko und Iran nahmen die Herrscher auch einheimische Kaufleute in ihren Dienst, die gewissermaßen als »Kaufleute des Königs« agierten; nicht so die osmanischen Sultane.

Für das Osmanische Reich ist das Prinzip des Provisionismus (Mehmet Genç) geltend gemacht worden, das, wie der Name besagt, auf die Versorgung von Armee, Hof und städtischen Zentren abzielte. Um diese Versorgung zu gewährleisten, nahm man einiges in Kauf: Exportkontrollen, hohe Importe und reduzierte Gewinne (und damit zugleich Steuerleistungen) der einheimischen Produzenten. Im Vordergrund stand dabei der Konsument, nicht der Produzent: Die staatlich festgesetzten Preise, zu denen landwirtschaftliche Güter und handwerkliche Produkte aufgekauft wurden, lagen vielfach unter deren Marktwert. Das entlastete die Verbraucher einschließlich Militär und Staatsverwaltung, belastete jedoch Landwirtschaft, Handwerk und Gewerbe, die unter Umständen nicht auf ihre Kosten kamen. Bei Grundnahrungsmitteln und Verbrauchsgütern, den meisten Textilien sowie Kupfer, Eisen und Salpeter war das Osmanische Reich im 16. und 17. Jahrhundert Selbstversorger. Vor allem die städtischen Eliten schätzten darüber hinaus aber bestimmte Textilien, Porzellan, Pfeffer, Gewürze und Kaffee, die aus Indien, Südostasien, China und dem Jemen eingeführt wurden. Aus Europa kamen unter anderem feine Wollstoffe, Uhren und silberne Tafelgedecke. Einfuhren wurden im Sinne des Provisionismus weniger stark mit Zöllen und Abgaben belastet als Ausfuhren; strategische Güter durften grundsätzlich nicht exportiert werden. Die Folge war ein steter Abfluss von Silber und Goldmünzen ins Ausland. Der Merkantilismus zeitgenössischer europäischer Regierungen setzte demgegenüber auf eine Maximierung des eigenen Bestands an Münzmetallen durch Beschränkung der Importe und Förderung der Exporte.

Die staatlichen Interventionsmöglichkeiten gestalteten sich regional und sektoral allerdings sehr unterschiedlich. In Istanbul und anderen nahgelegenen Großstädten wie Bursa oder Edirne griffen die staatlichen Maßnahmen zur Regulierung von Handel, Handwerk und Gewerbe über feste Preis- und Qualitätsvorgaben. In entlegenen Provinzen und weniger wichtigen Zonen spielten sie eine weit geringere Rolle. Und wo immer der Staat sich um Kontrolle bemühte, gab es zugleich Versuche, sie zu umgehen. Schmuggel, Bestechung, Betrug und illegale Kreditgeschäfte spielten eine nicht zu unterschätzende Rolle in Politik und Wirtschaft, und auch die Spekulation mit Getreide in Zeiten von Hunger und Not ist vielfach belegt.

Handwerk, Handel und Zünfte

In den islamisch geprägten Gesellschaften des Vorderen Orients und Nordafrikas herrschte eine gewisse berufliche Spezialisierung auf ethnischer und religiöser Basis, kaum je aber eine echte ethnisch-religiöse Arbeitsteilung.[96] Die meisten Berufe und Tätigkeiten standen den Angehörigen verschiedener ethnischer und religiöser Gruppen offen. Eine wichtige Ausnahme machte, wie erwähnt, das Militär, das in der Regel Muslimen der jeweils vorherrschenden »Konfession« oder »Denomination« vorbehalten blieb. Zugleich gab es Berufe und Tätigkeiten, die als unrein galten und dementsprechend bestimmten, gering angesehenen Gruppen zugewiesen wurden, und nicht selten waren dies Nichtmuslime. Neben religiös einheitlichen Berufs- und Handwerkszweigen gab es andere, in denen sowohl Muslime als auch Christen und Juden tätig waren. In vielen Städten des Vorderen Orients und Nordafrikas bestanden von alters her Zusammenschlüsse von Handwerkern, Händlern und Gewerbetreibenden, die allerdings eher religiös-geselliger denn marktregulierender Natur gewesen zu sein scheinen. Dies gilt insbesondere für die vieldiskutierten *futuwwat* (von arab. *futuwwa*, Jungmänner, allgemeiner »ritterliche Männlichkeit«) und die anatolischen *ahi*-Bünde, die in der älteren Forschung verschiedentlich als Zünfte oder zumindest als deren Vorläufer beschrieben wurden. Auf eine staatliche Kontrolle von Handel und Gewerbe zielte die uralte Institution der Marktaufsicht (arab. *hisba*) mit dem Amt des Marktaufsehers (*muhtasib*), die neben der Kontrolle von Qualität, Preis und Menge der gefertigten und gehandelten Waren auch die Aufsicht über die öffentliche Moral beinhaltete – Ehrlichkeit, Fairness und ein untadeliges Verhalten in der öffentlichen Sphäre. Städtische Zünfte oder Gilden im Sinne handwerklicher Vereinigungen mit marktregulierender Funktion hingegen scheinen eine osmanische Erfindung zu sein, die sich allmählich in der Region ausbreitete. Dabei waren Handwerker von Händlern, sieht man von den vermögenden Fernhändlern ab, nicht klar unterschieden. Die meisten Handwerker verkauften ihre Produkte in einem kleinen Ladengeschäft und agierten somit selbst als Händler.

Zumindest im Osmanischen Reich und in Iran zählten Zünfte und zunftähnliche Organisationen zu den wichtigsten sozialen und ökonomischen Institutionen der städtischen Gesellschaft. Sie regelten nicht nur die Ausbildung ihrer Mitglieder sowie Qualität, Menge und Marktzugang ihrer Produkte, sondern boten ihren Mitgliedern und deren Familien auch Solidarität, Sicherheit und in manchen Fällen eine spirituelle Orientierung. Der *shaykh* als das von den Zunftmitgliedern selbstgewählte Oberhaupt konnte dementsprechend auch religiöse bzw. spirituelle Autorität besitzen. Gelegentlich errichteten sie sogar Bauten wie Nachbarschaftsmoscheen, Koranschulen und Madrasen, wenngleich in deutlich geringerem Umfang als die Vertreter der herrschenden Elite. Einige Zünfte hatten einen Heiligen als Schutzpatron und waren mit Sufi-Orden verbunden. Wie eng der Zusammenhang zwischen Zünften und religiösen Bruderschaften zu unterschiedlichen Zeiten und an unterschiedlichen Orten aber tatsächlich war, ist angesichts der schlechten Quellenlage kaum zu klären. Frauen waren, wie es scheint, nur selten in Zünften organisiert oder überhaupt zu solchen zugelassen. Sofern sie handwerklich und händlerisch tätig waren, geschah dies wohl im Rahmen von Heimarbeit und Verlagswesen; für die Weberei ist das an einzelnen Orten gut dokumentiert. In Handelsgeschäften konnten sie sich durch einen Agenten vertreten lassen.

An die Tradition der Hisba anknüpfend, versuchten die osmanischen Behörden in einem langen, im Einzelnen noch nicht erforschten Prozess, Zünfte als Instrumente nicht nur der Versorgungswirtschaft, sondern auch der sozialen Kontrolle zu nutzen. Dabei ging es vorrangig um die angesprochene Versorgung von Armee, Hof und städtischer Bevölkerung, die Garantie einer gesicherten handwerklichen Existenz durch Begrenzung des Wettbewerbs und damit die Verhinderung sozialer Unzufriedenheit und politischer Unruhe. Im Ergebnis blieben die Zünfte zwar für die Qualitätskontrolle der gefertigten Waren sowie Ausbildung und Verhalten ihrer Mitglieder verantwortlich, wurden aber der Aufsicht des vom Sultan ernannten Kadis unterstellt. Für ihre Kontakte zur Obrigkeit war ein *kethüda* zuständig, den die Behörden einsetzten und der allmählich den Shaykh an Bedeutung überschattete. Die staatlichen Interventionen lassen sich daher nicht nur unter dem Vorzeichen der Zentralisierung, sondern auch einer Säkularisierung lesen.

Verkehrs- und Handelsrouten

Für den Verkehr von Gütern und Personen taten sich vielerlei Hindernisse auf, naturräumliche ebenso wie politische. Die großen Flüsse Euphrat und Tigris waren, wenn überhaupt, nur abschnittweise oder zu bestimmten Jahreszeiten schiffbar; anders der Nil, der sich infolge einer ungewöhnlichen Kombination von Wind und Strömung ganzjährig in beiden Richtungen mit Segelschiffen befahren ließ. Der Indische Ozean und das Rote Meer wiederum stellten hohe Anforderungen an die Seefahrer. Erfahrung, Geschick und Glück erforderte auch die Durchquerung von Steppen und Wüsten. Straßen waren vielfach nicht befestigt und daher selten ganzjährig benutzbar. Im westlichen und nördlichen Kleinasien beispielsweise war der Verkehr auf Rädern zumindest saisonal möglich, südlich des Euphrats hingegen blieben Esel, Maultiere und Kamele unverzichtbar. In vielen Flächenstaaten waren in unterschiedlichen Landesteilen verschiedene Währungen, Zölle, Maße und Gewichte im Umlauf. Zölle wurden meist in bar erhoben, wobei muslimische Händler in der Regel weniger zu entrichten hatten als nichtmuslimische und einheimische Händler weniger als auswärtige. Ausgenommen waren nur die zu dieser Zeit noch nicht sehr zahlreichen Untertanen europäischer Fürsten, die vom Sultan oder Schah im Rahmen eines Kapitulationsvertrags begünstigt wurden. Korsaren und Piraten bedrohten den Handel zur See, Räuber, Banditen und Nomaden zu Land. Besonders unsicher waren die Verhältnisse in den Grenzregionen.

Die Händler und Kaufleute mussten bei ihren Unternehmungen erhebliche Kosten für Lasttiere, Futter, Zölle, Transitgebühren und sonstige Abgaben sowie die Risiken für die eigene Sicherheit einkalkulieren. Entscheidend war dabei nicht zwingend die geographische Distanz, sondern die Reisedauer, die durch Topographie, Klima und politische Faktoren beeinflusst wurde. Im Fernhandel wurden Karawanen mit Hunderten, wenn nicht Tausenden von Kamelen zusammengestellt, die jeweils Lasten von bis zu 250 Kilogramm trugen und pro Tag durchschnittlich 25 bis 30 Kilometer zurücklegten.[97] Das erforderte eine ausgeklügelte Logistik und die genaue Kenntnis der lokalen und regionalen Verhältnisse, an denen auch die Obrigkeit interessiert sein musste. Staatliche Maßnahmen zur Förderung des Handels umfassten eine ganze Reihe von Elementen. »Staatlich« meint hier die Aktivitäten politischer und militärischer Akteure in der Hauptstadt und in den Provinzen, die – häufig in der Rechtsform der frommen Stiftung – Straßen, Brücken, Brunnen, Basare und Handelsbauten errichten oder unterhalten ließen. Gewisse Fernhandelsstraßen waren im Abstand einer Tagesreise von befestigten Handelsgebäuden (Karawansereien) gesäumt, die der Lagerung der Waren und der Unterbringung der Kaufleute dienten und damit auch dem Austausch von Informationen, Klatsch und Neuigkeiten. Zugleich bildeten Karawansereien die Knotenpunkte des lokalen und regionalen Handels.

Für Unterkunft, Verpflegung und gelegentlich auch den Geldverleih sorgten in vielen ländlichen Regionen zusätzlich Sufi-Konvente oder Hospize (arab. *takiyya*, türk. *tekke*). Sie könnten – etwas anachronistisch – als Element der Strukturförderung bezeichnet werden, da sie, buddhistischen und christlichen Klöstern vergleichbar, über den spirituellen Zweck hinaus bedeutende ökonomische, soziale und kulturelle Funktionen erfüllten. Gelegentlich wurden sie sogar von Steuern befreit, um diesen Aufgaben nachkommen zu können. Der in diplomatischer Mission reisende Gelehrte Qutb ad-Din an-Nahrawali beschrieb 1557–1558 ein solches Hospiz im ländlichen Anatolien, das Sultan Süleiman 1552 hatte erbauen lassen, als große Karawanserei *(khan)* mit Steinbänken und Räumen, die

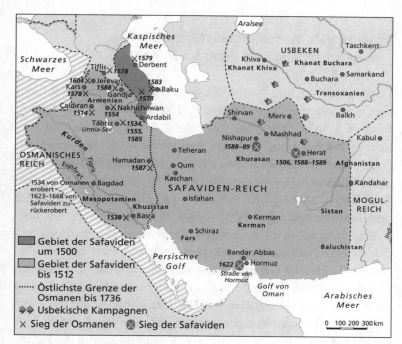

Karte 5: Das Safavidische Reich um 1660

500 Kamele aufnehmen konnten, einem Becken mit fließendem Wasser, einer Moschee, einer Predigtkanzel *(minbar)* und einem Minarett. Den Reisenden wurde Reissuppe mit Fleisch und Brot gereicht.[98] Die »Befriedung« der Handelswege durch die Bekämpfung von Banditen, Räubern und Nomaden zählte zu den klassischen Aufgaben einer Obrigkeit, die sich zur Wahrung von Recht und Ordnung verpflichtete. Auch diese Aufgabe konnte auf verschiedene Schultern verteilt werden. Im Osmanischen Reich beispielsweise waren gewisse »Wehrdörfer«, die Pässe, Brücken oder Verkehrswege bewachten, steuerlich begünstigt.

7. Herrschaft, Wirtschaft und Gesellschaft im Zusammenhang: Iran unter Schah Abbas I.

Dass Wirtschaft und Wirtschaftspolitik im 16. und 17. Jahrhundert einer eigenen Logik folgten, aber kein autarkes Feld bildeten, sondern in vielfacher Weise mit Politik, Recht, Religion und Kultur verknüpft waren, illustriert exemplarisch die Regierung des Safavidenschahs Abbas I. Iran hatte in safavidischer Zeit weniger als 10 Millionen Einwohner, von denen 85 bis 90 Prozent auf dem Land lebten. Als Folge der steten Zu- und Abwanderung türkischer und turko-mongolischer Verbände war der Anteil der von der Zentralregierung kaum zu kontrollierenden und zu besteuernden Nomaden und Halbnomaden seit dem 11. Jahrhundert auf mindestens ein Drittel der Gesamtbevölkerung angestiegen.[99] Die mobilen Kızılbaş-Verbände hingegen verwandelten sich nach der Eroberung Irans in weitgehend geschlossene, sesshafte Gruppen mit territorial verfestigten Rechten. Nur ein geringer Teil des Grund und Bodens befand sich als Kronland in der freien Verfügungsgewalt des Schahs und seiner Familie. Schah Ismail übte seine Herrschaft weiterhin über Personenverbände aus, nicht über klar definierte Territorien. Als Bindemittel dienten Heiraten und die Vergabe von Land und hohen Posten mit den dazugehörenden Einkünften. Zivile, militärische und rechtliche Funktionen waren nicht systematisch voneinander getrennt, wenngleich die Kızılbaş, wo immer möglich, die militärische und politische Führung in die Hand nahmen, während die zivile Verwaltung vorwiegend in den Händen iranischer Bürokraten verblieb. Auch wurde zu einem gewissen Grad zwischen religiösen und nichtreligiösen Ämtern und Funktionen unterschieden. Lokale Machthaber, die Ismail als ihren neuen Oberherrn anerkannten, blieben unangetastet, so dass vor allem in den Randzonen nicht alles Land an die Eroberer fiel. Bis in die zweite Hälfte des 16. Jahrhunderts besaßen die Safaviden kein politisches, ökonomisches oder kulturelles Zentrum und nur einen kleinen Zentralapparat; dementsprechend groß war die Eigenständigkeit regionaler Eliten. Mit leichter Übertreibung ließe sich sagen, dass das, was bei den Osmanen Provinzverwaltung hieß, bis ins 17. Jahrhundert Grundprinzip safavidischer Herrschaft war.

Der Wandel setzte unter Ismails Sohn Tahmasp (reg. 1524–1576) ein und wurde – nach einer Periode innerer Wirren und territorialer Verluste an die Osmanen und Usbeken – im 17. Jahrhundert gegen große Widerstände durchgesetzt. Exemplarisch konnte man dabei den Aufbau einer patrimonial-bürokratischen Ordnung beobachten, die von tribalen Bindungen ebenso befreit wurde wie von messianischen Erwartungen: materiell durch die Konsolidierung des herrscherlichen Haushalts, der sich durch die Umwandlung von Staatsland in Kronland und die Monopolisierung lukrativer Handelsgüter eine eigenständige ökonomische Basis schuf, personell durch den Einsatz abhängiger Sklaveneliten. Die Strategie war vertraut: Die Kızılbaş als Helfer des Aufstiegs wurden, sobald die Umstände es erlaubten, marginalisiert, wenn nicht eliminiert, lokale iranische Eliten in nichtmilitärischen Positionen belassen und allein vom Herrscher abhängige Sklaveneliten aufgebaut, die Tahmasp vor allem im Kaukasus rekrutierte. Manche dieser Ghulam waren selbst adeligen Geblüts. Wie bei den osmanischen Pfortensklaven wurden ihre Bindungen an die Heimat nicht unbedingt zerrissen; dem einen oder anderen war es sogar möglich, offen für christliche Interessen einzutreten. Zugleich gewannen freie und versklavte Kaukasierinnen im herrscherlichen Harem an Einfluss. Das Verhältnis zwischen der herrschenden Minderheit der Kızılbaş, den Kaukasiern und der Mehrheit der sunnitischen, sich allmählich schiitisierenden Iraner mit ihren angestammten ländlichen und städtischen Eliten blieb angespannt.

Die vierzigjährige Regierungszeit von Schah Abbas I. (reg. 1587/88–1629) gilt allgemein als Höhepunkt safavidischer Kultur und Herrschaft und Abbas selbst als Inbegriff des »aufgeklärten Despoten« – aufgeklärt aber war er sicher nicht. Der Ausbau Isfahans zur Hauptstadt versinnbildlichte die neue, ganz auf den Schah ausgerichtete Ordnung. Abbas wurde 1571 als zweiter Sohn von Tahmasps ältestem Sohn in Herat geboren und wuchs unter chaotischen Umständen auf. Es nützte ihm wenig, dass seine Mutter,

Abb. 14: Schah Abbas empfängt Khan Alam, den Botschafter des Mogul-Kaisers (Indien, Kopie aus dem 19. Jahrhundert)

Khair an-Nisa' (der Ehrentitel Mahd-i 'Ulya, unter dem sie auch bekannt war, bedeutet »erhabener Schoß« und kennzeichnet sie als Mutter des Monarchen) aus hochadeligem Sayyid-Geschlecht stammte, in dem sich religiöses Prestige mit politischem Einfluss verband; sie wurde wie fast alle seine engen Verwandten und Mentoren ermordet, während er noch ein Kind war. Sechzehnjährig wurde Abbas unter der faktischen Vormundschaft eines Kızılbaş-Emirs auf den Thron gehoben. Nachdem er sich von diesem emanzipiert hatte, setzte er die Zentralisierungspolitik seines Großvaters konsequent fort, was vornehmlich zu Lasten der Kızılbaş ging, deren tribalen Zusammenhalt er durch Umsiedlung und Enteignung zu brechen suchte. Die Prinzen wurden nicht länger in die Obhut von Kızılbaş-Emiren gegeben, sondern am Hof von Eunuchen erzogen. Kernelement der Zentralisierungspolitik war der Aufbau eines stehenden Heeres mit Kavallerie, Infanterie und Artillerie nach osmanischem Vorbild, wobei die stehende Truppe, und hier lag ein wichtiger Unterschied, auch unter muslimischen Bauern rekrutiert und aus der Privatkasse des Schahs entlohnt wurde. Die in den Provinzen stehenden Einheiten der Kızılbaş-Emire waren zahlenmäßig zwar groß, aber nur schwer zu mobilisieren und zu kontrollieren. Die Bindung der politischen Eliten an den Schah war entweder tribal-religiös (Kızılbaş) oder auf das Verhältnis von Herrn und Sklaven gegründet (Ghulam, Eunuchen). Die Religions- und Rechtsgelehrten suchte Abbas in einer eigenen Hierarchie an sich zu binden.

Wirtschaftspolitik: Seide gegen Silber

Wie viele Fürsten seiner Zeit bemühte sich Abbas um die Förderung von Handwerk, Handel und Gewerbe seines im Vergleich zu den osmanischen und indischen Nachbarn armen Landes. Die Produktion des ariden iranischen Hochplateaus war ungeachtet eines ausgeklügelten Bewässerungssystems durch unterirdische Kanäle zu gering, um die Versorgung selbst mit Grundnahrungsmitteln zu garantieren. Um sich aus dieser Situation zu befreien, ging Abbas mit seinen Interventionen weiter als die Osmanen. Man wird zwar auch hier nicht von einer kohärenten Wirtschaftspolitik sprechen, wohl aber von einem Bündel aufeinander abgestimmter Maßnahmen – Reformen des Pacht- und Steuersystems, stärkere Vereinheitlichung des Münzwesens, Ausbau der Infrastruktur, Förderung des einheimischen Pilgerwesens und eine entgegenkommende Politik gegenüber europäischen Mächten und lokalen Nichtmuslimen –, die insgesamt merkantilistisch ausgerichtet waren. Dabei spielten neben der Zentralverwaltung auch die Machteliten in den Provinzen eine wichtige Rolle, die angesichts eines schwachen Zentralstaats breiten Handlungsspielraum genossen. Allerdings schuf auch Schah Abbas keine Institutionen, die für die Nachhaltigkeit seiner Maßnahmen

hätten sorgen können. Die Politik stand und fiel mit dem persönlichen Einsatz ihrer Träger.

Wie die Osmanen benötigten die Safaviden große Mengen an
Münzmetall, und zwar nicht nur, um die eigenen Truppen zu entlohnen (Schah Abbas führte fast ununterbrochen Krieg), sondern
auch, um Importe wie Baumwollstoffe und -textilien, Waffenstahl,
Indigo, Reis, Zucker und Gewürze zu bezahlen. Diese Güter lieferten
im 16. und 17. Jahrhundert der indische Subkontinent und Südostasien; ihnen gegenüber war die safavidische Handelsbilanz mangels
ausreichender Exportgüter durchgehend negativ. Für den Außen-
handel wurde Silbergeld benötigt, wohingegen ein Großteil des Bin-
nenhandels in Kupfergeld abgewickelt wurde. Iran verfügte jedoch
über keine eigenen Silbervorkommen. Um das benötigte Münzsilber
zu erlangen, forcierte Abbas die Seidenzucht und den Seidenhandel,
genauer gesagt den Handel mit Rohseide und Seidenfäden. Seide
zählte seit dem 13. Jahrhundert neben Pfeffer und Gewürzen zu den
wichtigsten Fernhandelsgütern, die zwischen Asien und Europa gehandelt wurden – die Seidenstraße (faktisch ein ganzes Bündel von
Straßen) trug ihren Namen nicht zu Unrecht. Bis zur mongolischen
Eroberung Irans war China der wichtigste Lieferant von Rohseide; in
den folgenden Jahrzehnten trat Iran an dessen Stelle, genauer gesagt
die kaspischen Provinzen Gilan und Mazandaran. Als Schah Abbas
diese Provinzen 1598 in Kronland umwandelte, flossen die Erlöse aus
der lokalen Produktion unmittelbar in seine Privatschatulle.

Unter den alten Karawanenwegen von Zentral- nach Vorderasien
führte einer über Isfahan, Basra, Bagdad und Aleppo zum Mittelmeer, ein anderer über Täbriz nach Trapezunt am Schwarzen Meer
und von dort entweder ins Russische Reich oder wiederum zum
Mittelmeer. Beide Karawanenwege waren im 16. und 17. Jahrhundert durch die ständigen Kriege zwischen den Osmanen und den
Safaviden gefährdet und auch in ruhigen Zeiten mit hohen Transit-
zöllen belegt. Angesichts der Risiken des Landwegs lag es nahe, den
maritimen Handel über den Indischen Ozean zu fördern. Den aber
beherrschten im 16. Jahrhundert die Portugiesen, während zugleich
die Osmanen auf der Arabischen Halbinsel, entlang des Roten Meers

und am Persischen Golf expandierten. Um seine Optionen zu erweitern, gewährte Abbas 1616 der englischen East India Company (die auf der 1571 gegründeten Levant Company aufbaute) im Handel mit Seide weitreichende Privilegien, 1627 der sehr viel aggressiver auftretenden niederländischen Vereenigden Oost-Indischen Compagnie (VOC). Beide, Engländer wie Niederländer, verknüpften das kommerzielle Interesse mit dem Kampf gegen das katholische Spanien der Habsburger. Schon 1605 errichtete die VOC auf den Molukken, den eigentlichen Gewürzinseln, einen Stützpunkt; 1609 vertrieb sie die Portugiesen aus Ceylon, dem heutigen Sri Lanka, 1617/18 etablierte sie ihre erste Faktorei (Warenlager) im westindischen Surat und kontrollierte wenig später den maritimen Gewürzhandel. 1622 gelang es den Safaviden mit englischer Unterstützung schließlich, die Portugiesen aus Hormuz zu vertreiben; der bislang dort konzentrierte Indienhandel verlagerte sich auf den nach dem Schah benannten persischen Hafen Bandar Abbas. Für Iran aber blieb ungeachtet aller handelspolitischen Manöver das Osmanische Reich immer Mittelpunkt seiner Politik, die europäischen Mächte waren nur abhängige Variablen.

Toleranz und Interesse: Armenier als Kaufleute des Königs

Im Zusammenhang der Wirtschafts- und Handelsförderung ist auch die selektive Toleranz gegenüber nichtmuslimischen Kaufleuten zu sehen, die selbst Untertanen feindlicher Mächte einbezog. Im 16. und 17. Jahrhundert kontrollierten in Iran Jaina und Hindus (sogenannte Banyans, eine Untergruppe der Khatri-Kaste) den Handel mit dem indischen Subkontinent und spielten zudem eine prominente Rolle im Geldverleih. Anders als Muslime und Christen wurden sie dabei durch keine religiösen Vorbehalte und Tabus behindert. In der Mitte des 17. Jahrhunderts sollen rund 10 000 Hindus in Iran, insbesondere Isfahan, gelebt haben.[100] Als Angehörige einer nichtmonotheistischen Religionsgemeinschaft hätten sie nach vorherrschendem Rechtsverständnis gar nicht auf islamischem Territorium geduldet, geschweige denn von einer muslimischen Obrigkeit protegiert werden dürfen. Hier siegte einmal mehr die Staatsräson über religiöse

Bedenken, die in der Bevölkerung und unter den schiitischen Religions- und Rechtsgelehrten allerdings sehr präsent blieben. Zumindest europäische Beobachter sahen sich an die judenfeindlichen Stereotype ihrer Heimat erinnert, wobei im Falle der Hindus auch noch der Vorwurf geäußert wurde, sie transferierten ihre unrechtmäßigen Gewinne ins Ausland.

Auf osmanischer Seite spielten Juden eine wichtige Rolle im Tuch- und Seidenhandel mit Europa, zumal als sich nach ihrer Vertreibung aus Spanien und Portugal in den niederländischen Hafenstädten (vor allem Amsterdam), in Südosteuropa (namentlich Avlona / Vlorë und Saloniki) sowie im gesamten Mittelmeerraum einschließlich Istanbuls eine transregional sehr gut vernetzte jüdische Diaspora bildete. In Iran hingegen nahm Schah Abbas Armenier in einer Weise in Dienst, die sich geradezu als Pendant zum Einsatz der Kaukasier in Militär und Verwaltung sehen lässt.[101] In beiden Fällen stützte sich die Politik auf Gewalt, in beiden ging sie zu Lasten von Muslimen. Im Zusammenhang mit einem neuen Feldzug gegen die Osmanen ließ Abbas 1604 Tausende muslimischer und armenischer Familien aus ihrer Heimatstadt Jugha (pers. Julfa) in der Region Nakhichevan, heute eine autonome Provinz in Aserbaidschan, nach Iran deportieren. Viele erlagen den Strapazen des langen Fußmarsches; weitere Zwangsumsiedlungen folgten 1606/07 und 1617/18. Ein großer Teil derjenigen Armenier und Georgier, die Abbas in die kaspischen Provinzen umsiedeln ließ, um dort die ländliche Entwicklung voranzutreiben, ging am örtlichen Klima zugrunde.

Anders die armenische Gemeinde in »Neu-Julfa«, auf dem Stadtgebiet der neuen Hauptstadt Isfahan, die unter der Protektion des Schahs florierte. Abbas stattete die Armenier, die in Neu-Julfa eine Art kommunaler Selbstverwaltung ausübten, mit weitreichenden Steuer- und Zollprivilegien aus und gewährte ihnen freie Kultausübung sowie Bewegungs- und Reisefreiheit. Der Klerus wurde im Einklang mit der islamischen Tradition von Steuern und Abgaben befreit. Zahlreiche Kirchenbauten zeugten vom Wohlstand der armenischen Gemeinde. Der Schah stiftete sogar das Grundstück für eine Kathedrale, die 1615 nach Plänen eines seiner Höflinge im »iranischen Stil« errichtet wurde und einer Moschee ähnelte. Um ihre religiöse Aura zu erhöhen, wurden Steine aus der vom Schah zerstörten armenischen Kathedrale von Edschmiadsin in den Neubau eingemauert.

Über mehrere Jahrzehnte spielten Armenier im Dienste des Schahs eine beherrschende Rolle im Handel mit Rohseide, indischen und europäischen Gütern sowie, damit eng verbunden, im Kreditwesen. 1619 – zu einer Zeit, in der 85 Prozent der in Europa gekauften Rohseide aus Iran stammten – beanspruchte der Schah ein Monopol auf den gesamten Handel mit einheimischer Rohseide, den er weitestgehend Armeniern übertrug. Ein Teil wurde in den königlichen Werkstätten zu Seidenstoffen verarbeitet, ein weiterer Teil im Land selbst verkauft. Um den einheimischen Verbrauch zu drosseln, trug Abbas selbst demonstrativ Baumwolle. Die Armenier bedienten im Folgenden den Landweg, der, ungeachtet des Dauerkonflikts mit den Osmanen, profitabler blieb als der Seeweg. Dabei kam ihr internationales Netzwerk zum Tragen, lebten große armenische Gemeinden doch in Amsterdam, Venedig, Lwów (heute Lwiw) und in verschiedenen Städten des Osmanischen Reiches. Besonders stark war die Stellung armenischer Kaufleute zudem im Schwarzmeerhandel, der allerdings weitgehend unabhängig vom Seidenhandel betrieben wurde.

Die Armenier profitierten davon, dass sie sich als Schutzbefohlene im Machtbereich der politisch und religiös verfeindeten Osmanen und Safaviden, die muslimische Untertanen des jeweils anderen nur ungern auf eigenem Territorium duldeten, vergleichsweise frei bewegen konnten. Nicht selten dienten sie dem Schah als diplomatische Gesandte. Ihre Privilegien gingen jedoch in Teilen zu Lasten einheimischer muslimischer Händler, die aus dem lukrativen Seidenhandel verdrängt wurden. Ungeachtet ihres besseren Rechtsstatus war die Abhängigkeit der armenischen Kaufleute vom Schah kaum geringer als die der kaukasischen Ghulam. Die Gunst des Schahs war schwankend, und er konnte sie ihnen jederzeit entziehen. Dass sie als Nichtmuslime so sichtbar vermögend und einflussreich wurden, machte die Armenier überdies zur Zielscheibe religiöser Kritik, gerade aus den Reihen der muslimischen Gelehrtenschaft. Wie eng ihr

Status an die Protektion des Schahs geknüpft war, zeigte sich nach dessen Tod: Seine Nachfolger erhielten das Monopol auf den Seidenhandel nicht aufrecht, der sich sukzessive zuungunsten Irans verlagerte. In Iran selbst gerieten die Armenier unter Konversionsdruck. 1650 wanderte der letzte Vorsteher von Neu-Julfa ins Zarenreich ab.

Kontrovers: Der frühneuzeitliche Handel im Weltsystem

Die sogenannte Pax Mongolica hatte im 13. Jahrhundert ein Weltsystem geschaffen, das zu Lande und zu Wasser von China bis nach Europa reichte und neben der eurasischen Landmasse große Teile des Vorderen Orients umfasste. Dieses Weltsystem war in der Mitte des 14. Jahrhunderts an den Folgen politischer Konflikte und der Großen Pest zerbrochen. Im 16. Jahrhundert schuf die europäische Entdeckung der Neuen Welt und des Seewegs nach Indien neue globale Zusammenhänge. Seit Vasco da Gamas erfolgreicher Umrundung des Kaps der Guten Hoffnung im Jahr 1497/98 führte der europäische Indienhandel nicht mehr notwendig durch das von muslimischen Mächten kontrollierte östliche Mittelmeer und das Rote Meer. Einige Forscher gehen allerdings davon aus, dass nicht die portugiesische Umrundung Afrikas und das anschließende Vordringen in den Indischen Ozean Wirtschaft und Gesellschaft muslimischer Mächte beeinträchtigte, sondern erst die Eroberung der ostindischen Gewürzinseln durch die Niederländer rund ein Jahrhundert später.[102]

Daraus folgte nun aber, wie gerade gezeigt, keineswegs eine Abwertung oder gar ein Zusammenbruch des regionalen Handels und seiner Handelswege. Der Handel mit »einheimischen« Luxusgütern, der in der Hand lokaler Kaufleute lag, prosperierte unbeschadet der europäischen kommerziellen Expansion. Das galt nicht nur für den eben beschriebenen Seidenhandel, der sich weiter entfaltete, als im 17. Jahrhundert niederländische, englische und französische Manufakturen die Seidenspinnerei aufnahmen. Davon profitierten osmanische Seidenhändler und Seidenmanufakturen. Auch die Kairoer Fernhändler lebten weiterhin gut vom Geschäft mit Kaffee, Drogen, Pfeffer, Gewürzen und Farbstoffen, die sie über das Rote Meer ins Osmanische Reich importierten, vom späten 17. Jahrhundert an auch vom Handel mit indischen Stoffen. Europäische Kaufleute nisteten sich gewissermaßen an strategischen Punkten der bestehenden Handelsnetze ein, dominierten diese aber bis zum ausgehenden 18. Jahrhundert nicht. Für die regionalen Mächte und die Moguln lässt sich sogar argumentieren, dass sie aus der gestiegenen Nachfrage aus Europa wirtschaftlichen Nutzen zogen.

Dies erfordert eine Neubewertung der vieldiskutierten Integration oder »Inkorporation« der regionalen Ökonomien in den von Europa dominierten »Weltmarkt« (nach Immanuel Wallerstein auch »Weltsystem«). Wie so oft stellt sich zunächst die Frage der Definition: Wallerstein zufolge ist der Zustand der Integration erreicht, sobald über einen begrenzten Bestand an Luxuswaren hinaus Massengüter und Güter des täglichen Gebrauchs ausgetauscht werden. Dann aber wäre das Osmanische Reich bereits in der Mitte des 16. Jahrhunderts inkorporiert gewesen, als Frankreich und Venedig erhöhten Bedarf an Getreide und Baumwolle anmeldeten, Gütern, die der osmanische Staat als kriegswichtig einstufte und deren Ausfuhr er einigermaßen strikt überwachte. Allen osmanischen Ausfuhrverboten zum Trotz war die erhöhte Nachfrage Anreiz genug für osmanische Kaufleute, sich stärker dem Mittelmeerhandel mit Europa zuzuwenden. Plausibel ist demgegenüber die Überlegung Suraiya Faroqhis, erst dann von einer Inkorporation im Sinne Wallersteins zu sprechen, wenn die vor Ort produzierten, verarbeiteten oder gehandelten Güter *vorrangig* für den von Europa dominierten Weltmarkt bestimmt waren.[103] Zur »Peripherie« der europäischen Kolonialwirtschaft, die nach Europa Rohstoffe lieferte und von dort Fertig- und Halbfertigwaren bezog, wurde das Osmanische Reich erst im Zuge der von England ausgehenden industriellen Revolution. Erst von den 1760er Jahren an wurde zugleich der indische Subkontinent als Haupthandelspartner Irans von europäischen Produzenten und Abnehmern überflügelt.

D Religion, Kultur und Politik

Religion war in den »islamisch geprägten« Gesellschaften des Vorderen Orients und Nordafrikas keineswegs das alles bestimmende Moment, aber sie war doch in die verschiedensten Lebensbereiche eingewoben, und zwar bei Muslimen ebenso wie bei Nichtmuslimen. Religion modulierte gewissermaßen die sozialen Beziehungen und die kulturellen Praktiken, vom Zeitempfinden und dem Geschlechterverhältnis bis zur Bestimmung von Freiheit und Gerechtigkeit, von bestimmten ökonomischen Institutionen bis zum Verhältnis zu Musik, Gesang und bildender Kunst. Überall trat sie – sei es harmonisch, sei es konflikthaft – in Beziehung zu Tradition, Brauch und Konvention. Nicht selten wurden eine Institution oder ein Verhalten als islamisch und schariakonform verstanden, die tatsächlich mit der Scharia nicht übereinstimmten, vielmehr Sitten und Gebräuche reflektierten, die ihrerseits lokale Macht- und Herrschaftsverhältnisse widerspiegelten. Religion und Politik waren im safavidischen Iran, im zaiditischen Jemen, im osmanischen Ägypten oder im Sultanat Marokko in je eigener Weise miteinander verbunden. Zeigen lässt sich das anhand des Verhältnisses von politischen und religiösen Akteuren, der Legitimation politischer Herrschaft und des Charakters religiöser Autorität, die auch unter dem Vorzeichen der Theokratie thematisiert werden könnten.

1. Religion und Staatsräson

Im Osmanischen und im Safavidischen Reich lassen sich geradezu exemplarisch Prozesse beobachten, die darauf abzielten, die Religion einer von der Obrigkeit definierten Staatsräson zu unterwerfen. Diese Staatsräson wurde in der Regel mit der Wahrung von Ordnung, Recht und Gerechtigkeit gleichgesetzt. Sowohl die Osmanen als auch die Safaviden unternahmen Versuche, religiöse Lehren und Praktiken zu regulieren, religiöse Akteure und Institutionen zu kontrollieren und eigenständige, von der Obrigkeit und der sogenannten Orthodoxie als häretisch gebrandmarkte Strömungen und Persönlichkeiten zu disziplinieren, wenn nicht zu eliminieren. Dabei hatten beide Dynastien ihre Wurzeln in einem heterodoxen Umfeld, unterschieden sich jedoch in einem Punkt grundsätzlich: Die Safaviden traten ursprünglich selbst als religiöse Kraft auf, die Osmanen nicht. Die Osmanen bewegten sich von einer gewissen Mehrdeutigkeit zu einer dezidiert sunnitischen Orthodoxie hanafitischer Prägung; die Safaviden rückten aus einem bestenfalls marginalen Milieu an die Zwölferschia heran, die in einem längeren Prozess zur reichsweiten Orthodoxie ausgestaltet wurde. Allerdings, und dies ist bemerkenswert, bildete die Zwölferschia zu Beginn dieses Prozesses nicht das religiöse Bekenntnis der iranischen Bevölkerungsmehrheit. Im Gegensatz zu den mongolischen Il-Khanen passten sich die safavidischen Eroberer also nicht der religiösen Kultur ihrer Untertanen an, sondern brachten umgekehrt diese zu einer religiösen Umorientierung, ja einer regelrechten Konversion.

In beiden Fällen, dem osmanischen wie dem safavidischen, stellt sich die Frage, ob das Ergebnis als »Staatsreligion« beschrieben werden soll. Institutionen, die eine solche Staatsreligion hätten tragen können, gab es nur an wenigen Orten und auch dort in keiner dem zeitgenössischen Europa vergleichbaren Form: Der Islam kennt keine Kirche als Lehr- und Heilsanstalt, die sich dem Staat als Partner hätte anbieten oder von diesem hätte instrumentalisiert werden können. Wo keine Kirche, da auch kein Fürst als Kirchenoberhaupt (wie in

protestantischen Ländern) und keine Kirchenfürsten (wie in katholischen). Auch zu den buddhistischen Klöstern und shintoistischen
Schreinen, auf die sich die politische Macht in China oder Japan
stützen konnte, gibt es keine echte Entsprechung. Der Islam kennt
allerdings Religions- und Rechtsgelehrte (Ulama), die sich funktional
als Klerus bezeichnen lassen, wenngleich sie, anders als der katholische Klerus, nicht geweiht sind und keine Sakramente spenden. Die
osmanischen und safavidischen Monarchen legitimierten sich auf je
eigene Weise auch religiös, dem einen oder anderen wurde sogar eine
religiöse Aura zugeschrieben. Sie nahmen religiös relevante Aufgaben
wahr wie die Ordnung des Rechtswesens, aber sie traten nicht ernsthaft als religiöse Autoritäten auf, die aus eigener Kraft theologische
oder islamrechtliche Fragen regelten. Anders die zaiditischen Imame
im Jemen oder der marokkanische Sultan, der sich religiöses Charisma (arab. *baraka*) und rechtliche Kompetenz zuschrieb.

   Der Grundsatz des *cuius regio eius religio*, der im nachreforma-
torischen, von Religionskriegen geschüttelten Europa Ruhe und
Ordnung stiften sollte, indem er den Untertanen die individuelle
Bekenntniswahl nahm und ihnen die Konfession ihres Fürsten auf-
zwang, wenn sie nicht dessen Territorium verlassen wollten, war in
der islamischen Welt gerade *nicht* die Regel. Es kommt hinzu, dass
hier der Kultus nicht in dem Maß durch politische und klerikale
Autoritäten gestaltet werden konnte wie im zeitgenössischen christlichen Europa. Anders als im Christentum sind die gottesdienst-
lichen Pflichten der Muslime in Koran und Sunna festgeschrieben
und allenfalls noch in Details abwandelbar (etwa beim Gebetsruf
oder der Haltung der Hände im Ritualgebet), wobei diesen Details
im Spiel der religiösen und politischen Abgrenzung dann häufig ein
übermäßiges Gewicht zukam. Die Kombination von vorpolitischer
Kultusordnung und »dezentraler« religiöser Autorität ließ im islamischen Kontext eine Entflechtung von Religionsausübung und
Herrschaft durchaus zu. Der Begriff der »symbiotischen Konkurrenz«, den der Historiker Rudolf Schlögl für das Verhältnis zwischen
politischen und klerikalen Autoritäten im frühneuzeitlichen Europa
verwendet,[104] trifft die Sache gut, nur gestaltete sich diese Konkur-

renz anders. Insgesamt bietet es sich an, nicht von »Staatsreligion« zu sprechen, sondern von einer »Religion der Herrschenden«. Damit ist zugleich einiges zum Thema Theokratie gesagt: Nach islamischer Lehre steht Gott nicht an der Spitze des muslimischen Gemeinwesens (»identitäre Theokratie«), wohl aber beanspruchten zahllose muslimische Fürsten, im Namen Gottes zu regieren (»repräsentative Theokratie«). Das Gottesgnadentum hat in der islamischen Geschichte durchaus seinen Platz, wenn es auch heute von vielen Muslimen als unislamisch zurückgewiesen wird. Eine Einheit von Religion und Staat war damit noch lange nicht gegeben.[105]

Osmanisches Reich

Die religiösen Wurzeln der Osmanen reichen in eine Zeit und einen Raum zurück, in denen der Islam vielfach ausgesprochen unorthodoxe Züge trug. Schon in früheren Jahrhunderten hatte es im östlichen Teil der islamischen Ökumene auffällig viele Strömungen gegeben, die Rituale, Symbole und Erzählungen altiranischer, gnostischer, manichäischer, buddhistischer, christlicher und natürlich auch islamischer Herkunft zu einem eigenen, gelegentlich im vollen Sinn synkretistischen System verbanden. Viele dieser Strömungen waren – und das ist mit Blick auf die soziale Verortung von »Häresie« und »Volksreligion« wichtig – städtischer, nicht ländlicher Provenienz. Die Rum-Seldschuken hatten vor allem in den Städten Moscheen, Madrasen und Sufi-Konvente errichtet, die mehrheitlich die sunnitische Lehre hanafitischer Prägung vertraten. Die ländliche Bevölkerung hingegen wurde in erster Linie durch wandernde Prediger, Heiler und Asketen islamisiert (in Kleinasien und Iran werden sie meist als Derwische bezeichnet, von pers. *dervish*: arm) sowie durch nicht leicht einzuordnende Figuren wie die *babas*, die ihre Zeitgenossen nicht selten als »Übertreiber«, wenn nicht Häretiker einstuften. Einige dieser Männer waren vermutlich im 13. Jahrhundert unter dem Druck der Mongolen aus Khurasan und anderen östlichen Territorien nach Westen geflohen. Sie scheinen allerdings durchaus unterschiedliche Typen verkörpert zu haben: Während sich die einen nicht um eine Reform von Gemeinschaft

Abb. 15: »Turckische
Ordensperson« (Derwisch,
B. Schachman,
Ende 16. Jahrhundert)

und Gesellschaft scherten, sondern um ihr eigenes Heil, so arbeiteten andere, ungeachtet aller »Heterodoxie« im Denken und Handeln, an einer Bekehrung der Bauern und Hirten. Zu Ersteren gehören die Qalandari-Derwische und die Haidaris, die man an ihrer Haar- und Barttracht und der aus Tierfellen gefertigten Kleidung erkannte und die mit ihrem unkonventionellen, bewusst die Regeln von Sitte und Anstand verletzenden Auftreten Aufsehen erregten. Zu Letzteren zählen der wohl aus Khurasan zugewanderte Baba Rasul Ilyas und sein Schüler Ishak Baba, die 1240 einen Aufstand gegen die Rum-Seldschuken anführten – ein Muster der religiös-politischen Erhebung, das sich in osmanischer Zeit mehrfach wiederholen sollte.

Aus dem Kreis der Babas stammten möglicherweise auch Hajji Bektaş und Scheich Edebalı, halbmythische Gestalten der frühosmanischen Geschichte, die angeblich miteinander befreundet waren. Von Hajji Bektaş, dem Namensgeber der später so bedeutenden Bektaşi-Bruderschaft, nimmt man an, dass er Mitte des 13. Jahrhunderts in Kleinasien wirkte, möglicherweise aus Khurasan stammte und auch unter Christen missionierte. Scheich Edebalı soll sich Osman Bey, dem »Gründer« der osmanischen Dynastie, angeschlossen und als dessen spiritueller Mentor gewirkt haben. Osman festigte die Verbindung, die seinen Anhang zu erweitern versprach, durch die Eheschließung mit einer Tochter Edebalıs (die Verbindung ist urkundlich bezeugt).[106] Wie an vielen anderen Orten spielten »heilige Männer« und ihre Gräber, Mausoleen oder Schreine, die ihre segenspendende Kraft *(baraka)* gewissermaßen speicherten, eine wichtige Rolle bei der Islamisierung und Besiedlung des ländlichen Raums. Von »heiligen Frauen« ist nichts bekannt, wie Frauen in der osmanischen Religions- und Kulturgeschichte (anders als im Maghreb) überhaupt auffällig marginal bleiben.

Die Osmanen selbst verkörperten keine religiös-politische Bewegung wie später die Safaviden. In der Phase ihres Aufstiegs waren sie, wie bereits dargestellt, Teil einer komplizierten Konstellation, in der taktische Bündnisse häufig die konfessionellen und ethnischen Grenzen überschritten, soweit diese überhaupt klar markiert waren. Im ländlichen Raum scheint dies nicht immer der Fall gewesen zu sein. Ihre Grenzlage und beschränkten Ressourcen zwangen die Osmanen zu Arrangements mit ihren Nachbarn, mit lokalen Grenzkämpfern, religiösen Figuren sowie Kaufmanns- und Gelehrtenfamilien. Die ersten osmanischen Sultane waren nicht selten Söhne christlicher Mütter, Gatten christlicher Ehefrauen und Herren christlicher Konkubinen. Ihr Heer umfasste christliche Kontingente, die sich ihnen freiwillig oder unfreiwillig anschlossen. Ihre Lebensweise und das, was man als Beutewirtschaft bezeichnet hat, einte die Männer unter osmanischer Flagge. Wie dieser Grenz- und Kleinkrieg von den Zeitgenossen wahrgenommen wurde, ob als religiöser Kampf gegen die Ungläubigen oder nicht, ist umstritten. Auf muslimischer Seite war auf jeden Fall weniger von Jihad die Rede, der nach islamischer Lehre nur vom Kalifen bzw. Imam als legitimem Oberhaupt der Muslime geführt werden durfte, als vielmehr in Anlehnung an die Feldzüge der frühen arabischen Muslime von *ghazwa* (»Razzia«) und von den Beteiligten als *ghazi* (osman. *gazi*). Es ist allerdings vermutet worden, dass die Osmanen ihre Kampagnen erst im 15. Jahrhundert als Ghazwa bezeichneten, um ihnen auf diese Weise zumindest nachträglich eine religiöse Legitimation zu verschaffen.[107]

Wie es scheint, verfolgten die Osmanen zunächst keine flächendeckende Islamisierungspolitik, boten ihren Gefolgsleuten und Untertanen aber ökonomische und politische Anreize zur Konversion. Die anfängliche Duldung eigenwilliger religiöser Vorstellungen und Praktiken wich im 16. Jahrhundert, befördert durch die Eroberungen im arabischen Raum und die Auseinandersetzung mit den Safaviden, einer dezidiert sunnitischen »Orthodoxie«. Die Einnahme der arabischen Territorien war nicht nur materiell ungemein lohnend, sie erhöhte zugleich den Anteil sunnitischer Muslime an der Bevölkerung eines Reiches, dessen Bewohner bis dahin mehrheitlich Christen gewesen waren. Die Oberhoheit über Mekka und Medina verstärkte den islamischen Akzent in Herrschaft, Recht und Verwaltung. Daraus folgte eine Neuausrichtung dessen, was man die Religionspolitik der Osmanen nennen könnte. Zu ihr gehörte insbesondere die Verteidigung sunnitischer Lehren gegen Unglauben und Häresie – eine Verteidigung, die immer zugleich unter dem Vorzeichen des Kampfes gegen die Safaviden gesehen werden muss. Im Zuge ihrer militärischen Auseinandersetzungen schärften beide Seiten ihr religiöses Profil: zwölferschiitisch die iranisierten Safaviden, sunnitisch-hanafitisch die Osmanen. In beiden Fällen wuchs die Gefahr, als Schiit oder Sunnit im jeweils anderen Machtbereich der politischen Illoyalität verdächtigt zu werden.

Das illustriert zwei Phänomene: die Bedeutung von Beziehungsgeschichte (hier im Sinn einer wechselseitigen Ab- und Ausgrenzung) und die Politisierung der Religion mit Anklängen an das europäische Prinzip des *cuius regio eius religio*, dem zufolge die Untertanen der Konfession ihres Souveräns zu folgen haben. In vollem

Umfang durchgesetzt wurde dieses Prinzip allerdings nie, und dementsprechend vollzog sich auch kein vergleichbarer Prozess der Konfessionalisierung. In beiden Machtbereichen hielten sich starke Gruppen Andersgläubiger. Auch griffen Osmanen und Safaviden zwar häufig zum Mittel der Zwangsumsiedlung missliebiger Bevölkerungsgruppen. Aber sie vertrieben Andersgläubige nicht aus dem eigenen Machtbereich, wie europäische Fürsten dies zur selben Zeit taten, und sie versuchten sich nur selten an Zwangskonversionen, die der Koran verbietet und deren fragwürdiger Erfolg auch den Zeitgenossen bekannt war.

Herrschaftslegitimation im Osmanischen Reich

Das osmanische Haus besaß im Gegensatz zu vielen seiner Vorgänger und Konkurrenten anfänglich weder dynastisches Prestige noch religiöses Charisma, zumindest deutet wenig auf Vorstellungen eines sakralen Königtums (im Sinne eines »Königsheils«) im frühosmanischen Milieu hin. Die Osmanen legitimierten sich durch den militärischen Erfolg oder, allgemeiner, durch Leistung; Forscher haben in Anlehnung an Max Weber von einem »Charisma des Erfolgs« gesprochen.[108] Allerdings wurde dieses Charisma schrittweise durch Erzählungen, Träume oder auch die angebliche Investitur Osmans durch den rum-seldschukischen Herrscher (die konkurrierenden turkmenischen Dynastien die Legitimität absprechen sollte) symbolisch angereichert. Im Lauf des 16. Jahrhunderts wurden tradierte Elemente der Herrschaftslegitimation gewissermaßen islamisch überformt. Das geschah auf unterschiedlichen Feldern, von der Genealogie und Titulatur bis zur Repräsentation der Dynastie in Dichtung, Chroniken, Architektur und Ikonographie.

Kreativ und einfallsreich zeigten sich die Osmanen bei der Konstruktion ihrer Genealogie, in die immer wieder neue Elemente eingebaut wurden. Diese konnten je nach Bedarf und Kontext in den Mittelpunkt oder an den Rand gerückt werden. Es wird vermutet, dass unter Murad II. (reg. 1421–1451), als die Osmanen noch in Konkurrenz zu anderen turkmenischen Häusern standen, ein eigener osmanischer Stammbaum erarbeitet wurde, der auf Oghuz Khan zurückging, den mythischen Stammvater der Ogusen. Auf ihn hatten sich auch die Seldschuken und die Ak Koyunlu zurückgeführt. Dieser Stammbaum fand sich bereits in der Weltchronik des Rashid ad-Din, die er um 1300 für den Il-Khan Ghazan verfasst hatte und in der er die tribale, türkische Legitimation des Herrschers mit einer biblischen verknüpfte (die ogusischen Türken als Nachkommen Noahs über dessen Sohn Japhet). Unter Selim I. wurde sogar ein Versuch unternommen, das islamische Element durch die Konstruktion einer Verwandtschaft mit dem Propheten Muhammad zu verstärken.

Titel schließlich machen anschaulich, was Beziehungsgeschichte meint: Titel sind Botschaft und Anspruch an *andere* und daher in gewissem Umfang an deren Erwartungen orientiert. Die Titel besiegter Feinde an mehr oder minder prominenter Stelle in die eigene Titulatur einzufügen war ein bekanntes Zeichen des Triumphes. Häufig wurden Titel situativ eingesetzt, sei es zu unterschiedlichen Zeiten, sei es an unterschiedlichen Orten oder gegenüber unterschiedlichen Personengruppen. Nicht anders als die europäischen Monarchen seiner Zeit verstand sich Sultan Mehmed II., der Eroberer von Konstantinopel, als Herrscher von Gottes Gnaden. Das Gottesgnadentum mag muslimischen Religions- und Rechtsgelehrten suspekt gewesen sein, in der Selbstdarstellung muslimischer Monarchen war es jedoch fest verankert. Wie vor ihm die Abbasiden und die Dschingisiden stilisierte sich Mehmed zum Weltenherrscher in der Tradition des altiranischen Helden Khusrau (Khosro) und Alexanders des Großen, die als Idealgestalten imperialer Herrschaft seit langem in spezifisch islamische Regierungs- und Weisheitslehren integriert waren. Früh schon wurde, typischer Reflex auf fürstliche Hybris und Prachtentfaltung, aber auch Kritik an dieser Attitüde laut, die dem alttürkischen Ideal der Schlichtheit widersprach. Nicht überall fand die herrscherliche Selbstüberhöhung somit das gewünschte Echo.

Das Ende der Mamluken als unabhängige Macht bedeutete zugleich das Ende des abbasidischen Schattenkalifats. Der Sultan trat in gewisser Weise das Erbe des arabischen Kalifen an, nahm jedoch den Kalifentitel für lange Zeit nicht in Anspruch. Von alters her trugen die osmanischen Sultane den zentralasiatischen Titel eines

Khans (z. B. Sultan Mehmed Khan). Süleiman I. erweiterte die osmanische Herrschertitulatur um imperiale Titel byzantinischen, arabisch-islamischen und persischen Ursprungs. Erst unter ihm wurde die Rolle des Sultans als Erbe des oströmischen Reiches und des arabischen Kalifats konsequent ausformuliert. Nach seinen Siegen über die Safaviden in den 1540er Jahren nannte sich Süleiman *padişah-i Islam*, »Khusrau der Khusraus« und »Sultan der Araber, Perser und Römer«. Mit Blick auf die Habsburger, die im osmanischen Schriftverkehr als »König« oder »Imperator« geführt wurden, nahm er den Titel »Cäsar« an. Eine Abkunft vom Stamm des Propheten Muhammad, den Quraish, die in den klassischen Kalifatslehren verlangt wurde, postulierte er nicht. Stattdessen verwies der oberste sunnitische Rechtsgelehrte des Reiches, der *şeihülislam* Ebu s-Su'ud Efendi, im Sinne des Gottesgnadentums direkt auf den göttlichen Willen, der die osmanischen Sultane zu legitimen Nachfolgern der »rechtgeleiteten« Kalifen bestimmte.

Der Titel eines Kalifen war für Süleiman somit nur einer unter mehreren und nicht unbedingt der wichtigste. Ohnehin war er seit Jahrhunderten nicht mehr so exklusiv wie unter den Umayyaden und den frühen Abbasiden, wo er tatsächlich den Anspruch auf legitime Herrschaft über die gesamte islamische Ökumene beinhaltete. Seitdem war er erheblich abgewertet worden, wozu eine gewisse Unschärfe beitrug, mit der die Titel Kalif, Imam und Befehlshaber der Gläubigen (arab. *amir al-mu'minin*) verwendet wurden.[109] Schon im 11. Jahrhundert schmückten sich mehrere andalusische Kleinkönige mit dem Kalifentitel, im 13. Jahrhundert taten dies einzelne Mitglieder einer tunesischen Lokaldynastie, im späten 15. Jahrhundert Uzun Hasan und im frühen 16. Jahrhundert der Khan der Usbeken. Auch der marokkanische Sultan wurde von seinen Untertanen als Imam, Kalif und Befehlshaber der Gläubigen anerkannt. Die Ansprüche, die sich aus dem Kalifentitel ableiteten, waren zu Süleimans Zeit jedenfalls nicht präzise festgelegt. Im Kern bekräftigte er, wozu der Sultan als muslimischer Herrscher ohnehin verpflichtet war: den Schutz des Islam, der Muslime und der ihm unterstellten Nichtmuslime vor äußeren und inneren Gefahren. Nach außen erforderte das

die Ausweitung des Reiches und die Verteidigung seiner Grenzen,
nach innen die – wie eine gebräuchliche Formulierung lautete – »Er-
höhung der Religion« im Kampf gegen Unglauben, Abweichung und
Häresie. Die Kurzformel für all das lautete »Gerechtigkeit«.

Die Schiitisierung Irans

Das Safavidische Reich erhielt seinen besonderen Charakter durch
die staatliche Förderung der Zwölferschia, die es zu dem bedeutendsten schiitischen Staat seiner Zeit machte. Die Durchsetzung der
Schia hatte neben genuin religiösen auch politische Hintergründe,
half sie doch, das Reich der Safaviden deutlich gegen seine sunnitischen Nachbarn im Westen (Osmanen) und Osten (Usbeken und
Moguln) abzugrenzen. Aber sie erforderte eine mehrfache Bewegung: Als Vertreter einer religiösen Randgruppe mussten die Safaviden zunächst überhaupt als Zwölferschiiten anerkannt werden; noch
schwieriger war die Durchsetzung der Schia unter der sunnitischen
Bevölkerungsmehrheit Irans. Beides stellte die Frage religiöser Autorität neu und mit besonderer Schärfe. Die Verwandlung einer mili-
tant-heterodoxen Bewegung, getragen von nomadisierenden nicht-
iranischen turksprachigen Kızılbaş-Verbänden, in eine sesshafte,
persischsprachige, auf iranische Bürokraten und Gelehrte gestützte
zwölferschiitische Territorialmacht zählt zu den ungewöhnlichsten
Experimenten nicht nur der islamischen Geschichte. Sie bietet zugleich ein Musterbeispiel für die von Max Weber beschriebene »Veralltäglichung von Charisma«.[110] Die Vorgänge lohnen eine genauere
Betrachtung.

Als Schah Ismail 1501 in Täbriz das Freitagsgebet in seinem und
im Namen der zwölf Imame halten ließ und alle mit dem Tod be-
drohte, die sich weigerten, die von den Zwölferschiiten als Usur-
patoren verdammten Kalifen Abu Bakr, Umar und Uthman sowie
ʿAʾisha, die als Gegnerin Alis bekannte Ehefrau des Propheten Muhammad, zu verfluchen, war das ein symbolischer Akt, den die Zeitgenossen auf Anhieb verstanden: Ismail wollte als legitimer Herrscher anerkannt werden, und er schrieb sich die Durchsetzung der
Schia auf die Fahnen. Aber das war noch nicht gleichbedeutend mit

der Einführung der Zwölferschia als iranische Staatsreligion. Von seinen nordwestlichen Grenzregionen abgesehen, war Iran zu diesem Zeitpunkt noch gar nicht erobert, wie überhaupt die Idee eines Nationalstaats Iran mit klaren Grenzen für das frühe 16. Jahrhundert anachronistisch ist. Die Kızılbaş standen allenfalls am Rande der weitverzweigten schiitischen Strömung, und das Konzept einer »Staatsreligion« ist, wie bereits angesprochen, im islamischen Kontext problematisch. Das safavidische Beispiel belegt zudem, dass eine religiöse Genealogie nicht gleichbedeutend ist mit religiöser Identität und Autorität: Bereits ein Sohn oder Enkel des Ordensgründers Safi ad-Din führte den Stammbaum der Familie auf Musa al-Kazim zurück, den 799 verstorbenen siebten Imam der Zwölferschiiten. Das erhöhte zwar die genealogische Legitimation der Safaviden, beinhaltete jedoch nicht zwingend eine Änderung ihres religiösen Selbstverständnisses, denn zu den Nachkommen des Propheten über Fatima und Ali zählen auch zahllose Sunniten. Umgekehrt zollten auch Sunniten den Nachkommen des Propheten großen Respekt. Die Kızılbaş waren mit »orthodoxen« schiitischen Lehren und Praktiken zu diesem Zeitpunkt kaum vertraut; Ismail selbst kannte seit seinem Aufenthalt in Lahijan immerhin zaiditische, das heißt fünferschiitische Lehren, die sich mit Blick auf das Imamat jedoch deutlich von den zwölferschiitischen unterscheiden – und noch deutlicher von seinen eigenen Ansprüchen.

Wie vor ihm möglicherweise schon einige seiner Vorfahren trat der junge Ismail unter anderem als Inkarnation (»Hülle«) Gottes bzw. des göttlichen Lichts auf, das sich zuvor in Ali, den Propheten und den Imamen manifestiert hatte. Auch sah er sich als lebenden Khidr, eine enigmatische religiöse Figur, die Sufis als »Gottesfreund« verehrten, Nichtmuslime mit eigenen Heiligen identifizierten und Zwölferschiiten dem Verborgenen (Zwölften) Imam an die Seite stellten.[111] Zugleich berief sich Ismail auf Alexander den Großen und die altiranischen Helden und Könige, verknüpfte also religiöse und monarchische Motive, um seine Ausnahmestellung zu unterstreichen. Ismail war kein Religionsgelehrter, der seine Vision wissenschaftlich formulierte. Als wichtigstes Medium diente ihm die Dichtung.

Einzelne seiner Verse ließen sich so verstehen, als betrachte er sich überhaupt als göttlich (»Ich bin die Wahrheit«) und als der Verborgene Imam. Entscheidend war bei alledem, dass er eine poetische, ja geradezu ekstatische Sprache verwendete, die vieldeutig und voller Anspielungen war und damit unterschiedlich interpretiert werden konnte. Ohne Zweifel war es seine Absicht, in einem Milieu, in dem er nicht der einzige Charismatiker war, Anhänger zu gewinnen. Das gelang. Ismail trat mit messianischem Anspruch auf, viele seiner Anhänger verehrten ihn als gottgleich. Für die Mehrheit der Sunniten wie auch der Zwölferschiiten war das allerdings vollkommen inakzeptabel – und entsprechende Bezeichnungen verschwanden nach der Eroberung Irans auffällig rasch aus dem offiziellen Sprachgebrauch.

Nach der verstörenden Niederlage von Çaldıran trat Ismail vornehmlich als Stellvertreter des Verborgenen Imam auf, wenngleich seine Äußerungen weiterhin mehrdeutig blieben. Selbst der Anspruch auf Stellvertreterschaft war freilich problematisch, da sich in weiten Teilen der Zwölferschia mittlerweile die Auffassung durchgesetzt hatte, dass menschliche Herrschaft bis zur Wiederkehr des Verborgenen Imam illegitim sei (es sei denn, sie wäre von diesem autorisiert und diente der Durchsetzung von Recht und Gerechtigkeit – beides ganz offenkundig schwer nachzuweisen). Zentrale Aufgaben des Imam wie die Erhebung der rechtmäßigen Steuern, die Vollstreckung der kanonischen Strafen *(hudud)*, die Freitagspredigt und der Jihad hätten bis zu seiner Wiederkunft zu ruhen. Die Ausgestaltung legitimer Herrschaft war freilich so lange kein drängendes praktisches Problem, wie die Zwölferschia unter sunnitischer Oberhoheit gewissermaßen im Privaten existierte. Tatsächlich wissen wir über die Organisation schiitischer Gemeinden am Arabischen Golf, im südlichen Libanon und im Irak in der Frühen Neuzeit nicht allzu viel. Immerhin wirft die Tatsache, dass sie ohne eine nach ihren eigenen Kriterien legitime Staatsgewalt überhaupt jahrhundertelang überlebten, ein bezeichnendes Licht auf die oft gemachte Aussage, im Islam seien Religion und Staat notwendig miteinander verbunden, ja regelrecht identisch. Das mag den Idealvorstellungen sunnitischer und schiitischer Gelehrter entsprechen – der Realität entspricht es allenfalls in seltenen Ausnahmen. In Iran jedenfalls mussten pragmatische Lösungen gefunden werden, sollte die safavidische Herrschaft nicht auf große Widerstände stoßen.

2. Ulama und Staat

Nicht anders als im zeitgenössischen Europa, Japan oder Indien wachten im Vorderen Orient und in Nordafrika religiöse Spezialisten über die moralische und gesellschaftliche Ordnung. Dabei ging es im Wesentlichen um drei Felder: den im engen Sinn religiösen Raum (Ulama als Prediger und Vorbeter), das religiös-rechtliche Bildungswesen (Ulama als Lehrer an einer Koranschule, Madrasa oder *hauza*) und das Rechtswesen (Ulama als Richter und Rechtsgutachter). Eine Seelsorge christlichen Zuschnitts gab es im Islam nicht. Zu den religiösen Spezialisten zählten neben den Religions- und Rechtsgelehrten auch Sufis und Derwische, Heilige und Heiler und diejenigen Nachkommen des Propheten, die in ihren jeweiligen Gemeinschaften als Richter, Schlichter oder Heiler wirkten. Oft waren die Kategorien nicht säuberlich getrennt: Auch hochgelehrte Ulama waren häufig zugleich Sufis, manche galten als Heilige, andere als Heiler; magischen Praktiken waren sie durchaus nicht immer abgeneigt. Das Phänomen ist für den Maghreb besonders gut aufgearbeitet.[112] Die Männer der Religion waren sich der moralischen Gefährdung durch eine Nähe zur Macht sehr wohl bewusst, folgten in ihrer Mehrheit aber jenem pragmatischen Realismus, den Fromme und Gelehrte in unterschiedlichsten Kulturen seit jeher vertreten haben: Sie erklärten den Dienst am Herrscher so lange für zulässig, wie dies Religion und Gemeinschaft diente, kein religiöses Gebot verletzte und man selbst integer blieb. Vor Kritik bewahrte sie das nicht.

Safavidischer Iran

Als Schah Ismail an der Spitze der Kızılbaş Iran eroberte, gab es dort jenseits der nordwestlichen und nordöstlichen Gebiete nur an wenigen Orten Zwölferschiiten und nur wenige ausgewiesene Kenner der zwölferschiitischen Lehren; Fachliteratur in arabischer oder persischer Sprache war selbst an diesen Orten rar. Gelehrte, die schiitisches Wissen vermitteln konnten, kamen zunächst aus den zwölferschiitischen Zentren des Iraks, der arabischen Golfküste, Bahrains und des Jabal ʿAmil im Süden des heutigen Libanons, gelegentlich auch aus der Bekaa (Biqaʿ)-Ebene im Südosten des Libanons. Die prominenteste Rolle spielte dabei Ali al-Karaki (um 1464–1533), der auf Einladung des Schahs vom irakischen Najaf nach Iran kam, um dort die Schiitisierung voranzutreiben.[113] Die Zusammenarbeit mit den Safaviden, die sich zu diesem Punkt noch nicht als Zwölferschiiten ausgewiesen hatten, war für zwölferschiitische Religions- und Rechtsgelehrte alles andere als selbstverständlich. Die sogenannte rationalistische Schule von Hilla (ein Zentrum schiitischer Gelehrsamkeit im Irak), der auch Ali al-Karaki angehörte, ging davon aus, die Leitung der Gemeinde liege während der Abwesenheit des Zwölften Imam in den Händen qualifizierter Religions- und Rechtsgelehrter, namentlich der zur eigenständigen Rechtsfindung (arab. *ijtihad*) befähigten Mujtahids. Die Lehre von der Stellvertreterschaft der Rechtsgelehrten, deren Autorität sich auf Buchwissen stützte, ging zu Lasten charismatischer Führer, die sich nicht auf ihre Gelehrsamkeit, sondern auf esoterisches Wissen, Inspiration und Erleuchtung beriefen. Sie entwertete zugleich aber auch die genealogische Legitimation politischer Führer. Auf jeden Fall prädestinierte sie ihre Fürsprecher nicht zur Kooperation mit den Safaviden, die für sich religiös-genealogisches Charisma und weltliche Herrschaft reklamierten. Dennoch fanden sich nicht wenige zwölferschiitische Ulama unter Verweis auf das Gemeinwohl zu einer begrenzten Zusammenarbeit bereit. Sie beharrten jedoch auf dem Vorrang der durch Wissen, Haltung und Lebensführung legitimierten Mujtahids gegenüber einem Herrscher, der seine Rolle als Stellvertreter des Imam vornehmlich aus seiner Abstammung ableitete.

Ismails Sohn Tahmasp formulierte seinen Status in einer Weise, die erkennen ließ, dass er die Identität mit dem Verborgenen Imam beanspruchte oder zumindest die Rolle als dessen Stellvertreter. Zugleich delegierte er die Aufgaben des Stellvertreters an Ali al-Karaki und übertrug ihm die Leitung aller religiösen Angelegenheiten einschließlich der Ein- und Absetzung des Personals in den Moscheen, Schreinen und Madrasen des Landes. Die Fiktion der Delegation erleichterte beiden die Zusammenarbeit: Tahmasp erlaubte sie, an seinen Ansprüchen festzuhalten, ohne sie in die Praxis umzusetzen; Karaki ermöglichte sie die Unterstützung eines Monarchen, der nach zwölferschiitischer Lehre unrechtmäßig herrschte. Um sich gegenüber Kritikern in den eigenen Reihen zu rechtfertigen, trat Karaki als Stellvertreter oder Generalbevollmächtigter *(na'ib 'amm)* des Imam auf, der autorisiert war, zum Wohle der Muslime mit dem Herrscher zu kooperieren.

Damit überzeugte er nicht alle. Karakis Position kaschierte nur schlecht die faktische Unterordnung des zur Kooperation bzw. Kollaboration bereiten Gelehrten unter den mit dem Anspruch auf religiöse Autorität auftretenden und mit militärischer Macht ausgestatteten Safavidenschah. Seine Beweggründe lassen sich mit den Stichworten Pragmatismus und Opportunismus gegenüber einem Monarchen fassen, der Druck mit Protektion verband und Fügsamkeit mit der Vergabe von Stellen, Ehrungen und Einkünften, der Einrichtung frommer Stiftungen und der Übertragung bedeutender Immobilien und Ländereien belohnte. Das Verhältnis zwischen dem Schah und den Religions- und Rechtsgelehrten (in Iran meist Mulla oder Molla, wohl von arab. *maula*: Herr) blieb trotz alledem wechselhaft und störanfällig. Der Begriff der »symbiotischen Konkurrenz« passt hier geradezu perfekt. Der Grundkonflikt über die Frage, wer in der Zeit seiner Entrückung legitimer Vertreter des Zwölften Imam sei, der Safavide oder das Kollektiv der zwölferschiitischen Ulama bzw. einzelne dieser Ulama, blieb ungelöst.

Ali al-Karaki nutzte seine Befugnisse, um die Zwölferschia unter der sunnitischen Bevölkerungsmehrheit Irans durchzusetzen. Einen Ansatzpunkt bot die Verehrung des Propheten und seines Hauses (arab. *ahl al-bait*), zu dem die Imame und deren Nachkommen zählten. Sie war keine schiitische Besonderheit, sondern wurde von den meisten Sunniten geteilt. Sunnitische Iraner hatten im Prinzip kein Problem damit, den Safavidenschah als Nachkommen des Propheten in der husainidischen Linie anzuerkennen, denn aus der alidischen Abstammung folgte noch keine religiöse Sonderstellung. Spezifisch schiitische Motive und Gebräuche wie den schiitischen Gebetsruf, das schiitische Gebetsritual, das Gedenken an das »Martyrium« Husains und der Imame und anderes mehr mussten die iranischen Sunniten dagegen erst erlernen. Zur gleichen Zeit provozierte Karaki seine imamitischen Kollegen mit der Behauptung, die Freitagspredigt dürfe auch in der Abwesenheit des Zwölften Imam abgehalten werden. Dies war nun nicht allein von religiösem Interesse, sondern berührte unmittelbar die Anerkennung des Herrschers, dessen Name traditionellerweise in der Freitagspredigt genannt wurde.[114] Karaki ließ in den Städten und Dörfern Vorbeter einstellen, die die Bevölkerung in die zwölferschiitischen Lehren einwiesen, sowie die Gebetsrichtung in den Moscheen und die Erhebung der Bodensteuer schiitischen Vorgaben anpassen. Großen Unmut erregten die Entlassung sunnitischer Gelehrter, die Schändung sunnitischer Gräber und die Verfluchung der den Sunniten als »rechtgeleitet« geltenden frühen Kalifen.

An diesem Punkt kam ein Unterschied zwischen Osmanen und Safaviden zum Vorschein, der je nach politischer Opportunität stärker oder schwächer akzentuiert werden konnte: Die Safaviden betrieben von früher Stunde an eine energische Missionspolitik auf sunnitischem Boden. Nach der Eroberung Bagdads 1507/08 beschädigten die Kızılbaş die Gräber der abbasidischen Kalifen, des großen Sufimeisters Abd al-Qadir al-Jilani und des Abu Hanifa, auf den sich die von den Seldschuken und Osmanen privilegierte hanafitische Rechtsschule zurückführte. Diese aktive, wenn nicht aggressive Politik stand in einem Missverhältnis zu der im Märtyrerkult verdichteten Opferrolle, die Schiiten im Verhältnis zu den Sunniten für sich reklamieren. Verglichen mit dem Eifer der Kızılbaş erschienen die Osmanen eher pragmatisch: Die Safaviden wurden zwar als Häretiker denunziert, die Kızılbaş mit aller Macht bekämpft und die Zwölferschiiten auf eigenem Boden nicht als eigenständige Gemeinschaft mit dem Recht auf öffentliche Ausübung ihrer Riten und Feste anerkannt. (In bestimmten Orten und Regionen wie dem Jabal 'Amil und den erwähnten Schreinstädten im Irak waren sie dazu allerdings durchaus in der Lage.) Zugleich aber achteten die Osmanen die Imame als Nachkommen des Propheten; in der Hagia-Sophia-Moschee hingen die Namensschilder von Muhammad, Ali, Hasan und Husain (nicht jedoch Fatimas). Als Sultan Süleiman 1534 Bagdad, Najaf und Kerbela von den Safaviden zurückeroberte, ließ er nicht nur die Gräber Abu Hanifas und al-Jilanis restaurieren, sondern auch den von Schah Ismail begonnenen Schreinkomplex des siebten Imam, Musa al-Kazim, in Kazimain fertigstellen.[115] Allerdings gab es hierfür auch greifbare Anreize, denn die schiitische Pilgerfahrt zu den irakischen Schreinen brachte dem osmanischen Staat erhebliche Einnahmen. Deutlich aggressiver in ihrer antischiitischen Haltung traten die Usbeken auf, die keine vergleichbaren Interessen zu berücksichtigen hatten.

Unter Schah Abbas I. formierte sich eine zwölferschiitische Hierarchie, an deren Spitze der aus timuridischer und turkmenischer Zeit bekannte *sadr* (wörtlich Brust, übertragen Oberhaupt) stand. Der Schah übertrug ihm einen großen Teil seiner eigenen religiösen Kompetenzen, die er als Vertreter des Verborgenen Imam, Nachkomme des Propheten und Meister des Safavidenordens grundsätzlich weiterhin für sich in Anspruch nahm. In der Regel wurde dieses Amt von einem persischsprachigen Iraner eingenommen – nicht von einem Kızılbaş-Emir – und von dem Amt des Großwesirs getrennt, so dass sich hier eine gewisse Unterscheidung in religiöse und nichtreligiöse Ämter und Funktionen abzeichnete.[116] Festgezurrt aber war diese Hierarchie nicht, von einer Institutionalisierung ganz zu schweigen. Zugleich trug herrscherliche Patronage zur Festigung einer Gelehrtenaristokratie bei. Dennoch bemaß sich die Stellung eines Religions- und Rechtsgelehrten nie allein an seinem Verhältnis zum Schah: Sein Status und seine Autorität blieben an die Anerkennung durch andere schiitische Gelehrte gebunden, nicht an ein Diplom oder die Ernennung durch eine religiöse oder weltliche Instanz. Die Anerkennung setzte eine lange und anspruchsvolle Ausbildung voraus und damit zugleich ausreichende finanzielle Mittel. Fast selbstverständlich etablierten sich Familien, Haushalte und Netzwerke, innerhalb deren das relevante Wissen und, nicht weniger wichtig, der erwartete Habitus erworben und vermittelt wurden. Heiraten festigten die Bande unter den Gelehrten: Iranische Sayyids und Ulama verheirateten ihre Töchter nach Möglichkeit entweder mit Männern des eigenen Milieus oder mit der militärischen und politischen Machtelite. Als Folge bildeten sich unter den Ulama, wie unter den Bürokraten, regelrechte Familienunternehmen heraus.

Zugleich, und das erwies sich als entscheidend, übernahmen die iranischen Religions- und Rechtsgelehrten im Verlauf des 17. Jahrhunderts Aufgaben des Verborgenen Imam wie die Leitung des Freitagsgebets und die Freitagspredigt, was zu Zeiten Karakis noch hochkontrovers gewesen war. Das verschaffte ihnen Autorität und Einfluss, denn in der Freitagspredigt wurden auch gesellschaftliche und politische Themen angesprochen – einer der vielen Hinweise auf die mögliche Verknüpfung von Religion und Politik unter islamischem Vorzeichen. Die imamitischen Gelehrten verwalteten nicht nur wie ihre sunnitischen »Kollegen« die islamischen frommen Stiftungen. Sie zogen auch den »Anteil des Imam« an den Abgaben der Gläubigen an sich, den sogenannten Fünften (arab. *khums*), der als schiitische Entsprechung zu der von den Sunniten geleisteten »Almosensteuer« *(zakat)* gelten kann. Bei den Zwölferschiiten flossen diese Abgaben nicht der Obrigkeit oder einem vom Spender selbst bestimmten wohltätigen Zweck zu, sondern einem von dem einzelnen Gläubigen ausgewählten Gelehrten, der üblicherweise im Rang eines Mujtahids stand. Die Einkünfte aus der Verwaltung des Khums und der frommen Stiftungen schufen die finanzielle Basis, die es angesehenen Religions- und Rechtsgelehrten erlaubte, die Zahl ihrer Anhänger zu vergrößern. Erst die Aneignung von Funktionen und Einkünften, die nach zwölferschiitischer Lehre bis dahin dem Verborgenen Imam vorbehalten waren, formte die zwölferschiitischen Religions- und Rechtsgelehrten Irans zu einem Klerus, der diesen

Namen verdiente. Eine zwölferschiitische Hierarchie verfestigte sich allerdings erst im 19. Jahrhundert, ohne je eine kirchenähnliche Verfasstheit auszubilden.

Osmanisches Reich

Die Formierung der osmanischen Gelehrtenhierarchie (Ilmiyye) im 16. Jahrhundert mag auf den ersten Blick als Indiz für eine Verstaatlichung des »religiösen Feldes« erscheinen.[117] Dass einzelne sultanische Gesetzessammlungen sich detailliert zu deren Ausbildungsinhalten und Karrierestufen äußerten, spricht tatsächlich für den Versuch, eine Orthodoxie zu definieren und reichsweit durchzusetzen. In der Realität reichte der Arm des Sultans jedoch nicht so weit. Von einer Einheit von Religion und Staat konnte selbst in den Glanzzeiten des osmanischen Imperiums keine Rede sein. Zwar ging die Schaffung der Ilmiyye deutlich über die Kontrolle des Rechtswesens und der von der Machtelite gestifteten Moscheen, Madrasen, Sufi-Konvente und Heiligenschreine hinaus, doch erfasste die staatliche Kontrolle keineswegs alle sunnitischen Religions- und Rechtsgelehrten. Sie betraf lediglich die Richter, die nach islamischer Tradition vom Herrscher eingesetzt wurden, die Lehrer an den größeren Madrasen sowie in bestimmten Regionen auch die hanafitischen Muftis. Einzelne Männer konnten sehr wohl entscheiden, *nicht* in den Dienst des Sultans zu treten, sondern außerhalb der »staatlichen« Madrasen zu studieren und zu lehren, Konflikte zu schlichten und als Prediger, Vorbeter oder religiöse Berater zu wirken. Religiöse Bildung war keineswegs zwingend mit dem Besuch einer religiösen Hochschule verbunden, auf der das im weitesten Sinn staatlich approbierte Wissen vermittelt wurde; sie konnte ohne weiteres im privaten Rahmen erworben werden. Das galt ebenso für Frauen, vor allem die Angehörigen wohlhabender Familien, die vom Studium an den großen Madrasen ausgeschlossen waren und daher auch nicht Richterin, Mufti oder Professorin an einer Madrasa werden konnten. An privaten Salons und Lehrzirkeln aber konnten sie teilnehmen. In den Biographiensammlungen osmanischer Gelehrter sind Frauen (anders als im Maghreb) gleichwohl auffallend schwach vertreten.

Die Madrasen boten frei geborenen sunnitischen Muslimen einen alternativen Bildungs- und Karriereweg zu den Palastschulen, in denen vorrangig die unfreien, zum Islam konvertierten Pfortensklaven ausgebildet wurden. An den osmanischen Madrasen wurde in erster Linie das hanafitische Recht *(fiqh)* unterrichtet; das sultanische Recht *(kanun)* mussten sich die Absolventen in der Praxis aneignen. Alle Studierenden mussten neben dem Osmanischen auch die arabische Hochsprache beherrschen. Viele meisterten zudem Persisch, die zweite große Prestigesprache des Vorderen Orients, die ihnen Zugang zur reichen persischen Literatur und Dichtung verschaffte. Unter den osmanischen Madrasen bildete sich eine Hierarchie heraus, deren Stufen an den Titeln und Gehältern der Lehrenden abzulesen waren – Ausdruck der allgemeinen Tendenz zur Monetarisierung, Ausdruck aber auch der staatlichen Kontrolle dieser Institution. An der Spitze standen die acht Madrasen, die Sultan Mehmed II. um den von ihm gestifteten Fatih-Komplex errichten ließ, sowie die Madrasen, die Sultan Süleiman I. in unmittelbarer Nähe des Süleimaniyye-Komplexes gründete. Für den Aufstieg in der Ilmiyye galten dieselben Regeln wie für die anderen Stränge der Reichs- und Provinzverwaltung: Sobald er ein Amt im höheren Staatsdienst anstrebte, benötigte der Kandidat in einem auf Patronage gebauten System Protektion. Zwar blieb die Ilmiyye im 16. Jahrhundert für soziale Aufsteiger offen, doch staute sich angesichts begrenzter Karrieremöglichkeiten viel Unzufriedenheit in den mittleren und unteren Rängen an, die wiederholt in Unruhen zum Ausbruch kam; die Celali-Revolten der 1580er bis 1660er Jahre werfen ein grelles Licht auf die Verhältnisse.

An der Spitze der Ilmiyye standen zunächst die Heeresrichter von Rumelien und Anatolien, die im imperialen Diwan saßen und über die Vergabe zahlreicher Positionen in der religiös-rechtlichen Hierarchie entschieden, und vom 16. Jahrhundert an der Mufti von Istanbul mit dem Titel eines Şeihülislam (arab. *shaikh al-islam*), Inhaber eines großzügig vergüteten Staatsamtes. Der Şeihülislam besaß zwar politischen Einfluss, aber keine exekutive Gewalt und gehörte dem imperialen Diwan nicht an. In seiner Position spiegelte sich das am-

Abb. 16:
Der Großwesir
und der Şeihülislam
(Surname-i Vehbi,
Istanbul 1720)

bivalente Verhältnis von Religion und Politik oder genauer von Religion und Macht: Gerade die vermutete Unabhängigkeit der Muftis gegenüber den vom Staat ernannten Richtern stärkte die Position des Şeihülislam, und dies, obwohl er ebenfalls vom Sultan ernannt wurde und ihm in der Regel zuvor als Heeresrichter gedient hatte, faktisch also ebenso gut Richter war wie Rechtsgutachter. Laut Hofprotokoll hatte der Sultan zum Zeichen seiner Unterordnung unter die Scharia vor dem Şeihülislam aufzustehen. Tatsächlich verdankte sich die prominente Stellung des Şeihülislam aber wohl weniger grundsätzlichen Überlegungen als vielmehr dem Wirken zweier herausragender Amtsinhaber, Kemalpaşazade Efendi (im Amt 1525–1534) und Ebu s-Su'ud Mehmed Efendi (um 1490–1574). Ebu s-Su'ud stand über drei Jahrzehnte an der Spitze der sunnitischen Gelehrtenhierarchie und brillierte auch als Verfasser eines vielgelesenen Korankommentars.

Die Angehörigen der Ilmiyye lassen sich insgesamt als (im Prinzip nichterbliche und nicht endogame) Statusgruppe definieren: Als Ulama waren sie einem Ethos verpflichtet, das weit vor die osmanische Ära zurückreichte und einen bestimmten Habitus erforderte; Kleidung und Turban machten die Gruppenzugehörigkeit sichtbar. Hochrangige Vertreter der Ilmiyye trugen den Titel eines Efendi; ihre Söhne waren an dem persischen Suffix -*zade* erkennbar (Muhsinzade: Sohn des Muhsin, Kadızade: Sohn des Kadi). Gleichgültig ob sie gerade ein Amt bekleideten und die entsprechenden Einkünfte bezogen oder nicht, bestimmte Privilegien hoben sie sowohl aus der Masse der Untertanen als auch aus der Elite der Pfortensklaven heraus. Anders als diese waren sie mit wenigen Ausnahmen freie Männer und daher nicht Teil des herrscherlichen Haushalts. Das schützte sie im Falle von Fehlverhalten oder des Verlustes fürstlicher Gnade in der Regel vor einer Hinrichtung und der Konfiszierung ihres Eigentums; ihr Vermögen fiel an ihre Erben. Das wiederum erleichterte die Akkumulation von Prestige und Vermögen und damit die Gründung regelrechter Gelehrtendynastien. Ein Klerus mit unabhängiger ökonomischer Basis, wie er sich im 17. Jahrhundert im zwölferschiitischen Umfeld herausbildete, entstand dennoch nicht, geschweige denn eine verfasste Kirche nach katholischem Muster. Die Ulama im Allgemeinen und die Ilmiyye im Besonderen bildeten weder eine Korporation noch politische Haushalte mit ihrem bewaffneten Gefolge. In politischen Konflikten wurden sie in der Regel nicht aus eigenem Antrieb aktiv, sondern bemühten sich um Vermittlung und verschafften gegebenenfalls den Aktionen anderer eine religiöse Legitimation. Vor allem in Kriegs- und Krisenzeiten vertraten Kadis und Muftis nicht selten die osmanische Staatsgewalt gegenüber inneren und äußeren Feinden und erwiesen sich so als eine der stabilsten Stützen des Systems.

3. Mäzenatentum: Moscheen, Schreine, Pilgerfahrten

Die Rolle des Herrschers als Beschützer der Religion fand ihren klassischen Ausdruck in der Förderung religiöser Wissenschaften, Wissenschaftler und Gelehrter, »heiliger« Männer und Frauen und der mit ihnen assoziierten Einrichtungen. Dies verband sich nahtlos mit dem Schutz der Armen, Witwen und Waisen auf der einen Seite und der Stärkung der städtischen und ländlichen Infrastruktur auf der anderen. Wie in früheren Zeiten spielten weibliche Angehörige der Machtelite eine herausragende Rolle als Stifterinnen religiöser und karitativer Einrichtungen. Als Bauherren wirkten hohe Würdenträger und städtische Eliten, für kleinere Einrichtungen auch Ärzte, Handwerkerzünfte und andere Vertreter dessen, was man mit einiger Vorsicht eine städtische Mittelschicht nennen könnte. Analoges galt für die christlichen Kirchen und jüdischen Gemeinden. Fromme Stiftungen und Bauten hatten auch im islamischen Kontext mehr als einen Zweck und mehr als eine Funktion: Sie schufen wichtige Einrichtungen der sozialen Fürsorge und dienten zugleich als Mittel der Struktur- und Wirtschaftsförderung. Häufig waren sie profitabel. Zur gleichen Zeit dienten sie der Repräsentation der Stifter und Erbauer, die sich von ihrer guten Tat Prestige und Heil, das heißt Anerkennung im Diesseits und eine Belohnung im Jenseits erhofften (»symbolisches Kapital«). In den meisten Fällen ist es unmöglich, das Bündel von Motiven zu entflechten und das »wirkliche« Motiv, die treibende Kraft zu identifizieren, zu eng greifen sie ineinander. Das Gleiche gilt für die fürstliche Rolle bei der Förderung der religiösen Wissenschaften etwa in Gestalt großer Hadith- und Rechtssammlungen oder der Übersetzungen wichtiger Texte in die jeweilige Landessprache.

Die Förderung von Pilgerstätten und Pilgerfahrten zählte zu den vornehmsten Aufgaben muslimischer Herrscher. Bei den Pilgerfahrten verbanden sich wiederum im engeren Sinne religiöse mit handfesten ökonomischen, politischen und strategischen Interessen.[118] Dem osmanischen Sultan fiel mit der Eroberung Syriens und

Ägyptens die Rolle des Schutzherrn der heiligen Stätten in Mekka und Medina zu und zugleich die Verantwortung für die Pilgerfahrt (arab. *hajj*) zu diesen Stätten, die aus fast allen Richtungen über osmanisches Territorium führte. Der Schutz der Hajj gewann zunehmend symbolische Bedeutung für die Legitimation der Osmanen, wenn sich diese Bedeutung auch nicht konkret bemessen lässt. Fest steht nur, dass die Osmanen sie ernst nahmen und sich einiges kosten ließen. Mekka und Medina genossen seit Jahrhunderten einen Sonderstatus: Schon unter den Ayyubiden und Mamluken waren die Emire von Mekka zwar Vasallen der ägyptischen Machthaber und wirtschaftlich auf deren Getreidelieferungen und Geldzahlungen angewiesen gewesen, faktisch agierten sie jedoch weitgehend autonom. Daran änderte sich unter den Osmanen wenig, die von ihren Festungen und Garnisonen aus nur eine schwache Kontrolle über den Hijaz ausübten. Der Emir von Mekka war einer der wenigen Vasallen des Sultans, die ihre Stellung nicht mit Tributen erkaufen mussten, sondern umgekehrt in Form von Geldern und ägyptischen Getreidelieferungen subventioniert wurden. Auch waren auf seinem Territorium keine regulären osmanischen Truppen stationiert. Zwar griff die Zentralregierung immer wieder in lokale Belange ein, indem sie etwa iranische Schiiten von der Pilgerfahrt auszuschließen versuchte und den Posten des schafiitischen Kadis, der seit Jahrhunderten aus einer lokalen Familie gekommen war, in Istanbul per Auktion ausschrieb. Wenn jedoch die Zentralregierung, was immer wieder vorkam, einen Emir absetzte, ernannte sie den Nachfolger stets aus dessen Familie.

Die Pilgerfahrt nach Mekka und Medina war beschwerlich und ihr Schutz aufwendig, zumal sie zugleich dem Handel diente und daher wertvolle Güter mitgeführt und beträchtliche Summen umgeschlagen wurden. Das erforderte die militärische Sicherung des Terrains durch den Bau und Unterhalt von Straßen, Brücken, Häfen und Befestigungen, die logistische Versorgung mit Raststätten, Brunnen und Lebensmitteln, den Unterhalt von Truppen und nicht zuletzt den umsichtigen Umgang mit den Beduinen, die seit jeher die größte Bedrohung für die Sicherheit der Handels- und Pilgerwege

darstellten, zugleich aber als Führer und Eskorten für die Handels-
und Pilgerkarawanen unverzichtbar blieben. Die Hajj ließ sich von
Istanbul aus nicht leicht organisieren; ein großer Teil der Verantwortung fiel dem Leiter der ägyptischen Pilgerkarawane und vom
18. Jahrhundert an auch dem Gouverneur von Damaskus zu. Daher
floss ein Teil der vor Ort erhobenen Steuern und Abgaben in deren
Kassen.

Unweigerlich war die Pilgerfahrt (und damit zugleich die Position der Emire von Mekka und Medina) in das eingebunden, was
man anachronistisch internationale Beziehungen nennen könnte.
In Mekka und Medina unterhielten nicht nur die Osmanen große
Stiftungen zugunsten armer Pilger und sorgten zudem für den Unterhalt und Ausbau der wichtigsten Bauten, sondern auch die indischen Großmoguln. Zumindest bis in die Regierungszeit Kaiser Akbars I. (1556–1605) verbannten diese überdies unliebsame
Prinzen und Höflinge nach Mekka. Im 17. Jahrhundert spendeten
südindische muslimische Fürsten (in ihrer Mehrheit Schiiten, die
gute Kontakte zu den Safaviden unterhielten) Reis für arme Pilger.
Problematischer als diese Stiftungen und Spenden waren aus osmanischer Sicht die schiitischen Pilger selbst, zumal wenn sie aus dem
safavidischen Machtbereich kamen. Das galt im Übrigen nicht nur
für Mekka und Medina, sondern ebenso für die schiitischen Pilgerstätten im Irak. Dabei ging es nicht nur um die Furcht vor Spionen,
Agitatoren und Missionaren, sondern auch um unterschiedliche
Vorstellungen davon, wie man sich an den heiligen Stätten zu verhalten hatte.

In Jerusalem, das in der islamischen Tradition seit den Kreuz-
zügen größere Beachtung fand und häufig als die »drittheiligste«
Stätte des Islam nach Mekka und Medina bezeichnet wurde, ließ
Sultan Süleiman I. bedeutende Renovierungen am Felsendom, an
der Aqsa-Moschee, der Stadtmauer und der Wasserversorgung vor-
nehmen.[119] Soweit wir wissen, reisten in der Frühen Neuzeit jedoch
in erster Linie Juden und Christen ins Heilige Land. In Jerusalem
selbst lebte eine Gemeinschaft von Franziskanern, in ihrer Mehrheit
wohl Italiener. Von der zweiten Hälfte des 16. Jahrhunderts an zeu-

gen einzelne Berichte wie der des Augsburger Arztes und Botanikers Leonhart Rauwolf, eines humanistisch gebildeten Protestanten, davon, dass manche dieser Pilger kulturelle Interessen verfolgten, die über den im engen Sinn religiösen Zweck hinausgingen. Über die persönlichen Erfahrungen und Empfindungen muslimischer Pilger und Reisender erfahren wir bis ins 19. Jahrhundert wenig.

Es kann nicht erstaunen, dass die Safaviden großen Wert auf die Förderung von Pilgerpfaden, Wallfahrtsstätten und Heiligenschreinen legten. Auch hier wirkten im engeren Sinne religiöse, politische und ökonomische Faktoren zusammen: Im 16. und 17. Jahrhundert befanden sich nicht nur Mekka und Medina unter osmanischer Oberhoheit, auch die Gräber der zwölferschiitischen Imame lagen mit Ausnahme von Mashhad sämtlich im Irak, der die längste Zeit unter osmanischer Herrschaft stand. Es lag daher nahe, die auf eigenem Territorium gelegenen Einrichtungen zu protegieren. Wie bei den Osmanen spielten dabei die weiblichen Angehörigen des Herrscherhauses und der großen Familien eine bedeutende Rolle. Zugleich verdient die aktive Rolle ranghoher »Sklaven des Schahs« Beachtung, die häufig allerdings nicht unter ihrem eigenen Namen bauten, sondern unter dem ihres Herrn. Dabei lassen sich schematisch Orte von primär dynastischer und solche von allgemein religiöser Bedeutung unterscheiden. Von dynastischem Interesse war der Schrein Scheich Safi ad-Dins in Ardabil, in dem auch Schah Ismail I. und mehrere seiner Nachfolger bestattet wurden. In Qum errichteten die Safaviden große Stiftungen zugunsten der Armen, der Religions- und Rechtsgelehrten und der Nachkommen des Propheten. Von allerhöchster Patronage profitierte das Mausoleum der Fatima al-Maʿsuma, einer Schwester des achten Imam, Ali ar-Rida (pers. Reza), das die Mongolen zerstört hatten. Schah Abbas profilierte sich vor allem als Förderer des Schreins Ali ar-Ridas im ostiranischen Mashhad, den bereits die sunnitischen Timuriden ausgebaut, die ebenfalls sunnitischen Usbeken aber mehrfach geplündert hatten. Damit feierte eine Dynastie, die sich auf den Vater Ali ar-Ridas und Fatima al-Maʿsumas zurückführte, immer auch sich selbst.

Zu sehr sollte man den Unterschied zwischen den dynastischen

und religiösen Stätten jedoch nicht betonen, die beide der Repräsentation und Legitimation der Safaviden dienten. So pilgerte Schah
Abbas I. viele Male nach Ardabil und Mashhad, beides mehrfach
in Kombination mit militärischen Feldzügen, aber doch unter großem persönlichen Einsatz. Das unterschied ihn von seinen osmanischen Nachbarn, die sich allenfalls zum Schrein des Eyyüb an der
Stadtgrenze Istanbuls bringen ließen, nie aber, wie Abbas, die Be-
schwernisse eines Fußmarsches von mehr als 1000 Kilometern auf
sich nahmen. (Die Hajj nach Mekka und Medina unternahm keiner der zeitgenössischen muslimischen Herrscher.) Interessant sind
allerdings die Güter, die der Schah und andere Angehörige der
Machtelite für die Schreine von Ardabil und Mashhad stifteten und
die eine gewisse Unterscheidung in religiös und profan erkennen
lassen: Nach Mashhad gingen Koranhandschriften und andere religiöse Texte sowie Teppiche und goldene Kerzenständer, die üblicherweise eine Moschee schmücken, nach Ardabil hingegen chinesisches Porzellan – das die Safaviden wie andere muslimische
Herrscher begeistert sammelten – und wertvolle persische Manu-
skripte.

4. Muslime und Nichtmuslime

Im Vorderen Orient und in Nordafrika galten in der Frühen Neuzeit die Regeln des Zusammenlebens von Muslimen und Nichtmuslimen, die Jahrhunderte zuvor etabliert worden waren. Wiederum
ist das Zusammenspiel islamrechtlicher Normen mit lokalen Vorstellungen, Sitten und Gebräuchen zu beachten, aus dem im Einzelnen durchaus unterschiedliche Muster erwuchsen, die zumindest
im jeweiligen Kontext als legitim und richtig angesehen wurden.
Grundlage der Beziehungen waren zum einen religiös-moralische
Kategorien, die nicht nur auf den Koran, sondern auch auf die religiösen Quellen der beteiligten nichtmuslimischen Gemeinschaften zurückgriffen, und zum anderen historisch-politische Kriterien,

die auf die spezifischen Umstände im jeweiligen Herrschaftsgebiet verwiesen.[120]

Der Koran differenziert – hier kommt das Religions- und Gottesverständnis der monotheistischen Tradition zum Tragen – ganz allgemein zwischen Gläubigen (arab. *mu'minun*, von *iman*: Glaube) und Ungläubigen (arab. *kuffar*, Sing. *kafir*, von *kufr*: Undankbarkeit, Leugnung der Wahrheit, Unglaube). Diese Großgruppen werden untergliedert in die Muslime, die an den Einen Gott und seinen Propheten Muhammad glauben; die Anhänger einer schriftbezogenen Offenbarungsreligion (arab. *ahl al-kitab*: Schriftbesitzer), zu denen die Juden, die Christen, die nicht eindeutig identifizierten Sabier und wohl auch die Zoroastrier zählen; und die Polytheisten oder Heiden (arab. *mushrikun*), die zumindest nach der Auffassung des Koran mehr als eine Gottheit verehren. Judentum, Christentum und Islam, die man heute gelegentlich die »abrahamitische Familie« nennt, wurden als »himmlische Religionen« bezeichnet. Allerdings entwirft der Koran kein einheitliches, übersichtliches Schema, sondern trifft an unterschiedlichen Stellen Aussagen, die nicht ohne weiteres miteinander in Einklang zu bringen sind. Umso größer der Spielraum der Interpreten. Unklar und strittig blieb dabei unter anderem, ob die Schriftbesitzer, oder zumindest einige unter ihnen, nicht ebenfalls als gläubig gelten und ins Paradies gelangen konnten und wie das Verhältnis zwischen Gläubigen / Muslimen und Ungläubigen / Nichtmuslimen in konkreten Zusammenhängen geregelt werden sollte. Vorstellungen von ritueller Reinheit und Unreinheit, die nicht nur Muslime, sondern auch Zoroastriern und Juden wichtig waren, konnten erhebliche Auswirkung auf das alltägliche Zusammenleben haben. Zu den religiös-moralischen Bewertungen kamen im weiteren Sinn politische Kriterien, darunter Annahmen darüber, auf welche Weise die betreffenden Nichtmuslime unter islamische Herrschaft gelangt waren, ob qua Eroberung oder per Vertrag. Daraus resultierten nach islamischem Recht für alle Beteiligten unterschiedliche Rechte und Pflichten.

Aus der Zusammenschau religiös-moralischer und historisch-politischer Gesichtspunkte ergaben sich Status und Rolle nichtmuslimischer Gemeinschaften in einzelnen islamischen Territorien. Pragmatische Überlegungen spielten dabei eine wichtige Rolle. Dhimmis besaßen neben festgelegten Pflichten einklagbare Rechte; ihre Person und ihr Eigentum waren geschützt, in begrenztem Umfang auch ihr Kultus. Den Dhimmi-Status konnten aber, wenn es opportun oder nicht zu vermeiden war, auch Angehörige solcher Religionen und Kulte erlangen, die als Heiden eingestuft wurden und unter islamischer Herrschaft an sich kein Existenzrecht besaßen. Die Hindus und Jaina in Iran, im Jemen und auf dem indischen Subkontinent bilden hierfür die bekanntesten Beispiele; geduldet wurden aber auch kleinere religiöse Gemeinschaften wie die Jesiden. Waren einzelne Nichtmuslime oder nichtmuslimische Gemeinschaften dem Herrscher nützlich, konnte er ihnen Privilegien gewähren, die weit über das hinausgingen, was muslimische Religions- und Rechtsgelehrte für angemessen hielten – die oben geschilderte Politik von Schah Abbas gegenüber den Armeniern illustriert es gut. Waren einzelne nichtmuslimische Gruppen gut organisiert und wehrhaft, konnten sie sich gegen die Restriktionen wehren, die ihnen unter Verweis auf den sogenannten "Umar-Pakt" auferlegt wurden. (Gemeint ist ein Vertrag, den der Kalif Umar b. al-Khattab in den 640er Jahren angeblich mit den Christen von Damaskus geschlossen hatte, der tatsächlich aber erst sehr viel später ausgearbeitet wurde.) Die Praxis war somit flexibler und gewissermaßen bunter als die (»graue«) Theorie – aber sie spiegelte eine pragmatische, reversible Politik der Duldung, nicht die Anerkennung religiöser Gleichwertigkeit und sozialer Gleichberechtigung.

Das Verhältnis von Muslimen und Nichtmuslimen sowie von unterschiedlichen nichtmuslimischen Gemeinschaften ist vielfach als »Mosaik« beschrieben worden. Das ist insofern nicht falsch, als an vielen Orten tatsächlich Anhänger mehrerer religiöser Kulte und Gemeinschaften nebeneinander lebten und nicht einfach die Gemeinschaft der Muslime einem Block von Nichtmuslimen gegenüberstand. Das Bild des Mosaiks verschleiert jedoch das Prinzip der Über- und Unterordnung innerhalb einer nach islamischen Gesichtspunkten gestalteten Ordnung. Nach islamischer Lehre bilden die Kulte und Religionen gewissermaßen eine Pyramide, an deren

Spitze der Islam und die Muslime stehen, gefolgt von den Anhängern der vom Koran anerkannten Schriftreligionen; ganz unten standen die »Götzendiener«. Die hierarchische Ordnung förderte eine Grundhaltung, die als »herablassende Überheblichkeit«[121] der Muslime gegenüber den Nichtmuslimen beschrieben wurde, eine Überheblichkeit, die sich die längste Zeit aus dem Wissen um die Überlegenheit der eigenen Religion, der eigenen Waffen, an nicht wenigen Orten aber auch der eigenen Kultur speiste. Freundschaftliche Beziehungen im Innern und politische Zweckbünde mit äußeren Mächten bestanden – die Beziehungen zwischen Venedig, Frankreich und den Osmanen beleuchten es gut –, aber sie wurden nicht öffentlich thematisiert, geschweige denn legitimiert. Gerade für das interreligiöse Verhältnis griff das, was man in anderen Zusammenhängen die »Ideologie des Schweigens« oder besser noch: »des Verschweigens« genannt hat. In muslimischen Quellen kommen Nichtmuslime kaum häufiger vor als Frauen. Hörbar und lesbar blieb die religiöse Polemik, die sich über die Jahrhunderte so wenig veränderte, dass ein Kenner des 18. Jahrhunderts von einer »eingefrorenen Polemik« gesprochen hat.[122]

Die Hegemonie der Muslime wurde in rechtliche Bestimmungen übersetzt, die, sofern sie tatsächlich eingehalten wurden (und das war wahrscheinlich in den ländlichen Regionen nicht durchgängig der Fall), Nichtmuslime auf verschiedenen Feldern benachteiligten. Deutlich wurde dies im Ehe- und Familienrecht: Ein Muslim konnte demnach zwar eine Jüdin oder Christin zur Frau nehmen, da sie in der Ehe seiner Gewalt unterstand und die Kinder der Religion des Vaters folgten und somit Muslime wurden. Die jüdische oder christliche Ehefrau konnte von ihm jedoch nur erben, wenn sie zum Islam übertrat. Juden oder Christen war es aus denselben Gründen verboten, eine Muslimin zu ehelichen oder muslimische Sklavinnen und Sklaven zu besitzen. Vor Gericht – und das war in Geschäftsangelegenheiten ebenso wichtig wie bei Nachbarschaftsstreitigkeiten – zählten die Aussagen eines Nichtmuslims weniger als die eines Muslims (auch dies wurde nicht immer beachtet). Im Sinne der Distinktionskultur wurden die religiösen Unterschiede überdies sichtbar gemacht: zum einen in Kleiderordnungen und in Vorschriften hinsichtlich der Haar- und Barttracht, die Individuen auf den ersten Blick als Angehörige einer bestimmten Gruppe identifizierten. (Und gerade die rasche Identifizierbarkeit konnte das Nebeneinander im Alltag durchaus erleichtern.)[123] Sichtbar gemacht wurden die Differenzen zugleich in einer strikten Regulierung der öffentlichen Kultausübung derjenigen, die nicht der jeweils tonangebenden islamischen Richtung angehörten. Das betraf nicht allein Renovierung und Neubau von Kirchen, Klöstern, Synagogen, Tempeln und anderen religiösen Einrichtungen der Nichtmuslime, sondern auch das Recht muslimischer Minderheiten, ihre Riten öffentlich auszuüben. Muslime waren im Prinzip verpflichtet, für ihren Glauben zu werben und die Nichtmuslime durch Wort und Tat zum Islam »einzuladen« (arab. *da'wa*), die muslimische Obrigkeit missionierte jedoch nicht gezielt unter den eigenen nichtmuslimischen Untertanen. Zwangsbekehrungen kamen vor, blieben aber die Ausnahme. Umgekehrt war Nichtmuslimen die Mission unter Muslimen strengstens untersagt; der »Abfall vom Islam« (Apostasie) stand, zumindest wenn er öffentlich gemacht wurde, unter Todesstrafe.

Für den Status der Unterordnung gab es gewisse Kompensationen: Innerhalb einer hierarchischen Ordnung, die im Osmanischen Reich von den hanafitischen Sunniten beherrscht wurde, in Iran von den Zwölferschiiten, im Jemen von den Zaiditen und in Oman von den Ibaditen, genossen die im Koran anerkannten Gemeinschaften der Christen und Juden einen hohen Grad an Autonomie. Im Rahmen dieser Autonomie konnten sie Fragen des Ehe-, Erb- und Familienrechts, des Kultus, der Erziehung und der Sozialfürsorge weitgehend nach eigenen religiös-rechtlichen Regeln gestalten. An vielen Orten verfügten sie sogar über eigene Rechtsinstanzen, hatten zugleich aber Zugang zu den islamischen Gerichten und nutzten diese, wie zahlreiche Dokumente belegen, selbst gegen den Widerstand ihrer eigenen religiösen und politischen Autoritäten. Am stärksten ausgeprägt war diese Autonomie im Osmanischen Reich, sie wurde selbst dort aber erst im 19. Jahrhundert in Gestalt des Millet-Systems (*millet* von arab. *milla*: Gruppe, Gemeinschaft) institutionalisiert und vereinheitlicht. Hier lohnt ein kurzer Blick auf den Status von Muslimen, die vom Bekenntnis der Herrschenden abwichen und nicht selten als potentielle fünfte Kolonne des politischen Gegners angesehen wurden: Anders als die anerkannten nichtmuslimischen Gemeinschaften genossen sie keine formalisierten Gruppenrechte, konnten ihre Gruppenidentität aber, solange sie sich unauffällig verhielten, ebenfalls bewahren.

Die Autonomie der »Schutzbefohlenen« war nicht allein von Rechts wegen festgelegt, sie war, zumindest in den Städten, Teil der alltäglichen Erfahrung. Wie in vielen vormodernen (und modernen) Gesellschaften lebten Mitglieder einer religiösen Gemeinschaft häufig konzentriert in einem Dorfteil, Stadtviertel oder Straßenabschnitt. Eine strikte räumliche Trennung war dennoch die Ausnahme, zu einer Ghettobildung kam es selbst unter den in der Regel stärker segregiert lebenden Juden nur in wenigen Ausnahmen, zu denen Marokko und der Jemen im 17. Jahrhundert zählen. Die Berufe standen grundsätzlich allen offen, wobei religiöse Vorbehalte und rituelle Reinheitsvorschriften gewisse Sparten zur Domäne bestimmter Gruppen werden ließen. Vielfach dominierten Nichtmuslime im Fernhandel mit seinen auf persönlichem Vertrauen basierenden transregionalen Netzen. Manche Gilden und Zünfte umfassten Muslime und Nichtmuslime, andere waren religiös homogen. Dem Militär gehörten in der Regel nur Muslime der jeweiligen Mehrheitsrichtung an, doch wurde auch dieser Grundsatz gelegentlich durchbrochen. Juden allerdings scheinen an keiner Stelle in die Armee aufgenommen worden zu sein. Eine der großen Fragen ist, inwieweit die auf dem Papier und auch in der städtischen Realität recht klar gezogenen Grenzen auf dem flachen Land überhaupt eine Rolle spielten, wo es häufig zwar Heiligenschreine, aber keine Moscheen, Madrasen, Kirchen und Synagogen gab, und wenn, in welchen Zusammenhängen (Heiraten? soziales Miteinander?). Was für das ländliche Kleinasien des 13. und 14. Jahrhunderts gilt – verwischte religiöse Grenzen, gemeinsame Mobilisierung von Muslimen und Christen –, scheint in Ägypten noch im 17. und 18. Jahrhundert gültig gewesen zu sein.

Abb. 17: Grieche aus Pera
mit Hut (B. Schachman,
Ende 16. Jahrhundert)

Im Osmanischen Reich war bis ins frühe 16. Jahrhundert ein großer Teil der Untertanen christlichen Glaubens. Während Kleinasien
im Zuge der Eroberungen zusehends islamisiert wurde,[124] blieb der
Balkan mehrheitlich christlich; nur in Bosnien machten Muslime
schon in den 1520er Jahren 45 Prozent der registrierten Bevölkerung aus. Der muslimische Anteil an der osmanischen Gesamtbevölkerung stieg erst mit den Eroberungen in der arabischen Welt
signifikant an und verstärkte damit den islamischen Charakter des
Reiches. Unter den Christen bildete die griechisch-orthodoxe Kirche
mit Abstand die größte Gemeinschaft, gefolgt von der armenisch-
apostolischen Kirche; in Ägypten und Sudan hielt sich die kop-
tisch-orthodoxe Kirche, in Kleinasien die syrisch-orthodoxe Kir-

che von Antiochien (die häufig gebrauchte Bezeichnung »Jakobiten« lehnt sie ab), im Fruchtbaren Halbmond die Kirche des Ostens (»Nestorianer«).

Der Status einzelner Kirchen und Gemeinschaften wurde immer von innen- und außenpolitischen Gesichtspunkten beeinflusst. Das galt namentlich für die griechisch-orthodoxe Kirche, die im Osmanischen und Arabischen als »Rum« bezeichnet wurde, also wiederum »römisch«, »byzantinisch«, seit dem Fall Konstantinopels jedoch nicht länger mit dem politischem Gegner identifiziert, sondern in das osmanische System integriert und in ihren Rechten geschützt wurde. Im 16. und 17. Jahrhundert, als der römische Papst im Zuge der Gegenreformation versuchte, seine Oberhoheit über die gesamte Christenheit zurückzugewinnen und sowohl den Orthodoxen als auch den Protestanten entgegenzutreten, formierten sich verschiedene mit Rom unierte Kirchen wie etwa die chaldäisch-katholische Kirche, die sich 1533 von der Kirche des Ostens lossagte. Im Gefolge des Trienter Konzils von 1542 bis 1564, das die Intensivierung katholischer Mission beschloss, wurden vor allem Jesuiten, Kapuziner und Franziskaner in den Vorderen Orient, nach Indien und Ostasien entsandt. 1622 entstand mit der Congregatio de Propaganda Fidei eine Zentralstelle päpstlicher Mission, die allerdings häufig mit den strategischen und kommerziellen Interessen katholischer Mächte in Konflikt geriet. Manche der Ordensleute vertraten neben der katholischen Kirche auch ihren Fürsten. Primär aus kommerziellen und politischen Gründen ließen der osmanische Sultan und der safavidische Schah – sehr zum Missfallen einheimischer muslimischer, jüdischer und christlicher Gemeindeoberhäupter – europäische Missionare ins Land. Während so der Schah Übersetzungen der Psalmen und der Evangelien ins Persische in Auftrag gab und sich an christlicher Ikononographie interessiert zeigte, intensivierten schiitische Religions- und Rechtsgelehrte ihre anti-christliche Polemik.[125] Angesichts erheblicher Widerstände unter den einheimischen Christen, Juden und Muslimen ließ sich der Erfolg der Mission weniger an Bekehrungen ablesen als vielmehr an Neuerungen im Erziehungs- und Bildungswesen: Über Schulgründungen und

Abb. 18: Junge Jüdin
aus Tripoli, Libanon
(B. Schachman, Ende
16. Jahrhundert)

Druckerpressen trugen die Missionare viel zur Verbreitung der Landessprachen, ja überhaupt zur Verschriftlichung von Wissen bei, und zwar nicht nur von religiösem.

Vom Maghreb und dem Jemen abgesehen, waren die Juden bis weit ins 20. Jahrhundert hinein lediglich eine nichtmuslimische Minderheit unter mehreren. Ihre Zahl, ihren Einfluss und ihr Vermögen mehrte der Zustrom von Sepharden (von hebr. *sefarad*: Westen), die nach ihrer Vertreibung aus Spanien und Portugal an der Wende zum 16. Jahrhundert im Maghreb und im Osmanischen Reich Aufnahme fanden. Bald dominierten sie dort die einheimischen Gemeinden. Waren die alteingesessenen jüdischen Gemeinden des Maghrebs, des Jemens und Irans kulturell und sprachlich recht homogen, so galt dies nicht für ihre Glaubensgenossen auf osmanischem Boden. Inwieweit ihr geteilter Status als Untertanen des Sultans unter den ladino- (judenspanisch-)sprechenden Zuwanderern von der Iberischen Halbinsel, den griechischsprechenden romaniotischen Juden des untergegangenen Byzantinischen Reiches, den arabischsprechenden Juden der arabischen Welt oder den jiddischsprechenden Aschkenasen des Balkans ein gemeinsames Bewusstsein als »osmanische« Juden schuf, ist offen. Im 17. Jahrhundert war das osmanische Saloniki (heute: Thessaloniki) weltweit die Stadt mit der größten Anzahl jüdischer Einwohner.

Das Zusammenleben von Muslimen, Christen, Juden und Zoroastriern war und blieb vielschichtig, von Konvivenz und Konkurrenz gezeichnet. Gerade den nichtmuslimischen Gemeinschaften lag zum Zweck des Selbsterhalts an einer gewissen Abgrenzung gegenüber den Muslimen, die sich am deutlichsten im Bereich von Ehe und Familie niederschlug. Die Ambivalenz, die aus so vielen zeitgenössischen Quellen spricht, galt im Übrigen nicht nur für das Verhältnis von Nichtmuslimen und Muslimen, sondern auch von Juden und Christen. Die Beziehungen zwischen einzelnen jüdischen Gemeinden und unterschiedlichen christlichen Konfessionen waren häufig gespannt, wenn nicht feindselig. Gemeinsamkeit und Nähe sind, wie man weiß, nicht gleichbedeutend mit harmonischen Beziehungen. Die Obrigkeit diskriminierte ihre nichtmuslimischen Untertanen ebenso wie die Anhänger islamischer Richtungen, die nicht der eigenen entsprachen, aber sie übte gegenüber den Nichtmuslimen zugleich Toleranz im Sinne einer Duldung. Die »Duldung ohne Anerkennung«[126] spiegelte zu einem guten Teil die Interessen der Herrschenden wider. Sie besaß zugleich aber ein islamrechtliches Fundament, aus dem Ansprüche erwuchsen, die vor einem islamischen Gericht geltend gemacht werden konnten. Die Dhimmis waren den Muslimen rechtlich zwar nicht gleichgestellt, aber sie waren nicht rechtlos. Von »Bürgern zweiter Klasse« zu sprechen, wie es oft geschieht, verbietet sich mit Blick auf eine Ordnung, die gar keine Bürger kannte, sondern nur Herrschende und Beherrschte.

5. Orthodoxie und Häresie

Die in der älteren Literatur häufig gemachte Unterscheidung zwischen einem »Hochislam« (städtisch, textbezogen, trocken, konservativ, elitär und in der Tendenz männlich) und einem »Volksislam« (ländlich, gefühlsbetont, subversiv, volkstümlich und vielfach weiblich) ist zumindest in der Fachliteratur inzwischen weitgehend aufgegeben worden. Besondere Vorsicht ist gegenüber dem Begriff der Orthodoxie geboten, die meist mit den Doktrinen städtischer, im weitesten Sinn regimetreuer sunnitischer Gelehrter gleichgesetzt wird, wobei die Schiiten sich nicht selten als »Sekte« wiederfinden. Das ist unhaltbar. Die Grenzen zwischen orthodox, unorthodox, heterodox und häretisch waren selten streng und klar gezogen. Wenn es weithin anerkannte Grenzen gab, dann betrafen sie antinomische, Gesetz und Anstand verletzende Wanderderwische, ekstatische Praktiken und die reale oder vermutete Vergöttlichung von Menschen. Schon bei Magie, Astrologie und Okkultismus, denen auch die herrschenden Kreise (und manche Religions- und Rechtsgelehrte) frönten, wurden sie undeutlich. Insgesamt sind »Orthodoxie« und »Volksislam« sozial und politisch nicht so eindeutig verortet wie häufig angenommen. Am Beispiel des Heiligen- und des Gräberkultes, der religiösen Feste, des Sufismus und der islamischen Reformbewegungen lässt sich das sehr gut zeigen.

In allen Teilen des Vorderen Orients und Nordafrikas besuchten Menschen unterschiedlicher Schichten und religiöser Überzeugungen die Gräber und Schreine »heiliger« Männer und Frauen, die ihnen als Quelle des Segens galten; gerade der Heiligenkult schuf an vielen Orten über alle religiösen Grenzen hinweg Gemeinsamkeiten zwischen den Menschen. Heiligenverehrung wurde somit quer durch die Gesellschaft praktiziert – und quer durch die Gesellschaft kritisiert und bekämpft. Manche religiösen Feste feierten Muslime, Christen und Juden gemeinsam, andere waren bestimmten Gemeinschaften vorbehalten. Manche wurden von der Obrigkeit gefördert, andere unterdrückt. Die Safaviden beispielsweise förderten die

Abb. 19: Scheich Safi ad-Din
tanzt (Schiraz 1582)

schiitischen ʿAshura-Riten, in denen des »Martyriums« des Prophe-
tenenkels Husain in Kerbela gedacht wurde. (Husain war 680 n. Chr.
an der Spitze einer kleinen Schar von Getreuen von umayyadischen
Truppen getötet worden, die in ihm nicht den legitimen Führer der
muslimischen Gemeinde sahen, sondern einen Rebellen wider die
Staatsgewalt.) Die Passionsspiele (arab. *taʿziya*), die zu diesem Anlass aufgeführt wurden, sprachen keineswegs nur die Gefühle des
einfachen Volkes an, auch Vertreter der herrschenden Elite nahmen
an ihnen teil.[127] Schah Abbas ließ zudem das dezidiert nichtislami-
sche iranische Neujahr feiern und das Opferfest im Andenken an
das Widderopfer Abrahams, der im Islam als Prophet verehrt wird.
Wie zu früheren und zu späteren Zeiten wurden gerade Feste, die
Männer und Frauen, Muslime und Nichtmuslime zusammenbrach-

ten, womöglich verbunden mit Musik, Tanz und ausgelassener Fröhlichkeit, in frommen Kreisen kritisiert, und zwar gerade von solchen Männern und Frauen, die sich selbst als Reformer verstanden. Das galt für Juden, Christen und Muslime gleichermaßen.

Muslime stritten unvermindert über die Zulässigkeit sufischer Vorstellungen und Praktiken, vom Gesang über die Instrumentalmusik bis zum mehr oder weniger ekstatischen Tanz, zumal wenn an ihnen Männer und Frauen teilnahmen. Aber auch hier verschoben sich immer wieder die Grenzen: So genoss der 1240 verstorbene Mystiker und Gelehrte Ibn ʿArabi, der in der arabischen Welt zumindest jenseits von Syrien im Verdacht der Häresie stand, in der – so betont »orthodox«-sunnitischen – osmanischen Elite hohe Wertschätzung.[128] Sufi-Bruderschaften wirkten als eines der wichtigsten Bindeglieder der Gesellschaft. Manche von ihnen galten als »nüchtern« im Sinne von textbezogen, schariakonform und allen körperbetonten Praktiken abhold, andere als »trunken« und heterodox. Einige wurden von der Obrigkeit protegiert, andere nicht. Nirgends aber wurden Sufi-Konvente unter staatliche Aufsicht gestellt, wie dies mit buddhistischen Klöstern und shintoistischen Schreinen in bestimmten Phasen der chinesischen und japanischen Geschichte geschah.

Die als besonders »nüchtern« geltende Naqshbandi-Bruderschaft, die sich auf den bukharischen Sufi-Meister Baha' ad-Din Naqshband (1318–1389) zurückführte, hatte weit über das Osmanische Reich hinaus Anhänger. Die Naqshbandis praktizierten überwiegend das »stille Gottesgedenken« (arab. *dhikr*: Gedenken), andere Bruderschaften das von rhythmischer Bewegung, Sprechgesang, Musik oder Tanz begleitete »laute Gottesgedenken« (arab. *samaʿ*: Zuhören). Zu Letzterem zählte der berühmte Drehtanz der Mevlevis, die im 14. Jahrhundert vom Sohn des großen Sufi-Meisters Rumi begründet und als »tanzende Derwische« berühmt wurden und die ungeachtet der Kritik prominenter Ulama unter den städtischen Eliten bis hin zum Sultan selbst großen Anklang fanden – ein Beweis mehr, dass »unorthodoxe« Praktiken nicht identisch sind mit Volksreligion im Sinne einer Religiosität der unteren Schichten. Ebenso belegt dies das Wirken der Bektaşi-Bruderschaft: Sultan Bayezid II. soll sie an

Abb. 20: Junger
Qalandari-Derwisch
(persisch, um 1600–1610)

der Wende zum 15. Jahrhundert gefördert haben, um, vermutlich in
der Auseinandersetzung mit den Kızılbaş, den turkmenischen Nomaden einen erkennbar sunnitischen Islam zu vermitteln. Gerade
die Bektaşis vertraten freilich ausgesprochen unorthodoxe Ideen
und Praktiken. Ungeachtet ihrer Nähe zu den Kızılbaş standen sie
in enger Beziehung zu den Janitscharen, einem der tragenden Pfeiler
der osmanischen Ordnung. Ganz bewusst marginal waren Wanderderwische wie die Qalandaris (türk. Kalender), die Haidaris oder die
Abdal-i Rum, die zum Zeichen, dass sie Gott um seiner selbst willen

liebten und nicht, um den Menschen zu gefallen, gezielt gesellschaftliche Konventionen verletzten und die daher als »anti-nomisch« oder »deviant« eingestuft werden.

Ungeachtet dieser Unschärfe lag es nahe, dass politische Eliten sich nach innen und außen als Verteidiger des rechten Glaubens darstellten. So unpräzise der Tatbestand der Häresie im Islam auch ist und so ungenau das Vokabular, mit dem Ungläubige, Heuchler und Häretiker beschrieben wurden, so umfangreich war das Arsenal der Unterdrückungsmaßnahmen: Es reichte vom Verbot bestimmter Riten und Gebräuche über die Schließung religiöser Einrichtungen, die Vernichtung ihrer Schriften und die Verfolgung missliebiger Individuen und Gruppen bis hin zu regelrechten Ketzerprozessen – eine Inquisition hingegen, die über manifeste Taten hinaus den Glauben überprüfte, gab es nicht. Bei der Bekämpfung der Häresie ist das (macht-)politische Element nicht zu übersehen, vor allem dann, wenn die betroffenen Individuen und Gruppen im Verdacht standen, politisch aktiv und mit dem äußeren Gegner im Bunde zu sein. Im Osmanischen Reich waren echte oder vermeintliche Kızılbaş bevorzugte Objekte der Verfolgung. Angesichts staatlicher Unterdrückung zogen sich die anatolischen Kızılbaş in schwer zugängliche Gebiete zurück, wo sich im Laufe der Zeit das Alevitentum entwickelte, eine synkretistische Form des Islam, die bis ins 20. Jahrhundert in erster Linie mündlich tradiert wurde. Wichtigste Medien und Ausdrucksformen ihrer Frömmigkeit waren die Dichtung und der Schreinkult.[129]

Auch im Safavidenreich verband sich die Patronage zwölferschiitischer Persönlichkeiten, Riten und Einrichtungen mit der Unterdrückung Andersdenkender und Andersgläubiger. Hier reichte das Spektrum von den Sunniten über die Juden, Armenier und Hindus bis zu echten oder vermeintlichen Sufis. Im Falle der Sunniten und der Sufis hatte das offenkundige politische Hintergründe, im Falle der Juden, Christen und der Hindus eher ökonomische. Mit den Sufis waren in vielen Fällen nicht einfach die Anhänger mystischer Ideen und Praktiken gemeint, sondern die Kızılbaş, die ursprünglich die Safawiyya-Bruderschaft getragen hatten und nach Etablierung der safavidischen Ordnung weiterhin das Potential zu bewaffneter Gegenmacht besaßen. Die »Normalisierung« safavidischer Ideen und Praktiken setzte schon bald nach der Eroberung Irans ein und diente erkennbar dem Machterhalt. Manche der als heterodox einge-stuften Gruppierungen arrangierten sich mit dem Regime und über-lebten, andere nicht, denn nicht immer gelang es Nonkonformisten und Rebellen, in das Osmanische oder das Mogulreich zu fliehen, wenn die Lage in Iran für sie zu gefährlich wurde.

Endzeitliche Erwartungen: Die Nuqtavis und Shabbetai Zvi

Wie im zeitgenössischen Europa knüpften sich im Vorderen Orient und in Nordafrika an Jahrtausendwechsel besondere Ängste und Er-wartungen. Das erste islamische Jahrtausend, das mit der Übersiede-lung Muhammads und seiner Gefährten von Mekka nach Medina im Jahr 622 beginnt und in Mondmonaten gerechnet wird, endete nach christlicher Zeitrechnung im Jahr 1591/92. An unterschiedlichen Orten zwischen Marokko und Ostiran traten vor diesem Datum chiliastische Führer und Bewegungen auf – und zwar vorwiegend im städtischen, nicht im ländlichen Raum –, die das Ende der Zeit oder zumindest den Anbruch eines neuen Zeitalters verkündeten. Dabei beschränkte sich die Erwartung einer endzeitlichen Heilsge-stalt keineswegs auf die Schiiten. Sie besaß auch unter Sunniten eine lange Tradition, die über die Jahrhunderte immer wieder wachgeru-fen wurde. Sie war nicht einmal spezifisch muslimisch. Im Maghreb und im Osmanischen Reich traten immer wieder Gestalten auf, die sich als Mahdi ausgaben und Anhänger fanden, die bereit waren, für ihre Überzeugung zu sterben. Sie wurden von den Herrschenden al-lerdings nicht toleriert, da diese entweder organisierten Widerstand fürchteten oder aber vermeiden wollten, mit häretischen Ideen in Verbindung gebracht zu werden. In diese Reihe gehört der Mahdi Ibn Abi Mahalli, der 1610 erst die südmarokkanische Oasenstadt Sijilmasa und dann die damalige Hauptstadt Marrakesch eroberte, bis er 1613 in offener Feldschlacht besiegt wurde.[130]

Spektakulärer waren die Auftritte der iranischen Nuqtavis und des jüdischen »Messias« Shabbetai Zvi. Die im frühen 15. Jahrhundert entstandene chiliastische Bewegung der Nuqtavis, die allem Anschein nach islamische Dogmen wie die Auferstehung und das Jüngste Gericht leugnete und zugleich das Ende des arabischen und den Beginn eines iranischen Zeitalters verkündete, fand im 16. Jahrhundert unter städtischen Handwerkern, Künstlern und Literaten beachtlich viele Anhänger.[131] Zwischen 1574 und 1591 wurden landesweit mehrere Nuqtavi-Aufstände niedergeschlagen. In Qazvin standen die Nuqtavis unter der Führung eines ehemaligen Wanderderwischs namens Khusrau, der dem Vernehmen nach auch eine ganze Reihe von Kızılbaş um sich scharte. Ob aus echtem Interesse oder zum Zweck der Täuschung, auch Schah Abbas ließ sich in die Geheimnisse der Nuqtavis einweihen. Eine Prophezeiung, zu Beginn des Jahres 1002 (dem 27. September 1593) würde einer der ihren die Herrschaft ergreifen, verschärfte die allgemeine Unruhe. Nachdem er seine Astrologen befragt hatte, überließ Schah Abbas in einer bemerkenswerten, ja einmaligen Inszenierung einem Nuqtavi, dem Köchermacher Yusuf Tarkindush, für drei Tage den Thron. Dann ließ er ihn töten, Derwisch Khusrau wegen Häresie den Prozess machen und dessen Anhänger grausam verfolgen.

Größere Breiten- und Langzeitwirkung erzielte einige Jahrzehnte später die Bewegung des Rabbiners und Kabbalisten Shabbetai Zvi (Sabbatai Sevi), die an jüdische endzeitliche Erwartungen anknüpfte.[132] Die Familie Shabbetai Zvis stammte ursprünglich wohl von der Peloponnes. Der Vater, ein Händler, der zeitweise für englische Kaufleute arbeitete, ließ sich in der anatolischen Hafenstadt Izmir (Smyrna) nieder, im 17. Jahrhundert eine der dynamischsten Städte des Osmanischen Reiches mit einer gemischten Population. Hier kam Shabbetai Zvi 1626 zur Welt. Neben dem Studium des Talmuds faszinierten ihn die kabbalistischen Lehren des Isaak Luria (1534–1572). Früh fiel er durch ungewöhnliches Verhalten auf. Endzeitliche Erwartungen bewegten in der Mitte des 17. Jahrhunderts auch die englische und andere europäische Gesellschaften; ob der junge Shabbetai über die Handelspartner seines Vaters von den dortigen Verhältnissen Kenntnis erhielt, ist in der Forschung umstritten. Unbestritten ist, dass sich im Gefolge der Chmielnicki-Pogrome der Jahre 1648/49 (benannt nach dem kosakischen Hetman Bohdan Chmielnicki) die jüdischen Gemeinden Osteuropas in Unruhe befanden und diese Unruhe auf ihre Glaubensbrüder im Vorderen Orient und in Nordafrika übergriff.

Der Zohar, der berühmteste mystische Text der jüdischen Tradition, identifizierte das Jahr 1648 christlicher Zeitrechnung als das Jahr der Wiederkunft des Messias und der Erlösung des jüdischen Volkes. Im selben Jahr sprach Shabbetai Zvi in Izmir den geheimen Namen Gottes aus und verletzte damit eines der wichtigsten jüdischen Tabus. In seiner Heimatstadt stieß er damit auf scharfe Ablehnung. Im Zuge ausgedehnter Reisen hielt er sich längere Zeit in Kairo und Jerusalem auf, wo er von den örtlichen Rabbinern mit dem Bann belegt wurde. 1665 verkündete er in Jerusalem schließlich die Ankunft des Messias, als der er sich selber sah. Anders als zwei Jahrzehnte zuvor in Izmir fand er in der örtlichen Gemeinde großen Zuspruch. Die Nachricht von der Ankunft des Messias und der bevorstehenden Rückführung der jüdischen Stämme nach Eretz Israel, dem »Land Israel«, verbreitete sich mit großer Geschwindigkeit über den gesamten Mittelmeerraum, den Jemen, Mittel- und Nordeuropa. In Amsterdam, Hamburg und anderen Städten verkauften jüdische Familien ihr Hab und Gut, um sich für die Reise nach Jerusalem zu rüsten.

1666 reiste Shabbetai Zvi nach langer Abwesenheit erneut nach Istanbul, wo die Juden nach einem großen Brand gerade aus einem zentralen Viertel vertrieben worden waren, um für den von der Sultansmutter Turhan Hadice veranlassten Bau der Neuen Moschee Platz zu machen. Die osmanischen Autoritäten waren umso beunruhigter, als Zvi sich zum »König der Welt« erklärt hatte und damit auch die Herrschaft des Sultans in Frage stellte. Shabbetai Zvi wurde verhaftet und vor den Sultan gebracht, der sich in Edirne aufhielt. Vor die Wahl zwischen Tod und Bekehrung gestellt, entschied er sich für das Leben, legte zum Zeichen seiner Konversion »islamische« Kleidung und einen Turban an und nahm den Namen Aziz Mehmed Efendi an. Kein Geringerer als der spirituelle Mentor des Sultans, Vani Efendi, unterwies ihn im islamischen Glauben.

Ein Jahrzehnt später starb Shabbetai Zvi in der Verbannung. Unter seinen Anhängern traten mehrere Männer mit dem Anspruch auf, der Messias oder eine Reinkarnation Zvis zu sein, setzten sich damit aber nicht durch. Diejenigen seiner Anhänger, die mit Shabbetai Zvi zum Islam konvertierten, gründeten innerhalb des Islam eine endogame Gemeinschaft mit eigenen Riten und Lehren, die später als Dönme (türk. Drehung, auch Konversion) bekannt wurden; ihr wichtigstes Zentrum blieb bis ins frühe 20. Jahrhundert Saloniki. Entgegen späteren Vermutungen betrachteten sie sich ausdrücklich nicht als Juden und sind daher auch nicht als »Krypto-Juden« zu bezeichnen.

6. Moralpolitik oder: Reform als Restauration

Die Berufung auf Moral und Anstand kann, zumal verbunden mit dem Ruf nach Gerechtigkeit, gegen die Herrschenden gerichtet werden. Moralpolitik kann aber auch von der Obrigkeit betrieben werden, um sich in Zeiten innerer Unruhe und äußerer Bedrohung als Wahrerin von Recht und Ordnung darzustellen. In der Vormoderne bezeichnete Gerechtigkeit die Wahrung der in Natur und Kosmos waltenden Ordnung, sei diese nun von einem Gott oder mehreren Göttern gestiftet oder nicht. Ordnung bedeutete in diesem Zusammenhang Harmonie und Harmonie Balance, wobei jeder den ihm zukommenden Platz erhielt und diesen auch einhielt: *Suum cuique*, »Jedem das Seine«, so lautete die altbekannte Maxime auf Lateinisch. Die Wahrung der Balance erforderte einen steten Ausgleich, aber sie war ihrem Wesen nach statisch. »Heil« war die Welt, wenn sie diese Balance hielt. Das Gegenteil davon war Chaos, »Unheil«.[133] In vielen Gesellschaften wurde bis weit in die Neuzeit hinein Unglück jeder Art – Seuchen, Dürren, Feuer und Überschwemmungen, Sonnen- und Mondfinsternisse, Kometen, innere Kämpfe und militärische Niederlagen – als göttliche Strafe für Unmoral, Ausschweifung, illegitime Neuerungen oder den Abfall vom rechten Glauben verstanden. Unterschiedlich sind allerdings die Begriffe, in denen sich die religiös-moralische Kritik an den Verhältnissen ausdrückte.

Die islamische Tradition spricht in diesem Zusammenhang von *fitna* und *fasad*: Fitna bezeichnet jede Störung der von Gott verfügten und dem Gemeinwohl dienenden Ordnung. Fasad wird üblicherweise mit »Korruption« übersetzt, beschränkt sich jedoch nicht auf Bestechung und Bestechlichkeit, sondern beschreibt die Verderbnis einer ursprünglich reinen Ordnung. Ideen und Praktiken, die zumindest nach Überzeugung der Sprechenden zur Zeit des Propheten Muhammad und seiner Gefährten nicht Teil islamischen Lebens und Denkens waren, wurden als »unerlaubte Neuerungen« (arab. Sing. *bidʿa*) bezeichnet. Übertriebene Frömmigkeit, religiöses Eiferertum oder auch die von der Norm abweichende Verehrung von Personen galten als »Übertreibung in der Religion« (arab. *ghuluww fī d-din*). Dahinter steht das klassische Ideal des rechten Maßes, der goldenen Mitte, die jedes Extrem meidet. Die Spannweite der verurteilten Akte war groß, der Sprachgebrauch selten präzis: Fitna konnte für Gewalt, Unruhe und provozierende Unmoral stehen, Fasad für Günstlingswirtschaft, Prasserei, Müßiggang und Prostitution. Bidʿa reichte potentiell von der Zinsnahme und der Einführung unkanonischer Steuern bis zum Genuss von Tabak und Kaffee sowie von Häresie, Heiligen- und Gräberkult bis zu Musik und Tanz. Damit erfasste sie einen beachtlichen Teil zeitgenössischer Verhaltensweisen, und zwar nicht nur des gemeinen Volkes, sondern auch der militärischen Eliten mit ihrer eigenen, keineswegs primär an islamischen Vorschriften ausgerichteten Subkultur.

Die korrekte Beurteilung der jeweiligen Ordnung, Idee oder Praktik ist das eine, die Frage des korrekten Handelns etwas anderes. Für muslimische Gläubige galt und gilt die Maxime, »das Rechte zu gebieten und das Verwerfliche zu verhindern« *(al-amr bil-maʿruf wa-n-nahy ʿani l-munkar)*.[134] Sie ist im Koran verankert und damit unangreifbar, erfordert aber eine Konkretisierung. Einigkeit besteht darüber, dass das Verwerfliche alles umfasst, was dem Islam und der Scharia zuwiderläuft, im weitesten Sinn also alle unerlaubten Neuerungen und alles, was zu Fasad oder Fitna führt. Bezüglich der zu ergreifenden Maßnahmen stehen sich zwei Prinzipien gegenüber, die beide auf den Propheten Muhammad zurückgeführt werden: Das eine besagt, die Korrektur des Verwerflichen müsse mit einer milden Ermahnung beginnen und dürfe nur im Extremfall – und auch dann nur, wenn dies ohne Gefahr für das eigene Leben und das Wohl der Gemeinschaft möglich sei – in Gewalt münden. Das zweite Prinzip sieht die entgegengesetzte Abfolge vor – erst die strafende Tat und nur, wenn diese mit Gefahr für das eigene Leben oder das Wohl der Gemeinschaft verbunden wäre, die ruhige Ermahnung bzw. die stillschweigende Missbilligung. Es stand allerdings immer im Verdacht blinden Eifers und damit der »Übertreibung in der Religion«.

Am Wohl der Gemeinschaft interessierte Muslime forderten stets, als Ausdruck frommer Rechtschaffenheit »im Angesicht des Tyrannen die Wahrheit zu sprechen«. Aber sie forderten nicht den Widerstand gegen einen tyrannischen Herrscher, wenn dies zu Blutvergießen und zur Gefährdung der eigenen Existenz führte. Vertreter der herrschenden Ordnung erklärten ohnehin allein den Herrscher für zuständig, das Rechte zu gebieten und das Verwerfliche zu verhindern. Das entlastete die Untertanen, entmündigte sie zugleich aber und wurde in frommen Kreisen nicht ohne weiteres akzeptiert. Seit den Kharijiten des 7. Jahrhunderts gab es Vertreter einer aktivistischen Linie, die auf der individuellen Verantwortung der Gläubigen beharrten und angesichts eindeutiger Missstände sogar den Einsatz von Gewalt gegen Muslime rechtfertigten – oder gegen Menschen, denen man aufgrund schwerer Verfehlungen ihr Muslimsein absprach (arab. *takfir*, »für ungläubig erklären« und aus der Gemeinschaft ausschließen). In der Frühen Neuzeit taten sich als Verteidiger des »Rechten« vor allem muslimische Religions- und Rechtsgelehrte hervor.

Suspekte Genüsse

Seit Jahrhunderten wurde im Vorderen Orient und in Nordafrika über Freuden und Genüsse gestritten, die auch andere Gesellschaften kontrovers beurteilten: Luxus jeder Art, Musik, Tanz, Gesang und Ausgelassenheit bis hin zur Ekstase, das Beisammensein von Männern und Frauen, bestimmte sexuelle Praktiken, Alkohol, Drogen, Kaffee und Tabak. Gestritten wurde über ihre grundsätzliche Bewertung und über die Umstände, unter denen sie gegebenenfalls zulässig waren. Vertrauten Mustern folgten sowohl die Kritik am Luxus als auch das Lob der Schlichtheit, und beide beinhalteten eine religiöse ebenso wie eine soziale und politische Note. Auf die Kritik an Prunk und Titelsucht der osmanischen Sultane wurde bereits hingewiesen. Kleidung war in diesem Zusammenhang ein wichtiges Thema. In der Distinktionskultur der Frühen Neuzeit dienten Kleiderordnungen als Ausdruck einer wohlgeordneten Gesellschaft; bei Männern wie bei Frauen symbolisierten sie Status, Wohlhabenheit und Sittsamkeit. Nach islamischer Lehre war Gold- und Silberschmuck bei Männern verpönt, für Frauen aber zulässig, ja empfohlen; vor allem den Frauen diente er zugleich als Wertanlage und Mittel sozialer Absicherung. Auch muslimische Herrscher erließen mit gewisser Regelmäßigkeit Dekrete gegen luxuriöse, unpassende oder unschickliche Kleidung, die, ungeachtet drakonischer Strafandrohungen, in ebenso vertrauter Regelmäßigkeit ignoriert wurden. Das galt für Muslime wie für Nichtmuslime, denen bestimmte Kleidungsstücke, Stoffe oder Farben entweder vorenthalten oder vorgeschrieben und in manchen Fällen aufgezwungen wurden. Solange der Staat zu einer systematischen sozialen Kontrolle jedoch nicht in der Lage war, musste er sich mit punktuellen Eingriffen begnügen.

In den Zusammenhang von Luxus und Verschwendung, Moral und Unmoral fallen die Feste.[135] Natürlich wurden im Vorderen Orient und in Nordafrika nicht nur höfische Feste gefeiert. Gefeiert wurden religiöse Anlässe wie der Geburtstag des Propheten (maulid an-nabi), die »Nacht der Entscheidung« (lailat al-qadr), in der dem Koran zufolge die Offenbarung »herabgesandt« worden war, das Opferfest (arab. 'id al-adha, türk. kurban bairam) und das Fest des Fastenbrechens ('id al-fitr) am Ende des Ramadan; gefeiert wurden die Geburtstage von Heiligen, die Rückkehr von Mekkapilgern, die Konversion von Nichtmuslimen oder die Freilassung von Sklaven, aber auch Hochzeiten und Beschneidungen, das Neujahrsfest, der Tag der ersten Nilüberflutung, militärische Siege, die Errettung aus großer Not und zahlreiche andere Anlässe. Nichtmuslime nahmen an vielen dieser Feierlichkeiten teil, andere begingen sie im eigenen Kreis. Zu jedem Fest gehörte der Austausch von Geschenken, zu manchen gehörten Grenzüberschreitungen. Aus Sicht der Obrigkeit blieb daher eine gewisse Ambivalenz: Feste konnten die bestehende Ordnung repräsentieren; sie konnten sie aber auch in Frage stellen.

Da die vom Hof veranstalteten Feste der Demonstration von Macht und Reichtum dienten, gehörten die Zurschaustellung und der Verzehr kostspieliger Güter und Materialien integral dazu (»*conspicuous consumption*«). Im Osmanischen Reich repräsentierten zumindest vom späten 16. Jahrhundert an Handwerkerprozessionen die Ordnung von Stadt und Reich; dementsprechend wertvoll sind ihre schriftlichen und bildlichen Darstellungen für die Sozial- und Kulturgeschichte. Nicht anders als im zeitgenössischen Europa belebten Festaufbauten das Geschehen, oft wurden – Zeichen des ausgeprägten Interesses der Osmanen an Architektur – Gebäudemodelle mitgeführt, neben Moscheen gerne auch Festungen (vgl. Abb. 25). Eine wichtige Rolle spielten die Illuminationen, bei denen an den Balustraden der Minarette und den Balkonen der Häuser Ampeln befestigt wurden, in denen ölgetränkte Dochte brannten. Je nach Behälter konnten so unterschiedliche Farben und farbige Muster erzeugt werden. Sehr beliebt waren Feuerwerke. Zur Unterhaltung trugen aber auch karnevaleske Elemente bei, mit Akrobaten, Musikern, Tänzern und Zauberern. Schaukeln galten zwar als moralisch anstößig, fanden aber dennoch lebhaften Zuspruch.

Fromme Kreise missbilligten jegliche Form des ausgelassenen Feierns, vor allem wenn bei Musik und Tanz Männer und Frauen zusammenkamen. Das war keineswegs nur eine Frage elitärer Ablehnung volkstümlicher Praktiken, vielmehr stießen gerade bestimmte Gebräuche der turko-mongolischen Eliten wie etwa ihr Alkoholkonsum auf Kritik. Besonders weit klafften die Normen einer religiös begründeten Moral auf der einen Seite und einer männlichen Elitenkultur auf der anderen bei der Beurteilung gleichgeschlechtlicher Beziehungen auseinander: Die normativen Quellen von Islam, Judentum und Christentum tabuisieren die gleichgeschlechtliche

Abb. 21: Schaukeln
am Goldenen Horn
(Surname-i Vehbi,
Istanbul 1720)

Liebe. Von der Bedeutung mann-männlicher Erotik für die Gesellschaften des Vorderen Orients und Nordafrikas zeugen in erster Linie literarische Quellen (darunter an vorderster Stelle die Dichtung),
die allerdings keine eindeutigen Hinweise darauf geben, ob die beschriebenen Gefühle und Praktiken einer Realität entsprachen oder
nicht vielmehr bestimmten literarischen Konventionen. Die Chroniken und biographischen Sammlungen schwiegen das Thema keineswegs tot, blendeten sozial niedrigstehende Gruppen und die
ländliche Gesellschaft aber weitgehend aus. Auch die Liebe zu Frauen
wurde nur selten öffentlich thematisiert: Über die eigene sprach man

nicht, über andere sollte man nicht sprechen. Insgesamt wissen wir recht viel über die osmanische Liebeslyrik, aber wenig darüber, wie Osmanen liebten.[136]

Mann-männliche Beziehungen waren in der Regel in mehr als einer Hinsicht asymmetrisch – mit Blick auf das Alter der Beteiligten, ihre soziale Stellung und ihre sexuelle Rolle. Homoerotische Beziehungen zwischen sozial höher stehenden älteren und sozial niedriger stehenden jüngeren Männern, vor allem Unfreien und Sklaven, sind aus arabischen, persischen und osmanischen Quellen über die Jahrhunderte hinweg reichlich dokumentiert. Viele der Schönen, von denen die Dichter sangen, waren nicht Frauen, sondern bartlose Knaben. Dabei ging es wie in der griechischen Antike wohl weniger um sexuelle Identitäten wie Homo-, Hetero- oder Transsexualität als vielmehr um homoerotische Praktiken, Wünsche und Begehren. Kompromittiert wurde dabei allenfalls der passive Partner, sofern er erwachsen war, nicht der aktive, der sich in seiner Männlichkeit bewies. Anders als Frauen wurden begehrenswerte Knaben weder verhüllt noch aus der männlichen Gesellschaft ausgeschlossen. Von gleichgeschlechtlichen Neigungen unter Frauen schweigt die zeitgenössische Literatur und Dichtung. Über homoerotische Beziehungen in den Harems der Machteliten mit ihrer großen Zahl an Frauen, die keine Chance besaßen, ihre sexuellen Wünsche und Bedürfnisse auf legalem Weg zu befriedigen, ist daher zwar gelegentlich spekuliert worden, dokumentieren lassen sie sich kaum. Der Harem war auf jeden Fall nicht so sehr der Ort hedonistischer Lust, als den ihn orientalistische Phantasien imaginierten, als vielmehr streng reguliert und für die Mehrheit der in ihm lebenden Frauen und Eunuchen ein Raum erzwungener sexueller Enthaltsamkeit. Schon Zeitgenossen verglichen ihn verschiedentlich mit einem Nonnenkloster.[137]

Mann-männliche Sexualität konnte schließlich auch in den Bereich der Prostitution hineinspielen.[138] Die Quellen sprechen von Lustknaben, die auf Feldzügen mitgeführt wurden oder in Kaffeehäusern, Tavernen und auf der Straße ihre Dienste anboten. Prostitution ist nach Koran 24,33 zwar verboten. Sie wurde über Jahrhunderte hinweg aber auch in islamisch geprägten Gesellschaften praktiziert,

Abb. 22: Schah Abbas mit
einem Pagen (Isfahan 1627)

obgleich die Institutionen der Polygynie, des Konkubinats und der
unkomplizierten Scheidung und Eheschließung (nach schiitischem
Recht sogar auf Zeit) muslimischen Männern einer gewissen Ein-
kommensklasse mehr Möglichkeiten der legalen sexuellen Befriedigung boten als ihren nichtmuslimischen und europäischen Zeitgenossen. Männern ohne das entsprechende Einkommen – und in den
Großstädten gab es viele mittellose, unverheiratete junge Männer –
nützten sie wenig, Frauen überhaupt nichts, und zwar weitgehend
unabhängig von Rang und Vermögen. Die Prostitution war in Bor-
dellen, Kaschemmen, auf der Straße oder in privaten Wohnräumen

vor allem in den größeren Ortschaften fest verankert; größere Städte hatten ihre eigenen Rotlichtviertel, die häufig in nichtmuslimischen Nachbarschaften lagen. Einmal mehr wissen wir kaum etwas über die Verhältnisse auf dem flachen Land. Gelegentlich wurde die Prostitution sogar besteuert und daher zumindest insoweit toleriert, als sie einigermaßen diskret betrieben wurde. Die harten islamrechtlichen Strafen – Steinigung für illegitimen Geschlechtsverkehr, Auspeitschen für Sodomie – wurden extrem selten verhängt. Die Tendenz war eher, Prostituierte und andere unerwünschte Personen aus der eigenen Nachbarschaft zu entfernen, gegebenenfalls auch an einen anderen Ort zu verbannen, als sie in aller Form vor Gericht zu stellen. Auch das reflektiert eine bestimmte Vorstellung von »öffentlich« und »privat«.

Wenig anders verhält es sich mit Alkohol und Drogen. Ungeachtet des islamischen Alkoholtabus, das sich aus dem koranischen Weinverbot ableitet, wurde an vielen Orten Alkohol konsumiert, und zwar nicht nur von Nichtmuslimen, die nach islamischem Recht Wein herstellen und trinken, ihn allerdings nicht an Muslime verkaufen dürfen. Dabei zeugen die Diskussionen der muslimischen Religions- und Rechtsgelehrten von erheblicher Finesse: Die einen unterschieden nach der Art des Alkohols (der Koran verbietet explizit nur das berauschende Getränk, das aus weißen Trauben gewonnen wird; gerade schrifttreue Exegeten beließen es dabei), der Menge und / oder dem Zweck des Konsums. Die hanafitische Rechtsschule erlaubte den Alkoholgenuss in kleinen Mengen, soweit er keine berauschende Wirkung entfaltete, die den Juristen als Rechtsgrund für das koranische Weinverbot galt. Andere Rechtsschulen machten in dieser Hinsicht keine Zugeständnisse und verboten den Alkoholgenuss in jeglicher Quantität. Über den medizinischen Nutzen von Alkohol, klassisches Einfallstor der Permissivität, wurde über Jahrhunderte gestritten: Manche Gelehrte erkannten ihn an, andere nicht.

Ungeachtet aller gelehrten Dispute waren Trinkgelage integraler Bestandteil einer »weltlichen« Elitenkultur, und der »Trinkgenosse« (arab. *nadim*) war bereits in abbasidischer Zeit eine feste Institution. Mehrere osmanische Sultane und Safavidenschahs waren als Alkoholiker bekannt, einige starben an ihrer Sucht. Bestimmte Sufi-Gemeinschaften konsumierten zu bestimmten Anlässen Wein; die Bektaşis besaßen eigene Weinberge und Keltereien. Nicht wenige Literaten und Religionsgelehrte waren als Weinliebhaber bekannt. Auf jeden Fall spricht vieles dafür, dass die Dichtung, die eine eigene Gattung der Weinlieder kennt, und die sufische Poesie mit dem vielbesungenen Mundschenk, dem Weinkrug und dem Wein nicht immer rein metaphorisch den Gottsucher und die Gottesliebe beschreiben. In der breiteren Bevölkerung wurden je nach Geschmack und Angebot Wein, Arak, Hirsebier *(boza)* oder auch gegorene Stutenmilch (Kumys) getrunken, die vielfach selbstgebraut und dementsprechend nicht ganz ungefährlich waren. Im ländlichen wie im städtischen Raum wurde in Tavernen und auch in manchen Kaffeehäusern mehr oder weniger öffentlich Alkohol ausgeschenkt. Von der Obrigkeit befohlene Schließungen waren selten von langer Dauer. Einmal mehr gründete sich die faktische Duldung von Alkoholausschank und -genuss auch auf handfeste fiskalische Interessen. Konsumiert wurden in unterschiedlichen Milieus zudem Drogen wie Opium und Haschisch. Die Diskussionen der Religions- und Rechtsgelehrten sowie die Politik der staatlichen Autoritäten bewegten sich im Wesentlichen entlang derselben Bahnen wie beim Alkohol. Vor allem Opium wurde als betäubende Substanz häufig zu Heilzwecken verwandt, aber eben nicht nur zu diesen.

Kaffee, Konsum und Geselligkeit

Im 16. Jahrhundert erweiterte sich der Kanon der Freuden und Genüsse um zwei Substanzen, die sowohl die Obrigkeit als auch die Religionsgelehrten kontrovers beurteilten: Kaffee und Tabak.[139] Tee, der etwa zur selben Zeit in den Vorderen Orient gelangte, war nie umstritten. Der Tabak kam aus den nordamerikanischen Kolonien in den Vorderen Orient. Der Handel war anfangs fest in portugiesischer Hand, doch bauten iranische Bauern bereits Mitte des 16. Jahrhunderts Tabak an; für Ägypten und Syrien ist Tabak erstmals in den 1590er Jahren bezeugt, für Istanbul um 1600. Geraucht wurde er aus

Pfeifen; erst in der zweiten Hälfte des 18. Jahrhunderts gelangte die
Wasserpfeife (pers. *narghile*, arab. *shisha*) aus Iran ins Osmanische
Reich und in angrenzende arabische Länder.

Der Kaffee breitete sich im 15. Jahrhundert über sein Ursprungsgebiet in Äthiopien hinaus aus. Wahrscheinlich waren es Sufis, die
als Erste seine stimulierende Wirkung für ihre Bet- und Meditations-
übungen nutzten. Im frühen 16. Jahrhundert war Kaffee im Vorderen
Orient und in Europa bereits einzelnen Wissenschaftlern bekannt,
vor allem Botanikern und Ärzten. Auf breiter Basis wurde er jedoch
erst von der zweiten Hälfte des 16. Jahrhunderts an konsumiert. In
England wurde Kaffee erstmals in den 1550er Jahren erwähnt, in
Amsterdam noch einmal ein Jahrhundert später. Gegen den anhal-
tenden Widerstand religiöser Kreise verbreitete er sich in der zweiten Hälfte des 16. Jahrhunderts über rückkehrende Mekkapilger
im Osmanischen Reich, zu Beginn des 17. Jahrhunderts erreichte
er Iran und Indien. Als Hauptlieferant diente für lange Zeit der Jemen; der jemenitische Ausfuhrhafen Mukha gab dem Mokka seinen
Namen. Zu den Zentren des Kaffeehandels entwickelten sich Kairo
und Istanbul. Der Weg ins Safavidische Reich führte von Mukha
über Land- oder Seerouten nach Maskat in Oman, Basra und Isfahan. Der Kaffeehandel lag in einheimischen Händen und blieb von
der kommerziellen Expansion Europas im 16. und 17. Jahrhundert
weitgehend unberührt. Er geriet erst in die Krise, als im Verlauf des
18. Jahrhunderts neue Anbaugebiete in den europäischen Kolonien
erschlossen und durch Europäer ausgebeutet und vermarktet wurden: Die Niederländer entwickelten nach 1700 Ceylon und Java zu
alternativen Anbaugebieten, während französische und englische
Kaufleute mit Kaffee aus der Karibik handelten, der zwar nicht besser
war als der »arabische«, wohl aber billiger.

Getrunken wurde Kaffee an unterschiedlichen Orten, in Privathäusern und in den Gärten der Reichen, in besseren Bädern,
vor allem aber im Kaffeehaus, dessen Verbreitung allerdings stark
variierte: Während im Osmanischen Reich auch kleinere Ortschaften Kaffeehäuser hatten, blieben sie im Safavidischen Reich auf die
großen Städte beschränkt. Auf dem flachen Land gab es vor dem

19. Jahrhundert vermutlich gar keine Kaffeehäuser. Und während im Osmanischen Reich alle gesellschaftlichen Schichten ins Kaffeehaus gingen, blieb es in Iran eine Sache der besseren Kreise. Überall stand es allein Männern offen; Frauen blieb für die außerhäusliche Geselligkeit das Badehaus, wo gelegentlich ebenfalls Kaffee und Tabak gereicht wurden. Das Kaffeehaus war einer der wenigen Orte, an denen sich Männer außerhalb der Moschee, der Kirche oder Synagoge treffen konnten, ohne ihren Ruf zu gefährden. Tatsächlich waren Kaffeehäuser in mehrfacher Hinsicht Orte der geselligen Unterhaltung: Ihre Besitzer mussten sich um Kunden bemühen und taten dies nicht nur mit einer attraktiven Ausstattung, sondern auch mit Darbietungen unterschiedlicher Art. Im Kaffeehaus traten Dichter und Geschichtenerzähler auf, für Iran ist sogar der Auftritt von Predigern verbürgt[140] – ein interessantes Phänomen, das sich als *outreach* bezeichnen ließe, als Versuch, die Menschen dort »abzuholen«, wo sie sich aufhielten, und das war eben nicht nur in der Moschee. Auch Musik und Tanz konnten zum Programm gehören. Viele der Tänzerinnen und Tänzer waren unfrei, manche arbeiteten als Prostituierte. In gewissen Kaffeehäusern wurden neben Kaffee auch stärkende Getränke (das heißt Alkohol), Tabak, Opium und Haschisch gereicht.

Kaffee und Tabak wurden in islamisch geprägten Gesellschaften ebenso zwiespältig beurteilt wie im christlichen Europa: Medizinische Argumente standen moralischen, religiös-rechtlichen und politischen gegenüber. Im Einklang mit den galenischen Lehren von den Körpersäften wurde dem Kaffee eine heilsame Wirkung vor allem für den Magen und gegen Müdigkeit und Schwäche zugeschrieben; der Tabak galt als trockene Substanz, die gleichfalls heilend wirken konnte. Die religiöse Kritik klassifizierte Kaffee und Tabak hingegen als Rauschmittel und, da sie der Prophet Muhammad und seine Gefährten noch nicht gekannt hatten, zugleich als unzulässige Neuerungen. Beim Tabakgenuss monierte sie die Vergeudung von Zeit und Geld. Ein praktisches Argument richtete sich auf die Brandgefahr, die von ungelöschten Pfeifen ausging. Staatliche Verbote und selbst drakonische Strafen führten in der Regel jedoch nur dazu, dass

Abb. 23: Kaffeehaus in Istanbul um 1900

die Raucher ihrem Genuss heimlich frönten. Der Aufenthalt im Kaffeehaus schließlich war aus moralischen Gründen verdächtig, da er zu Zeitverschwendung, Müßiggang und anderen unerlaubten Dingen verführte, zumal den Kritikern nicht entging, dass die Kaffeehäuser oft auch zur Gebetszeit gefüllt waren. Die Vorbehalte der politischen Autoritäten liegen auf der Hand: Sie fürchteten das Kaffeehaus als Ort der unkontrollierten Information und Kommunikation und möglicherweise sogar der politischen Mobilisierung. Für sie erfüllte der Genuss von Kaffee und Tabak somit die Kriterien der unerlaubten Neuerung, der Korruption und der potentiellen Störung der öffentlichen Ordnung. Deren Popularität tat das keinen Abbruch.

Die Bewegung des Kadızade Mehmed

Religiöse Reformer hat es in der islamischen Welt von früher Stunde an gegeben: Sie wollten (und wollen auch heute) den Islam durch eine Rückkehr zur ursprünglichen und nach ihrer Überzeugung einzig authentischen Praxis des Propheten und seiner Gefährten von allen Ideen und Praktiken reinigen, die ihn über die Jahre verändert und damit aus ihrer Sicht entstellt hatten. Im Mekka und Medina der Prophetenzeit glaubten sie die Einheit von Religion, Recht und Moral verwirklicht, die sie für die eigene Gesellschaft anstrebten. Mit dem Bild der reinen, vom Islam erfüllten Urgemeinde verband sich das Ideal frommer Schlichtheit, für das Muhammad, sein Schwiegersohn Ali, seine Tochter Fatima, der zweite Kalif Umar oder auch der Prophetengefährte Abu Dharr al-Ghifari standen. Der Lebenswandel der Herrschenden und die Zustände in der Gesellschaft standen häufig genug in scharfem Widerspruch zu diesem Ideal. Daraus entstand die puritanische, gleichermaßen religiös wie sozial begründete Protesthaltung gegen Ungerechtigkeit, Verweltlichung und Entfremdung von einem imaginierten Islam der Urgemeinde, die so unterschiedliche Kräfte wie die frühen Asketen und die Kharijiten bewegte und islamische Aktivisten der Gegenwart nach wie vor bewegt. Ausdrücklich ging es den Reformern nicht darum, Neues zu schaffen – ganz im Gegenteil sollten Neuerungen beseitigt und ihre Träger zur Besinnung oder zum Schweigen gebracht werden. Die Utopie war rückwärtsgewandt (und nach eigenem Verständnis gerade *keine* Utopie) und in der Grundhaltung konservativ. Aber sie war in der Regel nicht traditionell, auf die Bewahrung des Bestehenden gerichtet. Insofern ergibt sich hier eine gewisse Spannung zum Konzept des »guten Alten«, das sich ebenfalls als konservativ bezeichnen lässt.

Das Ziel der Reinigung verband sich unausweichlich mit einer schärferen Grenzziehung gegenüber all denjenigen, die als Befürworter unzulässiger Neuerungen galten und in der einen oder anderen Weise für das »Verwerfliche« standen. Das konnten Philosophen sein oder Vertreter einer rationalen Theologie, Sufis, »Übertreiber« oder laxe Gläubige. Nicht alle Frommen begnügten sich damit, das Verwerfliche lediglich im Herzen zu missbilligen und sich selbst an das Gebotene, Rechte (arab. *maʿruf*) zu halten. Im Sinne einer religiös fundierten Verantwortungsethik sahen sie sich zum Handeln aufgerufen, zumindest aber zu hoher Wachsamkeit. Vigilantentum hat immer ein gewisses Aggressions- und Gewaltpotential. Für die puritanische Tendenz, die sich selbst als Stimme der Orthodoxie verstand, stehen große Namen aus der islamischen Religions- und Geistesgeschichte wie Ibn Taimiyya, der im frühen 14. Jahrhundert zum Jihad gegen die pseudomuslimischen Mongolen aufrief und zugleich gegen den Gräber- und Heiligenkult agitierte, oder Ahmad Sirhindi, der im Indien des späten 16. Jahrhunderts schärfere Maßnahmen gegen Schiiten, Hindus und bestimmte Sufi-Praktiken forderte.

In dieser Traditionslinie steht die Bewegung der Kadızadelis, so benannt nach dem Prediger Kadızade Mehmed (1582–1635), die im Istanbul des 17. Jahrhunderts gegen all das mobilmachten, was sie als unzulässige Neuerung ansahen.[141] Hintergrund ihres Wirkens waren militärische Misserfolge und Katastrophen. 1633 zerstörte ein verheerendes Feuer rund ein Fünftel des Istanbuler Baubestands. Darin sahen die Kadızadelis eine Strafe Gottes. Der Sultan ließ (nicht als Erster) den Konsum von Wein und Tabak verbieten, Tavernen und Kaffeehäuser schließen; auf Rauchen stellte er die Todesstrafe und ließ tatsächlich eine große Zahl von Rauchern hinrichten. Das genügte manchen Frommen nicht. Kadızade Mehmed selbst war inspiriert von den Lehren des Mehmed Birgevi oder, wie dieser mit Bezug auf seine anatolische Heimatstadt Birgi auch genannt wurde, Mehmed Birgili (gest. 1573). Wie vor ihm Ibn Taimiyya hatte Birgevi jegliche nach seiner Auffassung unerlaubte Neuerung bekämpft, namentlich aber den Heiligenkult, den Besuch von Gräbern in der Absicht, die Fürsprache der dort bestatteten Heiligen zu erlangen, und bestimmte sufische Praktiken, wie das von rhythmischem Sprechgesang und Tanz begleitete Gottesgedenken. Birgevis Lehren waren in einfacher türkischer Prosa in einer Art Katechismus zusammengefasst und dadurch einem breiteren Publikum zugänglich. Kadızade Mehmed und seine Anhänger verschafften sich mit leidenschaftlichen Predigten an den großen Moscheen der Hauptstadt Gehör und Einfluss. Darin prangerten sie nicht nur die »unerlaubten Neuerungen« der Sufis, den Gräberkult oder den Konsum von Kaffee, Tabak, Alkohol und Opium an. Sie geißelten auch Servilität, Bestechung, Korruption, Misswirtschaft, Luxus und Verkommenheit der herrschenden Klasse. All das war für sie gleichbedeutend mit Fitna und Fasad. Allerdings griffen sie nicht zur Waffe des Takfir, der andere Muslime zu Ungläubigen erklärt und aus der Gemeinschaft der Muslime ausschließt. Typisch für eine auf Aus- und Abgrenzung abzielende puritanische Reform war es, dass sie zugleich den Brauch verurteilten, in Zeiten akuter Not gemeinsam mit Christen und Juden öffentliche Gebete abzuhalten.

Unter Berufung auf das koranische Gebot, »das Rechte zu gebieten und das Verwerfliche zu verhindern«, forderten die Anhänger des Kadızade Mehmed sowohl die einzelnen Gläubigen als auch die Obrigkeit zu entschlossenem Handeln auf: Kadızade und seinen Adepten ging es nicht allein um die richtige Einstellung, um individuelle Rechtschaffenheit; sie riefen zur Tat und übten selbst Gewalt gegen missliebige Individuen, Gruppen und Einrichtungen aus, griffen prominente Sufis an, unterbrachen deren Predigten und attackierten ihre Konvente. Damit störten die Kadızadelis, die gegen die Störung der von Gott verfügten Ordnung protestierten, die öffentliche Ordnung. Ihr Eifer machte eines klar: Hier ging es nicht um eine Konfrontation zwischen orthodoxen, städtischen Ulama auf der einen und heterodoxen, volkstümlichen Sufis auf der anderen Seite. Die Angehörigen bestimmter Sufi-Bruderschaften fanden sich bis in die obersten Ränge der Ilmiyye hinein, und es waren hochrangige Ulama, die in diesem Klima der verbalen Aggression und physischen Gewalt die Sufis verteidigten. Der Riss ging wie zu früheren und späteren Zeiten quer durch die Reihen der Gelehrtenschaft, ja der gebildeten Kreise generell.

In der Forschung ist auf die anti-elitäre Stoßrichtung der Kadızade-Bewegung hingewiesen worden, die von Moscheepredigern getragen wurde, die weder die Bildung noch Status und Einkünfte der auf den imperialen Madrasen ausgebildeten Ulama besaßen und die strenggenommen gar nicht zur Ilmiyye zählten. Das würde in das Schema einer von unterprivilegierten, wenn nicht marginalisierten Gruppen getragenen religiös-sozialen Protestbewegung passen. So einfach lagen die Dinge jedoch nicht. Die Anführer waren alles andere als marginal: Kadızade Mehmed selbst predigte von 1631 bis zu seinem Tod im Jahr 1635 in den großen imperialen Moscheen der Hauptstadt; der Predigerposten an der Hagia-Sophia-Moschee, den er zuletzt innehatte, wurde vom Sultan vergeben und reich vergütet. Das machte Kadızade Mehmed gewissermaßen zum Hofprediger des Sultans. Seine Predigten fanden in der städtischen Gesellschaft bis in die höchsten Kreise hinein ein lebhaftes Echo.

In den 1650er Jahren trat der aus Damaskus stammende Üstüvani Mehmed Efendi (gest. 1661) an die Spitze der Bewegung. 1656 ließ Großwesir Mehmed Köprülü ihre Führer nach Zypern verbannen, vermochte die Bewegung aber nicht gänzlich zu unterdrücken. Sein nicht weniger energischer Sohn und Nachfolger Fazıl Ahmed hingegen stand dem aus dem ostanatolischen Van stammenden Moscheeprediger Vani Mehmed Efendi (gest. 1685) nahe, einem Protagonisten der neuen Generation der Kadızadelis. Als Fazıl Ahmed dem jungen Sultan Mehmed IV. Vani Efendi als religiösen Mentor empfahl, rückte dieser in den innersten Zirkel der Macht vor. Vani Efendi war es, der den gescheiterten Messias Shabbetai Zvi nach dessen Konversion in den Islam einführte. Als 1660 erneut ein großes Feuer weite Teile Istanbuls zerstörte, erließ der Sultan ganz im Sinne der Kadızadelis strenge Verfügungen gegen Wein, Tabak, Musik und Unmoral. Erst eine militärische Niederlage führte die Wende herbei, denn Vani Efendi hatte auf die Belagerung Wiens im Jahr 1683 gedrängt und fiel nach deren Scheitern in Ungnade. Mit dem Sturz ihrer Leitfigur brach die Bewegung der Kadızadelis zusammen; ihre Ideen und Praktiken hingegen sollten zu späterer Zeit wiederaufgegriffen werden.

Staatliche Moralpolitik wurde auch in Iran praktiziert: Schah Tahmasp I. hatte über Jahre den Konventionen herrscherlicher Lebensart gefrönt, höfischen Luxus entfaltet, die »profanen« schönen Künste protegiert, Alkohol und Opium konsumiert. Wie andere Fürsten vor und nach ihm (man denke an seinen Zeitgenossen Süleiman den Prächtigen) rückte er mit fortschreitendem Alter von dieser Lebensweise ab und wurde fromm. In mehreren Dekreten ließ er nicht nur, ganz konventionell, »unislamische Praktiken« wie Glücksspiel, Alkohol, Musik, Tanz und Prostitution verbieten, sondern machte mit öffentlichen Akten der »Reue« auf sich aufmerksam, für die sich jenseits Irans nur wenige Beispiele finden lassen. Nach dem erniedrigenden Vertrag von Amasya (der die Safaviden unter anderem dazu verpflichtete, die rituelle Verfluchung der ersten drei Kalifen und ʿAʾishas und damit ein Kernelement schiitischer Abgrenzungspolitik aufzugeben) rief er 1555 auch die Großen des Reiches auf, ihre Sünden zu bereuen. Ähnliche Erlasse in den Jahren 1563 und 1564 lassen darauf schließen, dass die früheren wenig Wirkung gezeigt hatten. Im 17. Jahrhundert machten mehrere Schahs und deren Großwesire mit einer virulent anti-sufischen Politik und Polemik von sich reden, mit der sie vor allem Musik und Gesang ins Visier nahmen. Zugleich verhärtete sich ihre Haltung gegenüber Nichtmuslimen; wiederholt kam es sogar zur Zwangsbekehrung von Juden.

II Krise und Anpassung im 17. und 18. Jahrhundert

A Politik, Wirtschaft und Verwaltung

Selten zeigen sich die Schwierigkeiten der Periodisierung so deutlich wie bei der vieldiskutierten Krise des 18. Jahrhunderts, an der so ziemlich alles problematisch ist, vom Begriff der Krise selbst bis hin zu ihrer exakten Verortung. Die Safaviden wurden im frühen 18. Jahrhundert gestürzt, die Osmanen nicht, und auch ihr Reich brach nicht auseinander. Zwischen 1580 und 1760 verschoben sich aber auch im Osmanischen Reich die Gewichte. Im 17. Jahrhundert wandelte sich, teils als Folge gezielter staatlicher Eingriffe, teils unabhängig von diesen, die politische Ökonomie; neue Kräfte drangen auf Reichs- wie auf Provinzebene in die Machtelite ein. Erst im ausgehenden 18. Jahrhundert aber verlor das Osmanische Reich in großem Umfang Territorium an europäische Gegner, und zugleich verlor die Zentralregierung die Kontrolle über ganze Provinzen an »politische Haushalte«, Magnaten und »Notabeln«, die der eigenen Provinzverwaltung und Untertanenschaft entstammten.

Die Verluste riefen ein Krisenbewusstsein wach, das in gewissen Kreisen schon früher artikuliert worden war, nun aber eine wachsende Zahl von Bürokraten und Literaten erfasste, die einen Niedergang von Militär, Justiz und Verwaltung, begleitet von einem allgemeinen Verfall der Sitten, beklagten. Angesichts der identifizierten Missstände hielten sie nicht nur punktuelle Korrekturen, sondern tiefreichende Reformen für erforderlich. Die Kritik konzentrierte sich insgesamt auf innere Schwächen – ein Beleg für die Binnenorientierung der osmanischen Eliten, die sich bis weit ins 19. Jahrhundert hinein nicht an ihren auswärtigen Nachbarn maßen, sondern an ihrem Ideal einer goldenen Zeit, das sie in der nicht allzu fernen Vergangenheit realisiert glaubten. Zu den kritikwürdigen Erscheinungen zählten aus ihrer Sicht: das Desinteresse des Sultans an den Staatsgeschäften; die irreguläre, nicht länger auf Verdienst und Rang beruhende Vergabe von Posten und Einkünften in allen Zweigen von Militär, Justiz und Verwaltung; widerrechtliche Forderungen und Maßnahmen der Zentral- und der Provinzverwaltung, die zu einer Unterdrückung der Schwachen führten; der Aufstieg von Männern mit Untertanenstatus in hohe Ämter und Funktionen und nicht zuletzt die Schamlosigkeit von Frauen und Nichtmuslimen, die die ihnen gesetzten Grenzen überschritten. Die Missstände führten nach ihrer Überzeugung zu einem Verlust an »Gerechtigkeit« und militärischer Stärke, die sich in innerer Unruhe und stockender Expansion manifestierten. Das äußere Geschehen reflektierte somit die innere Verfassung des Imperiums. Das Gefühl einer Störung ließ sich in unterschiedlichen Registern ausdrücken: religiös als Gegensatz von Heil und Unheil, politisch als Gegensatz von Ordnung und Chaos.

Die Fachwissenschaft spricht mittlerweile weniger von Niedergang als vielmehr von einer Abfolge von Krisen, die sich über mehr als ein Jahrhundert hinzog.[142] Dabei fruchtet die Suche nach klaren Zäsuren nicht, da viele der Schwächen, die im 18. Jahrhundert zum Ausbruch kamen, sich bereits im letzten Viertel des 16. Jahrhunderts abgezeichnet hatten und der strukturelle Wandel aus dem Zusammenwirken innerer Entwicklungen und äußerer, ja globaler Trends resultierte. All das ist weder unerhört noch einzigartig: Wo gibt es klare Zäsuren in der Geschichte? Wo greifen nicht innere und äußere Momente ineinander? Immerhin lenkt diese Einsicht den Blick von den persönlichen Unzulänglichkeiten einzelner Sultane und ihrer Günstlinge hin zu Grundfragen der Beziehungs- und Globalgeschichte.

1. Die Celali-Aufstände

Schon in den 1580er Jahren, also deutlich vor der »Krise des 18. Jahrhunderts«, kam es in Kleinasien zu schweren Unruhen. Für sie gilt es, Auslöser und tiefer gehende Ursachen zu unterscheiden, die zum Teil ineinander verschränkt, zum Teil voneinander unabhängig waren. Zu Letzteren zählen das demographische Wachstum des 16. Jahrhunderts und die klimatischen Veränderungen der sogenannten Kleinen Eiszeit, die über das Osmanische Reich hinaus große Teile Eurasiens betrafen; die aufreibenden Kriege gegen die Safaviden im Osten (1579–1590, 1603–1612) und die Habsburger im Westen (1593–1606), die enorme Ressourcen banden und verschlangen; die Ausbreitung von Handfeuerwaffen; die Schwächung der Sipahis als ländliche Ordnungskraft und schließlich, eng verknüpft mit all diesen Faktoren, »Steuerungerechtigkeit« und Münzverschlechterung, unter denen die steuerzahlenden Untertanen ebenso litten wie die in bar entlohnten Pfortentruppen. Die Expansion europäischer Mächte entlang der afrikanischen Küsten, im Persischen Golf und im Indischen Ozean spielte in diesem Zusammenhang kaum eine Rolle, wohl aber die Ausbeutung der spanischen Kolonien in Mittel- und Südamerika. Der vermehrte Zufluss von Silber aus Mexiko und Peru verschärfte einen inflationären Trend, der wohl schon in den 1550er Jahren eingesetzt hatte, und führte in den 1580er Jahren zu einer raschen Entwertung der osmanischen (Silber-)Währung. Wie in Europa kam es zu Preissteigerungen, ja zu einer regelrechten Preisrevolution. Die Tatsache, dass Silber auf dem indischen Subkontinent, in Ostasien und in Osteuropa eine höhere Kaufkraft besaß als im Mittelmeerraum, verstärkte den Abfluss von Münzmetallen in diese Richtungen.

Die osmanische Regierung blieb dessenungeachtet bei ihrer Politik des Provisionismus, bemühte sich also nicht, den Münzabfluss durch eine Begrenzung der Warenimporte zu drosseln. Stattdessen griff sie zum Mittel der Abwertung und Münzverschlechterung. Ausgerechnet die Pfortentruppen, die in Istanbul sowie in strategischen

Provinzstädten und Festungen stationiert waren, um das Reich nach innen und außen zu verteidigen, wurden zusehends unregelmäßig und in abgewerteter Münze entlohnt. Zur gleichen Zeit wuchs die Zahl der Janitscharen um ein Vielfaches, von 10 000 bis 12 000 Mann im Jahr 1550 auf über 25 000 im Jahr 1595 und rund 54 000 im Jahr 1660. Auf die Verschlechterung ihrer Lage reagierten sie mit Meuterei und permanenter Unruhe und sicherten sich zudem legal oder illegal zusätzliche Einkünfte. Angehörige der Pfortenkavallerie übernahmen lukrative Posten als Steuerpächter und Verwalter frommer Stiftungen. Viele Janitscharen, deren Heiratsverbot schon im 16. Jahrhundert nicht mehr durchgesetzt worden war, suchten im städtischen Handwerk und Gewerbe eine finanzielle Absicherung. Das verminderte ihre militärische Schlagkraft und veränderte ihre soziale Verortung, ohne dass sie jedoch den privilegierten Askeri-Status verloren.

In der zweiten Hälfte des 16. Jahrhunderts nahm auch die dritte Säule der osmanischen Armee wieder an Zahl und Bedeutung zu – reguläre wie irreguläre Milizen und sonstige Einheiten, die unter muslimischen Bauern und Nomaden für einzelne Feldzüge ausgehoben, mit einem Tagessold entlohnt und nach Abschluss der Kampagne, nicht selten wohl mitsamt ihren Waffen, wieder entlassen wurden. Viele wurden von Männern angeworben, die, ähnlich einem Wallenstein oder Prinz Eugen im zeitgenössischen Europa, als private Kriegsunternehmer auftraten; bezahlt wurden sie, soweit sie reguläre Einheiten bildeten, aus der öffentlichen Kasse. Ihr Status aber unterschied sich grundlegend von dem der Askeri. Zur gleichen Zeit wuchs der Druck auf die Sipahis, die seit dem 15. Jahrhundert das Rückgrat nicht nur der Armee, sondern auch der osmanischen Provinzverwaltung gebildet hatten. Nicht nur wandelte sich die Militärtechnologie, es erodierten auch die in den sultanischen Gesetzbüchern festgelegten Praktiken »guter Regierungsführung«. Unter Missachtung geltender Rechtsansprüche eigneten sich Höflinge, Gouverneure und Truppenkommandeure immer ungenierter frei werdende Pfründen an und übertrugen sie an Männer ihres eigenen Haushalts. Kleinere Timars wurden unter Umgehung der zuständi-

gen Instanzen aufgelöst oder zu größeren Einheiten zusammenge-
legt. Das verschärfte den Konkurrenzdruck unter den Sipahis, die
nicht selten zu unlauteren Mitteln griffen, um ihre Stellung zu verteidigen. Dazu gehörte neben Bestechung auch die Verleumdung von
Konkurrenten als illoyal, feige oder kriegsuntauglich.[143]

Das ländliche Kleinasien verkraftete die Belastungen umso schwerer, als in den 1580er Jahren nach langer Dürre und extrem harten
Wintern Hunger und Seuchen wüteten. Angesichts dieser Situation
zögert man nicht, von einer Krise zu sprechen. Sie kam in den sogenannten Celali-Aufständen zum Ausbruch, die sich in abgeschwächter Form bis in die Mitte des 17. Jahrhunderts hinzogen und, vereint
mit den Folgen von Dürre, Hunger und Krankheit, ganze Landstriche entvölkerten.[144] Vom Charakter her waren sie ländlich, aber
nicht vorrangig bäuerlich. Ihre Träger waren türkische und kurdische Muslime, von denen viele dem osmanischen Militär und der
Provinzverwaltung angehörten. Ihre Anliegen waren »weltlich« und
hatten, soweit wir das heute erkennen können, mit religiösen Anliegen oder Utopien wenig zu tun, selbst wenn der Ruf nach Gerechtigkeit zu einem gewissen Grad religiös konnotiert sein mochte. Die
Quellenlage erschwert allerdings sichere Aussagen und verleitet zu
einer unbedachten Übernahme der imperialen Sprachregelung, und
die Zentralregierung zog alle Register, um die Handelnden als Kri-
minelle und ihre Aktionen als illegitim darzustellen. Die Bezeichnung Celali (arab. Jalali) für die Aufständischen wurde von osmanischen Bürokraten und Chronisten geprägt. Sie verweist auf die
pro-safavidische messianische Erhebung eines gewissen Scheich
Celal aus dem Jahr 1519 und identifizierte die Rebellen als religiöse
Abweichler, die mit dem äußeren Feind im Bunde standen. Ihre Taten wurden als Aufruhr und Banditentum klassifiziert und riefen
den Sultan als Verteidiger der Ordnung und Beschützer der Schwachen auf den Plan, Kernelement vormoderner Vorstellungen von
Gerechtigkeit.

Auch der Vordere Orient kennt den in religiöser Sprache und
Symbolik vorgetragenen sozialen Protest und politischen Widerstand. Was im Englischen als *dissent* bezeichnet wird und im Deut-

schen etwas schwächer als Unzufriedenheit, Widerspruch oder abweichende Meinung, ist nicht gleichbedeutend mit Widerstand und
drückt sich häufig auch nicht als solcher aus – vielmehr ist gerade
zu klären, wann und unter welchen Umständen *dissent* in offenen
Widerstand übergeht.[145] Die anatolischen Aufstände des frühen
16. Jahrhunderts standen, soweit sich das auf dünner (und überwiegend feindlicher) Quellenbasis rekonstruieren lässt, in Verbindung
zu den Kızılbaş, die als tribal-religiöse Kraft entweder ihre Autonomie oder die Ansprüche der Safaviden verteidigten. In diese Reihe
gehören der erwähnte Aufstand des Şah Kulu von 1511 bis 1513 und
die Erhebung eines gewissen Scheich Celal im Jahr 1519. Der Aufstand des Kalender Çelebi in den Jahren 1526 und 1527 hingegen
knüpfte zwar möglicherweise an die Erhebung des Şah Kulu an, focht
jedoch nicht für die Safaviden, vielmehr waren viele seiner Anhänger
Gefolgsleute der Lokaldynastie der Dhulkadir, die der Sultan gerade
entmachtet hatte.

Bewaffnete Banden von unbezahlten bzw. entlassenen Militärs,
landlosen Bauern oder Madrasa-Studenten – meist junge Männer
vom Land, die nach ihrer Ausbildung keine Anstellung in Moscheen,
Madrasen und Kanzleien fanden – machten das flache Land unsicher. In den 1580er Jahren wurden sie vereinzelt bereits als Celalis
bezeichnet. Um der Gefahr Herr zu werden, warben Provinz- und
Distriktgouverneure auf eigene Rechnung Bewaffnete an, in der Regel Bauernsöhne und Nomaden, die sich auch mit Handfeuerwaffen ausrüsteten. Das schuf neue Probleme, wenn die angeworbenen
Männer nach Beendigung der jeweiligen Kampagne entweder kein
Interesse oder keine Möglichkeit hatten, als Bauern in ihre Dörfer
oder als Nomaden zu ihrem Stamm zurückzukehren. Auch die prin-
zipielle Verfügbarkeit unbestellter Flächen scheint dieses Problem
nicht abgemildert zu haben. Gelegentlich statteten die Vertreter der
Staatsgewalt die Bauern selbst mit Waffen aus, damit sie sich gegen
umherziehende Banden verteidigen konnten. Die Militarisierung
der ländlichen Gesellschaft bot tatkräftigen Männern zwar gewisse
Chancen, verschärfte zugleich aber die allgemeine Unsicherheit.
In den Grenzregionen war der Übergang zwischen Grenzkämpfer,

Landsknecht und Bandit schon zuvor oftmals fließend gewesen – und umkehrbar. Zumindest die Bandenführer versuchten in der Regel, eine feste Anstellung im Gefolge eines Gouverneurs zu erlangen, Ausdruck ihrer Suche nach Status und Sicherheit in einer Situation des Umbruchs. Nun aber griff diese Dynamik von den Grenzregionen auf das kleinasiatische Kernland über. Die Ereignisse lohnen eine genauere Schilderung, weil sie nahezu perfekt die Mechanismen der Herrschaft vor der Ausbildung moderner Staatlichkeit illustrieren.

Die Ereignisse im Überblick

Das Jahr 1591/92 fiel mit dem Jahr 1000 der islamischen Zeitrechnung zusammen, doch scheinen endzeitliche Ängste und Erwartungen im weiteren Geschehen kaum eine Rolle gespielt zu haben. Im Mittelpunkt standen andere Faktoren: Anatolien litt unter den harten und verlustreichen Kriegen gegen die Safaviden, für die viele Männer rekrutiert worden waren und in deren Verlauf einzelne Grenzregionen von den kriegführenden Mächten gezielt verwüstet wurden; vor allem die Safaviden verfolgten regelrecht eine Politik der verbrannten Erde. 1590 schloss der Sultan allerdings einen vorteilhaften Frieden mit dem jungen Schah Abbas I., der die osmanischen Perserkriege für einige Jahre unterbrach. Manche Einheiten wurden demobilisiert, andere an die europäische Front geschickt, wo der frischgewählte Papst Clemens VIII. 1592 einen Kreuzzug ausrief, Auftakt des »Langen Türkenkriegs«, der erst 1606 beendet werden sollte. Die schwelende Unruhe brach offen aus, als der Großwesir 1596 befahl, diejenigen Sipahis (angeblich handelte es sich um mehrere tausend), die zu der großen Schlacht bei Mezőkéresztes, nahe dem ungarischen Eger, entweder gar nicht erschienen waren oder das Schlachtfeld vorzeitig verlassen hatten, als Fahnenflüchtige mit dem Entzug ihrer Timars zu bestrafen, soweit greifbar sogar zu exekutieren. Die Geächteten flohen nach Kleinasien, wo sie die bestehenden Banden ehemaliger Bauern, Landsknechte und Madrasa-Studenten um ein militärisch erfahrenes Element verstärkten.

Unter den Celali-Führern ragte anfangs ein gewisser Abd al-Halim hervor, besser bekannt als Kara Yazıcı (der schwarze Schreiber). Als

Angehöriger der steuerpflichtigen Untertanenschaft hatte er wohl zunächst dem Gouverneur von Aleppo als Schreiber gedient und sich dann als privater Kriegsunternehmer in der Gegend von Urfa (Edessa) festgesetzt. Da sie ihn militärisch nicht besiegen konnte und zugleich das Gerücht eines neuerlichen safavidischen Angriffs aufkam, suchte die Zentralregierung eine gütliche Einigung und ernannte Kara Yazıcı 1600 zum Gouverneur eines entfernten anatolischen Distrikts. Dort setzte er jedoch seine Plünderungen fort. 1601 besiegte ein vom Großwesir persönlich befehligtes Heer seine Truppen, Kara Yazıcı selbst starb wenig später eines natürlichen Todes. Sein Anhang spaltete sich, löste sich aber nicht auf. Vielmehr belagerte sein Bruder Deli Hasan (»der verrückte Hasan«) nacheinander die zentralanatolischen Handelszentren Tokat, Ankara und Kütahya. Ein Vormarsch auf Istanbul war nicht auszuschließen. Daraufhin bot die Regierung Deli Hasan die Statthalterschaft von Bosnien an. Der akzeptierte und marschierte mit angeblich 10 000 bewaffneten Anhängern ab; viele fielen 1603 in Ungarn, Deli Hasan selbst wurde 1606 in Belgrad als Verräter hingerichtet.

Währenddessen belagerten in Anatolien bewaffnete Banden Städte und Dörfer, verwüsteten das flache Land und erhoben illegale Steuern und Abgaben. Die Unfähigkeit der Regierung wiederum empörte viele sultanstreue Männer. Im Januar 1603 drangen aufgebrachte Pforten-Sipahis in einem nie dagewesenen Akt in den Topkapı-Palast ein und verlangten, den Sultan zu sprechen, der sich ihnen jedoch nicht zeigte. In ihrer Wut ermordeten sie den »weißen« und den »schwarzen« Obereunuchen, die als besonders korrupt galten, bevor sie selbst von Janitscharen niedergemacht wurden. Einige der Pforten-Sipahis entkamen nach Anatolien, wo sie die Reihen der Celalis verstärkten. Zur selben Zeit eroberten die Safaviden im Oktober 1603 Täbriz und im Mai 1604 das armenische Jerevan (Eriwan). Ein von Sultan Ahmed persönlich angeführter Feldzug gegen die Safaviden und die Celalis brachte 1605 nicht den gewünschten Erfolg. Erst der Frieden von Zsitvatorok, der 1606 die Ungarnkriege unterbrach, setzte neue Energien für den Kampf gegen die Celalis frei.

Noch immer hielt einer der Fahnenflüchtigen von Mezökéresztes, Kalenderoghlu Mehmed, die Region um Ankara besetzt, aus der er selbst stammte und wo auch sein Timar gelegen hatte. Der Sultan bot ihm die Großprovinz Karaman mit dem Titel eines Paschas und Ankara als Sinekure an. Dort aber weigerte sich die Bevölkerung, angeführt vom Kadi, den Celali-Führer in ihrer Stadt aufzunehmen, und bildete eine Miliz, die seiner Belagerung standhielt. Der Akt war bemerkenswert und demonstrierte zweierlei: die Möglichkeit organisierten gesamtstädtischen Handelns und den Einsatz eines Kadis für die etablierte Ordnung, die der Sultan und die Reichsregierung zu kompromittieren bereit schienen. Doch waren auch diese nicht untätig: Der neue, bereits über achtzigjährige Großwesir, Kuyucu Murad Pascha, bekämpfte die Aufständischen mit erbarmungsloser Härte, zumal sich die Unruhe auf den benachbarten nordsyrischen Raum auszuweiten drohte, wo der Statthalter von Aleppo, Ali Janbulad, den Sultan herausforderte.

Das Haus der Janbulad (osman. Canbuladoghlu, heute Jumblat) stammte ursprünglich aus dem kurdischen Gebiet und führte seinen Stammbaum auf Saladin zurück, der einst die Kreuzritter besiegt hatte. 1571 erhielten die Janbulad vom Sultan als Dank für geleistete Dienste das erbliche Amt des Distriktgouverneurs von Kilis, nördlich von Aleppo im anatolisch-syrischen »Grenzgebiet« gelegen. In der Provinz Syrien verfolgten die Osmanen jenseits der großen, seit jeher miteinander rivalisierenden Städte Aleppo und Damaskus eine Politik der indirekten Herrschaft. Damit konnten sie die lokalen Kräfte – städtische Eliten, vor Ort stationierte und in die lokale Gesellschaft integrierte Janitscharen und ländliche Stämme – ausbalancieren, ohne allzu tief in deren innere Angelegenheiten einzugreifen. Solange Aleppo und Damaskus unter zentraler Kontrolle standen, blieben kleinere Städte weitgehend unbehelligt. Die lokalen Eliten wurden im Kampf gegen die Safaviden gebraucht, die Stämme des Umlands für die Sicherung des Pilgerwegs nach Mekka und Medina. Dieses Arrangement geriet ins Wanken, als im Gefolge heftiger Kämpfe zwischen Damaszener Janitscharen und der Aleppiner Stadtbevölkerung 1603 Husain Janbulad (osman. Canbuladoghlu

Hüsein) in Aleppo die Macht übernahm – zu dieser Zeit eine der größten Städte des Reiches, Zentrum des Fernhandels und Sitz mehrerer europäischer Konsuln. Gut acht Jahrzehnte nach der osmanischen Eroberung war Husain Janbulad der erste Vertreter der einheimischen (allerdings nicht: der Aleppiner) Elite in einer Position, die bis dahin aus Istanbul entsandten Pfortensklaven vorbehalten gewesen war. Als er jedoch 1605 den Befehl missachtete, sich einem neuen Feldzug gegen die Safaviden anzuschließen, und erst vor dem Großwesir erschien, nachdem die Schlacht verloren war, ließ ihn dieser im Affekt hinrichten. Das scheint das Signal für den Aufstand seines Neffen Ali Janbulad gewesen zu sein.

Wenn Kara Yazıcı und Kalenderoghlu Mehmed den klassischen anatolischen Celali-Führer verkörperten, so war Ali Janbulad der Prototyp des lokalen Machthabers, der sich – in seiner Eigenschaft als Vertreter der osmanischen Provinzverwaltung – einen autonomen Machtbereich mit eigener Ressourcenbasis schuf. Die Forschung hat hierfür den Begriff des »politischen Haushalts« geprägt.[146] Nachdem der Sultan vergeblich versucht hatte, einen Rivalen des Hauses Janbulad zum Gouverneur von Aleppo zu ernennen, sah er sich gezwungen, Ali Janbulad in seiner Position anzuerkennen. Dieser baute systematisch seine Stellung aus und schreckte – ohne dass er sich in aller Form vom Sultan lossagte – nicht vor Schritten zurück, die Zeitgenossen als Anspruch auf politische Unabhängigkeit und damit als Hochverrat interpretieren mussten: Er warb eigene Truppen an, prägte eigene Münzen, ließ seinen Namen in der Freitagspredigt nennen und verbündete sich mit regionalen und außerregionalen Kräften. Dazu gehörten nicht nur der Drusen-Emir Fakhr ad-Din Maʿn II. im libanesischen Schuf-Gebirge, verschiedene anatolische Celali-Führer und einzelne osmanische Distriktgouverneure, sondern auch die Ritter des Johanniter-Ordens und der Großherzog der Toskana, Ferdinando I. deʾ Medici. Die Medici verfolgten kommerzielle Interessen in der Levante und machten sich darüber hinaus Hoffnungen auf eine Rückeroberung Zyperns und des Heiligen Landes, nachdem zu Beginn der 1570er Jahre die osmanische Besetzung Zyperns die Kreuzzugsidee neu entfacht und der Sieg von Lepanto das europäische Selbstbewusstsein gestärkt hatten.

So herausfordernd die Gesten auch waren, hinter alldem stand keine Idee, die im eigenen Umfeld auf breitere Unterstützung zählen konnte. Auch Institutionen, die seine Stellung über die notorisch instabilen persönlichen Bindungen hinaus hätten festigen können, schuf Ali Janbulad nicht. Die vom Sultan ernannten Kadis blieben im Amt. Nach eigenem Bekunden opponierte Ali Janbulad ohnehin nicht gegen den Sultan, sondern lediglich gegen dessen schlechte Berater – eine klassische Entlastungsformel. Vom Sultan forderte er Rang und Einkünfte eines Wesirs. Ein von Großwesir Kuyucu Murad Pascha befehligtes Heer schlug Janbulads Truppen schließlich 1607 nahe Antakya in offener Feldschlacht. Seinem Ruf getreu (er hieß Kuyucu, »der mit dem Brunnen«, weil er angeblich die Leichen besiegter Feinde in Brunnenschächte werfen ließ) richtete der Großwesir unter den Überlebenden ein Massaker an. Ali Janbulad selbst entkam und trat, während der Großwesir mit seinem Heer an der iranischen Front stand, mit der Entschuldigung vor den Sultan, er sei von schlechten Menschen verführt worden. Dieser begnadigte ihn und entsandte ihn als Statthalter nach Temeşvár im Banat, weit entfernt von seiner nordsyrischen Machtbasis. Als die örtliche Bevölkerung sich gegen ihn erhob, floh Janbulad nach Belgrad. Dort ließ ihn der Großwesir im März 1610 erdrosseln und seinen Besitz konfiszieren. Das Haus Janbulad fiel dennoch nicht in Ungnade; ein Neffe Ali Janbulads wurde später Gouverneur von Rumelien. Ali Janbulad selbst sollte später unter syrischen Kurden als Volksheld gefeiert und in Balladen besungen werden.

Bis 1608 wurden auch die anatolischen Celalis weitgehend ausgeschaltet: Während der Großwesir gegen Ali Janbulad marschierte, hatte Kalenderoghlu Mehmed die ägäische Küste besetzt, Bursa belagert und Istanbul bedroht. In der Hauptstadt verbreitete sich Angst, ja Hysterie, und die Behörden verteilten Waffen an die Einwohner. Janbulads Niederlage schuf die Wende. Ein Aufgebot von rund 20 000 Celalis unterlag im August 1608 dem Heer des Großwesirs. Die Überlebenden flüchteten sich auf safavidisches Territorium, wo

Schah Abbas, der sich schon früher nicht in die anatolischen Wirren eingemischt hatte, ihnen jedoch die Aufnahme verweigerte. Zum Zeichen des Triumphes über die Rebellen ließ Sultan Ahmed I. in Istanbul die nach ihm benannte Moschee errichten, die auch als Blaue Moschee bekannt wurde.

Das ländliche Kleinasien, das bereits unter den Folgen von Klimawandel und Bevölkerungswachstum litt, wurde von den Unruhen, die 1608 keineswegs vollständig niedergeschlagen waren, schwer getroffen: Die Rebellen und marodierende Banden bedrohten die Existenz der ländlichen Bevölkerung, die sich – ein klassischer Teufelskreis – zum Teil selbst diesen Banden anschloss, zum Teil in befestigte Städte oder in die Berge floh; beides erhöhte den Druck auf die verbliebenen Steuerzahler. Die Landflucht gipfelte in der sogenannten Großen Flucht der Jahre 1603 bis 1608, die die Siedlungsstruktur Anatoliens nachhaltig veränderte und das Timar-System weiter aushöhlte. Da die Bauern ihre Felder nicht bearbeiteten, kam es zu Hungersnöten. Erdbeben, Überschwemmungen, Kälte, Dürre und Seuchen trugen das Ihre zur allgemeinen Not bei. In den fruchtbaren, aber schwer zu verteidigenden Ebenen gingen Siedlungen verloren, Nomaden und Halbnomaden nutzten die unbestellten Flächen als Viehweiden. Dennoch handelte es sich nicht um ein reines Null-Summen-Spiel, denn gewisse Regionen profitierten von dieser Entwicklung. Besonders gut ist dieser Effekt für die Provinz Diyarbakır (das alte Amid) dokumentiert, wo die Zuwanderer Landwirtschaft und Gewerbe belebten.

Die Celali-Aufstände waren insgesamt Ausdruck allgemeiner Unzufriedenheit, sozialen Protestes und offener Rebellion, unterschieden sich jedoch grundlegend von den chinesischen Bauernrevolten und den europäischen Bauernkriegen des 16. Jahrhunderts: Die Mehrheit der Rebellen vertrat nicht die Anliegen der bäuerlichen Untertanen, sondern ihre eigenen; ohne Zögern stellten sie sich gegebenenfalls der Reichs- und Provinzverwaltung als Landsknechte zur Verfügung, um lokale Unruhen niederzuschlagen. Mit den von Eric Hobsbawm beschriebenen und nicht selten romantisch verklärten Sozialrebellen hatten sie, soweit die mehrheitlich feindseligen Quellen dies erkennen lassen, wenig zu tun, selbst wenn sich um einzelne Männer Legenden rankten, die in epischen Balladen bis in die Neuzeit weitergegeben wurden.[147] Keiner der bekannten anatolischen Celali-Führer trat mit einer mobilisierenden Idee, einem religiösen Versprechen oder einer gesellschaftspolitischen Utopie auf. Keiner schuf Institutionen, die über die vertrauten personengebundenen Beziehungsnetze hinausreichten. Keiner griff auf die klassischen Symbole politischer Unabhängigkeit zurück und ließ eigene Münzen prägen oder seinen Namen in der Freitagspredigt nennen – das tat nur Ali Janbulad in Aleppo. Ziel der Celali-Führer, die vielfach selbst aus den unteren und mittleren Rängen der osmanischen Provinzverwaltung kamen, war es nicht, das Osmanische Reich zu zerstören oder »an Haupt und Gliedern« zu erneuern, sondern einen gesicherten Platz *innerhalb* der osmanischen Ordnung zu erobern. Dabei ging es entweder um Statusgewinn oder um die Aufnahme in die Gruppe der Askeri. Wenn die Revolten auch nichts mit Sezession zu tun hatten und schon gar nichts mit nationaler Gesinnung, so handelte es sich doch um genau die Art autonomen Handelns, die die Reichsregierung so entschieden zu verhindern trachtete. Gefährlich wurde die Situation in dem Augenblick, in dem lokale Akteure sich überregional vernetzten oder gar ein Bündnis mit externen Kräften eingingen. Die größte Gefahr wäre von einem Zusammenwirken der anatolischen und syrischen Rebellen mit den Safaviden ausgegangen. Genau dazu aber kam es nicht.

Bei allem Gefahren-, ja Krisenbewusstsein der Zeitgenossen und späterer Betrachter muss eines festgehalten werden: Die osmanische Ordnung hielt den Celali-Revolten und zeitgleichen Unruhen in den arabischen Provinzen stand. Das imperiale Modell des Radialsystems, in dem Akteure sich nicht regionenübergreifend »horizontal« miteinander verbünden, sondern Widerstand »segmentiert« bleibt und die einzelnen Speichen jeweils auf das Zentrum weisen, blieb weitgehend gewahrt. In einer Situation allgemeiner Unsicherheit handelte auch der Staat pragmatisch, um nicht zu sagen opportunistisch, und setzte die altbekannten Instrumente ein, die sowohl Anreize als auch Sanktionen enthielten: Die Maxime lautete: neutralisieren, kooptieren, integrieren oder eliminieren. Führte Gewalt nicht zum Ziel, so benutzte der Staat einigermaßen unverhüllt Gouverneurs- und andere Posten als Handelsware, mit der die Rebellen in aller Form gekauft wurden. Der Herrschafts- und Verwaltungsapparat zerbrach dennoch nicht, vor allem die Vertreter der Justiz und der islamischen Gelehrsamkeit taten sich an vielen Orten als Verteidiger der bestehenden Ordnung hervor. Die Legitimität des Hauses Osman blieb unangetastet. Der Sultan profilierte sich letztlich doch als Wahrer von Gesetz und Ordnung.

2. Pluralisierung im Zentrum: Sultan, Reichs- und Palasteliten

Im Verlauf des 17. Jahrhunderts verschoben sich im Inneren und Äußeren die Gewichte: Das Osmanische Reich büßte seine militärische Überlegenheit gegenüber den europäischen Nachbarn ein, der Sultan seine Dominanz an den Schaltstellen der Macht. Die wahrgenommene Schwächung des Reiches wurde – zunächst in den Quellen, lange Zeit aber auch in der wissenschaftlichen Literatur – auf die Schwäche des Sultans als Zentrum der patrimonialen Ordnung zurückgeführt. Dieselbe Tendenz fand in der Idealisierung Süleimans I. ihren Ausdruck, typisches Beispiel der »Konstruktion« einer goldenen Zeit, und zwar nicht nur in der nostalgischen Rückschau, sondern bereits zu seinen Lebzeiten. Süleimans Glorifizierung als »Salomo seiner Zeit« (ein naheliegendes Spiel mit seinem Namen), »zweiter Timur« und endzeitlicher Herrscher ebbte allerdings über die Jahre ab.[148] Schon zu Beginn des 16. Jahrhunderts, als das Reich stetig expandierte und von keiner äußeren Macht ernsthaft gefährdet wurde, hatte Prinz Korkud, der im Kampf um die Nachfolge seinem Bruder Selim unterlag, den Niedergang des Reiches beklagt. Damit griff er auf eine zeitkritische Tradition zurück, die mit dem Schema des Vorher / Nachher operierte und damit dem Kontrast zwischen früherer Größe und aktueller Schwäche. So bewegend die

Klagen der Zeitgenossen auch waren, so sehr muss man sich hüten, sie unbesehen zu übernehmen: Der Kontrast zwischen dem (imaginierten) »Vorher« – das Osmanische Reich als vom Sultan durchgängig beherrschtes, einheitliches und kontinuierlich expandierendes Imperium – und dem »Nachher« – das Osmanische Reich als dezentralisiertes Gefüge mit korrupter Verwaltung und porösen Grenzen – ist nicht so scharf wie von vielen angenommen.

Die Ursachen der Krise und der durch sie bedingten Umstrukturierung reichten ins 16. Jahrhundert zurück und damit in das später idealisierte Goldene Zeitalter. Süleiman selbst war es, der persönliche Neigungen über tradierte Handlungsmuster stellte: Indem er seinen Günstling Ibrahim unter Umgehung der üblichen Karriereschritte aus der Inneren Kammer direkt in hohe und höchste Ämter beförderte (bis er ihn 1536 erdrosseln ließ) und seine ehemalige Sklavin Hürrem zu seiner Ehefrau machte, schuf er ein erstes Vorbild für die Machtstellung von Favoriten und Favoritinnen, die im 17. Jahrhundert das Leben am Hof bestimmen sollten. Sultan Selim II. hatte bereits ungleich weniger Anteil an den Feldzügen und Amtsgeschäften genommen, als dies sein Vater Süleiman zumindest in seinen jungen und mittleren Jahren getan hatte, sich in den Palast zurückgezogen und das Regieren weitgehend seinem Großwesir Sokollu Mehmed Pascha überlassen. Ein tragendes Element herrscherlicher »Ausbildung« wurde aufgegeben, als die Prinzen um 1600 nicht länger in die Provinz entsandt wurden, um dort regierungspraktische Erfahrung zu sammeln und einen eigenen Haushalt aufzubauen, sondern bis zu ihrer Thronbesteigung (oder Hinrichtung) im Palast lebten. Nicht anders hielten es seit Abbas I. die Safaviden. Dementsprechend schlecht waren die Herrscher auf ihre Aufgabe vorbereitet.

Die Osmanen gingen sogar noch einen Schritt weiter: Im 17. Jahrhundert wurden die männlichen Angehörigen des regierenden Sultans in einem strikt abgeschirmten Teil des Palastes (volkstümlich als *kafes*, »Käfig«, bekannt) in der Nähe des Innenhofs der Sultansmutter gehalten, manche von ihnen jahrzehntelang.[149] Wie weit die Entmündigung, ja regelrechte Entmannung der Prinzen reichte, zeigt die Tatsache, dass sie zwar Konkubinen haben, aber keine Kinder zeugen durften; auch einen Bart zu tragen war ihnen verboten. Ein eigener Haushalt sowie die sichtbarsten Attribute der Männlichkeit waren dem regierenden Sultan vorbehalten. Angesichts der Zentralität des Sultans für die osmanische Ordnung erstaunt eine Politik, die nicht nur auf eine angemessene Vorbereitung der künftigen Herrscher verzichtete, sondern – in einer Periode ununterbrochener Kriege und innerer Unruhe – keine Bedenken hatte, Kinder und psychisch Kranke auf den Thron zu heben. Unter den neun Sultanen des 17. Jahrhunderts waren nur drei bei der Thronbesteigung volljährig und im Vollbesitz ihrer geistigen Kräfte; mehrere waren noch Kinder oder hatten gerade die Pubertät erreicht, zwei waren geisteskrank oder zumindest psychisch labil. Eingeschränkte Außenkontakte, rigide Überwachung und die ständige Angst vor der Hinrichtung hinterließen bei einigen Prinzen tiefe Spuren, die man wohl als Traumatisierung deuten muss und die sich unweigerlich auf ihre Regierungsführung auswirkten.

Die Seklusion des Sultans veränderte seine Rolle, vom dynamischen Kriegerfürsten hin zum bloßen Symbol der Dynastie oder, wie es ein moderner Historiker ausdrückte, von der Person zur *persona*.[150] Je unbeteiligter der Sultan an den Feldzügen und Regierungsgeschäften war, desto entrückter stellten ihn die Hofideologen dar – das Bild von der Perle in der Muschel, das der Bürokrat und Literat Mustafa Ali prägte, drückt es plastisch aus. Die Osmanistin Leslie Peirce hat in ihrer großen Studie des imperialen Harems von einer »imperialen Ikone« gesprochen.[151] Der Sultan war für seine Untertanen, ja selbst für den größten Teil des Hofstaats und die Spitzen von Armee, Bürokratie und Justiz kaum mehr sichtbar. Er aß allein; er sprach nicht in der Öffentlichkeit; in seiner Gegenwart herrschte Stille. Mehrere europäische Besucher haben den Eindruck imperialer Majestät festgehalten, den die großen Audienzen mit Hunderten stummer Höflinge, Leibgarden und Pfortentruppen um einen schweigenden, betont desinteressiert auftretenden Sultan bei ihnen hinterließen. Ein Zeitzeuge sprach von einer »Palisade von Statuen«.[152]

Nicht die Distanz zwischen Herrscher und Untertanen war hier das Entscheidende: Distanz und eine geradezu sakrale Aura wahrte auch der marokkanische Sultan.[153] Es war die Unnahbarkeit und Untätigkeit eines Herrschers, dessen Position nach überkommener Vorstellung Präsenz und Energie erforderte. Unweigerlich veränderte sich die Herrschaftsausübung, wenn der Sultan, gleichermaßen entrückt wie inkompetent, seinen Wesiren, Heeresrichtern und Pfortentruppen nicht mehr regelmäßig begegnete und sein Haushalt nicht mehr selbstverständlicher Mittelpunkt von Regierung und Verwaltung war. Deutlich lässt sich das am Beispiel der Janitscharen und der Pforten-Sipahis ablesen, für die der Sultan an sich die zentrale Bezugsperson hätte sein müssen. Nicht umsonst fallen in das 17. Jahrhundert die ersten Königsmorde der osmanischen Geschichte, an denen die Pfortentruppen maßgeblichen Anteil hatten. Herrschaft wurde weiterhin über Haushalte ausgeübt, aber nicht mehr primär über den Haushalt des Sultans. Das bedeutete zugleich das Ende der patrimonialen Ordnung »klassischen« Zuschnitts. Noch ein Punkt verdient unter vergleichenden Gesichtspunkten Beachtung: Die Seklusion entsprach durchaus einem imperialen Muster, dem auch die chinesischen und japanischen Kaiser folgten, vielleicht sogar in noch extremerer Form. Aber anders als der osmanische Sultan erfüllten sie rituelle und zeremonielle Pflichten, auf die zumindest aus der Sicht des Hofes und der Priesterschaft zum Zweck des Erhalts von Volk und Reich nicht verzichtet werden konnte.

Nicht alle der im »Käfig« aufgewachsenen Prinzen waren als Persönlichkeiten schwach und labil. Es zeigte sich aber, dass sie sich im Konfliktfall nicht länger gegen Allianzen von Militärs, Höflingen und Ulama durchsetzen konnten. 1618 wurde Prinz Osman (bekannt als Genç Osman, »der junge Osman«) kaum vierzehnjährig anstelle seines wohl unzurechnungsfähigen Onkels Mustafa auf den Thron gehoben.[154] Obgleich unerfahren, erwies er sich als ambitionierter Herrscher, der – anders als mehrere seiner Vorgänger – keine freigelassene Sklavin heiratete, sondern eine Tochter des Şeihülislam (dem die Zustimmung allerdings abgezwungen werden musste). Nach einem letztlich erfolglosen Krieg gegen Polen-Litauen plante Osman II. angeblich, den chronisch rebellischen Janitscharen neue Einheiten an die Seite zu stellen, sie möglicherweise sogar durch diese zu ersetzen. Diese Einheiten sollten Gerüchten zufolge unter der muslimischen Bevölkerung in Anatolien und Syrien ausgehoben werden. Ob dieses Vorhaben über die bereits übliche Praxis der Truppenwerbung unter den eigenen muslimischen Untertanen hinausgehen und tatsächlich ein aus freien Muslimen gebildetes stehendes Heer schaffen würde, war zu diesem Zeitpunkt kaum abzusehen. Gleichgültig wie seine Pläne im Einzelnen aussahen: Osman scheiterte am Widerstand der Pfortentruppen, die sich 1622 mit der Unterstützung ranghoher Ulama gegen ihn erhoben. Der Großwesir und andere wichtige Berater wurden hingerichtet, Osman selbst gefangen genommen und auf erniedrigende Weise getötet. Es war der erste Königsmord der osmanischen Geschichte, ein Tabubruch und zugleich ein Präzedenzfall. Im 20. Jahrhundert dagegen sollte Osman II. zum Wegbereiter osmanisch-türkischer Reformer, an ihrer Spitze Mustafa Kemal Atatürk, stilisiert werden.

Die Seklusion und Schwäche des Sultans rückte andere Kräfte in den Vordergrund, die in den klassischen Regierungslehren als Diener des Herrschers, nicht aber als eigenständig Handelnde vorgesehen waren: hohe Militärs und Bürokraten, Höflinge und Favoriten, Haremsbewohner und Pfortentruppen. Da die Prinzen nicht länger als Statthalter in die Provinz entsandt wurden, entfielen die Faktionsbildungen unter Einbeziehung von Provinzeliten und die blutigen Thronkämpfe. An ihre Stelle traten die Allianzen hoher Amtsträger, einflussreicher Höflinge sowie ihrer Verbündeten im Harem und unter den in der Hauptstadt stationierten Pfortentruppen, die unter den Angehörigen des Hauses Osman den Thronfolger auswählten. Das kostete weniger Blut und zog die Untertanen weniger in Mitleidenschaft als die Nachfolgekämpfe früherer Generationen, bedeutete jedoch eine Verengung der Entscheidungen auf den Palast und die Istanbuler Eliten.

Auch hier gab es Abstufungen: Hohe Militärs, Bürokraten und Ulama waren von Rechts wegen in die Regierungsgeschäfte eingebunden; Favoriten, Eunuchen und Frauen waren es nicht. Auf Letztere konzentrierte sich die Kritik der gebildeten Kreise. Erst im Harem und dann, wenn er nicht zu hermetisch abgeriegelt war, im

»Käfig« standen die Prinzen unter dem Einfluss ihrer Mütter, Konkubinen, Sklaven und Eunuchen. In der Regel nahmen diese auch nach der Thronbesteigung eines Prinzen Einfluss auf die Staatsgeschäfte, und zwar nicht zuletzt, indem sie den Zugang zu ihm kontrollierten und damit zugleich die Vergabe der wichtigsten Titel, Posten und Einkünfte. Das galt zumal, wenn der Sultan ein Kind, unerfahren oder geistig verwirrt war, und das waren vor allem im 17. Jahrhundert nicht wenige. Früh rief dies Kritik an einer »Haremswirtschaft« hervor (»Sultanat der Frauen«).[155] Für viele zeitgenössische Beobachter, und auch für manch späteren Betrachter, war die bloße Tatsache anstößig, dass es Frauen und Eunuchen waren, die auf den Herrscher Einfluss nahmen – das Stichwort der Weiberherrschaft gehört seit der Antike zu den Grundpfeilern misogyner Kultur- und Gesellschaftskritik. Nicht nur in diesem Fall deckte sich dabei das in den Quellen formulierte Vorurteil mit dem moderner Historiker.[156] Dennoch ist nicht zu bestreiten, dass die Frauen des Harems, ebenso wie die von ihnen beeinflussten Prinzen und Sultane, die Realitäten jenseits des Palastes kaum mehr aus eigener Anschauung kannten. Bis ins 19. Jahrhundert hinein, als Alben, Karten, Zeichnungen und später auch Fotografien von den unterschiedlichen Provinzen angefertigt wurden, konnten sich der Sultan und sein Haushalt im Wortsinn kaum ein Bild vom Reich und dessen Bewohnern machen. Ein Großwesir, Heeresrichter oder Kadi kannte das Reich von Buda bis Bagdad und von Kars bis Kairo; mancher Sultan kannte nur den Topkapı-Palast.

In dem Jahrhundert zwischen 1550 und 1650 erreichten Sultansgattinnen und -mütter eine Machtstellung, die sie nie zuvor besaßen und auch später nie wiedererlangen sollten. Hürrem (Khasseki Sultan) hatte bereits ein Beispiel für die starke Sultansgattin gesetzt. Mit ihr trat erstmals eine Ehefrau des Herrschers in den Vordergrund, nachdem zuvor allenfalls die Sultansmutter Einfluss ausgeübt hatte. Unter Selim II. nahm Nurbanu (um 1525 oder 1530 bis 1583), eine uneheliche Tochter aus venezianischem Adel, eine vergleichbare Rolle ein; nach Selims Tod herrschte sie als Mutter des regierenden Sultans (Murad III.) als faktische Regentin. Ähnlich dominant war

Murads Favoritin Safiyye (um 1550 bis 1605), eine von Korsaren geraubte Albanerin oder Italienerin, deren Sohn als Mehmed III. den Thron bestieg. Als dessen Sohn Ahmed (I.) 1603 gerade einmal dreizehnjährig als erster osmanischer Sultan direkt aus dem Harem auf den Thron gehoben wurde, musste Safiyye den Topkapı-Palast verlassen. Den beherrschenden Einfluss übte nach Ahmeds Tod im Jahr 1617 über drei Jahrzehnte Kösem Mahpeyker (Kösem Sultan) aus, Ahmeds ehemalige Favoritin und die Mutter mehrerer gemeinsamer Söhne und Töchter; 1651 wurde sie ermordet. Von da an spielte Hadice Turhan, eine von Krimtataren versklavte Russin und Witwe von Kösems Sohn (Deli) Ibrahim, der wohl durch sein Leben im »Käfig« traumatisiert war und nach wenigen Jahren abgesetzt wurde, eine vergleichbare Rolle.

Die Rivalität der Frauen und ihrer Entourage wurde auf engstem Raum ausgetragen, jede Auszeichnung, jedes Privileg, jede Statusänderung wurde durch Titel, Geschenke, Apanagen und die Zuweisung von Räumlichkeiten innerhalb des Harems sichtbar gemacht und ebenso natürlich jede Einbuße an Gunst und Vergünstigung. Gleichgültig allerdings ob Mutter, Favoritin oder Ehefrau: Ihre Stellung leitete sich von der Beziehung zum Herrscher ab; eine autonome Machtbasis besaßen sie schon deshalb nicht, weil sie nicht als Angehörige einflussreicher Adelshäuser, Stämme oder Gelehrtendynastien an den Hof kamen, sondern als Sklavinnen. Anders die Position von Prinzessinnen, die zumindest gegenüber ihrem in der Regel nicht ebenbürtigen Ehemann ihre Geburt und ihr Vermögen geltend machen konnten. Aber auch ihre Stellung leitete sich letztlich vom Sultan ab, auch sie konnten im Konfliktfall keine von ihm unabhängige Familie mobilisieren.

Nach einer Niederlage gegen die venezianische Flotte im langen Krieg um Kreta aber stimmte Hadice Turhan 1656 der Ernennung Mehmed Köprülü Paschas zum Großwesir zu. Dieser ließ sich von dem gerade einmal fünfzehnjährigen Sultan (Mehmed IV., reg. 1648–1687) die uneingeschränkte Handlungsbefugnis bestätigen. Als begeisterter Jäger verbrachte Mehmed die meiste Zeit in Edirne und Umgebung. Noch einmal konnte sich ein Wesirshaushalt etablieren, wie ihn ein Jahrhundert zuvor mit ähnlichen Mitteln Sokollu Mehmed geschaffen hatte. [157] Köprülü Mehmed war vermutlich um 1578 in Albanien geboren und, ein klassisches Produkt der Knabenlese, im Palastdienst zum Pagen der Inneren Kammer aufgestiegen, dann aber als Sipahi in die anatolische Provinzstadt Köprü gegangen (daher der Beiname). Angesichts einer eher mittelmäßigen Karriere überraschte seine Erhebung in das höchste Staatsamt. Noch mehr überraschte die entschlossene Art, mit der er gegen echte und vermeintliche Unruhestifter von den Kadızadelis bis zu den Celalis sowie gegen militärisches Versagen, Korruption und Misswirtschaft vorging, massenhafte Exekutionen hoher und niederer Militärs und Bürokraten eingeschlossen. Auch Köprülü nutzte seine Macht und besetzte systematisch die Palast-, Reichs- und Provinzverwaltung mit Männern des eigenen Haushalts. Ihm folgte – und das war eine Innovation, denn noch nie war bis dahin das Amt des Großwesirs vererbt worden – 1661 sein ältester Sohn (Köprülüzade) Fazıl Ahmed Pascha (1635–1676), der eine sorgfältige religiöse Ausbildung genossen hatte, dank der Patronage seines Vaters schon mit Mitte zwanzig als Statthalter nach Erzurum, Damaskus und schließlich Aleppo entsandt wurde und das Amt des Großwesirs sehr energisch ausfüllte. Sein früher Tod war wohl dem Alkoholismus geschuldet. In den folgenden Jahren und Jahrzehnten rückten mehrere Angehörige des Köprülü-Haushalts in hohe und höchste Ämter vor. Bei allem Glanz aber waren ihr Titel und Vermögen rechtlich nicht abgesichert. Die Köprülü blieben Pfortensklaven. Vor dem Verlust ihrer Position schützten sie im Konfliktfall keine einklagbaren Rechte und Institutionen, sondern allenfalls personengebundene Klientel- und Patronagenetze.

Der Rückzug des Sultans aus den Staatsgeschäften wertete die vom Großwesir geführte Reichsbürokratie auf, die sich räumlich und sachlich schrittweise verselbständigte. Im 18. Jahrhundert trat der Diwan nicht länger im Topkapı-Palast, sondern im Palast des Großwesirs zusammen, im 19. Jahrhundert wurde Letzterer als Hohe Pforte (Bab-i Ali) Sitz und Synonym der osmanischen Zentralregierung. Für sich genommen gefährdete die klarere Trennung zwischen Palast und Reichsverwaltung in keiner Weise den Erhalt des Reiches. Ganz offensichtlich war es institutionell stark genug, um sich im angestammten Zentrum der Macht ein Vakuum leisten zu können. Schaden fügte dem Reich die Zunahme von Nepotismus, Korruption und Ämterkauf in allen Zweigen von Militär, Justiz und Verwaltung zu: Wichtige Posten und Einkünfte wurden von einflussreichen Personen bei Hofe unter Umgehung der vorgeschriebenen Ämterlaufbahn vergeben, wenn nicht regelrecht verschachert. Die Begünstigten kamen immer häufiger aus den Haushalten hoher Militärs und Bürokraten, nicht dem Haushalt des Sultans. Daher war es auch so wichtig, in der imperialen Machtelite vertreten zu sein oder dort zumindest einen Patron zu besitzen. Wer sich nicht in Istanbul aufhielt, wurde leicht ausgebootet, und das konnte gravierende Folgen haben, denn bei jedem Amtsverlust stand viel auf dem Spiel: Stürzte das Oberhaupt eines Haushalts, waren auch seine Klienten bedroht. Extrem kurze Dienstzeiten und ständige Versetzungen ließen eine kompetente Verwaltung kaum mehr zu, was sich vor allem in den Provinzen bemerkbar machte, und um die Wartezeiten zwischen einzelnen Verwendungen auszugleichen, wurden immer neue Einkunftsquellen und Sinekuren geschaffen oder auf neue Empfängergruppen ausgeweitet.

3. Monetarisierung und Kommerzialisierung

Was kritischen Zeitgenossen und späteren Beobachtern als Niedergang und Verfall erscheinen mochte, lässt sich aus der historischen Distanz (auch) als Strukturwandel der politischen Ökonomie verstehen, in dessen Verlauf sich Staat und Gesellschaft stärker verzahnten als zuvor. Am auffälligsten war dabei der Wandel des »Staatsapparates«: Einerseits investierten hohe Militärs und Bürokraten gezielt in Steuerpachten in der Provinz, während sich die Janitscharen in die städtische Gesellschaft einfügten. Andererseits erlangten breitere Kreise der steuerzahlenden Untertanen Zugang zu staatlichen

Ressourcen und Positionen in der Provinzverwaltung. Zu diesem Prozess zählten die Umwandlung von Natural- in Barabgaben; die Umwidmung von Pfründen, insbesondere Timars; die Ausweitung der Steuerpacht und die Einführung neuer Steuern, Abgaben und Zölle; die Verbreitung der »politischen Haushalte« und, eng mit diesen Phänomenen verbunden, der Aufstieg der *ayan* oder Notabeln. Dabei lässt sich nicht von einer konzertierten Aktion samt klarer Vision sprechen, wie sie ansatzweise in den Tanzimat-Reformen des 19. Jahrhunderts zum Tragen kommen sollte. Die Anpassungen des 17. und 18. Jahrhunderts waren Teil eines Krisenmanagements, das pragmatisch einen Schritt vor den anderen setzte, nicht selten auch einen Schritt *neben* den anderen. Staatliche Eingriffe, gesellschaftliche Verschiebungen und globale Trends gestalteten die politische Ökonomie grundlegend um. Am Ende des 17. Jahrhunderts war das Osmanische Reich seinen europäischen Nachbarn ähnlicher geworden als zuvor: weniger expandierender, von einem Kriegerfürsten geführter Personenverband *(daula)*, mehr bürokratisch regierter Staat.[158] Dabei ist aber auch ein Unterschied festzuhalten: Während sich in Mittel- und Westeuropa der absolutistische Staat herausbildete, war im Osmanischen Reich eine stärkere Pluralisierung der Machteliten zu beobachten. Der Staat wurde im Wortsinn statischer und die Stellung des Sultans schwächer, die Monarchie als Institution und das Haus Osman als ihr Träger aber blieben unangetastet.

Der Strukturwandel des Militärs

Auf den einfachsten Nenner gebracht, verloren im Verlauf des 17. Jahrhunderts die traditionellen Stützen der imperialen Zentralgewalt – die über die Knabenlese rekrutierten Pfortentruppen und die mit Timars ausgestatteten Sipahis – ihre militärische Bedeutung, während lokale Janitscharen-Einheiten und der bewaffnete Anhang von Provinzgouverneuren, Provinznotabeln und lokalen *strongmen* militärisch und politisch an Gewicht gewannen. Im 17. Jahrhundert brach das Timar-System zusammen, ohne in aller Form aufgehoben zu werden. Immer weniger Timars unterhielten professionelle Kavalleristen, immer mehr dienten als Pfründen und Sinekuren der

Versorgung unterschiedlicher Amtsträger sowie der Verwandten und Gefolgsleute einflussreicher Persönlichkeiten bis hin zu den weiblichen Angehörigen der Herrscherfamilie, die selbstverständlich kein Anrecht auf Militärpfründen besaßen. Vielfach kauften sich Timar-Halter von ihren militärischen Pflichten frei. Ähnlich machten es die Pfortentruppen. Während die über die Knabenlese rekrutierten Janitscharen bereits seit dem 16. Jahrhundert in die städtische Gesellschaft einheirateten, drängten im 17. Jahrhundert immer mehr frei geborene Muslime in die mit fiskalischen und rechtlichen Privilegien ausgestatteten Janitscharen-Corps. Gegen Geldzahlungen (in der Regel also wohl mittels Bestechung) ließen Janitscharen ihre Söhne registrieren, Außenstehende sich in die Mannschaftslisten eintragen. Faktisch etablierte sich auf diese Weise ein erblicher Anspruch auf den steuerprivilegierten Askeri-Status, wie ihn die Söhne von Sipahis bei entsprechender militärischer Leistung bereits besaßen. Die Knabenlese kam, wohl nicht zuletzt wegen mangelnden Bedarfs, zum Erliegen. Von den 1630er Jahren an wurde sie nur noch unregelmäßig durchgeführt und 1738 letztmalig erwähnt.

Aus der Kombination von Einheirat und Erblichkeit entstand im 17. Jahrhundert eine eigene Gruppe der »Söhne von Pfortensklaven« (osman. *kuloghlu*), aus der die Mehrheit der Janitscharen rekrutiert wurde. Die Kuloghlu durchliefen nicht länger den vorgesehenen Ausbildungsweg und waren nicht mehr den damit verknüpften Erfahrungen von Entwurzelung, Umerziehung und strikter Disziplinierung ausgesetzt. Die Janitscharen-Corps des 17. und 18. Jahrhunderts hatten mit ihren Vorgängern daher nur noch wenig gemeinsam; an vielen Orten waren sie integraler Teil der städtischen Gesellschaft. Für die Handwerker und Händler hatte das gemischte Folgen: Einerseits erhielten sie Konkurrenz durch die Janitscharen, die in die Zünfte eindrangen oder ihnen Schutzgelder abpressten. Andererseits konnten sie hoffen, von den Privilegien der Janitscharen und ihrer physischen Schlagkraft zu profitieren. In den nordafrikanischen »Regentschaften« Algier, Tunis und Tripoli sowie in einzelnen Städten Syriens und des Iraks zählten die Janitscharen zur lokalen Machtelite, in anderen Städten standen sie gewissermaßen im zweiten Glied.

Die Ausweitung der Steuerpacht

Unter den Faktoren, die die osmanische Zentralregierung im Verlauf des 17. und 18. Jahrhunderts zu einer Umstrukturierung zwangen, spielten ökonomische Trends, die von den Osmanen selbst kaum zu beeinflussen waren, eine größere Rolle als zuvor. Kern des Problems war die staatliche Finanzknappheit. Nach vier Jahrhunderten der Expansion geriet das Imperium im letzten Drittel des 18. Jahrhunderts in eine Phase der Stagnation. So verschärfte sich, nicht anders als im frühneuzeitlichen Europa, Japan oder China, ein Teufelskreis: Der Krieg belastete, wenn er nicht hinreichend Beute und sonstige Einnahmen brachte, die eigene Wirtschaft und Gesellschaft. Hier zeigte sich, wie sehr auch das Osmanische Reich auf Krieg gebaut war. Wirtschaftspolitisch hielt es am Provisionismus fest und gab ihn nicht zugunsten merkantilistischer Grundsätze auf: Das bedeutete die Fortdauer hoher Münzabflüsse und ein bleibendes Außenhandelsdefizit insbesondere gegenüber dem Mogulreich. Immerhin schützten die eigenen Silbervorkommen das Reich gegen die Finanzkrise, die nach dem Ende des Silberbooms um 1695 den Mittelmeerraum erfasste. 1689 wurde wieder eine eigene osmanische Silbermünze geprägt: der *kuruş* (arab. *qirsh*, von dt. Groschen) oder Piaster *(para)*, der dem österreichischen Taler nachgestaltet war. Der venezianische Dukaten diente als Vorbild für eine neue Serie von Goldmünzen, die der Staat auf den Markt brachte. Der Binnenhandel wurde vorrangig mit Kupfermünzen abgewickelt. Die Währungsstabilität, die auf diese Weise geschaffen wurde, kam dem osmanischen Staatshaushalt ebenso zugute wie der Wirtschaft insgesamt. Ein Grundübel jedoch, das die Produzenten im Osmanischen Reich belastete, blieb ungelöst: Strategische Güter und Dienstleistungen wie Getreide, das von den Bauern entlang der Marschrouten der Armee gelagert werden musste, wurden vom Staat weiterhin entweder gar nicht oder weit unter Wert entlohnt. Die Zünfte, die über ihre Verbindung zu den Janitscharen und anderen bewaffneten Gruppen Gegenmacht hätten bilden können, scheinen diesem Missstand allenfalls punktuell und sporadisch entgegengetreten zu sein.

Schon an der Wende zum 17. Jahrhundert war die Reichsregierung dazu übergegangen, auf ländliche und städtische Haushalte direkte Steuern und Abgaben zu erheben, die als *avarız* bekannt waren; selbst moralisch umstrittene Genussmittel wie Tabak und Kaffee belegte sie mit Verbrauchssteuern.[159] Auch die Umstellung auf Pauschalzahlungen durch ein Kollektiv von Steuerpflichtigen sollte die Staatseinnahmen erhöhen. Zur gleichen Zeit bemühte sich die Zentralregierung, die Steuerlast der Untertanen in erträglichen Grenzen zu halten, um deren Produktivität zu bewahren und Protest und Widerstand vorzubeugen. Diese Anstrengungen wurden auf Distrikt- und Provinzebene jedoch häufig durch unregelmäßige, wenn nicht illegale Steuern, Zölle und Abgaben konterkariert, die in örtliche Kassen flossen.

Zur Linderung der Finanznot weitete die osmanische Regierung im Verlauf des 17. Jahrhunderts die Steuerpacht *(iltizam)* von bestimmten Provinzen und Sektoren auf das gesamte Reichsgebiet und diverse Steuerquellen aus. Das zog im Innern zwar einen gewissen Kontrollverlust nach sich, spülte jedoch hohe Geldsummen in die staatlichen Kassen, die kurzfristig und flexibel eingesetzt werden konnten. Steuerpachten beinhalteten den Erwerb von Rechten und Einkünften aus bestimmten Gütern, seien es Land, Immobilien, Bodenschätze, gewerbliche Produkte, die Kopfsteuer oder selbst unregelmäßige Abgaben gegen Vorauszahlung einer festgesetzten Summe. Sie wurden in öffentlichen Auktionen meistbietend versteigert und vertraglich festgelegt, jedoch sehr flexibel gehandhabt. So war die Steuerpacht in der Regel auf ein bis drei Jahre limitiert, doch konnten auch zwei oder drei solcher Perioden ersteigert werden. Auch konnten die Steuerpächter (osman. *mültezim*, arab. *multazim*) Anteile unterverpachten.

Von der Intention her beinhaltete die Steuerpacht keine militärisch-administrativen, sondern ausschließlich finanzielle und in diesem Sinn zivile Aufgaben. Unter der Bedingung, dass sie die Steuereinkünfte erhöhten, konnten Steuerpächter für sich oder ihre Kandidaten allerdings selbst Gouverneursposten ersteigern und auf diese Weise – gegebenenfalls ohne einschlägige Fachkenntnisse und Erfahrungen – legal in den Staatsapparat eindringen. An bestimmten Orten gewährten nicht nur Geldverleiher, sondern auch europäische Kaufleute lokalen Bietern Kredite, mit deren Hilfe sie die erforderlichen Summen vorschießen konnten. Als sich auch im Osmanischen Reich das Ende des Silberbooms bemerkbar machte, wurden 1695 erstmals Steuerpachten auf Lebenszeit angeboten, die gleichfalls in öffentlichen Auktionen versteigert wurden. Dazu gehörten ganze Distrikte, gelegentlich sogar kleinere Provinzen. Der persisch-arabische Fachterminus *malikane mukataat* implizierte eigentumsähnliche Rechte an dem ersteigerten Gut sowie die Chance, die Steuerpacht oder Anteile daran an (männliche) Angehörige weiterzugeben. Zwar wurde der Kreis der Bieter bald auf die Askeri eingeschränkt, um steuerpflichtige Untertanen daran zu hindern, in den inneren Kern der Machtelite einzudringen. Dennoch durchbrach die lebenslange Steuerpacht gleich zwei eherne Grundsätze osmanischer Herrschaft und Verwaltung, nämlich die Bindung »staatlicher« Einkünfte an messbare Leistungen und die zeitliche Begrenzung ihrer Vergabe.

Die Ausweitung der Steuerpacht zu Lasten der Pfründenvergabe hatte Auswirkungen weit über den fiskalischen Bereich hinaus. Vielerorts führte sie zu einer intensiveren Ausbeutung der Steuerzahler, und zwar gerade der bäuerlichen Familienhöfe (*çifthane*), die der osmanische Staat schützen wollte, um nicht nur seinen Ruf der Gerechtigkeit zu verteidigen, sondern auch die bäuerliche Produktion zu erhalten. Da der Erwerb einer Steuerpacht (mit Ausnahme der *malikane*) aber nicht an den Askeri-Status geknüpft war, verschaffte er zugleich vermögenden Untertanen Zugang zu staatlichen Ressourcen. Die Ausweitung der Steuerpacht sollte daher nicht allein unter dem Vorzeichen eines staatlichen Kontrollverlustes, sondern einer allmählichen Umwandlung des osmanischen Erobererstaates gesehen werden. Auf mittlere Sicht verstärkte sie die Tendenz zur Kommerzialisierung, Privatisierung und Entmilitarisierung »staatlicher« Ämter und Funktionen und öffnete zugleich die Schranke, die Askeri und Reaya im 15. und 16. Jahrhundert voneinander getrennt hatte. Gerade das irritierte nicht wenige osmanische Beobachter – allesamt Angehörige der gebildeten imperialen Elite –, die den Aufstieg einfacher Männer in Positionen beklagten, die ihnen nicht zustanden. Sie sahen das klassische Prinzip der Gerechtigkeit bedroht, das aufrechterhalten wurde, indem jeder an »seinem« Platz blieb.

Als Ergebnis dieser Entwicklungen standen sich zwei Tendenzen gegenüber: die Öffnung staatlicher Positionen und Ressourcen für vermögende Angehörige der Untertanenschaft, die über Steuerpachten in die Provinzverwaltung eindrangen, und die zunehmende Abschließung der imperialen Eliten gegen soziale Aufsteiger, als sich im 18. Jahrhundert das Erblichkeitsprinzip in weiten Teilen von Staat und Gesellschaft durchsetzte. Gerade in der Ilmiyye fand diese Entwicklung ihre scharfen Kritiker, die den Niedergang von Justiz und Gelehrsamkeit zugunsten schierer Geldsucht, Gier und Günstlingswirtschaft beklagten. Vor allem der Zugriff auf Steuerpachten wurde mit Verweis auf die Standesethik kritisiert.[160] Fromme Skrupel hielten die Tendenz zur Erblichkeit freilich nicht auf: Spätestens im 18. Jahrhundert wurden die höchsten Ränge der Ilmiyye von gewissen Gelehrtenfamilien dominiert, unter ihnen viele muslimische Türken. Der Rest entstammte den bürokratischen und militärischen Eliten. Nicht selten gelangten Mitglieder dieser Familien sehr jung in exponierte Stellungen, für die sie unmöglich hinreichend qualifiziert sein konnten. Kandidaten aus der Provinz, die nicht an den imperialen Madrasen studiert hatten, unter ihnen selbst Absolventen renommierter islamischer Hochschulen wie der Azhar in Kairo oder der Zaituna im heutigen Tunesien, hatten kaum eine Chance, in die obersten Ränge vorzudringen.

Es ist verschiedentlich argumentiert worden, im osmanischen 18. Jahrhundert habe sich eine bürokratische und militärische Aristokratie über weitgespannte politische Haushalte und Patronagenetze als *Stand* reproduziert. Wie im frühneuzeitlichen Frankreich könne man bei den »Männern der Feder« von einem »Amtsadel« sprechen.[161] Das ist insofern richtig, als der französische Amtsadel *(noblesse de robe)* im Gegensatz zum Geblütsadel Titel und Einkünfte nicht qua Geburt erlangte, sondern qua Ämterkauf, dass er hierfür Fachwissen und Vermögen benötigte und dass er Titel und Einkünfte an die eigenen Erben übertragen konnte. Aber es täuscht doch nicht hinweg über die tiefgreifenden Unterschiede zwischen der nach Herkunft und Lebensweise bürgerlichen *noblesse de robe* und der gesellschaftlich, politisch und auch rechtlich sehr anders verorteten hohen osmanischen Bürokratie. Zumindest die Pfortensklaven waren weiterhin nicht gegen den Verlust von Amt, Vermögen und selbst des Lebens geschützt, wenn sie die Gunst des Sultans und seiner Favoriten verloren. Und da im Prinzip alle Staatsdiener als »Sklaven des Sultans« galten, waren auch die frei Geborenen unter ihnen nicht gegen Willkür gefeit. Schützende Garantien sollten sie erst im Zug der rechtsstaatlichen Reformen des 19. Jahrhunderts erlangen. Sozial verwischte sich der Unterschied zu einer ständischen Ordnung europäischen Zuschnitts bis zu einem gewissen Grad, rechtlich und politisch gesehen blieb er gewahrt.

Weit über den Staatsapparat hinaus schlug sich der Trend zur Monetarisierung und Kommerzialisierung nieder. Auf dem Land entstanden große Güter, die vorrangig nicht für die Subsistenz, sondern für den Export produzierten, in den Städten wurden die frommen Stiftungen ökonomisch aktiviert. Posten, Ämter, Land und Stiftungsgut, alles wurde so zur Ware. Nicht nur wurde immer mehr städtisches Eigentum in fromme Stiftungen umgewandelt. Die Stiftungsverwalter erkannten zugleich die Chancen der Kommerzialisierung und handelten immer offener mit Stiftungsgut, ja nutzten es selbst zu Geldverleih und Kreditvergabe gegen Zinsen, die islamrechtlich eigentlich tabu waren. Als der Staat unter Verletzung tradierten Rechts immer häufiger auf Stiftungsgut zugriff und es mit höheren Steuern und Abgaben belegte, gaben die Verwalter den Druck an die Handwerker, Ladenbesitzer und Händler weiter, erhöhten deren Pacht und Miete oder setzten sie »frei«. Die meisten Handwerker besaßen zwar eigenen Wohnraum und viele auch das nötige Werkzeug, aber nicht die Werkstatt oder den Laden. Doch fand sich auch für dieses Problem eine Lösung: Analog zu bestehenden Praktiken in anderen Rechtsbereichen, insbesondere aber dem Stiftungswesen selbst, wurde ein gewerbliches *gedik* konstruiert (türk. *gedik* bedeutet wörtlich Lücke, Einschnitt oder Anteil), ein erbliches Nutzungsrecht an Werkzeug, Werkstatt und/oder Laden, das zu einer Sonderform von Besitz erklärt wurde, der nur innerhalb der jeweiligen Zunft weitergegeben werden konnte.[162] Der Ausschluss zunftfremder Produzenten sollte die Lebensgrundlage des zünftigen Handwerks absichern. Die osmanischen Behörden erkannten das Gedik schließlich in aller Form an, schrieben es im Einzelnen jedoch nicht fest, so dass es sich bis Ende des 19. Jahrhunderts in ein faktisches Eigentumsrecht an einer Werkstatt oder einem Laden verwandeln konnte.

Kontrovers: Islamischer Kapitalismus

Nicht allein vor diesem Hintergrund interessiert die Möglichkeit privater Kapitalbildung, ja der Ausbildung eines indigenen, womöglich spezifisch islamischen Kapitalismus im Vorderen Orient und in Nordafrika. Diese Möglichkeit bestand grundsätzlich, und sie zu prüfen bedeutet nicht, eine außereuropäische Gesellschaft am europäischen»Sonderweg« zu messen und dann womöglich für zu leicht zu befinden. Die Voraussetzungen kapitalistischen Wirtschaftens in Antike und Früher Neuzeit und eines kapitalistischen Systems in der Neuzeit sind bereits intensiv erörtert worden.[163] Dabei unterscheidet man den Kaufmanns-, Handels-, Renten- oder Beutekapitalismus, der sich inselartig innerhalb einer Ordnung entwickelt, die nicht nach kapitalistischen Grundsätzen organisiert ist, vom modernen industriellen (und postindustriellen) Kapitalismus, dessen Logik im Prinzip alle Lebensbereiche durchdringt. Lange wurde vor allem diskutiert, warum sich der moderne Kapitalismus zuerst in bestimmten Regionen Nordwesteuropas, genauer gesagt in den Niederlanden und England, herausbildete und nicht in Gebieten wie dem chinesischen Jangtse-Delta, das bis zum 18. Jahrhundert ebenso anspruchsvolle Formen kapitalistischen Wirtschaftens entwickelt hatte. Zwei Elemente wurden geltend gemacht, die England und die Niederlande, nicht aber China, Indien oder auch das Osmanische Reich aufwiesen: die Entdeckung und Ausbeutung unterirdischer Ressour-

cen (an erster Stelle Kohle) und überseeischer (die kolonial ausgebeutet wurden). Der Vorzug dieser Überlegungen besteht darin, dass
sie kulturalistische Annahmen, die den Kapitalismus allein aus der
europäischen Tradition ableiten, durch ein komplexes Bedingungs-
gefüge ersetzen, in dem innere und äußere, kulturelle und materielle
Faktoren ineinandergreifen, selbst wenn sich deren spezifisches Gewicht nicht immer leicht bestimmen lässt.

Die im weitesten Sinne kulturelle Dimension ist für islamisch
geprägte Gesellschaften gut untersucht: Auf die einfachste Formel
gebracht, wertet »der Islam« Besitz, Eigentum und kaufmännische
Tätigkeit positiv, solange sie sozial eingehegt bleiben, solange also
der Besitzende im Bewusstsein um seine soziale Verantwortung
einen Teil seines Besitzes an die Bedürftigen abgibt. Ein wenig anachronistisch könnte man hier von einer Sozialbindung des Eigentums sprechen. Das Privateigentum ist und war islamrechtlich
geschützt, seine soziale Einhegung übersetzte sich in die Almosen-
gabe bzw. Almosensteuer (Zakat, bei den Schiiten Khums), die alle
Muslime zu entrichten hatten. Anders als etwa im frühneuzeitlichen
Japan oder China war der Beruf des Kaufmanns gesellschaftlich geachtet, und diese Wertschätzung wurde mit dem Hinweis darauf, dass
der Prophet Muhammad vor seiner Berufung Kaufmann gewesen
war, religiös unterfüttert. Hingegen bietet »der Islam« wenig Anreiz
für die Herausbildung des von Sombart und Weber beschriebenen
genuin kapitalistischen »Geistes« und der ihm korrespondierenden
systematischen Lebensführung. Diese zielen nach Weber durch eine
sich und anderen gegenüber rücksichtslose Verbindung von Disziplin und Fleiß nicht auf Erwerb und Genuss von *Vermögen* ab,
sondern auf die rast- und freudlose Vermehrung von *Kapital*: Das
Kapital soll nicht für ein gutes Leben genutzt, sondern mit dem Ziel
der Gewinnvermehrung unablässig investiert und reinvestiert werden. Folge dieses, wie Weber sagte: zweckrationalen Handelns ist
eine Dynamik, die früher oder später von der ökonomischen auf andere Lebensbereiche übergreift und Gesellschaft, Politik und Kultur
der eigenen Logik, dem eigenen »Geist« unterwirft. (Die hier skiz-
zierte islamische Position schließt, um es gleich zu sagen, die Her-

ausbildung eines »kapitalistischen Geistes« zu späterer Zeit nicht aus. In der Gegenwart spielt er, islamisch eingefärbt, in unterschiedlichen Teilen der islamischen Welt von der Türkei bis Indonesien eine nicht zu unterschätzende Rolle.)

Das islamische Recht stand kapitalistischem Handeln in der Frühen Neuzeit somit nicht im Weg, es begünstigte jedoch nicht die Herausbildung des modernen Kapitalismus: Das islamische Zins- und Wucherverbot konnte zwar unterschiedlich ausgelegt werden, führte letztlich aber dazu, dass mit Zins und Wucher assoziierte Geld- und Kreditgeschäfte zu einem großen Teil in den Händen von Nichtmuslimen lagen. Bei den Osmanen waren dies vor allem Griechen, Juden und Armenier, bei den Safaviden Hindus und Jainas, die, anders als die Juden und Christen, in ihren Finanzgeschäften selbst Andersgläubigen gegenüber keine religiösen Vorbehalte kannten. Aber auch muslimische Geldverleiher, Kaufleute und Investoren verfügten über ausgeklügelte Rechts- und Finanzinstrumente, die ihnen ein gewinnorientiertes Wirtschaften ermöglichten. »Bankgeschäfte ohne Banken« lautet hierfür eine Formel. Die im Osmanischen Reich tonangebenden hanafitischen Juristen erlaubten im Gegensatz zu den anderen islamischen Rechtsschulen das *cash waqf*, durch das Bargeld gestiftet und mittels gewisser »Rechtskniffe« (ein etablierter Begriff des islamischen Rechts) mit Gewinn verliehen und investiert werden konnte. Die gemeinsamen Kassen, die Janitscharen, Händler oder Handwerker häufig führten und aus denen einzelne Mitglieder bestimmte Ausgaben tätigen konnten, würde man heute wohl als Mikrofinanzierung bezeichnen. Die größten Hemmnisse ergaben sich bei der Konsolidierung privater Vermögen, Haushalte und Unternehmungen. Daran hatten die Regeln des islamischen Erbrechts einen wichtigen Anteil, die eine generationenübergreifende Akkumulation von Kapital und Vermögen erschwerten, solange diese nicht in eine fromme Stiftung überführt wurden, die dann jedoch dem Stifter nicht länger uneingeschränkt zur Verfügung stand. Auch konnten sich Familienunternehmen nicht als juristische Person konstituieren mit der Chance, generationenübergreifend zu agieren.

Weitgehend unabhängig von Religion und Recht, waren Innovation und Wettbewerb kein deklariertes Ziel frühneuzeitlichen Wirtschaftens. In Handel, Handwerk und Gewerbe galt ein tradiertes Ethos, das Gleichheit wahren und die Bereicherung Einzelner verhindern sollte. Dennoch sind zumindest aus Ägypten auch unternehmerisch agierende Handwerker bezeugt. Staatlich festgelegte Mengen und Preise, unter dem Marktpreis vergütete Lieferungen an den Staat und gemeinsam zu entrichtende Abgaben bedeuteten zumindest für osmanische Handwerker, Händler und Gewerbetreibende gravierende Belastungen. Zugleich belegen jedoch Einzelstudien, dass die politisch motivierte Regulierung strategischer Güter und die staatliche Niedrigpreispolitik die private Kapital- und Vermögensbildung zwar erschwerten, sie aber nicht ausschlossen. Und dass der Staat als solcher keine Wachstumspolitik verfolgte, schloss das Streben hoher und höchster Vertreter der osmanischen Reichs- und Provinzverwaltung nach Profit und Bereicherung nicht aus. Vom Gouverneur über den Kadi bis zum Janitscharen-Agha investierten sie in die städtische und ländliche Infrastruktur, und zwar keineswegs nur als Stifter, sondern als Teilhaber an profitorientierten Handels- und Geldgeschäften. Staat und Gesellschaft waren eben nicht nur über obrigkeitliche Regulierung miteinander verbunden, sondern auch über wirtschaftliche Interessen.

Eine kapitalistische Wirtschaft, die das Gewinnstreben Einzelner verallgemeinert, institutionalisiert und zum bestimmenden Prinzip aller Lebensbereiche macht, bildete sich dennoch nicht heraus. Vermögen wurde nicht systematisch in Kapital überführt, der von Kaufleuten, Geldverleihern, Handwerkern und Staatsvertretern getragene Handels-, Renten- und Finanzkapitalismus auch im 18. Jahrhundert nicht in einen modernen, Produktion und Distribution steuernden Kapitalismus umgewandelt. Die Wirtschaft bzw. »der Markt« entfaltete sich nicht als autonomes Teilsystem, das seine eigene Regeln gegenüber dem Staat verteidigte und anderen sozialen Feldern aufdrängte. Insgesamt bestätigte sich die Grundregel der vormodernen Ordnung, nach der Besitz und Vermögen der Macht folgten und nicht umgekehrt. Kaufleute und Bankiers verharrten »im Vorhof der Macht«.[164] Politik und Wirtschaft blieben eng verflochten. Der

Begriff der politischen Ökonomie bringt es auf den Punkt. Die Erklärung wird man in erster Linie in endogenen Faktoren suchen, vor allem den rechtlichen und politischen Rahmenbedingungen, die nur in Teilen religiös begründet waren.

4. Pluralisierung in den Provinzen: Die Formierung politischer Haushalte

Im 18. Jahrhundert zeichnete sich in Rumelien, Anatolien und den arabischen Provinzen der Aufstieg lokaler Machthaber ab, ein Vorbote regionaler Autonomie- und Unabhängigkeitsbestrebungen, die im 19. Jahrhundert einen echten Strukturwandel herbeiführen sollten. Die Wege waren allerdings verschlungen, viel hing von den örtlichen Bedingungen ab. Die Ausweitung »politischer Haushalte« und der Aufstieg der Provinznotabeln (osman. *ayan*) wurden lange mit einer Schwächung der osmanischen Zentralgewalt gleichgesetzt. Die neuere Forschung blickt stärker auf das spannungsreiche Neben- und Gegeneinander mehrerer Faktoren, darunter eine in der Regel unfreiwillige Abgabe von Kontrolle und Einkünften an lokale Akteure, die Bindung neuer sozialer Gruppen an den Staat und Ansätze verstärkter Zentralisierung. Schon vor dem 18. Jahrhundert war das Osmanische Reich in unterschiedliche Zonen gegliedert. Entlegene Territorien konnten mit den Mitteln vormoderner Kommunikation und Herrschaft schlechterdings nicht so dicht kontrolliert und verwaltet werden wie näher gelegene. Strategische Städte und Regionen verlangten den konzentrierten Einsatz knapper Ressourcen, die dementsprechend an anderer Stelle nicht zur Verfügung standen. Schon zuvor hatten überall im Reich imperiale und lokale Eliten um Macht und Einfluss gerungen. In den kleineren und mittleren Städten agierte vielfach ein städtisches Patriziat, das der Reichselite bzw. dem Haus Osman jedoch nicht gefährlich wurde, zumal es deren Legitimation nicht in Frage stellte. Die Peripherie – die Donaufürstentümer Moldau, Walachei und Siebenbürgen, der Südkaukasus und die Krim, Südostanatolien, die kurdischen Berge, die Arabische Halbinsel und die nordafrikanischen Hafenstädte samt ihrem Hinterland – war selbst im 16. Jahrhundert zumindest halbautonom gewesen. Im beginnenden 18. Jahrhundert regierten in Mekka, Mosul, Tunis und auf der Krim lokale Dynastien, in Kairo, Algier und Bagdad mamlukische Häuser und in den schwer zugänglichen Territorien Südostanatoliens, der kurdischen Berge, des südirakischen Marschlandes, des Libanon-Gebirges oder auch des albanischen Berglands lokale Herrschaften unterschiedlichen Zuschnitts.

Der Aufstieg der Ayan

Das 18. Jahrhundert ist in der Rückschau vielfach als das »Zeitalter der Notabeln« oder »Zeitalter der Ayan« bezeichnet worden.[165] Die Terminologie war und ist allerdings nicht einheitlich. *A'yan* wird im Arabischen nur im Plural gebraucht, für ein Kollektiv von Notabeln (der Singular lautet *'ain*, hier: prominente, sichtbare Person), im osmanischen Türkisch dagegen auch für Einzelpersonen und bezeichnete dort Führer städtischer oder dörflicher Gemeinschaften. Im 17. Jahrhundert engte sich der Sprachgebrauch auf eine Kategorie städtischer und ländlicher Eliten in Anatolien und Rumelien ein, die sich im Konfliktfall auch gegen die aus Istanbul entsandten Amtsträger durchsetzen konnten. Der Typus war bereits während der Celali-Revolten aufgetreten. Der arabische Sprachgebrauch blieb demgegenüber eher unbestimmt und fasste unter *a'yan* Mitglieder der vornehmlich städtischen Provinzeliten, die von örtlichen Janitscharen-Kommandeuren bis zu Steuerpächtern und von vermögenden Kaufleuten und Zunftältesten bis zu Prophetennachkommen und Religions- und Rechtsgelehrten reichen konnten.

Gemeinsam war den Ayan über alle Unterschiede hinweg zweierlei: Sie waren lokal verankert und mit wenigen Ausnahmen frei geborene männliche Muslime mit und ohne Askeri-Status, also keine Pfortensklaven mit ihrer besonderen Bindung an die Person des Sultans. Die Mehrheit der Ayan gelangte nie auch nur in dessen Nähe. »Lokal verankert« heißt nicht unbedingt, dass sie lokaler Herkunft waren und die örtliche Bevölkerung in ethnischer oder religiöser Hinsicht repräsentierten. Moderne Vorstellungen von Authentizität sind hier ganz fehl am Platz. Die »lokale Verankerung« verweist auf den Schwerpunkt ihrer Aktivitäten, und der lag in der Provinz, nicht in Istanbul. Kraft ihres militärischen Droh- und Gewaltpotentials und/oder des Erwerbs von Steuerpachten klinkten sie sich in die osmanische Provinzverwaltung ein und bildeten ihrerseits »politische Haushalte«, die vom Volumen her ungleich größer waren als die Haushalte der Celali-Führer des 16. und 17. Jahrhunderts. Auch die Ayan operierten somit über die Institution des Haushalts, Kern jeder patrimonialen Ordnung, aber diesen Haushalt bauten sie selbst auf, er leitete sich nicht vom *patrimonium* des Sultans ab.

Die große Mehrheit der Ayan handelte eigenmächtig, einige gingen in ihrem Streben nach Selbstbehauptung bis an den Rand des Hochverrats, stellten die Oberhoheit des Sultans aber nicht in aller Form in Frage. Rebellion war und blieb eine Fortsetzung der Politik mit anderen Mitteln. Die Zentralregierung hantierte mit dem Instrumentarium, das sie schon während der Celali-Revolten benutzt hatte: Wer sich nicht ausschalten ließ, wurde, soweit es ging, ins System eingebunden. Aber selbst in den zentralen Provinzen war sie nicht länger in der Lage, einheitliche Prinzipien durchzusetzen; in wichtigen Provinzen wie Syrien standen gar keine imperialen Truppen mehr, sondern nur noch vor Ort rekrutierte Janitscharen und Milizen.

Anders als die These vom Niedergang vermuten lässt, handelte es sich dennoch um kein reines Verlustgeschäft, sondern um eine gewisse wechselseitige Angleichung. Die Forschung spricht von einer »Regionalisierung der Vertreter der Zentralmacht«, die begleitet wurde von einer »Osmanisierung der regionalen Machthaber«.[166] Das setzt voraus, dass man lokale Eliten und Vertreter der Reichs- und Provinzverwaltung nicht als Gegensatzpaar versteht, sondern in ihrer wechselseitigen Verschränkung. Die Ayan machten ihre Karriere zwar in der Provinz, waren über Patronage- und Klientelnetze jedoch mit Faktionen der Istanbuler Reichs- und Palastelite verbunden und insofern nicht gänzlich autonom. Die Bande waren allerdings, wie sich anhand der Reisen von Notabeln in die Hauptstadt zeigen ließe, unterschiedlich fest. Wenn sich alles günstig fügte, konnte die geänderte Machtbalance sogar zu einer dichteren Kontrolle einzelner Territorien führen. Angesichts beschränkter Ressourcen hatte die Zentralregierung durchaus ein Interesse an starken lokalen Kräften, solange diese an ihrem Ort für Ruhe und Ordnung sorgten und ihre Pflichten gegenüber Istanbul erfüllten.

Für die Untertanen brachte die Abschwächung zentralstaatlicher Kontrolle dann Vorteile, wenn im eigenen Umfeld ein Minimum an Sicherheit gewährleistet war: Sie reduzierte unter Umständen die Last der Steuern und Abgaben, hob die staatliche Kontrolle kriegsrelevanter Güter und die damit verbundene Niedrigpreispolitik auf und erlaubte lokalen Produzenten die freiere Wahl ihrer Produkte und Handelspartner. Immer aber kam es auf die Politik der lokalen Machthaber an, die in ihrem Einflussgebiet Handel, Landwirtschaft und Gewerbe entweder schützen und durch Investitionen fördern konnten oder aber die Produzenten durch rücksichtslose Ausbeutung noch stärker bedrückten als die an einem stabilen Steueraufkommen interessierte Zentralregierung.

Detailstudie um Detailstudie belegt die Vielfalt der Erscheinungen und die Problematik jeder Verallgemeinerung auf lückenhafter Literatur- und Quellenbasis. In Rumelien und Anatolien beschrieb der Begriff Ayan in der Mitte des 18. Jahrhunderts Männer, die im Namen einer bestimmten Gruppe mit der Zentral- und Provinzverwaltung Art, Umfang und Verteilung der Steuerleistung aushandelten. Schrittweise eigneten sie sich Funktionen an – die Wahrung von Sicherheit und Ordnung, die Errichtung öffentlicher Bauten, den Ausbau der städtischen und ländlichen Infrastruktur –, für die bislang der Kadi und die örtlichen Truppenkommandeure verantwortlich gewesen waren. In Anatolien überwogen dabei die Vertreter alteingesessener Familien, die im Interesse der Förderung von Landwirtschaft, Handel und Gewerbe enge Kontakte zu französischen Kaufleuten unterhielten, jedoch keine politischen Ambitionen entwickelten. In den europäischen Provinzen handelte es sich häufig um Männer, die aus der Untertanenbevölkerung aufstiegen und ihre Stellung mit Geschick und Rücksichtslosigkeit eroberten. In den arabischen und kurdischen Territorien waren die Verhältnisse sehr heterogen. Im heutigen Syrien und Irak übten ortsansässige Familien vor allem in den kleineren Städten schon seit langem faktisch die Lokalverwaltung aus. Auf dem Land schalteten manche Clan- und Stammesführer so eigenmächtig, dass spätere Betrachter regelrecht von feudalen Verhältnissen sprachen. Einen deutlich anderen Typus verkörperten Militärs und Bürokraten, die der lokalen Notabilität entstammten und vornehmlich in ihrem regionalen Umfeld eingesetzt wurden, mit wenigen Ausnahmen aber nicht in die zentrale Reichsverwaltung aufstiegen. Im Englischen ist für sie der Begriff der *gentry governors* geprägt worden. Am bedeutendsten war sicher die Damaszener Familie der ʿAzm, die zwischen 1700 und 1750 die Provinz Damaskus verwaltete, deren Steuereinnahmen sie en bloc ersteigerte.

Ägypten hatte unter osmanischer Herrschaft eine Sonderstellung inne. Hier wurden zu keiner Zeit Timars vergeben, Steuern, Zölle und Abgaben vielmehr entweder durch staatliche Amtsträger oder durch Steuerpächter eingetrieben und in Teilen nach Istanbul abgeführt. Einen wichtigen Anteil der Leistungen machten die Getreidelieferungen nach Mekka und Medina aus. Die Kadis führten ihre Amtsgeschäfte in arabischer Sprache, nicht auf Osmanisch. Auch unter osmanischer Herrschaft wurden weiterhin »weiße« Militärsklaven importiert, die mamlukischen Häuser also ständig ergänzt und aufgefüllt. Die Frage, ob die osmanischen Mamluken (der vielbenutzte Begriff »Neo-Mamluken« wird von führenden Experten abgelehnt) vorrangig als Repräsentanten der osmanischen Ordnung oder der lokalen Gesellschaft zu verstehen sind, wird unter nationalistischen Vorzeichen vor allem in Ägypten selbst diskutiert. Ähnliche Fragen lassen sich für das Mamluken-Regime in der Provinz Bagdad stellen, das im ersten Viertel des 18. Jahrhunderts von dem aus Georgien stammenden Hasan Pascha begründet wurde. Wie in Kairo hatten in Bagdad die von Istanbul entsandten Gouverneure einen schweren, wenn nicht unmöglichen Stand, wohingegen die städtischen Eliten die ursprünglich orts- und sprachfremden kaukasischen Mamluken letztlich als Vertreter lokaler Interessen akzeptierten.

Der für das frühneuzeitliche Europa belegte Zusammenhang von Staatsbildung, Krieg, Banditen- und Korsarenwesen ist gerade für die osmanischen Grenzregionen relevant. Im 17. und 18. Jahrhundert war der nordafrikanische Küstenraum weiterhin Grenzland, von wo aus die Kämpfe um Hegemonie im Mittelmeerraum geführt wurden. Seit der Antike wurde er landwirtschaftlich intensiv genutzt; die städtische Wirtschaft war an den lukrativen Transsaharahandel angebunden, und die Piraterie im Mittelmeerraum bildete die dritte Säule von Wirtschaft, Politik und Gesellschaft. Beide, Transsaharahandel und mediterrane Piraterie, waren integraler Teil des transregionalen Sklavenhandels. Das Hinterland stand allenfalls locker und zeitweilig unter der Kontrolle der städtischen Eliten, gleichgültig ob lokaler oder osmanischer Herkunft. Der Sultan entsandte zwar weiterhin Janitscharen (die in der Regel dauerhaft vor Ort blieben, in die lokale Gesellschaft einheirateten und die neue Gruppe der Kuloghlu bildeten), Kadis und eine begrenzte Zahl von Schreibern und Buchhaltern, die aus Istanbul entsandten Gouverneure konnten sich in der Regel jedoch nicht gegen die lokalen Kräfte durchsetzen. Politische Entscheidungen fielen im Rahmen eines Rates, der die Mitsprache dieser lokalen Kräfte garantierte. In Algier, Tunis und Tripoli dominierten Militärs in Gestalt der Kuloghlu. Wie weit ihre Autonomie reichte, lässt sich unter anderem daran ablesen, dass alle drei »Regentschaften« nur solche Verträge der Hohen Pforte mit europäischen Mächten anerkannten, die sie selbst ausgehandelt oder denen sie in aller Form zugestimmt hatten – und dass sie vor gegenseitigen Angriffen nicht zurückschreckten.

5. Religiöse Reform und politische Aktion: Wahhabiten und As-Sa'ud

Die aufsteigenden Kräfte von den Ayan bis zu den Kuloghlu waren fast ausschließlich Muslime, aber sie waren nicht im engeren Sinn religiös motiviert – eine neuerliche Erinnerung daran, dass »im Islam«

Religion und Politik durchaus voneinander unterschieden werden können, und dies auch dann, wenn die Akteure selbst sich nicht als säkular beschreiben. Das 18. Jahrhundert war zugleich aber auffällig reich an religiösen Reformern und Erneuerern, die möglicherweise heute so innovativ und zukunftsweisend scheinen, weil wir die Religions- und Geistesgeschichte des 16. und 17. Jahrhunderts nicht gründlich genug kennen und ihre Lehren zugleich starken Einfluss auf das 19. und 20. Jahrhundert nahmen. Die als Reformer eingestuften sunnitischen Religions- und Rechtsgelehrten verfolgten im Einzelnen so unterschiedliche Pfade, dass man von einer einheitlichen Reformbewegung im 18. Jahrhundert nicht sprechen kann. Immerhin lassen sich gewisse Elemente identifizieren, die verschiedene Reformer miteinander verbanden: Innerhalb der Sufik gehört zu ihnen eine bewusste Ausrichtung am lebendigen Vorbild des Propheten Muhammad (arab. *tariqa Muhammadiyya*, »prophetischer Pfad«) und der Prophetentradition, eine Tendenz, die gelegentlich als Neo-Sufik bezeichnet worden ist. In der Rechtswissenschaft wuchs das Interesse an der eigenständigen, vernunftgeleiteten Interpretation der normativen Texte von Koran und Sunna *(ijtihad)* zu Lasten einer unreflektierten Ausrichtung an den Lehrmeinungen der etablierten sunnitischen Rechtsschulen *(taqlid*: blinde Nachahmung). Das ergab noch keine geschlossene Bewegung, doch standen die Gelehrten über Schriften, Schüler, Reisen und die Pilgerfahrt in gewissem Kontakt. Mehr als Mekka zeichnete sich dabei Medina als Knotenpunkt weitgespannter Gelehrtennetzwerke ab. Breitenwirkung erzielten diese dort, wo ihre Anhänger eigene Zirkel oder Bruderschaften schufen, die in Politik und Gesellschaft eingriffen.

Schon in der zweiten Hälfte des 18. Jahrhunderts erregte eine sunnitische Erneuerungsbewegung Aufsehen, die von ihren Kernanliegen her an die Anhänger des Kadızade Mehmed erinnerte, sozial aber ganz anders verankert war und sich früh mit einer politischen Kraft verbündete, um ihre Anliegen durchzusetzen: die Wahhabiyya.[167] Muhammad b. Abd al-Wahhab (1703–1792), Sohn eines hanbalitischen Richters in der zentralarabischen Region Najd, die zu dieser Zeit keiner regionalen Großmacht unterstand, sagte sich als junger Mann von seiner Umgebung los, die er nicht länger als islamisch anerkannte. Stattdessen predigte er die kompromisslose Ausrichtung am *tauhid*, der Lehre von der Einheit Gottes, und lehnte die herrschenden Konventionen und deren Träger einschließlich der sunnitischen Religions- und Rechtsgelehrten ab. Ibn Abd al-Wahhab war ein Nonkonformist: Er verdammte die Sufis, die Schiiten und jegliche »volksreligiöse« Praktik, die nach Mittlern zwischen Gott und den Gläubigen suchte, als Ausdruck von Unglaube und Vielgötterei *(kufr* und *shirk)*. Er hielt nicht nur Musik und Tanz, sondern auch den Tabak als unerlaubte Neuerung für verboten. Diejenigen, die seiner puritanisch-strengen Auffassung nicht folgten, erklärte er zu Ungläubigen, gegen die der Jihad zu führen sei. Damit wiederum überschritt er eine Grenze reformerischen Eifers, die der Mehrheit mit Blick auf die Einheit der Gemeinde gewissermaßen heilig war. Die Berufung auf den Tauhid gab der Bewegung ihren Namen, die sich selbst *al-muwahhidun* nannte und nur von ihren Gegnern als »Wahhabiten« bezeichnet wurde, soll heißen als das, was sie gerade nicht sein wollten: Anhänger einer menschlichen Autorität.

1745 schloss Muhammad b. Abd al-Wahhab ein Bündnis mit dem Emir der kleinen Oasenstadt Dir'iyya nahe dem heutigen Riad, Muhammad b. Su'ud (Saud), der als Imam (hier der Anführer einer muslimischen Gemeinschaft ohne spirituelle Überhöhung im Sinne schiitischer Vorstellungen) den Jihad führte. Eine religiös-politische Kraft, und sei sie noch so militant, im abgelegenen Najd hätte keine breitere Wirkung entfaltet, hätte sie nicht die muslimische Pilgerfahrt nach Mekka und Medina bedroht, als deren Schutzherren die Osmanen auftraten. Die Unruhe wuchs, als sich die nordarabische Stammeskonföderation der 'Anaza in Bewegung setzte und auf ihrem Weg in die syrische Steppe schwächere Stammesgruppen verdrängte. Zur selben Zeit stellten die ägyptischen Mamluken die Getreidelieferungen ein und gefährdeten so nicht nur die Versorgung der Pilgerstätten, sondern auch die Subsidien für die umliegenden Stämme. Wie abzusehen nahmen daraufhin deren Übergriffe auf die Pilgerkarawanen zu. Vor diesem Hintergrund gelang es der saudisch-wahhabitischen Bewegung, ihre Macht im Najd und über diesen hinaus auszuweiten. Ihr Herrschaftsgebilde wurde in der Rückschau als »erster saudischer Staat« bezeichnet. Gestützt auf beduinische Stammesgruppen, eroberten die Wahhabiten zwischen 1802 und 1806 nicht nur die schiitische Schreinstadt Kerbela, sondern auch den Hijaz mit Mekka und Medina, wo sie systematisch die Kuppeln, Schreine und Gräber Muhammads, seiner Familie, Gefährten und der schiitischen Imame zerstörten. Die Gewalt gegen Muslime erregte weithin Anstoß; sowohl unter Sunniten als auch unter Schiiten wurden die Wahhabiten als Häretiker und Kharijiten verurteilt. Militärisch niedergerungen wurden sie erst zwei Jahrzehnte später durch Mehmed (Muhammad) Ali, einen osmanischen Gouverneur, der im Begriff stand, sich in Ägypten selbständig zu machen.

6. Neue Grenzen

Die zentrale Herausforderung des 17. und 18. Jahrhunderts bestand in der Finanzierung der langen, aufwendigen und verlustreichen Kriege, in denen das Osmanische Reich expansiven europäischen Mächten gegenüberstand, an ihrer Spitze Österreich und Russland. In die europäische Geschichtsschreibung gingen sie als »Türkenkriege« ein. Mit der endgültigen Eroberung der venezianischen Insel Kreta im Jahr 1669 und der Einnahme der polnischen Festung Kamieniec Podolski (Podolien, in der heutigen Ukraine) im Jahr 1672 erreichte das Osmanische Reich im letzten Drittel des 17. Jahrhunderts seine größte Ausdehnung auf europäischem Boden. Der Jemen konnte sich allerdings in den 1630er Jahren nach langem Kampf, der auf jemenitischer Seite als Jihad geführt wurde, von der osmanischen Oberhoheit befreien. In den folgenden Jahrzehnten erlitten die Osmanen an den europäischen Fronten schwere Niederlagen: Die gescheiterte Belagerung Wiens im Jahr 1683 (Schlacht am Kahlenberg) war eine solche Niederlage – wobei zu bedenken bleibt, dass die Osmanen noch einmal bis vor eine der großen europäischen Hauptstädte vorgedrungen waren und damit erneut ihre militärische

Leistungsfähigkeit unter Beweis gestellt hatten. Keine europäische Macht hatte es bis dahin gewagt, die osmanische Hauptstadt Istanbul anzugreifen.

Die Belagerung Wiens führte zu einer neuen anti-osmanischen Frontbildung in Gestalt der vom Papst initiierten Heiligen Liga, einer Neuauflage der gleichnamigen Allianz von 1571, die nun neben dem Heiligen Römischen Reich deutscher Nation, dem Kirchenstaat und Venedig auch Polen-Litauen und ab 1686 Russland einbezog; Frankreich und Schweden blieben als Gegner der Habsburger zumindest potentiell Verbündete der Osmanen. 1684 eroberte Venedig die Peloponnes zurück, bis 1686 war Ungarn »befreit«, und der Verlust von Buda und Belgrad war für die Osmanen dramatischer als ihr Scheitern vor Wien. Im Frieden von Karlowitz, der den »Langen Türkenkrieg« von 1683 bis 1699 beendete, mussten sie den endgültigen Verlust der Festung Kamieniec Podolski sowie Ungarns und Siebenbürgens hinnehmen und in der Adria das Recht auf freie Schifffahrt gewähren. Österreich stieg zur europäischen Großmacht auf. Von Venedig konnten die Osmanen 1715 zwar erneut die Peloponnes zurückerobern, gegenüber Österreich und Russland aber erwiesen sie sich als militärisch unterlegen. Der Friedensvertrag von Passarowitz schrieb 1718 ihre Territorialverluste auf europäischem Boden fort, wobei die Verluste in Serbien 1739 noch einmal rückgängig gemacht werden konnten. Von nun an bildete die Donau die Grenze zwischen Österreich und dem Osmanischen Reich.

Nadir Schah und das Ende der Safaviden

Auch an der östlichen Front wandelte sich die strategische Lage (hier allerdings zugunsten der Osmanen), als in den 1720er Jahren das Safavidenreich zusammenbrach. Europäische Mächte waren hieran allenfalls indirekt beteiligt. Träger der Handlung waren Stammesgruppen, die zu dieser Zeit gegen die osmanische Zentralregierung nichts hätten ausrichten können: Nicht zuletzt in Reaktion auf den schiitischen Bekehrungsdruck rebellierte ein Clan der sunnitischen paschtunischen Stammeskonföderation der Ghilzai, die ihren Schwerpunkt im heutigen Afghanistan und Pakistan hatte, unterwarf größere Teile Irans und eroberte 1722 schließlich Isfahan. Ihr Anführer Mir Mahmud ließ sich vom Schah zu dessen Nachfolger ernennen, wurde jedoch schon 1726 ermordet. Mit der Macht verloren die Safaviden nicht sogleich ihren Rückhalt, in einzelnen Regionen behaupteten sich safavidische Prinzen noch über mehrere Jahrzehnte. Nach altem Muster nutzten jedoch äußere Mächte jede Schwäche der iranischen Zentralregierung: Schon 1723 okkupierten die Russen Dagestan und einen Teil Aserbaidschans, die Osmanen besetzten weiteres Terrain in Aserbaidschan und Ostgeorgien und erhielten damit Zugang zu den begehrten kaukasischen Militärsklaven und Haremssklavinnen. Ein Jahr später verständigten sich das Osmanische Reich und Russland, das unter Zar Peter dem Großen (reg. 1682–1725) einen Kurs der inneren Reform und äußeren Expansion einschlug, auf die wechselseitige Anerkennung ihrer Eroberungen – Vorbote jener Politik, die die europäischen Mächte später mit Blick auf ihre kolonialen Besitzungen verfolgen würden.

Schon 1729 aber vertrieb Nadir Quli Bek sowohl die »Afghanen« (das heißt die Ghilzai) als auch die Osmanen aus Iran und läutete damit einen neuen Abschnitt in der Geschichte des Landes ein. Nadir war 1688 oder 1698 im Winterlager eines Clans der halbnomadischen Afscharen in der Nähe des nordostiranischen Mashhad geboren worden und als Bandit zum Anführer einer bewaffneten Truppe aufgestiegen, die sich einem Safavidenprinzen anschloss. 1736 ließ sich Nadir von einer Versammlung der Großen des Reiches zum Schah wählen und distanzierte sich in einer programmatischen Rede von der zwölferschiitischen Politik der Safaviden: Nadir Schah verbot die symbolisch so wichtige Verfluchung der ersten drei Kalifen, mit der Schah Ismail einst den schiitischen Charakter seiner Regierung markiert hatte, und erklärte die Zwölferschia zu einer Rechtsschule, die als »ja'faritischer« *madhhab* (benannt nach dem 765 verstorbenen sechsten zwölferschiitischen Imam, Ja'far as-Sadiq) neben die vier sunnitischen Rechtsschulen der Hanafiten, Hanbaliten, Malikiten und Schafiiten treten sollte.[168] Dieser Schritt, der die Zwölferschia in die mehrheitlich sunnitische Umma eingliedern sollte, richtete sich sowohl nach innen als auch nach außen: In der eigenen Armee und

Bevölkerung sollte er Sunniten und Schiiten miteinander versöhnen. Gegenüber den sunnitischen Osmanen, Moguln und Usbeken, denen gegenüber Nadir Schah zugleich die gemeinsame turkmenische Herkunft hervorhob, sollte er eine religiöse Annäherung ermöglichen.

Die religionspolitische Konzilianz verband Nadir Schah mit militärischer Aggression: Seinem großen Vorbild Timur folgend, der wie er aus einfachen Verhältnissen aufgestiegen war, griff er Afghanistan und Nordindien an, eroberte 1738 mit Kandahar das letzte Rückzugsgebiet der Ghilzai und 1739 mit Delhi die Hauptstadt der Moguln, wo er ein ähnliches Massaker anrichtete wie einst Timur. Das Mogulreich hatte sich allerdings nach dem Tod Kaiser Aurangzebs (reg. 1658–1707) weitgehend aufgelöst. Bei der Plünderung Delhis fiel mit dem Pfauenthron eines der wichtigsten Herrscherinsignien der Moguln in iranische Hand. Die gegen die Usbeken gerichteten Feldzüge Nadir Schahs in Transoxanien und Dagestan waren erfolgreich, und auch in Bahrain und Oman konnten seine Truppen Territorium besetzen. Die gegen die Osmanen gerichteten Kampagnen im Irak hingegen führten lediglich zu einer Bestätigung der Grenzen, die ein Jahrhundert zuvor im Vertrag von Qasr-i Shirin (osman. Zuhab) festgelegt worden waren. Eine Anerkennung der »ja'faritischen« Rechtsschule verweigerte der Sultan, und der Şeihülislam erklärte die Zwölferschia einmal mehr für häretisch. Versuche einer stärkeren Zentralisierung durch die Anlage von Katastern und die Aufhebung frommer Stiftungen blieben ohne durchschlagende Wirkung. Die Kriege waren daher nur über eine härtere Ausbeutung der eigenen Untertanen zu finanzieren, und dementsprechend hoch war deren Unzufriedenheit. 1747 wurde Nadir Schah auf einem Feldzug in Khurasan von eigenen Offizieren ermordet.

Der Siebenjährige Krieg und die neue Rolle Russlands

Die Kämpfe in Iran, im Kaukasus und in Nordindien wirkten weit über den ehemals safavidischen Orbit hinaus, zumal wenig später der Siebenjährige Krieg (1756–1763) die europäische Machtbalance veränderte – ohne die europäischen Grenzen nennenswert zu verschieben, denn der Friede von Hubertusburg stellte 1763 lediglich den *status ante bellum* wieder her. Das Bündnis zwischen Preußen und England / Kurhannover gegen Österreich und Frankreich, dem sich Russland, Sachsen und Schweden anschlossen, wurde als »Umkehrung der Allianzen« bekannt. Österreich verlor Schlesien und die Führung der deutschen Länder an Preußen, wahrte aber seine Stellung als mitteleuropäische Großmacht; Preußen stieg zu einer ernstzunehmenden Größe in Ostmitteleuropa auf; Russland gewann spürbar an Bedeutung und wurde zum stärksten Gegner der Osmanen; Frankreich, hochverschuldet, verlor fast alle seine Besitzungen in Nordamerika und auf dem indischen Subkontinent. Die iranischen Wirren erleichterten England und Russland die Ausdehnung ihres Einflusses in Süd- und Zentralasien. 1757 besiegte die East India Company in der Schlacht von Palashi (anglisiert Plassey) das Heer des Nawabs von Bengalen und bahnte so den Weg für die schrittweise Unterwerfung des indischen Subkontinents.

Das Zarenreich, das sich als legitimer Erbe des christlichen Byzanz verstand, nutzte die veränderten Machtverhältnisse in Iran und im Kaukasus und intervenierte zugleich entschiedener als zuvor in Südosteuropa und in der Schwarzmeerregion. Im Gefolge des Friedens von Küçük Kayarca, der dem russisch-osmanischen Krieg von 1768 bis 1774 ein Ende setzte, verlor das Osmanische Reich Territorien nördlich des Kaukasus-Gebirges, die südliche Ukraine und die Krim, die unter der einheimischen Dynastie der Giray Khane über Jahrhunderte weitgehend autonom regiert worden war. Es war der erste große Verlust muslimischer Territorien seit Entstehung des Osmanischen Reiches. Das Schwarze Meer büßte seinen Status als osmanisches Binnengewässer ein, die Meerengen (Bosporus und Dardanellen) wurden für die internationale Schifffahrt geöffnet. Das hatte zugleich Auswirkungen auf Sicherheit und Versorgung der Hauptstadt Istanbul. 1783 annektierte Russland in aller Form das knapp ein Jahrzehnt zuvor geschaffene »unabhängige« Khanat der Krim. Die militärischen Niederlagen gingen einher mit der Flucht und Vertreibung muslimischer Bevölkerungsgruppen in das verbliebene Reichsgebiet.

Ein Element der »äußeren« Entwicklung verdient, schon hier erwähnt zu werden: die allmähliche Verfestigung von Grenzen als klar markierte und effektiv überwachte Trennlinien zwischen souveränen Staaten. Im Vorderen Orient und in Nordafrika gab es bis weit ins 17. Jahrhundert hinein keine dauerhaft fixierten und allseits anerkannten politischen Grenzen. Eine Markierung erfolgte am ehesten durch Wachtürme und Grenzfestungen; das Musterbeispiel bildet hier die österreichische »Militärgrenze« in Südosteuropa. Friedensschlüsse wurden in der Regel als zeitlich limitierter Waffenstillstand betrachtet. Zumindest an den europäischen Fronten begann sich dies im 17. Jahrhundert jedoch zu ändern: Eine Klausel des Vertrags von Zsitvatorok, der den »Langen Türkenkrieg« von 1593 bis 1606 abschloss und erstmals nach den Regeln der europäischen Diplomatie ausgehandelt wurde, verbot grenzüberschreitende Überfälle, die bislang als zulässig gegolten hatten, und legte Verfahren für die Beilegung von Grenzstreitigkeiten fest. Gegen eine Einmalzahlung beendete er zugleich den Tribut, den der Kaiser bislang für die Verwaltung des »königlichen Ungarns« an den Sultan entrichtet hatte, der ihn in aller Form als Kaiser und damit als ebenbürtig anerkannte. Ähnlich der Frieden von Karlowitz aus dem Jahr 1699, der eine gemeinsame Grenzkommission einsetzte. Dennoch blieben die Osmanen bis auf weiteres bei den alten Methoden und verließen sich auf narrative Orts- und Lagebeschreibungen, nicht auf gezeichnete Landkarten und Pläne.[169]

Ein weiterer Aspekt ist mit Blick auf die spätere Entwicklung zu beachten: Ein 1746 geschlossener Vorvertrag zwischen Nadir Schah und der Hohen Pforte beruhte gleichfalls auf dem Prinzip der Anerkennung souveräner Staaten und bezeichnete zudem den osmanischen Sultan als Kalifen und Nadir Schah als Herrscher seines Landes. Hier spiegelten sich Vorstellungen über die Koexistenz mehrerer legitimer muslimischer Herrscher, die der große sunnitische »Staatsrechtler« al-Mawardi bereits im 11. Jahrhundert entwickelt hatte, ohne ihr Verhältnis genauer zu bestimmen. Eine andere Sprache führte der ungleich bekanntere Vertrag von Küçük Kaynarca mit dem russischen Zarenreich: Er unterschied 1774 zwischen der religiösen Autorität des Sultan-Kalifen über die muslimischen Bewohner der Krim und seiner Souveränität im eigenen Machtbereich.[170] Noch weiter gehende Schlüsse ließ der fünf Jahre später geschlossene Folgevertrag von Aynalıkavak (ein Palast am Bosporus) zu, der den Kalifen – aus russischer Sicht – gewissermaßen als muslimischen Papst darstellte. Auf osmanischer Seite wurde diese Perspektive ein Jahrhundert später im Zeichen des Panislamismus aufgegriffen. Von Beginn an umstritten waren Klauseln, die den Bau einer orthodoxen Kirche in Istanbul und den zaristischen Anspruch auf Schutzherrschaft über die orthodoxen Christen in Jerusalem betrafen. Auf europäischer Seite interpretierte man sie, nicht zuletzt infolge missverständlicher Übersetzungen, verschiedentlich als Anerkennung des zaristischen Anspruchs, die orthodoxe Kirche insgesamt zu vertreten und damit Millionen orthodoxer Untertanen des Sultans in Südosteuropa, Kleinasien, dem Kaukasus und den arabischen Provinzen. Das wäre einer Ermächtigung zur direkten Intervention in innerosmanische Angelegenheiten gleichgekommen, war durch den Vertragstext freilich nicht gedeckt.

B Bildung, Wissen und die schönen Künste

Bildung, Wissen und die schönen Künste wiesen zwischen dem 16. und dem 18. Jahrhundert zwar keine tiefen Einschnitte auf, doch lassen sich auf vielerlei Feldern von der bildenden Kunst über Architektur und Prosaliteratur bis zum islamischen Denken Neuansätze beobachten, die im 19. Jahrhundert weiterentwickelt werden sollten.

1. Sprache und Kultur

Zu den vielen problematischen Kategorien, deren sich die Wissenschaft kritisch und durchaus mit einer gewissen Leidenschaft angenommen hat, zählen Hochkultur und Volkskultur. »Hochkultur« ist allgemein definiert durch die Beherrschung zumindest einer Literatur- und Prestigesprache sowie durch einen bestimmten Habitus, Stil und Geschmack. Dies verweist zum einen auf die soziale Trägerschicht: Wohl überall wurde in der Frühen Neuzeit die Hochkultur von höfischen und städtischen Eliten getragen, die im umfassenden Sinn die Mittel besaßen, diesen Habitus und das entsprechende Sprachvermögen zu erwerben. Zum anderen verweist es auf die bevorzugten Medien des kulturellen Ausdrucks: Im Vorderen Orient und in Nordafrika waren dies Poesie und bestimmte Genres der Prosaliteratur, Kalligraphie, Architektur, Textil- und Metallkunst, Musik, jenseits des Maghrebs und der Arabischen Halbinsel auch die Buchmalerei.

Schon der Hinweis auf die Literatursprachen macht klar, dass

diese Hochkultur nicht einheitlich war, dass vielmehr neben der Geographie auch die Religionszugehörigkeit eine Rolle spielte, die ihrerseits mit bestimmten Sakralsprachen korrelierte: Arabisch bei den
Muslimen und manchen Christen, Griechisch, Armenisch, Koptisch
oder Syrisch-Aramäisch bei den übrigen Christen, Hebräisch bei
den Juden, Persisch bei den Zoroastriern. Zugleich aber teilten gebildete Kreise über alle religiösen Grenzen hinweg gewisse ästhetische
Präferenzen, so dass man gerade mit Blick auf Bildung, Wissen und
die schönen Künste durchaus von einer »islamisch geprägten« Kultur sprechen kann. Der amerikanische Historiker Marshall Hodgson
hat für diese islamisch geprägte Kultur in den 1960er Jahren den Begriff »Islamicate« vorgeschlagen, der sich im allgemeinen Sprachgebrauch jedoch nicht durchsetzen konnte.[171] Heute treten Muslime,
die sich nicht primär über die Religion definieren, gelegentlich als
»Kulturmuslime« auf, viele arabische Christen und Juden betonen
ihre kulturellen Gemeinsamkeiten mit den arabischen Muslimen.

Innerhalb der Großregion verlief eine kulturelle Grenze zwischen
dem arabischen und dem turko-iranischen Raum, die der Grenze
zwischen lateinischer und griechischer Sphäre im spätantiken Mittelmeerraum ähnelte. Es ist davon gesprochen worden, zumindest
jenseits des arabischen Raums seien die muslimischen Eliten des 15.
und 16. Jahrhunderts, unabhängig von ihrer Ethnizität, Mutterspra-
che und politischen Zugehörigkeit, in kultureller Hinsicht persisch
geprägt gewesen, »Kulturperser« sozusagen; auf jeden Fall ist die
Bedeutung des Persischen der des Lateinischen im zeitgenössischen
Europa und des Mandarin in China vergleichbar.[172] Die Osmanen,
Safaviden, Usbeken und Großmoguln teilten grundlegende Bezüge
auf die persisch-islamische und die arabisch-islamische Kultur. Alle
nahmen wichtige Anstöße von Künstlern und Gelehrten jenseits ihrer eigenen Territorien auf, die sie verarbeiteten, umgestalteten und
in veränderter Form weitergaben. Deutlich trat dabei das Wechselspiel von Inspiration und Konkurrenz hervor, das auch zu anderen
Zeiten und an anderen Orten das Verhältnis der Kulturen (hier im
ganz umfassenden Sinn verwandt) charakterisierte und noch immer
charakterisiert. Interessant ist dabei natürlich, wer jeweils die Refe-

renz abgab und welche Felder der intellektuellen und materiellen Kultur in das Wechselspiel einbezogen wurden.

Die arabische Welt nahm kulturell gesehen eine andere Entwicklung; die bildenden Künste zum Beispiel spielten mit Ausnahme der Kalligraphie eine geringere Rolle als in der turko-iranischen Sphäre. Und während die Muslime zwischen Istanbul, Isfahan und Delhi zwei Literatursprachen besaßen, mit denen sie religiöse und nichtreligiöse Themen behandeln konnten, stand ihren Glaubensgenossen im arabischen Raum für diese Zwecke nur eine Sprache zur Verfügung – eben das Hocharabische (*fusha*), das durch seine enge Verbindung mit dem Koran als Sakralsprache wahrgenommen wurde, die es nach Möglichkeit vor sprachlichem Wandel zu bewahren galt. Regionale Dialekte wurden bis ins 19. Jahrhundert nur in wenigen Ausnahmefällen verschriftlicht, allerdings sind Texte in einer Mischung aus Dialekt und Hocharabisch erhalten.

Schwerer zu fassen als die Hochkultur sind die Volks- oder Populärkulturen, deren Angehörige, gleichgültig ob sie in Städten lebten oder auf dem Land, in der Regel keinen unmittelbaren, aktiven Anteil an der schriftbasierten Hochkultur hatten. Auch in diesem Zusammenhang war die Religionszugehörigkeit von Bedeutung, doch wird man wohl davon ausgehen können, dass die Geographie hier eine größere Rolle spielte, so dass sunnitische Muslime in Mittelägypten ihren koptischen Nachbarn kulturell näher standen als ihren Glaubensgenossen in Westanatolien, im Jemen oder im Hohen Atlas. Die Grenzen zwischen Hochkultur und Populärkultur waren in beide Richtungen durchlässig. Eine wichtige Rolle spielte dabei die Oralität, das heißt die Vermittlung jeder Art von Wissen einschließlich des Buchwissens auf mündlichem Weg. Die gebildeten Kreise hatten Zugang zu den Populärkulturen, selbst wenn sie sich in der einen oder anderen Weise von ihnen abgrenzten. Das Prinzip der mündlichen Weitergabe verschaffte aber auch denjenigen, die weder lesen noch schreiben konnten, einen gewissen, wenn auch wohl vor allem passiven Zugang zur Hochkultur.

2. Höfische und städtische Kultur

Getragen wurde die Hochkultur von höfischen und städtischen Eliten, denen neben Bürokraten, Militärs und Literaten auch die Religions- und Rechtsgelehrten angehörten. Die Bürokraten schrieben zwar meist wenig über Religion, bei manchen aber verband sich die »weltliche« literarische Kultur und Bildung mit religiösem Interesse und sufischer Neigung. Gerade die sufische Bildersprache und das sufische Vokabular durchdrangen die Literatur von der Liebeslyrik bis zur Trauerode in einer Weise, die eine Unterscheidung in religiös und nichtreligiös, sakral und profan in vielen Fällen schlicht als irrelevant erscheinen lässt. Hierzu passt ein weiterer Befund, der Handwerk und bildende Kunst betrifft: das gemeinsame Repertoire an Motiven in unterschiedlichen Medien und Materialien – Bauten und Buchmalerei, Textilien und Keramik, Fayencen und Metallarbeiten. Die Kunstformen waren verwoben, die Stilelemente übergreifend. Eine wichtige Rolle spielten dabei die königlichen Werkstätten, deren Künstler und Handwerker vielfach mit unterschiedlichen Materialien, aber bestimmten Bild- und Gestaltungselementen arbeiteten. Die Forschung spricht in diesem Zusammenhang von »Intervisualität«. Die Künstler sind im Übrigen häufig namentlich bekannt, weil sie ihre Werke in der Regel signierten (»dies hat Mustafa geschaffen«). Dennoch galten nicht nur die Architekten und Baumeister, sondern auch die Buchmaler weiterhin in erster Linie als Handwerker, nicht als Künstler.

Prestigeobjekte dienten als Statussymbole und Mittel fürstlicher Selbstdarstellung. Dazu gehörte neben wertvollen Stoffen und Juwelen vor allem chinesisches Porzellan, das bereits die Il-Khane und Timuriden gesammelt hatten und das von vielen ihrer Nachfolger in eigenen Räumen ausgestellt wurde. In diesem Zusammenhang interessiert der Aspekt der Sichtbarkeit und der Zugänglichkeit, die Frage also, wer das jeweilige Objekt zu sehen bekam und an wen es sich in erster Linie richtete. Architektur, Kalligraphie und Dichtung kontrastieren hier deutlich mit der Buchmalerei. Sehr verein-

Abb. 24: »Rida [Reza]
hat es geschrieben«
(Isfahan, um 1600)

facht könnte man sagen, dass sich die Architektur vorrangig (aber natürlich nicht ausschließlich) an das eigene, vorwiegend städtische Publikum richtete, wohingegen Prestigeobjekte wie die großen illustrierten Handschriften nicht auf die eigenen Untertanen zielten, sondern auf auswärtige Herrscher und deren Höfe, an die sie verschenkt wurden, um ihnen einen Eindruck vom eigenen Glanz zu vermitteln.

Die Orientierung auf bestimmte kulturelle Normen und Zentren war, wie alles, zeitgebunden. Ganz grob kann man sagen, dass die vorherrschende Ostorientierung im 18. Jahrhundert einer stärkeren Öffnung nach Westen wich: Noch im frühen 16. Jahrhundert galten zumindest jenseits des arabischen Raums die timuridischen Höfe in Samarkand und Herat, wo Sultan Husain Baiqara in der zweiten Hälfte des 15. Jahrhunderts einen exquisiten Kreis von Wissenschaftlern und Künstlern um sich versammelt hatte, als Inbegriff höfischer Verfeinerung. Nicht umsonst ist sein Hof von westlichen Wissenschaftlern mit dem des Lorenzo de' Medici in Florenz verglichen worden.[173] In Herat entstand, wie in Florenz, ein Ideal von Glanz und Größe, das nicht militärisch, sondern kulturell begründet war und sich auf allen Feldern von der Architektur bis zur Literatur bewies. Der Kalligraph Sultan Ali Mashhadi und der Maler Bihzad zählten zu den Größten ihres Faches, heute nicht weniger bewundert als zu ihrer eigenen Zeit. Husain Baiqaras Wesir, Mir Alisher Nava'i (gest. 1501), dichtete in türkischer und in persischer Sprache; der große Dichter Jami (gest. 1492) bevorzugte das Persische. Osmanische Sultane, Literaten und Gelehrte taten es ihnen nach, wenn auch nicht auf demselben Niveau. Schah Ismail beauftragte einen Neffen Jamis, Hatifi (gest. 1520/21), für ihn ein Epos nach dem Muster des »Siegesbuchs« (Zafarname) zu verfassen, in dem der Dichter zuvor Timur – die große Identifikationsfigur türkischer und turko-mongolischer Herrscher – gefeiert hatte. Die Absicht war ganz offenkundig, sich in die Geschichte einzuschreiben. Auch die osmanischen Hofwerkstätten standen zunächst unter dem Einfluss timuridischer Künstler und Handwerker, die – freiwillig oder gezwungen – aus Schiraz, Täbriz oder Herat in die osmanischen Zentren kamen.

Schon im Verlauf des 16. Jahrhunderts machte sich ein allmählicher Wandel bemerkbar. Safavidische und osmanische Eigenheiten traten hervor, in der Malerei zeichnete sich ein stärkerer Hang zum Realismus ab. Während in Europa die Türkenfurcht allmählich der Türkenmode wich (man denke an die Musik, namentlich die Oper, die Literatur und die höfischen Feste), wirkten Elemente europäischer Kunst und Architektur – erst des Barock, später auch des Rokoko und Klassizismus – auf Architektur, Malerei und Inneneinrichtung, am safavidischen Hof im 17. Jahrhundert, am osmanischen im frühen 18. Jahrhundert. In Istanbul erinnerte die luxuriöse Selbstdarstellung an die höfische Prachtentfaltung, die Sultan Süleiman berühmt gemacht hatte, sie erreichte räumlich und sozial aber über den Hof hinaus breitere gesellschaftliche Kreise und markierte insofern durchaus eine gewisse Neuorientierung. Zu Unrecht wird sie häufig mit der »Tulpenära« der Jahre 1718–1730 gleichgesetzt, die, maßgeblich gestaltet von Sultan Ahmed III. und seinem Großwesir Nevşehirli Damad Ibrahim Pascha, ihren Namen von der Begeisterung für, ja geradezu der Verrücktheit nach Tulpen erhielt, die für horrende Preise gehandelt wurden.[174] Die Tulpenära fand mit dem Aufstand des Patrona Khalil 1730 ein rasches und brutales Ende, nicht so jedoch das Gefallen an neuen, europäisch inspirierten Formen in Architektur und Dekor. Dieses Interesse wiederum ist nicht gleichzusetzen mit Verwestlichung im Sinne einer Unterwerfung unter westliche Standards: Im 18. Jahrhundert war »der Westen« nicht die überwältigende Macht, zu der er im Verlauf des 19. Jahrhunderts werden sollte. Auch zu dieser Zeit blieb die persische Kultur eine zentrale Referenz. Geradezu exemplarisch lassen sich die Verbindungen unterschiedlicher Motive und Techniken in Iran beobachten, dessen Künstler Anstöße aus Mogul-Indien ebenso wie aus Westeuropa aufgriffen und zu eigenen Kreationen verbanden, die wiederum auf ihre Nachbarn ausstrahlten, wobei die Verbindung zu den Moguln bis ins 18. Jahrhundert hinein besonders eng blieb.

Architektur

Wie zu früheren Zeiten bildete die Architektur das Mittel künstlerischen Ausdrucks und dynastischer Repräsentation mit der größten Sichtbarkeit und Breitenwirkung. Sie war allerdings regional stärker aufgefächert als etwa die Dichtung, und zwar nicht nur aufgrund unterschiedlicher klimatischer und ökologischer Gegebenheiten, Baumaterialien und handwerklicher Traditionen, sondern auch aufgrund politischer und religiöser Präferenzen. Mit Blick auf die Bauten lässt sich eine Typologie erstellen, für die auch die ansonsten problematische Unterscheidung in profan und sakral Sinn macht:[175] Als Profanbauten können Paläste, Festungen, Grabanlagen sowie die öffentliche Infrastruktur einschließlich Handelsbauten und Brücken gelten, als sakral im engen Sinn religiöse Bauten wie Moscheen, Madrasen und Sufi-Konvente, Kirchen, Tempel und Synagogen. Von der Bedeutung großer Stiftungskomplexe für das materielle und spirituelle Wohl ihrer Nutzer war bereits mehrfach die Rede. Die osmanischen Sultansstiftungen des 16. und 17. Jahrhunderts bestanden häufig aus einer Moschee, einer Koranschule, einer Madrasa, einer Einrichtung für Hadith-Studien, einem Sufi-Konvent, einem Hospital und einer Armenküche und wurden nicht umsonst in späterer Zeit als *külliyye*,»allumfassend«, bezeichnet.

Die Entwicklung der osmanischen Architektur ist für Istanbul, die zentralen Provinzen, Syrien und Ägypten gut erforscht. Um 1500 wurde bei Moscheen der Zentralkuppelbau üblich. Unter Süleiman I. verfestigte sich der sogenannte osmanische Reichsstil, der sich von Istanbul und Edirne ausgehend im ganzen Reich verbreitete – nur nicht in alten Metropolen wie Bursa, Kairo, Damaskus oder Bagdad mit ihren eigenen architektonischen und städtebaulichen Traditionen. Der Triumph über die Feinde diente hier als Leitmotiv, Byzanz als Referenz. Seit dem 16. Jahrhundert gab es ein Corps der Palastbaumeister, deren Mitglieder nicht unbedingt Muslime sein mussten. Zu den bekanntesten Vertretern ihrer Zunft zählten Atiq Sinan (der »alte Sinan«) und sein noch berühmterer Namensvetter Sinan (um 1490–1588), dessen Name sich unauflöslich mit dem osmanischen Reichsstil verbindet. Sinan wurde vermutlich in der Nähe der zentralanatolischen Stadt Kayseri über die Knabenlese rekrutiert, lernte als ausgebildeter Steinmetz und Zimmermann sein Handwerk gewissermaßen von der Pike auf und machte sich als Teilnehmer zahlreicher Feldzüge mit unterschiedlichen Architekturstilen vertraut. Als oberster Hofbaumeister und Ingenieur schuf Sinan mit seinem Stab von Mitarbeitern über ein halbes Jahrhundert hinweg beinahe 500 Bauten, darunter die berühmten Moscheekomplexe der Shehzade, Süleimaniyye und Selimiyye, die Mausoleen für Khasseki Sultan (Hürrem), Khair ad-Din Barbarossa und nicht zuletzt – Zeichen seines außergewöhnlichen Ranges – auch ein bescheidenes Grabmal (osman. *türbe*) für sich selbst. Die Neubauten konzentrierten sich auf Istanbul, Edirne und deren nähere Umgebung, hinzu kamen die Renovierung des Felsendoms in Jerusalem und der Großen Moschee in Mekka. Eigene Bauten errichtete Sinan in den arabischen Provinzen nicht. Die schiere Zahl der Bauten, für die mehrere Werkverzeichnisse vorliegen, lässt auf eine große Werkstatt schlie-

Abb. 25: Modell der
Süleimaniyye-Moschee
(Surname-i Hümayun,
Istanbul 1582)

ßen, wobei unter den Auftraggebern neben der Sultansfamilie der
Name des Großwesirs Sokollu Mehmed Pascha hervorsticht. Mit
Blick auf Sinans stilbildenden Einfluss scheint der Vergleich mit seinem Zeitgenossen Andrea Palladio (1508–1580) nicht allzu weit her-
geholt. Der Osmanist Franz Babinger sprach regelrecht von einer
»türkischen Renaissance« und von Sinan als »Michelangelo der Osmanen«.[176] Aber es fällt auch ein wichtiger Unterschied ins Auge: So
zentral Michelangelo und Palladio für die italienische Renaissance
waren, vor, neben und nach ihnen gab es doch viele andere herausragende Architekten. Für das Osmanische Reich kennen wir neben
Sinan nur wenige Baumeister, die in der Regel Allerweltsnamen wie
Ahmed, Mehmed oder Mustafa tragen, für die Safaviden und die
anderen Höfe der Region von Marokko bis Oman so gut wie keinen.

Den Safaviden als Herrschern eines vergleichsweise armen und deutlich kleineren Landes standen geringere Mittel zur Verfügung als den Osmanen und den Moguln; gut belegt ist aber zugleich die Rolle reicher Kızılbaş-Emire als Stifter, Sammler und Mäzene. Ihr architektonisches Repertoire reflektierte, nicht anders als bei den Nachbarn, ihr dynastisch-religiöses Selbstverständnis.[177] Schreine spielten in Iran eine größere Rolle als Moscheen, große Freitagsmoscheen wurden aufgrund schiitischer Vorbehalte anfänglich gar nicht gebaut. Die herrscherlichen Ambitionen zeigten sich besonders deutlich in Isfahan, das unter den Seldschuken schon einmal fürstliche Residenz gewesen war und das Schah Abbas in den 1590er Jahren zu einer der bedeutendsten Städte jener Zeit ausbauen ließ, die um 1630 angeblich 400 000 Einwohner zählte. Ihr Zentrum bildete ein großer Platz, der umgeben war von Arkaden, Palästen und der ersten und einzigen Freitagsmoschee der safavidischen Ära. Tagsüber diente er als Markt, abends und nachts der Unterhaltung; gelegentlich wurde er auch als Truppenaufmarsch- und -übungsplatz genutzt. Der herrscherlichen Repräsentation ebenso wie dem geselligen Vergnügen dienten breite Promenaden und für das Publikum geöffnete königliche Gärten. Entgegen weitverbreiteten Annahmen über die vormoderne »islamische Stadt«, der öffentliche Räume angeblich fehlten, bildeten sie hier ein wesentliches Element der Stadtgestaltung. Viele der öffentlichen und privaten Bauten zierten Wandgemälde mit figürlichen Darstellungen. Der Schah selbst und sein Hofstaat hielten sich freilich nicht allzu oft in Isfahan auf. In der Mitte des 17. Jahrhunderts ließ Abbas II. den Chihil-Sutun-Palast (Vierzig-Säulen-Palast) errichten, der mit seiner großzügigen Anlage und prachtvollen Ausstattung bis weit ins 19. Jahrhundert hinein als Sinnbild iranischen Herrschertums diente.

Kalligraphie und Buchmalerei

Über die visuelle Kultur jenseits der Architektur gibt es mehr zu berichten, als die gängige Vorstellung von der Bilderfeindlichkeit des Islam vermuten lässt. Die Kalligraphie als nichtfigürliche Form der visuellen Kultur war im gesamten Vorderen Orient und in Nordafrika zumindest im städtischen Raum sehr präsent und außerordentlich geschätzt. Figürliche Darstellungen hingegen waren im explizit religiösen Raum der Moscheen und in Koranhandschriften tatsächlich nicht zu finden, wohl aber – zumindest jenseits der arabischen Regionen – in anderen öffentlichen und privaten Räumen, und zwar auf unterschiedlichsten Materialien, von Textilien und Teppichen über Keramik, Holz und Glas bis zu Fliesen und Metall. Über die Wandmalerei dieser Zeit ist, abgesehen von den Beschreibungen safavidischer Bauten, wenig bekannt. Gemälde im Sinne gerahmter Bilder waren nicht Teil der einheimischen Tradition, wohl aber die Buchmalerei, die mit der Verbreitung des Papiers einen neuen Aufschwung nahm. Dass die Buchmalerei im arabischen Milieu zu dieser Zeit wenig verbreitet war, ist möglicherweise auf die religiösen Vorbehalte gegenüber figürlichen Darstellungen zurückzuführen. Im nicht minder muslimischen Anatolien, in Iran und auf dem indischen Subkontinent hingegen stand sie hoch im Kurs – ein Hinweis mehr auf die Vielfalt islamisch geprägter Kulturen und Gesellschaften. Die heute so bewunderten, extrem teuren Prachtbände waren ein Produkt höfischer Kultur und nicht für ein breiteres »inländisches« Publikum, sondern für den eigenen und für fremde Höfe bestimmt. Ihre Verfasser und Illustratoren sind namentlich bekannt, wurden jedoch als Künstler allem Anschein nach weniger geachtet als die Dichter.

Das künstlerische Repertoire der Safaviden und Osmanen unterschied sich in einigen Punkten: In Iran bewahrten die illustrierten Klassiker der persischen Literatur ihr hohes Ansehen. Das »Buch der Könige« *(Shahname)* – Inbegriff königlicher und zugleich spezifisch persischer Kultur – diente als vorzügliches Mittel herrscherlicher Erbauung und Selbstdarstellung und wurde in dieser Funktion gerne auch an andere Herrscher verschenkt. Das bekannteste Beispiel ist wohl ein in der imperialen Hofwerkstätte hergestelltes Manuskript, das Schah Tahmasp nach dem Friedensschluss von Amasya (und nach seiner Abwendung von weltlichen Freuden) Sultan Süleiman schenkte. Heute ist es nach seinem späteren amerikanischen Besitzer als »Houghton Shahname« bekannt.[178] Der berühmte timuridische

Maler Bihzad (oft auch: Behzad; 1465–1535), der von Herat an den safavidischen Hof geholt wurde, brillierte in der Buchmalerei. Der von Herat beeinflusste sogenannte Täbrizi-Stil verdeutlichte die neue Verbindung iranischer und indischer Traditionen und Konventionen. Kaum weniger gerühmt wurde Mu'in Musavvir, der rund ein Jahrhundert später wirkte, in einer besonders offenen und im Ergebnis daher eklektischen Phase des künstlerischen Ausdrucks, in der neben indischen und chinesischen verstärkt europäische Motive und Techniken aufgegriffen wurden – ein Musterbeispiel für das, was man im Englischen als *cultural flow* bezeichnet, der hier in unterschiedliche Richtungen floss und tatsächlich Interaktion bedeutete und nicht einfach den Einfluss einer Seite. Die Zentralperspektive allerdings übernahmen auch die experimentierfreudigen safavidischen Maler des 17. Jahrhunderts nicht. Die Verbreitung kunstvoll zusammengestellter Alben, in denen sich häufig Kalligraphie und Illustration verbanden, die Produktion von Einzelblättern, die auch für den freien Markt angefertigt wurden, und die Existenz privater Sammler sprechen zugleich für ein gewisses Maß an Wohlstand und Wertschätzung in einer breiteren Elite, die möglicherweise bis in »bürgerliche« Kreise reichte.[179]

Der osmanische Hof pflegte ein etwas anderes Repertoire, in dessen Mittelpunkt Feldzüge, Hoffeste und Sultansporträts standen (vgl. Abb. 4, 5, 6, 7, 16, 25, 26). Trachtenbücher scheinen ebenfalls eine osmanische Besonderheit dargestellt zu haben. Die Illustrationen der Fest-, Feldzugs- und Trachtenbücher zählen zu den wenigen und daher besonders wertvollen bildlichen Quellen der frühneuzeitlichen osmanischen Sozial- und Kulturgeschichte. Seit den 1980er Jahren werden sie in sorgfältigen Ausgaben einer breiteren Öffentlichkeit zugänglich gemacht. Die osmanischen Künstler des 16. Jahrhunderts wandten sich, im Einklang mit einem überregionalen Trend zum Realismus, verstärkt der eigenen, zeitgenössischen Gesellschaft zu und zeichneten dabei nicht nur das Hofleben, sondern auch Alltagsszenen. Dabei traten, früher als in der Prosaliteratur, individuelle Züge hervor. Ein Beispiel bieten die Festbücher (osman. *surname*), die in Wort und Bild die Feierlichkeiten aus Anlass der Prinzenbeschneidungen dokumentierten. Das älteste bekannte Exemplar stammt wohl aus dem Jahr 1582; den Text verfasste der Hofchronist Seyyid Lokman, illustriert wurde es von Osman Naqqaş (Osman der Maler; vgl. Abb. 25 und 26). Bei dem nicht minder berühmten Festbuch von 1720 stammen der Text von Hüsein Vehbi (gest. 1736) und die Illustrationen von dem Hofkünstler Abdülcelil Çelebi (gest. 1732), besser bekannt unter seinem Beinamen Levni (osman. für farbig, abwechslungsreich; vgl. Abb. 16 und 21). Levni war eine der Leitfiguren der »Tulpenära« und für seine Sultansporträts und Personendarstellungen berühmt.[180]

Etwas älter sind die illustrierten Feldzugsberichte, die der Verherrlichung des Sultans und seiner Armee dienten. Für sie steht der aus Bosnien stammende, über die Knabenlese rekrutierte und an der Palastschule ausgebildete Historiker, Mathematiker, Kartograph und Maler Matrakçı Nasuh (gest. 1564). Sein illustrierter Bericht über die »Kampagne der beiden Irak« der Jahre 1534 und 1535 mit den Abbildungen bedeutender Städte und Stätten enthielt wichtige geographische Informationen, die möglicherweise unmittelbar militärischen Zwecken dienten (vgl. auch Abb. 8). Er muss freilich ein Vermögen gekostet haben und fand vielleicht aus diesem Grund nur geringe Verbreitung. Zum höfischen Repertoire zählen schließlich die Sultansporträts, die geradezu exemplarisch das Ineinanderwirken unterschiedlicher künstlerischer Traditionen und Konventionen illustrieren, allerdings wohl einem eng begrenzten Publikum vorbehalten blieben.

Dichtung, Literatur und Musik

Über das höfische und das städtische Milieu hinaus führen Dichtung, Literatur und Musik. Mit Blick auf die Literatur und die darstellenden Künste war das Spektrum enger als im zeitgenössischen China, Japan oder Europa: Das Drama und das Theater entwickelten sich zumindest im arabisch-osmanischen Raum erst im ausgehenden 19. Jahrhundert, wohingegen es in Iran eine eigenständige Tradition des religiösen und »weltlichen« Spiels gab, an die moderne Dramatiker und Theatermacher später anknüpfen konnten.[181] Novellen und Romane blieben bis weit ins 20. Jahrhundert hinein eine Randerscheinung. Im Mittelpunkt stand immer die Dichtung, die mit ihren unterschiedlichen Genres und Formen alles ausdrücken konnte – Liebe, Trauer und Satire, die Preisung des Propheten Muhammad, Herrscherlob und politische Botschaft. Die Dichtung war im öffentlichen und im halböffentlichen Raum präsent, denn in der Regel wurden Gedichte, wie andere Texte auch, nicht still gelesen, sondern rezitiert bzw. gesungen.

Sosehr es sich eingebürgert hat, die Dichtung als Medium einer säkularen, weltzugewandten Sphäre zu begreifen, darf der Einfluss religiöser Normen und Bezüge doch nicht übersehen werden. Von der Macht sufischer Bilder und Bezüge, ohne die ein großer Teil der Dichtung in arabischer, persischer und türkischer Sprache gar nicht zu verstehen ist, war bereits die Rede. Das vielgestaltige Genre des *adab*, der geistreichen und gelehrten Unterhaltung,[182] konnte zahlreiche Themen behandeln, von den Praktiken sufischer Selbstdisziplinierung bis zu Handwerkertugenden und von der satirischen Darstellung menschlicher Eigenschaften bis zum Lobpreis örtlicher Schönheiten. Hier fanden sich religiöse neben nichtreligiösen, ja dezidiert religionskritischen Stimmen. Klarer ist die Unterscheidung zwischen religiös und profan auf anderen Feldern, namentlich bei den Epen und Balladen, die mündlich und schriftlich tradiert wurden, in manchen Fällen wohl unterstützt von bildlichen oder pantomimischen Darstellungen. In diese Sparte gehört das erwähnte »Buch der Könige« (Shahname), das im Kern nicht von religiösen Bildern und Werten geprägt war, sondern von altiranischen Idealen heldischer Tugend. Das Schattenspiel (türk. *karagöz*) und andere Formen der populären Unterhaltung lassen sich gleichfalls als weltlich verstehen und damit als weiterer Hinweis darauf, dass im frühneuzeitlichen Vorderen Orient und in Nordafrika die Religion mächtig, aber nicht allmächtig war.

Im Osmanischen Reich galt es als Ideal, in den drei Prestigesprachen Arabisch, Persisch und Osmanisch zu dichten, was freilich nur den wenigsten gelang. Bis weit ins 16. Jahrhundert hinein blieb die persische Dichtung und Epik das Maß aller Dinge. Dichter wie

Mahmud Abd al-Baqi (türk. Beki, 1526–1600), von Beruf Kadi, und Fuduli (Fuzuli, um 1480–1556), ein irakischer Schiit mit sufischen Neigungen, der auch für die Safaviden tätig wurde, genossen höchstes Ansehen.[183] Üblicherweise dienten die Höfe mit ihren Höflingen – die häufig selbst Verse schrieben – als Patrone, und dies nicht nur in der Hauptstadt, sondern auch an anderen Orten. Literarische Salons reichten über die höfischen Zirkel hinaus in ein breiteres städtisches und in diesem Sinn bürgerliches Milieu. Zu ihm gehörten vermutlich auch Frauen, von denen wir allerdings nur ganz wenige namentlich kennen, die in der Regel der gesellschaftlichen Elite angehörten. Über ihre Rolle im literarischen Leben können wir kaum etwas sagen. Der unmittelbare Kontakt zu zeitgenössischen Dichtern, deren Salons für Frauen in der Regel nicht offen waren, muss auf jeden Fall schwierig gewesen sein.

Besonders interessant ist vor dem Hintergrund der generellen Tendenz zur Bewahrung des »guten Alten« das Verhältnis der Literaten und Dichter zu Tradition, Konvention und künstlerischer Kreativität. Heute spielt die Frage nach Originalität und »echtem Ausdruck« eine große Rolle, und nicht selten wird sie in Bezug gesetzt zu Innovationswillen und Reformfähigkeit einer Gesellschaft. Ein Musterbeispiel bietet die (mehrheitlich skeptische) Diskussion um eine »islamische Aufklärung« im 18. Jahrhundert.[184] Dabei ist die Frage nach dem Verhältnis von Tradition und Innovation keine rein westliche: Arabische und persische Literaten und Literaturkritiker stritten ausdauernd über die Meriten des »alten« und des »neuen« Stils, deren Formen im abbasidischen Bagdad des 9. Jahrhunderts selbstverständlich anders definiert waren als im Schiraz des 17. Jahrhunderts. Die Literaten und Dichter griffen auf einen weithin respektierten Kanon zurück, der Neuerungen zuließ, zunächst aber einmal beherrscht werden musste, um Meisterschaft zu erlauben. Das wiederum war keine nahöstliche Besonderheit: Auch im frühneuzeitlichen China bewährte sich der Dichter weniger durch Originalität als vielmehr durch die vollendete Beherrschung der anerkannten Regeln (»Konventionalität«). Dennoch traten, anders als auf dem religiösen Feld, manche Literaten und Dichter mit der

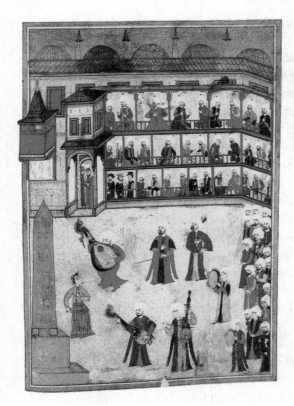

Abb. 26: Musiker mit ihren Instrumenten (Surname-i Hümayun, Istanbul 1582)

erklärten Absicht auf, Neues zu schaffen, wenngleich die Mehrheit dieses Neue als Normverletzung tadelte. Eine offizielle Zensur oder gar Inquisition durch religiöse oder staatliche Stellen gab es im Übrigen nicht. Sofern der Autor keine hohe Position bei Hofe innehatte oder mit oppositionellen Aktivitäten in Verbindung gebracht wurde, war er (oder sie) relativ frei im Ausdruck. Selten nur wurden die Verfasser von Büchern oder Gedichten bestraft. In Zeiten wirtschaftlicher Not oder politischer Repression blieb immer noch die Möglichkeit, entweder zum politischen Gegner oder aber an die muslimischen Höfe Indiens und des malaiischen Archipels zu gehen, die über alle religiösen Unterschiede hinweg eine gemeinsame persisch- und arabischsprachige Kultur pflegten.

Muslimische Religions- und Rechtsgelehrte äußerten immer wieder Vorbehalte gegen Musik, Gesang und Tanz. Während viele sie grundsätzlich für islamwidrig erklärten, strichen andere den Wert der Musik für das religiöse Empfinden heraus. In den höfischen wie in den Populärkulturen hatten Musik, Gesang und Tanz auf jeden Fall ihren festen Platz.[185] Nicht wenige Fürsten, Literaten und Gelehrte waren für ihre Liebe zur Musik bekannt, bestimmte Sufi-Bruderschaften gerade für diesen Ausdruck von Frömmigkeit berühmt. Es mag jedoch sein, dass sich Männer und Frauen eher als Dichter versuchten, Musik und Tanz dagegen professionellen Musikern, Tänzerinnen und Tänzern überließen (unter denen viele Sklaven waren). Dafür könnte die Tatsache sprechen, dass in osmanischen Nachlässen bislang keine Musikinstrumente gefunden wurden, so dass die Erblasser selbst nicht musiziert zu haben scheinen. Im Sultanspalast gab es zumindest einen Chor der Pagen und einen der Sklavinnen. Das Osmanische Reich war auch die erste europäische Macht, die eine eigene Militärkapelle *(mehterhane)* einrichtete, die mit ihrer charakteristischen Instrumentation Einfluss auf die europäische Musik nahm, wo »alla turca«-Stücke im 18. Jahrhundert recht beliebt waren. Seit einiger Zeit wird sie als »Janitscharen-Musik« neu belebt und vermarktet. Notierte Musikstücke sind allerdings erst seit dem 17. Jahrhundert erhalten, wobei dies wohl auf das Wirken europäischer Konvertiten zurückgeht.

3. Bildungsstätten und Bildungspfade

Die Fähigkeit, zu lesen und zu schreiben, bezeichnete zu allen Zeiten recht unterschiedliche Dinge, die von der Fähigkeit, den eigenen Namen zu buchstabieren und einfache Texte zu entziffern, bis zur Beherrschung einer oder mehrerer Hochsprachen mit anspruchsvoller Grammatik und umfangreichem Wortschatz reichen. Grundsätzlich sollte man nicht von einer klaren Zweiteilung in schriftliche Hochkultur hier und mündliche Volks- oder Populärkultur dort ausgehen, vielmehr waren, wie angedeutet, Mündlichkeit und Schriftlichkeit in vielerlei Weise ineinander verwoben. Dazu trug die Tatsache bei, dass Texte in der Regel nicht still gelesen, sondern laut rezitiert wurden, was auch Analphabeten Zugang zur schriftlichen Tradition verschaffen konnte. Wichtig war das nicht zuletzt im religiösen Kontext.

Im Prinzip war das Bildungswesen an Religion, Sprache, Geschlecht und Wohnort gebunden. Zumindest in den Städten gab es muslimische, christliche und jüdische Schulen unterschiedlichen Niveaus, die durch privaten Unterricht im Rahmen der Familie oder bei Gelehrten ergänzt oder überhaupt ersetzt werden konnten. Das galt auch für Mädchen und Frauen, die insgesamt aber doch eine kleine Minderheit unter den Lehrenden und Lernenden bildeten und in der Regel von den muslimischen Madrasen ausgeschlossen blieben. Alles in allem war der Unterschied zwischen »formaler« und »informeller« Bildung gering oder irrelevant. Eine Ausnahme machten die großen osmanischen Madrasen, die vor dem Eintritt in die Ilmiyye absolviert werden mussten. Die an den sunnitischen Madrasen vermittelte höhere Bildung umschloss in der Regel religiöses und literarisches Wissen, in erster Linie die Jurisprudenz (*fiqh*) einer oder mehrerer sunnitischer Rechtsschulen, dazu Grammatik und Rhetorik, gelegentlich auch Logik, Teilbereiche der Philosophie, Algebra und Astronomie. An den zwölferschiitischen Lehrzirkeln und Hochschulen (Sing. *hauza*) spielten Theologie und Philosophie neben der Jurisprudenz eine größere Rolle. Mathematik und die empirischen Wissenschaften wurden überwiegend nicht an Madrasen und Hauzas, sondern im Privatunterricht bei Praktikern erlernt. Unter ihnen spielten von alters her Nichtmuslime eine prominente Rolle.

Etwas anders sahen die Bildungsinhalte an den Palastschulen aus, an denen noch im 17. Jahrhundert die Mehrzahl der osmanischen Literaten-Bürokraten erzogen wurden: Hier ging es nicht um Ausbildung, sondern um Bildung im Sinne des Adab. Dessen Grundlage bildeten die Prestigesprachen Osmanisch, Persisch und Arabisch und ein gewisser literarischer Kanon, aus dessen Beherrschung eine kultivierte Lebensführung erwachsen sollte. Das so erworbene kulturelle Kapital diente den Absolventen als Mittel der Distinktion, mit dem sie sich gegenüber anderen (einschließlich der Mehrzahl der Religions- und Rechtsgelehrten) abgrenzen konnten. Aber die verfeinerte Bildung und Lebensart wurde nicht allein an Palastschulen vermittelt: Vor allem aus dem Osmanischen Reich ist eine Reihe hochgebildeter Autodidakten bekannt, die ihr Wissen und ihre Kenntnisse gewissermaßen privat erwarben. Auf dem Land dienten Sufi-Konvente, Wallfahrtsstätten und Schreine als Orte von Bildung und Geselligkeit. Nicht selten waren sie mit Bibliotheken ausgestattet, die sowohl religiöse als auch nichtreligiöse Werke enthielten.[186] Christliche Klöster dürften in ländlichen Gegenden eine vergleichbare Rolle gespielt haben.

Bücher, Buchdruck und Bibliotheken

Die Wertschätzung des gesprochenen und geschriebenen Wortes hat in den Gesellschaften des Vorderen Orients und Nordafrikas eine lange Tradition. Das gilt zunächst einmal für den religiösen Bereich, beschränkt sich aber keineswegs darauf. Überall zwischen Marokko, Oman und Nordostiran gab es private Manuskript- und Büchersammlungen und in den größeren Städten auch Buchhandlungen und Bibliotheken, die zumindest einem Teil der männlichen Bevölkerung offenstanden. Ähnliches gilt für die privaten und öffentlichen Stiftungen: Selbst wenn Bibliotheken und Lesesäle, wie es sich zumindest in Istanbul in der zweiten Hälfte des 17. Jahrhunderts einbürgerte, nicht länger Teil eines Moschee- oder Madrasakomplexes waren, sondern eigenständige Institutionen, dürften Nichtmuslime und Frauen kaum Zutritt gehabt haben. Die erste freistehende Bibliothek ließ Sultan Ahmed III. im ersten Drittel des 18. Jahrhunderts im Dritten Hof des Topkapı-Palastes einrichten und damit an einem Ort, der nur einem exklusiven Kreis zugänglich war.[187]

Nirgendwo zwischen Fès, San'a und Schiraz spielte der Buchdruck eine Rolle. Das engte, ungeachtet aller Verknüpfung von Mündlichkeit und Schriftlichkeit, die Reichweite schriftlich niedergelegten Wissens ein und begrenzte zugleich die Möglichkeit sozia-

ler und politischer Mobilisierung über Bilder und Texte, die im frühneuzeitlichen Europa eine so bedeutende Rolle spielte. Die Gründe
hierfür waren weniger technischer als vielmehr kultureller, genauer
noch: religiöser Natur. Schon seit Jahrhunderten standen einer interessierten Öffentlichkeit arabische Bücher zur Verfügung, die in
Europa, namentlich in Italien, gedruckt wurden. Sultan Murad III.
genehmigte 1588 Einfuhr und Besitz arabischer Drucke, sofern sie
nicht religiösen Inhalts waren; die Einfuhrerlaubnis wurde später allerdings zurückgezogen. Das Interesse scheint ohnehin gering gewesen zu sein, und dies nicht nur, weil man die ästhetische Qualität der
europäischen Drucke bemängelte. Eine wichtige Rolle spielte das besondere Verhältnis zur (heiligen) Schrift: Während es in Europa die
Bibel war, die von Gutenberg 1465 als erstes Buch gedruckt und mas-
senhaft verbreitet wurde (ein gutes Jahrzehnt später gefolgt von Karten), stand im islamischen Raum die Ehrfurcht vor dem Koran *als
Schrift* dem Buchdruck im Weg. Bis ins frühe 18. Jahrhundert blieb
osmanischen Muslimen der Druck von Büchern in arabischer und
türkischer Sprache ausdrücklich verboten, doch kann dieses Verbot nicht für die anderen Religionsgemeinschaften gegolten haben.
Schon für das Jahr 1493 – das heißt unmittelbar nach der Vertreibung der Juden aus Spanien – ist die erste hebräische Druckerpresse
in Istanbul belegt, der wenige Jahre später eine zweite in Saloniki
folgte. Bis zum Ende des 17. Jahrhunderts erschienen im Osmanischen Reich mehrere hundert hebräische Titel, die allerdings, wie
es scheint, ohne breitere Wirkung blieben. Ähnliches gilt für die armenischen Drucke. Für den Druck griechisch-orthodoxer Schriften
war lange Zeit Venedig das Zentrum; wie jesuitische Quellen belegen, gab es jedoch auch unter vorderorientalischen Christen Bedenken gegen die »fränkischen« Drucke.

Erst zu Beginn des 18. Jahrhunderts wurde in Istanbul eine
Druckerpresse eingerichtet, die sich mit ihrer Produktion an den
Interessen einer muslimischen Bildungselite orientierte. Initiator
und Betreiber war bezeichnenderweise ein europäischer Konvertit
und ehemaliger Pfortensklave, der Literat und Diplomat Ibrahim
Müteferrika (um 1670–1745). Über seinen Werdegang wissen wir

nicht allzu viel: Gesichert scheinen seine Herkunft aus dem damals ungarischen Teil Siebenbürgens, seine humanistische Bildung und seine Sprachbegabung. Nach Absolvierung der Palastschule stieg er in der osmanischen Bürokratie auf und wurde 1715 nach Wien gesandt, um mit Prinz Eugen zu verhandeln; zwei Jahre später reiste er in diplomatischer Mission nach Paris. Einen Namen machte sich Müteferrika mit einer Denkschrift zur Reform von Militär und Verwaltung, in der er nachdrücklich eine Öffnung für neue, moderne Techniken und Institutionen empfahl und dabei erstmals den Begriff »neue Ordnung« (osman. *nizam-i cedid*) verwandte. Anders als seinen osmanischen Zeitgenossen ging es Müteferrika tatsächlich darum, Neues zu schaffen. 1727 erhielt er von Sultan Ahmed III. (wir befinden uns in der Tulpenära) die Erlaubnis, eine Druckerei mit arabischen Lettern einzurichten; prominente sunnitische Religionsgelehrte sicherten diesen Beschluss mit einem Rechtsgutachten ab. Der Druck religiöser Texte im Allgemeinen und des Koran im Besonderen blieb jedoch weiterhin verboten, die Arbeit konzentrierte sich auf praktisch verwertbare, »nützliche« Literatur.

Das erste gedruckte Buch war 1729 ein arabisch-türkisches Wörterbuch. Es folgten mehrere neuere Reichschroniken, die Müteferrika kommentierte, Übersetzungen aus dem Lateinischen sowie einige eigene Werke. Besondere Beachtung verdient der Druck von Kartenwerken, die auch bei Gutenberg eine große Rolle gespielt hatten. Bis 1742 – deutlich über den gewaltsamen Tod seines Mäzens, des Großwesirs Damad Ibrahim Pascha, hinaus – erschienen insgesamt 17 Werke, in einer zweiten Welle zwischen 1756 und 1794 weitere sieben; dann wurde die Presse stillgelegt. Die Drucke scheinen, entgegen früheren Auffassungen, in der gebildeten osmanischen Öffentlichkeit durchaus auf Interesse gestoßen zu sein,[188] ein Interesse, das unter den Vorzeichen politischer Reform und kultureller Erneuerung im ausgehenden 19. Jahrhundert noch einmal deutlich wachsen sollte.

4. Das Wissen von der Welt

Berichte von Pilgern und Reisenden, die aus eigener Erfahrung von fremden Räumen, Menschen und Kulturen erzählten, haben in der islamischen Welt eine lange Tradition und wurden auch in der Frühen Neuzeit weiter verfasst. Aber das auf eigene Anschauung gestützte Wissen über nahe und ferne Länder war unter der muslimischen Mehrheitsbevölkerung doch begrenzt. Die europäischen Staaten duldeten zu dieser Zeit keine organisierten muslimischen Kolonien auf ihrem Boden; nur in Venedig gab es seit etwa 1600 eine Herberge für osmanische Muslime, den Fondaco dei Turchi. Erst aus dem beginnenden 18. Jahrhundert sind die Berichte osmanischer Diplomaten, Emissäre und Reisender aus Europa erhalten. Vergleichbare Beschränkungen gab es für Reisende nach Indien, Zentral- und Südostasien oder das subsaharische Afrika zwar nicht, doch liegen kaum schriftliche Zeugnisse über die dort erworbenen Einsichten und Erfahrungen vor. Allerdings ist die einschlägige Literatur auch noch nicht systematisch durchforstet worden. Das Wissen armenischer, jüdischer oder hinduistischer Kaufleute mit ihren weitgespannten Netzwerken scheint nicht systematisch über die Grenzen der eigenen Gemeinschaft hinweg kommuniziert worden zu sein. Ähnliches gilt für die Gefangenen, Konvertiten und Renegaten, die in den Vorderen Orient und nach Nordafrika gelangten und Erinnerungen an ihre Heimat mit sich brachten, die sie in der einen oder anderen Weise weitergegeben haben müssen.

Die vorliegenden Pilger- und Reiseberichte sind, über die Beschreibungen von Ländern und Leuten hinaus, so wertvoll, weil sie Aufschluss über das Weltbild und Selbstverständnis ihrer Verfasser geben. Auffällig ist dabei die Tendenz, Angaben früherer, »klassischer« Autoren zu reproduzieren, selbst wenn mittlerweile genauere Daten zur Verfügung standen oder die Verfasser selbst es besser wussten, eine Tendenz, die sie im Übrigen mit ihren europäischen Zeitgenossen teilten. Hierin könnte man eine der vielen »diskursiven Traditionen« sehen, in der die Literaten und Gelehrten der Frühen

Neuzeit ebenso standen wie die moderne Wissenschaft. Die »klassischen« Autoren waren die großen Astronomen, Geographen und Kartographen des griechisch-römischen Altertums und der arabisch-persischen Tradition, wobei auch Letztere sich vielfach auf klassische Autoritäten wie Ptolemäus stützten. Mit der Eroberung der ehemals mamlukischen Territorien gelangten die Osmanen an die dortigen Buch- und Manuskriptbestände, die sie umgehend auswerteten. Hinzu kamen Werke mit praktischer Funktion wie See- und Küstenkarten, Pilgerhandbücher und Reise-Itinerare. Im 16. Jahrhundert lagen bereits viele arabische, europäische und persische Titel in osmanischer Übersetzung vor. Eine weitere Verbreitung fanden kartographische Werke im 18. Jahrhundert, als sie auf der Druckerpresse des Ibrahim Müteferrika gedruckt wurden.

Geographische Handbücher und Kartenwerke, die über längere Zeiträume immer wieder kopiert oder gedruckt wurden, dienten meist dem doppelten Zweck, zu informieren und zu unterhalten, sei es durch Illustrationen und Karten, sei es durch Anekdoten, Fabeln und Erzählungen. Kuriosa und Memorabilia spielten hierbei eine große Rolle. Gottfried Hagen, einer der besten Kenner der Materie, spricht von einer »Salongeographie«, die vorrangig wegen ihrer ästhetischen Qualitäten geschätzt wurde und nicht, wie gelegentlich vermutet wurde, als wissenschaftliche Vorbereitung auf militärische Eroberungen. Andere Autoren sehen gerade für die Osmanen einen engeren Zusammenhang zwischen Geographie, Kartographie und militärischer Expansion.[189] Insgesamt scheint in der Frühen Neuzeit eine gebildete Öffentlichkeit über die Gebiete im Westen besser informiert gewesen zu sein als über die östlichen, obgleich durchaus ein gewisses Interesse an Indien und China bestand, das sich auch an einzelnen Schriften ablesen lässt. Dazu zählen die 1494/95 angefertigte osmanische Übersetzung des Ghiyath ad-Din Naqqash, der im timuridischen Auftrag 1420 bis 1422 nach China gereist war, und eine 1516 in persischer Sprache erschienene und später ins Osmanische übersetzte Länderkunde Chinas aus der Feder des iranischen Kaufmanns Ali Akbar, der das Land um 1506 besucht hatte. Gleichfalls auf eigener Erfahrung beruhte der um 1557 verfasste Bericht des

Seydi Ali Reis (gest. 1562; wie sein Titel *re'is* besagt, war er Kapitän) über seine Erlebnisse in Indien und Iran. Die Tatsache, dass er nur wenige Male kopiert wurde, deutet allerdings auf ein begrenztes Interesse des zeitgenössischen Publikums hin.

Die Pilger- und Reiseberichte verließen sich in erster Linie auf das gesprochene und das geschriebene Wort. Bilder waren in diesem Zusammenhang zwar nicht generell verpönt: Die islamischen Pilgerstätten in Mekka, Medina und Jerusalem wurden auf unterschiedlichen Materialien häufig abgebildet, und dies nicht nur in Pilgerhandbüchern, sondern auch auf Fliesenwänden in Moscheen und Madrasen. Dennoch spielten Bilder und Karten, sieht man von den illustrierten Feldzugsberichten ab, die für einzelne osmanische Sultane angefertigt wurden, eine untergeordnete Rolle. Das mag zum einen am Preis illustrierter Werke gelegen haben, der erst mit der Verbreitung der Lithographie und des Buchdrucks im 19. Jahrhundert sank, zum anderen an der genannten Scheu vor figürlichen Abbildungen. Ganz befriedigen kann diese Erklärung nicht, denn während in den osmanischen Katastern die einzelnen Grundstücke nicht gezeichnet, sondern in ihrer Lage und Beschaffenheit in Worten beschrieben wurden, enthielten wissenschaftliche Titel in der Medizin, Zoologie, Botanik und Astronomie traditionell figürliche Abbildungen.

Die Frühe Neuzeit konnte auf regionale kartographische Traditionen zurückgreifen, die sie mit den Mitteln ihrer Epoche grundlegend erneuerte. Faszinierend ist die Kartographie nicht allein aus sachlichen und ästhetischen Gründen, sondern weil sie, ähnlich wie die Militärtechnologie, das »Hin und Her« zwischen unterschiedlichen Kulturen und Regionen illustriert. Der Austausch von Informationen und Techniken ist in einzelnen Fällen dokumentiert, einige Mittler sind sogar namentlich bekannt, doch ist auch die Möglichkeit einer parallelen Entwicklung nicht grundsätzlich auszuschließen. Zur maritimen Kartographie gehörten seit dem 12. Jahrhundert die Portolane, Küstenkarten des Mittel- und des Schwarzen Meeres mit präzisen nautischen Angaben zu Winden, Untiefen, Sandbänken und dergleichen, die als praktische Navigationshilfen dienten; nicht

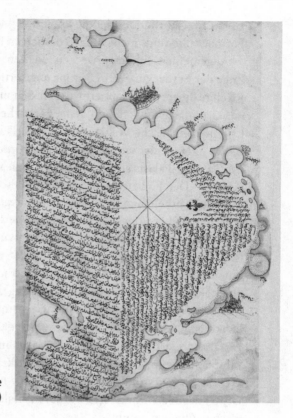

Abb. 27: Kitab-i Bahriyye
(Piri Reis, Istanbul 1526)

umsonst bedeutet ihr Name in etwa »einen sicheren Hafen erreichen«. Die frühesten Karten dieses Typs wurden wohl von italienischen, katalanischen und spanischen Seeleuten angefertigt und von
osmanischen und arabischen Seeleuten benutzt und verfeinert, die
sich damit von ortskundigen Lotsen unabhängiger machten. Einige
erfassten auch den Nil und Teile des Indischen Ozeans.[190] Einzigartig
ist die detaillierte, von Miniaturen und zahlreichen Karten begleitete
Beschreibung der Küsten des Mittel- und des Schwarzen Meeres sowie des Nils (*Kitab-i Bahriyye*, »Das Buch der Seefahrt«), die der osmanische Seefahrer Piri Reis 1521 in einer ersten Fassung und 1526
in überarbeiteter Form vorlegte. Als Handbuch, das seine Leser in
vertrauter Weise zugleich bilden und unterhalten sollte, wurde es im

16. und 17. Jahrhundert häufig kopiert, eignete sich aufgrund seines Formats allerdings nicht zum Gebrauch an Bord eines Schiffes.

Allgemeinen Bildungszwecken dienten die Weltkarten, die im Zuge der Entdeckungen in Europa angefertigt und im Osmanischen Reich rezipiert und adaptiert wurden. Schon 1513 zeichnete Piri Reis auf Grundlage antiker und zeitgenössischer Vorlagen die erste erhaltene osmanische Weltkarte, die Amerika zeigte und dem *Kitab-i Bahriyye* beigefügt wurde. Die Karte wurde 1929 in der Bibliothek des Topkapı-Palasts aufgefunden und ist leider nur zu einem Drittel erhalten. Der Fund erregte allerdings besondere Aufmerksamkeit, da in dem erhaltenen Teil der Atlantik abgebildet ist mit Küstenabschnitten Westeuropas, Westafrikas sowie Nord- und Südamerikas, das zu dieser Zeit gerade erst exploriert wurde. Woher Piri Reis die (in Teilen unkorrekte) Beschreibung der amerikanischen Küstenlinien nahm, ist unklar und umstritten; für andere Abschnitte griff er sicher auf eigene nautische Erfahrung zurück. 1528/29 legte er eine zweite Weltkarte vor, von der wiederum nur ein kleiner Teil erhalten ist. Dass Piri Reis nicht der einzige Osmane war, der sich im 16. Jahrhundert für die beiden Amerikas interessierte, belegt die in zahlreichen, zum Teil illustrierten Manuskripten erhaltene anonyme »Geschichte Westindiens« *(Tarikh-i Hind-i Gharbi)* aus dem letzten Drittel des 16. Jahrhunderts, die auf ins Italienische übersetzten spanischen Quellen beruht.

Sehr viel mehr wissen wir über den osmanischen Universalgelehrten Katib Çelebi (eigentlich Mustafa b. Abdullah, bekannt auch als Hajji Khalifa oder Haci Halife; 1609–1657). Er hatte zwar in der Armee gedient, kann aber – da eine Erbschaft ihm schließlich das Leben als Privatier ermöglichte – als Mitglied einer bürgerlichen Elite betrachtet werden, die sich jenseits der höfischen Zirkel bewegte. Sein Hauptwerk *Cihannüma* (»Sicht der Welt« oder »Kosmorama«) war bei seinem Tod unvollendet, wurde in der Folgezeit mehrfach bearbeitet, in erweiterter Form 1732 von Müteferrika gedruckt und auch in europäische Sprachen übersetzt.

Katib Çelebi war mit den Werken der arabisch- und persischsprachigen Geographen, Kosmographen und Historiker ebenso

vertraut wie mit den Beschreibungen der Sultansfeldzüge, die zum
Teil in allgemein zugängliche Chroniken integriert waren. Auf die
osmanischen Archive hingegen hatte er mit Ausnahme bestimmter
Kadi-Amtsregister keinen Zugriff. Ebenso wichtig waren für ihn
mündliche und schriftliche europäische Quellen. Katib Çelebi selbst
sprach Osmanisch, Persisch und Arabisch, jedoch keine europäische
Sprache. Zugang zu den neuesten Werken verschaffte ihm ein gewisser Mehmed Ikhlasi, vermutlich ein zum Islam konvertierter
französischer Ordensgeistlicher. Die Zusammenarbeit mit ihm ermöglichte Katib Çelebi, den *Atlas Minor* des flämischen Kartographen Gerardus (Gerhard) Mercator und den von Abraham Ortelius
verlegten Atlas *Theatrum Orbis Terrarum* auszuwerten, der 1570 erstmals in Antwerpen gedruckt worden war. Seine auf dieser Grundlage
verfertigte Weltkarte konnte mit den zeitgenössischen europäischen
Druckkarten zwar nicht konkurrieren, belegt aber doch das Interesse
gebildeter osmanischer Kreise an den Entdeckungen und geographischen Kenntnissen der eigenen Zeit.

Die Entwicklungen im Europa des 16. und 17. Jahrhunderts, auch
und gerade die wissenschaftlichen, wurden von der osmanischen
Intelligenz zur Kenntnis genommen und kommentiert, erschütter-
ten bis auf weiteres jedoch nicht den Glauben an die eigene Überlegenheit. Manche erkannten die wachsende Bedeutung Europas,
nur wenige jedoch gewannen wie Evliya Çelebi (um 1611 bis nach
1683) durch Reisen eine eigene Anschauung von den dortigen Verhältnissen. Evliyas Beispiel illustriert sehr schön den Bildungsweg
eines Angehörigen der osmanischen Bildungselite, als den ihn sein
Titel »Çelebi« ausweist: Der Großvater war im Krieg reich geworden,
der Vater zunächst Gebetsrufer (Muezzin) im osmanischen Heer
und später Hofgoldschmied des Sultans. Die Mutter, eine Abkhasin
(deren Namen wir bezeichnenderweise nicht kennen), war mit dem
einflussreichen Melek Ahmed Pascha, einem späteren Großwesir,
verwandt, der den jungen Mann förderte.

Evliya lernte an einer Koranschule und Madrasa den Koran aus-
wendig und bei einem Sufi-Meister Musik, Rezitation und Gesang,
verstand offensichtlich aber auch recht viel von der leichten Unter-

haltung. Nachdem er dem Sultan wegen seiner schönen Stimme als Koranrezitator aufgefallen war, wurde er 1636 in die Palastschule aufgenommen, wo er sich auf Koranrezitation, Musik, Arabisch, Persisch und Kalligraphie konzentrierte. Nach zwei Jahren in der unmittelbaren Umgebung des Sultans, den er gut unterhalten zu haben schien, wurde er ohne jede militärische Schulung in das Corps der Pforten-Sipahis aufgenommen, zeigte aber kein Interesse an einer militärischen oder bürokratischen Karriere. Stattdessen reiste er in offizieller und privater Mission rund 40 Jahre lang von Ungarn bis nach Armenien, Georgien und Dagestan, von der Krim bis Kreta und von Syrien und Irak bis Oberägypten und Sudan. Meist stand er dabei im Dienst einer hohen Persönlichkeit. So besuchte er 1665 im Gefolge Kara Mehmed Paschas Wien. Im Alter von 60 Jahren pilgerte er 1671/72 erstmals nach Mekka und verbrachte die letzten zehn Jahre seines Lebens in Kairo, wo er zu einem nicht genauer bekannten Zeitpunkt verstarb.

Evliya Çelebis zehnbändige Reisebeschreibung *(Seyahatname)* ist zwar nur in wenigen Handschriften überliefert, kann zu seiner eigenen Zeit also nicht sehr gefragt gewesen sein, ist heute jedoch das bekannteste und bestuntersuchte Werk der osmanischen Literatur.[191] Für heutige Leser ist sie über die eigentlichen Ortsbeschreibungen hinaus nicht zuletzt deshalb so interessant, weil Evliya als einer der ersten Osmanen alltägliche Erlebnisse und selbst intime Details seines persönlichen Umfelds niederschrieb. Der Einzige war er damit nicht: Die Zuwendung zum Alltäglichen mit dem Interesse an »gewöhnlichen« Menschen äußerte sich in der zweiten Hälfte des 17. Jahrhunderts auch in Form von Tagebüchern eher unauffälliger Männer, die keine besondere Rolle im politischen, gesellschaftlichen und kulturellen Leben spielten und von denen einige dem Sufi-Milieu angehörten. Über sein eigenes Privatleben aber sprach auch ein Evliya Çelebi kaum.

Über der Lektüre vergisst man leicht, dass Evliya seinen Lebensunterhalt nicht allein als Unterhalter *(nadim,* Trinkgenosse), Schreiber und Faktotum osmanischer Granden, sondern als ihr Koranrezitator, Imam und Gebetsrufer verdiente, der sich, wenn gewünscht,

auch auf Bann- und Zaubersprüche verstand. Evliya Çelebi war wiss-
begierig und fabulierfreudig, Neuem gegenüber aufgeschlossen und
empfänglich für jede Form von Schönheit, sei sie in Bauten, Gärten,
Vogelgesang, Musik oder Menschen zu finden. Was ihn allerdings
am meisten interessierte, waren die Städte; für das flache Land und
das dörfliche Leben hatte er wenig übrig. Dass er sich für islamische Dinge im Allgemeinen und für den Sufismus im Besonderen
begeisterte, kann angesichts seiner Ausbildung nicht überraschen.
Nicht- oder vorislamische Bauten hingegen – ob christliche Kirchen,
griechische Tempel oder die ägyptischen Pyramiden – überging er
häufig oder beschrieb sie in klischeehafter Form. Nicht so allerdings
im Falle Wiens, wo er, nach routinemäßiger Beschimpfung der »Giauren« (Ungläubigen) und ihres Unglaubens, den Stephansdom be-
wunderte:[192]

»In Wien gibt es im ganzen sechsundsechzig Kirchen mit ihren Patriarchen und Metropoliten, diesen schmutzigen und widerspenstigen
Priestern der Christen. Sämtliche dieser sechundsechzig Kirchen sind
von verschiedenen irrgläubigen Königen gestiftet, Häuser des Unheils
und Stätten des Aberglaubens […] Alle zusammen werden sie aber in
den Schatten gestellt von dem sogenannten Stephansdom, der genau in
der Mitte der Stadt steht. Niemals ist in der Türkei, in Arabien oder
Persien, im übrigen Giaurenreiche oder sonstwo in den sieben Zonen
unserer Erde ein derartig riesenhafter Bau und ein solch altehrwürdiges
Kunstwerk errichtet worden und wird auch niemals errichtet werden.
Alle Reisenden der Länder und der Meere meinen, daß diese Kirche in
der ganzen bewohnten Welt nicht ihresgleichen hat. Und das stimmt
wahrhaftig … Der ganze Dom strahlt und glitzert wie der Berg Ararat in
Kurdistan mit seinen Goldminen und blendet das menschliche Auge mit
seinem Glanz. Wie ein Berg aus Licht steht diese christliche Kirche da.«

Reiseberichte als Medium der Kritik an den eigenen Verhältnissen
zu nutzen war in der europäischen Literatur des 17. und 18. Jahrhunderts gang und gäbe. Auch Evliya Çelebi war diese Möglichkeit
nicht fremd, wie seine Beobachtungen in der Dombibliothek belegen:[193]

»Was ich aber, liebe Leser, mit meinen langen Ausführungen eigentlich sagen und bekunden wollte, das ist der Umstand, dass die Giauren bei all ihrem Giaurentum sich wohl bewußt sind, daß Wort und Schrift von Gott kommen, und daß sie demgemäß auch etwa siebzig oder achtzig eigene Wärter angestellt haben, alle ihre Bücher einmal in der Woche säuberlich abzustauben und abzuwischen. Bei uns hingegen – nun, da gibt es zu Alexandrien in Ägypten eine große Moschee, die heißt Câmiʿ al-ʿAttarîn; obwohl diese mit einer großen Zahl von Stiftungsbauten [...] bedacht ist, ist die Moschee selbst teilweise eingestürzt und verfallen, so daß der Regen, der himmlische Segen, dort in die Bibliothek eindringt und dadurch viele Tausende von unschätzbaren Büchern [...] durchnäßt werden und verfaulen. Und all die Muslims, die einmal in der Woche zum Freitagsgebet in die Moschee kommen, hören das Rascheln der Motten und Würmer und Ratten, die diese Schriften mit dem Wort Allahs zerfressen, aber keinem fällt es ein, etwa zu sagen: ›Hier gehen so viele Bücher mit Allahs Wort zugrunde – laßt uns etwas dagegen tun!‹«

III Reform und Selbstbehauptung im »langen« 19. Jahrhundert

A Europäische Expansion und staatliche Reform

Im letzten Drittel des 18. Jahrhunderts gerieten die Staaten der Region gegenüber ihren europäischen Nachbarn ins Hintertreffen. Das lag zum einen an der Schwächung der eigenen Kräfte, die sich bereits seit längerem abgezeichnet hatte. Entscheidend aber war die außerordentliche Dynamik aufseiten der Europäer. Sie wurde angetrieben von der industriellen Revolution mit ihren technischen und sozialen Innovationen in England, den Niederlanden und anderen west- und mitteleuropäischen Ländern, den in Frankreich entstandenen revolutionären Ideen, der neuen Bewegung des Nationalismus und den politischen und militärischen Reformen in den kontinentaleuropäischen Staaten. Die europäische Expansion ging mit einer schrittweisen wirtschaftlichen Durchdringung einher, die schließlich in die politisch-militärische Kontrolle weiter Teile des Vorderen Orients und Nordafrikas mündete. Damit verlagerten sich im 19. Jahrhundert die Gewichte. Immer deutlicher gab Europa Rhythmus und Richtung einer Entwicklung vor, die als spezifisch modern, rational und auf die Zukunft hin ausgerichtet wahrgenommen wurde.

Aber es waren lokale Kräfte, die diese Moderne in kritischer Auseinandersetzung mit Europa gestalteten. Man kann diese Entwicklung entweder unter dem Vorzeichen der »kolonialen« oder der »lokalen Moderne« diskutieren. Erstere geht von einer einheitlichen, von westlichen, kolonialen Mächten geformten Moderne aus, ihre Vertreter betonen zugleich die Elemente der Gewalt und der autoritären Disziplinierung des Selbst und aller sozialen Beziehungen. Letztere verweist auf die Möglichkeit einer Ausbildung »multipler Modernen« (Shmuel Eisenstadt), charakterisiert durch ihre je eigenen »Pfade« in die Moderne und in der Moderne, wobei diese Pfade

von lokalen Kräften aus eigenem Antrieb und nach eigenen Maß-
stäben gestaltet werden.[194] Diese komplizierten, von Austausch und
Wettbewerb gekennzeichneten Prozesse, bei denen sich die Fäden
von innen und außen, fremd und eigen, religiös und säkular kaum je
sauber entwirren lassen, sollen hier in den Blick genommen werden.
Sie vollzogen sich im »langen 19. Jahrhundert«, das in Teilen der Region bereits im ausgehenden 18. Jahrhundert einsetzte und mit ihrer
Neuordnung im Gefolge des Ersten Weltkriegs endete.

1. Defensive Modernisierung

Im ausgehenden 18. Jahrhundert wuchs in der Istanbuler Elite das
Bewusstsein für die Notwendigkeit gründlicher Reformen, die sich
durchaus als Antwort auf europäische »Herausforderungen« verstehen ließen. Sie waren jedoch mehr als das, denn eine Herausforderung bildeten zunächst weniger die ersten kolonialen Vorstöße
europäischer Mächte in die Region als vielmehr politische Verschiebungen innerhalb des Osmanischen Reiches selbst. Gemeint sind
die oben beschriebene Prozesse der Pluralisierung im Zentrum und
in den Provinzen, die Territorialverluste an den Grenzen zu Österreich und Russland und der allgemeine Qualitätsverlust von Militär,
Justiz und Verwaltung. Als Reaktion auf diese Entwicklungen sollte
die zentrale Kontrolle durch eine Modernisierung der staatlichen
Machtinstrumente verstärkt werden, eine Modernisierung, die sich
an europäischen Vorbildern orientierte – an Russland seit Peter dem
Großen, Preußen seit Friedrich dem Großen und am nachrevolu-
tionären Frankreich –, diese aber nicht blind imitierte. Die damit
einhergehende Westorientierung hatte neben der politischen eine
kulturelle Dimension, aber sie war nicht identisch mit Verwestlichung. Die staatlichen Reformen lassen sich am osmanischen,
am ägyptischen und am tunesischen Beispiel aufzeigen, wobei das
Osmanische Reich verständlicherweise die größte Breitenwirkung
entfaltete.

Iran, wo in den 1780er Jahren in Gestalt der Qajaren erneut ein turkmenischer Kızılbaş-Stamm die Macht ergriff, schlug diesen Weg erst deutlich später ein. Der Anführer der Qajaren, Agha Muhammad, erklärte sich 1785 zum Schah und verlegte seine Residenz in die Provinzstadt Teheran, auf welche sich die reale Macht der neuen Dynastie die längste Zeit beschränken sollte. Damit wiederholte sich nach den Safaviden und den Afscharen zum dritten Mal ein Muster, bei dem kriegerische türkischsprachige Stammesgruppen zuerst die Macht an sich rissen und sich dann innerhalb kurzer Zeit in die persisch geprägte monarchische Ordnung einfügten. Der qajarische Iran blieb aber ein nach innen und außen verletzlicher Territorialstaat, der mit dem Reich der Safaviden nicht zu vergleichen war und erst zu Beginn des 20. Jahrhunderts wieder Schauplatz gesellschaftlicher und politischer Bewegungen wurde, die von mehr als nur lokalem Interesse waren.

Das osmanische Zeitalter der Reformen gliedert sich in mehrere Phasen: eine erste, nach den Herrschern benannte Periode (1790er Jahre bis 1839); die in Sultansdekreten vorgezeichneten Tanzimat (»Anordnungen«, 1839–1876/78), die den Reformen erstmals einen eigenen, programmatischen Namen gaben; die hamidische Ära (1876/78–1908), die wiederum den Namen des regierenden Sultans, Abdülhamid, trägt; und schließlich die jungtürkische Ära (1908–1918), die mit der Niederlage des Osmanischen Reiches im Ersten Weltkrieg endete und bereits deutlich andere Züge trug. Durchgehendes Anliegen der Regierungen war eine Modernisierung durch selektive Anleihen bei Europa mit dem Ziel, die staatliche Macht zu stabilisieren und zu zentralisieren – ohne gesellschaftliche Transformation. Folgt man der etwas schematischen Unterscheidung in eine technische und eine kulturelle Moderne, so war lediglich eine technische Modernisierung gewollt, nicht die Freisetzung eigenständiger Kräfte in Kultur und Gesellschaft. Letztlich ging es darum, mit zeitgemäßen und daher vielfach neuen Mitteln die frühere Größe wiederherzustellen. Diese Politik war nicht neu: Über die Jahrhunderte waren Militär, Verwaltung und Justiz immer wieder den gewandelten Bedingungen angepasst und in diesem Sinn modernisiert worden. Zur Erneuerung von Artillerie und Flotte hatte man im 18. Jahrhundert bereits gelegentlich europäische Berater herangezogen, die nicht, wie früher, als Kriegsgefangene oder Konvertiten ins Reich gelangten, deren Bedeutung freilich nicht überschätzt werden sollte. Im ausgehenden 18. und beginnenden 19. Jahrhundert war die Zentralregierung nun Herausforderungen ausgesetzt, die zum Teil aus inneren Entwicklungen resultierten, wie etwa der Emanzipation und Sezession auf dem Balkan. Selbst wenn sie mit diesen jedoch wenig zu tun hatten (wie die französische Okkupation Ägyptens oder die wahhabitisch-saudische Expansion auf der Arabischen Halbinsel), wirkten sie nachhaltig auf die Verfassung des Reiches ein.

Selim III. und die »Neue Ordnung«

1789, im Jahr der Französischen Revolution, bestieg Sultan Selim III. den Thron. Er war ein im Palast exzellent ausgebildeter, kunstsinniger Mann, der als Musikliebhaber, Komponist und Dichter hervortrat, Umgang mit Europäern pflegte und in dieser Hinsicht manches mit seinem Vorgänger Ahmed III., dem Patron der »Tulpenära«, gemeinsam hatte. Energischer als seine Vorgänger griff Selim in die Staatsgeschäfte ein und suchte gezielt den Rat führender Bürokraten und Literaten. Sein Ehrgeiz war es, die Krim von Russland zurückzuerobern. Beeindruckt von den Militärreformen Friedrichs des Großen, sah er den Dreh- und Angelpunkt militärischer Erneuerung in einer disziplinierten, nach modernen (und das hieß nun eben: europäischen) Methoden gedrillten Infanterie. Hierfür kam entweder eine Reform der bestehenden Janitscharen-Corps in Frage oder die Aufstellung neuer Einheiten. Selim entschied sich für Letzteres und beschloss, diese Einheiten unter seinen *muslimischen* Untertanen ausheben zu lassen. Sultan Osman II., dem ähnliche Absichten nachgesagt worden waren, hatte sein (vermutetes) Vorhaben 1622 mit dem Leben bezahlt. Gute 150 Jahre später war die Idee nicht länger so revolutionär, wie sie auf den ersten Blick scheinen mochte: Seit der Mitte des 18. Jahrhunderts waren regelmäßig muslimische Milizen und irreguläre Verbände rekrutiert worden, die in den Kriegen gegen Österreich und Russland bereits einen großen Teil der kämpfenden Truppe ausmachten, sich auf dem Schlachtfeld freilich selten bewährten.

Nach dem Frieden von Iassy, in dem das Osmanische Reich 1792 weiteres Territorium an Russland verlor, ließ der Sultan eine Einheit aufstellen, die den Namen »Neue Ordnung« *(nizam-i cedid)* erhielt – hier fiel, wie einst bei den Janitscharen *(yeni çeri,* neue Truppe) und in der Reformschrift des Ibrahim Müteferrika, wiederum das Wort »neu«. Gut ein Jahrzehnt später umfassten die Nizami-Truppen rund 22 500 Mann mit knapp 1600 Offizieren.[195] Das war verglichen mit der Gesamtzahl der Janitscharen nicht allzu viel, die den amtlichen Registern zufolge zu dieser Zeit 150 000 betragen sollte, wobei die tatsächliche Zahl aufgrund der laxen Aufnahmepraktiken in die Janitscharen-Corps allerdings weit höher lag. Finanziert wurden die Nizami-Einheiten aus einer eigenen Kasse, zu deren Deckung nicht nur vakante Timars und Steuerpachten eingezogen, sondern auch neue Steuern erhoben wurden; rekrutiert wurden sie unter muslimischen Bauern und Stammesangehörigen in Anatolien. 1802 wurde dort erstmals eine Art Konskription eingeführt, bei der die Provinzverwaltung sich mit den örtlichen Ayan abstimmen sollte. Seit langem war die Zentralregierung bei der Aushebung und Versorgung ihrer Truppen von der Kooperation der Ayan-Haushalte abhängig, die mittlerweile große Teile des Reichsgebiets kontrollierten. Viele von ihnen arbeiteten bei der Verteidigung des Reiches (und im Kampf gegen lokale Konkurrenten) mit der Zentralregierung zusammen, sofern sie dafür eine angemessene Gegenleistung erhielten. Das beleuchtet sehr gut die Dynamik der Pluralisierung und Dezentralisierung auf Provinzebene, die zwar eine Schwächung zentraler Kontrolle und Ressourcen bedeutete, aber nicht den Zerfall des Reiches. Nicht wenige der anatolischen und arabischen Ayan kooperierten auch jetzt. Hingegen scheiterte der Versuch, die Aushebung auf den Balkan auszudehnen, und dies nicht nur, weil die »Neue Ordnung« für eine Stärkung der Zentralgewalt stand und von höheren Steuern begleitet wurde. Zum Widerstand reizte hier wie an anderen Orten, dass die Truppen nach europäischem Vorbild gedrillt, in neue, westlich anmutende Uniformen gekleidet, mit neuartigen Waffen

Abb. 28: Soldaten des Nizam-i cedid (osman.)

ausgerüstet und von einer ebenso neuartigen Militärmusik begleitet wurden. All dies erschien als ein Bruch mit Tradition und Religion, selbst wenn die höchsten muslimischen Autoritäten in Istanbul sie als islamkonform rechtfertigten – und der Sultan die neuartige Uniform selbst zum Freitagsgebet anlegte.

Ungeachtet aller Widerstände machte Selim Anstalten, die »Neue Ordnung« auf andere Teile des Militärs auszuweiten, und verlangte von den Festungstruppen am oberen Bosporus, sich dieser Ordnung anzupassen. Die reagierten wütend und marschierten im Mai 1807 auf Istanbul, wo sich ihnen ein »Mob« anschloss. Als auch die örtlichen Janitscharen-Corps rebellierten, die zwar ihre frühere militärische Schlagkraft eingebüßt hatten, nicht aber ihre politische Handlungsfähigkeit, wich der Sultan zurück und versprach, alle Reformen zurückzunehmen und die Nizami-Einheiten aufzulösen. Die Aufständischen setzten Selim dennoch gefangen und hoben mit Rückendeckung führender Ulama seinen Cousin Mustafa auf den Thron. Noch funktionierte also das Bündnis zwischen Janitscharen und hochrangigen Ulama (wobei sich diese, schon weil sie selbst keinen eigenen Machtblock bildeten, nie geschlossen mit dem einen oder anderen Lager verbündeten). Aber auch der Sultan stand nicht allein: Bairaktar Mustafa Pascha, Militärkommandeur der Donau und einer der stärksten rumelischen Ayan, eilte mit mehreren tausend Mann in die Hauptstadt; noch während sie in den Palast vordrangen, wurde Selim, wohl mit Wissen Mustafas, ermordet.

Bairaktar Mustafa Pascha – der erste osmanische Provinzgrande, der direkt in die Thronfolge eingriff – ließ einen weiteren Cousin Selims auf den Thron heben (Mahmud II.) und sich selbst zum Großwesir ernennen. Im September 1808 versammelte er in Istanbul zwei Dutzend führender Ayan, die in Abwesenheit des Sultans einen Pakt beschworen: Als Gegenleistung für Loyalität und Treue sollten sie Besitz und Titel an ihre Nachkommen vererben können. Wäre er umgesetzt worden, hätte der Pakt, der als Sened-i İttifak (»Dokument der Übereinkunft« oder auch »der Einheit«) bekannt und gelegentlich mit der englischen Magna Charta verglichen wurde, das Osmanische Reich zumindest in bestimmten Provinzen in aller Form in einen Feudalstaat umgewandelt.[196] Dazu kam es nicht, da Bairaktar Mustafa nur zwei Monate später einem neuerlichen Janitscharenaufstand zum Opfer fiel. In Straßenkämpfen standen sich sultanstreue Kräfte und meuternde Janitscharen gegenüber, die Marine bombardierte deren Kasernen, ein Feuer verwüstete große Teile Istanbuls. Die Nizami-Einheiten waren damit zerstört, nicht aber der Grundgedanke der »Neuen Ordnung« im Sinne einer Neuordnung des Reiches.

Die »Französische Expedition« nach Ägypten

Zwischen dem späten 18. und dem frühen 19. Jahrhundert wandelte sich der Charakter europäischer Kolonisation entlang der afrikanischen und asiatischen Küsten von einer eher lockeren Präsenz hin zu einer dichteren Kontrolle. Der Hintergrund waren Entwicklungen an ganz anderer Stelle: die Emanzipation der Vereinigten Staaten von Amerika (1775–1783 Unabhängigkeitskrieg), die Unabhängigkeit der lateinamerikanischen Staaten in den ersten beiden Dekaden des 19. Jahrhunderts und der Niedergang der karibischen Plantagenökonomie. Die Verschiebungen in der westlichen Hemisphäre bewogen England und Frankreich zu einer stärkeren Fokussierung auf Afrika, Asien und die noch unbekannte Region des Pazifiks. Die Periode zwischen den 1770er und den 1840er Jahren, in der Australien, Neuseeland und der pazifische Raum von Europäern teils erstmals entdeckt, teils gründlicher vermessen wurden, gilt regelrecht als das »zweite Zeitalter der Entdeckungen«, für die stellvertretend der Brite James Cook (1728–1779) steht. Den globalen Wettlauf um Prestige, Ressourcen und Kontrolle gewann im Zeichen der industriellen Revolution Großbritannien, das in der zweiten Hälfte des 18. Jahrhunderts zwar seine nordamerikanischen Kolonien verlor, dafür aber von Bengalen ausgehend seine Präsenz auf dem indischen Subkontinent ausweitete. Portugal hatte seine frühere Dominanz im Ostindienhandel bereits im 17. Jahrhundert eingebüßt, als sich an der Straße von Malakka, auf Sumatra, Java und den Molukken Niederländer und Briten als regionale Vormächte etablierten. Es behauptete sich jedoch entlang der afrikanischen Küsten. Frankreich hatte im Zuge des Siebenjährigen Kriegs seine Besitzungen in Nordamerika und auf dem indischen Subkontinent fast vollständig verloren und expandierte nun entlang der westafrikanischen Küste und im Mittelmeerraum.

1798 besetzte ein französisches Heer unter Napoleon Bonaparte Ägypten und stellte damit das im 16. Jahrhundert begründete französisch-osmanische Zusammenspiel in Frage – ein Hinweis mehr, dass dieses Zusammenspiel lediglich eine abhängige Variable im Verhältnis der beteiligten Mächte darstellte, keine tragende Achse. Die »Französische Expedition« richtete sich in erster Linie nicht gegen das Osmanische Reich oder gar, wie viele Muslime glaubten, den Islam, sondern gegen das britische Empire, das daran gehindert werden sollte, sich im östlichen Mittelmeer festzusetzen. Sie scheiterte auch nicht am lokalen Widerstand, obgleich es diesen durchaus gab, sondern am koordinierten Eingreifen der osmanischen Zentralregierung und Großbritanniens, die ein militärisches Ausgreifen des revolutionären Frankreichs auf das östliche Mittelmeer fürchteten. Napoleon verließ Ägypten insgeheim bereits 1799, um in Paris die Macht zu übernehmen. Die letzten Reste seines Heeres folgten ihm zwei Jahre später. Militärisch ein Fehlschlag, hatte die »Ägyptische Expedition« doch kulturell und politisch tiefgreifende Folgen,

und in diesem Sinn war sie mehr als eine bloße Invasion: Napoleon
sprach die hochfliegende Sprache der Zivilisation und der Befreiung. Wie schon auf seinen europäischen Feldzügen raubte er nicht
allein archäologische und sonstige Kunstschätze, die er als Trophäen
nach Paris verbringen ließ. Er führte ganze Heerscharen von Wissenschaftlern mit sich, deren Funde und Berichte in Europa eine
wahre Ägyptenbegeisterung (»Ägyptomanie«) auslösten. Ihre *De-
scription de l'Égypte* wurde bis in die Gegenwart immer wieder auf-
gelegt; mit Hilfe des von ihnen entdeckten Steins von Rosetta gelang
Jean-François Champollion (1790–1832) erstmals die Entzifferung
altägyptischer Hieroglyphen. In Ägypten selbst läutete die französische Okkupation zwar nicht, wie aus einer verzerrten, eurozen-
trischen Sicht lange behauptet wurde, das »Zeitalter der Moderne«
ein, sie trug aber dazu bei, die bestehende Ordnung nachhaltig zu
erschüttern.

Nach ihren Siegen über die französische Flotte bei Abukir, nahe
Alexandria (1798) und bei Trafalgar an der südspanischen Küste
(1805) dominierte die britische Flotte über Jahrzehnte das Mittelmeer
und damit zugleich den südlichen Zugang zu den Dardanellen und
dem Bosporus, die man, analog zur *lifeline* des sich herausbildenden
britischen Empires, als »Lebensader« des Osmanischen Reiches bezeichnen könnte. Der Wiener Kongress beruhigte nach den napoleonischen Kriegen 1814/15 die Lage in Europa, indem er unter dem
Vorzeichen der Restauration – einer Restauration monarchischer
Ordnung im Angesicht revolutionärer, patriotischer, nationaler und
liberaler Bestrebungen – das europäische Machtgefüge festigte, das
schon ein Jahrhundert zuvor angelegt worden war. Der »Pentarchie«
bestehend aus Österreich, Russland, Frankreich, Preußen und Großbritannien (nach der Niederschlagung des irischen Aufstands von
1797/98 seit 1801 Vereinigtes Königreich von Großbritannien und
Irland) gehörte das Osmanische Reich bezeichnenderweise nicht
an. Dies verdeutlicht, wie fundamental sich sein Status gewandelt
hatte: In Europa wurde es im 19. Jahrhundert nicht länger als Bedrohung wahrgenommen, vielmehr drohte sein unkontrollierter Zerfall,
die europäische Ordnung zu destabilisieren. Dies erklärt zugleich,

warum sich europäische Mächte bis zum Ersten Weltkrieg ein ums andere Mal an die Seite der Istanbuler Zentralregierung stellten, um sie gegen innere und äußere Gefahren zu stützen.

Autonomie und Sezession auf dem Balkan

Aber sie taten dies nicht überall: Für die europäischen Territorien des Reiches galten andere Regeln. Auf dem Balkan und im heutigen Griechenland lebte auf vergleichsweise engem Raum und in der Regel von keinen klaren geographischen und kulturellen Grenzen getrennt eine Vielzahl ethnischer, sprachlicher und religiöser Gruppen. Ihr Verhältnis wurde durch die neue Idee des Nationalismus umgestaltet, an vielen Orten auch nachhaltig gestört. Serbien erkämpfte sich im ersten Drittel des 19. Jahrhunderts die Autonomie, Griechenland die Unabhängigkeit. Die Nationsbildung auf dem Balkan war mit »ethnischen Säuberungen«, Flucht und Vertreibung verbunden, die sich auf alle Nachbarregionen bis hin zu den arabischen Provinzen des Osmanischen Reiches auswirkten und zugleich auf die Stellung der orthodoxen Christen im Reich, die zunehmend in den Verdacht der Illoyalität gerieten. Über den Interessen und Interventionen der europäischen Mächte wird häufig die innerosmanische Dynamik der Pluralisierung, ja Dezentralisierung auf Provinzebene übersehen, die im griechischen Unabhängigkeitskrieg deutlich zum Tragen kam.

Der griechische Aufstand ging 1821 von der Peloponnes aus und erfasste nur Teile des Festlands. Den größten Teil des westlichen Griechenlands und Albaniens kontrollierte bis dahin der vielleicht bekannteste rumelische Ayan seiner Zeit, Tepedelenli Ali Pascha: In den 1740er Jahren im südalbanischen Tepelenë geboren, war er wie sein Urgroßvater und sein Großvater in seinen Jugendjahren ein Bandenführer gewesen, dem es gelungen war, seinen Einfluss so weit auszudehnen, dass ihn der Sultan 1788 als Gouverneur von Janina (griech. Ioannina, im heute nordgriechischen Epirus) bestätigte; 1802/03 war er für kurze Zeit sogar Gouverneur von Rumelien.[197] Das erinnert an die Karrieren mancher Celali-Führer. Nachdem ihn die Hohe Pforte 1820 schließlich entlassen und zum Rebellen erklärt hatte, bot er sich den griechischen Freischärlern an, wurde von loyalen Truppen aber besiegt und mitsamt seinen Söhnen getötet. Da große Teile der osmanischen Armee an der iranischen Front standen, wandte sich der Sultan an seinen Gouverneur in Ägypten, den nicht minder eigenmächtigen, gleichfalls aus dem heutigen Griechenland stammenden Mehmed (Muhammad) Ali. Unter dem Kommando seines Sohnes Ibrahim Pascha eroberten ägyptische Truppen den größten Teil der Peloponnes, 1826 Missolonghi am Golf von Patras und 1827 schließlich Athen. Die Brutalität der ägyptischen Truppen erregte in Europa einiges Aufsehen, während man die Massaker an örtlichen Muslimen ignorierte. Großbritannien, Frankreich und Russland entschlossen sich, die Aufständischen militärisch zu unterstützen; der österreichische Kanzler, Fürst Metternich, hingegen verurteilte den Aufstand der Griechen als revolutionär. In der Seeschlacht von Navarino wurde die osmanische Flotte, die zu großen Teilen aus ägyptischen und tunesischen Schiffen bestand, im Oktober 1827 vernichtet, ein Jahr später mussten die Ägypter kapitulieren und abziehen. 1830 wurde auf Teilen des heutigen Staatsgebietes das unabhängige Griechenland gegründet, das im Zeichen der monarchischen Restauration 1832 einen König aus dem katholischen Haus der Wittelsbacher erhielt.

Muhammad Ali: Reform in der Provinz

Dass die Prozesse der Pluralisierung und Dezentralisierung bis zum völligen Kontrollverlust der imperialen Zentrale führen konnten, zeigt das Beispiel Ägypten. Dort unternahm Mehmed Ali bzw. Muhammad Ali (als der er in Ägypten und der arabischen Welt bekannt ist) zwischen 1805 und 1848 den ersten Versuch einer umfassenden Modernisierung von Armee, Wirtschaft und Verwaltung, der sich erklärtermaßen an europäischen Vorbildern orientierte. Dabei waren viele seiner Maßnahmen im osmanischen Kontext nicht neu: Um die Kernelemente seines Programms – Rivalen ausschalten, Ressourcen kontrollieren, militärisches Potential aufbauen, einen politischen Haushalt gründen – hatten sich schon genügend osmanische Notabeln, Magnaten und Rebellen einschließlich der ägyptischen Mamluken bemüht. Das Besondere lag in der Konsequenz und Rücksichtslosigkeit, mit der Muhammad Ali seine Vorhaben durchführte, und den Ressourcen, die ihm Ägypten dafür bot.

Muhammad Ali wurde in den späten 1760er Jahren in der mazedonischen Hafenstadt Kavala, heute ein Teil Griechenlands, als Sohn eines osmanischen Kaufmanns und Neffe eines lokalen Milizkommandeurs geboren. 1801 kam er mit einer albanischen Einheit nach Ägypten, um dort nach der Kapitulation der Franzosen (an ihrer Stelle standen nun britische Truppen im Land) die Ordnung wiederherzustellen. Wie die Mehrheit seiner Kameraden, war Muhammad Ali selbst nicht Kul, also Sklave des Sultans und damit Vertreter des regulären osmanischen Machtapparates, sondern steuerpflichtiger Untertan. Als Fürsprecher »des Volkes« trat er im Folgenden auch auf, um sich in dem komplizierten Gefüge von Vertretern der osmanischen Provinzverwaltung, mamlukischen Beys und ihren »Häusern« (deren Zahl und Prestige durch die französische Besatzung stark gelitten hatten), Steuerpächtern, städtischen Notabeln, Ulama und Handwerkern (von denen manche sich im Widerstand gegen die Franzosen profiliert hatten) eine eigene Machtbasis zu schaffen. 1805 bestätigte ihn der Sultan – der alten Maxime folgend, Kräfte, die sich militärisch oder diplomatisch nicht ausschalten ließen, einzubinden – als seinen Statthalter in Ägypten. Freilich kontrollierte Muhammad Ali vorläufig nur Kairo. Der Sieg über eine britische Flotte bei Rosetta festigte dann aber seine Stellung. Bald zeigte sich das Muster seines Vorgehens: Bewaffnete Kräfte wurden physisch eliminiert oder, was nicht selten auf dasselbe hinauslief, in den Krieg geschickt, unbewaffneten entzog er die wirtschaftliche Basis.

Nachdem die letzten britischen Truppen abgezogen und die verbliebenen ländlichen Milizen ausgeschaltet waren, lud Muhammad Ali im März 1811 die Oberhäupter der großen mamlukischen Häuser zu einem Festmahl auf die Zitadelle von Kairo, ließ sie dort von seinen Männern niedermachen, im übrigen Land weitere tausend Mamluken liquidieren und die Einfuhr neuer »weißer« Militärsklaven verbieten. Das war das Ende der Mamluken als eigenständigem Machtfaktor in Ägypten und den von ihm kontrollierten Gebieten,

Abb. 29: Muhammad Ali

wenn einzelne Mamluken das Massaker auch überlebten und in der lokalen Gesellschaft aufgingen. Anders als sein Souverän, der Sultan, war Muhammad Ali nach 1811 nicht länger mit organisierten, konfliktfähigen Gruppen konfrontiert. Weder die städtischen Notabeln, Kaufleute und Handwerker noch die um die Azhar-Moschee gruppierten sunnitischen Religions- und Rechtsgelehrten, die wenige Jahre zuvor den Aufstand gegen die französischen Besatzer angeführt hatten, waren zu organisierter Gegenwehr in der Lage; lokale, von Ulama, Sufi-Scheichs und Mahdis geführte Aufstände wurden niedergeschlagen. Muhammad Ali rückte unangefochten ins Zentrum der Macht. Im Unterschied zur osmanischen Dynastie stützte er seinen Haushalt systematisch auf eigene Verwandte, die aus Mazedonien nach Ägypten kamen und sich als loyal erwiesen. Darüber hinaus band er eine Anzahl türkischsprachiger Militärs an sich, deren Nachkommen später als turko-tscherkessische Oberschicht Ägyptens bezeichnet wurden.

Sorgfältiger als seine Vorgänger und Zeitgenossen achtete Muhammad Ali auf die ökonomischen Grundlagen seiner Macht und kombinierte dabei altbekannte mit neuen Instrumenten: Den gesamten Grund und Boden einschließlich des Stiftungslandes ließ er vermessen und effizienter besteuern. Der Ausbau der Infrastruktur und die Zwangsansiedlung von Beduinen erlaubten nicht nur eine massive Ausweitung der Anbauflächen, sondern auch eine intensivere staatliche Kontrolle. Sie gründete auf Gewalt, unterband zugleich aber (autonome) Gewalt und »befriedete« so das flache Land. Weniger erfolgreich verlief der Versuch, die Vergabe von Steuerpachten zu kontrollieren oder durch direkte Formen der Steuereinziehung zu ersetzen. Weiter als andere ging Muhammad Ali bei der Bildung »staatlicher« Monopole über Anbau und Vermarktung landwirtschaftlicher Güter, darunter die langfaserige Baumwolle, die er 1821 einführen ließ. Parallel dazu forcierte er den Handel mit Europa (zunächst vor allem Getreide, dann Baumwolle), der zusätzliche Mittel in seine Kassen spülte. Neu waren die Ansätze einer staatlichen Wirtschafts- und Industrialisierungspolitik in kriegsrelevanten Bereichen, wobei die neuen Fabriken insgesamt allerdings wenig erfolgreich wirtschafteten.

Beim Aufbau eigener Truppen experimentierte Muhammad Ali zu Beginn der 1820er Jahre zunächst mit afrikanischen Sklaven, die im Zuge einer militärischen Kampagne in Nubien und im heutigen Sudan gefangen wurden, unter den unmenschlichen Bedingungen jedoch in großer Zahl starben. Daraufhin orientierte er sich am Beispiel Selims III. und ließ unter der eigenen muslimischen Landbevölkerung Männer für ein stehendes Heer ausheben. Muhammad Alis Nizami-Truppen ergänzten seine sonstigen, vornehmlich aus Südosteuropa stammenden und recht unzuverlässigen Einheiten um ein neues, diszipliniertes Element. Die Offiziere waren sämtlich türkischsprachig und wurden separat ausgebildet. Die schrittweise Ausdehnung der Wehrpflicht auf das gesamte Land stieß anfangs auf den erbitterten Widerstand der Bauern, die bereits durch die Zwangsarbeit beim Ausbau und Unterhalt der Infrastruktur schwer belastet wurden. Zeitgenössische Quellen belegen sehr eindringlich, mit welch extremen Mitteln sich die Bauern der Konskription zu entziehen suchten; massenhafte Desertionen stellten eine Gefahr auch für die ländliche Sicherheit dar.[198] Aber einmal rekrutiert und ausgebildet, kämpften die Nizami-Truppen erfolgreich. Anders als in Teilen des sich modernisierenden Europas war der Militärdienst mit keinen politischen Rechten verknüpft: Die ägyptischen Fellachen blieben Untertanen; Bürger wurden sie nicht.

War Muhammad Ali schon bei der Einführung der Wehrpflicht weiter gegangen als der Sultan (wenngleich sie weiterhin kaum die Städter und Nichtmuslime gar nicht betraf), so tat er dies auch beim gezielten Erwerb »nützlichen Wissens«. Diesem Zweck diente die Entsendung Hunderter junger Männer nach Europa, an erster Stelle Frankreich und Russland, nachdem zu früheren Zeiten direkte Kontakte gerade *nicht* gefördert worden waren. Scheich Rifaʿa at-Tahtawi (1801–1873), der die Jahre 1826 bis 1831 als Imam einer solchen Studentenmission in Paris verbrachte, veröffentlichte 1834 einen berühmt gewordenen Bericht (»Die Läuterung des Goldes in einer zusammenfassenden Darstellung von Paris«), der bald ins Osmanische übersetzt und weit über den arabischen Sprachraum hinaus gelesen wurde. Einige seiner Leitmotive – die zentrale Rolle von Bildung und Wissenschaft, und zwar gerade der nichtreligiösen, die Bedeutung von Recht und Gerechtigkeit für Erhalt und Blüte eines Gemeinwesens, die Idee des zivilisatorischen Fortschritts und die Fortschrittlichkeit der Europäer – sollten in den folgenden Jahrzehnten die intellektuellen Debatten prägen. Berühmt sind seine Schilderungen von Luft, Licht und Sauberkeit in den französischen Städten. Mal zustimmend, mal kritisch kommentierte er die Neugier und Begeisterung der Franzosen für alles Neue, ihren Fleiß und ihre Ehrlichkeit und auch das Selbstbewußtsein der französischen Frauen. Nicht zu übersehen ist der pädagogische, geradezu volksaufklärerische Impuls, der weit über die Absichten seines Souveräns hinausreichte:[199]

»Wisse denn, dass sich die Pariser vor vielen Christen durch Intelligenz, feinen Verstand und die Gabe, sich mit schwerverständlichen Dingen zu befassen, auszeichnen und so gar nicht wie die koptischen Christen (zu Hause) sind, die von Natur aus zu Ignoranz und Dummheit neigen. Sie sind auch keinesfalls Gefangene des blinden Autoritätsglaubens, sondern möchten stets den Dingen auf den Grund gehen [...], so daß bei ihnen sogar die einfachen Leute lesen und schreiben können und sich, wie andere auch, mit tiefen Fragen befassen – jedermann nach Maßgabe seiner Verhältnisse, versteht sich. Somit ist die breite Masse in dieser Stadt, im Unterschied zum Pöbel in den meisten barbarischen Ländern, keineswegs wie das liebe Vieh.«

Volksbildung war nicht Muhammad Alis Ziel: Die Gründung polytechnischer Schulen für Armee und Verwaltung, neue medizinische Einrichtungen für das Militär, eine Hebammenschule und die Einführung der Massenimpfung dienten staatlichen Interessen. Ab 1828 brachte eine Druckerpresse in Bulaq (heute ein Stadtteil Kairos) einen Staatsanzeiger in arabischer und osmanischer Sprache heraus, der Muhammad Alis Erfolge bekanntmachen sollte.

War Muhammad Ali also, wie häufig gesagt wurde, der »Vater des modernen Ägyptens«? Sicher war er eine Übergangsfigur: Im 18. Jahrhundert sozialisiert, schuf er die Grundlagen für neue Strukturen und Denkweisen, darunter die Bindung an europäische kommerzielle Interessen und die Ausrichtung auf westliches Wissen und westliche Technologie, die sich als unumkehrbar erweisen sollte. Als unumkehrbar erwies sich zugleich die faktische Selbständigkeit Ägyptens, das mit seinen eigenen Verwaltungsstrukturen, Dekreten und Gesetzen offiziell als »gerechter ägyptischer Staat« *(ad-daula al-misriyya al-ʿadila)* auftrat. Mit Nationalismus hatte dies, anders als in bestimmten europäischen Provinzen, nichts zu tun. Muhammad Ali war Osmane, stammte aus Mazedonien und sprach so gut wie kein Arabisch. Zu seinen Lebzeiten war der »moderne« ägyptische Staat im Wesentlichen identisch mit dem Haushalt des Paschas, der Übergang der patrimonialen Ordnung in einen bürokratischen Staat jedoch bereits angelegt.

Ungeachtet der Tatsache, dass alle Maßnahmen auf eine Modernisierung des *Staates* zielten, nicht der Gesellschaft, griffen sie tief in das gesellschaftliche Gefüge ein: Mit der Vergabe großer Ländereien an Männer seiner Wahl schuf Muhammad Ali die Grundlage für die Entstehung eines ländlichen Großgrundbesitzes, der in den kommenden Jahrzehnten auch politisch Einfluss gewinnen sollte. Der Aufbau moderner Bildungseinrichtungen ermöglichte die Herausbildung einer sich selbst als modern verstehenden städtischen Mittelschicht, die sich immer deutlicher an Europa orientierte. Die Ulama wurden als politische Kraft an den Rand gedrängt, wie überhaupt die Religion in Muhammad Alis Modernisierungsprogramm keine Rolle spielte. Das macht ihn freilich noch nicht zum »aufgeklärten Despoten«, als der er gelegentlich porträtiert wurde. Wohl aber erinnert es an die despotische Energie, die Zar Peter der Große gut ein Jahrhundert zuvor an den Tag gelegt hatte. Der von Muhammad Ali geschaffene Staat war im unmittelbaren Sinn kein kolonialer Staat. Die Träger des Wandels waren *Osmanen*, nicht Europäer (wenngleich große Teile der Machtelite im europäischen Teil des Reiches geboren waren), ihr politischer Horizont war osmanisch und ebenso ihre kulturelle Ausrichtung und ihr Geschmack. Wenn der von Muhammad Ali geschaffene Staat in der Literatur dennoch gelegentlich als kolonialer Staat bezeichnet wird und die neue Ordnung als »koloniale Moderne«, so mit Blick darauf, dass der Staat die Bevölkerung nicht überzeugen und »mitnehmen« wollte, von Angeboten der Fürsorge und Teilhabe ganz zu schweigen, sondern sie in bis dahin ungekannter Weise disziplinierte und im Fall von Widerstand als rückständig und abergläubisch bekämpfte.

Mahmud II.: Reform im Zentrum

Sultan Mahmud II., der 1808 in den chaotischen Zuständen nach der Ermordung Selims III. auf den Thron gelangte, nahm sich seinen ägyptischen Statthalter zum Vorbild und konsolidierte zunächst einmal die eigene Macht, bevor er daranging, Militär und Verwaltung zu modernisieren. In vielem setzte er Vorhaben fort, die seine Vorgänger angestoßen hatten, griff jedoch energischer als diese in die Politik ein. Die Maßnahmen trugen keinen Namen und blieben weit hinter den Aktivitäten Muhammad Alis zurück, entfalteten aber dennoch Wirkung. Politisch bedeutsam war die Einhegung europäischer und anatolischer Ayan, die zentrale Provinzen erneut unter zentralstaatliche Kontrolle brachte; Serbien allerdings erkämpfte sich bis 1815/16 die weitgehende Autonomie.[200] Noch spektakulärer war die Ausschaltung der Janitscharen als eigenständigem Machtfaktor: Im Mai 1826, kurz nach Ibrahim Paschas Sieg im griechischen Missolonghi, ließ der Sultan eine neue Einheit aufstellen, die nicht *parallel* und in Konkurrenz zu den Janitscharen, sondern *aus deren eigenen Reihen* rekrutiert wurde. Die übrigen Janitscharen sollten nach modernem, ägyptischem Muster gedrillt und ausgerüstet werden. Ranghohe Religions- und Rechtsgelehrte rechtfertigten das Vorhaben im Namen des Islam.

Als am 14. Juni 1826 die Istanbuler Janitscharen, verstärkt durch Tausende von Handwerkern, rebellierten, waren Sultan und Hohe Pforte darauf vorbereitet, der Revolte nicht allein mit Gewalt, sondern mit religiöser Sprache und Symbolik zu begegnen – anders als in Ägypten, anders auch als in Österreich, Russland und Preußen wurde hier ganz gezielt die Religion in Dienst genommen. Vor Tausenden loyaler Truppen hielt der Sultan eine flammende Ansprache und ließ in einem vertrauten symbolischen Akt die Fahne des Propheten an der Kanzel der Sultan-Ahmed-Moschee aufhängen, die ihrerseits an das Hippodrom, den wichtigsten innerstädtischen Aufmarsch- und Versammlungsort, angrenzte. »Alle guten Muslime« wurden durch Ausrufer aufgefordert, sich unter der Fahne zu versammeln – eine Praxis, die als »allgemeiner Aufruf« (osman. *nefir-i 'amm*) bekannt und gleichfalls Teil des gewohnten Repertoires war. Am Tag darauf ließ Mahmud die Istanbuler Janitscharenkasernen mit Kanonen beschießen; Hunderte verbrannten in ihnen, Tausende wurden in den folgenden Tagen in den Straßen der Hauptstadt niedergemacht. Das Blutbad, dem rund 6000 Janitscharen zum Opfer fielen, ging als »wohltätiges Ereignis« *(vak'a-yi hairiyye)* in die osmanischen Annalen ein – ein umso bemerkenswerterer Akt, als die Janitscharen sich seit dem 17. Jahrhundert in die städtische Gesellschaft eingeklinkt hatten und daher nicht allein als militärische, von der Gesellschaft mehr oder weniger losgelöste Größe betrachtet werden können.

Anders als noch 1808, als die Zentralgewalt einen Janitscharenaufstand mit ähnlich brutalen Mitteln und ähnlich hohen Opferzahlen niedergeschlagen hatte, ohne den Widerstand der Truppe zu brechen, ging sie dieses Mal den entscheidenden Schritt weiter: Die Janitscharencorps wurden, ebenso wie die Milizen der Bosporus-Festungen, aufgelöst, ihr Besitz konfisziert, ihr Name aus dem offiziellen Sprachgebrauch getilgt. Im Juli 1826 wurden mehrere prominente Scheichs der Bektaşi-Bruderschaft exekutiert, die Bektaşiyya aber nicht in aller Form verboten. Im selben Atemzug ließ die Regierung Istanbul von sonstigen unerwünschten Elementen säubern und wies rund 20 000 Personen aus. Während vor allem in der Hauptstadt viele einfache Janitscharen ins zivile Leben abtauchten, waren sie in den Provinzen nicht mit einem Schlag ausgelöscht. Auch das Timar-System, die zweite Säule des alten Regimes, wurde offiziell abgeschafft, aber keineswegs überall beseitigt. Noch im selben Jahr (1826) wurde eine allgemeine, lebenslange Wehrpflicht für alle muslimischen männlichen Untertanen eingeführt, die, wäre sie konsequent realisiert worden, tatsächlich einen Strukturwandel von Militär und Gesellschaft bedeutet hätte. Es wurden jedoch zahlreiche Befreiungsgründe anerkannt, so dass die Wehrpflicht nicht flächendeckend durchgesetzt wurde. An die Stelle der Janitscharen und der Pforten-Sipahis traten neue Einheiten mit dem betont islamischen Titel der »Siegreichen Truppen Muhammads« (*'asakir-i mansure-yi Muhammediyye*), die dessenungeachtet europäisch gekleidet und nach modernen Methoden ausgebildet wurden.

In den 1830er Jahren gelang es der Zentralregierung, neben der wichtigen Provinz Bosnien auch entlegene Regionen, die über Generationen autonom regiert worden waren, erneut unter ihre Kontrolle zu bringen: zunächst Bagdad, Mosul und Nordalbanien (Shkodër), in den folgenden Jahren die kurdischen Gebiete und 1835 schließlich Tripolitanien. Zwar hatte sich keines der betroffenen Territorien in einer Ägypten vergleichbaren Weise modernisiert (der Gouverneur von Bagdad zum Beispiel hatte bestehende Regimenter in Nizam-i cedid umbenannt, sie strukturell aber kaum verändert), und doch war die Ausschaltung lokaler Machthaber bemerkenswert und politisch folgenreich. Zugleich stieß die Politik aber auch an Grenzen: Als die Ermordung seines ehemaligen Favoriten Pertev Pascha die Unruhe unter den bürokratischen Eliten verschärfte, erließ der Sultan 1838 neue Richtlinien für Verwaltungsbeamte und Richter, die sie gegen willkürliche Konfiskationen und Exekutionen absichern sollten. Im gleichen Zug erklärte er die Zwangsarbeit (corvée) für die ländliche Bevölkerung für abgeschafft.

Die Reformen der Mahmud-Ära waren daher nicht auf das Militärische begrenzt. Neugeschaffene Institutionen westlichen Zuschnitts wie ein Ministerium für fromme Stiftungen, ein Ministerrat und ein Hoher Justizrat sollten die staatliche Verwaltung rationalisieren und zugleich bislang autonom geregelte Felder zentraler Kontrolle unterstellen. Um die innere Sicherheit zu verbessern, wurde das seit Jahrhunderten bestehende Amt des Marktaufsehers abgeschafft und seine Aufgaben auf Polizei und Gendarmerie verteilt, die ihrerseits Schritt um Schritt aufgebaut und umgestaltet wurden. 1831 erschien erstmals ein Staatsanzeiger in osmanischer Sprache. Als besonders folgenreich erwies sich die Einrichtung eines Übersetzungsbüros der Hohen Pforte, das Zug um Zug die griechischen Phanarioten – Einwohner des Istanbuler Stadtteils Fener (griech. Phanar: Leuchtturm), die der osmanischen Regierung bis zum griechischen Unabhängigkeitskrieg als Übersetzer und Dolmetscher gedient hatten – ersetzte und nun unterschiedlichste Werke ins Osmanische übertrug. Im Zuge der wachsenden Orientierung an Europa etablierte sich Französisch als neue Prestigesprache, ohne das Persische zu verdrängen, das weiterhin an den höheren staatlichen Schulen unterrichtet wurde.[201] 1834 öffnete in Istanbul eine Militärakademie ihre Tore, aus der zahlreiche Offiziere hervorgingen, die ein modernes, naturwissenschaftlich-technisches Wissen in die Gesellschaft trugen. Die soziale und geographische Reichweite der ersten weiterführenden staatlichen Schulen (Sing. rüşdiyye), die Knaben im Alter von 10 bis 15 Jahren aufnahmen, blieb dagegen bis auf weiteres begrenzt.

Die strukturellen Maßnahmen ergänzten symbolische Gesten:[202] 1829 erließ der Sultan Kleidervorschriften für alle Amtsträger, die als sichtbares Zeichen ihrer osmanischen Loyalität und Gesinnung von nun an einen Gehrock, europäisch geschnittene Hosen, Lederschuhe und als Kopfbedeckung den Fez zu tragen hatten. Selim war der erste osmanische Sultan, der in der Öffentlichkeit in ähnlicher Gewandung und ohne Turban auftrat. Des Kaisers neue Kleider standen für ein Programm: Gleichermaßen schlicht und einheitlich, sollte die Beamtenuniform die Statusunterschiede unsichtbar machen, die im Sinne der überbrachten Distinktionskultur bislang in Kleidung und Kopfbedeckung zum Ausdruck gekommen waren. (Titel, Orden und sonstige Auszeichnungen wurden nicht abgeschafft, sondern im Gegenteil gezielt als Instrument von Belohnung und Bestrafung eingesetzt.) Ulama waren von dieser Regelung ausgenommen, Frauen und Nichtmuslime von ihr ohnehin nicht betroffen. Eine staatlich verfügte Kleiderordnung war zwar nicht gänzlich neu – schon die Abbasiden hatten das höfische Schwarz eingeführt. Aber sie setzte ein Beispiel, dem im 19. und 20. Jahrhundert all diejenigen folgten, die Fez, Hut und Schleier entweder von Staats wegen vorschreiben oder verbieten ließen.

Zur Beamtenuniform traten weitere Symbole moderner Staatlichkeit: Eine Nationalflagge ergänzte die Standarten, Rossschweife und Unterschriftssiegel *(tughra)* der einzelnen Sultane. Sultansporträts im europäischen Stil, wie sie schon Selim III. gegen den ausdrücklichen Wunsch ranghoher Ulama hatte anfertigen lassen, wurden nun in Amtsstuben, Kasernen und auf Kriegsschiffen aufgehängt, wenngleich wohl nicht in allen Reichsteilen. Eine europäische Militärkapelle ersetzte die Janitscharenkapelle. Ihr Leiter, Giuseppe Donizetti Pascha, älterer Bruder des bekannten Komponisten Gaetano Donizetti, komponierte Märsche, die als eine Art Nationalhymne dienten. In den 1870er Jahren sollte Nasir ad-Din Schah Johann Strauß d. J. mit der Komposition einer iranischen Nationalhymne beauftragen, die 1873 anlässlich seines London-Aufenthaltes in der Royal Albert Hall erstmals öffentlich gespielt wurde.

2. Freihandelsimperialismus und Orientalische Frage

Kolonialismus und Imperialismus sind vielschichtige und vielgestaltige Phänomene, und die Kolonisierung verlief auch in Asien und Afrika weder geradlinig noch einförmig. Überall schuf sie neue Abhängigkeiten zwischen Zentrum und Peripherie, und zwar nicht nur im Verhältnis zum kolonialen »Mutterland«, sondern auch innerhalb der kolonisierten Gebiete selbst. Als Merkmale der kolonialen Situation gelten drei Faktoren: Fremdherrschaft, Ausbeutung und Kulturkonflikt, wobei sich die Kolonialmacht als Träger eines zivilisatorischen Auftrags versteht (die *mission civilisatrice* der Franzosen, die »Bürde des weißen Mannes« der Briten), der sie zur Herrschaft über die zivilisatorisch unterlegenen Kolonisierten berechtigt. Auch hier sind die Übergänge, wie sich zeigen wird, fließend, und europäische Kolonialherrschaft ist nicht immer trennscharf von anderen Formen der Fremdherrschaft zu unterscheiden, wie sie die Osmanen in Teilen Südosteuropas, im Jemen und in ihrer Provinz Habeş (Äthiopien) ausübten, die Safaviden und Qajaren im Südkaukasus und die ägyptischen Khediven im heutigen Sudan. Einen Sonderfall bildet das Sultanat Oman, das bis 1700 die Portugiesen von der ostafrikanischen Küste vertrieb, zwischen 1750 und 1850 seine Hauptstadt nach Sansibar verlegte und von dort aus den Handel mit afrikanischen Sklaven betrieb.

Im 19. Jahrhundert setzte sich die europäische Expansion entlang der großen Seehandelswege fort, in die sich auch die Vereinigten Staaten von Amerika eingliederten. Die Expansion war von einem spezifisch kolonialen Geist getragen und nahm zwei Formen an: die direkte Beherrschung und die informelle Durchdringung nominell unabhängiger Territorien, wobei beide miteinander verknüpft sein konnten oder zeitlich ineinander übergingen. Die islamische Welt war in jedem Fall nur Teil des großen kolonialen Projekts, das im zweiten Drittel des 19. Jahrhunderts bis nach China, Japan und Korea ausgriff. Unterstrichen durch militärische Drohgebärden und Gewalt, wurden diese Territorien für ausländische Gesandtschaften, Waren, Investitionen und die christliche Mission »geöffnet«. (1819 erste britische Niederlassung in Singapur, 1839–1842 und 1856–1860 Erster und Zweiter Opiumkrieg gegen China, Einrichtung der britischen Kronkolonie Hongkong, 1853 »Öffnung« Japans durch ein US-amerikanisches Geschwader, auch bekannt als »Kanonenbootpolitik«). Den Freihandelsimperialismus (»Politik der offenen Tür«) der Jahre 1830 bis 1880 mit seinen »ungleichen Verträgen« praktizierten in reinster Form die Briten, die dank maritimer Überlegenheit ihre ökonomischen und strategischen Interessen vielerorts auch ohne eine aufwendige Militärpräsenz realisieren konnten; eine zeitlich und räumlich begrenzte Gewaltanwendung schloss dies, wie das Beispiel China zeigt, nicht aus. Russland setzte schon 1828 gegenüber Iran eine Senkung der Importzölle durch. Ein Freihandelsvertrag »öffnete« 1838 auch das Osmanische Reich für die friedliche ökonomische Durchdringung (Vertrag von Balta Liman).

Schon in die Ära des Freihandelsimperialismus fällt die Errichtung erster kolonialer Brückenköpfe im Vorderen Orient und in Nordafrika: 1839 erwarben die Briten an der Südspitze der Arabischen Halbinsel die Hafenstadt Aden mit ihrem Hinterland, die zwar klein, aber von strategischer Bedeutung war, da sie den Eingang zum Roten Meer kontrollierte. Mit dem Bau des Suezkanals sollte sie drei Jahrzehnte später vitale Bedeutung für den internationalen Handel und die Verbindungswege des britischen Empires erlangen. Schon 1830 okkupierten die Franzosen Algier, das über Generationen unter nomineller Anerkennung der osmanischen Oberhoheit weitgehend autonom regiert worden war.[203] Die französischen Vorstöße ins algerische Hinterland stießen auf erbitterten Widerstand, die osmanische Zentralregierung hatte ihnen jedoch nichts entgegenzusetzen. Fünfzehn Jahre lang führte Emir Abd al-Qadir (1807 oder 1808 bis 1883), ein Scheich der großen Qadiriyya-Bruderschaft, den Jihad gegen die Franzosen. Er gründete im Westen und zentralen Hinterland des heutigen Algeriens ein eigenes Emirat, das sogar eine Art Nizami-Einheit aufbaute. Als die Franzosen jedoch 1844 ihre Truppen auf über 100 000 Mann aufstockten, musste der Widerstand auf marokkanisches Terrain ausweichen, was wiederum den marokkanischen Sultan in Bedrängnis brachte. Abd al-Qadir wurde Ende 1847 schließlich zur Kapitulation gezwungen und fand später in Damaskus Asyl, wo er sich als bedeutender Mystiker und Gelehrter hervortat.

Das nördliche Algerien wurde im Revolutionsjahr 1848 in Form dreier Departements in das französische Mutterland eingegliedert, neuerlicher Widerstand blutig unterdrückt. Die berberischen und arabischen Führer (*caids*, von arab. *qaʿid*, berb. *amghar*) wurden ausgeschaltet, und nur diejenigen Sufi-Bruderschaften, die wie die Tijaniyya mit den französischen Behörden kooperierten, konnten sich frei entfalten. In Algerien war die koloniale Herrschaft mit extensiver Landnahme und Besiedlung verknüpft. In den folgenden Jahrzehnten ließen sich Hunderttausende von Europäern in Algerien nieder, neben Franzosen auch sehr viele Italiener und Malteser, die zugleich einen großen Teil der besten Böden an sich rissen. Schrittweise dehnte Frankreich seine Herrschaft von Senegambien (das entsprach in etwa den heutigen Staaten Senegal und Gambia) und dem nördlichen Algerien ausgehend in Westafrika und der Sahara aus. Angesichts dieser Bedrohung rekrutierte auch der Bey von Tunis eine eigene Nizami-Truppe.[204]

Im Gegensatz zu ihrem Zugriff auf die Ränder des Imperiums (Aden, Algier) ist die Intervention europäischer Mächte im Libanon und in Syrien allenfalls im weiteren Sinn als kolonial einzustufen, erfolgte sie doch in Abstimmung mit Istanbul. Sie stand im Zusammenhang mit innerosmanischen Auseinandersetzungen – der Expansionspolitik Muhammad Alis auf der einen Seite, ethnisch-sozialen Konflikten im Libanon-Gebirge und in Damaskus auf der anderen – und warf ein Licht auf die aufkommende »Orientalische Frage«. Muhammad Ali hatte seine zeitweise bis zu 130 000 Mann starke Armee und Flotte zunächst in den Dienst des Sultans gestellt: Auf der Arabischen Halbinsel zerstörte ein ägyptisches Heer, das Muhammad Ali zeitweilig persönlich kommandierte, im Auftrag des Sultans zwischen 1811 und 1818 den ersten saudisch-wahhabitischen Staat. Dann aber eroberte Muhammad Ali in den frühen 1820er Jahren auf eigene Rechnung Nubien und den nördlichen Sudan, um dort unter anderem die erwähnten Sklaventruppen auszuheben. In Griechenland kamen zwischen 1824 und 1828 bereits seine neue Nizami-Truppen zum Einsatz. Als der Sultan ihm die Anerkennung für die geleisteten Dienste versagte – Muhammad Ali forderte nicht nur die Bestätigung seiner Position in Ägypten, Sudan und im Hijaz, sondern auch die Statthalterschaft in Syrien –, marschierte eine ägyptische Armee unter Ibrahim Pascha 1831 in Palästina und Syrien ein. Nach der Einnahme von Akko und Damaskus stand sie Ende 1832 in Anatolien und schlug bei Konya das Heer des Großwesirs. Um sich den Rücken freizumachen, sah sich der Sultan zu einem Ausgleich mit Russland gezwungen, das 1828 für kurze Zeit Edirne besetzt hatte.

1843 erklärte Muhammad Ali, der lange vor diesem Schritt zurückgeschreckt war, europäischen Diplomaten schließlich seine Absicht, sich in aller Form unabhängig zu machen. Das war ein echtes Novum in der osmanischen Geschichte – und es entsprach nicht den Interessen der europäischen Großmächte, die verhindern wollten, dass das Osmanische Reich zugunsten eines unberechenbaren Abenteurers zerfiel. Im Juni 1839 schlug die ägyptische Armee bei Nezib (Nisib) noch einmal die reformierten Truppen des Sultans. Wenig später starb Sultan Mahmud. Auf den Thron gelangte sein kaum volljähriger Sohn Abdülmecid, der Großadmiral der osmanischen Flotte lief zu Muhammad Ali über. In einem bislang einmaligen Verzicht auf Souveränität ermächtigte die Hohe Pforte daraufhin die europäischen Mächte, eine Regelung mit Muhammad Ali auszuhandeln. Im Juli 1840 unterzeichneten diese eine »Konvention zur Befriedung der Levante« und erzwangen wenige Monate später den Abzug der Ägypter, die durch einen Aufstand in Syrien und Palästina zusätzlich unter Druck gerieten; nur Frankreich beteiligte sich nicht an dieser Aktion. Die Konvention begrenzte die ägyptische Armee auf 18 000 Mann, bekräftigte das Freihandelsprinzip und beendete die staatliche Monopolpolitik in Ägypten. Im Gegenzug bestätigte der Sultan Muhammad Ali als erblichen Gouverneur von Ägypten und dem Sudan und reduzierte den an Istanbul zu entrichtenden Tribut. Muhammad Alis Nachfolgern gelang tatsächlich die Bildung einer Dynastie, die allerdings, in der Geschichte höchst ungewöhnlich, keinen eigenen Namen trug.

3. Tanzimat und hamidische Ära

Die osmanischen Reformen, die sich bislang auf Militär und Verwaltung konzentriert hatten, erstreckten sich im Zuge der sogenannten Tanzimat systematischer auf das Rechts-, Bildungs- und Gesundheitswesen, mit gewisser Verzögerung auch auf die politische Verfassung des Reiches. Dabei veränderten sich nicht nur Träger und Reichweite der Reformen, sondern auch der Geist und die Sprache, in der sie formuliert wurden. Ihre Vertiefung und Ausweitung bedeutete einen Qualitätswechsel: Von den 1840er Jahren an ging es nicht länger um die Aufnahme einzelner Elemente in das bestehende System, sondern um den gesteuerten Umbau von Armee, Justiz und Verwaltung sowie, nicht weniger wichtig, eine bessere Kontrolle der Gesellschaft.[205]

Dennoch war das Ziel keine umfassende Transformation von Herrschaft und Gesellschaft oder gar die Revolution; echte Brüche waren selten, gleitende Übergänge die Regel. Die Reformer schreckten vor Gewaltanwendung nicht zurück, schafften in der Regel jedoch bestehende Institutionen nicht ab, sondern stellten ihnen neue an die Seite, deren Durchschlagskraft nicht von vornherein abzusehen war. Der Dualismus zwischen alt und neu, »traditionell« und »modern«, der auf diese Weise in manchen Sektoren entstand, erwies sich dennoch als weniger gravierend als oft dargestellt. Zentrales Ziel der Reformer war und blieb der Erhalt des Reiches durch Effizienz, Sicherheit und Ordnung. Als Instrumente seiner Umsetzung dienten die immer genauere Erfassung aller verfügbaren Ressourcen mittels Zensus und Kataster, die reichsweite Durchsetzung der selektiven, faktisch auf Muslime beschränkten Wehrpflicht, die direkte Steuereinziehung anstelle von Steuerpacht und, soweit noch einschlägig, die Timar-Vergabe sowie die Einrichtung von Provinz- und Stadträten zur Einbindung lokaler ziviler Eliten.

Im Zuge der Reformen wurden zwar Militär und Verwaltung umgebaut, nicht jedoch die dritte Säule des alten Regimes, die Ilmiyye. Hier gingen die Reformer den indirekten Weg und marginalisierten die Religions- und Rechtsgelehrten – zumindest in ihrem Verhältnis zur Staatsgewalt –, indem sie durch eine striktere Kontrolle der frommen Stiftungen ihre materielle Basis beschnitten und durch Schaffung neuer Institutionen und Verfahren im Rechts- und Bildungswesen ihr Wirkungsfeld einengten. In Anbetracht der fortschreitenden europäischen Durchdringung des Reiches und seiner Einbindung in den kapitalistischen Weltmarkt fällt das geringe Interesse der osmanischen Reformer an der Ökonomie ins Auge. Zwar verbesserten sie die Infrastruktur, die Maßnahmen der Wirtschaftsförderung blieben aber eher lokaler und punktueller Natur und konzentrierten sich auf militärische Bedürfnisse. Zu einem tiefgreifenden ökonomischen und technologischen Wandel (womöglich mit eigenen Entdeckungen und Erfindungen) oder gar einer Industrialisierung kam es nicht. Der autoritäre Zugriff von oben zeitigte neben den gewollten auch ungewollte Folgen – soziale Verwerfungen, Spannungen und Verschiebungen vor allem, wie die Herausbildung einer neuen, selbstbewussten Mittelschicht und einer ebenso selbstbewussten Schicht von Großgrundbesitzern. Der Ruf nach Freiheit, Gleichheit, Bürgerrecht und sozialen Reformen wurde lauter, und in scharfem Widerspruch zu den eigenen Zielen und gesellschaftlichen Forderungen verstärkte sich die Abhängigkeit von Europa.

Vom Hatt-ı şerif bis zum Krimkrieg

Abdülmecid I. (Abd al-Majid, reg. 1839–1861) war gerade 16, als er inmitten der von Muhammad Ali ausgelösten Krise auf den Thron gelangte, und wie vor ihm sein Vater Mahmud stand er zunächst im Schatten anderer. Den längsten Schatten warf der Großwesir, Mustafa Reşid Pascha (1800–1858), der sich mit einer Reihe hoher Bürokraten an die Ausweitung und Vertiefung der Reformen machte. Von der Mitte der 1850er Jahre an sorgten zwei seiner Protégés für eine ungewohnte Kontinuität in der osmanischen Innen- und Außenpolitik: Mehmed Emin Ali Pascha (1815–1871) und Keçecizade Mehmed Fuad Pascha (1815–1869). Wie Reşid Pascha selbst kamen sie aus dem Übersetzungsbüro, kannten Paris und London aus eigener Anschauung und standen vielen (wenn auch keineswegs allen) Neuerungen aufgeschlossen gegenüber. Wenn hier »Protégés« steht, so weist dies bereits darauf hin, dass Ali Pascha und Fuad Pascha zwar Mustafa Reşid persönlich nahestanden und von ihm gefördert wurden, aber nicht Teil seines Haushalts waren. Seit dem 18. Jahrhundert hatte sich in diesem Punkt Entscheidendes geändert.[206]

Das Edikt vom 3. November 1839, in dem der junge Sultan im Einklang mit der Tradition die Leitlinien seiner Regierung verkündete, wurde als Hatt-ı şerif von Gülhane (das »erhabene Edikt« aus dem in den Gärten des Topkapı-Palastes gelegenen Rosenpavillon) bekannt. Es war im Wesentlichen von Mustafa Reşid unter Beteiligung hochrangiger Ulama ausgearbeitet worden und formulierte ein Programm: In ihm erklärte der Sultan seinen Willen, die schariagemäße Ordnung wiederherzustellen, und bestätigte in diesem Sinne das Recht aller Untertanen auf Sicherheit von Leben, Eigentum und Ehre. Auch wenn dies vor allem in der Rückschau als ein »egalitäres Versprechen« gewertet wurde,[207] das allen Untertanen des Sultans Rechts*gleichheit* zusicherte, so sprach es explizit doch von Rechts*sicherheit* und bekräftigte damit zunächst einmal ein Element des islamischen Rechts, das als »Schutz der Grundgüter« bekannt ist. Der Schutz dieser Grundgüter (Religion, Leben, Vermögen, Nachkommenschaft und Ehre) – und zwar für jedes Individuum, nicht für gesellschaftliche Kollektive – bedeutete jedoch nicht zwingend Rechtsgleichheit: Solange der Schutz des Eigentums auch das Eigentum an Sklaven umfasste, stand er deren Gleichberechtigung im Wege.

Das Versprechen einer konsequenten und fairen Anwendung des Rechts richtete sich in erster Linie an die Machtelite, die angesichts der eigentümlichen Mischung von Korrektur und Willkür (man denke an die Liquidierung der Janitscharen und die Hinrichtungen hoher und höchster Amtsträger) mit rechtsstaatlichen Garantien beruhigt werden sollte. Sie sprach aber auch die breite Bevölkerung an, der das Edikt durch städtische Ausrufer und seine Veröffentlichung im Staatsanzeiger zur Kenntnis gebracht wurde. Im Hintergrund standen als dritter Adressat die europäischen Mächte, die Vertrauen in die Selbstheilungskräfte des Reiches fassen sollten. Der Erklärung folgten praktische Schritte, mit denen, ganz im Sinne einer auf das

Recht gegründeten »guten Regierungsführung«, das Steuersystem durch Abschaffung der Steuerpacht rationalisiert, die militärischen und steuerlichen Lasten gerecht verteilt, Korruption und Amtsmissbrauch bekämpft, Missstände durch Inspektoren und Sonderkommissionen aufgeklärt, die Bürokratie ausgeweitet, die Handlungsfähigkeit autonomer bewaffneter Gruppen begrenzt, das Strafrecht reformiert, das Bildungswesen verbessert und lokale Räte eingeführt werden sollten. Vorreiter der neuen Ideen und Techniken waren in dieser Phase Militärs und Bürokraten. Der Mangel an Personal und Finanzen erschwerte allerdings eine konsequente und flächendeckende Durchsetzung der Vorhaben.

Vom Hatt-ı hümayun *zur Verfassung*

Der Wandel von Politik und Sprache in der zweiten Hälfte des 19. Jahrhunderts ist im Zusammenhang mit dem Krimkrieg (1853–1856) zu sehen, der eine neue Etappe in der langen Kette russisch-osmanischer Auseinandersetzungen einläutete. Im Konflikt mit dem Osmanischen Reich bediente sich das Zarenreich dreier Instrumente: militärischer Gewalt, der Unterstützung panslawischer Bestrebungen in Südosteuropa und der Schutzrechte über die orthodoxen Christen – und zwar nicht nur die russisch-orthodoxen –, die es unter Berufung auf den Vertrag von Küçük Kaynarca (1774) systematisch ausweitete. Russland war somit nicht einfach der äußere Feind, es mischte sich immer unverhüllter in die innerosmanischen Angelegenheiten ein. Österreich (ab 1867 die Doppelmonarchie Österreich-Ungarn) hingegen, das als multireligiöser Vielvölkerstaat ähnlichen Herausforderungen gegenüberstand wie die Osmanen, machte sein Handeln in erster Linie vom Verhalten seiner europäischen Konkurrenten und Nachbarn abhängig, zögerte jedoch nicht, eigene Interessen auch auf Kosten Istanbuls durchzusetzen.

Der Krimkrieg begann damit, dass der Zar im Anschluss an tätliche Auseinandersetzungen zwischen »lateinischen« und orthodoxen Gläubigen in der Jerusalemer Grabeskirche ultimativ die Schutzrechte über *alle* orthodoxen Untertanen des Sultans forderte, womit er bei den anderen europäischen Mächten auf entschiedenen

Widerstand stieß. Der Krieg endete mit dem Sieg der anti-russischen Koalition und der Besetzung der Donaufürstentümer Moldau und Walachei durch Österreich. Der Friede von Paris erkannte im März 1856 das Osmanische Reich endlich als gleichberechtigtes Mitglied im Konzert der europäischen Mächte an. Das war ein Prestigeerfolg, führte aber nicht dazu, dass das Osmanische Reich über die diplomatische Ebene hinaus ernsthaft als Teil Europas angenommen wurde. Im Zusammenhang mit den Friedensverhandlungen stand das imperiale Dekret *(hatt-ı hümayun)* vom 18. Februar 1856, das Ali Pascha und Fuad Pascha unter Hinzuziehung europäischer Berater, an erster Stelle des britischen Gesandten bei der Hohen Pforte, formuliert hatten.[208] Viel deutlicher als sein Vorgänger ließ es die Blickrichtung *nach außen* erkennen, auf die europäischen Mächte, wenn es auch nicht allein unter diesem Blickwinkel gelesen werden darf. Das »Reformdekret« *(islahat fermanı)* sprach eine neue Sprache: Recht*sgleichheit* aller Untertanen, *neue* Gesetze, Freiheit, Fortschritt, Wohlstand, Zivilisation, und es hatte in einer Phase beschleunigter Kommerzialisierung und Weltmarktintegration greifbare Folgen, positive ebenso wie negative.[209]

Wie zu erwarten, wurde im Zuge seiner Umsetzung das Militärwesen weiter reformiert.[210] Für die männlichen Muslime bestand im Prinzip bereits seit 1826 eine lebenslange Wehrpflicht, von der 20 Jahre im aktiven Dienst abzuleisten waren (Dauer und Modalitäten der Wehrpflicht wurden im Folgenden immer wieder modifiziert), die übrige Zeit in einer etwas später nach preußischem Vorbild geschaffenen Reserve; faktisch bestand nach zwölf Jahren die Möglichkeit einer Rückkehr ins zivile Leben. 1847 wurde ein Losverfahren eingeführt, an dem alle Männer ab 20 Jahren teilnehmen mussten. Zwei Jahrzehnte später folgten durchgreifende, nun vom deutschen Vorbild angeregte Reformen, die unter anderem eine Landwehr schufen. Ungeachtet des Prinzips der Rechtsgleichheit, das an sich gleiche Pflichten für alle Untertanen des Sultans hätte nach sich ziehen müssen, blieben einzelne Bevölkerungsgruppen vom Wehrdienst befreit und zahlten stattdessen eine Ersatzsteuer *(bedel askeri)*. Als Befreiungsgründe dienten neben der Religion –

der Dienst in der osmanischen Armee galt weiterhin als Jihad – die Herkunft aus bestimmten Regionen, die Zugehörigkeit zu bestimmten Berufsgruppen, medizinische Gründe (Untauglichkeit) und soziale Indikationen (besondere Härten). Exemt blieben so bis auf weiteres Christen, Juden und andere nichtmuslimische Gruppen, Konvertiten zum Islam und mancherorts auch die Nachkommen des Propheten, die Einwohner Istanbuls, Kretas, Mekkas und Medinas, soweit sie dort geboren waren, in bestimmten Regionen auch Stammesangehörige. Nicht zuletzt aus diesem Grund bedeutete die Wehrpflicht für die ländlichen muslimischen Haushalte eine schwere Bürde. Massendesertionen vor allem in der Reserve sprechen für die mangelnde Attraktivität des Wehrdienstes. Zugleich aber erhöhte die Ausweitung des Militärs die Sicherheit in ländlichen Gebieten.

Besonders weitreichend waren die Eingriffe in Recht und Verwaltung: In die Reform des Gerichts- und Gefängniswesens fiel unter anderem die Abschaffung der Folter. Nach ersten Modifikationen erfolgte 1858 eine Novellierung des Strafrechts, die sich am Code Napoléon orientierte, später durch italienische Zusätze ergänzt wurde und bestimmte Scharia-Normen aufhob. Bis 1876 wurden Teile des hanafitischen Ehe- und Familienrechts in der Mecelle (von arab. *majalla*, hier: Gesetzbuch) kodifiziert; ausgeklammert blieben freilich das Erb- und das Stiftungsrecht. Zwei Aspekte verdienen hier Beachtung: zum einen die Kodifizierung als solche, die eine »Verrechtlichung« nach modernen, europäischen Konventionen implizierte, die, anders als die klassische islamische Jurisprudenz, unter anderem zwischen Straf- und Zivilrecht unterscheiden; zum anderen die Tatsache, dass sie auf Osmanisch erfolgte, nicht auf Arabisch. Obgleich die Reformen eigentlich auf eine Rationalisierung der Justiz abzielten, fächerte sich das Gerichtswesen im Folgenden immer weiter auf: Neben die Scharia-Gerichte, deren Jurisdiktion schrittweise auf das reformierte Ehe- und Familienrecht zurückgedrängt wurde, traten Konsular- und gemischte Gerichte für Verfahren zwischen osmanischen und ausländischen Parteien und ab 1868/71 staatliche Gerichte (Sing. *nizamiyye*). Die teilweise Autonomie der anerkannten *nichtmuslimischen* Gemeinschaften (Sing.

millets) blieb erhalten. Wie bei der Wehrpflicht gelang es ihnen, auch im Zeichen rechtlicher Gleichstellung ihre Privilegien, und damit zugleich den Einfluss ihres Klerus, zu bewahren. Zugleich implizierte die partielle Ersetzung der Scharia-Normen und -Institutionen eine Säkularisierung des Rechts – und dies in Zeiten einer dezidiert islamischen Begründung der Legitimität und internationalen Rolle des Sultan-Kalifen. Von erheblicher Tragweite waren die Verwaltungsreformen. 1867 wurde mit dem osmanischen Staatsrat (*şura-yi devlet*) eine neue Zentralinstanz geschaffen, die an die Stelle des imperialen Diwans trat. Grundlegend umgestaltet wurde die Provinzverwaltung durch die Gründung neuer Provinzen und, zeitgleich mit der Einführung einer Selbstverwaltung (*zemstwo*) in Russland, die Einrichtung von Stadt- und Provinzräten. Die Neuerung bestand weniger in der Etablierung von Beratungsgremien auf lokaler und auf Provinzebene – die hatten als »Diwan« vielerorts eine lange Tradition – als vielmehr in ihrer Zusammensetzung und der Formalisierung von Funktion und Zugehörigkeit.[211] Die Räte entschieden über die Gestaltung des städtischen Raums, das heißt Stadtplanung, Infrastruktur, Marktaufsicht, Schul- und Gesundheitswesen, öffentliche Moral und Wohlfahrt, die Erhebung von Steuern und, soweit einschlägig, die Vergabe von Steuerpachten; dementsprechend attraktiv und umkämpft war die Mitgliedschaft in diesen Räten.

Das Gesetz von 1864 sah ein an Geschlecht, Alter, städtischen Grundbesitz, Steuerzahlung und Beherrschung der osmanischen Sprache geknüpftes Wahlrecht vor, also ein Mehrklassenwahlrecht, wie es zur selben Zeit auch in Europa und Amerika die Regel war; wie dort waren Frauen und Sklaven vom Wahlrecht ausgeschlossen. In einer Stadt wie Beirut besaß 1880 wohl nicht einmal ein Prozent der Bevölkerung das aktive und passive Wahlrecht. Hingegen war die Zugehörigkeit zum Islam ausdrücklich *nicht* gefordert, vielmehr sollten die Räte je nach örtlicher Gegebenheit repräsentativ besetzt sein und waren dies auch; der Vorsitz war allerdings sunnitischen Muslimen vorbehalten. Das Prinzip der Überordnung des Islam als Religion der Mehrheit und der Macht blieb somit gewahrt. Die Wahlen wurden in Städten wie Beirut, Haifa und Jerusalem auf Quartiersebene unter Einbeziehung der Quartiersvorsteher und der örtlichen Ulama, Kleriker und Rabbiner organisiert und von der neu entstehenden Presse aufmerksam verfolgt. Gewinner dieser Wahlen waren in der Regel Angehörige der etablierten großen Familien, von den 1880er Jahren an dann zunehmend auch Vertreter der neuen städtischen Mittelschicht, die qua Bildung, Einkommen und Lebensstil in den Kreis der Honoratioren aufsteigen konnten. Den zivilen städtischen Eliten eröffneten die Reformen auf diese Weise erstmals die Chance einer formalisierten politischen Mitsprache. Berufspolitiker wurden sie nicht: Sie lebten, um Max Weber zu zitieren, für die Politik, nicht *von* ihr.[212]

Verfassung und Konfliktregulierung

Zu den Innovationen der Reformära zählten Verfassungen, die auf das in der islamischen Tradition gut verankerte Prinzip der Konsultation *(shura)* zurückgreifen konnten, es aber doch nach neuen, modernen Gesichtspunkten interpretierten und vor allem institutionalisierten. Zwei Varianten lassen sich dabei unterscheiden: einerseits die ohne erkennbaren Zuruf aus der Bevölkerung von der Obrigkeit oktroyierte, andererseits die von Teilen der gebildeten Elite eingeforderte Verfassung. Für Erstere steht Tunis, wo der Bey 1857 zunächst einen »Sicherheitspakt« erließ (arab. ʿahd al-aman) und 1861 eine Verfassung, die vor allem die Machtelite vor seiner Willkür schützte und die Kopfsteuer für Nichtmuslime (hier fast ausschließlich Juden) annullierte. Schon 1864 wurde die Verfassung wieder aufgehoben, nachdem steigende Steuern zu landesweiten Aufständen geführt hatten, in deren Verlauf unter anderem die Aufhebung aller islamwidrigen Neuerungen gefordert wurde, zu denen, ungeachtet des koranisch verankerten *shura*-Prinzips, auch die Verfassung gerechnet wurde.[213] In Istanbul hingegen kristallisierte sich zur selben Zeit ein Kreis hoher Bürokraten und unabhängiger Intellektueller heraus, die sich von der Verbindung eines reformierten Islam mit dem konstitutionellen Prinzip eine Stärkung des Reiches versprachen. Nicht umsonst galt die Durchsetzung von Recht, Gesetz und einer Verfassung als eines der »Geheimnisse« des europäischen Erfolgs. Konstitutionelle Ideen vertraten die sogenannten Jungosmanen (Yeni Osmanlılar) – eine lose Gruppe um Namık Kemal (um 1840 – 1888), Ziya Pascha (1825 – 1880) und Ali Suavi (1838 – 1878), allesamt scharfe Kritiker autokratischer Herrschaft, westlicher Einflussnahme und nicht zuletzt der aus ihrer Sicht zu westlich ausgerichteten Tanzimat-Reformen.[214]

Vorrangig mit Blick auf die europäischen Mächte, die auf einer Konferenz in Istanbul einmal mehr über die Zukunft des Reiches berieten, ließ der soeben auf den Thron gelangte Sultan Abdülhamid II. (Abd al-Hamid, reg. 1876 – 1908) im Oktober 1876 ein Grundgesetz (osman. *kanun-i esasi)*, eine gemischtkonfessionelle Generalversammlung, ein gewähltes Abgeordnetenhaus und ein Oberhaus ankündigen. Eine Kommission erarbeitete nach dem Muster der belgischen und der preußischen Verfassung einen Textentwurf, dessen Präambel von Freiheit, Gleichheit, Gerechtigkeit und Fortschritt sprach. Der Ministerrat beschnitt den Entwurf freilich um wichtige liberale Elemente. Das Grundgesetz erklärte die Person des Sultans für »heilig« *(mukaddes)* – kein Element klassisch-islamischen, sondern altorientalisch-imperialen Denkens, das in die osmanische Hofideologie integriert worden war – und bestimmte den Islam als Staatsreligion und Türkisch als Amtssprache. Im Ergebnis schuf es eine konstitutionelle Autokratie, ohne echte Gewaltenteilung, ohne formalisierte Schranken herrscherlicher Macht und ohne weiter reichende Provinzautonomie. Letzteres ist nicht verwunderlich: Der Mehrzahl der Reformer ging es ebenso wie dem Sultan um *Zentralisierung,* nicht um Dezentralisierung. Trotz ungünstiger Rahmenbedingungen – 1873/74 kam es in Anatolien zu einer Hungersnot, ein Jahr später ging das Reich bankrott – schien der Weg zu einer konstitutionellen, in Ansätzen partizipativen Ordnung gebahnt, als 1877 reichsweit ein Abgeordnetenhaus gewählt wurde, in dem Nichtmuslime mit gut 40 Prozent mehr als angemessen vertreten waren.

Wenn der Hauptzweck der von oben eingeleiteten »Liberalisierung« darin lag, die bestehenden ethnischen und religiösen Spannungen zu mindern und die diversen Gruppen in eine osmanische

Nation zu integrieren, so verkannte dies die nationale Dynamik in Südosteuropa. 1875 und 1876 kam es dort zu schweren Unruhen. Im russisch-osmanischen Krieg von 1877 bis 1878, den Russland zur »Befreiung« der Christen auf dem Balkan führte, wurde auf beiden Seiten erbarmungslos gekämpft, beide Seiten nutzten zu propagandistischen Zwecken erstmals gezielt die Fotografie; Aufsehen erregten im Westen jedoch erneut die in Bild und Text dokumentierten Untaten der osmanischen Truppen (»Türkengräuel«). Der »Diktatfrieden« von San Stefano vom März 1878, der unter anderem die Schaffung eines russisch kontrollierten Großbulgariens vorsah, scheiterte am Einspruch Österreich-Ungarns und Großbritanniens. Um sich dessen Wohlwollen zu sichern, übertrug Istanbul in einem Geheimabkommen London die Verwaltung der Insel Zypern, das im Gegenzug den russischen Abzug aus Ostanatolien garantierte.

Schließlich vermittelte Reichskanzler Bismarck auf dem Berliner Kongress vom Juni / Juli 1878 als »ehrlicher Makler« eine Friedensregelung. Mit ihr verlor das Osmanische Reich umfangreiche Territorien nicht nur auf dem Balkan, sondern auch in Ostanatolien: Serbien, Rumänien und Montenegro wurden als unabhängige Staaten anerkannt, Bulgarien blieb als selbständiges Fürstentum tributpflichtig; Österreich wurde die Verwaltung Bosniens und der Herzegowina, Russland die der ostanatolischen Bezirke Kars und Ardahan sowie Batumi am Schwarzen Meer zugesprochen, die allerdings, wie Ägypten und Kreta, formell weiterhin dem Sultan unterstanden. Mit dem Gebietsverlust ging ein dramatischer Bevölkerungsverlust einher. Um die öffentliche Debatte über das Desaster einzuschränken, hatte der Sultan schon im Februar 1878 die Sitzungsperiode des selbstbewussten Abgeordnetenhauses aufgehoben und es damit faktisch aufgelöst. Die Verfassung wurde zwar nicht in aller Form annulliert, aber weitgehend außer Kraft gesetzt. Das nahm der Idee des Konstitutionalismus, wie sich zeigen sollte, wenig von ihrer geradezu magischen Anziehungskraft auf die sich herausbildende politische Öffentlichkeit.

Leicht wird über der Fixierung auf den Balkan und die europäische koloniale Expansion übersehen, dass die osmanische Zentralregierung ihre neugewonnenen Kapazitäten nutzte, um auf dem verbliebenen Reichsgebiet ihre Kontrolle zu verdichten, ja in Konkurrenz zu den vordringenden Kolonialmächten an der arabischen Peripherie sogar früher verlorenes Terrain zurückzuerobern.[215] Konfrontiert mit dem französischen Vormarsch in der Sahara, dehnte sie ihre Kontrolle über große Teile des heutigen Libyens bis an die Grenzen des Tschads aus; auch die Osmanen drangen auf diese Weise tiefer in die Sahara vor denn je. Zu Beginn der 1870er Jahre eroberten sie in blutigen Kämpfen den Jemen zurück, der die osmanische Oberhoheit in den 1630er Jahren abgeschüttelt hatte. Auch in Syrien, Palästina und Transjordanien gelang es, autonome, konfliktfähige Kräfte weitgehend auszuschalten und selbst auf dem flachen Land Recht und Gesetz durchzusetzen. Die Zurückdrängung militärischer *strongmen*, bewaffneter Banden und tribaler Gruppen stärkte tendenziell, und hier lag ein wichtiger Unterschied zum 18. Jahrhundert, zivile, städtische Eliten. Die Neuordnung der Stadt- und Provinzverwaltung verschaffte ihnen neue Möglichkeiten der formalisierten Mitsprache, zumal die Stadt- und Provinzräte in fiskalischen Angelegenheiten mitzureden hatten. In Syrien trat an die Stelle der auf militärische Gewalt gegründeten »politischen Haushalte« eine »Notabelnherrschaft« (Albert Hourani), die von breiteren städtischen und ländlichen Eliten getragen wurde.[216]

Die hamidische Ära

Ausgestattet mit den modernisierten Mitteln staatlicher Macht, führte Sultan Abdülhamid II. das Programm obrigkeitlicher »Anordnungen« fort. Dabei baute er konsequent seine eigene Position gegenüber der Hohen Pforte aus und ließ zu diesem Zweck die patrimoniale Klientelpolitik wiederaufleben, um deren Einhegung sich die Tanzimat-Vertreter bemüht hatten. In der Zielsetzung hingegen ergab sich kein echter Bruch zu den Tanzimat. Hauptziel blieb die Stärkung der Zentralregierung und des Sultans. Was sich änderte, waren die Instrumente und ihre ideologische Fundierung. Die Armeereform wurde mit deutscher Beratung fortgeführt, die Bürokratie in der Hauptstadt und den Provinzen ausgeweitet und zugleich

Abb. 30: Drill der Kavalleristen (Kriegsakademie Istanbul, 1880–1893)

vereinheitlicht und auf diese Weise die Präsenz und Gestaltungskraft des Staates planmäßig erweitert. Zahlenmäßig war die Armee so groß wie nie, neben ihr gab es eine Reserve, die Polizei, Gendarmerie und diverse irreguläre Verbände. Die imperiale Zentralverwaltung wuchs so zwischen 1790 und 1900 von rund 2000 auf etwa 35000 Personen an.[217] Das Personal kam zusehends aus den neugegründeten staatlichen Schulen und nicht, wie zuvor, aus den Haushalten der Palastelite und Provinzgouverneure oder gar den islamischen Madrasen. Eine lineare Fortschrittsgeschichte ergab sich daraus nicht, denn die Herrschaftsverdichtung weckte an vielen Orten Widerstand, der destabilisierend wirken konnte.

In der hamidischen Ära trat die Doppelgesichtigkeit der Reformen zwischen Repression und Ermächtigung, »kolonialer« und »lokaler« Moderne deutlicher zutage als zuvor. Der Verhältnis des Staates zur Gesellschaft verwandelte sich spürbar: Die punktuellen Eingriffe früherer Jahrhunderte, die unter dem Stichwort »Moralpolitik«

abgehandelt wurden, wichen dem Ziel einer »rationalen«, von einheitlichen Prinzipien getragenen und daher im Prinzip rechtsstaatlichen Kontrolle, in der nicht länger das Militär die führende Rolle
spielte, sondern die zivile Administration. An die Stelle periodischer
Intervention und Züchtigung sollte eine Erziehung treten, die das
erwünschte Verhalten nachhaltig in den Köpfen und Körpern der
Untertanen respektive Bürger verankerte. Von einer umfassenden
Politik der Sozialdisziplinierung oder gar sozialen Steuerung konnte
zwar (noch) nicht die Rede sein, doch verschärfte sich in den Städten die Sozialkontrolle, die zuvor gewissermaßen dezentral, von den
Bewohnern einzelner Quartiere und Sackgassen ausgeübt worden
war.[218] Vor allem im Umgang mit Stammesgesellschaften berief sich
der Staat auf eine *mission civilisatrice*, die sich in puncto Überlegen-
heits- und Sendungsbewusstsein kaum vom europäischen Kolonialismus unterschied.[219] Deutlich kam dies im Libanon-Gebirge und
im Jemen zum Ausdruck. Die »Zivilisierung« der Stämme war integraler Teil des staatlichen Reformprogramms; zu ihr gehörte neben der Entwaffnung und Ansiedlung auch die Akkulturation, wenn
nicht Assimilation durch die Aufhebung tribalen Gewohnheitsrechts
und den Bau von Schulen und Moscheen. 1892 wurde in Istanbul
für die Söhne arabischer Stammesscheichs eine eigene »Schule der
Stämme« *(aşiret mektebi)* eingerichtet, die später auch Kurden und
Albaner aufnahm. Die Eigenständigkeit und Handlungsfähigkeit tribaler Gruppen war damit freilich noch nicht gebrochen.

Unnachgiebig verfolgte die Regierung jede Form der Kritik und
des politischen Protestes. Diesem Zweck dienten die systematische
Bespitzelung und eine Zensur, die neben geographischen Begriffen
wie »Armenien« und »Mazedonien«, die unter Umständen zum
Kristallisationspunkt nationaler Bestrebungen werden konnten,
Wörter wie »Vaterland«, »Freiheit«, »Anarchie« und »Ungerechtigkeit« auf den Index setzte und auch religiöse Schriften zensierte
und gegebenenfalls zerstörte. Aber es ging nicht allein um Repression und Umerziehung. In ausgewählten Modellprovinzen wurde
das Reformprogramm einigermaßen konsequent umgesetzt. Ahmed
Midhat Pascha (1822–1884), einer der Wortführer der konstitutio-

nellen Bewegung, mehrfacher Provinzgouverneur und Großwesir, sah »gute Regierungsführung« als Mittel zur Konfliktlösung und setzte zuerst in der neugeschaffenen Donauprovinz, dann in Bagdad und Damaskus ein Reformprogramm in Gang. Neben den vertrauten Instrumenten der »Befriedung« umfasste es die gezielte Ausweitung ländlicher Anbauflächen, agrarische Kreditkooperativen, den Aufbau von Telegraphen- und Postverbindungen, erste Staatsanzeiger in den Provinzhauptstädten und gemischte muslimisch-nicht-muslimische Schulen. Midhat fiel am Ende politischen Intrigen zum Opfer, wurde ins innerarabische Ta'if verbannt und schließlich auf Geheiß des Sultans erdrosselt.[220] Der Mangel an Personal und Finanzen verhinderte freilich an vielen Orten tiefere Eingriffe in die bestehenden Strukturen; so ließen sich die Steuerpachten nicht abschaffen und das Schulwesen nicht landesweit ausbauen. Begrenzt blieb die Wirkung vor allem auf entlegenere Regionen wie Nordalbanien, die Grenzgebiete zu Iran und Russland, das Libanon-Gebirge oder den Jemen. Dennoch spricht man in der Forschung von einer zunehmenden »Osmanisierung der Provinzen«.[221]

Das multiethnische und multireligiöse Reich entfaltete stärker als zuvor seinen Charakter als moderner Staat – ohne dass die Reichsidee aufgegeben worden wäre. Große staatliche Bauten, dekorative Uhrentürme, die Darstellung des Reiches in Fotoalben und auf Weltausstellungen, reichsweite Feiern zu Ehren der Geburtstage und Thronjubiläen des Sultans dienten der zeitgemäßen, modernen Repräsentation der hamidischen Ordnung.[222] Innerhalb des ideologischen Konstrukts des Osmanismus verschoben sich, verstärkt durch die Verluste auf dem Balkan und im Kaukasus und den kontinuierlichen Zustrom muslimischer Flüchtlinge und Vertriebener, die Akzente hin zum Islam. Im Innern kam dies in einer islamischen Symbolpolitik zum Ausdruck. Zur Patronage islamischer Gelehrter und Sufi-Bruderschaften, der Verbreitung islamischer Schriften und der Errichtung und Renovierung islamischer Bauten trat dabei als neues Element die forcierte Konversion heterodoxer muslimischer Gemeinschaften zum sunnitischen Islam.

Außenpolitisch zeigte sich die gewachsene Bedeutung des Islam in einer »panislamischen« Politik und Rhetorik, die den Sultan als Kalifen und Verteidiger der Muslime dieser Welt porträtierte.[223] All dies hatte zwangsläufig Auswirkungen auf die Stellung der Nichtmuslime im Reich. Während das Bildungs- und das Rechtswesen in weiten Teilen säkularisiert wurden und zugleich die finanzielle Abhängigkeit und ökonomische Durchdringung des Osmanischen Reiches voranschritten, unterstrich der Sultan seinen Rang als Kalif, den er schon im ausgehenden 18. Jahrhundert gelegentlich hervorgehoben hatte. Der Islam stand nach wie vor für Macht. Gezielt eingesetzt wurde der Panislamismus erstmals während des russisch-osmanischen Kriegs von 1877/1878, und zwar vor allem in Zentralasien und, mit begrenzterem Erfolg, auch auf dem indischen Subkontinent. Im Wesentlichen geschah dies über Emissäre und im Zusammenhang mit der Hajj. Aber die panislamische Idee war nicht institutionalisiert, und für ihre effektive Durchsetzung jenseits des osmanischen Machtbereiches fehlten ungeachtet aller Bemühungen letztlich die Mittel und Instrumente.

B Wirtschaft, Gesellschaft und Kultur

Schon mehrfach wurde betont, dass der Staat überall dort, wo er sich modernisierte, stärker auf Wirtschaft und Gesellschaft zugriff als zuvor. Das war im Osmanischen Reich und in Ägypten deutlich zu sehen, wohingegen Iran, Marokko oder auch Oman vergleichbare Entwicklungen erst im 20. Jahrhundert durchliefen. Im letzten Drittel des »langen 19. Jahrhunderts« beschleunigte sich der Wandel, getragen von neuen Kräften, neuen Ideen, neuen Medien und Techniken und nicht zuletzt von neuen künstlerischen Ausdrucksformen. Nicht alles veränderte sich, und die Entwicklung verlief nicht nur in geographischer Hinsicht höchst ungleichmäßig, sondern auch in sozialer. Die Beschäftigung mit Kultur, Wirtschaft und Gesellschaft erfordert auf jeden Fall eine Erweiterung des Blicks, ja einen regelrechten Wechsel der Perspektive, der über die Regierenden hinaus alte und neue soziale Gruppen erfasst, die sich mit der vom Staat und von Europa vorgezeichneten Moderne, sei sie nun »kolonial« oder »lokal«, aktiv und nach eigenen Vorstellungen auseinandersetzten. Es waren kleine städtische Minderheiten, aber doch nicht einfach nur Zuschauer einer in Europa und von Europa gemachten Geschichte.

1. Zahlenpolitik: Die demographische Entwicklung

Der osmanische Staat interessierte sich im letzten Drittel des 19. Jahrhunderts verstärkt für Gruppen, die er bislang weniger beachtet hatte; neben den Nomaden waren das vor allem Migranten, Frauen und Nichtmuslime. Statistik diente auch im Vorderen Orient und in

Nordafrika als Ausweis der Moderne, und erstmals wurden Texte und Zahlen systematisch um Karten und Fotografien ergänzt. Dennoch blieb Demographie Ausdruck einer »politischen Arithmetik« (Haim Gerber), von bestimmten Akteuren zu bestimmten Zwecken erhoben und interpretiert: Mit Zahlen wurde, vereinfacht gesprochen, Politik gemacht.[224] Das gilt für alle Quellenarten, die Register staatlicher Behörden und kirchlicher Ämter ebenso wie die Berichte westlicher Konsuln, Reisender und Missionare. Beides, das Bemühen um Genauigkeit und der Einfluss politischer Faktoren, lässt sich am Beispiel von Zensus und Kataster aufzeigen: Vor allem zu Rekrutierungszwecken waren im Osmanischen Reich und anderswo schon früher nicht nur Haushalte, sondern auch waffenfähige Männer ab 14 oder 15 Jahren gezählt worden, deren Anteil an der Gesamtbevölkerung vorindustrieller Gesellschaften unabhängig von Religion, Kultur und Sozialstruktur auf rund ein Drittel geschätzt wird. Von den 1870er Jahren an wurde der Zensus unter Heranziehung europäischer Experten grundlegend erneuert. 1881 wurden erstmals auch Mädchen und Frauen registriert, die sich allerdings durch ein männliches Familienmitglied vertreten lassen konnten, dessen Aussagen in der Regel nicht überprüft wurden. Die erhobenen Daten flossen in Jahrbücher (osman. *salname*) ein, die nicht länger allein militärischen und fiskalischen Zwecken dienten, sondern der allgemeinen Information staatlicher Stellen und einer gebildeten Öffentlichkeit. Dennoch verbanden sich mit der Registrierung weiterhin Ansprüche des Staates an die Untertanen / Bürger, nicht aber Ansprüche der Untertanen / Bürger an den Staat.

Eine Schwäche der osmanischen Erhebungen lag in der Uneinheitlichkeit der Daten, insbesondere der wechselnden Zuordnung von Bezirken und Unterbezirken, Berufs- und Religionsgruppen. Die laufende Aktualisierung der Statistiken erwies sich als weitaus schwieriger als die erstmalige Zählung. Häufig wurden die einmal erhobenen Daten lediglich hochgerechnet und Daten aus unterschiedlichen Jahren in einer Gesamtstatistik zusammengefasst. Wie anderswo auch war die Datenlage für die ländlichen Gebiete deutlich schlechter als für die städtischen, und die Zahl von Frauen und

Kindern wurde hartnäckig zu niedrig angesetzt. Ungeachtet der dichteren Erfassung von Raum und Bevölkerung kennen wir daher noch für die Wende zum 20. Jahrhundert eher die größeren Trends als präzise Daten – und wo diese vorliegen, ist ihre Interpretation nicht selten strittig.

Der demographische Wandel resultierte im Osmanischen Reich aus dem Zusammenwirken ganz unterschiedlicher Faktoren: natürlichem Bevölkerungswachstum, technologischen und medizinischen Neuerungen, Territorialverlusten, Zu- und Abwanderung. Verbunden mit der fortschreitenden Urbanisierung und der Sesshaftmachung nomadischer Gruppen, veränderten sie sowohl die ethnisch-religiöse Zusammensetzung als auch das Verhältnis von Stadt und Land.[225] Nach der spürbaren Bevölkerungszunahme im 16. Jahrhundert war die osmanische Bevölkerung vor allem im 18. Jahrhundert zurückgegangen, und zwar nicht nur an den europäischen Fronten, sondern auch in den arabischen Provinzen, wo das Reich kein Territorium verlor. Die Daten sind jedoch fragmentarisch und nicht leicht einzuordnen. Möglicherweise betraf der Rückgang das flache Land; einige der größeren Städte jedenfalls wuchsen im selben Zeitraum deutlich. Im 19. Jahrhundert stieg die Bevölkerungszahl in allen Teilen des Osmanischen Reiches erneut an: Um 1800 waren es insgesamt wohl etwa 25 Millionen Menschen, davon jeweils etwa zehn bis elf Millionen in den europäischen und den asiatischen Provinzen und circa drei Millionen in den nordafrikanischen Territorien. Um 1850 wurde die Gesamtbevölkerung, nun aber ohne die faktisch eigenständigen nordafrikanischen Territorien einschließlich Ägyptens, auf 32 Millionen geschätzt.

Vor allem im letzten Drittel des 19. Jahrhunderts strömten kriegsbedingt Millionen von Menschen in das Reich, und zwar ganz überwiegend Muslime: Zwischen 1783 und 1914 verließen geschätzte fünf bis sieben Millionen Muslime die von Russland oder Österreich besetzten südosteuropäischen Gebiete und die ägäischen Inseln, weitere zwei Millionen den Kaukasus und noch einmal eine Million die Krim. Nicht zuletzt zur Abwehr tribaler Gruppen und äußerer Feinde wurden viele der Flüchtlinge und Vertriebenen (die in Anlehnung an die Hijra des Propheten Muhammad als *muhacirun* bezeichnet wurden, was den religiösen Aspekt ihrer Migration betont) entlang der Eisenbahnlinien oder als menschliche Puffer in Grenzzonen angesiedelt. Der massiven Zuwanderung von Muslimen stand eine beträchtliche, wenngleich nicht exakt zu beziffernde Abwanderung von Christen gegenüber: 80 bis 85 Prozent der geschätzten 1,2 Millionen osmanischen Untertanen, die zwischen 1860 und 1914 nach Nord- und Südamerika auswanderten, waren wohl Christen. Anders als im zeitgenössischen Irland und Italien war ihre Migration nicht primär durch Hunger und Armut bedingt, sondern im weitesten Sinn politisch motiviert, allerdings verstärkt durch die Hoffnung auf wirtschaftlichen und sozialen Aufstieg. Bei Ausbruch des Ersten Weltkriegs betrug die Gesamtbevölkerung des Reiches nach weiteren, gravierenden Territorialverlusten geschätzte 23 bis 25 Millionen Menschen. Zum Bevölkerungsanstieg trug die Zunahme von Sicherheit im physischen wie im rechtlichen Sinn bei, die die Tanzimat und die hamidischen Reformen mit sich brachten. Der Ausbau der Infrastruktur erlaubte eine bessere Versorgung der Bevölkerung in Stadt und Land. Zu Hungersnöten kam es auch im Vorderen Orient und in Nordafrika, aber, wie es scheint, nicht in den Dimensionen des zeitgenössischen Irland, China oder Indien.

Eine wichtige Rolle dürfte bei alledem die verbesserte medizinische Versorgung gespielt haben. Neben »Ordnung« avancierte im ausgehenden 19. Jahrhundert »Gesundheit« zu einem Leitbegriff staatlicher Autoritäten und gesellschaftlicher Reformer, Gesundheit im unmittelbar physischen ebenso wie im übertragenen Sinn.[226] Auch im Osmanischen Reich implizierte »Volksgesundheit« mehr als eine gute körperliche Verfassung, und dass man in Europa vom »kranken Mann am Bosporus« sprach, war in Istanbul, Beirut und Damaskus bekannt. Der Kampf gegen Krankheit, Schmutz und mangelnde Hygiene kam vor allem im Militär, im Seeverkehr und in der Stadtentwicklung zum Tragen, und neben dem Staat engagierten sich dabei die alten und neuen städtischen Eliten. Hier zeigte sich die Janusköpfigkeit der modernen Entwicklungen: Gerade der verdichtete See-, Pilger- und Reiseverkehr, die Ausweitung des Militärs und der Zustrom von Flüchtlingen erleichterten die Ausbreitung von Krankheiten und Epidemien. Wenn es dennoch gelang, die Pest (unter die tatsächlich mehrere Krankheitsbilder subsumiert wurden), Cholera, Typhus und Malaria zurückzudrängen, so war dies auch der »kolonialen« Medizin mit ihren Maßnahmen von der Massenimpfung bis zur Quarantäne zu verdanken, die allerdings in der einheimischen Bevölkerung zugleich viel Misstrauen und Widerstand hervorriefen. Trotz aller Erfolge blieb die Lebenserwartung niedrig: In Kleinasien lag sie um 1900 bei durchschnittlich 27 bis 32 Jahren; für ein Kind, das sein fünftes Lebensjahr überlebte, stieg sie auf 49 Jahre. Schon aus diesem Grund bildete der Mehrgenerationenhaushalt keineswegs die Norm, und dass junge Menschen ihre Großeltern persönlich kannten, war nicht selbstverständlich. Die Haushaltsgröße variierte je nach Ort und Lebensverhältnissen enorm. Durchschnittsangaben – fünf bis sechs Personen auf dem Land, weniger als vier in Istanbul – sagen faktisch wenig aus. Ähnlich ungleich verteilt, wenngleich insgesamt sehr gering war weiterhin der Anteil polygamer Haushalte: Im Reichsdurchschnitt lag er bei rund zwei, in einer Provinzstadt wie Nablus hingegen bei 16 Prozent.[227]

2. Infrastruktur und Urbanisierung

Der Ausbau der Infrastruktur, insbesondere der Telegraphen-, Post- und Telefonleitungen sowie der Eisenbahnlinien, beleuchtet exemplarisch die Verschränkung europäischer, staatlicher und lokaler Interessen:[228] Bau und Unterhalt der modernen Transport- und Kommunikationsmittel erforderten lokales Wissen, technisches Know-how und erhebliches Kapital und erzwangen aus diesem Grund eine Kooperation mit europäischen Banken und Konsortien. Ohne den Ausbau der Verkehrswege zu Lande und zu Wasser wären weder eine Ausweitung des Handels und der mediterranen Hafenstädte noch eine Vervielfachung des Pilgerwesens oder die Massenauswanderung in die Neue Welt möglich gewesen. Erst mit den

DAMAS. — Monument du Télégraphe Hidjaz.
Edition Soubhi S. et Munir Aita. — Damas

Abb. 31: Telegraphen-
monument in Damaskus,
1904/05

neuartigen Transport- und Kommunikationsmitteln konnten agrarische und natürliche Ressourcen erschlossen werden, erst mit ihnen
war der zentralstaatliche Zugriff auf entlegene Gebiete und bislang
unkontrollierbare Bevölkerungsgruppen als wesentliches Merkmal
moderner Staatlichkeit möglich. Aber sie »öffneten« die verkehrs-
mäßig erschlossenen Gebiete zugleich ausländischem Kapital, wenn
nicht ausländischer Kontrolle.

Im Osmanischen Reich kam der Telegraph bereits während des
Krimkriegs zum Einsatz. In Iran legten britische Unternehmen Mitte
der 1860er Jahre die ersten Telegraphenleitungen, um die eigene
Kommunikation mit Indien zu erleichtern. Zwei Jahrzehnte später
verbanden Telegraphenleitungen aber auch einzelne Landesteile

Irans und die Hauptstadt Teheran mit London, Sankt Petersburg, Bombay und Istanbul.[229] In Ägypten wurden 1881, also kurz vor der britischen Okkupation und nur wenige Jahre nach der Erfindung dieser Technik, die ersten Telefonverbindungen eingerichtet. Eisenbahntrassen wurden in Ägypten und Algerien bereits in den späten 1850er Jahren gelegt, im Osmanischen Reich Ende der 1880er Jahre: Den Anfang machte 1888 der Orient-Express, der Istanbul an die Metropolen Mittel- und Westeuropas anband. 1900 begann die Konstruktion der Hedschas- (Hijaz-)Bahn, die Istanbul mit Mekka und Medina verbinden sollte, 1903 der Bau der Berlin-Bagdad-Bahn, die allerdings unvollendet blieb.

Keine dieser Linien verband die regionalen Mächte untereinander, keine schuf echte Querverbindungen innerhalb des Reiches, alle waren sie auf die Hauptstadt ausgerichtet. Insofern kann man von einer Variante des Radialsystems unter neuen Vorzeichen sprechen. Zugleich manifestierte sich hier jedoch die wachsende Handlungsmacht (*»agency«*) lokaler Eliten: Die Hedschas-Bahn wurde nicht, wie die anderen Eisenbahnlinien, von einem europäischen Konsortium getragen, sondern als Symbol der Vereinigung von Religion und Moderne von Muslimen finanziert, wenn auch von europäischen Ingenieuren gebaut. In Iran dagegen wurden aufgrund europäischer Einmischung und fehlender Finanzmittel bis in die 1930er Jahre nur zwei kurze Schmalspurbahnen angelegt. Die Eisenbahn revolutionierte überall, wo sie eingeführt wurde, den Verkehr und Transport zu Land. Erstmals konnte das Potential im Inland gelegener fruchtbarer Gebiete in vollem Umfang für die Ernährung der eigenen Bevölkerung sowie für den Export genutzt werden. Dabei war die Eisenbahn an die traditionellen Transportmittel angebunden: Auf Zulieferstrecken wurden mehr Lasttiere benötigt als zuvor, womit auch dort Wirtschaft und Beschäftigung gefördert wurden. Im Übrigen änderte sich bis zum Ausbau der Straßen- und Wegenetze im 20. Jahrhundert wenig an der Form des Überlandtransports: In den europäischen Territorien des Osmanischen Reiches waren Wagen und Räder sowie Pferde im Einsatz, in Anatolien und den arabischen Gebieten Kamele, Esel und Maultiere.

Zur See wurden schon im frühen 18. Jahrhundert schwere Güter
nicht länger auf Galeeren, sondern auf Segelschiffen transportiert.
Das war im Prinzip billiger und meist auch schneller als der Transport über Land (das Futter der Tragtiere war teuer, die Infrastruktur
in vielen Gegenden nach wie vor unzureichend), wegen der Winde
und anderer Elemente aber schwerer kalkulierbar. Daher brachte das
Dampfschiff eine radikale Wende: Mit ihm ließen sich verlässliche
Fahrpläne erstellen, zugleich konnten die Schiffe ungleich mehr
Tonnage laden. Auf dem Mittelmeer verkehrten die ersten Dampfschiffe unter osmanischer Flagge in den 1820er Jahren, knapp zwei
Jahrzehnte nach ihrer Erfindung. Nicht weniger einschneidend war
die Einführung des Dampfschiffs in der Flussschiffahrt, vor allem
auf Euphrat und Tigris, wo es den regelmäßigen Verkehr in beide
Richtungen erlaubte, der bislang nur auf dem Nil möglich gewesen
war. Damit verschoben sich, wie das Beispiel Irak zeigen könnte, die
regionalen Schwerpunkte von Wirtschaft und Bevölkerung. Ähnlich
wie die Eisenbahn den Zulieferverkehr mit Tragtieren beförderte,
belebte die Dampfschifffahrt die Segelschifffahrt, die im 19. Jahrhundert keineswegs zum Erliegen kam.

Der mit der Modernisierung assoziierte Prozess der Urbanisierung
reichte im Fall des Osmanischen Reiches deutlich vor das 18. Jahrhundert zurück und setzte sich im 19. Jahrhundert ungebrochen
fort.[230] Um 1850 zählte Istanbul innerhalb der Stadtmauern (intra
muros) 300 000 bis 350 000 Menschen, im gesamten Stadtgebiet sogar
an die 600 000. Kairo hatte zwischen 210 000 und 260 000 Einwohner,
Alexandria 105 000; Edirne, Damaskus, Aleppo und Tunis je um die
100 000, Bagdad und Saloniki etwa 70 000, Mosul und Bursa 65 000.
In Iran war Täbriz mit deutlich über 100 000 Einwohnern die größte
Stadt, Teheran zählte etwa 80 000, Mashhad rund 70 000 und Schiraz
etwa 60 000 Einwohner. Selbst wenn diese Zahlen im Einzelnen an-
fechtbar bleiben – und jede Einzelstudie verweist auf die schwierige
Datenlage mit zum Teil weit auseinandergehenden Angaben –, vermitteln sie doch eine Vorstellung von den Größenordnungen. Mit
der zunehmenden kommerziellen und politischen Orientierung auf
Europa, weiter verstärkt durch den Suezkanal und die koloniale Un-

Abb. 32: Dampfschiff (Wandmalerei in Beiruter Stadtpalais, spätes 19. Jahrhundert)

terwerfung Nordafrikas, verlagerten sich Handel, Wirtschaft und Bevölkerung in den Mittelmeerraum. Ein deutliches Indiz bietet das Wachstum alter und neuer mediterraner Hafenstädte, die als Gravitationszentren nicht nur auf ihr unmittelbares Umland wirkten. Alexandria explodierte in der ersten Jahrhunderthälfte geradezu mit einem Bevölkerungsanstieg von 5000 auf knapp 105 000 Einwohner um 1850. Zwischen 1800 und 1914 verdreifachte sich die Einwohnerzahl von Saloniki und Izmir: Saloniki wuchs von 55 000 auf 160 000 Einwohner, Izmir von 100 000 auf 300 000; Beirut wuchs um das Fünfzehnfache von 10 000 auf 150 000 Einwohner.

Mit dem politischen und ökonomischen ging ein sozialer und kultureller Wandel einher, der neben den Metropolen Istanbul und Kairo vor allem die mediterranen Hafenstädte erfasste, abzulesen an neuen, modernen Formen von Raumnutzung, Städtebau und Städteplanung, die nicht nur in »kolonialen Städten« wie Algier, Rabat und Constantine, sondern auch in Beirut, Alexandria, Izmir und Saloniki den öffentlichen und den privaten Raum tiefgreifend umgestalteten. Breite Boulevards und freistehende städtische Bauten, von Rathäusern über Schulen und Gefängnisse bis zu Theatern, Opernhäusern und Museen, standen für Regelmäßigkeit, Symmetrie und Ordnung, Grundpfeiler aller modernen Reformprogramme, wie sie nicht nur der Staat, sondern auch die neue städtische Mittelschicht vorantrieb. Für moderne Pferde- und Trambahnen mussten Straßen verbreitert und asphaltiert werden, was in den Altstadtquartieren häufig nicht möglich war; nicht zuletzt daher der Boom in neuen Quartieren, der mit Bau- und Grundstücksspekulation einherging. In den 1870er Jahren führten einzelne Stadtverwaltungen bereits die Gasbeleuchtung ein und ermöglichten so eine erweiterte Nutzung von Zeit und Raum. Die im Osmanischen Reich so beliebten Uhrtürme verwiesen auf diesen geänderten Umgang mit der Zeit, der durch die neuen Verkehrs- und Kommunikationsmittel stetig vorangetrieben wurde.[231]

3. Agrarwirtschaft und ländliche Gesellschaft

Der politische und technologische Wandel hatte Auswirkungen auf die Agrarwirtschaft, die bis weit ins 20. Jahrhundert hineinwirkten: Die fortschreitende Kommerzialisierung der Landwirtschaft, die Entstehung von Großgrundbesitz, der Ausbau der Infrastruktur, die Ausweitung agrarischer Flächen auch in wasserarmen Gebieten und die Umstellung auf *cash crops* veränderten die bestehenden Beziehungen zwischen Stadt und Land, Grundbesitzern, Bauern, Pächtern und Landarbeitern, Männern und Frauen. Schon vor dem 19. Jahrhundert hatten städtische Eliten ländlichen Grund und Boden kontrolliert. Im 19. Jahrhundert aber schufen in Ägypten und im Osmanischen Reich Landschenkungen an alte und neue Eliten, Steuerreformen und ein geändertes Bodenrecht eine neue Schicht von Großgrundbesitzern, von denen viele nicht auf dem Land lebten (daher im Englischen »*absentee landowners*«). Land wurde in einem Maß zur Ware, wie es dies nie zuvor gewesen war. Einen Schub erhielt die Kommerzialisierung 1858 durch eine Novellierung des osmanischen Bodenrechts, die Privatbesitz auch an Land zuließ, das nicht von seinen Besitzern selbst unter den Pflug genommen wurde.[232] Im Hintergrund stand das vorrangig fiskalische Ziel, die ländlichen Besitzverhältnisse (und damit die Steuerzahlung) durch Registrierung transparent zu machen, die Steuerpächter auszuschalten und den Bauern einen Anreiz zu bieten, größere Flächen zu kultivieren. In Ägypten trug das sogenannte *muqabala*-Gesetz von 1870 entscheidend zur Konsolidierung des ländlichen Großgrundbesitzes bei, das Grundbesitzern gegen Vorauszahlung von sechs Jahren Bodensteuer deren Halbierung und volle Eigentumsrechte anbot.

Die unterschiedlichen Regelungen hatten Konsequenzen weit über die Ökonomie hinaus: Zum einen war ländlicher Grundbesitz nun auch ohne physische Präsenz und militärisches Potential geschützt, was die rasche Zunahme städtischer Großgrundbesitzer erklärt. Zum anderen berechtigte Grundbesitz zu politischer Mitsprache und stellte so die früher bestehende Gleichung in Frage (wenn er sie auch nicht ganz außer Kraft setzte), der zufolge Besitz der Macht folgt und nicht umgekehrt. Mehr als zuvor diente Land selbst als ökonomische und politische Ressource, und an die Stelle der bewaffneten »politischen Haushalte« traten zunehmend zivile städtische Eliten, in bestimmten Regionen auch die Scheichs einflussreicher Stämme und Stammesverbände. 1867 erteilte Istanbul schließlich Ausländern das Recht, ländlichen Grund und Boden zu erwerben, doch blieb der Anteil ausländischen Grundbesitzes, anders als in Ägypten, gering; eine Ausnahme machten jüdische Landkäufe in Palästina.

Im Zuge der Weltmarktintegration wuchs der Anteil von *cash crops* wie Baumwolle, Tabak, Reis, Zitrusfrüchten, Zuckerrohr und Seidenfäden. Frisch urbar gemachtes Land wurde oft auf großen Gütern von Sklaven, Land- und Wanderarbeitern bewirtschaftet, doch blieben sie im Osmanischen Reich, anders als in Ägypten, mangels Kapital und Arbeitskräften die Ausnahme. Ungeachtet der Ausweitung von Bewässerungsanlagen und der Einführung verbesserter Geräte kam es zu keiner Agrarrevolution. Die Landwirtschaft wurde eher extensiviert als intensiviert, der Anstieg der Produktivität war gering. Das Osmanische Reich blieb ein Agrarstaat, reich an Land, arm an Kapital und Arbeitskräften. Aus demselben Grund dominierte weiter der bäuerliche Familienbetrieb, der entweder Besitzer oder Pächter des bewirtschafteten Landes war. Auch bäuerliche Familienbetriebe profitierten von den verbesserten rechtlichen und infrastrukturellen Rahmenbedingungen und nahmen brachliegendes Land unter den Pflug. Zunehmend entrichteten sie ihre Steuern in bar statt in Naturalien, und zugleich wollten auch sie vermehrt Konsumgüter erwerben. Die Kommerzialisierung der Landwirtschaft zeigte sich unter anderem am Anstieg des Brautpreises, der in manchen Gegenden das ohnehin bestehende Problem der Verschuldung bäuerlicher Haushalte verschärfte. In Ägypten drehte sich bereits um die Jahrhundertwende die Schraube, die immer mehr Bauern (Fellachen) zwang, sich zu verschulden, um Saatgut, Futter und nicht zuletzt die Steuern zu bezahlen. In dem Moment, wo sie zur Rückzahlung nicht in der Lage waren, verloren sie ihr Land und wurden entweder als landlose Bauern, Pächter und Wanderarbeiter auf dem Land oder als Gelegenheitsarbeiter in der Stadt »deklassiert«. Dennoch kann insgesamt bis ins 20. Jahrhundert hinein nicht von einer massiven Verdrängung der Bauern von ihrem Grund und Boden die Rede sein, und schon gar nicht von einer Verelendung der bäuerlichen Massen. In Iran allerdings scheint sich die Lage der Bauern in der zweiten Hälfte des 19.Jahrhunderts gründlich verschlechtert zu haben, und zwar im Wesentlichen aufgrund innerer Entwicklungen (umfangreiche Landverkäufe, Schwächung der dörflichen Selbstverwaltung), nicht äußerer Eingriffe.[233]

Kontrovers: Imperialismus und Weltmarktintegration

Unter Weltmarktintegration versteht man die Einbindung außereuropäischer Regionen in den von Europa dominierten kapitalistischen Weltmarkt. Dabei wird meist die Durchdringung bzw. Penetration der außereuropäischen Märkte durch europäisches Kapital

und ihre Unterwerfung unter europäische Kapitalinteressen in den
Mittelpunkt gestellt. Das ist auch nicht falsch: Der Freihandel öffnete die Region selbst ohne direkte Kolonisierung für ausländische
Güter und europäisches Kapital. Zugleich aber begünstigte er den
Aufstieg lokaler Kaufleute, Financiers und Unternehmer, die ihre
eigenen Ziele und Interessen verfolgten, auch gegenüber ihren ausländischen Partnern und Konkurrenten. Auf europäischer Seite ging
in den 1840er Jahren der Handelskapitalismus privater Unternehmer
und vom Staat begünstigter Handelskompanien in einen Finanzkapitalismus über, bei dem Banken und Syndikate, häufig mit Unterstützung ihrer Regierungen, im Ausland investierten und ausländischen Staaten Kredite gewährten. Im Vorderen Orient kamen diese
Trends insbesondere in den Bereichen Infrastruktur, Bergbau und
Landwirtschaft zum Tragen. Staatliche Infrastrukturprojekte im
städtischen und ländlichen Raum verschlangen enorme Summen,
die über Steuern nicht zu finanzieren waren. Zur Finanzierung der
Staatsausgaben verschuldeten sich die betroffenen Regierungen bei
ausländischen Banken und Syndikaten bis hin zum Staatsbankrott.
Daraufhin wurden sie entweder unter internationale Finanzaufsicht
gestellt, oder sie nahmen weitere Kredite auf. Sichtbarstes Zeichen
dieser Politik war der Bau des Suezkanals, der 1869 in Anwesenheit
zahlreicher europäischer Monarchen eröffnet wurde.

Kritiker stellten lange vor allem diese negativen Folgen der Weltmarktintegration für die »kolonisierten« Ökonomien und Gesellschaften heraus: Kapitalmangel und Verschuldung, Importabhängigkeit und Exportschwäche, Niedergang der beschäftigungsintensiven
einheimischen Textilindustrie und Benachteiligung muslimischer
Unternehmer durch die Kapitulationen, die ausländischen Staats-
angehörigen und Protégés erhebliche steuerliche und rechtliche
Vorteile boten. Tatsächlich war die Entwicklung widersprüchlicher.
Zwar nahm die kommerzielle Bedeutung des Osmanischen Reiches
weltweit ab, obgleich seine Wirtschaft expandierte. Ebenso wurde
die gewerbliche Produktion selbst dort behindert, wo Kolonial-
regierungen nicht unmittelbar das einheimische Gewerbe benachteiligten. Kapitalmangel erschwerte in der Tat sowohl im städtischen

Gewerbe als auch in der Landwirtschaft die Mechanisierung und Industrialisierung.

Aber das ist nicht das ganze Bild. Verzerrt wird es unter anderem durch die Fixierung auf den Fernhandel, der auch im 19. Jahrhundert weniger Gewicht hatte als der lokale und der regionale Handel, die weiterhin in lokaler und mehrheitlich in muslimischer Hand blieben. Die Weltmarktintegration ist nicht allein als Verlustgeschichte zu schreiben, zumindest nicht für alle gesellschaftlichen Gruppen; die rasante Entwicklung der mediterranen Hafenstädte zeigt es deutlich. Wie der Aufschwung der Seiden- und Teppichindustrie belegt, agierten sowohl im Osmanischen Reich als auch in Marokko und Iran lokale Handwerker, Gewerbetreibende und Unternehmer flexibel auf die veränderten Marktbedingungen. Im Osmanischen Reich beschäftigte die Seiden- und Teppichindustrie 1914 rund 100 000 Personen.[234] Die makroökonomischen Daten verschleiern allerdings die sozialen Begleiterscheinungen: Für bestimmte Gegenden ist die »Flucht« städtischer Handwerker in das ländliche Gewerbe und das städtische Heimgewerbe seit dem 18. Jahrhundert dokumentiert. In beiden Bereichen arbeiteten vor allem schlecht entlohnte Mädchen und Frauen, die auf diese Weise, wenn auch aus denkbar schwacher Position, in den kapitalistischen Wirtschaftssektor einbezogen wurden. Die Einkünfte konnten ihre Stellung in Haushalt und Familie stärken und so das Geschlechterverhältnis modifizieren. Zugleich konnte die Lohnarbeit angesichts strikter Vorstellungen über weiblichen Anstand jedoch ihren Ruf und damit die Ehre ihrer Familie gefährden. Gefährdet war durch die harten Arbeitsbedingungen oft genug auch die Gesundheit der Frauen und Kinder, was wiederum ihre Chancen beeinträchtigte, zu heiraten und früher oder später selbst Kinder zu bekommen.

Die Zunahme des Heim- und des ländlichen Gewerbes ging insgesamt zu Lasten des vorwiegend männlichen zünftigen Gewerbes in den Städten. Die allmähliche Auflösung der osmanischen Zünfte ist noch nicht hinreichend erforscht, auf jeden Fall aber ist sie nicht allein dem Kapitalismus und der westlichen Durchdringung zuzuschreiben, sondern auch der staatlichen Reformpolitik. So steht zu vermuten, dass die Zerschlagung der Janitscharen, von denen viele zuvor entweder ein Handwerk oder Gewerbe ausgeübt oder einzelne Händler- und Handwerkergruppen mafiaähnlich »beschützt« hatten, auch die Zünfte schwächte, zumal als sich im Gefolge der napoleonischen Kriege der Wettbewerb mit Europa verschärfte. In Iran dagegen zeigten sich die Zünfte zu Beginn des 20. Jahrhunderts noch sehr lebendig.[235] Vor allem in Wirtschaftszweigen, die durch ausländisches Kapital finanziert wurden, entstanden möglicherweise bereits in den 1880er Jahren die ersten Gewerkschaften. Definitiv bezeugt sind sie in Ägypten und im Osmanischen Reich für das erste Jahrzehnt des 20. Jahrhunderts.[236]

Um die Ausgaben und den Schuldendienst zu finanzieren, nahmen die Regierungen im 19. Jahrhundert europäische Anleihen auf. 1875 war das Osmanische Reich – fast zeitgleich mit Tunesien und Ägypten – zahlungsunfähig, ab 1881 stand es unter internationaler Finanzkontrolle. Das bedeutete immerhin, dass es nicht zur Kolonie einer einzelnen europäischen Macht degradiert wurde. Die Angestellten der Administration de la dette publique ottomane (anfangs 3000 Personen, 1913 sogar 5500) übernahmen zwar die Kontrolle über gut ein Drittel der Staatseinnahmen, diktierten der Regierung jedoch nicht die Politik; die Entwicklung der folgenden Jahre und Jahrzehnte wäre sonst anders verlaufen.[237] Bei der Vergabe der Konzessionen für die großen Infrastrukturvorhaben bevorzugte die osmanische Regierung lokale Unternehmer, die das erforderliche Kapital in der Regel allerdings nicht aus eigener Kraft aufbringen konnten und die Konzessionen durchaus gewinnträchtig an internationale Konsortien verkauften. Bestimmte lokale Unternehmer profitierten daher von der Kombination von staatlicher Reform (Zentralisierung, Rationalisierung, »Verrechtlichung«), Kapitalismus und europäischer »Penetration«. Ihre Gewinne transferierten sie im Übrigen in der Regel nicht ins Ausland, sondern verausgabten oder investierten sie vor Ort. Gleiches galt für viele Unternehmer ausländischer Herkunft oder Staatsangehörigkeit, aber mit festem Wohnsitz in Alexandria, Izmir oder Aleppo.

Im Osmanischen Reich führte die Vergabe großer Konzessionen

und Aufträge an ausländische Banken und Unternehmer bis zum
Ersten Weltkrieg nicht zu Massenprotesten. Anders in Ägypten,
wo sich 1881 der ʿUrabi-Aufstand nicht zuletzt gegen den »Ausverkauf« des Landes richtete – und gerade dadurch die britische Besetzung auslöste. Anders auch in Iran, wo der Schah in den 1870er
und 1890er Jahren durch inneren und äußeren Druck mehrfach gezwungen wurde, Konzessionen an europäische Parteien zurückzunehmen: So sollte 1872 der britische Unternehmer Julius de Reuter
eine enorm weit gefasste Konzession für den Bau von Pferde- und
Eisenbahnen, Kanälen, Dämmen sowie weitreichende Vorrechte in
Bergbau und Landwirtschaft erhalten. Dramatischere Folgen hatte
das Tabakmonopol, das der Schah 1890 an ein britisches Konsortium
vergab, angesichts massiver Proteste aber zwei Jahre später annul-
lieren musste.[238] Die nachhaltigste Wirkung entfaltete die Ölbohr-
konzession an den Anglo-Australier William Knox D'Arcy im Jahr
1901, der wenige Jahre später tatsächlich in Westiran auf Erdöl stieß
(diese Konzession wurde nicht zurückgenommen). In jedem dieser
Fälle richtete sich der lokale Protest nicht allein gegen die Tatsache,
dass ausländische Konsortien weitreichende Anrechte auf die Ausbeutung »nationaler« Ressourcen erhielten, sondern dass der Schah
selbst in den Markt eingriff, um sich in unangemessener Form zu
bereichern.

4. Bildung, Medien und Öffentlichkeit

Einige der folgenreichsten Neuerungen des 19. und des beginnenden
20. Jahrhunderts betrafen Kultur und Wissenschaft. Neue Medien
und Räume der Kommunikation entstanden (Zeitungen und Zeit-
schriften, Telegraph, Telefon und nach der Jahrhundertwende das
Grammophon; Salons und Vereinigungen), ebenso neue Bildungs-
angebote (Studentenmissionen, Übersetzungsbüros, Druckereien,
öffentliche Bibliotheken und Leseräume) und neue Formen der Unterhaltung und Geselligkeit (Clubs, Bars, Theater, Varietés und nach

der Jahrhundertwende das Kino). Sie schufen eine Öffentlichkeit im physischen und im sozialen Sinn, wie es sie bisher nicht gegeben hatte. Neue Ausdrucksformen und Genres (Roman, Bühnendrama, Oper, Fotografie und Bildhauerei) erweiterten das künstlerische Spektrum. In allen Fällen traten die neuen Medien und Ausdrucksformen neben die etablierten – der Club neben den Salon oder Diwan, der Roman neben die Poesie –, ohne diese zu verdrängen.

Schul- und Bildungswesen

Das Schul- und Bildungswesen veranschaulicht wie wenige Bereiche die allmähliche Erweiterung einer Modernisierung von oben um Initiativen breiterer städtischer Kreise, die mit Blick auf ihre soziale Reichweite zwar immer noch elitär und selektiv blieben, den obrigkeitsstaatlichen Rahmen aber doch aufbrachen. Die staatlichen Autoritäten hatten schon früh den Wert »nützlichen« Wissens erkannt, das heißt vor allem militärisch relevanten technischen Wissens und europäischer Fremdsprachen. Aber auch die kritischen Gesellschaftsreformer sahen Bildung, Wissen und Erziehung als Schlüssel zu individuellem Aufstieg, gesellschaftlicher Entwicklung und kollektiver Selbstbehauptung. Viele sahen in ihnen das »Geheimnis«, dem Europa seine materiellen und zivilisatorischen Erfolge verdankte. Die ersten Militärschulen waren eingerichtet worden, bevor es vor Ort moderne Grund- und weiterführende Schulen gab; dementsprechend abhängig blieben sie von ausländischen Lehrern und Lehrmaterialien. Das Musterbeispiel ist hier Iran, wo das Bildungs- und Rechtswesen bis ins 20. Jahrhundert weitgehend in der Hand der Religions- und Rechtsgelehrten blieb, wobei gerade die schiitischen Gelehrten moderne Bildungseinrichtungen als islamwidrige Neuerung bekämpften, die die kulturelle Identität und Integrität der iranischen Muslime bedrohten.[239] Zwar wurden verschiedentlich auch iranische Studierende nach Europa geschickt. Dem autobiographischen Bericht des Mirza Salih Shirazi, der 1815 bis 1819 als Student in London lebte, blieb indes die breite Wirkung versagt, die ein Tahtawi im arabisch-osmanischen Raum erzielte. Das 1851 in Teheran nach osmanischem Vorbild gegründete Polytechnikum (Dar al-Funun) war über Jahrzehnte die einzige höhere Lehranstalt des Landes, die ein nicht am religiösen Kanon ausgerichtetes Wissen vermittelte. Angeschlossen waren ihm ein Übersetzungsbüro, eine Druckerpresse, ein Staatsanzeiger sowie Werkstätten zur Herstellung von Kerzen, Papier und Schießpulver. Aber es richtete sich ausdrücklich an Söhne der einheimischen Elite – und es fehlte ihm der Unterbau: Sekundarschulen wurden auf private Initiative erst in den 1870er und 1880er Jahren in einigen größeren iranischen Städten eröffnet, in den 1890er Jahren gefolgt von den ersten Primarschulen, darunter 1897/98 eine Mädchenschule. Bessere Familien ließen ihre Kinder von Hauslehrern unterrichten. Die ländliche Bevölkerung blieb von dem modernen Bildungssektor, wenn man von einem Sektor überhaupt sprechen will, weitestgehend ausgeschlossen.

Im letzten Drittel des 19. Jahrhunderts vervielfachten sich im Osmanischen Reich, in Ägypten und im Maghreb die Bildungseinrichtungen in- und ausländischer, privater und staatlicher, religiöser und nichtreligiöser Träger, die miteinander konkurrierten, sich nachweislich aber auch gegenseitig beeinflussten. Damit entstand im Bereich der Bildung eine nie gekannte Vielfalt, die weit über den oft konstatierten (und beklagten) Dualismus von traditionell und modern, religiös und säkular, indigen und kolonial hinausreichte. Bei aller Attraktivität des Neuen darf man die Rolle traditioneller religiöser Einrichtungen nicht übersehen, von den einfachen Koranschulen (Sing. *kuttab* oder *maktab*), christlichen Klosterschulen und jüdischen Thoraschulen bis zu den weiterführenden Hochschulen und Akademien (christliche Priesterseminare, jüdische Yeshivot). Sie vermittelten einen überlieferten, religiös definierten Wissenskanon, obgleich auch sie sich um die Jahrhundertwende neuen Inhalten und Methoden öffnen mussten. Auf muslimischer Seite reichte das Spektrum von den Koranschulen bis zu den großen, einer Moschee angegliederten sunnitischen Hochschulen – al-Azhar in Kairo, az-Zaituna im tunesischen Qairawan, al-Qarawiyyin im marokkanischen Fès – und den zwölferschiitischen Lehrzirkeln und Seminaren in Iran, im Irak und Libanon oder auch in Bahrain. Die schiitischen Einrichtungen konnten weitgehend auf eigene Mittel zurückgreifen, seien es Stiftungen und Schenkungen, seien es Abgaben der Gläubigen. Am weitesten ging die staatliche Regulierung bei der Azhar-Universität und den ihr angeschlossenen Schulen in Ägypten. Auf religiöser Basis operierten auch die muslimischen, christlichen und jüdischen Reformschulen und natürlich die Missionsschulen, deren Zahl und Ausstrahlung sich im letzten Drittel des 19. Jahrhunderts vervielfachten.

Die neuen Staats- und Privatschulen setzten von Beginn an auf moderne Lehrmethoden – Frontalunterricht und Prüfungen, Schulbücher und Karten, Pulte, Stühle, Tafeln und Kreide – und neue Lehrinhalte – moderne Fremdsprachen, Mathematik, Kartographie und Zeichnen, gelegentlich sogar Sport –, die sie deutlich von den religiösen Einrichtungen abhoben. Aber auch in den modernen, von nichtreligiösen Einrichtungen getragenen und in diesem Sinn säkularen Schulen spielte Religion eine wichtige Rolle; nicht anders war es im zeitgenössischen Europa und Amerika (und auch Frankreich gab sich erst 1905 eine laizistische Verfassung). Überhaupt existierten nur wenige schulische Einrichtungen, die bewusst eine säkulare, nicht religiös fundierte Weltanschauung vertraten, und diese wenigen waren private Einrichtungen. Zu ihnen zählten die Schulen der Alliance Israélite Universelle, die ab 1860 in verschiedenen Teilen des Vorderen Orients und Nordafrikas eröffnet wurden, sich erklärtermaßen der französischen *mission civilisatrice* verschrieben und mit diesem Angebot über die jüdische Gemeinde hinaus Kinder aus allen Religionsgemeinschaften und sozialen Schichten anzogen. Manche von einheimischen Reformern gegründete Schulen sind besser als überkonfessionell denn als säkular(istisch) zu beschreiben.

Mit der Ausweitung des staatlichen und privaten Schulwesens verloren die Religions- und Rechtsgelehrten der verschiedenen Religionsgemeinschaften zwar ihr Monopol auf die formale und informelle Bildung, ja ihre »kulturelle Führerschaft«,[240] aber sie wurden keineswegs komplett aus Kultur und Bildung verdrängt. Dafür hätten in ganz anderer Zahl nichtreligiöse Bildungseliten zur Verfügung stehen müssen, die das moderne Schulwesen im Verlauf des 19. Jahrhunderts jedoch erst allmählich hervorbrachte. Dennoch blieb eine gewisse

Spannung zwischen Religions- und Rechtsgelehrten und Vertretern einer modernen Bildung erhalten, besonders deutlich zu erkennen in Iran, wo von einem regelrechten »Kulturkampf« die Rede war.

Unter dem Vorzeichen der »kolonialen« und der »lokalen Moderne« verdienen die Staatsschulen besondere Beachtung, die im Osmanischen Reich auf mehreren Stufen ausgebaut wurden. Erst in den 1880er Jahren wurde es möglich, die schon im Schulakt von 1869 dekretierte allgemeine Schulpflicht zumindest ansatzweise zu realisieren.²⁴¹ Nicht anders als im zeitgenössischen Europa sollten die Schüler zu Loyalität und Gehorsam gegenüber Gott, König und Vaterland erzogen werden, wenngleich natürlich auf spezifisch osmanischer Grundlage. Im Hintergrund dieser Verbindung von Osmanismus, Islam und Vaterlandsliebe, Disziplin und Leistungswillen stand unübersehbar die Konkurrenz zu den Privat- und Missionsschulen und, damit eng verknüpft, die Abwehr europäischer Einflussnahme. Der Kontrast zwischen den an den Staatsschulen gelehrten Vorstellungen islamischer Macht und imperialer Größe und dem tatsächlichen Machtverlust des Reiches entging den Schülern nicht. Im kolonialen Algerien, Tunesien oder Ägypten war der Widerspruch zwischen den Idealen von Aufklärung, Fortschritt und Freiheit auf der einen Seite und kolonialer Unterdrückung auf der anderen erst recht nicht zu übersehen. Es kann daher nicht verwundern, dass die Schulen, und zwar private ebenso wie staatliche, die Keimzelle von Unzufriedenheit und Widerstand bildeten. Mit Blick auf das Geschlechterverhältnis fällt auf, dass zumindest im Osmanischen Reich und in Ägypten die einheimische muslimische Oberschicht ihre Töchter zunehmend auf ausländische Privatschulen schickte, darunter viele christliche Missionsschulen, die Mittelschicht hingegen auf staatliche Schulen. Wenn eine junge Frau, gleichgültig welcher Religionszugehörigkeit, sich auf höherem Niveau weiterbilden wollte, musste sie ins europäische Ausland gehen – und das setzte nicht nur entsprechende finanzielle Mittel voraus, sondern auch die Zustimmung der Familie, die eine junge Frau nicht ohne weiteres unbeaufsichtigt in die Fremde ziehen ließ.

Bei aller Würdigung der staatlichen und privaten Bildungsanstrengungen darf man die Ergebnisse nicht überschätzen. Zwar gelang es vor allem in den Städten, die Alphabetisierungsrate anzuheben, doch variierte sie deutlich je nach Geschlecht, Alter und Religionszugehörigkeit. Die große Mehrheit der Bevölkerung erreichten sie nicht. 1914 lag die Analphabetenrate auf die gesamte Region gesehen noch immer bei rund 90 Prozent. Im Osmanischen Reich stieg die Alphabetisierungsrate von 2 bis 3 auf 15 Prozent. In Ägypten konnten 1897 landesweit 5,8 Prozent der Einwohner lesen und schreiben (8 Prozent der Männer, aber nur 0,2 Prozent der Mädchen und Frauen), in Kairo immerhin 22 Prozent, in Alexandria 19 Prozent; bis 1917 stieg die Rate landesweit auf 7,9 Prozent, davon 2,1 Prozent Mädchen und Frauen. Im heutigen Irak, wo 1914 nur 5 Prozent der Bevölkerung lesen und schreiben konnten, waren die Verhältnisse ungünstiger. Deutlich über 20 Prozent lag die Alphabetisierungsrate 1914 nur in Syrien (rund 75 Prozent) und im Libanon-Gebirge (50 Prozent).[242] Für die übrigen Länder liegen keine genauen Zahlen vor.

Buchdruck und Presse

In Europa und Amerika hatte die Entstehung einer Presse neben dem Buchdruck eine Reihe weiterer technischer und sozialer Voraussetzungen, die erst im 19. Jahrhundert geschaffen wurden: maschinell gefertigtes Papier, Dampfdruckpressen, neue Techniken der mechanischen Reproduktion, zügige Distribution und nicht zuletzt ein Massenpublikum. Ähnliches gilt für den Vorderen Orient und Nordafrika.[243] Als besonders folgenreich erwies sich an der Wende zum 19. Jahrhundert die Erfindung der Lithographie (Steindruck), die keine teuren Drucktypen erforderte und die Wiedergabe der so hochgeschätzten Kalligraphie erlaubte. Das erleichterte die Vervielfältigung religiöser Texte einschließlich des Koran, die in der Region selbst bislang nicht gedruckt worden waren. Dennoch machte man weiterhin einen Unterschied zwischen dem Koran und der Prophetentradition (Sunna), der Primärliteratur sozusagen, auf der einen Seite und religiösen Schriften auf der anderen, die man mit Sekundärliteratur vergleichen könnte und deren mechanische Wiedergabe auf ungleich weniger Vorbehalte stieß. Von den 1830er Jahren an verbreitete sich die Lithographie in Iran (in Täbriz wurde in den 1830er Jahren ein Koran aus der Feder des Kalligraphen Mirza Husain gedruckt), im westlichen Zentralasien, auf dem indischen Subkontinent und in Marokko. Auch bei der Verbreitung der Druckerpresse mit beweglichen Typen war Iran der Vorreiter (1816/17 Täbriz, 1825 Teheran). Muhammad Ali ließ 1821/22 in Bulaq eine moderne Druckerpresse aufstellen; mit einigem Abstand folgten mehrere arabische Städte zwischen Beirut (1834) und Fès (1912).

Der Druck religiöser »Sekundärliteratur« setzte sich im arabisch-osmanischen Raum etwa zur selben Zeit durch wie in Iran, der von Koran und Sunna hingegen deutlich später: Zu den ersten Texten, die in Istanbul gedruckt wurden, zählten interessanterweise Schriften des Mehmed Birgevi und Kadızade Mehmed, also der osmanischen Reformer des 17. Jahrhunderts, die auch nach der Auflösung der Kadızade-Bewegung ihre Leser fanden. Mitte der 1860er Jahre druckte die Bulaq-Presse in Kairo erstmals die autoritative Hadith-Sammlung des Bukhari (Sahih al-Bukhari) und einen Koran. Ohne die technischen Innovationen im Druck-, Kommunikations- und Verkehrswesen hätten sich die Reformbewegungen des 19. und beginnenden 20. Jahrhunderts, und zwar gerade die religiösen, niemals so erfolgreich entfalten und vernetzen können, wie sie dies taten. Im Einzelnen unkontrolliert und unbeobachtet, etablierte sich in Religion, Literatur und Wissenschaft zugleich ein neuer Kanon, der tradierte Vorstellungen von wissenswertem, prestigeträchtigem und autoritativem Wissen gründlich umformte: Texte, die bislang zum Kanon gehört hatten und über die Jahrhunderte immer wieder abgeschrieben worden waren, wurden nicht gedruckt und daher auch kaum mehr gelesen, andere erhielten dank massenhafter und preisgünstiger Verbreitung einen Rang und eine Bekanntheit, die sie zuvor nicht besessen hatten.

Die schönen Künste

Auch im 19. Jahrhundert behielten die in der Vergangenheit hochgeschätzten künstlerischen Medien und Ausdrucksformen ihren Wert: Architektur, Dichtung und Musik, Epen und Balladen, Kalligraphie und Schattenspiel, Karikatur und Satire. Aufmerksamkeit fand zugleich, was neu und ungewohnt erschien. In der Literatur waren dies neue Ansätze in der Dichtung und neue Genres wie die Novelle und der Roman. Die osmanische Militärmusik war schon in den 1820er und 1830er Jahren unter italienischem Einfluss »modernisiert« worden. Zumindest in Istanbul führten europäische Kompanien zu dieser Zeit vereinzelt Opern auf, von den 1830er Jahren an gab es in Alexandria und Istanbul gelegentlich auch Theaterstücke. Khedive Ismail ließ anlässlich der Eröffnung des Suezkanals in Kairo ein Opernhaus bauen.[244]

Besonders stark veränderte sich jedoch die Einstellung zu den darstellenden und den visuellen Künsten. Malerei, Skulptur und Fotografie waren in der Region entweder grundsätzlich neu oder wurden neu bewertet: Das Verhältnis zu Bild und Bildlichkeit war schon in der Vergangenheit je nach Region und religiöser Orientierung durchaus unterschiedlich ausgefallen, die Positionen reichten von positiv-aufgeschlossen bis strikt ablehnend. Am einen Ende der Skala standen Iran und Indien, am anderen die Arabische Halbinsel, zumal unter dem Einfluss der rigiden wahhabitischen Bewegung. Kontrovers war in erster Linie die figürliche Darstellung, sei sie ein- oder mehrdimensional (Malerei, Porträt, Plastik, Skulptur), und zwar selbst dann, wenn sie keine religiösen Themen und Figuren wie etwa den Propheten Muhammad betraf. Dabei wurde grob gesprochen zwischen religiösen und nichtreligiösen Texten und Räumen unterschieden. In religiösen Räumen und Texten galten figürliche Abbildungen gleichgültig welcher Art als unzulässig, wobei die religiösen Texte meist auf die »Primärtexte« Koran und Prophetentradition eingegrenzt wurden, nicht auf fromme Propheten- und Heiligenlegenden. Sieht man vom Verbot von Idolen (»Götzenbildern«) ab, so beschäftigten sich die islamischen Religions- und Rechtsgelehrten allerdings nicht allzu intensiv mit der Frage von Bild und Bildlichkeit, und wenn sie es taten, hatten sie wenig Neues zu sagen. Viele der Argumente, die im 9. oder 16. Jahrhundert vorgetragen wurden, waren auch im 19. und 20. Jahrhundert noch zu hören. Und doch änderten sich jenseits der Arabischen Halbinsel die Einstellungen, ja, man könnte von einem regelrechten Sinneswandel sprechen. Zwei Phänomene dürften dabei eine Rolle gespielt haben: das Repräsentationsbedürfnis von Staat und Herrscher auf der einen Seite und Reform und Volkserziehung auf der anderen, die eher einem didaktischen als einem genuin künstlerischen Impuls folgten.

Im Verlauf des 19. Jahrhunderts wandelte sich, in Teilen wohl aufgrund intensiverer Kontakte zu Europa, die herrscherliche Repräsentation: Sultansporträts wurden noch im 18. Jahrhundert selbst innerhalb des Palastes nicht frei gezeigt.[245] Wie es scheint gegen den Widerstand des Şeihülislam und anderer ranghoher Ulama ließen Selim III. und Mahmud II. großformatige Porträts ihrer selbst anfertigen. Mahmud ließ die seinen sogar in Amtsstuben, Kasernen und auf Kriegsschiffen aufhängen, nachdem sie in feierlicher Zeremonie an ihren Aufhängungsort verbracht worden waren. Kleinformatige Porträtmedaillons verschenkte er an hohe Amts- und Würdenträger einschließlich des Şeihülislam. In Iran gab Fath Ali Schah (reg. 1797–1834) sein Porträt sogar an schiitische Schreine. Münzen, Banknoten und Briefmarken trugen immer häufiger das Porträt des Monarchen.

Für den didaktischen Ansatz steht der Azhar-Gelehrte Muhammad Abduh (1849–1905), eine der emblematischen Figuren der sunnitisch-islamischen Reformbewegung, die später als Salafiyya bekannt wurde. Abduh erlaubte 1905 in einem vielbeachteten Rechtsgutachten (Fatwa) den Einsatz figürlicher Abbildungen zu erzieherischen Zwecken – ein Ansatz, den einflussreiche islamistische Bewegungen wie die ägyptischen Muslimbrüder später übernehmen sollten. Freilich sollten Bilder, Musik und Theater der Bildung und Erbauung dienen, nicht der bloßen Unterhaltung. Das Argument der Nützlichkeit stand auch an anderer Stelle im Vordergrund: An vielen staatlichen Militärschulen gehörten Zeichnen, Malen und Kartographie zum Lehrplan. Zumindest in den Haushalten der städtischen Ober- und Mittelschicht wurden Wandgemälde immer beliebter, die im osmanisch-arabischen Kontext in der Regel Pflanzen, Bauten, Schiffe, Eisenbahnen, Landschaften und Stadtansichten zeigten,

Abb. 33: Reiterstatue Nasir ad-Din Schahs (fotografiert um 1888)

keine Personen (für Damaskus und Beirut ist das gut untersucht; vgl. auch Abb. 37).[246] Anders Iran, wo die Vorbehalte gegenüber Personendarstellungen generell geringer waren. Gerahmte Bilder setzten sich noch nicht auf breiter Front durch.

Der Einsatz visueller Medien erregte weiterhin auch Kritik und Widerstand: So wurden in osmanischen Schulen gelegentlich Landkarten zerstört, weil sie als Bilder galten. In Iran erregten Briefmarken mit dem Porträt des Schahs Anstoß. Am umstrittensten blieben die Reiter- und sonstigen Standbilder, die nahöstliche Herrscher zur imperialen Selbstdarstellung nutzten.[247] Umstritten waren sie nicht nur, weil sie idolartig einen Menschen verherrlichten, sondern weil es sich um dreidimensionale Abbildungen handelte, die das islamische Recht fast einhellig ablehnt. Zur Markierung und als Schmuck öffentlicher Bauten und Plätze boten sich neben Arabeske und Kalligraphie alternativ nichtfigürliche Objekte an wie Kannen, Bücher oder stilisierte Pflanzen; heute stehen sie zwischen Marrakesch und Maskat an unzähligen Verkehrskreiseln.

Angesichts der tiefsitzenden Vorbehalte gegen figürliche Darstellungen überrascht die rasche Übernahme der Fotografie. Wie zuvor die Lithographie gelangte die Fotografie bereits kurz nach ihrer Erfindung in die Region. In den größeren Städten etablierte sich die kommerzielle Fotografie in den 1850er Jahren und diente dort keineswegs allein der Befriedigung orientalistischer Phantasien, die europäische Besucher und Betrachter hegen mochten. Nicht anders als in Europa ließen sich Individuen und Familien zu bestimmten Anlässen fotografieren, Maler verwandten Fotografien als Vorlagen für ihre Gemälde und Zeichnungen, früh wurden sie von in- und ausländischen Wissenschaftlern zu ethnologischen Zwecken verwandt. Auch die Regierenden erkannten rasch ihren Nutzen; im Krimkrieg wurde die Fotografie erstmals professionell als Mittel der Dokumentation und Propaganda eingesetzt. Als besonders eifrige Sammler zeigten sich die osmanischen Sultane, die sich mittels der Fotografie im Wortsinn ein Bild von ihrem Reich verschafften. So zählen die Alben Sultan Abdülhamids heute zu den wichtigsten Bildquellen für das Osmanische Reich des ausgehenden 19. und beginnenden 20. Jahrhunderts (vgl. Abb. 13, 23, und 30). In Iran war Nasir ad-Din Schah selbst passionierter Fotograf und Sammler. Wie die enorme Zahl erhaltener Aufnahmen belegt, stießen Fotografien von Marokko bis in den Irak auf interessierte Abnehmer. Bemerkenswert ist die große Zahl von Fotografien, darunter auch Porträtaufnahmen, aus dem heutigen Saudi-Arabien.

Die Haltung der Ulama zur Fotografie war generell recht offen, da sie den meisten nicht als schöpferische und im eigentlichen Sinne künstlerische Tätigkeit galt, sondern als bloße Abbildung, die vom Licht bzw. der Sonne (und damit letztlich von Gott) hervorgebracht und eher den Naturwissenschaften als den Künsten zuzurechnen war. Nicht nur ein Muhammad Abduh sprach von Fotografien als »Sonnenbildern«.[248] Auf diese Weise ließ sich selbst die Porträtfotografie rechtfertigen und in späterer Zeit die Ausstellung von Passbildern und sonstigen amtlichen Dokumenten. Früh, wenn auch geographisch weniger breit wurde das Kino eingeführt. In Istanbul öffnete das erste Kino bereits 1897, zwei Jahre nach der Erfindung des Kinematographen durch die Brüder Lumière, und verbreitete sich von den Metropolen aus in andere Städte.

Bürgertum und neue Mittelschicht

Die Verteilung der modernen Kommunikationsmittel und -räume innerhalb der hier behandelten Region blieb geographisch und sozial gesehen höchst ungleichmäßig. Geographisch konzentrierten sie sich auf die großen Städte und den mediterranen Küstenraum; in den ländlichen Sudan, Jemen oder Iran drangen sie kaum vor. Während verbesserte Transport- und Kommunikationsmittel Zeit und Raum verdichteten, indem sie physische Distanzen verkürzten oder überwanden, vergrößerte sich zugleich der kulturelle Abstand zwischen Alexandria und Asyut, Izmir und Kayseri, Beirut und Homs. Auch in den Städten wirkten Mechanismen der Inklusion und der Exklusion, die auf der Grundlage von Status, Bildung, Einkommen und Geschlecht bestimmten Gruppen den Zugang ermöglichten und anderen verwehrten. Frauen waren nicht generell ausgeschlossen: Vor allem in der Oberschicht der mediterranen Städte etablierten sich im ausgehenden 19. Jahrhundert weibliche Salons, die, nicht anders als ihre männlichen Pendants, der Geselligkeit, Bildung und Unterhaltung dienten. In Istanbul und Kairo entstand zur gleichen Zeit eine Frauenpresse, die von Frauen für Frauen gemacht wurde. Und dennoch blieben bis weit ins 20. Jahrhundert hinein die Weiblichkeitsbilder über alle Religionsgemeinschaften hinweg konventionell: Die Förderung der Frauenbildung galt in gewissen Grenzen als erstrebenswert, ja als unverzichtbarer Bestandteil von Zivilisation und Fortschritt; Gleichberechtigung dagegen war kein Thema.[249]

Neben der Gender- ist die »Klassen«-Perspektive zu berücksichtigen, die nach Bildung, Status und Einkommen fragt. Dass Bildung hier so prominent genannt wird, verweist bereits auf die Veränderungen des 19. Jahrhunderts, in dem (moderne, formale) Bildung zusehends als Mittel des sozialen Aufstiegs diente und aus diesem Grund von immer breiteren Kreisen angestrebt wurde. Das galt selbst für Iran, wo die sozialen Schranken weniger durchlässig waren als in den benachbarten Ländern.[250] Träger und Nutznießer der neuen Kommunikationsmittel und -räume waren im Wesentlichen jedoch Angehörige der sogenannten neuen städtischen Mittelschicht, die entweder den »alten« städtischen und ländlichen Eliten entstammten oder aber über die neuen Bildungseinrichtungen und Beschäftigungsmöglichkeiten gesellschaftlich aufstiegen.[251] Wie anderswo bedingten sich die Ausweitung staatlicher Macht, die Ausbreitung einer kapitalistischen Marktwirtschaft und der Aufstieg dieser einheimischen Mittelschicht gegenseitig. Zu ihr zählten Unternehmer, Beamte, Literaten, Journalisten, Lehrer, Anwälte, Ärzte und Apotheker, von vereinzelten Religionsgelehrten abgesehen also vor allem Vertreter der neuentstehenden freien Berufe, des marktwirtschaftlichen Sektors und des sich modernisierenden Staatsapparates. In religiöser und ethnischer Hinsicht war die neue städtische Mittelschicht heterogen, zahlenmäßig klein, gesellschaftlich, politisch und kulturell aber überaus einflussreich. Ihre Vertreter dachten vielleicht nicht grundsätzlich über Bedingungen und Kontingenz der Moderne nach. Aber sie wollten modern sein, sich entsprechend kleiden und ihre Wohnungen modern einrichten, sie wollten ins Theater gehen, neue Stücke sehen und neue Musik hören. Zu einem gewissen Grad definierten sie sich daher über Konsum und Mode.[252] Und sie waren politisch interessiert und vielfach auch aktiv. Insofern kann man für Alexandria, Beirut, Aleppo und Istanbul durchaus von einem Bürgertum sprechen, wobei dieses Bürgertum keinen Adel als Referenz und Gegenpol kannte, der für die Herausbildung bürgerlichen Lebensstils und Selbstbewusstseins in Europa so prägend gewesen war.

C Freiheit, Gleichheit, Bürgerrecht

Vor dem Hintergrund europäischer Hegemonie gewinnt der Begriff der »Zivilisation« seine besondere Bedeutung. Unter Verweis auf ihn suchte sich das Osmanische Reich im 19. Jahrhundert nicht allein machtpolitisch, sondern zugleich »zivilisatorisch« in das Konzert der europäischen Mächte einzugliedern. Wie andere Leitbegriffe deckten »Zivilisation«, »Zivilisierung« und »zivilisiert sein« in den regionalen Sprachen ein breites semantisches Spektrum ab, von der kultivierten und per Definition städtischen Lebensweise bis zur Entmilitarisierung und Überführung bestimmter Einrichtungen in einen »zivilen« Zustand.[253] Wie überall wohnte der »Zivilisierung« sowohl ein repressives als auch ein emanzipatorisches Moment inne. Der osmanische Terminus *medeniyyet* (auch *temeddün*, von arab. *tamaddun*) rief zunächst vertraute Sprach- und Denkmuster wach, die bislang in erster Linie die kultivierte Denk- und Lebensweise der Städter von der Barbarei nichtsesshafter Gruppen in unbesiedelten Regionen unterschieden hatten. Nomaden, Bergbewohner, »primitive« Stämme und Völker wurden von der Obrigkeit in diesem Sinn »zivilisiert«. Vor allem in den 1870er und 1880er Jahren wurde *medeniyyet* aber zugleich für das politische System Europas und häufig synonym mit Fortschritt verwandt. Viele Zeitgenossen führten die eigene militärische und politische Schwäche auf ein zivilisatorisches Defizit gegenüber Europa zurück. Nicht wenige differenzierten allerdings zwischen den materiellen bzw. technischen Aspekten der europäischen Zivilisation, die sie guthießen, und einer ethisch-moralischen (nicht allein auf die Religion bezogenen) Dimension, die sie ablehnten. Diese Ambivalenz scheint vielfach noch heute auf.

1. Vom Untertan zum Bürger

Die Tanzimat-Reformen standen für ein zivilisatorisches Projekt, das auch in hamidischer Zeit nicht aufgegeben wurde. Zu diesem Projekt zählte die Schaffung einer osmanischen Gemeinschaft, deren Mitglieder im Prinzip gleich und frei sein sollten. Der Terminus »Osmanlı« für diese Gemeinschaft (und nicht, wie bisher, nur für ihre Elite) wurde offiziell erstmals in der Verfassung von 1876 verwandt.[254] Er verwies in erster Linie auf eine *politische* Zugehörigkeit, die über die Loyalität zur herrschenden Dynastie gestiftet werden sollte, nicht auf eine bestimmte kulturelle Identität, Religion oder Ethnizität. Konsequent durchgeführt, hätte dieses Konzept die Integration sowohl der Nichtmuslime als auch der nichttürkischen und nichtsunnitischen Muslime als gleichwertige Bürger des Reiches ermöglicht. Dazu kam es jedoch allenfalls bruchstückhaft und unvollkommen.

Große Probleme bereitete zunächst der Begriff des Bürgers oder *citoyen* als Träger politischer Rechte. Im Osmanischen wurde der Terminus *reaya*, der den Untertan bezeichnete, durch den Begriff *tebaa* ersetzt (von arab. *tabi'*, »zugehörig zu«, »abhängig von«), der die Bedeutung von »Folge leisten« in sich trug und daher eher das Subjekt als den Bürger beschrieb. Reaya bezeichnete vor allem auf dem Balkan nur noch die nichtmuslimischen Untertanen des Sultans, im Arabischen dagegen blieb er als überkonfessioneller Terminus erhalten. Im Vordergrund stand dabei die Abgrenzung nach oben, zum Souverän, nicht das Verhältnis zur Gemeinschaft der Untertanen bzw. Bürger. Anders der arabische Begriff *muwatin*, der häufig für »Bürger« verwandt wurde, tatsächlich aber zunächst einmal den Mitbürger *(compatriote)* oder Landsmann beschrieb, der mit anderen den Ort teilte. Der Begriff »Vaterland« (arab. *watan*, osman. *vatan*), von dem sich *muwatin* ableitet, bewahrte seinen tendenziell unpolitischen Beiklang von Sehnsucht und Zugehörigkeit, der dem deutschen »Heimat« näher steht als dem französischen *patrie*. Von den 1860er Jahren an war dann aber sowohl im Osmanischen Reich als auch in Ägypten und Iran zunehmend von Patriotismus und Königstreue die Rede, die stärker ins Politische wiesen. Die Terminologie blieb uneinheitlich, und zwar nicht selten innerhalb ein und desselben Textes, und löste damit schon unter den Zeitgenossen lebhafte Kontroversen aus.

Ähnliches gilt für den Begriff der Gleichheit, der im Verlauf des 19. Jahrhunderts zusehends politisch aufgeladen und auf breitere Bevölkerungskreise ausgedehnt wurde. Der arabische Terminus *musawat* (osman. *müsavet*) hat viele Facetten und reicht von der fairen Behandlung bis zur rechtlichen Gleichstellung. Das Dekret von Gülhane stellte, wie erwähnt, 1839 allen Untertanen des Sultans Rechts*sicherheit* in Aussicht; das Hatt-ı hümayun sprach 1856 allen Untertanen *(tebaa)* gleiche Rechte und Pflichten zu. Die Verfassung von 1876 vollzog schließlich den entscheidenden Schritt und erklärte die Gleichheit aller Untertanen / Bürger (wiederum *tebaa*) vor dem Gesetz, und auch Sultan Abdülhamid hob den Gleichheitsgrundsatz nicht auf. Zugleich bekräftigte die Verfassung jedoch den Islam als Staatsreligion, der zumindest in der damals vorherrschenden Interpretation einer Gleichberechtigung aller Untertanen / Bürger im Wege stand. In den folgenden Jahrzehnten wurden tatsächlich bestehende Schranken eingerissen, und zwar nicht nur zwischen Askeri und Reaya, Muslimen und Nichtmuslimen, sondern auch zwischen Freien und Sklaven. Weitgehend unberührt blieb – nicht anders als in Europa und in Amerika als den Referenzgrößen moderner »Zivilisation« – die Ungleichheit von Mann und Frau.

Die Emanzipation der Sklaven

Die Abschaffung der Sklaverei beleuchtet erneut das komplizierte Zusammenspiel zwischen lokalen, zu einem gewissen Grad religiös geprägten Traditionen, staatlicher Reform und europäischer Hegemonie. Als obrigkeitliche Initiative navigierte sie zwischen einheimischen Kräften, die mit Religion und Tradition argumentierten, und europäischen Mächten, die – obgleich sie selbst zum Teil noch Sklaven hielten – auf Fortschritt und Freiheit pochten und mit Intervention bis hin zur militärischen Okkupation drohten. In mehr als einem Fall (Tunesien und Ägypten sind hier die Musterbeispiele) nutzten europäische Mächte die im Land praktizierte Sklaverei als Rechtfertigung für dessen Besetzung. Druck aus der eigenen Gesellschaft war, anders als im Fall der Nichtmuslime, die energisch auf eine Verbesserung ihrer Rechte drängten, kaum zu erkennen. Die religiösen und sozialen Reformer hatten zu diesem Thema auffällig wenig zu sagen; als Handelnde treten fast ausschließlich Angehörige der Machtelite hervor. Die Sklavinnen und Sklaven selbst sind in dem Prozess fast unsichtbar, benachteiligt aufgrund ihres Rechtsstatus, ihrer geringen Chance der Organisation und Artikulation und nicht zuletzt aufgrund ihres Geschlechts, denn im 19. Jahrhundert machten zumindest im Osmanischen Reich Frauen und Mädchen die große Mehrheit der Sklaven aus. Sie mochten sich individuell zwar durchaus ihrer Rechte bewusst sein, konnten jedoch nicht als »konfliktfähige Gruppe« auftreten.[255]

Für die Rechtfertigung der Sklaverei stand, sofern die Versklavung im Einklang mit dem islamischen Recht erfolgt war, ein ganzer Katalog von Argumenten zur Verfügung, religiösen ebenso wie utilitaristischen. Dazu gehörten die Aussagen von Koran und Sunna, die Sklaverei als selbstverständlich erscheinen ließen, zumal der Prophet Muhammad und seine Gefährten Sklaven gehalten hatten; das religiöse Verdienst durch Freilassung von Sklaven; das zivilisatorische Potential von Versklavung und Bekehrung; der Schutz des Eigentums (hier an Sklaven); das Konkubinat als Mittel legitimer sexueller Befriedigung für Männer, die sich eine Eheschließung finanziell nicht leisten konnten; die materielle Absicherung der Ärmsten, denen die Sklaverei eine gesicherte Existenz bot; der Schutz der öffentlichen Ordnung vor Bettlern und Vagabunden und anderes mehr. Allerdings wurde die Institution wohl erst jetzt, im Angesicht westlicher Kritik, die vereinzelt auch in den eigenen Gesellschaften aufgegriffen wurde, überhaupt so explizit und ausführlich gerechtfertigt. Im Hintergrund der Apologetik, die mit der vorgeblich milden Behandlung von Sklaven »im Islam« argumentierte, stand nicht zuletzt die Sorge um das eigene Ansehen im Westen, wo der Fortbestand der Sklaverei als Makel und Ausweis mangelnder Zivilisiertheit hätte erscheinen können.

Auf europäischer Seite verlief der Kampf gegen die Sklaverei, wie bekannt, alles andere als geradlinig. Selten führte der Weg direkt vom Verbot des Sklavenhandels über die Schließung öffentlicher Sklavenmärkte bis zum kompletten Verbot der Institution als solcher. Das revolutionäre Frankreich erklärte 1794 die Sklaverei zwar für abgeschafft, doch führte Napoleon sie 1802 für die französischen Überseegebiete wieder ein.[256] Großbritannien verbot 1806/07 zuerst den Handel mit männlichen, dann auch mit weiblichen Sklaven. Die Wiener Kongressakte untersagte 1815 den auf Piraterie beruhenden Menschenhandel im Mittelmeer, und die Vereinigten Staaten ebenso wie einzelne europäische Mächte bemühten sich im Folgenden, dieses Verbot gegenüber den nordafrikanischen »Regentschaften« Algier, Tunis und Tripoli durchzusetzen. 1833 verbot die britische Krone den Besitz von Sklaven in ihren Kolonien, in den folgenden Jahrzehnten auch in Indien (erklärte aber bestimmte Formen der Unfreiheit zu »Traditionen«, die es zu tolerieren galt). 1848 untersagten die Franzosen ohne durchschlagenden Erfolg die Sklaverei in den algerischen Departements. So blieb die ibaditische Oase Mzab ein Zentrum des regionalen Sklavenhandels. Dem Beispiel der Franzosen folgten die Niederlande 1860 für ihre ostindischen Besitzungen und 1863 für Surinam, Russland 1873 für seine zentralasiatischen Territorien. Die Brüsseler Generalakte von 1890, der unter anderem Iran und das Osmanische Reich zustimmten, ließ immer noch viele Schlupflöcher offen.

Ähnlich schleppend und ungleichmäßig verlief die Sklavenbefreiung im Vorderen Orient und in Nordafrika: Mal wurden nur bestimmte Regionen berücksichtigt, mal wurde nach Hautfarbe und Geschlecht der Versklavten unterschieden. Wie in Europa und Amerika bestand ein Problem in der finanziellen Entschädigung der bisherigen Eigentümer, ein anderes in der Versorgung der freigelassenen Männer, Frauen und Kinder. Während die Militärsklaverei im 19. Jahrhundert ihre frühere Bedeutung verloren hatte, weitete sich zumal in dessen zweiter Hälfte der Einsatz unfreier Arbeit im städtischen Gewerbe und in der Landwirtschaft erneut aus. Die Gründe waren sowohl ökonomischer als auch politischer Natur: Mit dem

Wachstum der Binnenmärkte und des Außenhandels stieg in den 1840er Jahren der Bedarf an billigen Arbeitskräften, und damit nahm auch der Sklavenhandel einen massiven Aufschwung, den die Öffnung des Suezkanals zusätzlich begünstigte, zumal nun zunehmend Dampfschiffe den Transport übernahmen. Für ein gestiegenes Angebot sorgten Krieg, Flucht und Vertreibung: Nicht nur die regulären Armeen und lokale Warlords versklavten weiterhin in großer Zahl Gefangene, auch anti-koloniale Jihad-Bewegungen überschwemmten die Märkte mit ihrer menschlichen Beute. Die Hochphase endete in den 1880er Jahren, als die Zahl der Gefangenen zurückging und dementsprechend der Marktpreis von Sklaven stieg, während die Preise für Güter und Waren stagnierten oder fielen und zur gleichen Zeit mehr freie Arbeitskräfte zur Verfügung standen als zuvor.

Eine gewisse Vorreiterrolle in der Abolitionspolitik spielte, wie bei der Einführung einer Verfassung, Ahmad Bey von Tunis (reg. 1837–1855), der selbst Sohn einer versklavten Sardinierin war. In einem ersten Schritt verweigerte er die Lieferung des üblichen Sklaventributs an Istanbul und ordnete 1846 die Freilassung aller Sklaven an, die dies wünschten. Ahmad Bey handelte wohl aus echter Überzeugung, zugleich aber versuchte er mit diesem Schritt – angesichts der französischen Expansion und dichterer osmanischer Kontrolle über das angrenzende Tripolitanien –, das Wohlwollen der Briten zu gewinnen. Er selbst rechtfertigte ihn mit religiösen und politischen Argumenten.[257] 1861 wurde die Gleichheit vor dem Gesetz in die (kurzlebige) Verfassung aufgenommen, 1867 verfasste Khair ad-Din at-Tunisi (osman. Hayreddin, um 1820–1890), ein freigelassener Sklave abkhazischer Herkunft, bedeutender Reformpolitiker und späterer Großwesir, in Tunis eine Schrift zur Freiheit der Person. Dass die Sklaverei dennoch fortbestand, diente den Franzosen 1881 neben anderen Faktoren zur Rechtfertigung ihrer Invasion. 1890 schließlich waren auf tunesischem Boden alle Formen von Sklaverei und Sklavenhandel verboten. In Marokko hingegen, wo vor allem der agrarische Süden von Sklavenarbeit abhing, endeten die meisten Formen von Unfreiheit erst im 20. Jahrhundert.

Auch in Ägypten und Sudan verlief die Entwicklung uneben.

Muhammad Ali ließ die Sklaverei weitgehend unangetastet, untersagte 1841 allerdings die Kastration junger Knaben und Männer auf ägyptischem Territorium (die sich daraufhin nach Darfur und Kordofan verlagerte, alten Zentren des Sklavenhandels). Im Jahr darauf schloss er den Sklavenmarkt in Kairo. Sein Sohn Ibrahim Pascha ließ seine eigenen Sklaven frei und verbot den Ankauf von Sklaven für den Staatsdienst. Im Zuge der agrarischen Entwicklung weitete sich der Einsatz von Sklaven in den folgenden Jahrzehnten jedoch zumindest im Nildelta aus, und während des Baumwollbooms der 1860er und 1870er Jahre setzten mehr Bauern als je zuvor Sklaven ein. 1877 allerdings traten führende sunnitische Ulama mit der Erklärung hervor, der Koran rechtfertige die Sklaverei nicht. Dass Sklavenhandel und Sklavenhaltung 1895 schließlich verboten wurden, ist wohl als Ergebnis veränderter Einstellungen, politischer Rahmenbedingungen (Ägypten stand mittlerweile unter britischer Herrschaft) und einer sich wandelnden Ökonomie zu sehen.

Für das Osmanische Reich ist die offizielle Politik von den Maßnahmen einzelner hoher Staatsbeamter und Gouverneure zu unterscheiden, die sich nicht immer an die Weisungen des Sultans und der Zentralregierung hielten. 1830 ordnete Sultan Mahmud II. die Freilassung der griechischen Frauen und Kinder an, die während des griechischen Aufstands gefangen genommen worden waren, und hob zugleich alle Formen der Leibeigenschaft in den europäischen Provinzen auf. Nachdem 1846 der Istanbuler Sklavenmarkt geschlossen und die Zunft der Sklavenhändler aufgelöst worden war, verlagerte sich der Handel auf andere Orte – und wurde weiterhin besteuert. 1847 wurde (»zur Verhinderung menschlichen Leids«) der Handel mit afrikanischen Sklaven im Persischen Golf verboten, 1849 auch auf der Transsahararoute, die Istanbul allerdings zu großen Teilen gar nicht kontrollierte; ausgeklammert blieb der Sklavenhandel über das Rote Meer, den die hijazischen Händler verbissen verteidigten. Das generelle Verbot des Handels mit afrikanischen Sklaven von 1857 ließ immer noch diverse Schlupflöcher, die auch die britisch-osmanische Konvention zur Unterdrückung des Handels mit afrikanischen Sklaven von 1880 nicht sämtlich schloss. Der

Abb. 34: Reicher Kaufmann in Mekka mit tscherkessischem Sklaven (Ende 19. Jahrhundert)

Krimkrieg war der erste Krieg, in dem die Osmanen Gefangene nicht länger versklavten. Der Zustrom tscherkessischer Flüchtlinge allerdings, die in den 1850er und 1860er Jahren mit zahllosen eigenen Sklaven ins Osmanische Reich kamen, verschaffte der Sklaverei noch einmal Auftrieb, und in der Verfassung von 1876 wurde sie nicht förmlich aufgehoben. Im Zuge der »ethnischen Säuberungen« vor und während des Ersten Weltkriegs wurden abermals Hunderttausende gefangener christlicher Frauen und Kinder als Sklaven oder unfreie Arbeitskräfte gehalten. Erst die Republik Türkei ratifizierte 1933 das Verbot des Sklavenhandels. In Iran erging 1848 ein erstes Edikt gegen den Sklavenhandel zur See (Zentrum des Sklavenhandels war freilich das weit im Landesinneren gelegene Schiraz). 1890 wurde er im Einklang mit der Brüsseler Generalakte generell untersagt, aber keineswegs beendet. Die Sklaverei wurde erst 1928/29 unter Reza Schah in aller Form verboten.[258] Am hartnäckigsten verteidigten Oman, Mauretanien und Saudi-Arabien die Sklaverei. In Saudi-Arabien wurde sie erst in den 1960er Jahren abgeschafft, in Oman noch später.

Die Emanzipation der Nichtmuslime

Verglichen mit der Sklaverei spielte die Emanzipation der Nichtmuslime in der öffentlichen Diskussion eine ungleich größere Rolle, und wieder verquickten sich in ihr die Berufung auf eine islamische Tradition, staatliche Reform und europäische Einflussnahme. Zu den wichtigsten Faktoren zählten die Protektion nichtmuslimischer Untertanen durch europäische Mächte, die christliche Mission mit ihren Aktivitäten auf dem Gebiet von Bildung, Erziehung und Gesundheit und die Entstehung einer modern ausgebildeten, sprachlich versierten neuen Mittelschicht sowie eines international vernetzten Kaufmanns-, Bankiers- und Unternehmertums. Beide verdankten ihren Aufstieg nicht allein den staatlichen Reformen, sondern auch ihren Kontakten zu Europäern und Amerikanern. Die osmanischen Tanzimat-Reformen zielten unter anderem auf eine Aufhebung der Schranken zwischen Muslimen und Nichtmuslimen, auf denen die osmanische Ordnung über Jahrhunderte beruht hatte. An ihre Stelle sollte vor dem Hintergrund der nationalen Bestrebungen auf dem Balkan – und das heißt vorrangig *innerer* Entwicklungen, nicht der Bedrohung durch den europäischen Kolonialismus – ein einheitliches osmanisches Staatsvolk, ja eine osmanische Nation treten. Der Osmanismus als Sonderform des Patriotismus muss daher als Idee verstanden werden, die sich nicht, wie in Amerika und in großen Teilen Europas, als gesellschaftliche Forderung an und gegen die Herrschenden richtete; vielmehr wurde er von einer imperialen Elite »konstruiert« und der ethnisch, sprachlich und religiös heterogenen Bevölkerung als Leitidee vorgegeben.

Ungeachtet der Tatsache, dass die osmanische Verfassung 1876 den (sunnitischen) Islam als Staatsreligion festlegte, bedeuteten die rechtliche Gleichstellung aller freien, männlichen Untertanen und die gleichzeitige Marginalisierung des islamischen Rechts und seiner

Repräsentanten eine gewisse Säkularisierung von Politik, Justiz und Bildungswesen. Säkularisierung hieß nicht, dass Religion zur Privatangelegenheit und für die Ordnung von Staat und Gesellschaft irrelevant wurde – rein privat und für Staat und Gesellschaft irrelevant war sie auch im zeitgenössischen Europa und Amerika nicht. Auch in der Reformära betrachteten sich die meisten (sunnitischen) Muslime als die »herrschende Gemeinschaft« *(millet-i hakime)*. Zugleich zeigte sich, dass Europäer und lokale Nichtmuslime zwar die volle Rechtsgleichheit forderten, aber nicht unbedingt bereit waren, diesem Ideal eigene Sonderrechte zu opfern, sei es die eigene religiöse Rechtsprechung in Teilen des Familienrechts, seien es die Befreiung vom Militärdienst oder die aus den Kapitulationen abgeleiteten fiskalischen und juridischen Privilegien. Das Millet-System wurde ungeachtet aller Maßnahmen zur bürgerlichen Gleichstellung nicht aufgehoben, sondern im Gegenteil institutionalisiert und damit eher noch gefestigt. Zur gleichen Zeit intervenierte der Staat deutlicher als zuvor in die inneren Angelegenheiten der nichtmuslimischen Gemeinschaften und ließ so zum Beispiel neue Statuten erarbeiten, die die Rolle des Klerus zugunsten von Laien einschränkten – auch dies ein Schritt in Richtung Säkularisierung.

Dass überkommene religiöse Hierarchien dennoch nicht auf einen Schlag überwunden waren, belegen die fortdauernden Schwierigkeiten nichtsunnitischer Gemeinschaften, ihre religiösen Stätten zu renovieren oder gar neue zu errichten. Die Bestimmungen des Umar-Paktes prägten – und sei es unterschwellig – nach wie vor das Denken vieler Muslime. Überkommene Muster schienen auch an anderer Stelle durch, denn von Staats wegen in ihren Kollektivrechten geschützt waren nur christliche und jüdische Gemeinschaften. Zwölferschiiten, Aleviten, Drusen und Jesiden wurde der Millet-Status weiterhin verweigert. Ihre Angehörigen besaßen zwar individuell die Rechte und Pflichten osmanischer Untertanen / Bürger, jedoch keinen Minderheitenschutz, der ihre kollektive kulturelle und religiöse Identität hätte garantieren können.

Die Rolle christlicher Missionare in Politik, Gesellschaft und Kultur der Region wird auch heute noch kontrovers beurteilt. Im

Schatten der Reformation und der europäischen Religionskriege war die katholische Mission im 16. Jahrhundert intensiviert worden. Zur Kreuzzugsidee trat im Gefolge des Konzils von Trient die katholische Gegenreformation, die den rechten Glauben auf der ganzen Welt verkünden sollte. Verschiedentlich verbanden sich – wie schon zur Zeit der Mongolen – Mission und Diplomatie, in Iran vielleicht auffälliger als im Osmanischen Reich oder in Marokko. Zielgruppe der Mission waren mit wenigen Ausnahmen nicht die Muslime (im islamischen Recht steht der »Abfall vom Islam« unter schwerer Strafandrohung), sondern »orientalische« Christen und Juden. Dementsprechend heftig wehrten sich deren religiöse Autoritäten gegen missionarische Aktivitäten unter ihren Gemeinden. Für die etablierten orientalischen Kirchen bedeutete die Bildung unierter und protestantischer Kirchen tatsächlich eine Schwächung. Westliche Protektion, ökonomische Penetration, Kolonialismus und Mission standen unübersehbar in einem gewissen Verhältnis zueinander, aber dieses Verhältnis war nicht so eindeutig wie häufig angenommen: Gerade weil sie aus einem christlichen Impetus heraus handelten, sahen Missionare die Aktivitäten ihrer Regierungen und der westlichen Handels- und Finanzhäuser häufig kritisch, Letztere nahmen die Missionare nicht selten als Störfaktor wahr. Dennoch bleibt, dass die christliche Mission im 19. und frühen 20. Jahrhundert im Schatten kolonialer Expansion florierte. Die Missionare waren in der Regel nicht Agenten des Kolonialismus, sie wirkten aber unter dessen Schirm.

Mit ihrem gewachsenen Gewicht konnten die europäischen Mächte im 19. Jahrhundert stärker als zuvor die Interventionsrechte zur Geltung bringen, die sie im Rahmen der sogenannten Kapitulationen schon seit langem besaßen. Dazu zählte mittlerweile nicht allein der Schutz europäischer Kaufleute und der Beschäftigten europäischer Konsulate, vor allem Wachleute und Übersetzer bzw. Dragomane, denen mit Hilfe eines entsprechenden Dokuments (osman. *berat*) weitgehende fiskalische und juridische Immunität eingeräumt wurde. Zum Kreis der Begünstigten gehörten zunehmend Untertanen des Sultans. Mehrheitlich waren dies Nichtmuslime, die

SŒURS MISSIONNAIRES de NOTRE-DAME des APOTRES — VÉNISSIEUX (Rhône)

ZIFTÉ (Egypte) — Départ pour les excursions apostoliques

Abb. 35: Missionarinnen in Oberägypten

den Status eines Protégés einer europäischen Macht oder gar einen ausländischen Pass erwarben und gleichfalls unter der Protektion ausländischer Konsuln standen. Im Laufe des 19. Jahrhunderts beanspruchten einzelne europäische Mächte den Schutz ganzer christlicher Gemeinschaften – Frankreich und Österreich den der Katholiken, Russland der orthodoxen Christen – und steigerten damit ihre Interventionsansprüche enorm. Ähnliches galt, wenn auch eher informell, in Iran und Marokko. Leicht wird dabei übersehen, dass große nichtmuslimische Gemeinschaften wie die Armenier, Kopten und Juden *nicht* kollektiv unter europäischem Schutz standen, wenn sich einzelne Konsuln auch in besonderer Weise für sie einsetzen mochten. Noch viel mehr gilt das für die ländlichen Gemeinschaften der Drusen und der Jesiden oder auch für die Zoroastrier, für die sich kaum ein ausländischer Konsul interessierte. In ihren Ländern wurden sie dennoch als europäische Protegés wahrgenommen. Zur gleichen Zeit, in der die *rechtlichen* Schranken gesenkt und Nichtmuslime zu gleichberechtigten Untertanen / Bürgern erklärt wurden, verfestigten sich somit neue, *politische* Barrieren, indem Nichtmus-

lime als tatsächliche oder vermutete Schützli
rell der Illoyalität verdächtigt wurden.

Die Spannung zwischen der Wahrung d
ters des Reiches, dem Gleichheitsgrundsatz
angestammter Gruppenrechte kam am Beis
besonders gut zum Ausdruck. Im Osmanis
die Kopfsteuer (Jizya) abgeschafft und zuglei
nichtmuslimischer Rekruten festgelegt. Dies
eingezogen, sondern, wie andere vom Wehrc
zu einer Ersatzzahlung *(bedel)* verpflichtet, d
Schlüssel auf die jeweiligen Gruppen verteil
1856 alle Untertanen des Sultans ohne vorher
zu den höheren zivilen Staatsschulen und Verwaltungspositionen
erhielten, blieben das Militär und die hohen Militärschulen hiervon
weitestgehend ausgenommen. Zur Militärakademie wurden Nichtmuslime zumindest bis 1863 nicht zugelassen; der Militärdienst galt
weiterhin als Jihad. Im Übrigen agierten die einzelnen Gemeinschaften in der Frage des Wehrdienstes keineswegs einheitlich: So
stellte sich die griechisch-orthodoxe Synode gegen eine allgemeine
Wehrpflicht, während Armenier und Bulgaren ihre Bereitschaft
erklärten, im osmanischen Heer zu dienen. Erst nach der Jungtürkischen Revolution wurden Nichtmuslime tatsächlich zum Militär
eingezogen – ein Schritt, der die Massenauswanderung von Christen
vor allem nach Nord- und Südamerika verstärkte.

Ethnisierung von Religion und konfessionelle Gewalt

Die rechtliche Gleichstellung der Nichtmuslime, die von den europäischen Mächten zum Prüfstein osmanischer Zivilisiertheit erhoben wurde, sollte als Mittel zur Konfliktminderung dienen. An
vielen Orten verschärfte sie im Schatten des aufkommenden Ethnonationalismus jedoch bestehende Spannungen, und dies nicht nur
in Südosteuropa, sondern auch in ländlichen Randgebieten wie
dem Libanon-Gebirge, Ostanatolien und den kurdischen Bergen.
So unterschiedlich der jeweilige Kontext auch war, gab es doch gewisse Übereinstimmungen: In allen Fällen handelten in erster Li-

nie Gruppen, die von der sunnitisch-osmanischen Staatsgewalt als marginal betrachtet und unter dem Vorzeichen der Zivilisierung in ihre Schranken verwiesen wurden – Drusen und Maroniten im Libanon-Gebirge, Kurden, Armenier und »Assyrer« in Ostanatolien und den kurdischen Gebieten. Zugleich zeichnete sich hier die verhängnisvolle Verkettung von Marginalisierung und Unterdrückung, Bedrohungsgefühl und Generalverdacht, auswärtigem Schutz und Ausschluss aus der Nation ab, die in den Massakern an Christen in den 1890er Jahren und den Kriegsjahren 1915/16 zum Ausbruch kommen sollte.

Die bekanntesten Beispiele für das, was im Englischen *sectarian violence* genannt wird – Gewalt, die im Namen ethnischer und / oder religiöser Zugehörigkeit ausgeübt wird –, sind die schweren Ausschreitungen in den syrischen Provinzen, die sich in erster Linie gegen lokale Christen richteten: Maroniten im Libanon-Gebirge in den 1840er und 1860er Jahren, orthodoxe Christen 1860 in Damaskus. Dabei vermischten sich, wie so häufig, soziale Missstände und Spannungen mit religiösen Animositäten. Letztere waren zwar nicht allein durch den Eingriff europäischer Mächte ausgelöst, durch diesen aber verschärft und in einen veränderten, im weitesten Sinn kolonialen Kontext gestellt worden.[259] Im Englischen ist meist von *sectarianism* die Rede, im Deutschen von »Konfessionalismus« – ein Begriff, der bewusst oder unbewusst auf die Konfessionalisierung Mittel- und Westeuropas im Gefolge der Reformation verweist, die auf religiöser, nicht auf ethnischer Grundlage erfolgte. Das weiter gefasste *sectarianism* beschreibt demgegenüber ein Phänomen, das im Namen ethnischer und / oder religiöser Zugehörigkeit *politische* Ansprüche geltend macht.[260] Als solches ist es nicht so neu, wie einflussreiche Fachhistoriker behaupten: Schon die Abbasiden, die Fatimiden und die Safaviden erhoben im Namen ihrer religiösen Überzeugungen politische Ansprüche. Bei den turkmenischen Kızılbaş spielte neben der Religion zugleich die Ethnizität eine Rolle – nur eben nicht in einem kolonialen Zusammenhang und selbstverständlich in anderer Sprache.

Die Konflikte des 19. Jahrhunderts hinterließen sowohl im Libanon-Gebirge als auch in Damaskus Tausende von Toten und massive Zerstörungen. In Damaskus stellte die osmanische Zentralregierung im Einvernehmen mit den städtischen Eliten die Ordnung wieder her. Im Libanon-Gebirge dagegen führte die »konfessionelle« Gewalt zur militärischen Intervention Frankreichs und anderer europäischer Mächte zugunsten der bedrängten Christen. Nach Verhandlungen in Paris und Istanbul erwirkten dieselben europäischen Mächte eine Neuordnung der Provinzverwaltung im Libanon-Gebirge, die christlichen Forderungen nach formalisierter Mitsprache entgegenkam. Das Règlement organique von 1861/64 folgte dem Muster ähnlicher Regelungen für Moldawien, Serbien und die Walachei und diente im Lauf des Jahrhunderts in weiteren Teilen des Reiches als Blaupause für die institutionelle Beilegung ethnisch-religiöser Konflikte.

Die Ethnisierung religiöser Gemeinschaften, die für den Balkan gut untersucht ist, lässt sich auch an der Kirche des Ostens studieren, deren Mitglieder lange als Nestorianer bezeichnet wurden. Da allerdings Bischof Nestorius, auf den der Name verweist, 431 auf dem Konzil von Ephesos als Häretiker verurteilt wurde, lehnt die Kirche diese Bezeichnung mittlerweile ab. Schon im Gefolge der frühislamischen Eroberungen und noch energischer unter mongolischer Herrschaft hatte die Kirche bis ins 14. Jahrhundert entlang der Seidenstraßen erfolgreich missioniert, wurde mit der Islamisierung der westlichen Mongolenreiche (Goldene Horde, Il-Khane) aber auf Teile des heutigen Syriens, Iraks und Nordwestirans zurückgedrängt, darunter die kurdischen Berge. Zu den katholischen Missionaren, die schon länger unter den »Berg-Nestorianern« wirkten, stießen in den 1820er und 1830er Jahren protestantische Missionare, zunächst britische, später auch amerikanische. 1835 eröffnete der amerikanische Presbyterianer Asahel Grant, der die Nestorianer für Abkömmlinge der zehn verlorenen Stämme Israels hielt, in Urmia (Urumiyye, im iranischen Aserbaidschan) eine Schule und eine Krankenstation. 1840 führte ein Missionar dort eine Druckerpresse ein. Schon seit dem 2. Jahrhundert bezeichneten sich viele der syrisch-aramäisch-sprechenden Nestorianer als »Syrer« (*suroye*, osman. *suryani*), im

19. Jahrhundert nannten sie sich, um ihre tiefe historische Verwurzelung in der Region hervorzuheben, sogar »Assyrer«. Bezeichnenderweise waren es protestantische Missionare und Archäologen, die sie als Erste als Nachfahren der Assyrer identifizierten, ein »lebendes Fossil« altmesopotamischer Größe. Heute nennt sich die Kirche offiziell »Heilige Apostolische und Katholische Assyrische Kirche des Ostens«.

Das kurdische Siedlungsgebiet, an der Schnittstelle zwischen Südostanatolien, Nordmesopotamien und Aserbaidschan gelegen, war seit jeher Grenzregion, von keiner Großmacht wirksam kontrolliert und zusehends stärker in die Konfrontation zwischen Osmanen, Qajaren und Russen einbezogen. Durch den aufkommenden Ethnonationalismus verschränkte sich zudem die kurdische mit der armenischen und der assyrischen Frage.[261] Auf die kurdischen Gebiete passt der Begriff der *shatter zone* besonders gut – eine Zone also, in der es kracht und splittert. Angesichts wiederholter russischer Vorstöße in das Gebiet hoffte der Mar Shimun, das Oberhaupt der »Berg-Nestorianer«, auf europäischen Schutz vor osmanischen Repressalien und befeuerte so, gewollt oder ungewollt, eine Dynamik, die später auch den Armeniern zum Verhängnis werden sollte. Die Gewalt ging anfänglich von kurdischer Seite aus, wobei die assyrischen Clans allerdings gleichfalls bewaffnet und zum Teil mit kurdischen Clans und Stämmen verbündet waren. Als in den 1840er Jahren der nach Unabhängigkeit strebende Kurdenführer Bedr Khan, angeblich angestachelt durch die osmanische Regierung, Massaker verübte, denen Tausende von Christen zum Opfer fielen, intervenierte die britische Regierung bei der Hohen Pforte, die das kurdische Gebiet unter zentrale Kontrolle stellte und Bedr Khan exilierte. Da sich das britische Interesse in den folgenden Jahren jedoch auf die Eindämmung Russlands verlagerte, suchte der Mar Shimun den Zaren als möglichen Schutzherrn zu gewinnen.

1878 beschloss der Berliner Kongress eine Reform der ostanatolischen Provinzverwaltung, worauf Sultan Abdülhamid Kurden umsiedeln und die anfangs mehrheitlich kurdischen Hamidiyye-Regimenter aufbauen ließ. Dabei handelte es sich um den Kosaken ver-

gleichbare irreguläre sunnitische Stammeseinheiten, die keiner strikten Armeedisziplin unterstanden und die Stellung der kurdischen
Notabeln untergraben sollten, um den Zugriff der Zentralregierung
zu stärken. Der letzte Punkt unterstreicht, dass es sich hier vorrangig
nicht um eine gegen die Christen gerichtete Politik handelte, sondern
um einen Eingriff in die regionalen Machtverhältnisse. Im Schatten
dieser Politik wurden Scheichs der sufischen Naqshbandi-Bruderschaft gegenüber den kurdischen Stammesführern aufgewertet, die
bislang als Vermittler gegenüber außenstehenden Instanzen fungiert
hatten. Dies wiederum lud, wie sich in den kommenden Jahrzehnten
zeigen sollte, die lokalen Auseinandersetzungen zusätzlich religiös
auf.

2. Kulturelle Erneuerung und religiöse Reform

Das 19. Jahrhundert brachte eine Vielzahl intellektueller und religiöser Strömungen hervor, die zum Teil an bestehende Traditionen
anknüpften, zum Teil aber auch in ganz neuer Weise auf die Herausforderungen ihrer Gegenwart reagierten. Die Ideen waren nicht alle
modern, wenngleich das Neue, Unkonventionelle, Provozierende
beinahe zwangsläufig mehr Aufmerksamkeit auf sich zog und noch
immer zieht als die unauffällige Fortentwicklung des Bestehenden.
Der »Zeitgeist der Moderne« faszinierte auch im Vorderen Orient
und in Nordafrika Intellektuelle und Künstler, die die Erwartungen
ihrer in anderen Teilen der Welt lebenden Zeitgenossen an Wissenschaft, Freiheit und Fortschritt teilten. Auch sie rezipierten zeitgenössische Theorien wie Rationalismus, Positivismus, Darwinismus
und die evolutionäre Entwicklung der Geschichte der Zivilisationen.
Als besonders wirkmächtig erwies sich die Idee einer individuellen
und gesellschaftlichen Erneuerung mit ihrem aktivistischen Ethos,
das sich vor Ort meist mit sozial konservativen Werten verband, wie
sich im Geschlechterverhältnis deutlich erkennen ließ.
Anders als im Maghreb waren es im Vorderen Orient vor allem

angelsächsische Missionare und Lehrer, die mit ihrem Religions-
verständnis, ihrem Menschenbild und ihren Aktivitäten Einfluss
auf lokale Kreise nahmen, die sich einer Reform ihrer Gemeinden
verschrieben, und sei es im »Modus des Wettbewerbs«.[262] Das galt
für Muslime ebenso wie für Juden und orientalische Christen; für
die ägyptischen Kopten ist der Zusammenhang gut untersucht. Im
19. Jahrhundert nahm die westliche Mission einen spürbaren Aufschwung, als zu den katholischen Orden zunehmend protestantische
Missionare aus Europa und Amerika stießen. Nicht alle machten die
Konversion zu ihrem erklärten Ziel; manche hofften auf das Beispiel
der guten Tat und konzentrierten sich auf Bildung, Erziehung und
Gesundheit. Eindruck machten ihre Methoden – Bibelübersetzun-
gen und Buchdruck in den lokalen Verkehrssprachen, Verbreitung
allgemeinverständlicher Katechismen, Predigt und Verkündigung
außerhalb kirchlicher Räume, Caritas und Sozialfürsorge. Eindruck
machte aber auch die Idee eines *moral improvement* mit den klassischen Tugenden Disziplin, Fleiß und Mäßigung, des sorgsamen
Umgangs mit der Zeit, der Hygiene und Reinlichkeit (aber auch der
Mädchenbildung und der Abschaffung der Sklaverei). Die Schrift des
schottischen Arztes und Sozialreformers Samuel Smiles (1812–1904)
»Self-help. With Illustrations of Character, Conduct, and Perseverance« (1859/1866), die diese Werte propagierte, wurde in den 1880er
Jahren ins Arabische übersetzt, auf protestantischen Schulen in Beirut unterrichtet und bald auch in Ägypten bekannt.[263]

Die Idee der Erneuerung und der bewussten Formung des Selbst
als produktivem Teil eines größeren Ganzen – der Nation, des Reiches, der Gemeinschaft der Gläubigen – war dabei nicht bloße Anpassung und Nachahmung (»Mimikry«). Sie knüpfte an eigene Traditionen an, die im Lichte neuer Leitideen umgestaltet wurden, und
illustriert so die aktive Aneignung, die eher für die »lokale Moderne«
spricht als für die »koloniale«. Muslime konnten auf Koranverse zurückgreifen, die die Gläubigen zur aktiven Gestaltung ihres Lebens
und tätigen Unterstützung der Armen und Schwachen anhielten.
Auch die muslimische Tradition enthielt Warnungen vor Zeitver-
geudung, Prasserei und Trägheit. Als besonders wichtig erwies sich

jedoch das sufische Bemühen um eine »Kultivierung des Selbst«, das nicht allein in einem reichen Schrifttum seinen Niederschlag gefunden hatte, sondern nach wie vor praktiziert wurde. Die Reformer mussten allerdings das nach innen, auf eine Kultivierung und Reinigung des Selbst gerichtete Streben der Sufis gewissermaßen nach außen kehren, wenn sie den gewünschten Einsatz für soziale Reform und kollektive Befreiung spirituell unterfüttern wollten.

Die Wiederbelebung von Literatur und Sprache

In allen großen Sprachgruppen verstärkten sich im letzten Drittel des 19. Jahrhunderts die Bemühungen, die eigene Sprache und Literatur neu zu beleben, sei es durch eine Reinigung von fremden Elementen und stilistischen »Verformungen«, sei es durch eine Vereinfachung von Syntax und Grammatik. Im Persischen traten Literaten für eine neue Schlichtheit ein, die sich vom manieristischen »indischen Stil« verabschiedete, den man am safavidischen Hof geschätzt hatte. Im Arabischen trug die stürmische Entwicklung der Presse zu einer sprachlichen Vereinfachung bei, deren Ergebnis als »Zeitungsarabisch« bezeichnet wurde. Vor allem in Ägypten propagierten einzelne Literaten sogar den Gebrauch des gesprochenen Dialekts in der Literatur und rüttelten damit am Status des im Koran verankerten Hocharabisch als alleinigem Qualitätsstandard.[264]

Im Arabischen wurde die an Bildung, Literatur und Sprache als Medien der Reform und Erneuerung orientierte Strömung als Nahda (Erneuerung, Erwachen) bekannt.[265] Die »Arabisten« propagierten weniger eine politische Vision, die womöglich auf staatliche Souveränität abzielte, als vielmehr die Idee einer arabischen Kulturnation, die sich innerhalb des Osmanischen Reiches entfalten sollte. Die Konturen waren im Einzelnen nicht immer klar zu erkennen. Im Kern aber ging es den Vertretern der Nahda darum, die arabische Nation über Bildung und Aufklärung an der von Europa geprägten Moderne teilhaben zu lassen, und zwar in selbstbewusster Verknüpfung revitalisierter eigener Traditionen und zeitgenössischer Impulse. Übersetzungen spielten in diesem Zusammenhang eine große Rolle. Das Spektrum der Ideen war breit und reichte von religiösen

Ideen über Liberalismus, Materialismus und Darwinismus bis zu sozialistischen Gedanken. Der geographische Schwerpunkt lag in Beirut, Damaskus und Alexandria, weniger ausgeprägt auch in Bagdad und Tunis. Die Träger der Nahda waren Angehörige der neuen städtischen Mittelschicht, ihre Foren die Presse, Literatur, Dichtung und das Theater. Schon zu dieser Zeit fiel die prominente Rolle syrischer und libanesischer Christen auf, die geradezu als »Ikonen des Arabismus« galten:[266] Nasif al-Yaziji (1800–1871), Faris ash-Shidyaq (1804–1887, der später zum Islam konvertierte und sich Faris Ahmad nannte) und Butrus al-Bustani (1819–1883) als Vertreter einer ersten Generation, gefolgt von Männern wie Shibli Shumayyil (1850–1917), Jurji Zaydan (1861–1914) und Farah Antun (1874–1922).

Dennoch war die Nahda keine christliche Bewegung. Zum einen gehörten ihr auch sunnitische Muslime an, denen es zugleich um die Reform des Islam und der Muslime ging, zum anderen traten die Christen nicht im Namen des Christentums an. Die Nahda belegt vielmehr, und das kann man durchaus als Ergebnis gelungener Integration werten, dass christliche Intellektuelle und Literaten sich als Teil einer überkonfessionellen arabischen Kulturnation sahen, die über Bildung, Wissenschaft und rationales Denken von den Fesseln der Despotie und eines unreflektierten Traditionalismus befreit werden sollte. Die Nahda war nicht explizit säkularistisch ausgerichtet, wenngleich der eine oder andere ihrer Vertreter säkular dachte und lebte. Interessant sind zugleich die Parallelen zwischen arabischer Nahda und jüdischer Aufklärung (Haskala), die auch in den Vorderen Orient abstrahlte: Beiden ging es maßgeblich um eine kulturelle Erneuerung durch die Wiederbelebung von Sprache und Literatur; beide wurzelten in der religiösen Tradition, die sie für die Gegenwart beleben wollten; beide wandten sich schrittweise nationalen Ideen zu, dem Arabismus in seinen unterschiedlichen Schattierungen im einen Fall, dem Zionismus in seinen ebenso vielfältigen Ausprägungen im anderen.

Der Zusammenhang von Sprache und Nationsbildung ist gerade aus der deutschen Geschichte bestens bekannt. Auch die arabisch-, türkisch-, persisch- oder armenischsprachigen Literaten, Lehrer und

Journalisten, die sich im letzten Drittel des 19. Jahrhunderts der Erneuerung ihrer Literatur und Sprache widmeten, wurden unter nationalistischen Vorzeichen lange als Vorläufer oder Begründer der modernen Nation wahrgenommen. Das ist in einzelnen Fällen wie der Entstehung des Neuhebräischen (Ivrith) und des Zionismus als jüdischem Nationalismus auch richtig. Im osmanisch-türkischen Kontext manifestierte sich das Interesse an einer bereinigten Sprache und Literatur in Gestalt des »Turkismus«, den unter anderem die Jungosmanen beförderten. Hier deutete sich bereits die Spannung zwischen dem Osmanismus als überwölbender politischer Orientierung und dem Turkismus als Ausdruck einer sprachlich-kulturellen, womöglich sogar ethnischen Identität an, die in späterer Zeit deutlich hervortreten sollte. Einige prominente Jungosmanen sahen die Türken bereits als eigene, überlegene Rasse.[267] In den meisten Fällen aber überzeichnet die nationalistische Rückschau die politische Dimension einer Strömung, die bis zum Ersten Weltkrieg in erster Linie kulturell ausgerichtet war.

Die Wiederbelebung der Religion

In Gesellschaften, in denen sich der europäische Einfluss bereits deutlicher bemerkbar machte, zumal solchen, die unter kolonialer Herrschaft standen, wandelten sich zur gleichen Zeit Form und Ziel religiöser Reform und Erneuerung. Sie resultierten keineswegs allein aus der Begegnung mit dem Westen, erhielten durch diese Begegnung jedoch neue, eigene Anstöße – und zwar Anstöße im doppelten Sinn. Auf dem indischen Subkontinent entstand eine meist als »islamischer Modernismus« bezeichnete Strömung, die angesichts der britischen Übermacht das Thema in den Vordergrund rückte, das im zeitgenössischen Europa als Kernstück gesellschaftlicher Veränderung galt und das auch im Orient als das Geheimnis des europäischen Erfolgs gewertet wurde: die Reform von Bildung und Erziehung im Sinne einer Anpassung an die Bedingungen der Gegenwart.

Eine »Modernisierung« des Bildungs- und Erziehungswesens hatte bei früheren muslimischen Reformern kaum eine Rolle gespielt, und sie interessierte auch die endzeitlichen Bewegungen der

Schiiten und Sunniten nicht. Im arabischen Raum verfolgte ein lockerer Kreis sunnitischer Reformgelehrter ähnliche Ziele. Dieser Kreis wurde später als »Salafiyya« bekannt, abgeleitet von ihrem Bezug auf die *salaf salih*, die »frommen Altvorderen«, das heißt die frühe muslimische Gemeinde in Mekka und Medina. (Die historische Salafiyya, das sei vorausgeschickt, unterscheidet sich deutlich von der gleichnamigen Strömung des ausgehenden 20. und beginnenden 21. Jahrhunderts, mit der sie nur noch den Bezug auf die ersten Generationen von Muslimen teilt.) Die historische Salafiyya wurde maßgeblich von dem Iraner Jamal ad-Din al-Afghani (1838 oder 1839 bis 1897), dem Ägypter Muhammad Abduh (1849–1905) und dem Syrer Muhammad Rashid Rida (1865–1935) geprägt; eine wichtige Rolle spielte auch die Familie der Alusi im heutigen Syrien und im Irak, die wiederum enge Verbindungen zum indischen Subkontinent unterhielt.

Im Einzelnen vertraten diese Männer zwar unterschiedliche Konzepte, teilten aber ein Kernanliegen: die Erneuerung des Islam durch die selektive Aneignung moderner Ideen, Institutionen und Verfahren, beruhend namentlich auf einer Revitalisierung islamischer Bildung und Erziehung und einer überlegten Anpassung des islamischen Rechts an die Anforderungen der Gegenwart. Anstelle von Islam müsste man an sich sagen: der Muslime, denn nicht der Islam galt den Reformern als korrekturbedürftig, sondern seine Anhänger. Ihr Denken und Handeln sollte durch den konsequenten Einsatz der im Glauben wurzelnden Vernunft gereinigt und erneuert werden. Eine zentrale Rolle spielte dabei der Ijtihad, die eigenständige, vernunftgeleitete Auslegung der normativen Quellen Koran und Sunna. Der Ijtihad sollte an die Stelle der »blinden Nachahmung« (arab. *taqlid*) menschlicher Autoritäten treten, darunter nicht nur Sufis, Scheichs und Scharlatane, sondern auch die großen Gelehrten der sunnitischen Rechtsschulen. Wie vor ihnen ein Muhammad b. Abd al-Wahhab, riefen die Reformer die Muslime gewissermaßen dazu auf, anstelle der Sekundär- die Primärliteratur zu lesen und zu den Quellen zurückzukehren. In diesem Sinn waren sie fundamentalistisch, nicht aber in der Art, wie sie die Quellen lasen, denn ihre Auslegung hob weniger auf den exakten Wortlaut der Schrift ab als vielmehr auf ihren inneren Sinn, ihre Bedeutung, die ihr innewohnenden Intentionen (arab. *maqasid*). Zumindest implizit grenzten sie sich damit zugleich gegenüber den Schiiten mit ihrer leidenschaftlichen Verehrung Alis, Husains und der übrigen Imame ab. Muhammad galt den Protagonisten der Salafiyya als das Vorbild muslimischen Denkens und Handelns schlechthin, doch interessierten sie sich nicht in dem Maß für die Einzelheiten seines täglichen Lebens, wie das Jahrzehnte später die Salafisten tun sollten.

Die historische Salafiyya war ein informeller Zirkel von Ulama und Intellektuellen, die ihre Ideen mit Hilfe der gerade aufkommenden Printmedien verbreiteten. (Das journalistische Medium erklärt vielleicht auch die mangelnde Systematik der Gedanken, die eher Denkimpulse gaben, als das islamische Erbe rigoros auf seine mögliche Weiterentwicklung hin zu überprüfen.) Dank der modernen Printmedien erreichten sie große Teile der globalen Umma. Die von Rashid Rida herausgegebene Zeitschrift *al-Manar* (Der Leuchtturm, 1898 – 1940) zum Beispiel wurde zwischen Marokko, Indonesien und Südafrika gelesen. Auch Mekka und Medina als Zentren der muslimischen Pilgerfahrt spielten eine wichtige Rolle bei der Vermittlung ihrer Ideen. Die ersten Massenorganisationen, die sich von der Salafiyya inspirieren ließen, entstanden zu Beginn des 20. Jahrhunderts interessanterweise nicht im Vorderen Orient, sondern auf Sumatra und Java, im heutigen Indonesien. In der arabischen Welt dünnte sich die Salafiyya in dem Maße aus, wie ihre führenden Köpfe starben, zuletzt 1935 Rashid Rida. Ihre Impulse griffen allerdings nicht nur Intellektuelle, Gelehrte und Publizisten auf, unter ihnen prominente Scheichs der al-Azhar-Universität, sondern auch politische Aktivisten wie die ägyptischen Muslimbrüder, die der sunnitisch-arabischen Reformströmung in den 1930er Jahren eine neue Gestalt geben sollten.

So einflussreich die sunnitische Reformströmung zu ihrer eigenen und zu späteren Zeiten auch war, lohnt sich doch ein Blick auf die Zwölferschia, die zu dieser Zeit das Verhältnis von Ulama und Staat noch einmal neu deklinierte: Bereits im 18. Jahrhundert hatte im irakischen Kerbela die als rationalistisch geltende Usuli-Schule ihre Gegner von der Akhbari-Schule ausgeschaltet. Die Usulis (abgeleitet von arab. *usul*, Wurzeln, Quellen) betonten den Ijtihad im Sinne einer vernunftgeleiteten Exegese der normativen Quellen und damit zugleich die Rolle der Ulama als der am besten qualifizierten Exegeten. Dagegen setzten die Akhbaris nicht auf die *Auslegung* der Texte, sondern auf die Autorität der im Prinzip wörtlich zu verstehenden Texte selbst. (Der Name Akhbari leitet sich ab von *akhbar*, Berichte, gemeint sind die Berichte über die Taten und Aussprüche des Propheten Muhammad und der zwölf Imame.) Der Sieg der Usulis hatte Auswirkungen weit über den Bereich von Theologie und Recht hinaus, indem er zugleich die gesellschaftliche Stellung der Ulama festigte. Im 19. Jahrhundert etablierte sich eine Hierarchie der höchsten, zum Ijtihad befähigten zwölferschiitischen Religions- und Rechtsgelehrten (Mujtahids), eine Hierarchie, die nicht vom Staat geschaffen wurde, sondern von den Gelehrten selbst. Die zwölferschiitischen Ulama errangen damit ein weit höheres Maß an Autonomie und Handlungsfähigkeit als ihre sunnitischen Kollegen. Obgleich sich diese Hierarchie vom einfachen Mulla über den Hujjatulislam bis zum Ayatullah nicht zu einer kirchenähnlichen Institution verfestigte, vielmehr allein auf der Anerkennung innerhalb der Peergroups der Gelehrten beruhte, erwies sie sich als ausgesprochen stabil. Im gleichen Atemzug verfestigte sich die Lehrmeinung, einer oder mehrere der Mujtahids seien als »Quelle der Nachahmung« (arab. *marja' at-taqlid*) Stellvertreter des Verborgenen Imam und die Gläubigen hätten ihnen in religiösen und rechtlichen Dingen zu folgen.

Die Verwaltung von Stiftungsgütern und des »Anteils des Imam« an den Abgaben der Gläubigen sowie Gebühren aus notariellen und quasi standesamtlichen Aufgaben verschafften den ranghohen Mujtahids beträchtliche Einkünfte.[268] Die Bindung ihrer Anhänger an ihre Rechtsgutachten (Fatwas), die mehr waren als die im Grundsatz unverbindlichen Empfehlungen ihrer sunnitischen Kollegen, verlieh ihnen Autorität in rechtlichen und politischen Belangen. Verdankten sie somit Status und Einkünfte nicht primär dem Schah bzw. allgemeiner gesprochen dem Staat, so spielte herrscherliche Patronage doch weiterhin eine nicht zu unterschätzende Rolle für Aufstieg und Fall einzelner Gelehrter und Gelehrtenfamilien. Ein Anspruch auf Herrschaft durch die Religions- und Rechtsgelehrten verband sich damit nicht, wohl aber die Chance auf politische Einflussnahme, die schon im ausgehenden 19. Jahrhundert und noch deutlicher in der iranischen Revolution von 1978/79 zum Ausdruck kommen sollte. Die Verfestigung der zwölferschiitischen Gelehrtenhierarchie markierte einen Kontrapunkt zu den Entwicklungen im sunnitischen Islam, denn gerade die von den einfachen zwölferschiitischen Gläubigen geforderte »Nachahmung« kritisierten ja die sunnitischen Reformer. Diese mussten allerdings den Ijtihad neu legitimieren, der integraler Teil der Usuli-Tradition war. Beide, sunnitische Reformer und zwölferschiitische Mujtahids, setzten sich zugleich deutlich von charismatischen Figuren ab, die ihren Anspruch auf religiöse Autorität nicht auf Buchwissen stützten, sondern auf ihre Genealogie und ihr esoterisches Wissen. Charismatische Figuren spielten auch noch an der Wende zum 20. Jahrhundert eine nicht zu unterschätzende Rolle.

Wie im zeitgenössischen Europa und Amerika waren nicht alle religiösen Reformbestrebungen der Zeit modern oder auf Modernisierung bedacht, aber deswegen noch nicht unbedingt traditionalistisch oder gar fundamentalistisch. Dies gilt zum Beispiel für die Babis und Bahai, die anfangs miteinander verknüpft gewesen waren, sich dann aber rasch auseinanderentwickelten. Im Jahr 1844 – nach Hijri-Jahren gezählt genau ein Jahrtausend nach der Entrückung des Zwölften Imam – erklärte in Schiraz ein junger Kaufmann alidischer Abstammung, Sayyid Ali Muhammad, das »Tor« (arab. *bab*) zum Verborgenen Imam zu sein, und kündete zugleich eine neue Heilsgestalt an (»der, den Gott hervortreten lassen wird«). Wenig später deutete er an, selbst diese Heilsgestalt zu sein. Schon damit positionierte er sich unübersehbar gegen die Religions- und Rechtsgelehrten, die ihren Status Buchwissen verdankten, wohingegen er sich auf esoterisches Wissen berief. Im Folgenden erklärte der Bab das Ende des prophetischen Zyklus, die Einrichtung einer neuen

Gebetsrichtung und die Aufhebung des islamischen Gesetzes, der Scharia – alles Lehrmeinungen, die man von bestimmten Vertretern der Siebenerschia kannte, insbesondere den Nizari-Ismailiten (auch bekannt als Assassinen) des 12. und 13. Jahrhunderts. Zwölferschiiten galten diese Lehren als ebenso häretisch wie den Sunniten. Ungeachtet der revolutionären Botschaft wuchs die Zahl der Anhänger des Bab selbst in höchsten Kreisen rasch an. Beunruhigt über diese Entwicklung, brachten ihn die qajarischen Behörden wegen Häresie vor Gericht und nahmen ihn, der sich nun offen als Mahdi bezeichnete, in Festungshaft. Als seine mittlerweile als Babis bekannten Anhänger den Aufstand wagten, wurde er 1850 in Täbriz hingerichtet. Die Gewalttätigkeit der Babis und die sadistischen, nicht selten als öffentliches Spektakel inszenierten Strafaktionen der Behörden erinnern nicht umsonst an das frühneuzeitliche Spanien, England oder Frankreich. Wie dort war es die Verquickung von Religion und Politik, die auf allen Seiten Gewalt und Leidenschaft entfachte.

Umso bemerkenswerter ist die Wandlung des militanten Babismus zur pazifistischen Bahai-Religion, die sich in wenig mehr als einer Generation vollzog. Nach der Hinrichtung des Bab folgte die Mehrheit seiner Anhänger Mirza Husain Ali Nuri, genannt Baha'ullah (»der Glanz Gottes«, 1817–1892), der, aus Iran verbannt, im Osmanischen Reich Aufnahme fand, wo er sich als »Manifestation Gottes« zu erkennen gab. Endgültig überschritt Baha'ullah die Grenzen des Islam, als er sich zum Propheten erklärte und eine eigene, universalistische Religion begründete. In Haifa errichteten die Bahai ein Zentrum mit eigenem Tempel und lösten sich schließlich ganz von ihrem islamischen Ursprungsmilieu, um weltweit sehr erfolgreich zu missionieren. Unter Muslimen galten sie als Apostaten und werden als solche bis heute verfolgt. Das Tabu einer völligen Loslösung von der Umma wurde in der islamischen Geschichte äußerst selten verletzt. Die Ahmadiyya beispielsweise, die sich nach 1889 im Punjab, im heutigen Pakistan, um Mirza Ghulam Ahmad (gest. 1908) bildete und nach dem Geburtsort ihres Gründers auch als Qadiyaniyya bekannt wurde, tat dies nicht. Mirza Ghulam Ahmad trat zwar als Mahdi, Messias und Prophet auf, brachte aber, anders als Muhammad, kein neues Gesetz und hob daher die Scharia nicht auf. Die Ahmadiyya verstand sich immer als muslimische Bewegung und wird dennoch von der Mehrheit der Muslime bis in die Gegenwart als häretisch, ja unislamisch ausgegrenzt.

D Krieg, Reform und Revolution

Zu Beginn des 20. Jahrhunderts kündigte sich weltweit ein tiefgreifender politischer Wandel an: Japan modernisierte in der Meiji-Ära im Zeichen einer Restauration kaiserlicher Herrschaft nach zweieinhalb Jahrhunderten der Unterordnung unter das Shogunat der Tokugawa ab 1868 Militär, Bildung und Verwaltung, baute eine eigene Industrie auf und verwandelte sich selbst in eine imperialistische Macht. 1895 besetzte es nach einem Sieg über China die Insel Formosa, das heutige Taiwan, 1905 schlug es in mehreren, mit modernen Schnellfeuerwaffen unendlich verlustreich geführten Schlachten zu Lande und zu Wasser die europäische Großmacht Russland und gewann dabei Südsachalin, die südliche Mandschurei und Korea, das es 1910 in aller Form annektierte. In Russland befeuerte die Niederlage gegen Japan 1905 die inneren Spannungen, die noch im selben Jahr in der Ersten Russischen Revolution zum Ausbruch kamen. Zwar wurde die Erhebung noch einmal unterdrückt, doch verbreiteten sich im Untergrund revolutionäre Gruppierungen, die das zaristische Regime mit allen Mitteln bekämpften.[269] In China bildete sich nach der Niederschlagung des Boxer-Aufstands (so wurde er nur in Europa genannt) eine revolutionäre Bewegung, die 1911 die Mandschu-Dynastie der Qing stürzte, in Nanking (heute Nanjing) die Republik ausrief und damit die mehr als zweitausendjährige Geschichte des chinesischen Kaisertums beendete.

Mit diesen Umwälzungen ließen sich die Entwicklungen im Vorderen Orient und in Nordafrika nicht vergleichen, wo sich, von wenigen Ausnahmen abgesehen, weder ein aufbegehrendes Proletariat noch eine revolutionäre Intelligenz gebildet hatte. Dennoch wurde der japanische Sieg über Russland auch hier als Fanal wahrgenommen, Japan entwickelte sich zum Vorbild für innere Reform, militärische Stärke und Selbstbehauptung.[270] In Iran konstituierte sich 1905 eine Verfassungsbewegung, in Ägypten und Tunesien formierten sich um 1907 erste politische Parteien mit eigenen Presseorganen, im Osmanischen Reich erzwang 1908 die Jungtürkische Revolution die Rückkehr zur konstitutionellen Monarchie. Zur gleichen Zeit verschärfte sich jedoch der europäische Zugriff auf die Region, der den Handlungsspielraum lokaler Akteure immer weiter einengte.

1. Hochimperialismus

Im letzten Drittel des 19. Jahrhunderts ging der Freihandelsimperialismus in den Hochimperialismus über, der die Welt noch einmal – wie bereits an der Wende zum 16. Jahrhundert – in europäische »Einflusssphären« aufteilte. Erst jetzt war in Europa und den Vereinigten Staaten von Amerika das Selbstverständnis zivilisatorischer Überlegenheit in der Kombination von Sendungsbewusstsein, Rassismus und Sozialdarwinismus voll entfaltet. Die Grundprinzipien des europäischen Gleichgewichts und der »Orientalischen Frage« blieben in Kraft: Innereuropäische Konflikte wurden nach Möglichkeit durch die Verteilung außereuropäischer Territorien beigelegt, wobei keine europäische Macht einseitig und zu Lasten ihrer Konkurrenten territoriale Gewinne erzielen sollte. Politische Spannungen wurden durch koloniale Expansion entschärft, soziale Spannungen durch Bevölkerungsexport (Sozialimperialismus). Neu war die Nonchalance, mit der weit auseinanderliegende Territorien verhandelt und getauscht wurden. Auf der Afrika-Konferenz (auch Kongo-Konferenz) verständigten sich die europäischen Mächte 1884/85 auf den Grundsatz, dass der Erwerb von Kolonien nur unter der Bedingung der »Effektivität«, das heißt ihrer tatsächlichen Beherrschung, wechselseitig anerkannt würde. Der Blick richtete sich zunächst auf Afrika, den »dunklen Kontinent«, dessen Inneres in den 1850er und 1860er Jahren systematisch exploriert und kartographiert worden war. Am Ende des Jahrhunderts waren auf dem afrikanischen Kontinent nur noch Äthiopien und Liberia unabhängig.

Im Zeichen des Hochimperialismus gerieten nun auch das muslimische Nord-, West- und Ostafrika in den Fokus europäischer Mächte. Algerien war bereits seit den 1840er Jahren administrativ in das »Mutterland« eingegliedert und in eine französische Siedlungskolonie umgewandelt worden. Die daraus resultierenden Eingriffe in Politik, Recht und Gesellschaft gingen ungleich tiefer als in anderen Kolonialgebieten. In Algerien entstand eine im vollen Sinn koloniale Gesellschaft mit einer kolonialen Wirtschaft und kolonialen Städten, in denen der »moderne«, europäische Teil konsequent von der »traditionellen« arabischen Altstadt getrennt wurde. Rund ein Drittel des Landes, und zwar überwiegend die besten Böden, gelangte in europäische Hände, wobei kapitalistisch geführte Großgüter dominierten (Plantagenökonomie). Die Gewährung der französischen Staatsbürgerschaft an alle in Algerien geborenen Kinder europäischer Zuwanderer trug dazu bei, die europäische Bevölkerung zu vereinheitlichen, die als Pieds-noirs allmählich ein eigenes Gruppenbewusstsein, eine eigene Kultur und eigene politische Vorstellungen entwickelten und sich im Konfliktfall auch gegen die Pariser Regierung stellten.[271] Hingegen konnten einheimische Muslime und Juden die französische Staatsbürgerschaft nur unter der Bedingung erwerben, dass sie das französische Zivilrecht übernahmen. Für die Muslime bedeutete dies die Aufgabe der Scharia, was deren Rolle für Identität und Zugehörigkeit umso stärker unterstrich – ein Zusammenhang, der im 20. Jahrhundert im Zuge der Islamisierung voll zum Tragen kommen sollte, und zwar nicht nur in Algerien.

Als die französische Regierung 1870 in den Décrets Crémieux den Juden, nicht aber den Muslimen die französische Staatsbürgerschaft anbot, führte das zu einem neuerlichen Aufstand, der komplett zerschlagen wurde. Ein neuer Rechtscodex (Code de l'indigénat) schränkte 1881 die Rede-, Versammlungs- und Bewegungsfreiheit der algerischen Muslime einschließlich der Pilgerfahrt nach Mekka und Medina gravierend ein, unterwarf sie einem drakonischen Strafrecht und belegte sie mit Sondersteuern (Impôts arabes). Im selben

Jahr besetzte Frankreich Tunesien, das im Folgenden ähnlich behandelt wurde wie Algerien, allerdings ohne Eingliederung in das
»Mutterland«. In beiden Ländern lebten zu Beginn des 20. Jahrhunderts über 90 Prozent der Muslime auf dem Land. Hohe Steuern
und umfangreiche Beschlagnahmungen engten ihre Lebensgrundlage stetig ein, die städtische Wirtschaft konnte die Arbeitsuchenden
nicht auffangen.

Während die Franzosen in Afrika von West nach Ost vorrückten,
um einen kolonialen Gürtel von Dakar bis Dschibuti zu legen, kon-
solidierten die Briten ihre Herrschaft in Nord-Süd-Richtung (Kap-
Kairo-Linie). In Ägypten hatte sich die von Muhammad Ali gegründete Dynastie durch eine ehrgeizige Politik der Modernisierung von
Militär, Wirtschaft und Verwaltung die weitgehende Autonomie gegenüber dem osmanischen Sultan erkämpft, den sie freilich bis zum
russisch-osmanischen Krieg von 1877/78 militärisch unterstützte,
während sie sich im Sudan selbst als Kolonialmacht betätigte. (Gelegentlich wird dies als Subimperialismus bezeichnet.) Der Suezkanal
erhöhte den strategischen Wert Ägyptens vor allem für das britische
Empire, das 1875 die Mehrheit an den Suezkanalaktien erwarb. Zugleich öffnete die Modernisierung im Zeichen des Freihandels das
Land für europäische Bankiers, Investoren und Spekulanten, die sich
in großem Stil in der Infrastruktur, Landwirtschaft und rohstoffver-
arbeitenden Industrie des Landes engagierten. 1876 war Ägypten
bankrott, die Staatsfinanzen wurden französischer und britischer
Kontrolle unterstellt.

Fünf Jahre später erhob sich eine Koalition ägyptischer Armee-
offiziere, Grundbesitzer und Intellektueller unter Führung Ahmad
'Urabis mit der Forderung »Ägypten den Ägyptern!« gegen die Dominanz der »turko-tscherkessischen« Militär- und Verwaltungselite
und die massive europäische Einflussnahme. Dass nun Offiziere und
Grundbesitzer an der Spitze der Bewegung standen und nicht Ulama,
wirft ein Licht auf die veränderten Verhältnisse im Land.[272] Mit der
Begründung, den Suezkanal als »Lebenslinie« des Empire verteidigen
und Leben und Eigentum europäischer Staatsangehöriger schützen
zu wollen, landeten 1882 britische Truppen in Alexandria. Die »vor-

läufige Besetzung« Ägyptens endete erst mehrere Jahrzehnte später. Als die Briten nach der Niederschlagung des (ursprünglich gegen die ägyptische Herrschaft gerichteten) Mahdi-Aufstands im östlichen Sudan 1898/99 ein anglo-ägyptisches Kondominium errichteten, kam es zum offenen Konflikt mit Frankreich. Die sogenannte Faschoda-Krise ließ sich jedoch entschärfen: Die Briten schlugen dem Sudan die Region Darfur zu, die Franzosen besetzten die Territorien der alten Sultanate Bornu, Kanem und Wadai und schufen daraus die Militärregion Tschad, die sie 1908 der Kolonie Französisch-Äquatorialafrika eingliederten. Die Ausweitung europäischer Präsenz und Kontrolle wirkte sich unweigerlich auf den Transsaharahandel aus, mit weitreichenden ökonomischen und politischen Folgen für die beteiligten Gemeinschaften und Gesellschaften.

Ägypten wurde anders verwaltet als Algerien: Formal blieb es eine autonome Provinz des Osmanischen Reiches unter einem eigenen Vizekönig mit dem Titel eines Khediven, faktisch wurde es von einem britischen Generalkonsul regiert, der die in Indien erprobte »indirekte Herrschaft« praktizierte. Bestehende Institutionen wurden nicht abgeschafft, sondern entweder marginalisiert oder unterwandert, lokale Eliten, sofern sie nicht bewaffneten Widerstand leisteten, in ihrer Stellung belassen und nach Möglichkeit in die Lokalverwaltung eingebunden, jedoch ohne Chance eines Aufstiegs in die imperiale Elite. Über mehr als zwei Jahrzehnte (1883–1907) bestimmte Sir Evelyn Baring, seit 1892 Earl of Cromer, die Leitlinien der britischen Ägyptenpolitik:[273] Um die Schuldenrückzahlung zu gewährleisten, sollten die Staatsfinanzen durch den Ausbau von Infrastruktur und Landwirtschaft und eine strikte Begrenzung der Staatsausgaben saniert und zugleich das einheimische Gewerbe eingeschränkt werden, um nicht in Konkurrenz zu britischen Produzenten zu treten. Unterstützt durch britische »Berater« in allen wichtigen Ministerien und Ämtern, erreichte Cromer sein vordringliches Ziel. Der Ausbau der Infrastruktur und des Bewässerungswesens, darunter 1902 die Errichtung eines ersten Staudamms im oberägyptischen Assuan, verbunden mit Reformen des Verwaltungs- und Steuerwesens, ermöglichte einen deutlichen Anstieg der landwirtschaftlichen Produktion, die immer stärker auf *cash crops* wie Baumwolle, Zuckerrohr und Tabak ausgerichtet wurde.

Am Persischen Golf hatte Großbritannien schon seit den 1820er Jahren »Schutzverträge« mit den wichtigsten lokalen Machthabern Oman (1829) und Bahrain (1861) abgeschlossen. Einen solchen Vertrag unterzeichnete 1899 schließlich auch der Emir von Kuwait, dessen Territorium an die osmanische Provinz Basra angrenzte, die über die Bagdad-Bahn vor kurzem enger an die Hauptstadt Istanbul angeschlossen worden war. Damit kontrollierte London den Seeweg zwischen dem Suezkanal und Indien entlang der arabischen Küsten von Aden über Oman bis Kuwait. Federführend war dabei nicht das für den Vorderen Orient zuständige Colonial Office, sondern das India Office, was die Bedeutung der Golfregion für den Zugang nach Indien unterstrich. Am Horn von Afrika schuf das frisch geeinte und von Krisen geschüttelte Königreich Italien von 1887 bis 1890 die Kolonie Eritrea und südlich davon Italienisch-Somaliland, nachdem es zuvor mit dem Versuch gescheitert war, das Kaiserreich Äthiopien zu unterwerfen. Die übrigen somalischen Territorien sowie Dschibuti gerieten unter britische und französische Herrschaft.

1912 verlor schließlich das Sultanat Marokko, das sich immer erfolgreich gegen osmanische Übergriffe verteidigt hatte, seine Unabhängigkeit.[274] Im Süden des Landes standen allerdings der Hohe Atlas und der Anti-Atlas – Überbleibsel des *bilad as-siba*, der »rebellischen Gebiete«, die sich der Zentralregierung (Makhzen) nicht unterwarfen – unter der Kontrolle berberischer Stammesführer. Spanien hielt seit 1497 die Hafenstädte Ceuta und Melilla besetzt, bis 1884 schuf es in der Westsahara die Kolonie der Spanischen Sahara. Frankreich gelang es, in einer Reihe von Abkommen seine »besonderen Interessen« in Marokko noch vor der »effektiven« Kontrolle anerkennen zu lassen. 1904 verständigte es sich mit London, ohne Berlin zu konsultieren, in der *Entente cordiale* über die beiderseitigen Ansprüche in Nordafrika: Paris akzeptierte die britische Okkupation Ägyptens gegen freie Hand in Marokko. Nachdem der Besuch Kaiser Wilhelms II. in Tanger im März 1905 die Erste Marokkokrise ausgelöst hatte, bestätigte die Generalakte von Algeciras 1906 die Vorrechte Frankreichs und Spaniens unter Wahrung des Freihandels. Die Versuche des marokkanischen Sultans, die Herrschaft der Zentralregierung gegen rebellische Stämme, bewaffnete Banden und lokale Thronprätendenten auszuweiten, erleichterten letztlich das europäische Vordringen. Zwar stieß Spanien im marokkanischen Hinterland auf erbitterten Widerstand, doch wurde dieser mit französischer Hilfe gebrochen. Der französische Vormarsch wiederum provozierte eine Zweite Marokkokrise, in deren Verlauf das deutsche Kanonenboot »Panther« vor dem marokkanischen Atlantikhafen Agadir auftauchte (Juli 1911 »Panther-Sprung«). In den nachfolgenden Verhandlungen wurde Marokko 1912 unter formaler Anerkennung der Souveränität des Sultans in ein französisches Protektorat im Norden und ein spanisches Protektorat im Süden aufgeteilt, die Stadt Tanger internationalisiert. In engem Zusammenhang mit den Marokkokrisen auf der einen Seite und den Balkankrisen auf der anderen stand der italienische Einmarsch im späteren Libyen, der bereits in den Ersten Weltkrieg überleitete.

2. Die Verfassungsbewegung in Iran

Alle politischen Bewegungen des beginnenden 20. Jahrhunderts standen im Schatten des Imperialismus, auch und gerade die Verfassungsbewegung in Iran (1905–1911) und die Jungtürkische Revolution im Osmanischen Reich (1908–1913). In beiden verschränkten sich innere Probleme und äußerer Druck. Die Beteiligten sprachen viel von der Nation, vertraten jedoch keinen ausformulierten Nationalismus. Auch revolutionär waren sie nicht, forderten vielmehr Reformen unter dem Dach der Monarchie. Unterschiede bestanden in der Reichweite vorheriger staatlicher Reformen und der Trägerschaft des Widerstands gegen staatliche Modernisierung und europäische Durchdringung.

Die iranische Verfassungsbewegung (alternativ oft: Konstitutionelle Revolution) verdient nicht nur mit Blick auf die iranische Revolution von 1978/79 eine genauere Betrachtung. In Iran ließ sich die Kombination von formaler Fassade und informeller Praxis der Herrschaftsausübung beobachten, die mit gewissen Abstrichen auch für das vorkoloniale Marokko oder Oman galten. Iran war schon vor dem 19. Jahrhundert politisch und ökonomisch schwächer gewesen als seine Nachbarn. Die verlorenen Kriege gegen Russland von 1805 bis 1813 und 1826 bis 1828 mit ihren Gebietsverlusten, hohen Reparationen und ungünstigen Handelsabkommen bedeuteten neue Belastungen. Aber es ging kein Ruck durch Staat und Gesellschaft, wie das zur gleichen Zeit in Ägypten und im Osmanischen Reich der Fall war: Die Qajaren führten den Staat weiterhin als Familienunternehmen, und anders als im Osmanischen Reich waren die (sehr zahl- und kinderreichen) Angehörigen des qajarischen Hauses an der Herrschaft beteiligt. Ungeachtet der tiefverwurzelten monarchischen Tradition des Landes, hochtönender Titel (»Achse des Universums«, »Gebetsrichtung der Welt«) und absolutistischer Ansprüche, war die Stellung des Schahs jenseits des Palastes deutlich schwächer als die des osmanischen Sultans. Der Staat durchdrang die Gesellschaft kaum: Kızılbaş-Emire, Stammesführer und sonstige Eliten hatten die Landpfründen faktisch in Privateigentum verwandelt. Vor allem in den nordwestlichen Regionen agierten die Stämme weitgehend eigenmächtig, und die zwölferschiitischen Religions- und Rechtsgelehrten bildeten nicht nur religiös, sondern auch gesellschaftlich eine ernstzunehmende Kraft.[275]

Die Qajaren selbst bekannten sich zur Zwölferschia – Nasir ad-Din Schah (reg. 1848–1896) identifizierte sich geradezu mit Ali als seinem *alter ego* –, doch fehlte ihnen die religiöse Aura der Safaviden. Wenn sie die Zwölferschia durch Bauten, Feierlichkeiten, Land- und sonstige Schenkungen großzügig förderten, so stand dies immer unter dem Vorzeichen ihres ambivalenten Verhältnisses zu den zwölferschiitischen Ulama. Diese bildeten zur gleichen Zeit ihre eigene, vom Schah unabhängige Hierarchie aus, die noch dazu über das qajarische Territorium hinausreichte, denn ihre Zentren lagen nicht allein im iranischen Qum und Mashhad, sondern in den iraki-

schen Schreinstädten Najaf und Kerbela. Beide Seiten handelten vorsichtig: Die Ulama erkannten die Qajaren mehrheitlich als legitim
an, und die Qajaren mieden Eingriffe in das Rechts- und Bildungswesen, das weitgehend in klerikaler Hand blieb.[276]

Ungeachtet zaghafter Reformansätze existierte in Iran auch im
beginnenden 20. Jahrhundert keine vom Haushalt des Schahs unabhängige staatliche Institution: Öffentliche »Ämter« vom Provinzgouverneur bis zum Zollpächter wurden auf Auktionen meistbietend
versteigert, die lukrativsten Posten gingen an qajarische Prinzen und
tribale Führer, die in ihrem Bereich weitgehend frei schalteten und
walteten. Titel, Posten und Einkünfte wurden als erbliches Eigentum
gehandelt. Eine unabhängige, rationale, an feste Regeln gebundene
Bürokratie konnte sich unter diesen Bedingungen nicht entfalten. Die Armee war schwach, obwohl sie auf dem Papier mehr als
137 000 Mann umfasste, in ihrer Mehrheit in den Provinzen stehende
Stammeseinheiten. Zu ihrem Ausbau fehlten die Mittel. Die 1873 geschaffene, von russischen Offizieren befehligte und mit russischen
Waffen ausgerüstete Kosakenbrigade, über lange Zeit die schlagkräftigste militärische Einheit des Landes, zählte nie mehr als 2000
Mann. Was die Wissenschaft heute »minimalistische Regierung«
nennt, wurde von Zeitgenossen härter beurteilt, die von Korruption,
Unfähigkeit und Gesetzlosigkeit sprachen.

Iran war im Innern fragmentiert und nach außen nicht abge-
schottet. Mit dem Ausbau moderner Verkehrs- und Kommunikationsmittel intensivierten sich die historischen Verbindungen nach
Indien (nun: Britisch-Indien) und in die zwölferschiitischen Gemeinden der arabischen Welt. Gegen seinen Willen wurde Iran zugleich in das *Great Game in Asia* hineingezogen, den Wettbewerb
zwischen Großbritannien und Russland, bei dem London seine
Stellung in Indien durch die russische Expansion im Kaukasus und
entlang des Kaspischen Meeres bedroht sah und neben Afghanistan
(den Emiraten Kabul, Kandahar und Herat) auch Tibet und Iran als
Puffer betrachtete. Aus eigenem Antrieb verdichteten sich die Beziehungen zu Russland und Westeuropa. Direkte Kontakte liefen
über diplomatische Kanäle, Reisen, Studentenmissionen und eine

eigene Auslandspresse, die sich im letzten Drittel des 19. Jahrhunderts zwischen Paris, London, Istanbul und Kalkutta etablierte. Ergänzt wurden sie durch Informationen aus Istanbul, das regelrecht als iranisches »Fenster« zum Westen diente. In Iran verfolgte man die osmanischen Reformen sehr aufmerksam, und vor allem in Aserbaidschan mit seiner Hauptstadt Täbriz war man zugleich über die Entwicklungen in Russland gut informiert. Zu Beginn des Jahrhunderts arbeiteten bereits rund 300 000 Iraner auf den Ölfeldern des zu dieser Zeit russischen Baku oder in den Fabriken von Tiflis und Jerevan, wo sie mit sozialistischem Gedankengut in Berührung kamen. Auch Japan geriet um die Jahrhundertwende zusehends ins Blickfeld.[277]

Im Dezember 1905 kam es von Teheran ausgehend in mehreren iranischen Städten zu Demonstrationen, bei denen die Ausweisung von Ausländern, der Schutz von Person und Eigentum, die Einhaltung der Scharia und die Einrichtung eines »Hauses der Gerechtigkeit« (pers. *'adalatkhane*) gefordert wurden. Wie schon beim Tabakboykott der 1890er Jahre agierte eine Allianz aus städtischem Handwerk und Handel (den sogenannten Basaris), einer kritischen, in Teilen säkularen Intelligenz und zwölferschiitischen Ulama – eine Allianz, die sieben Jahrzehnte später die iranische Revolution tragen sollte.[278] Anders als im Osmanischen Reich fehlten – obwohl sich auch in Iran die einfachen Soldaten im 19. Jahrhundert in die städtische Gesellschaft »eingeklinkt« hatten, die Armee der Gesellschaft also nicht fremd gegenüberstand – Offiziere in den Reihen der iranischen Opposition. Hier handelte auch keine »neue städtische Mittelschicht«, denn diese gab es mangels eines modernen Schulwesens, Staats- und Militärapparats und eines kapitalistischen Wirtschaftssektors gar nicht. Die kritische Intelligenz, zahlenmäßig verschwindend klein, war eng mit dem Dar al-Funun verbunden, über freimaurerartige Geheimgesellschaften und die Presse aber im In- und Ausland vernetzt. Das auffallendste Element bildeten die Ulama, die durch Heirat und Verwandtschaft sowohl den städtischen Basaris als auch den ländlichen Grundbesitzern verbunden waren. Sozial und wirtschaftlich konservativ, sahen sie es gleichwohl als ihre Aufgabe,

das Volk vor einer ausbeuterischen Obrigkeit und dem Ausverkauf
»nationalen« bzw. »islamischen« Eigentums an ausländische Investoren zu schützen. Die ländliche Bevölkerung blieb weitgehend unsichtbar.

Wie so häufig bündelte die »Revolution« somit unterschiedliche
Kräfte mit ihren partikularen Interessen und Zielvorstellungen, deren Verschiedenheit durch eine vieldeutige Sprache überdeckt
wurde. Verstanden die einen das »Haus der Gerechtigkeit« als eine
zeitgenössische Variante des tradierten Beschwerdegerichtshofes
(arab. *mazalim*), der Petitionen und Klagen anhört, Recht schafft
und Unrecht beseitigt, so dachten andere an eine gewählte Volksver-
sammlung mit legislativen und politischen Kompetenzen. Erwarteten die einen von einem Grundgesetz die Wiederherstellung einer
gerechten Ordnung ohne eine weiter gehende Modernisierung und
Aufwertung des Staates, so setzten die anderen auf das Modell staats-
zentrierter Selbststärkung, das sie in Russland und im Osmanischen
Reich beobachteten. Spannungen zwischen den Trägern der Protestbewegung waren daher von Beginn angelegt, und dennoch erlaubte
die Vieldeutigkeit zumindest über eine bestimmte Zeit hinweg die
Zusammenarbeit ganz unterschiedlicher Kräfte. In ihren Aktions-
mustern verknüpften sich tradierte, zum Teil spezifisch zwölferschiitische mit modernen Elementen: »Die Straße« mobilisierten
die in Zünften organisierten Handwerker und Händler und die
schiitischen Ulama. Spezifisch schiitisch war die Institution des Aus-
zugs und »Protestasyls« (pers. *bast*, in mancher Hinsicht dem Kir-
chenasyl vergleichbar), in dem sich mitunter Tausende von Menschen in Moscheen und Schreine zurückzogen, mittlerweile auch in
ausländische Gesandtschaften und staatliche Telegraphenämter, um
von diesen sicheren Orten aus über ihre Forderungen zu verhandeln.
Die weitestgehend friedliche Protestbewegung erreichte, dass im Oktober 1906 ein Parlament (pers. *majles*) gewählt wurde, wenngleich
nach einem restriktiven ständischen Wahlrecht, das die Hauptstadt
Teheran privilegierte und Frauen, Bauern und Arbeiter von der
Stimmabgabe ausschloss. Der Schah unterzeichnete ein nach belgi-
schem Vorbild gestaltetes Grundgesetz. Ein Jahr später wurde nach

Abb. 36: Abgeordnete
des iranischen Parlaments,
Oktober 1906

langem Hin und Her und großer öffentlicher Unruhe ein Verfassungszusatz ratifiziert, dem zufolge eine Kommission von mindestens fünf Mujtahids alle Gesetze auf ihre Übereinstimmung mit der
Scharia hin überprüfen sollte – eine Bestimmung, die dem zwölferschiitischen »Klerus« ganz andere Befugnisse einräumte, als sie die
sunnitischen Religions- und Rechtsgelehrten in Ägypten, Tunesien
und im Osmanischen Reich besaßen.

Eine Kombination innerer und äußerer Faktoren brachte die Verfassungsbewegung, die tatsächlich aus dem (städtischen) Volk gekommen war und von diesem getragen wurde, zum Scheitern. Wie
so oft, verschärften die angekündigten Reformen zunächst einmal
die Spannungen, anstatt sie zu mildern, und ein handlungsfähiger
Staat, der in Ägypten und im Osmanischen Reich bereits bestand,

als ihn Reformer reformieren wollten, existierte in Iran nicht. Der Großteil der Bevölkerung erwartete Gerechtigkeit und eine sofortige Verbesserung ihrer Lage, die Begüterten verteidigten ihren Besitz, Volkskomitees und irreguläre Verbände nahmen als »außerparlamentarische Opposition« das Gesetz in die eigene Hand.

Zugleich verschärfte sich der Druck von außen: Im August 1907 vereinbarten London und Sankt Petersburg die Aufteilung Irans in drei Zonen – eine russische in Nord- und Zentraliran, eine britische im Südosten (Belutschistan) und zwischen beiden als Puffer eine neutrale Zone mit dem Gebiet, in dem D'Arcy eine Ölkonzession besaß. Nach einem gescheiterten Attentat kaukasischer Revolutionäre ließ der Schah im Juni 1908 das Parlament durch die Kosakenbrigade beschießen, mehrere Führer der Verfassungsbewegung exekutieren und die Pressefreiheit aufheben, worauf sich der Widerstand nach Aserbaidschan und in die kaspische Provinz Gilan verlagerte. Als die russische Armee im April 1909 Täbriz (als Zentrum »ihrer« Interessensphäre) besetzte, formierten sich in Nord- und Südiran Widerstandsarmeen, die im Juli 1909 Teheran einnahmen und noch einmal ein Parlament einsetzten. Als jedoch die Regierung einen amerikanischen Fachmann mit der Sanierung der Staatsfinanzen beauftragte, drohte Russland mit dem Einmarsch in Teheran. Daraufhin löste der Regent, der für den minderjährigen Schah die Amtsgeschäfte führte, das Parlament auf. Auch wenn im Dezember 1914 noch einmal ein Parlament zusammentreten konnte, unterstanden weite Teile Irans bei Kriegsausbruch ausländischer Kontrolle.

3. Die Jungtürkische Revolution

Um 1889 konstituierte sich in Istanbul eine Geheimgesellschaft, die ihre Mitglieder anfangs unter den Studierenden höherer Lehranstalten rekrutierte, staatlichen ebenso wie religiösen. Sie sahen sich in der Nachfolge der Jungosmanen, nannten sich »Gemeinschaft der osmanischen Einheit« (İttihad-ı Osmani Cemiyeti) und wurden bald als Jungtürken (Jeunes Turcs, Jön Türkler) bekannt. Nachdem mehrere von ihnen ins Exil nach Kairo oder Paris gedrängt worden waren, bildete sich im In- und Ausland ein loses Netz von Einzelpersonen und Gruppen, als deren Dachorganisation ein »Komitee für Einheit und Fortschritt« auftrat (Osmanlı İttihad ve Terakki Fırkası, nach der englischen Übersetzung Committee of Union and Progress, meist abgekürzt CUP), das sich in der Folgezeit mehrfach umbenannte. Ethnisch und religiös gesehen waren die Jungtürken heterogen, sozial gesehen eine neue Kraft, die nicht länger die hohe Bürokratie vertrat, sondern die mittleren Ränge von Armee und Zivilverwaltung. Programmatisch verschrieben sie sich dem von Auguste Comte (1798–1857) und anderen vertretenen positivistischen Credo von Wissenschaft, Ordnung und Fortschritt, konkret forderten sie die Wiedereinsetzung der Verfassung von 1876, als deren Hüter sie sich verstanden. Die Jungtürken hatten ein *politisches* Programm, es ging ihnen um die *politische* Ordnung des Reiches, nicht um die soziale Frage, die auch hätte thematisiert werden können. Anstoß erregten nicht allein die Schwächung des Reiches gegenüber seinen europäischen Nachbarn oder die zum Teil skandalösen Verhältnisse in der Armee. Anstoß erregte auch das auf Günstlingswirtschaft und Klientelismus gebaute System Abdülhamids, das den Absolventen der gerade in seiner, der hamidischen Ära geförderten Staatsschulen den Aufstieg in Militär und Zivilverwaltung erschwerte, den sie suchten und erwarteten.

Parallel dazu formierten sich 1906 unter jüngeren osmanischen Offizieren und Beamten in dem seit kurzem halbautonomen Mazedonien geheime Zellen, die sich 1907 dem CUP anschlossen. Ein Treffen des Zaren mit dem englischen König in Reval, in dem es unter anderem um Mazedonien ging, und die befürchtete Aufdeckung der Organisation veranlassten im Juni 1908 ein erstes Kontingent, nach dem Vorbild christlicher bulgarischer Freischärler in die Berge zu gehen, um dort den bewaffneten Kampf aufzunehmen. Anders als in Iran ging der Widerstand daher zunächst vom Land aus, jedoch nicht von der bäuerlichen Bevölkerung, sondern, wie in den Celali-Revolten des 17. Jahrhunderts, von unzufriedenen Vertretern des Staatsapparats. Damit endeten allerdings die Gemeinsamkeiten. In muslimischen und auch in manchen christlichen Dörfern schworen die Jungtürken die Bauern auf die Nation und die eigene Organisation ein, in den Städten feierten Massenversammlungen Nation und Vaterland. Unter dem Eindruck bewaffneten Widerstands im sensiblen europäischen Teil des Reiches, wo zu jeder Zeit eine europäische Intervention drohte, entschloss sich der Sultan im Juli 1908, die Verfassung wieder in Kraft zu setzen und das Parlament einzuberufen. Enver Bey, einer der führenden Köpfe der Jungtürken, erklärte, nun sei der »kranke Mann« am Bosporus geheilt.[279]

Die Wiedereinsetzung der Verfassung bildete den Auftakt der sogenannten Zweiten Konstitutionellen Periode und bedeutete einen Einschnitt in Politik und Kultur des Reiches. Zwar verstanden die Jungtürken ihre Bewegung als Revolution (osman. *inkılab*), doch sollte diese das Reich bewahren, nicht die bestehende Ordnung revolutionär umstürzen. Tatsächlich blieb die Monarchie erhalten, die Hohe Pforte führte weiterhin die Regierung, die politisch unerfahrenen, altersmäßig tatsächlich jungen Jungtürken wirkten hinter den Kulissen. Doch setzten sie mit ihrer der Französischen Revolution entliehenen Losung »Freiheit, Gleichheit, Brüderlichkeit« eine unerhörte Dynamik in Gang, mit begeisterten Massenversammlungen in allen größeren Städten des Reiches, an denen Menschen über die Grenzen von Religion und Sprache zusammenfanden.[280] Die Ereignisse wurden begleitet von einer freien Presse und der Neugründung zahlreicher kultureller, politischer und wohltätiger Vereine, die bereits den Übergang von der Dominanz der Notabeln auf eine breitere gesellschaftliche Öffentlichkeit ankündigten. Die Parlamentswahlen von 1908 waren bemerkenswert frei, das Parlament trat im Dezember desselben Jahres zusammen. Zur gleichen Zeit gründete das Komitee für Einheit und Fortschritt eine gleichnamige Partei, die sich rasch zur Massenorganisation mit angeblich 860 000 eingetragenen Mitgliedern ausweitete – ein Novum in Nahost und ein weiterer Hinweis auf den Strukturwandel der Politik, der sich nach dem Ersten Weltkrieg auf breiter Basis vollziehen sollte. Die Partei eröffnete an zahlreichen Orten Zweigstellen und mobilisierte damit erstmals

Menschen auch jenseits der Provinzhauptstädte. Damit war das imperiale Radialsystem, das eine solche »horizontale« Verstrebung politischer Akteure über das gesamte Reichsgebiet hinweg verhindern sollte, endgültig am Ende.

Die Jungtürken besaßen so nach 1908 eine reichsweite Organisation, aber, anders als die russischen Revolutionäre, keine klar umrissene Ideologie. Vage blieb nicht nur ihr Nationsbegriff: Der Osmanismus konnte je nach Adressat und Kontext unterschiedlich akzentuiert werden, und wie der Sultan hoben auch die Jungtürken in unterschiedlichen Situationen das jeweils Verbindende hervor: Im Innern, wo eine zu starke Betonung des Türkischen die Einheit des Reiches gefährdet hätte, um die es ja maßgeblich ging, war dies die gemeinsame osmanische Identität, gegenüber Albanern, Bosniern, Kurden und Arabern der Islam (Panislamismus) und gegenüber den Tataren, Turkmenen, Usbeken, Uiguren und anderen turksprachigen Muslimen zwischen Krim, Wolga, Kaukasus, Zentralasien und Xinjiang das türkische Element (Panturkismus, Panturanismus).

Von der ersten Minute an sah sich das neue Regime vor größte Herausforderungen gestellt, und innerhalb weniger Jahre veränderten die Jungtürken ihr Gesicht. Zunächst begann im Sinne der modernen, rationalen Prinzipien von Wissenschaft, Ordnung und Fortschritt, um derentwillen sie angetreten waren, das große Aufräumen in Armee und Verwaltung.[281] Massenentlassungen und Säuberungen brachten Absolventen moderner Schulen und Hochschulen in die mittleren und oberen Ränge von Militär und Zivilverwaltung, die ihre Eignung nicht qua Patronage, Bestechung oder auch Erfahrung nachwiesen, sondern qua Diplom und Zeugnis – und ihre Loyalität zur jungtürkischen Bewegung. Das harte Vorgehen erzeugte zugleich jedoch Opposition, und wie die Jungtürken selbst sprach diese Opposition die Sprache des Rechts – hier allerdings des islamischen Rechts, der Scharia, das sie durch die Jungtürken verletzt sah. Der Verweis auf die Scharia erfüllte die Doppelfunktion, der er bis in die Gegenwart dient: die Funktion der Selbstermächtigung und der Delegitimierung des anderen. Nach einem gescheiterten Umsturzversuch, den sunnitische Religionsgelehrte, Religionsstudenten, Soldaten und Offiziere im Namen der Scharia unternahmen, setzte das Komitee für Einheit und Fortschritt im April 1909 den Sultan ab (der an der »Konterrevolution« wohl keinen Anteil gehabt hatte), verhängte das Kriegsrecht und ergriff eine Reihe harter Repressionsmaßnahmen, von Massenexekutionen, Deportationen und Säuberungen über die Ausweisung von »Vagabunden« bis zur Unterdrückung kritischer Publikationen und Vereinigungen. Im Juli 1909 wurde mit dem Gesetz über die Einberufung von Nichtmuslimen der Versuch unternommen, die allgemeine Wehrpflicht auch tatsächlich allgemein durchzusetzen. Ein Jahr später wurde die Wehrersatzsteuer aufgehoben, und obwohl weiterhin viele Exemtionsgründe bestehen blieben, verstärkte die drohende Einziehung die Massenauswanderung osmanischer Christen.[282]

Zu den inneren Spannungen kam, wie in Iran, massiver Druck von außen: Wenige Monate nach der Jungtürkischen Revolution und der Wiedereinsetzung der Verfassung, die dem *Erhalt* des Reiches dienen sollte, übernahm im September 1908 Griechenland die Macht auf Kreta, im Oktober kündigte Österreich die Annexion von Bosnien-Herzegowina an, das es seit 1878 verwaltete, und Bulgarien erklärte sich per Telegramm an die Hohe Pforte für unabhängig. Im Schatten der eskalierenden Balkan- und der Marokkokrisen griff im September 1911 Italien die osmanische Provinz Tripoli an, das letzte nordafrikanische Territorium, das Istanbul noch direkt unterstand. Angesichts blockierter Land- und Seewege war die Zentralregierung zur Gegenwehr kaum in der Lage und beschränkte sich auf die Unterstützung des örtlichen Widerstands durch eingeschmuggelte Freiwillige. Unter ihnen befanden sich Enver Bey und eine Reihe arabisch-osmanischer Offiziere, die in den folgenden Jahren und Jahrzehnten in ihren Heimatländern eine prominente Rolle spielen sollten. Vor allem im Osten und Süden des späteren Libyens führte die Sanusi-Bruderschaft mit ihrem weitgespannten, bis in den Tschad reichenden Netz von Zentren den Widerstand als Jihad. Der Konflikt weitete sich aus, als Italien den Dodekanes (mehrere dem kleinasiatischen Festland vorgelagerte ägäische Inseln) besetzte, Beirut und die Festungen am Eingang der Dardanellen bombardierte und lokale

Kräfte auf der Arabischen Halbinsel – Muhammad b. Ali al-Idrisi in der Region Asir und Imam Yahya Hamid ad-Din im Jemen, die gegen die osmanische Herrschaft aufbegehrten – militärisch unterstützte. 1912 überließ der Sultan schließlich die für autonom erklärte Provinz Tripoli italienischer Kontrolle, behielt sich allerdings, wie schon früher im Fall der Krim und Bosniens, die religiöse Oberhoheit über die dort lebenden Muslime vor, Ausdruck eines neuen, nicht länger an politische Kontrolle geknüpften »spirituellen« Kalifatsverständnisses. Italien kontrollierte allerdings bis auf weiteres nur den libyschen Küstensaum. Im Westen etablierten sich lokale Kräfte, im Osten und Süden setzte die Sanusiyya den Jihad fort.

Parallel zu diesen Ereignissen schlossen sich 1912 die bislang verfeindeten Staaten Serbien, Bulgarien, Griechenland und Montenegro im (Ersten) Balkan-Bund zusammen, der sich nicht allein gegen das Osmanische Reich, sondern zugleich gegen Österreich-Ungarn richtete, das mittlerweile Bosnien und die Herzegowina annektiert hatte. Der Erste und der Zweite Balkankrieg besiegelten 1912 und 1913 den vollständigen Verlust aller europäischen Territorien des Reiches mit Ausnahme Istanbuls und des östlichen Thrakiens mit der alten Hauptstadt Edirne. Damit waren die Osmanen faktisch aus Europa verdrängt. Die Kämpfe waren begleitet von Massakern an der Zivilbevölkerung, Umsiedlungen und »ethnischen Säuberungen«, die vor allem Muslime trafen und Hunderttausende in die Flucht trieben.

Die katastrophalen Niederlagen schwächten das Ansehen der Istanbuler Regierung, erleichterten zugleich aber den Jungtürken die Einrichtung einer autoritären Militärherrschaft. Nach Verlusten in den (manipulierten) Parlamentswahlen von 1912 musste das Komitee für Einheit und Fortschritt in die Opposition gehen und fürchtete sogar seine Auflösung. Um dies zu verhindern, ergriff im Januar 1913, mitten im Ersten Balkankrieg, ein »Triumvirat« die Macht, bestehend aus den Jungtürken Ismail Enver (1881–1922), Mehmed Talat (1872–1921) und Ahmed Cemal (1872–1922), die wenig später erstmals Regierungsämter übernahmen. Spätestens mit der Übernahme eines Ministeramtes erhielten sie den Titel eines Paschas; Enver ehelichte 1914 eine Nichte des regierenden Sultans und wurde damit Damad, herrscherlicher Schwiegersohn. Der Aufstieg des Triumvirats bedeutete mehr als einen Generationswechsel, denn mit ihm gelangten Angehörige der neuen, an Staatsschulen ausgebildeten, dem Militär nahestehenden (und im Übrigen sämtlich aus den europäischen Territorien einschließlich Istanbuls stammenden) städtischen Mittelschicht an die Macht, darunter vereinzelt sogar schon Söhne aus dem Arbeitermilieu. Das Komitee für Einheit und Fortschritt erklärte sich zur Stimme des Volkes, Sultan, Hohe Pforte und Parlament wurden marginalisiert, die Presse erneut per Zensur gegängelt.

Die Verluste auf dem Balkan werteten Anatolien auf, an dessen Rändern sich eine ähnliche Konstellation von lokalen Autonomiebestrebungen und auswärtiger Einmischung abzeichnete, wie sie die osmanische Herrschaft in Südosteuropa ruiniert hatte. In den arabischen Provinzen verstärkte sich der Ruf nach Dezentralisierung. Die Jungtürken wandten sich zwar nicht in aller Form vom Osmanismus der hamidischen Ära ab, der alle ethnischen und religiösen Gruppen in ihrer Loyalität zum Sultan-Kalifen vereinen sollte, betonten aber immer stärker seine türkisch-islamische Note und versuchten so zum Beispiel, den Gebrauch des Türkischen als *alleinige* Amtssprache in den Sekundarschulen, Gerichten und im Behördenverkehr generell durchzusetzen. Zwar hatte bereits die osmanische Verfassung von 1876 Türkisch als offizielle Landessprache festgelegt, doch waren daneben andere Amtssprachen toleriert worden. Die Ausweitung zentraler Kontrolle, verbunden mit der Neubesetzung zahlreicher Posten in Militär und Verwaltung, wurde nicht nur in den arabischen Provinzen als Versuch einer forcierten Turkifizierung wahrgenommen.[283]

4. Der Erste Weltkrieg

Der Erste Weltkrieg war der erste globale Krieg der Geschichte. Über den anfänglichen Kreis der kriegführenden Staaten hinaus – die Mittelmächte Deutsches Reich und Österreich-Ungarn und die Entente, bestehend aus Großbritannien, Frankreich und Russland – traten immer neue Akteure in den Krieg ein, deren Ziele und Interessen mit dem kriegsauslösenden Konflikt zwischen Serbien und Österreich immer weniger zu tun hatten:[284] Waren Bulgarien, Rumänien und Griechenland noch unmittelbar in die Balkankrisen involviert, so galt dies nicht für die USA, Japan oder China. Großbritannien und Frankreich mobilisierten in ihren Kolonien in großem Umfang Menschen und Material für die »Kriegsanstrengung« (die auch der eigenen Industrie zugutekam). Allein in Indien rekrutierte Großbritannien rund 1,27 Millionen Soldaten, die auch in Iran und im Osmanischen Reich eingesetzt wurden, Frankreich zog im Maghreb knapp 270 000 Soldaten ein, dazu Zehntausende an Hilfskräften. Auch dort, wo die Kolonialgebiete nicht selbst Kriegsschauplatz wurden, löste die Kriegsanstrengung einen Kontroll- und Modernisierungsschub aus, der die weitere Entwicklung bis in die Zeit der Unabhängigkeit hinein beeinflussen sollte. Im Vergleich zum Horror der europäischen Westfront, wo die moderne, technisch-industrielle Kriegführung nie gekannte physische und psychische Verheerungen anrichtete, war die Kriegführung an den übrigen Fronten möglicherweise weniger apokalyptisch, aber dennoch enorm verlustreich.

Zwei Wochen nach Kriegsausbruch schloss der deutschfreundliche Enver Pascha, der die Jahre 1909 bis 1911 als Militärattaché in Berlin verbracht hatte, im Namen der jungtürkischen Regierung ein Geheimabkommen mit dem Deutschen Reich, das bereits seit den 1870er Jahren Militärberater ins Osmanische Reich entsandt und sich vor allem im Eisenbahnbau engagiert hatte. Noch im August 1914 schritt die Regierung zur Generalmobilmachung und schickte geheime Sondereinheiten (*teşkilat-ı mahsusa*, mit unklarem Gründungsdatum) in die Grenzgebiete zu Russland und Iran – ein Hinweis darauf, dass bestimmte jungtürkische Kreise über das defensive Ziel des Reichserhalts hinaus offensive Kriegsziele verfolgten und im Sinne ihrer pantürkischen Ambitionen nicht nur verlorenes Territorium zurückerobern, sondern die »Turkvölker« auf osmanischem, russischem, iranischem und womöglich sogar chinesischem Boden vereinen wollten. (In der kritischen Literatur ist gelegentlich von

»Anschluss« die Rede.)[285] Im November 1914 trat das Osmanische Reich an der Seite der Mittelmächte (des Deutschen Kaiserreichs und Österreich-Ungarns) in den Krieg ein. Aufseiten der Entente war Russland die führende Macht im Raum zwischen Iran, dem Kaukasus, Ostanatolien und dem Schwarzen Meer. Großbritannien bestimmte, mehr als Frankreich, die Strategie gegenüber dem Vorderen Orient. Die britische Kriegserklärung an das Osmanische Reich signalisierte den definitiven Kurswechsel in der »Orientalischen Frage«. London gab seine bisherige Maxime des Reichserhalts auf, knapp ausgedrückt in der Formel »The Turk must go!«. Im November 1914 annektierte die britische Regierung Zypern, im Dezember 1914 erklärte sie Ägypten und Kuwait zu Protektoraten. Im März 1915 verständigte sie sich mit Russland und Frankreich auf die Zerschlagung des Osmanischen Reiches.

Seit Beginn des Jahrhunderts hatten sich die britischen Ziele und Interessen in der Region noch einmal erweitert: Zu den klassischen Faktoren – über Einfluss, Präsenz und Vetomacht hinaus die Sicherung der Verkehrs- und Handelswege durch das Mittelmeer, die Meerengen, den Suezkanal und den Indischen Ozean – kam ein neues Motiv, als sich an der Wende zum 20. Jahrhundert Erdöl zu einer strategischen Ressource zu entwickeln begann. Schon in den ausgehenden 1850er Jahren wurden in den USA Erdölvorkommen ausgebeutet, in den 1870er Jahren auch in Baku im russischen Teil Aserbaidschans. Der entscheidende Umschwung setzte ein, als Petroleum nicht länger primär zur Herstellung von Pech, Schmier- und Lampenöl genutzt wurde, sondern als Treibstoff für Maschinen jeglicher Art, darunter von den 1880er Jahren an das Auto, das bald den Verkehr und damit zugleich die Kriegführung revolutionieren sollte. 1908 wurde in Westiran Erdöl entdeckt, 1909 die Anglo-Persian Oil Company (APOC) gegründet. Bis 1912 stellte die britische Kriegsmarine ihre Energieversorgung von Kohle auf Erdöl um und schloss einen Liefervertrag mit der APOC. Dementsprechend wichtig wurde der Kampf um die aserbaidschanischen und iranischen Ölvorkommen.

Der Islam als solcher war nicht Objekt der alliierten Kriegführung, wohl aber bediente sich seiner die Gegenseite. Im November 1914 ließ der Sultan in seiner Eigenschaft als Kalif den Jihad ausrufen, unterstützt von einer ähnlich lautenden Fatwa schiitischer Ulama in Najaf und Kerbela. Ihre Adressaten waren die muslimischen Untertanen der britischen Krone in Indien und der französischen Republik in Nordafrika. Die deutsche Kriegspropaganda griff den Jihad-Aufruf auf; im westlichen Ausland sprach man spöttisch sogar von einem »Jihad made in Germany«.[286] Bewirken konnte er wenig, denn es fehlten die Mittel und Instrumente, ihn in die Kolonien der Ententemächte zu tragen. Hingegen führten, und das lag nicht im Interesse der Mittelmächte, lokale Milizen und Stammesgruppen an vielen Orten ihren Kampf gegen lokale Christen als Jihad.

Angesichts der Bündniskonstellation hatte das Osmanische Reich einen Mehrfrontenkrieg zu führen: Die russische Front verlief in der Schwarzmeerregion und in Ostanatolien, den kurdischen Gebieten und im Kaukasus. Gegen Großbritannien, Frankreich, Italien und zuletzt auch Griechenland kämpfte das Reich an drei Fronten: in Thrakien und an den Meerengen, in Mesopotamien (Irak) und Nordwestiran (Aserbaidschan) sowie am Suezkanal und im nördlich angrenzenden Palästina und Syrien. Bei Kriegseintritt standen etwa 600 000 Mann unter Waffen, im Verlauf des Kriegs wurden weitere 2,6 Millionen Männer eingezogen, von denen angeblich rund eine Million desertierten. Neben den staatlichen agierten nichtstaatliche Akteure – Kurden, Tscherkessen, Armenier, Araber und als neues Element (zionistische) Juden – mit ihren je eigenen Zielen und Interessen. Mehrere osmanische Heereseinheiten standen unter deutschem Oberbefehl. Mit oder ohne deutsche Beteiligung kämpften die osmanischen Truppen zunächst durchaus erfolgreich. Den größten Triumph erzielten sie an den Dardanellen, wo sie die Entente nach langer Belagerung und enormen Verlusten im Januar 1916 zur Räumung der Halbinsel Gallipoli zwangen. Wenige Monate später musste im April 1916 auch im irakischen Kut al-Amara ein anglo-indisches Expeditionscorps kapitulieren.

An ihrer Ostfront kämpfte die osmanische Armee um die Rückeroberung der 1878 verlorenen Gebiete (wenn nicht gar die Einnahme des georgischen Tiflis, um von dort aus die Muslime Zentralasiens gegen die russische Herrschaft zu mobilisieren), erlitt Anfang Januar 1915 allerdings in der Schlacht von Sarıkamış, in der Nähe von Kars, eine verheerende Niederlage: Die Dritte Armee, zeitweise von Kriegsminister Enver Pascha persönlich kommandiert, war Anfang November 1914 unter denkbar ungünstigen Witterungsverhältnissen mit 150 000 Mann gegen die russische Kaukasusarmee vorgerückt, die von armenischen Freiwilligen unterstützt wurde. Mehr als drei Viertel der Männer kamen in der Winteroffensive infolge unzureichender Infrastruktur, Logistik und Versorgung ums Leben; viele Soldaten desertierten und schlossen sich bewaffneten Banden an. Diese Ereignisse wirkten sich unmittelbar auf die osmanische Innenpolitik aus, namentlich die Politik gegenüber den Armeniern, denen Enver die Schuld an dem Debakel gab. Ungeachtet schwerster Verluste an den europäischen Fronten drang die russische Armee in einer Gegenoffensive ab Mai 1915 in Ostanatolien und Nordwestiran vor, bis 1917 die Februarrevolution ihren Vormarsch zum Stillstand brachte. Im russischen Bürgerkrieg löste sich die Kaukasusarmee weitgehend auf, und in dem allgemeinen Chaos rückten armenische, kurdische und georgische Verbände in deren Stellungen ein.

Im heutigen Irak, wo 1915 eine Reihe schiitischer Städte den Aufstand gegen die osmanische Herrschaft wagte, eroberte das Anglo-Indische Expeditionscorps in einem zweiten Vorstoß 1917/18 Bagdad und Mosul. Am Suezkanal erlitten die Osmanen schon im Februar 1915 eine schwere Niederlage. Gegen heftigen Widerstand rückte ein anglo-ägyptisches Expeditionscorps unter General Allenby 1917/18 nach Palästina und Syrien vor, flankiert von dem »Arabischen Aufstand« des Emirs von Mekka, den der britische Agent T. E. Lawrence (»Lawrence von Arabien«) heroisch überhöhen sollte (dazu unten mehr).

Im Osten hingegen schienen sich neue Perspektiven aufzutun, als Russland nach der Oktoberrevolution von 1917 aus dem Krieg ausschied. Schon im Januar 1918 unterzeichnete Istanbul einen Freundschaftsvertrag mit der neugegründeten Russischen Republik. Der Friedensvertrag von Brest-Litowsk vom März 1918 beinhaltete unter anderem die förmliche Rückgabe von Kars, Ardahan und Batumi an das Osmanische Reich, eine Garantie der territorialen Integrität Irans und die Anerkennung der Unabhängigkeit der kaukasischen Territorien, wo Armenien, Aserbaidschan und Georgien im November 1917 eine transkaukasische Föderation gebildet hatten, im Mai 1918 jedoch unabhängige Republiken ausriefen.[287] All dies entsprach nicht den Ambitionen der Jungtürken, in deren Auftrag reguläre und irreguläre Einheiten schon 1915 und 1916 das iranische Aserbaidschan einschließlich Urmia und Täbriz besetzt hatten und kurzzeitig sogar bis in die westiranischen Städte Kermanshah und Hamadan vorgedrungen waren. Dagegen stieß die osmanische Offensive in Richtung Tiflis und Baku im Frühsommer 1918 auf den energischen Einspruch Berlins, das Georgien militärisch unterstützte. Dennoch okkupierte im September 1918 eine von Enver Pascha im Kaukasus rekrutierte »Islamische Armee« (Kafkas İslam Ordusu) Baku, um dessen reiche Ölquellen auszubeuten und den Weg nach Zentralasien zu öffnen. Die Kapitulation Bulgariens, die das Osmanische Reich endgültig vom deutschen Nachschub abschnitt, leitete jedoch noch im selben Monat die Niederlage ein. Die osmanische Armee kapitulierte bedingungslos. Am 1. November 1918 trat in Mudros, einer Stadt auf der ägäischen Insel Lemnos, ein Waffenstillstand in Kraft.

5. Krieg und Völkermord

Der Erste Weltkrieg war an vielen Orten, vor allem aber auf dem Balkan, Katalysator einer neuen Welle der Gewalt gegen Teile der eigenen Bevölkerung, die – und hier lag das Entscheidende – von den Tätern jedoch gerade nicht als »eigen« anerkannt wurden. In allen kriegführenden Staaten wurden Bürger von Feindstaaten drangsaliert und interniert und ganze Gemeinschaften unter Generalverdacht gestellt, selbst wenn sie den richtigen Pass besaßen. Auf dem Balkan setzten sich die »ethnischen Säuberungen« fort, verübt von Bulgaren an Griechen und Serben, von Serben an bosnischen Muslimen, von Griechen an Albanern, von Deutsch-Österreichern an Serben. Russland vertrieb mit Hinweis auf die von ihnen ausgehende Gefahr für die nationale Sicherheit Zehntausende von Muslimen und Armeniern aus ihren Siedlungsgebieten, die osmanische Regierung Hunderttausende kleinasiatischer Griechen. Der Massenmord an den Armeniern und anderen Christen dagegen markierte eine neue, bislang unbekannte Stufe der Gewalt, die von der Vertreibung bestimmter ethnisch-religiöser Gruppen zu ihrer Vernichtung überging.

Das Thema zählt neben dem Verhältnis von Juden und Arabern in Palästina/Israel zu den heikelsten Themen der Geschichte des Vorderen Orients und wird bis heute von der Frage beherrscht, ob der Massenmord an den Armeniern und anderen kleinasiatischen Christen ein Völkermord im Sinne der von den Vereinten Nationen 1948 verabschiedeten Konvention über den Genozid war.[288] Die türkische Regierung und weite Teile der türkischen Öffentlichkeit stellen dies bis heute in Abrede. Ihnen zufolge waren die Deportationen von Armeniern, Griechen und anderen Christen im Wesentlichen auf die Frontlinien begrenzt, kriegsbedingt und daher legitim, zumal die Betroffenen mit dem Feind entweder kollaborierten oder zu kollaborieren drohten. Die meisten Opfer waren derselben Darstellung zufolge Kälte, Hitze, Hunger und Krankheit geschuldet, die alle Einwohner Kleinasiens betrafen, nicht nur die Christen. Gewaltexzesse waren isolierte Verfehlungen, begangen von untergeordneten Instanzen und unkontrollierbaren Banden, eine Enteignung der Vertriebenen und Getöteten nicht intendiert gewesen.

Die Vertreibung der kleinasiatischen Griechen und der Massenmord an den Armeniern und anderen Christen sind durch Augenzeugenberichte, diplomatische Depeschen, Vernehmungsprotokolle und dechiffrierte osmanische Dokumente einwandfrei belegt. Umstritten sind ihre Dimension, Logik und Durchführung. Selbstverständlich hatten Vertreibung und Massenmord einen Kontext, und wie immer vermengten sich in ihm die Erlebnisse, Wahrnehmungen und Emotionen der Beteiligten. Zu diesem Kontext gehört die Überlagerung von Autonomiebestrebungen, Sezession und europäischer Intervention (nicht selten verschleiert als »humanitäre Intervention«) in unterschiedlichen Teilen des Osmanischen Reiches. Und während manche lokalen nichtmuslimischen Minderheiten auf ausländischen Schutz hofften, sahen viele Muslime die Christen durch die Intervention europäischer Mächte und die Reformen der Tanzimat privilegiert. Hinzu kamen die Verschränkung der kurdischen und der armenischen Frage in den betreffenden Siedlungsgebieten, die Überzeugung der Jungtürken und anderer Muslime, Reich und Staat vor einer existentiellen Bedrohung retten zu müssen, die innen wie außen von Christen getragen wurden, und schließlich das Bedürfnis nach Rache für erlittenes Unrecht sowie die Furcht vor Verrat und Überwältigung.

Tatsächlich war um die Jahrhundertwende in Griechenland die panhellenische Strömung erstarkt, die im Sinne der Megali Idea alle Griechen in einem großhellenischen Reich zusammenführen wollte (»Enosis«), darunter die Griechen Kretas, Zyperns und des Osmanischen Reiches. Tatsächlich unterhielten die Kirche des Ostens und armenische Revolutionäre Verbindungen ins Zarenreich, das seinerseits die christliche Karte spielte, wenngleich es die armenischen Revolutionäre auf eigenem Boden unterdrückte. Wie im Falle der Istanbuler Griechen während des griechischen Aufstands der 1820er Jahre und später der Juden in der arabischen Welt, die kollektiv der Kollaboration mit dem Feind verdächtigt wurden, dienten die Kontakte und Sympathien einzelner Gruppen zur Diskreditierung ihrer Gemeinschaft als potentielle Fünfte Kolonne. Die Armenier als transnationale Gemeinschaft mit eigenem nationalen Bewusstsein waren besonders gefährdet. Da ihre Siedlungsgebiete auf beiden Seiten der Grenze (und in Iran) lagen, kämpften auch im russischen Heer ganz regulär armenische Einheiten, denen sich im Laufe des Kriegs Tausende von Freiwilligen anschließen sollten.

Angesichts des massiven Zustroms muslimischer Flüchtlinge und Vertriebener waren führende Jungtürken schon vor dem Krieg von einem tendenziell inklusiven Osmanismus zu einem nicht näher definierten türkisch-islamischen Nationalismus übergegangen. Das verstärkte die Tendenz, andere ethnische und religiöse Gruppen als *Nicht*türken und *Nicht*muslime wahrzunehmen und damit zumindest potentiell aus der nationalen Gemeinschaft auszugrenzen. Je mehr dabei »Muslim« und »Türke« ineinanderflossen, desto schwieriger wurde es. Kurden und Lasen konnten, wenn man es wollte, zu Türken erklärt werden, Albaner und Araber nicht. Christen waren in der Regel beides, Nichtmuslime *und* Nichttürken. Von den Aleviten ist in diesem Zusammenhang auffallend wenig die Rede. Die Balkankrisen nährten Ängste, Furcht und Hass. Dennoch waren die ethnisch-religiösen Linien selbst nach Kriegsausbruch noch nicht eindeutig markiert. Mit dem Komitee für Einheit und Fortschritt sympathisierten bis zuletzt Angehörige unterschiedlicher Sprache, Religion und Ethnizität. Nicht zuletzt deswegen war die weitere Entwicklung für viele so unbegreiflich.

Bevölkerungspolitik und ethnische Homogenisierung

Die kritische Forschung gliedert das Geschehen in mehrere Phasen: Pogrome, »ethnische Säuberungen« und »Bevölkerungsaustausch« vor dem Ersten Weltkrieg; zu Jahresbeginn 1915 militärisch bedingte Evakuierungen unter Armeekommando, verantwortet von Kriegsminister Enver Pascha; ab April / Mai 1915 und noch einmal im Frühjahr und Sommer 1916 Massendeportationen, begleitet von Massentötungen, im Wesentlichen verantwortet von Innenminister Talat Pascha und ausgeführt von der Militär- und Zivilverwaltung sowie irregulären Verbänden. Diesen Phasen lag eine einheitliche Logik zugrunde, die zwar nicht im Einzelnen ausbuchstabiert und schon gar nicht konsequent umgesetzt wurde, die aber doch die Politik leitete. Erstmals agierte die osmanische Führung nicht auf Ad-hoc-Basis, sondern entwickelte eine eigene Bevölkerungspolitik, mit deren Hilfe auf kleinasiatischem Boden ein starker Staat und eine homogene Gesellschaft entstehen sollten. Im Kern ging es darum, nichtmuslimische und nichttürkische Gemeinschaften als kompakt siedelnde, organisierte und damit konfliktfähige Gruppen aufzulösen. Die Auflösung schuf zugleich Raum für die muslimischen Flüchtlinge und Vertriebenen, für die zum Teil noch *vor* der Deportation kleinasiatischer Christen gewisse Areale markiert wurden. Türkischsprachige sunnitische Flüchtlinge sollten ihre Identität bewahren, nichttürkische Muslime hingegen im Raum »zerstreut« und an ihre jeweilige Umgebung »assimiliert« werden. Im Ergebnis sollten Christen bzw. nichttürkische Muslime in Anatolien nicht mehr als fünf Prozent der örtlichen Bevölkerung (bis hinunter zum einzelnen Dorf) ausmachen, außerhalb Anatoliens nicht mehr als zehn Prozent.[289] Kurden sollten von ihren religiösen und politischen Führern getrennt und Letztere in den Städten angesiedelt werden. Gegenüber den Kurden erwies sich die Politik der demographischen Steuerung als nicht durchführbar, wohl aber gegenüber den kleinasiatischen Christen.

Die Deportationen und Umsiedlungen sowie die »Verwaltung« und Umverteilung (das heißt die faktische Enteignung) des zurückgelassenen Besitzes riefen nach der zentralen Steuerung des Staates, dessen Zugriff sich, ähnlich dem der kriegführenden Mächte in ihren eigenen Ländern und Kolonien, weiter verdichtete. Der osmanische Staat betrieb bei den Deportationen einen enormen bürokratischen Aufwand und forderte von den durchführenden Behörden fortwährend genaue Daten über Zahl und Zusammensetzung, Besitz, Bildungsstand, soziale Kontakte und politische Ansichten der örtlichen Nichtmuslime, all das idealerweise ergänzt durch Karten. Zur gleichen Zeit verfolgten die verantwortlichen Instanzen eine bewusste Verschleierungstaktik, indem sie den offiziellen Anordnungen geheime Order mit zum Teil gegenteiligen Instruktionen folgen ließen. Diese Instruktionen sollten nach Lektüre entweder an den Überbringer zurückgegeben oder vernichtet werden. Die Forschung geht davon aus, dass die offiziellen Anordnungen der Regierungspolitik entsprachen und die geheimen von einem inneren Kreis von CUP-Mitgliedern um Talat und Enver Pascha kamen. Die Verschleierungstaktik hatte neben der eigenen Bevölkerung das Ausland im Blick, das die Behandlung von Nichtmuslimen sorgsam beobachtete, vor allem wenn diese auch in Europa und den USA vertreten waren.

Die Politik der ethnischen Homogenisierung begann noch vor Kriegsausbruch und belegt den beinahe nahtlosen Übergang von den

Balkankrisen zum Ersten Weltkrieg: 1913 schloss die osmanische Regierung mit Bulgarien, Serbien und Griechenland Abkommen über einen »freiwilligen und wechselseitigen Bevölkerungsaustausch«, der im eigenen Land vor allem die griechischen Siedlungsgebiete in Thrakien und entlang des Schwarzen Meeres (»pontische Griechen«) betraf. Istanbul und Izmir waren hiervon weitgehend ausgenommen. Zu einer geordneten Umsiedlung kam es nicht mehr, vielmehr drängten die osmanischen Behörden im Frühjahr und Sommer 1914 Hunderttausende orthodoxer Christen (die sie generell als »Griechen« identifizierten), ihre Heimat zu verlassen. Die Verdrängungspolitik wurde nach Kriegsausbruch aufgegeben, als die Mittelmächte ihre schützende Hand über die kleinasiatischen Griechen hielten, die von da an »lediglich« ins anatolische Hinterland umgesiedelt wurden.

Die Vernichtung der Armenier

Eine Reihe von Indizien lässt darauf schließen, dass eine Gruppe innerhalb des jungtürkischen Komitees für Einheit und Fortschritt während des Kriegs den Entschluss fasste, die Armenier auszulöschen. Der Beschluss war nicht rassistisch motiviert, wohl aber von einem anti-christlichen Ressentiment getragen. Im Hintergrund standen die Furcht vor einem weiteren Zerfall des Reiches und das Misstrauen gegenüber den in allen Feldern von Wirtschaft, Kultur und Gesellschaft erfolgreichen Armeniern. Seit dem 19. Jahrhundert hatte sich eine vermögende Schicht armenischer Kaufleute, Unternehmer und Bankiers herausgebildet, Armenier stellten einen hohen Anteil an der osmanischen Bürokratie und Intelligenz einschließlich der jungtürkischen Bewegung selbst.[290] Im Zentrum der Aufmerksamkeit standen jedoch nicht die armenische Mittel- und Oberschicht in Städten wie Izmir, Kayseri und Istanbul oder die armenischen Siedlungsgebiete am Schwarzen Meer und in Kilikien. Im Zentrum standen die sechs Provinzen Bitlis, Diyarbakır, Erzurum, Mamuretülaziz (Harput, auch Elazığ), Sivas und Van, überwiegend arme, ländliche Regionen mit einer hohen Konzentration von Armeniern, die aus diesem Grund die einen armenisch nannten, die anderen ostanatolisch und in denen sich, ähnlich wie auf dem Balkan, die Grenzlage mit ethnisch-religiösen Konflikten verband. Die Lage wurde kompliziert durch die Verschränkung der »armenischen« und der »kurdischen Frage«, die Ansiedlung muslimischer Flüchtlinge und Vertriebener und die Sedentarisierung kurdischer und tscherkessischer Clans und Stämme.

Die große Mehrheit der Armenier, bis in die 1870er Jahre vertreten durch den Patriarchen (Katholikos) der armenisch-apostolischen Kirche, forderte nicht die Loslösung vom Osmanischen Reich, sondern im Gegenteil eine bessere Integration und Repräsentation *innerhalb* des Reiches. Dazu gehörten die Teilnahme am Wehrdienst, das Recht auf Selbstbewaffnung und eine angemessene Beteiligung an der Provinz- und Lokalverwaltung nach dem Vorbild des Règlement organique für das Libanon-Gebirge; auch verlangten die Armenier armenische Gouverneure in den Gebieten, in denen sie die Bevölkerungsmehrheit stellten. Mit diesen Forderungen wandten sie sich allerdings nicht allein an Istanbul, sondern auch an London und Sankt Petersburg und nährten damit den Verdacht, Christen unterhielten eigenständige Beziehungen zu auswärtigen christlichen Mächten. Diese Mächte waren in Ostanatolien mittlerweile mit Konsulaten, Missions- und Krankenstationen präsent, die über die Lage vor Ort berichteten und zugleich Druck auf die osmanische Regierung ausübten. Etwa zeitgleich mit dem Komitee für Einheit und Fortschritt bildeten sich zwei revolutionäre armenische Parteien, H(u)nchak (Die Glocke, 1887 in Genf) und Dashnak (Dashnaktsutiun, Armenische Revolutionäre Föderation, 1890 in Tiflis), die schrittweise neben das Patriarchat als Sprecher der armenischen Sache traten. Anders als die Jungtürken verbanden sie die politische mit der sozialen Frage und verstanden sich als Kämpfer für die Befreiung der unterdrückten Bauern und Arbeiter. Ihre Ideen waren von der revolutionären Bewegung in Russland geprägt, und wie diese setzten sie neben der politischen Überzeugungsarbeit auch Gewalt ein. Ihre nationalen Vorstellungen oszillierten zwischen Unabhängigkeit von und Autonomie in Russland bzw. dem Osmanischen Reich. Die ländliche Bevölkerungsmehrheit blieb weitgehend ungehört.

Im Osmanischen Reich verschärften staatliche Willkür, Misswirtschaft und soziale Not, armenische Proteste, Gewalt- und Terrorakte und brutale Repression in den 1890er Jahren die Spannungen. Als die europäischen Mächte im Oktober 1895 die Annahme eines Reformpakets für die ostanatolischen Provinzen erzwangen und armenische Revolutionäre erneut Anschläge verübten, kam es an verschiedenen Orten zu Pogromen und massiven Zerstörungen. Zahlenangaben schwanken zwischen 80 000 und 300 000 christlichen Opfern. Dennoch waren die Konfliktlinien nicht eindeutig gezogen: Dashnak zum Beispiel kooperierte mit dem Komitee für Einheit und Fortschritt, 1912 schlossen sie sogar ein Wahlbündnis. Im Frühjahr 1913 nahm die Hohe Pforte neue Verhandlungen mit Großbritannien, Frankreich, Russland und dem Deutschen Reich über eine Reform der ostanatolischen Provinzen auf. Bereits jetzt war von einer Aufteilung und der Gründung kleinerer Staaten auf nationaler Grundlage die Rede, wie sie Frankreich in den 1920er Jahren in Syrien einrichten sollte. Im Februar 1914 unterzeichnete die osmanische Regierung widerstrebend das Yeniköy-Abkommen, das die Einrichtung zweier Provinzen unter europäischen Generalinspekteuren mit »uneingeschränkter Autorität« vorsah. Die dort lebenden Armenier sollten paritätisch an der Lokalverwaltung beteiligt werden. Der Kriegsausbruch verhinderte die Umsetzung des Abkommens, das die osmanische Regierung bei Kriegseintritt aufhob.

Schon im August 1914 hatte die osmanische Regierung im Zuge der Generalmobilmachung Muslime und Christen bestimmter Altersgruppen getrennt und Letztere unbewaffneten Arbeitsbataillonen zugeteilt. Aus gewissen Zonen wurden neben Griechen erstmals auch Armenier evakuiert. Im Umfeld des Kriegs operierten alle kriegführenden Parteien mit irregulären Verbänden, die auf feindlichem Gebiet Unruhe säen und für die eigenen Interessen werben sollten. Im osmanischen Fall war das die Spezialorganisation (Teşkilat-ı Mahsusa). Zur Bekämpfung »innerer Feinde« wurden darüber hinaus sunnitische Milizen nach dem Vorbild der Hamidiyye-Regimenter aufgestellt. Zur gleichen Zeit agierten vor allem in Ostanatolien mit russischer Unterstützung kurdische und armenische Banden und Partisanen, viele von ihnen eher kriminell denn politisch, doch berichteten die lokalen Behörden von keinen Unruhen, geschweige denn einem armenischen Aufstand. Im Frühjahr 1915 – die Winteroffensive im Kaukasus war desaströs gescheitert, nun stießen irreguläre osmanische Einheiten in das iranische Aserbaidschan vor, wo bis vor kurzem russische Truppen gestanden hatten – kam es in Van zu einem Massaker an den örtlichen Christen, gefolgt von einem weiteren Pogrom in der Gegend von Urmia, beide von der Rhetorik des Jihad angefeuert und maßgeblich von Kurden getragen.

Ende März 1915 fiel nach derzeitigem Erkenntnisstand im inneren Kreis des Komitees für Einheit und Fortschritt der Beschluss, die Armenier zu vernichten. Einen generellen »Schießbefehl« scheint es nicht gegeben zu haben, vielmehr eine Kette von Entscheidungen und Anordnungen, die – gewissermaßen kumulativ, aber nicht von kriegsbedingten Notwendigkeiten gesteuert – im Massenmord endeten. Zunächst wurden armenische politische Parteien aufgelöst und zahlreiche Angehörige der armenischen Mittel- und Oberschicht verhaftet, deportiert oder liquidiert. Am 24. April 1915 ordnete Innenminister Talat mit Hinweis auf die Sicherheit des Staates eine Zwangsumsiedlung von Armeniern aus Zentral- und Ostanatolien nach Syrien und in den Nordirak an; ausgenommen waren zunächst größere Städte, dazu Izmir und Istanbul. Schrittweise wurden Armenier dann aber auch von der ägäischen Küste, aus Westanatolien, Istanbul, Izmir und Aleppo deportiert, Städten und Regionen, die sämtlich nicht an Russland angrenzten. Das betraf auch katholische und protestantische Armenier, auf deren Schutz der deutsche Bündnispartner an sich besonders achtete. Zwar blieben das armenische Patriarchat und die armenische Geschäftselite in Istanbul weitgehend unbehelligt, auch armenische Zeitungen konnten dort weiterhin erscheinen, doch wurden bis Sommer 1916 vor allem Männer deportiert, die außerhalb Istanbuls geboren, unverheiratet, arbeitslos und / oder in armenischen Vereinigungen organisiert waren.

So interessiert sich der Staat an der genauen Erfassung der Umzusiedelnden und ihres Besitzes zeigte, so wenige Vorkehrungen traf er für die Deportationen selbst. Tatsächlich fehlten für die geordnete

Umsiedlung Hunderttausender von Menschen zumal unter Kriegs-
bedingungen alle Voraussetzungen, von geeigneten Transportmitteln
über Essen und Kleidung bis hin zu Unterkünften und Zelten. Vielfach wurden zwar Rahmendaten festgelegt, deren Umsetzung blieb
jedoch lokalen Akteuren überlassen – Gendarmerie, Sondereinheiten des Komitees für Einheit und Fortschritt, lokale Banden und Milizen –, die weitgehend freie Hand hatten und denen man anschließend die Verantwortung für die Stück für Stück bekannt werdenden
Gräuel zuschob. Angesichts dieser Umstände lässt sich schwer bestimmen, inwieweit die »einfache« Bevölkerung an den Übergriffen,
Plünderungen und Morden beteiligt war. Hinweise gibt es sowohl
für Kollaboration als auch für Widerstand. Beamte, die ihre Mitwir-
kung verweigerten, wurden bestraft. Muslime, die sich schützend
vor ihre christlichen Nachbarn stellten, konnten nicht verhindern,
dass an vielen Orten die Männer zusammengetrieben und ermordet,
Frauen, Kinder und Greise dagegen auf einen Todesmarsch in Richtung der Deportationslager geschickt wurden, die zwischen Aleppo,
Deir ez-Zor und Mosul angelegt wurden. Vor allem Mädchen und
Frauen waren sexueller Gewalt ausgesetzt, viele wurden von den Eskorten als Sex- und Arbeitssklavinnen verkauft.

Für die Annahme, dass die Politik gegenüber den Armeniern und
anderen kleinasiatischen Christen nicht rassistisch motiviert war, sie
vielmehr als eigenständige, handlungsfähige Gemeinschaft ausgelöscht werden sollten, spricht die Tatsache, dass ihnen in bestimmten
Phasen die Konversion zum Islam erlaubt wurde. Teilweise wurden
sie (im Widerspruch zur islamischen Lehre, die Zwangskonversionen verbietet) sogar zur Konversion gezwungen. Dabei beinhaltete
die »Konversion« zunächst lediglich einen Namenswechsel. Auch
wurden »elternlose« Kinder (und das konnten im Einklang mit dem
islamischen Recht Kinder sein, deren Mutter noch lebte) entweder
in türkisch-muslimische Familien oder in Waisenhäuser gegeben,
um sie dort zu »assimilieren«. Sie wurden von ihren neuen Eltern
quasi adoptiert (die Adoption ist im islamischen Recht verboten),
zum sunnitischen Islam konvertiert und türkischsprachig erzogen.
Gerade ärmere muslimische Familien gewannen auf diese Weise bil-

lige Arbeitskräfte, wobei man im Falle christlicher Mädchen an das vertraute Institut der in den Haushalt aufgenommenen Dienstmagd anknüpfen konnte.

Die »demographische Politik« der Jungtürken war von vornherein zum Scheitern verurteilt, denn dass die Vertriebenen in den »Zielregionen« mehr als zehn Prozent der örtlichen Bevölkerung ausmachen würden, war absehbar. Wenn vor dem Krieg zwischen 1,3 und 2,1 Millionen Armenier in Anatolien gelebt hatten und 1915 geschätzte 1,2 Millionen deportiert wurden, so konnten sie unmöglich weniger als zehn Prozent der Bevölkerung in den zur Ansiedlung vorgesehenen, dünnbesiedelten Teilen der Provinzen Aleppo (insgesamt knapp 670 000 registrierte Einwohner), Mosul (rund 750 000), Damaskus (920 000) und Deir ez-Zor (66 000) ausmachen.[291] Zum Jahreswechsel 1915/16 wurde die Deportationspolitik denn auch faktisch aufgegeben. Im März 1916 setzte eine zweite Welle von Massentötungen ein, die bis Jahresende andauerte und in denen die bestehenden Auffanglager »geräumt« wurden. Allein bei Deir ez-Zor wurden im Sommer 1916 rund 200 000 Menschen ermordet. Lokalen und ausländischen Organisationen wurde ungeachtet des Massenelends und der Krankheits- und Seuchengefahr jegliche Hilfeleistung untersagt, allenfalls wurden Vorkehrungen getroffen, eine Ansteckung der Armee und der nichtarmenischen Bevölkerung zu verhindern.

Eng verknüpft mit dem Völkermord an den Armeniern war der Massenmord an den syrisch-orthodoxen Christen, »Assyrern« (Kirche des Ostens, Nestorianer) und den seit dem späten 17. Jahrhundert mit Rom unierten Chaldäern. Bei allen handelte es sich um orientalische Kirchen, die verschiedene Varianten des Syrisch-Aramäischen sprachen und für die auf der Pariser Friedenskonferenz später der Oberbegriff »Assyro-Chaldäer« geprägt wurde.[292] Die Verhältnisse in den von ihnen bewohnten Regionen zwischen Südostanatolien, Nordsyrien und Aserbaidschan waren äußerst kompliziert. Viele der Christen waren selbst wehrhaft und bewaffnet, tribal organisiert und mit kurdischen Clans und Stämmen verbündet. Während die einen sie schützten, verfolgten andere sie im Namen des Islam. Die jungtürkische Führung unterstellte den Christen Kollaboration mit dem russischen Feind, verfolgte allerdings keine einheitliche Strategie und kontrollierte die Lage im Einzelnen auch nicht. Zwischen November 1914 und November 1915 wurde im Raum zwischen Mardin, Urfa und Diyarbakır fast die gesamte christliche Bevölkerung vernichtet; im Syrisch-Aramäischen ist dieser Massenmord als *seyfo* oder *sayfo* bekannt, abgeleitet von arab. *saif*, Schwert. Die syrisch-orthodoxen Christen von Tur Abdin, die bis in die 1830er Jahre kirchlich eigenständig gewesen waren, wurden nicht von staatlicher Seite deportiert, sondern vorwiegend durch kurdische Stammesangehörige und Milizen ermordet. Die seit jeher bewaffneten Christen von Hakkari (Berg-Nestorianer), deren religiös-politisches Oberhaupt, der Mar Shimun, sich im Mai 1915 offen auf die russische Seite gestellt hatte, sollten aus der Grenzzone entfernt und in einer muslimisch-türkischen Umgebung assimiliert werden. Soweit sie die Kämpfe überlebten, entkamen viele in das erst russisch, später britisch besetzte Aserbaidschan.

Umstritten wie das Geschehen insgesamt ist die Zahl der Opfer.[293] Als im Oktober 1918 allen Deportierten die Rückkehr in ihre Heimatorte erlaubt wurde, erreichte das Angebot nur noch wenige. Allein für die Armenier wird die Zahl der Toten auf 600 000 bis 1,5 Millionen geschätzt, für die assyrisch-chaldäischen Christen auf bis zu 100 000. Die Überlebenden hatten rund die Hälfte ihrer Angehörigen verloren und einen großen Teil ihrer religiösen und intellektuellen Elite. Rund 200 000 christliche Frauen und Kinder sollen während des Kriegs versklavt worden sein. Vertreibung, Zwangsumsiedlung und Massentötung hatten seit Jahrtausenden zum imperialen Gewaltrepertoire gehört. Hier aber war eine Dimension erreicht, die nicht nur für diese Region neu und einzigartig war.

IV Identität und Emanzipation im 20. Jahrhundert

A Nationalismus und Staatenbildung in der Zwischenkriegszeit

1. Der Zusammenbruch des Osmanischen Reiches

Der Erste Weltkrieg bildete eine Zäsur in der Geschichte des Vorderen Orients: Nach dem russischen Zarenreich, dem Habsburger- und dem deutschen Kaiserreich brach auch das Osmanische Reich zusammen, das die regionalen Geschicke über mehr als fünf Jahrhunderte direkt oder indirekt gestaltet hatte. So traumatisch der Erste Weltkrieg auf die europäische Kultur und Gesellschaft auch gewirkt haben mochte, die Zwischenkriegszeit war doch zugleich die Hochzeit des Kolonialismus, in der mehr Menschen unter europäische Kontrolle gerieten als je zuvor. Stärker noch als für die früheren Epochen gilt für das 20. Jahrhundert, dass die Entwicklungen nicht allein aus ihrem regionalen Kontext heraus verstanden werden können, sondern stets der Bezug auf den Westen mitgedacht werden muss, der nun für die industrialisierte, seit dem ausgehenden 20. Jahrhundert auch für die postindustrielle Welt steht und neben Westeuropa und Nordamerika Japan, Australien und Neuseeland einbezieht. Die Sowjetunion bzw. die Russische Föderation bildete eine eigene, auch für die hier behandelte Region zunehmend wichtige Größe. Wie im 19. Jahrhundert heißt »Bezug« nicht Imitation, sondern kritische, vielfach kreative Auseinandersetzung, die Aneignung ebenso umfassen kann wie Apologetik, Abwehr und Abschließung. In einigen Staaten kam es erneut zu Experimenten autoritärer Modernisierung, die über die Reformen der Vorkriegszeit deutlich hinausgingen. Neuartige Massenbewegungen, religiöse ebenso wie säkulare, verwandelten Form und Inhalt der innergesellschaftlichen Auseinandersetzung, und mit der Kolonisierung ging an einigen Orten bereits die Entkolonisierung einher, die das Geschehen nach dem Zweiten Weltkrieg bestimmen sollte.

Vor dem Kriegseintritt der USA hatte der amerikanische Präsident Woodrow Wilson im Januar 1917 zu einem »Frieden ohne Sieg« aufgerufen. Ein Jahr später verkündete er in einer 14-Punkte-Erklärung vor den beiden Häusern des Kongresses, die, und allein dies war ein Novum, über das Radio weltweit ausgestrahlt wurde, die Grundsätze einer gerechten Nachkriegsordnung. Sie sollte nicht auf Geheimdiplomatie, sondern auf bestimmten Prinzipien aufbauen, darunter die Freiheit der Meere und des Welthandels. Punkt 12 betraf das Osmanische Reich, dessen türkische Teile »sichere Souveränität« und dessen »andere Nationalitäten« die »völlig ungestörte Gelegenheit zur autonomen Entwicklung« erhalten sollten. Mit dieser Formulierung, die bald als »Selbstbestimmungsrecht der Völker« bezeichnet wurde, griff Wilson eine Idee auf, die Lenin und Trotzki 1914/15 noch vor dem Zusammenbruch des Zarenreiches formuliert hatten.[294] Wilsons Erklärung wurde weltweit mit Begeisterung aufgenommen, obgleich sie das Prinzip der Selbstbestimmung eher umschrieb, als es genauer zu definieren (wer ist ein Volk, was bedeutet autonome Entwicklung?).

Im Vorderen Orient aber hatten nicht die USA, sondern Russen, Briten und Franzosen mit lokaler Unterstützung die osmanischen Armeen besiegt. Diverse Parteien hatten Abmachungen miteinander getroffen, die den Kriegsverlauf beeinflussen und die Nachkriegsordnung vorstrukturieren sollten, und zwar mehrheitlich geheim (daher Wilsons Kritik) und *vor* der Eroberung der betreffenden Territorien. Nach dem Untergang des Zarenreiches teilten England und Frankreich die Konkursmasse des Osmanischen Reiches untereinander auf. Dazu nutzten sie das neue Instrument der Völkerbundsmandate, die Völker, die als nicht ausreichend »reif« für die Unabhängigkeit erachtet wurden, unter die Vormundschaft einer europäischen Macht stellten, die ihnen den schrittweisen Übergang in die politische Selbstverantwortung ermöglichen sollte. Damit trat der Kolonialismus nicht nur im Vorderen Orient in eine neue Phase ein.

Die Niederlage des Osmanischen Reiches hinterließ eine stark veränderte Landschaft, deren Umrisse sich allerdings nicht sogleich abzeichneten, denn das Reich war zum Jahresende 1918 zwar besiegt, aber noch nicht untergegangen. Seinen Zusammenbruch besiegelten erst die Pariser Vorortverträge der 1920er Jahre, die jenseits des Maghrebs, der Arabischen Halbinsel und Irans eine neue Ordnung in Kraft setzten, in die sich die lokalen Akteure erst einfinden mussten. Nicht alle der sich herausbildenden Staaten waren im Übrigen Nationalstaaten: Im Vorderen Orient und in Nordafrika entstand der moderne Staat *vor* der Nation.[295] Das heißt nicht, dass der nationale Gedanke eine Erfindung der Zwischenkriegszeit war, sondern dass er sich erst nach dem Krieg zur politischen Ideologie des Nationalismus verfestigte, und zwar nicht allein auf ehemals osmanischem Boden, sondern auch in Iran und in Nordafrika. Die Arabische Halbinsel erreichte er zu diesem Zeitpunkt noch nicht. Die Erfahrungen von Krieg, Not und Ausbeutung hatten auch in früheren Zeiten dazu beigetragen, dass Sprach-, Religions- und ethnische Gruppen sich als »Schicksalsgemeinschaften« mit distinkten, wenn nicht singulären Eigenschaften begriffen. Im Einklang mit einer weltweiten nationalistischen Strömung, einem nationalistischen »Zeitgeist«, leiteten sie daraus nun den Anspruch auf Nations- und Staatsbildung ab.

2. Nationalstaat und autoritäre Modernisierung: Die Türkische Republik

Nicht nur die europäischen Mächte, sondern auch das Osmanische Reich erlitt im Ersten Weltkrieg horrende Verluste: Die osmanische Armee verlor fast ein Fünftel ihrer Männer, und Anatolien war nicht mehr das Anatolien der Vorkriegszeit, nachdem rund ein Drittel seiner Einwohner ums Leben gekommen, deportiert oder ermordet worden war. Das waren drei bis vier Millionen Menschen, wobei vier von fünf Toten wahrscheinlich nicht den Kriegshandlungen selbst zum Opfer fielen, sondern Hunger, Krankheit und Massenmord.[296] Dennoch bildete im Folgenden weniger der Krieg den Ansatzpunkt für das »kollektive Gedächtnis« (die große Ausnahme bilden die

kleinasiatischen Christen) als vielmehr der Kampf um nationale
Selbstbestimmung. Ihm galten die nationalen »Liturgien«, die Denk-
mäler, Symbole, Lieder und Feiern, mit denen die Nachfolgerstaaten
des Osmanischen Reiches und an vorderster Stelle die Türkei selbst
an ihre Entstehung erinnerten.

Besatzung und Widerstand

Bei Kriegsende ankerte die alliierte Flotte vor Istanbul. Im Einklang
mit den Waffenstillstandsvereinbarungen, die den Siegern erlaubten,
jeden Ort zu besetzen, wenn dies nach ihrer Überzeugung der Sicherheit ihrer Truppen diente, okkupierten französische, italienische
und britische Einheiten neben Thrakien und Istanbul auch weite
Teile Südwest- und Südostanatoliens sowie die Schwarzmeerküste.
Die größte Wirkung aber hinterließ die griechische Landung bei
Izmir, die anfangs von den Briten unterstützt wurde.[297] Griechenland war der Entente erst im Juni 1917 beigetreten und sah nun –
Eleftherios Venizelos, ein führender Vertreter der Megali Idea, war
inzwischen Ministerpräsident – die Gelegenheit, seine großgriechi-
schen Pläne zu realisieren. Die jungtürkische Regierung war durch
die Niederlage diskreditiert und schon im Oktober 1918 zurückgetre-
ten; ihre führenden Köpfe flohen an Bord eines deutschen U-Bootes
nach Odessa und von dort nach Berlin. 1919 wurden sie in Istanbul
als Kriegsverbrecher in Abwesenheit zum Tod verurteilt. Talat wurde
1919 in Berlin von einem armenischen Rachekommando erschos-
sen, Cemal 1922 in Tiflis; Enver fiel 1922 im heutigen Tadschikistan
im Kampf gegen die Rote Armee.

Der Sturz der Jungtürken wertete erneut den Sultan und die Hohe
Pforte auf, die mit den Siegermächten kooperierten, um die eigene
Position bei den anstehenden Friedensverhandlungen zu stärken. Der
Widerstand gegen die Besatzer ging daher nicht von der Regierung
in Istanbul aus; eher galt das Gegenteil. Er war anfangs lokaler Natur,
getragen von Partisanen, Freicorps und Milizen sehr unterschiedlicher Couleur und begleitet von zivilen Protestaktionen. Im Mai 1919
kam es in verschiedenen Städten zu großen Demonstrationen, und
wie in anderen Teilen der Region entsandten die Teilnehmer Petitio-

nen mit ihren Forderungen an die Pariser Friedenskonferenz. Nicht zuletzt dank der vergleichsweise guten Infrastruktur einschließlich funktionierender Post- und Telegraphenleitungen gelang es relativ bald, die militärischen und zivilen Aktionen zu koordinieren und im Namen von Religion und Vaterland sowohl die städtische als auch einen Teil der ländlichen Bevölkerung zu mobilisieren.

Erst nachträglich wurde der Widerstand in der großen Erzählung vom Nationalen Befreiungskampf unter Führung Mustafa Kemal »Atatürks« gebündelt, die – historisch durchaus ungewöhnlich – der spätere Atatürk selbst in einer mehrtägigen Ansprache im Oktober 1927 in die Form einer »Ich-Erzählung« fasste. Im Türkischen ist sie bekannt als *Nutuk*, Worte. Mustafa Kemal (1881–1938) war ein typisches Produkt der spätosmanischen Reformära: Als Sohn einer frommen Mutter und eines Holzhändlers und ehemaligen Zollbeamten nahe Saloniki geboren, also im europäischen Teil des Reiches, absolvierte er die Istanbuler Militärakademie. Modern ausgebildet, führte er ein modernes Leben und dachte durchaus unkonventionell. 1907, das heißt noch vor dem Coup der Jungtürken, schloss er sich dem Komitee für Einheit und Fortschritt an. Als Offizier und zeitweise auch in diplomatischer Mission in unterschiedlichen Teilen des Reiches von Mazedonien bis Ostanatolien und von Syrien bis Tripolitanien unterwegs, erlangte er einen deutlich besseren Überblick über die inneren Verhältnisse, als ihn die meisten seiner Zeit- und Altersgenossen besaßen. Nicht zufällig übernahm er im Widerstand rasch eine führende Position. Die Türkische Republik, die ihm 1934 den Ehrentitel Atatürk verlieh, »Vater der Türken« (oder, wie es eigentlich heißen müsste, »Vatertürke«), ihm Reiterstandbilder und posthum ein großartiges Mausoleum in Ankara errichtete, stilisierte ihn zur Verkörperung der Nation.

Im Mai 1919 traf Mustafa Kemal im Schwarzmeerhafen Samsun ein, um im Auftrag der Regierung die verbliebenen Truppen zu demobilisieren, folgte dort aber umgehend seiner eigenen Agenda und rief im Juni im »Rundschreiben von Amasya« die Bevölkerung zum Widerstand gegen die Besatzer auf. Im Laufe des Sommers versammelten sich die nationalen Kräfte (türk. Kuva-yı Milliye) auf Kongressen in Erzurum und Sivas. Das neugewählte osmanische Parlament machte sich die nationalen Forderungen weitgehend zu eigen und verabschiedete im Januar 1920 einen Nationalpakt (*misak-ı milli*, arab. *mithaq milli*). Einen Tag vor Eröffnung der Konferenz von San Remo, auf der die Siegermächte über die Nachkriegsordnung entscheiden wollten, trat im April 1920 in Ankara eine Große Türkische Nationalversammlung (Türkiye Büyük Millet Meclisi) zusammen, die sich unter Mustafa Kemals Leitung zur Vertreterin der Nation erklärte. Diese Nation beschrieb sie als Gemeinschaft von »Türken und Muslimen«, die als Größen ineinanderflossen; Gegenkräfte wurden als partikular, weil ethnische, regionale oder tribale Interessen vertretend, als reaktionär oder beides zugleich abqualifiziert. Damit beanspruchten zum Zeitpunkt der Friedensverhandlungen zwei Regierungen die Führung im Land, die eine osmanisch, die andere bereits dezidiert türkisch. Auch die nationalen Kräfte traten im Namen von Islam, Thron und Vaterland auf, und Mustafa Kemal präsentierte sich als Verteidiger des Sultan-Kalifen. Der Vertrag von Sèvres – Teil der Pariser Vorortverträge, die mit den unterlegenen Mächten ohne deren Mitsprache abgeschlossen wurden (»Diktatfrieden«) – zerschlug das Osmanische Reich in aller Form und ließ nur noch einen Rumpfstaat um Istanbul und im nördlichen Kleinasien übrig. Die übrigen Gebiete sollten entweder direkt oder als Einflusszone an Griechenland, Italien, Frankreich und Großbritannien fallen. Den Armeniern wurde die nationale Unabhängigkeit zugesagt, den Kurden Autonomie mit Aussicht auf ein Referendum und die Selbstbestimmung.

Die Hoffnung der Armenier und Kurden auf nationale Selbstbestimmung wurde ebenso rasch zunichtegemacht wie die der kaukasischen und zentralasiatischen »Nationalitäten« zwischen der Krim, Baku, Khiva und Buchara, wo die Jungtürken noch bei Kriegsende ihre pantürkischen Ziele verfolgt hatten.[298] Cemal und Enver versuchten, den Kampf gegen die Entente, der innerhalb der alten Reichsgrenzen verloren schien, in Zentralasien fortzusetzen, Enver kämpfte sogar für ein türkisches Kalifat in Samarkand. Während die türkischen Nationalisten jedoch gegenüber Armenien zunächst auf sowjetische Hilfe zählen konnten, entdeckten sie in Zentralasien, dass Russland auch unter sowjetischem Vorzeichen ein Imperium war. Im September 1920 griffen türkische Truppen die Republik Armenien an, die sich unter Führung der Dashnak im Mai 1918 auf vormals russischem und osmanischem Boden (nach armenischem Verständnis: Ost- und Westarmenien) für unabhängig erklärt und der Entente angeschlossen hatte. Kurz nachdem die armenischen vor den türkischen Truppen kapituliert hatten, besetzte allerdings die Rote Armee Jerevan und annektierte das bereits früher russische Ostarmenien. Im Dezember 1920 gliederte sich Armenien als Sozialistische Volksrepublik in den sowjetischen Verband ein, der sich im April 1922 förmlich als Sowjetunion konstituierte. Bis 1925 folgten ihm die Krim, Georgien, Aserbaidschan und die früheren zentralasiatischen Khanate von Kokand, Khiva und Buchara – allesamt Republiken, die sich im Gefolge der Februarrevolution gebildet, aber nicht den Bolschewiken angeschlossen hatten. Wie die kurzlebigen (nichtsozialistischen) Republiken im libyschen Tripoli und im marokkanischen Rif-Gebirge vertraten sie einen in der Region bislang unbekannten, neuen Typ der politischen Ordnung. Mit dem Anschluss der sozialistischen Republiken an die Sowjetunion war dieser Teil des »Wilson'schen Versprechens« auf Selbstbestimmung, das Lenin selbst als Erster proklamiert und Stalin als neuer sowjetischer Nationalitätenkommissar noch im November 1917 bekräftigt hatte, obsolet geworden.

Nachdem Ostanatolien (für die Armenier: Westarmenien) zurückerobert war, sicherte die nationale Führung in Ankara im Frühjahr 1921 die türkische Ostgrenze durch einen Freundschaftsvertrag mit der Sowjetregierung und intensivierte im gleichen Atemzug den Kampf gegen die Besatzer in Zentral- und Westanatolien. Im August und September 1921 schlugen türkische Truppen am Sakarya-Fluss – der Region, in der Osman einst die Grundlagen des Osmanischen Reiches gelegt hatte – eine griechische Offensive zurück, ein Jahr später mussten die griechischen Truppen aus Anatolien abziehen. In Izmir brach unmittelbar nach der Rückeroberung am 9. September 1922 unter verdächtigen Umständen ein Großbrand aus, der große

Teile der bislang von Griechen, Armeniern, Juden und Westeuropäern geprägten Stadt zerstörte.[299] Wie in den vorhergegangenen Jahren waren die Kämpfe begleitet von Massakern und »ethnischen Säuberungen«; alle Beteiligten mussten damit rechnen, von den Alliierten später zur Rechenschaft gezogen zu werden.

Noch bevor die Siegermächte im November 1922 zu einer neuen Konferenz in Lausanne zusammentraten, schuf die Große Türkische Nationalversammlung Tatsachen: In einer Art vorläufigem Grundgesetz hatte sie bereits 1921 das Prinzip der Volkssouveränität festgeschrieben und zugleich den Begriff »osmanisch« durch »türkisch« ersetzt. Am 1. November 1922 hob sie das Sultanat auf und erklärte das Osmanische Reich rückwirkend mit Inkrafttreten des Grundgesetzes für aufgelöst. Der Schritt besiegelte die Unterscheidung zwischen der politischen Führung eines Territorialstaats auf der einen Seite und der spirituellen Leitung der weltweiten muslimischen Umma auf der anderen, die in verschiedenen internationalen Verträgen bereits im späten 18. Jahrhundert angeklungen war. Kurz darauf trat die Istanbuler Regierung zurück, und die Nationalisten nahmen die Hauptstadt ein. Da Sultan Mehmed VI. Vahdeddin (Wahid ad-Din) sich weigerte, seine Absetzung anzuerkennen, und das Land an Bord eines britischen Kriegsschiffes verließ, proklamierte die Nationalversammlung den Thronfolger, Abdülmecid (Abd al-Majid) II., zum Kalifen. Die Reaktionen in der islamischen Welt waren zum Teil durchaus positiv, erhofften sich reformerische Kräfte von dieser Trennung von Sultanat und Kalifat doch eine befreiende Wirkung auf die Religion.[300] Vollständig war die Trennung allerdings nicht, denn nun maßte sich das türkische Parlament die Wahl des Oberhauptes aller Muslime an.

Der Vertrag von Lausanne erfüllte im Juli 1923 weitestgehend die Forderungen der türkischen Nationalisten: Er gewährte den von ihnen als türkisch bezeichneten Sprach- und Siedlungsgebieten Souveränität und verzichtete, anders als gegenüber dem Deutschen Reich, auf Reparationen. Vom Selbstbestimmungsrecht der Armenier und Kurden war nicht länger die Rede. Die Kapitulationen wurden mit Wirkung von 1928 aufgehoben, lokale Minderheiten aber – in Fortsetzung der so problematischen Minderheitenpolitik der europäischen Mächte – unter den Schutz des neugeschaffenen Völkerbundes gestellt. (Als Minderheiten galten dabei nicht allein Nichtmuslime, sondern auch ethnische Gemeinschaften wie die Kurden, Lasen und Tscherkessen.) Einige strittige Grenzfragen wurden erst im Verlauf der 1920er und 1930er Jahre geregelt: 1925 erhielt die Türkei von Russland die Provinz Hakkari zurück, musste 1926 dagegen die Provinz Mosul, in der bereits große Ölvorräte vermutet und nur ein Jahr später auch gefunden wurden, an den von Großbritannien als Mandat verwalteten Irak abgeben. 1936 und noch einmal 1939 bestätigte die Meerengen-Konferenz von Montreux die türkische Souveränität über den Bosporus und die Dardanellen. 1939 gab schließlich Frankreich als Mandatar Syriens den von Türken, Kurden und Arabern bewohnten Bezirk von Alexandrette (auch Iskenderun), wo ein Jahr zuvor die Republik Hatay ausgerufen worden war, an die Türkei ab, eine Entscheidung, die in Syrien selbst heftig kritisiert wurde.

Den Frieden mit Griechenland besiegelte eine weitere Massenumsiedlung nach dem Vorbild des bereits vor dem Ersten Weltkrieg geplanten und anschließend von den Jungtürken einseitig forcierten »Bevölkerungsaustausches«: Über eine Million orthodoxe Christen wurden als »Griechen« von Kleinasien nach Griechenland und 400000 bis 500000 Muslime als »Türken« aus Griechenland in die Türkei umgesiedelt; nur Istanbul blieb von dieser Vereinbarung ausgespart.[301] Griechisch-orthodoxe Christen wurden dabei weitgehend unabhängig von Sprache, Schrift und Selbstverständnis der griechischen Nation zugerechnet, Muslime der türkischen. Damit verschob sich erneut, und nicht zum letzten Mal, das Verhältnis von Ethnizität und Religion. So wie nun Muslime zu Türken wurden (»Muslims into Turks«), verwandelten sich später in der europäischen »Diaspora« Türken in Muslime (»Turks into Muslims«).

Mustafa Kemal und der Kemalismus

Legitimiert durch den Sieg im Befreiungskrieg, wandte sich die türkische Regierung den inneren Angelegenheiten zu, die sie innerhalb weniger Jahre grundlegend umgestaltete. Anders als die jungtürkische Revolution wird die viel weiter reichende kemalistische Neuordnung in der Regel zwar als dramatischer Bruch mit dem Bestehenden, aber nicht als die Revolution bezeichnet, die sie war. Sie knüpfte natürlich an die osmanischen Reformen an, ließ sie in entscheidenden Punkten jedoch hinter sich. Das galt nicht nur für die Reichsidee, die durch die Sezessionen, Massenmorde und Kriege unwiederbringlich zerstört war, sondern auch für die kulturellen Grundlagen von Staat und Gesellschaft, die bewusst neugestaltet wurden. Im Rückblick erkennt man vielleicht nicht auf Anhieb, was der Schrumpfungsprozess aus dem Osmanischen Reich mit seiner imperialen Ausstrahlung gemacht hatte: einen selbst im regionalen Vergleich nicht sehr bedeutenden Territorialstaat mit begrenzter wirtschaftlicher und demographischer Potenz, der mit der Konsolidierung der Sowjetunion auch die pantürkischen Ambitionen der Kriegs- und Vorkriegsjahre aufgeben musste. Nicht wenige Österreicher und Briten benötigten Jahrzehnte, um das Ende ihres Imperiums zu verarbeiten. Wenn dies in der Türkischen Republik so rasch gelang, der Phantomschmerz so rasch betäubt wurde, so lag das, über die gelungene Befreiung aus eigener Kraft hinaus, nicht zuletzt an der entschlossenen Umpolung von Staat, Wirtschaft und Gesellschaft auf eine zukunftsorientierte, spezifisch türkische Ordnung hin.

Ungeachtet aller Säkularisierungstendenzen war das Osmanische Reich im 19. Jahrhundert islamisch geprägt gewesen; der Islam stand für kollektive Macht und Größe. Dagegen suchten die Anhänger linker, materialistischer und vulgärmaterialistischer Ideen in den Vorkriegsjahren und nun Mustafa Kemal und seine Mitstreiter den Zugang zur Moderne nicht über islamisch fundierte Reformen, sondern über die möglichst komplette Aneignung der westlichen Moderne. Selbst wenn das im Ergebnis wiederum eine »lokale Moderne« hervorbrachte, war die nachholende Modernisierung als Verwestlichung angelegt, und zwar einschließlich des Säkularismus im Sinne einer bewussten Trennung von Religion und Staat. Aber, und hier liegt ein entscheidender Unterschied zu den kommunistischen Revolutionären in der Sowjetunion und später in China: Die türkischen Reformer bekämpften nicht die Religion, selbst wenn sie sich persönlich von ihr distanzierten; sie bekämpften deren autonome Institutionen und Träger. Einfacher gesagt, es ging ihnen nicht um den Atheismus als Weltanschauung, sondern um die Macht.

Schon im Frühjahr 1923 hatte Mustafa Kemal eine eigene Partei, die Volkspartei (Halk Fırkası, später Cumhuriyet Halk Partisi), gegründet, die sich rasch in eine Einheitspartei verwandelte und bis zum Ende des Zweiten Weltkriegs die einzige Partei im Land bleiben sollte. Auf diese Weise flankierte er das Oberkommando über die Armee mit der Kontrolle der sich neu organisierenden politischen Szene, ein Muster, dem die arabischen Militärregime der 1950er und 1960er Jahre folgen sollten. Das Komitee für Einheit und Fortschritt wurde an einer Neukonstitution gehindert, die jungtürkischen Kader systematisch ausgeschaltet. Im Oktober 1923 proklamierte die Nationalversammlung in der neuen Hauptstadt Ankara die Türkische Republik mit Mustafa Kemal als erstem Staatspräsidenten. Die Verlegung der Hauptstadt von der Metropole Istanbul ins anatolische Hochland war ein Symbol des Übergangs von der osmanischen in eine türkische Ordnung.

Im März 1924 setzte die Nationalversammlung den erst vor kurzem gewählten Kalifen ab, hob das Kalifat auf und verbannte alle Angehörigen des osmanischen Hauses außer Landes. Erneut war es das nationalstaatliche Organ, das über die Führung der weltweiten muslimischen Umma befand. Im April 1924 verabschiedete die Nationalversammlung eine neue republikanische Verfassung, die erstmals das Prinzip der Gewaltenteilung verankerte, am Islam als Staatsreligion allerdings festhielt. Auf die Abschaffung des Kalifats reagierte eine weltweite Kalifatsbewegung mit Schwerpunkt Britisch-Indien, die angesichts fehlender Mittel und Instrumente der Massenmobilisierung jedoch wenig erreichte. Als sich im März 1924 Husain b. Ali, vormals Emir von Mekka und nun König des Hijaz, von treuen Anhängern als Kalif huldigen ließ, erhielt er über den eigenen Einflussbereich hinaus keine nennenswerte Unterstützung. Auf Ablehnung stieß aber auch der Azhar-Gelehrte Ali Abd ar-Raziq (1888–1966), der in seiner Schrift »Der Islam und die Grundlagen

der Herrschaft« 1925 die Trennung von Religion und Staat mit religiösen Argumenten rechtfertigte. Er verlor seine Professur an der
Azhar-Universität, und seine Schrift blieb in Ägypten über Jahrzehnte verboten.

Die Wendung von der osmanischen hin zu einer säkularen, ja
dezidiert laizistischen nationalstaatlichen Ordnung schlug sich auf
unterschiedlichsten Feldern nieder. In rascher Folge wurden von
1924 bis 1926 das Ministerium für fromme Stiftungen, das Amt des
Şeihülislam und die religiösen Schulen aller Religionsgemeinschaften abgeschafft sowie die frommen Stiftungen, religiösen Gerichte,
Sufi-Bruderschaften und -Konvente aufgelöst. 1926 traten westliche
Zivil-, Straf- und Handelscodices an die Stelle der letzten noch geltenden islamrechtlichen Bestimmungen. Damit war das im 19. Jahrhundert immer stärker aufgefächerte Rechts- und Bildungswesen
nicht nur vereinheitlicht, sondern komplett dem Staat unterstellt,
die sunnitischen Ulama ihrer wichtigsten Tätigkeitsfelder beraubt.
1928 wurde schließlich die Verfassungsbestimmung aufgehoben, die
den Islam als Staatsreligion festlegte. Den Maßnahmen, die vor allem
dazu dienten, religiösen Instanzen den Boden zu entziehen, stand
die Erweiterung der Rechte von Frauen gegenüber: 1930 erhielten
sie das kommunale und 1934, deutlich vor vielen westeuropäischen
Staaten, das nationale Wahlrecht. Auch die Kombination von autoritärer Modernisierung und erweiterten Frauenrechten nahm spätere
Entwicklungen im arabischen Raum und in Iran vorweg.

In der türkischen Variante des Säkularismus als institutioneller
und konstitutioneller Trennung von Religion und Staat, die offiziell als Laizismus bezeichnet wurde, konnte von einer Trennung nur
bedingt die Rede sein. Der Staat kontrollierte die Religion, nicht in
Gestalt einer Kirche, sondern religiöser Stätten und Organe. Und
wieder ergänzten symbolträchtige Maßnahmen das Modernisierungsprogramm: Die »Politik der Kopfbedeckung« fand ihre Fortsetzung, als die Regierung 1925 »traditionelle Kopfbedeckungen«
wie den Fez verbieten ließ, den Sultan Mahmud II. ein Jahrhundert
zuvor den osmanischen Beamten vorgeschrieben hatte.[302] Stattdessen verordnete sie ihnen den Hut – bis dahin Sinnbild einer euro-

päischen Moderne, das im islamisch geprägten Vorderen Orient und Nordafrika aus ebendiesem Grund abgelehnt wurde. Vorsichtiger operierte die türkische Regierung bezeichnenderweise in der Schleierfrage, indem sie zwar den Gesichtsschleier bekämpfte, das Kopftuch aber nicht verbot. 1932 wurde der Koran erstmals öffentlich auf Türkisch rezitiert, wenig später mussten die Gebetsrufe und Gebete in den Moscheen in türkischer Sprache erfolgen. Im Dezember 1934 wurde die Hagia Sophia als Moschee geschlossen und Anfang Februar 1935 als Museum wiedereröffnet.

An eine Änderung von Kalender und Alphabet hatten die Reformer der Vorkriegsära nicht gedacht: Unter Mustafa Kemal übernahm die Türkei 1925 den gregorianischen anstelle des islamischen Kalenders und 1928 das lateinische anstelle des arabischen Alphabets. (Ein Jahr zuvor hatte die Sowjetunion in ihren »muslimischen« Territorien eine Schriftreform abgeschlossen, die das auf die jeweiligen Bedürfnisse zugeschnittene arabische und persische durch das lateinische Alphabet ersetzte.) Zu dem Zeitpunkt also, zu dem die Bevölkerung der Türkei fast ausschließlich muslimisch war, wurde die junge Generation von der islamisch-osmanischen Schrifttradition abgeschnitten, einem wichtigen Träger kollektiver Identität und Erinnerung. Die Änderung des Alphabets war nur ein Aspekt einer umfassenderen Sprachpolitik, die das Türkische von »Fremdwörtern« säuberte und den Gebrauch nichttürkischer Sprachen als Separatismus brandmarkte.

Im Rahmen eines sunnitisch gefärbten türkischen Nationalismus ordnete der Staat alle religiösen und ethnischen Gruppen dem »Türkentum« unter und schränkte ihre kulturellen, sozialen und politischen Gruppenrechte massiv ein. Kurden, Albanern, Tscherkessen und anderen Kaukasiern wurde der Gebrauch der eigenen Sprache verboten, dem Kurdischen und Tscherkessischen (Adige) überhaupt der Charakter einer eigenen Sprache abgesprochen und die Benutzung ethnischer Selbstbezeichnungen untersagt. In der Türkei sollte es nur noch Türken geben. Protest wurde niedergeschlagen. Die türkische Erfolgsgeschichte, bei der das Volk zunächst mit Waffengewalt befreit und dann unter Leitung eines charismatischen Führers

Abb. 37: Mustafa Kemal
unterrichtet in Sivas das
lateinische Alphabet. Quelle:
akg-images

ein starker Staat und eine scheinbar homogene Nation geschaffen
wurde, fand nicht nur im Vorderen Orient und in Nordafrika Beachtung, sie beeindruckte auch europäische Nationalisten und Rechts-
populisten bis hin zu den Faschisten. Ein letzter Blick zurück auf
Muhammad Ali, der wie Mustafa Kemal aus Mazedonien und einem
ähnlich »mittleren« Milieu stammte und wie dieser einen für seine
Zeit modernen Staat schuf, verdeutlicht zugleich die Distanz, die das
Osmanische Reich der 1830er Jahre von der Türkei der 1930er Jahre
trennt.

In den 1930er Jahren stellte Mustafa Kemal die »Sechs fundamen-
talen und unabänderlichen Prinzipien« der neuen Ordnung vor,
symbolisiert in den sechs Pfeilen des Emblems der Volkspartei: Re-
publikanismus, Nationalismus, Populismus (im Sinne von Volksver-
bundenheit), Etatismus, Laizismus und revolutionäres Prinzip. Sie
bildeten über Jahrzehnte hinweg die Leitlinien der »kemalistischen«
Staatsideologie. Der Etatismus schlug sich auch auf ökonomischem

Feld nieder, indem der Staat in den 1930er Jahren verstärkt in Industrie, Handel und Gewerbe intervenierte. Eine Landreform führte die Türkei erst 1945 durch, verbesserte jedoch schon zwei Jahrzehnte zuvor durch die Abschaffung des Zehnten und der Steuer auf Nutztiere die Lage der kleinen und mittleren Bauern. Alles in allem lagen die einschneidenden Änderungen dennoch auf politischem und kulturellem Gebiet: In einem radikalen Bruch mit dem imperialen, islamisch fundierten Erbe des Osmanischen Reiches etablierte sich die Türkische Republik als laizistischer Nationalstaat, der bis in die 1990er Jahre seine Bindungen an die islamische Welt den strategischen Beziehungen zu Westeuropa, der Sowjetunion und den USA unterordnete. Es war ein Bruch mit dem kulturellen Erbe, wie ihn bis dahin keine Regierung einer muslimischen Mehrheitsgesellschaft gewagt hatte – und jenseits des sowjetischen Machtbereichs auf Jahrzehnte hinaus auch keine wagen sollte.

Am nächsten kam dem türkischen Modell der autoritären Modernisierung Iran. Ungeachtet seiner Neutralität, war Iran während des Ersten Weltkriegs von Russen und Briten besetzt, vor allem im hart umkämpften Nordwesten verwüstet und nach dem Zusammenbruch des Zarenreichs von Großbritannien faktisch zum Protektorat gemacht worden. 1921 eroberte die mittlerweile von den Briten finanzierte Kosakenbrigade unter Reza Khan (1878–1944) nach einem unblutigen Putsch die Regionen Gilan im Nordwesten, Khurasan im Nordosten und Khuzistan im Südwesten zurück, die sich wie die kaukasischen und zentralasiatischen Republiken unter lokaler Führung und mit sowjetischer oder britischer Unterstützung selbständig gemacht hatten, und stellte so Iran in seinen Vorkriegsgrenzen wieder her. 1925 ließ sich Reza Khan vom Parlament zum Schah ausrufen und begründete die Dynastie der Pahlavi. Im Folgenden übernahm das Militär die Herrschaft im Staat.[303] Die sozialen, politischen und kulturellen Folgen seiner Politik sollten erst unter seinem Sohn und Nachfolger Mohammed Reza Schah in aller Deutlichkeit hervortreten.

3. Die Neuordnung des arabischen Raums

Die Staats- und Nationsbildung verlief in der Türkei und in Iran sehr anders als in der arabischen Welt, und innerhalb dieser nahmen der Maghreb, Ägypten und Sudan, der Fruchtbare Halbmond und die Arabische Halbinsel wiederum je eigene Wege. Auch im Fruchtbaren Halbmond entstand in der Zwischenkriegszeit eine »große Erzählung«, die freilich nicht um eine Person kreiste, wie das in der Türkei mit Mustafa Kemal der Fall war, sondern um eine Reihe von Motiven: die kulturstiftende, einigende Kraft der arabischen Sprache, die befreiende Tat des Arabischen Aufstands und das Trauma des europäischen Verrats. Zu den stärksten Mythen des arabischen Nationalismus gehört die Existenz einer arabischen Nation, die quasi als lebender Körper von den europäischen Siegermächten zerstückelt wurde, um aus den einzelnen Gliedern »künstliche Staaten« zu schaffen.[304] Nun lassen sich für den arabischen Nationalismus zwar Vorläufer in Gestalt der Nahda und des Arabismus ausmachen, auch gab es in Marokko, Ägypten oder Oman lange vor dem 20. Jahrhundert ein ausgeprägtes Gefühl regionaler Identität und Zugehörigkeit. Eine arabische Nationalbewegung existierte jedoch vor dem Zusammenbruch des Osmanischen Reiches nicht,[305] und die Bedeutung des Arabischen Aufstands von 1916 bis 1918 ist in der arabischen Welt lange überbewertet worden. Gewiss waren die europäischen Mächte gegenüber ihren arabischen Partnern ebenso auf den eigenen Vorteil bedacht und kaum weniger doppelzüngig als gegenüber ihren europäischen Nachbarn. Dass es jedoch dieselben Mächte waren, die nicht nur während des Ersten Weltkriegs in den von ihnen beherrschten Territorien die Zentralisierung vorantrieben und damit dem modernen Territorialstaat den Boden bereiteten, findet in den nationalistischen Narrativen keinen Platz.[306] Sie erzählen eine deutlich andere Geschichte als die kritische Geschichtswissenschaft, und zwar nicht nur die westliche.

Die kriegführenden Mächte hatten, wie erwähnt, zwischen 1915 und 1918 mit unterschiedlichen Parteien Abmachungen getroffen, die den Kriegsverlauf und die Nachkriegsordnung beeinflussen sollten. Für die arabische Welt waren dabei drei Dokumente von Bedeutung: das Sykes-Picot-Abkommen vom Mai 1916, der Schriftwechsel des britischen Hochkommissars in Ägypten mit Emir Husain von Mekka aus den Jahren 1915 und 1916 und die Balfour-Erklärung vom November 1917.[307] Im geheimen Sykes-Picot-Abkommen legten Großbritannien und Frankreich mit Wissen der zaristischen Regierung ihre Gebietsansprüche in Südostanatolien und im Fruchtbaren Halbmond fest. Danach sollten große Teile des südöstlichen Kleinasiens, Nordwestiraks sowie das spätere Syrien und Libanon unter französische Kontrolle gelangen, das Gebiet vom Jordan bis zum Persischen Golf unter britische, und die Küstenzone von Gaza bis an die libanesische Grenze mitsamt Jerusalem sollte gemeinsam verwaltet werden. Die Vereinbarungen mit Russland wurden mit der Oktoberrevolution hinfällig, die neue sowjetische Führung veröffentlichte den Geheimvertrag noch im November 1917.

Mit dem Sykes-Picot-Abkommen war der parallel geführte Schriftwechsel des britischen Hochkommissars von Ägypten, Henry McMahon, mit Emir Husain von Mekka (in westlichen Quellen meist »der Scherif von Mekka«) allenfalls in einer sehr speziellen britischen Lesart zu vereinbaren. McMahon korrespondierte mit Husain, um ihn zu einem bewaffneten Aufstand zu bewegen. Möglicherweise überschätzte McMahon den in Wirklichkeit höchst begrenzten Rückhalt des Emirs in arabischen Kreisen, auf jeden Fall versuchte er, die religiöse Karte zu spielen, indem er Husain b. Ali als Nachkommen des Propheten Muhammad gegen den osmanischen Sultan-Kalifen in Stellung brachte. Die eher diffuse Strömung des Arabismus hatte sich um die Wende zum 20. Jahrhundert in einer Reihe von Clubs und Geheimgesellschaften verfestigt, denen sich nicht nur Studenten, Literaten und Journalisten, sondern auch arabische Offiziere des osmanischen Heeres anschlossen. Von den osmanischen Behörden geduldete literarisch-kulturelle Vereinigungen waren nicht immer von politischen Zirkeln zu unterscheiden, die sich im Geheimen oder im Ausland (und das hieß neben Europa

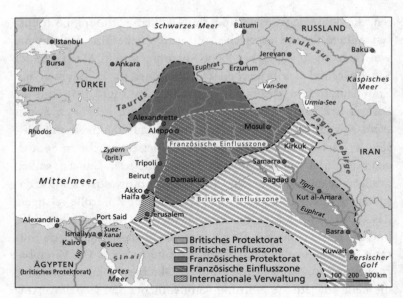

Karte 6: Sykes-Picot-Abkommen von 1916

auch Ägypten) trafen. Zwar stieß die zusehends autoritäre Zentralisierungspolitik der Jungtürken auf Kritik, doch fand das Komitee für Einheit und Fortschritt noch in den Parlamentswahlen von 1912 und 1914 zahlreiche arabische Wähler.

Eine der Optionen, die nach 1908 in diversen Geheimzirkeln diskutiert wurden, lautete Autonomie, Dezentralisierung und kulturelle Selbstbestimmung innerhalb des Osmanischen Reiches. Nur eine verschwindend kleine Minderheit dachte vor dessen Zerschlagung an die Schaffung eines eigenen arabischen Staates. Überhaupt blieb die Zahl der politisch Organisierten klein: Ein »Arabischer Kongress«, der im Juni 1913 – gegen den Wunsch Emir Husains – in Paris abgehalten wurde, zählte zwei Dutzend Teilnehmer. Höher war die Mitgliederzahl in den kulturellen Vereinigungen. Die Stimmung wandelte sich, als Cemal Pascha als Generalgouverneur von Syrien nach Kriegsausbruch massiv gegen Kritiker vorging und 1915 in Damaskus und Beirut Dutzende prominenter Aktivisten verhaften, foltern und öffentlich hängen ließ. Dennoch konnte von einer breiten arabischen Strömung während des Kriegs selbst im heutigen Syrien, Libanon und Irak keine Rede sein.[308]

Als Gegenleistung für einen Aufstand gegen den Sultan forderte Husain einen arabischen Staat im Fruchtbaren Halbmond und auf der Arabischen Halbinsel, der auch solche Gebiete umfassen sollte, die Paris und London gerade als eigene Herrschafts- und Einflusssphären markiert hatten. Husains Pläne richteten sich zugleich gegen seinen Rivalen Abd al-Aziz Al Su'ud (Ibn Saud), Oberhaupt der wahhabitisch-saudischen Bewegung und seit 1915 Emir des zentralarabischen Najd und angrenzender Gebiete, den die Hohe Pforte in dieser Position anerkannt hatte. McMahon sprach dagegen nicht von einem arabischen Staat, sondern von einem arabischen *Kalifat* unter einem »edlen Nachfahren aus dem gesegneten Stammbaum des Propheten«. Zugleich ließ er erkennen, dass er unter Arabern nur Muslime verstand und dass Gebiete mit christlicher Bevölkerung wie der syrische Küstenstreifen einschließlich der heutigen Staaten Libanon, Israel und Palästina nicht dem anvisierten arabischen Gebilde zugeschlagen werden sollten. Zwar zirkulierte zu dieser Zeit bereits die Idee eines arabischen anstelle des bestehenden osmanischen Kalifats, die der syrische Literat und Anwalt Abd ar-Rahman al-Kawakibi (1848–1902) 1900 in seiner Schrift »Umm al-Qura« formuliert hatte.[309] Emir Husain konnte sich ungeachtet seines noblen Stammbaums jedoch keine besonderen Chancen auf die Kalifenwürde ausrechnen. Die Meinungsverschiedenheiten, die in der Korrespondenz zum Ausdruck kamen, blieben bis Kriegsende ungelöst.

Im Gegensatz zur Husain-McMahon-Korrespondenz hatte das förmliche Versprechen des britischen Außenministers Lord Arthur James Balfour vom 2. November 1917, die britische Regierung werde die Schaffung einer »nationalen Heimstätte« für das jüdische Volk in Palästina unterstützen, keinen regionalen Ansprechpartner. Die Balfour-Erklärung richtete sich an die Juden in Westeuropa, Russland und Amerika. Unmittelbarer Adressat war der Präsident der Zionistischen Vereinigung im Vereinigten Königreich, Lord Lionel Walter Rothschild. Mit der Balfour-Erklärung verband sich, ähnlich wie mit dem osmanischen Jihad-Aufruf vom November 1914, die Hoffnung, eine transnationale Religionsgemeinschaft für die eigenen Kriegsziele gewinnen zu können. Diese Hoffnung realisierte sich nicht: Nicht nur waren die Juden mehrheitlich keine Zionisten, die russische Oktoberrevolution brachte Balfours Versprechen weitgehend um seine Wirkung. In dem Gestrüpp undeutlich formulierter Absprachen und Zusagen waren die künftigen Konflikte bereits angelegt, und nicht nur die zwischen Arabern und Juden.

Nachdem er der jungtürkischen Regierung tatsächlich den Jihad erklärt und damit den Startschuss zum Arabischen Aufstand gegeben hatte, den seine Söhne Faisal und Abdallah anführten, erklärte sich Emir Husain im Juni 1916 zum »Sultan der Araber« und ein Jahr später zum »König der arabischen Länder«, um sich schließlich mit dem Titel eines »Königs des Hijaz« zu begnügen.[310] Die arabischen Truppen konnten Medina zwar nicht einnehmen, rückten mit britischer und französischer Unterstützung jedoch entlang der Hedschas-Bahn nach Norden vor; parallel dazu eroberte das anglo-ägyptische Expeditionscorps unter Edmund Allenby Palästina und Syrien. Am 1. Oktober 1918 erhob sich die Damaszener Bevölkerung gegen die osmanische Garnison, am selben Tag zogen erst Faisal, dann Allenby an der Spitze ihrer Truppen in Damaskus ein, wo die arabischen Nationalisten im Dezember 1918 eine arabische Regierung proklamierten. Fast zeitgleich mit der nationalen türkischen Opposition hielten sie im folgenden Jahr in Damaskus einen Nationalkongress ab, auf dem sich erste politische Parteien bildeten, die im März 1920 ein Arabisches Königreich unter Faisal b. al-Husain ausriefen. Faisal selbst hielt sich zu diesem Zeitpunkt auf der Friedenskonferenz in Paris auf, sein Bruder Abdallah hatte mittlerweile das Ostjordanland besetzt. Anders als der türkische Widerstand aber waren die arabischen Nationalisten militärisch schwach und kontrollierten nicht einmal das eigene Territorium.

Im April 1920 legten die europäischen Siegermächte auf der Konferenz von San Remo ihre künftigen »Mandatsgebiete« fest: Frankreich erhielt Syrien, wo es im Juli 1920 das Arabische Königreich mit militärischer Gewalt zerschlug; wenig später trennte es den Libanon

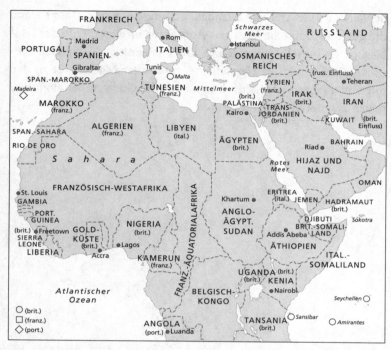

Karte 7: Der Vordere Orient und Nordafrika unter kolonialer Herrschaft (1920)

als eigenes Mandatsgebiet ab und gliederte Syrien in mehrere Klein-
staaten auf (Alexandrette, Aleppo, Damaskus, Alawiten-Region
und Drusen-Gebirge). Selbst wenn diese Aufteilung im einen oder
anderen Fall den Wünschen der betroffenen nichtsunnitischen Gemeinschaften entsprach, oder zumindest deren angestammter Elite,
wurde das »historische Syrien« (bilad ash-sham) auf diese Weise
tatsächlich zum Zweck kolonialer Beherrschung zerstückelt. Die
Kleinteilung hatte allerdings nicht lange Bestand und wurde noch
in der Mandatszeit aufgehoben. Großbritannien erhielt das Mandat
über Mesopotamien und Palästina, von dem es 1922 das Ostjordanland abgrenzte (bis 1949 Transjordanien, dann Jordanien). Den von
den Franzosen verdrängten Faisal entschädigte London 1921 mit
dem neugeschaffenen irakischen Thron, Emir Abdallah unterstützte
es bei der Konsolidierung seiner Herrschaft in Transjordanien. Im

September 1923 trat die Mandatsordnung in Kraft. Damit stand die gesamte arabische Welt mit Ausnahme größerer Teile der Arabischen Halbinsel (Oman, Jemen und das künftige Königreich Saudi-Arabien) unter der Herrschaft europäischer Mächte, die in den folgenden Jahren und Jahrzehnten auch die Grenzen der alten und neuen Territorialstaaten festlegten.

B Anpassung und Widerstand in den Kolonialgebieten

1. Staats- und Nationsbildung im arabischen Raum

Die vor allem von arabischen Nationalisten und islamischen Aktivisten vertretene These, die arabischen Staaten seien künstlich geschaffen worden, schließt aus ihrer Entstehung im kolonialen Kontext auf ihre mangelnde Legitimation und Verankerung. Das trifft die Sache nicht richtig: Das zaiditische Imamat im Jemen, das ibaditische Imamat und Sultanat in Oman und die sunnitisch-arabischen Scheichtümer am Golf verfügten selbst in den Zeiten, in denen sie unter osmanischer oder britischer Oberhoheit standen, über eigenständige Wurzeln und Traditionen. Saudi-Arabien war das Produkt militärischer Eroberung durch die mit den Wahhabiten verbündete Familie der Al Saʿud, die seit der Mitte des 18. Jahrhunderts bereits zwei Staaten gegründet hatten. Nun schufen sie mit britischer Rückendeckung bis 1932 ein Königreich, dem nach der Zerschlagung des Königreichs von Hijaz auch Mekka und Medina eingegliedert wurden. Damit ging die Schirmherrschaft über die muslimische Pilgerfahrt auf das saudische Königshaus über, was dessen überregionale Ausstrahlung schlagartig erhöhte. In der übrigen arabischen Welt beruhten die europäischen Mandate und Protektorate zwar auf Gewalt, doch schufen sie nicht überall »künstliche« Staaten: Das moderne Marokko, Algerien und Tunesien erweiterten jeweils einen territorialen Kern, der zumindest bis ins 14. Jahrhundert zurückreichte, und Ägypten blickte ebenso wie der Irak bzw. Mesopotamien auf eine jahrtausendealte Geschichte zurück, wenn frühere Grenzen auch nicht mit den aktuellen zusammenfielen. Nur die Staaten der Levante entstanden durch die Aufteilung gewachsener Kultur- und Wirtschaftsräume, Libyen durch die Zusammenfügung ursprünglich schwach oder gar nicht

verbundener Gebiete. Auf den Libanon und später Sudan traf beides zu, Aufteilung und Zusammenfügung.

Der Blick auf ihre Geschichte beantwortet freilich nicht die klassische Frage danach, was diese Staaten, über greifbare Leistungen für
ihre Bewohner hinaus, ideologisch und politisch zusammenhielt: In
vielen der älteren und der neugeschaffenen Kolonialgebiete (worun-
ter hier auch die Mandate gerechnet werden) war dies der Nationalismus, der sich in der Zwischenkriegszeit sehr rasch entfaltete und
in unterschiedliche Varianten auffächerte. In den tribal verfassten
Monarchien hingegen entwickelte sich ein nationales Bewusstsein
erst spät, wenn überhaupt – Saudi-Arabien zum Beispiel war über
Generationen ein Territorial-, aber kein Nationalstaat, und Ähnliches gilt für Libyen, Jordanien und die arabischen Golfscheich-
tümer. In ihnen dienten, nicht anders als zuvor im Osmanischen
Reich, die Loyalität zur herrschenden Dynastie und das Bekenntnis
zum Islam als Bindemittel. Die Probleme der Staats- und Nationsbildung traten in der Zwischenkriegszeit deutlich hervor, am schärfsten
wohl in Palästina, das unter osmanischer Herrschaft keine administrative Einheit gebildet hatte und nun sowohl von seinen arabischen
Bewohnern als auch von den zionistischen Zuwanderern in Anspruch genommen wurde.

Der Krieg hatte in den arabischen Anrainerstaaten des Mittelmeers die gesellschaftlichen Widersprüche verschärft: Während in
den vorübergehend von Importen abgeschnittenen Ländern Grundbesitzer, Bauern, Unternehmer und Kaufleute von einer steigenden
Nachfrage und steigenden Preisen profitierten, litt ein großer Teil
der Bevölkerung unter Nahrungsmittel- und Güterknappheit, Inflation und Teuerung. Der Maghreb und Ägypten waren zwar nicht
Kriegsschauplatz, jedoch massiv in die alliierte »Kriegsanstrengung« eingebunden; in Ägypten wurde zeitweise jeder dritte Mann
für Transport- und andere Dienste zwangsverpflichtet. Der Hijaz,
Irak, Syrien, Palästina und das Ostjordanland waren selbst Kriegsschauplatz. Am meisten litt wahrscheinlich die Bevölkerung des
syrischen Küstenstreifens und seines Hinterlandes. Hier griff nicht
nur die osmanische Mobilmachung mit aller Härte (in der Region ist

diese Periode als *safarbarlik* bekannt, von osman. *seferberlik*, Mobilmachung), sondern auch die alliierte Blockade der Häfen. Im Libanon-Gebirge kam während des Kriegs möglicherweise die Hälfte der Einwohner durch Hunger und Krankheit ums Leben.[311] Während dieser Teil des Kriegsgeschehens einigermaßen aufgearbeitet und im kollektiven Gedächtnis präsent ist, gilt dies nicht für die Spanische Grippe, die ungeachtet ihres Namens nicht in Spanien ausbrach, sondern in den USA, und von 1918 bis 1919 auch zwischen Nordafrika und der Arabischen Halbinsel Hunderttausende von Toten forderte. In Iran raffte sie Schätzungen zufolge zwischen 8 und 22 Prozent der Bevölkerung hinweg. Weltweit sollen ihr zwischen 20 und 50 Millionen Menschen erlegen sein, möglicherweise sogar noch mehr.[312] Die Spanische Grippe war eine der tödlichsten Pandemien der Menschheitsgeschichte, die allerdings, anders als die Große Pest des 14. Jahrhunderts, sozial- und kulturgeschichtlich kaum Spuren hinterließ. Dass die Spanische Grippe später kaum »erinnert« wurde, liegt wohl an der Überlagerung durch Krieg, Naturkatastrophen und Entbehrung und der schieren Unauffälligkeit der Krankheit, die im Unterschied zu Pest, Cholera oder Lepra keine außergewöhnlichen Begleiterscheinungen aufwies. Hinzu kommt die Tatsache, dass die Pandemie die ländliche und nomadische Bevölkerung stärker traf als die städtische, die generell mehr Zeugnisse hinterlassen hat und besser dokumentiert ist. Zugleich aber deutet das Vergessen auf das starke Gewicht politischer Faktoren bei der Konstruktion des »kollektiven Gedächtnisses« hin.

Der Kampf gegen die Kolonialherrschaft in ihren unterschiedlichen Ausformungen war in Teilen tatsächlich ein Kampf: 1919 brach in Ägypten die sogenannte Nationale Revolution aus, nachdem der britische Hochkommissar eine Delegation (arab. *wafd*) ägyptischer Politiker um den früheren Erziehungs- und Justizminister Sa'd Zaghlul (um 1860–1927), die in Paris für die Selbstbestimmung Ägyptens und Sudans eintreten wollten, verhaften und nach Malta deportieren ließ. Zwischen 1920 und 1926 kam es in Marokko, im Irak und in Syrien zu großen anti-kolonialen Aufständen, die ebenfalls als nationale Revolutionen in die jeweilige nationale Geschichtsschreibung eingingen, in Libyen setzte sich der Widerstand bis in die 1930er Jahre fort. Alle diese Aufstände wurden mit Gewalt niedergeschlagen, am brutalsten die ländlichen. Gegen die irakischen Stämme am mittleren Euphrat setzten die Briten 1920 Senfgas ein, ebenso die Franzosen 1926 gegen die berberischen Rifkabylen. Den libyschen Widerstand unter Führung Umar al-Mukhtars (1862–1931) brach das neue faschistische Regime in Italien mit einer Kombination von Giftgas und Flächenbombardements, Internierungslagern und einem Sicherheitszaun an der ägyptischen Grenze. Den Maßnahmen fiel vermutlich ein Drittel der Bevölkerung zum Opfer. Keines dieser Kriegsverbrechen wurde geahndet. Der Arabische Aufstand in Palästina von 1936 bis 1939 richtete sich nicht allein gegen das britische Mandat, sondern zugleich gegen die Einrichtung einer »jüdischen Heimstätte« auf arabischem Boden. Hier griffen die Briten auf die Mittel (und auch die Männer) zurück, die sie gegen die aufständischen Iren einsetzten: Kollektivstrafen, Zerstörung der Häuser von Aufständischen bzw. Terrorismusverdächtigen, Prügelstrafen und öffentliche Exekutionen.

Alle Aktionen wurden zumindest im Nachhinein als national bzw. nationalistisch deklariert und auf diese Weise in die große »nationale Erzählung« eingewoben. Das vereinfacht die Dinge freilich sehr: In jedem einzelnen Fall verband sich der anti-koloniale Widerstand mit innergesellschaftlichen Konflikten; unterschiedliche Gruppen verfolgten unterschiedliche Interessen, und nicht für alle stand die nationale Sache im Vordergrund.[313] Unterschiedlich waren zugleich die Aktions- und Organisationsformen, Sprache und Symbolik der Beteiligten. Dass Frauen an den Aktionen teilnahmen, war für sich genommen nicht ungewöhnlich – vor allem in städtischen Unruhen spielten Frauen seit jeher eine aktive Rolle –, wohl aber, dass einige wenige dabei Kopftuch und Schleier ablegten. Auf dem Land boten, zumindest außerhalb der Arabischen Halbinsel, neben den Stämmen nach wie vor die Sufi-Bruderschaften einen Rahmen für kollektive Mobilisierung, in den Städten fächerten sich die Möglichkeiten politischen Handelns in dem Maße auf, in dem neben die herkömmlichen Orte und Medien neue zivilgesellschaftliche Vereinigungen und poli-

Abb. 38: Die Nationale Revolution von 1919 in Ägypten

tische Parteien traten. Bewusst steht hier »neben«, denn auch im 20. Jahrhundert behielten die traditionellen Orte und Medien ihre eminente Bedeutung für Geselligkeit, Kommunikation und Mobilisation: Empfangsräume und informelle Treffen in Privathäusern (arab. *diwan* und *majlis*), Familienfeiern und religiöse Festtage, klientelistische Netze und Notabelnpolitik. Der militante Widerstand bildete insgesamt die Ausnahme. Die städtischen Eliten suchten bis in die späten 1930er Jahre ihre Ziele vorrangig über Verhandlungen zu erreichen.

2. Die »liberale Ära«

Mit Blick auf Ägypten und den Fruchtbaren Halbmond sind die 1920er Jahre als »liberale Ära« bezeichnet worden (Albert Hourani).[314] Für den Irak, Sudan und Maghreb gilt dies bestenfalls mit

Einschränkungen, für die Arabische Halbinsel gar nicht. Ohnehin ist der Begriff »liberal« unter kolonialen Vorzeichen mit Vorsicht zu gebrauchen. Oft genug enthält er den impliziten Vergleich mit den Militärdiktaturen der 1950er und 1960er Jahre. Liberal war auf jeden Fall nicht gleichzusetzen mit selbstbestimmt. Schon die Regierungsform entsprang kolonialer Einflussnahme: Die Franzosen etablierten in den von ihnen kontrollierten Territorien Republiken (lediglich in Marokko ließen sie 1912 das Sultanat unangetastet), die Briten Monarchien. Nur für Palästina machten sie eine Ausnahme.

Die Briten griffen dabei weiterhin auf die in Indien erprobten Verfahren der *indirect rule* zurück: Zumal auf lokaler Ebene überließen sie die sichtbare Machtausübung weitgehend den angestammten Eliten und mieden offene Interventionen in das Sozialgefüge, die Rechtsordnung und den im engeren Sinne religiösen Bereich.[315] Anders als in Indien schufen sie im Vorderen Orient kein »anglo-muhammadanisches Recht«, etablierten allerdings in Palästina eine neue religiöse Instanz in Gestalt eines Obersten Muslimischen Rates. Im Prinzip verfolgten die Briten konservative, an der Stabilisierung des Status quo ausgerichtete Interessen, die bestehende Hierarchien bewahren und soziale Umbrüche verhindern sollten. Die Bauern versuchten sie in paternalistischer Manier durch Boden- und Pachtgesetze vor grober Ausbeutung zu schützen und als Produktivkräfte auf dem Land zu halten. Im Irak gingen die Mandatsbehörden allerdings weiter und förderten als Gegengewicht zu den städtischen Eliten gezielt die Führer der großen arabischen und kurdischen Stämme, ein folgenschwerer Eingriff in den Status quo, der zu Lasten einfacher Stammesangehöriger und der bäuerlichen Bevölkerung ging.

Mit der britischen Praxis der *indirect rule* kontrastierte lange die französische Kolonialpolitik in Algerien, Tunesien und Marokko, die über Jahrzehnte direkt in das lokale Rechts- und Bildungswesen intervenierte. Nach dem Ersten Weltkrieg gingen aber auch die französischen Kolonialbehörden zurückhaltender vor (eine Ausnahme blieb das nördliche Algerien, das Teil des französischen Mutterlandes war), um einer späteren »Assoziierung« der betreffenden Gebiete an Frankreich nicht den Weg zu verbauen. Zwischen diesen beiden

Ansätzen positionierte sich die Politik des faschistischen Italiens in Libyen:[316] Italien stilisierte seine Eroberungen auf nordafrikanischem Boden als Rückkehr, als Teil der Wiederherstellung des Römischen Imperiums, das sich mit seinem ökumenischen Pluralismus und der väterlichen Fürsorge für seine Einwohner vom englischen und französischen Kolonialismus absetzte. Mussolini selbst inszenierte sich als neuer Augustus und erklärte sich nach dem Vorbild Napoleons und Kaiser Wilhelms II. zum »Protektor des Islam«. Die Kolonialregierung verzichtete nach der brutalen Unterwerfung des Landes zwar auf Eingriffe in das Religions- und Rechtswesen, gestaltete allerdings die Verwaltung nach italienischem Muster um. Zugleich unternahm sie große Anstrengungen, Libyen in die »vierte Küste Italiens« umzuwandeln, die die überschüssige Bevölkerung vor allem des unterentwickelten italienischen Südens aufnehmen sollte (»Sozialimperialismus«). Wie Algerien und Tunesien diente also auch Libyen als Siedlungskolonie. 1939 wurde das nördliche Libyen in vier Regionen unterteilt und nach algerischem Vorbild in das Königreich Italien eingegliedert.

Auch die Briten machten beim Prinzip der minimalen Intervention eine Ausnahme: Wie die anderen Mandatsmächte behielten sie sich in Vertretung des Völkerbundes den Schutz der einheimischen Minderheiten vor. Wie zwiespältig die Folgen dieser Politik waren, die einerseits dem Schutzbedürfnis bestimmter Gruppen entgegenkam und sie in einzelnen Fällen auch nachweislich schützte, andererseits *alle* Minderheiten in eine gefährliche Nähe zum europäischen Kolonialismus rückte, war zu dieser Zeit bekannt. Die Zurückhaltung in rechts- und religionspolitischen Dingen kontrastierte zugleich mit der weitgehenden Kontrolle der Wirtschafts-, Außen- und Sicherheitspolitik der Protektorats- und Mandatsgebiete, ausgeübt durch diplomatische Vertreter (Residenten, Generalagenten, Hochkommissare oder Botschafter) sowie Berater und Inspektoren in den verschiedenen Ämtern und Ministerien, die nicht selten als eine Art Schattenminister fungierten. In Marokko vereinigte Marschall Louis Lyautey, der dort von 1912 bis 1925 der französische Generalresident war, faktisch alle politischen und militärischen Kompetenzen der marokkanischen Zentralgewalt *(makhzen)* auf sich, ohne die Position des Sultans formal in Frage zu stellen. Als Großbritannien 1922 Ägypten in die Unabhängigkeit entließ, geschah dies unter vier gewichtigen Vorbehalten: London behielt die exklusive Kontrolle über Sicherheit und Verteidigung sowie die internationalen Verkehrswege (an erster Stelle den Suezkanal) und beanspruchte zugleich den Schutz ausländischer Interessen und der lokalen Minderheiten. Das angloägyptische Kondominium im Sudan blieb von der Statusänderung Ägyptens unberührt. Die Stationierung eigener Truppen, der Ausbau militärischer Stützpunkte und einer militärisch nutzbaren Infrastruktur sowie der Abschluss militärischer Beistandspakte brachten die bestehenden Abhängigkeitsverhältnisse selbst nach der Entlassung der früheren Protektorate und Mandate in die nominelle Unabhängigkeit unübersehbar zum Ausdruck.

Liberal war die Politik der Mandatsmächte und der städtischen Eliten mit Blick auf die Wirtschaftspolitik (von der man erstmals überhaupt sprechen kann), die politische Ordnung und gewisse leitende Ideen. Bei Kriegsende waren die Gesellschaften des Vorderen Orients und Nordafrikas noch immer überwiegend agrarisch geprägt.[317] Rund drei Viertel aller Menschen lebten auf dem Land und von der Landwirtschaft, das war ein Rückgang von etwa zehn Prozent gegenüber den Schätzungen für das Jahr 1800. Nomaden lebten in großer Zahl nur noch in Teilen des Iraks, Irans und Syriens, auf der Arabischen Halbinsel und im südlichen Maghreb. Zahlenmäßig dominierten überall Kleinbauern und mittlere Grundbesitzer, die in der Regel Familienhöfe bewirtschafteten. Vor allem in Ägypten, im Irak und in Syrien hatte sich seit den 1860er Jahren ein einheimischer Großgrundbesitz herausgebildet, der einen überproportionalen Teil am ländlichen Grund und Boden hielt. In Iran war er älteren Datums, im Maghreb kontrollierten europäische Siedler und Syndikate einen großen Teil des landwirtschaftlich nutzbaren Bodens. Zwar herrschte weiter die Subsistenzwirtschaft vor, doch war seit dem 19. Jahrhundert die Kommerzialisierung der Landwirtschaft fast überall weiter vorangeschritten. Zu den wichtigsten Exportgütern zählten Baumwolle aus Ägypten (wo sie als regelrechte

Monokultur Produktion und Export bestimmte), der Türkei, Iran, dem Irak und Syrien, Getreide aus Algerien, Datteln aus dem Irak und Zitrusfrüchte aus Palästina, dem Libanon und Transjordanien. Auf die Region als Ganzes gesehen entsprach der Anstieg des Bruttoinlandsprodukts in den Zwischenkriegsjahren ungefähr dem der Bevölkerungszunahme, der Lebensstandard der Bevölkerung blieb in etwa gleich. Regional differenzierten sich die Verhältnisse allerdings recht deutlich aus: Die Türkei, Iran, Ägypten und Palästina durchliefen aus ganz unterschiedlichen Gründen eine rasche wirtschaftliche Entwicklung. In der Türkei war sie vor allem der Erholung von den kriegsbedingten Zerstörungen und einer aktiven staatlichen Wirtschaftspolitik zu verdanken, baute also auf eigenen Kräften auf. In Ägypten spielten die hohen Baumwollpreise, in Iran die Erdöleinnahmen und in Palästina die jüdische Zuwanderung eine wichtige Rolle. Keiner dieser Faktoren ist als exklusiv zu betrachten. In der Türkei und in Syrien wurde die landwirtschaftliche Nutzfläche durch Bewässerung und sonstige Infrastrukturmaßnahmen erheblich ausgeweitet; führend waren dabei private Unternehmer. Allerdings blieb es im Wesentlichen bei einer Extensivierung der Landwirtschaft, die sich nur punktuell auf technologische Neuerungen, neues Saatgut oder neue Kulturen einließ.

Stärker veränderten sich Industrie und produzierendes Gewerbe: Im Zeichen nationaler Selbstbestimmung entstanden lokal finanzierte und geführte Banken, Industrie- und Handelsunternehmen, die zwar nicht in dem Umfang Importe substituieren und den Einfluss ausländischer Firmen zurückdrängen konnten, wie ihre Gründer dies beabsichtigten, aber doch einen ausbaufähigen einheimischen Wirtschaftssektor schufen. In Ägypten setzten lokale Wirtschaftskreise dabei nicht mehr primär auf staatliche, sondern auf private Initiative. Die 1920 gegründete Bank Misr (Ägypten-Bank) baute über die Jahre ein Netz ägyptischer Industrie- und Handelsunternehmen auf, die allerdings auf die Zusammenarbeit mit ausländischen Investoren und Unternehmen angewiesen blieben. Ähnliches gilt für Syrien. Ausgehend von Westiran und Nordirak entwickelte sich parallel dazu eine Erdölindustrie, die auf andere Wirtschaftssektoren ausstrahlte. Wie alle Bodenschätze gehörten die Erdölvorkommen als solche dem Staat; die Förderanlagen, Raffinerien und Pipelines hingegen waren im Besitz ausländischer Syndikate, und der staatliche Anteil an den Erlösen lag nominell bei 20 bis 25 Prozent. Eine nennenswerte Industrialisierung erlebte die Region erst nach dem Zweiten Weltkrieg.

Liberal waren die politischen Regime darüber hinaus mit Blick auf Grundelemente des politischen Liberalismus: Verfassung, Mehrparteiensystem, Vereinigungs- und Versammlungsfreiheit, unabhängige Justiz und freie Presse. Zensur und Überwachung waren ungleich beschränkter als in hamidischer und in späteren Zeiten. In den Monarchien Irak, Kuwait, Oman, Transjordanien, Ägypten und Marokko, von denen vier Mandate bzw. Protektorate waren und zwei durch Schutzverträge an Großbritannien gebunden, bildete sich ein »politisches Dreieck« heraus, das sich aus dem jeweiligen Palast und seinem Umfeld, der britischen bzw. französischen Vertretung und lokalen Akteuren zusammensetzte. Letztere kamen im Wesentlichen aus den Kreisen der Grundbesitzer, Stammesführer, Kaufleute und der städtischen Intelligenz – auch sie vielfach Abkömmlinge der grundbesitzenden Mittel- und Oberschicht. Die meisten der in den Parlamenten vertretenen Parteien waren im Prinzip lockere Zusammenschlüsse von Notabeln und Notabelnfamilien, die ihre Anhänger über Patronage- und Klientelnetze mobilisierten. Syrien und der Libanon sind hier die Musterbeispiele. Die ägyptische Wafd-Partei als nationale Sammlungsbewegung dagegen rekrutierte, ähnlich wie die schon 1885 gegründete indische Kongresspartei, ihre Massenbasis sowohl aus der städtischen als auch der ländlichen Mittelschicht.[318] Die Übergänge zwischen traditionellen und modernen Formen politischer Organisation und Artikulation waren und blieben fließend. Die Rolle von Frauen in den nationalen Bewegungen und Parteien wurde lange übersehen und gerät erst seit jüngerer Zeit in den Fokus. Sie war insgesamt aber eher unterstützender Natur. Intellektuelle oder politische Führerschaft konnten sie nicht beanspruchen.[319] Liberal-national waren die Eliten einschließlich der städtischen Mittelschicht schließlich mit Blick auf ihre leitenden Ideen. Mit dem

Zusammenbruch des Osmanischen Reiches büßten die vormals engen Beziehungen nach Istanbul ihre Funktion ein, die Ortsvereine des Komitees für Einheit und Fortschritt lösten sich auf. Was in der Türkischen Republik geschah, wurde jenseits von Syrien nur noch beiläufig zur Kenntnis genommen. An die Stelle osmanischer Denk- und Handlungsmuster traten europäische Ideen wie Nationalismus, Liberalismus und Sozialismus, die bereits den Bürokraten, Militärs und Intellektuellen des ausgehenden 19. und frühen 20. Jahrhunderts vertraut gewesen waren, aber noch nicht allzu weit in die Gesellschaft ausgestrahlt hatten. Das änderte sich in den Zwischenkriegsjahren, und insofern ist, wie der britische Nahosthistoriker Malcolm Yapp bemerkte, das »liberale« Zeitalter zugleich die Ära, in der der europäische Einfluss am stärksten war.[320] Wiederum handelte es sich nicht um bloße Übernahmen, sondern um neue, eigene Variationen. Neben einer nationalen, tendenziell säkularen Strömung behaupteten sich religiöse Reformbestrebungen, die sich vor allem gegen einen wahrgenommenen Verfall von Moral und Sitte, gegen den Heiligenkult, Aberglauben und »volksreligiöse« Erscheinungen ganz allgemein richteten. Interessant sind wie immer die feinen Nuancen, Übergänge und Vermischungen. Kaum eine Strömung war vollkommen frei von religiösen Motiven: Schon die Nahda und der Arabismus waren ja stärker vom (sunnitischen) Islam geprägt, als diejenigen glaubten, die den Nationalismus geradezu als Überwinder religiöser Bindungen und Schranken sahen. Umgekehrt ist die Sakralisierung von Nation und Gemeinschaft keine islamische Besonderheit.

Arabische Nationalisten und islamische Aktivisten mochten politische Konkurrenten sein, sie sprachen vielfach jedoch dieselbe Sprache: Während die Nationalisten Anleihen beim islamischen Repertoire machten und den nationalen Befreiungskampf als Jihad bezeichneten, die Opfer als Märtyrer und die nationale Idee als Botschaft (das arabische *risala* bezeichnet üblicherweise die Botschaft des Propheten Muhammad), sprachen islamische Aktivisten ganz selbstverständlich von Volk, Nation und Vaterland. Ungeachtet aller Bestrebungen, die islamische Einheit wiederherzustellen und das

Kalifat wiederzuerrichten, gab der Territorialstaat auch für die islamischen Aktivisten den Rahmen ihres Handelns und nicht selten sogar ihres Denkens ab. Zur gleichen Zeit agierten die anti-kolonialen
Bewegungen in den 1920er Jahren konfessionsübergreifend. Gerade
im Widerstand gegen die Kolonialherrschaft lag den Aktivisten an
einer Einheitsfront, die alle Teile der Nation zusammenschloss.

In Palästina bildeten sich unmittelbar nach Kriegsende mus-
limisch-christliche Vereinigungen, die diese Einheit verkörperten.
In Ägypten verbrüderten sich Muslime und Kopten im Zeichen der
nationalen »Einheit von Kreuz und Halbmond«. Im Irak solidari-
sierten sich in einer ersten Aufwallung nationalen Zusammenhalts
Sunniten, Schiiten, Christen und Juden, Araber, Kurden und Turkmenen, Stammesangehörige und Städter. In Syrien fanden im großen
Aufstand von 1925 Muslime, Drusen und Christen zusammen.[321] Nun
ist nationale Geschlossenheit im Angesicht des kolonialen Besatzers
nicht identisch mit einer säkularen Ausrichtung. Die Wafd-Partei,
in deren Führung koptische Christen prominent vertreten waren,
formulierte jedoch ein Motto, das eindeutig säkular inspiriert war:
»Die Religion für Gott, das Vaterland für alle.« Wenn dieses Motto
in Recht und Verfassung des Landes auch nicht vollständig umgesetzt wurde, war es doch Programm. Es definierte einen ägyptischen
Nationalismus, der die ägyptische Kultur und Identität (zu dieser
Zeit war viel von einer »ägyptischen Persönlichkeit« die Rede) als
das Ergebnis pharaonischer, mediterraner und arabisch-islamischer
Einflüsse sah, ohne sie auf ein einzelnes Element festzulegen. Literaten und Intellektuelle wie Ahmad Lutfi as-Sayyid (1872–1963), Muhammad Husain Haikal (1888–1956) und Taha Husain (1889–1976),
die sich als westlich-aufgeklärt verstanden, prägten bis in die Mitte
der 1930er Jahre das geistige Klima des Landes.[322]

3. Weltwirtschaftskrise und neue politische Bewegungen

Zu Beginn der 1930er Jahre griff die Weltwirtschaftskrise auf die Mittelmeeranrainer über, bremste dort das Wirtschaftswachstum und ließ das Bruttoinlandsprodukt sogar zurückgehen.[323] Die abnehmende Kaufkraft der Bevölkerung und die steigende Arbeitslosigkeit waren vor allem in den größeren Städten zu spüren, die durch zunehmende Landflucht unkontrolliert wuchsen. Der Preisverfall der Exportgüter fügte der Landwirtschaft und dem produzierenden Gewerbe erheblichen Schaden zu und verstärkte zugleich die Bemühungen, durch den Aufbau einer nationalen Industrie die wachsende Importabhängigkeit zu verringern. Der Ölsektor, der sich auf Nordirak und Westiran konzentrierte, trug hierzu wenig bei, befand er sich doch nahezu vollständig in britischer Hand. Die 1932 in Bahrain und 1938 in Kuwait und Saudi-Arabien entdeckten Ölvorkommen wurden erst nach dem Zweiten Weltkrieg ausgebeutet. Bedeutung für die nationale Wirtschaft und Gesellschaft erlangte am ehesten die Arbeiterschaft im Ölsektor und in der modernen Infrastruktur (Eisenbahnen, Häfen, Straßenbau).

Zur gleichen Zeit forderte der Aufstieg faschistischer Bewegungen nicht nur in ihren Heimatländern, sondern auch im Vorderen Orient und in Nordafrika die bestehenden Ordnungen heraus: Italien stand bereits seit 1922 unter faschistischer Herrschaft, Rumänien folgte 1927, Kroatien 1929, Spanien 1933, im selben Jahr ergriffen in Deutschland die Nationalsozialisten die Macht; in einer Reihe weiterer europäischer und außereuropäischer Staaten formierten sich faschistoide Strukturen und Bewegungen. Angesichts dieser Entwicklung modifizierten London und Paris ihre Politik gegenüber den arabischen Staaten, um sie bei abgeschwächter Kontrolle weiter an die jeweilige »Schutzmacht« zu binden und von einer Hinwendung zu deren faschistischen Gegenspielern abzuhalten. Irak und Ägypten wurden 1932 bzw. 1936 sogar als unabhängige Staaten in den Völkerbund aufgenommen. Die Bereitschaft zur Zusammenarbeit mit den Kolonialverwaltungen kompromittierte die Eliten jedoch in den Augen einer Öffentlichkeit, die die volle Unabhängigkeit ein-

schließlich des Abzugs aller ausländischen Truppen forderte. Unter
der Diskreditierung der Eliten litten wiederum die liberal-konstitu-
tionellen Ideen und Institutionen, die lange als Schlüssel zu Einheit,
Fortschritt und kollektiver Selbstbehauptung verstanden worden
waren. Nun wurden sie vielfach mit der Herrschaft der europäischen
Kolonialmächte und der mit ihnen kollaborierenden Großgrundbesitzer und Stammesführer identifiziert und als »unauthentisch« zurückgewiesen.

Im Verlauf der 1930er Jahre veränderte sich so zwischen Ägypten und dem Irak die Konstellation der Kräfte. Maßgebliche Intellektuelle begannen, sich von liberalen Ideen abzuwenden. Zu dem
klassischen Machtdreieck traten Bewegungen neuen Typs, die sich in
erster Linie aus der sogenannten Efendiyya rekrutierten, demjenigen
Teil der städtischen Bevölkerung jüngeren und mittleren Alters, der
sich durch eine moderne Bildung, einen modernen, durchaus westlich geprägten Lebensstil, abzulesen vor allem an der Kleidung, und
eine nationale Gesinnung auszeichnete. Der türkische Titel Efendi
stand mittlerweile für diesen Typus des »modernen« männlichen
Städters, und in den 1930er Jahren gehörten dazu nicht länger nur
gut ausgebildete Bürokraten und Freiberufler.[324]

Wie in Europa oder auch in Japan entstanden Mitte der 1930er
Jahre paramilitärische, von faschistischen Ideen und Aktionsformen inspirierte Organisationen wie die Partei Junges Ägypten (Misr
al-Fatat), Blau-, Grün-, Weiß- und Stahlhemden, die Syrische Na-
tional-Sozialistische Partei und die libanesische Phalange (arab. Ka-
ta'ib), die meisten muslimisch, Letztere christlich.[325] In der Mehrheit
waren diese Gruppierungen wie ihre europäischen Vorbilder säkular
ausgerichtet, aber eben nicht länger liberal, sondern rechtspopulis-
tisch. Die Attraktion des Faschismus lag in seiner Kombination von
Ideologie und Bewegung, Ikonographie und öffentlichem Auftreten,
Führerkult und Geschlossenheit – und nicht zuletzt darin, dass die
faschistischen Mächte Konkurrenten Großbritanniens und Frankreichs waren und, mit der wichtigen Ausnahme Italiens, selbst keine
Kolonien auf »islamischem Boden« besaßen. Viele arabische Nationalisten bewunderten Mussolini und Hitler als charismatische und

erfolgreiche Führer ihrer Völker. Den Rassismus und Antisemitismus der Nationalsozialisten, der die Araber selbst als Semiten und daher rassisch minderwertig einstufte (wenn es ihnen nicht gelang, wie der Mufti von Jerusalem als »Kaukasier« anerkannt zu werden), lehnten sie in der Regel ab.

Daneben entfaltete sich eine islamische Bewegung, die in vielen Regionen die Sufi-Bruderschaften an den Rand drängte. Unter Berufung auf Koran und Sunna forderten die Islamisten eine grundlegende Reform von Staat und Gesellschaft und griffen dabei, ähnlich wie die Wahhabiten auf der Arabischen Halbinsel, aber anders als die Kadızadelis des osmanischen 17. Jahrhunderts, unmittelbar in die Politik ein. Ihre intellektuellen Wurzeln lagen in der Salafiyya des ausgehenden 19. und frühen 20. Jahrhunderts, deren Ideen sie auf eine breitere soziale Basis stellten und mit den drängendsten gesellschaftspolitischen Anliegen ihrer Zeit verknüpften. Dazu gehörte nicht allein die Befreiung von kolonialer Fremdbestimmung, sondern auch der Kampf um soziale Gerechtigkeit. Die größte Wirkung ging dabei von der ägyptischen Muslimbruderschaft aus, die 1928 in Ismailiyya, dem Hauptquartier der internationalen Suezkanal-Gesellschaft, von dem jungen Lehrer Hasan al-Banna (1906–1949) gegründet wurde. Im Laufe der 1930er Jahre breitete sie sich über Ägypten hinaus in der arabischen Welt aus.[326]

Hasan al-Banna war geradezu die Verkörperung des jungen Efendi: Der Vater stammte, wie die Mutter, aus bäuerlicher Familie, hatte sich unter Entbehrungen eine beachtliche islamische Bildung angeeignet, war Mitglied einer Sufi-Bruderschaft und stand den Ideen der Salafiyya nahe. Der Sohn dagegen ging auf staatliche Schulen und erwarb ein Diplom des angesehenen Dar al-ʿUlum, das 1872 mit dem Ziel gegründet worden war, unabhängig von der Azhar-Universität Arabischlehrer für die neuentstehenden Staatsschulen auszubilden. Wie viele seiner Altersgenossen war al-Banna von einer ländlich geprägten Kleinstadt in die Metropole Kairo übersiedelt, wie diese pflegte er einen durchaus modernen Lebensstil, wie diese war er glühender Patriot. Anders als viele seiner Altersgenossen aber verband er die moderne, staatliche Schulbildung mit privaten religiösen Studien, die ihn an die Sufi-Bruderschaft banden, der auch sein Vater angehörte. Kaum 21 Jahre alt, trat er 1927 eine Stelle als Arabischlehrer an einer staatlichen Grundschule in Ismailiyya an. Dort gründete er ein Jahr später mit einer kleinen Schar Gleichgesinnter die Gemeinschaft der Muslimbrüder (Jam'iyyat al-Ikhwan al-Muslimin), die sich im Verlauf zweier Jahrzehnte von einer sufisch geprägten religiösen Vereinigung in eine Massenbewegung verwandelte, der Schätzungen zufolge Ende der 1940er Jahre mindestens eine halbe Million Ägypter angehörten. Damit schufen sie zumindest in Nah- und Mittelost die erste islamische Bewegung, die diesen Namen verdiente. Die Muslimbrüder erreichten zwar auch die Einwohner der kleineren Provinzstädte, ja selbst größerer Dörfer, ihre Massenbasis bildete aber die großstädtische Efendiyya. Vor allem waren sie jung und daher völlig anders zusammengesetzt als die etablierten Parteien – aber auch als die Muslimbruderschaft der Ära Nassers und seiner Nachfolger.

Die Muslimbrüder stehen geradezu mustergültig für das Neben- und Ineinander von Aneignung und Ablehnung, Traditionsbezug und Neuorientierung, das die »lokale Moderne« generell charakterisiert. Ihnen ging es um eine Reform der ägyptischen Gesellschaft an Haupt und Gliedern, die sie in eine wahrhaft islamische, geistig und physisch starke und geeinte Gemeinschaft umwandeln sollte, die allen inneren und äußeren Feinden widerstehen würde. Die Umkehr westlicher Thesen und Argumente (hier der vom Völkerbund geschaffenen Mandate über »unreife« Völker und Nationen) ließ sich besonders klar an der Vision erkennen, die Welt könne am muslimischen Wesen genesen, wenn es sich erst wahrhaftig auf den Islam besonnen habe:[327]

»Gott […] hat den Muslimen eine größere Bürde auferlegt: die Menschheit zur Wahrheit zu führen, alle Menschen zum Guten zu leiten und die ganze Welt mit der Sonne des Islam zu erleuchten […] Das bedeutet, dass der heilige Koran die Muslime zu Vormündern über die unmündige Menschheit ernennt und ihnen das Recht auf Herrschaft und Souveränität über die Welt erteilt, um diesem edlen Auftrag zu dienen. Und so ist dies *unsere* Angelegenheit, nicht die des Westens, und sie kommt der Zivilisation des Islam zu, nicht der Zivilisation des Materialismus.«

Neu war im islamischen Kontext der Akzent auf Gesundheit und körperlicher Fitness. Die Verbindung von Mission mit geistiger und physischer Stärke erinnerte an die Ideen der *muscular Christianity*, die als literarisch-religiöse Strömung im England der 1850er Jahre entstanden, dort mittlerweile aus der Mode gekommen, in den USA aber noch präsent war.[328] Die Muslimbrüder boten das Programm des »gesunden Geistes in einem gesunden Körper« allerdings mit eigener Begründung, die aus der islamischen Tradition im Allgemeinen und dem »nüchternen« Sufismus im Besonderen schöpfte, soll heißen einem Sufismus, der esoterische Gedanken und Praktiken mied und sich auf die Verinnerlichung des Glaubens an den Einen Gott konzentrierte.

Neu war vor allem aber ihre Organisation – die Verbindung »islamischer« Titel und Praktiken mit modernen, parteiähnlichen Verbandsstrukturen und der gezielten Schaffung dessen, was man eine *corporate identity* nennen könnte, einschließlich Fahnen, Emblemen, Gebeten, Liedern und selbst musikalisch untermalten Theaterstücken. Wenn in der kritischen Literatur häufig auf ihre Nähe zu faschistischen Ideen und Organisationen hingewiesen wurde, so übersieht das den Einfluss anderer paramilitärisch auftretender Jugendorganisationen, die im Gegensatz zu den Faschisten vor Ort präsent und von angelsächsisch-protestantischen Ideen inspiriert waren: die Young Men's Muslim Association (YMMA), die 1927 nach dem Vorbild der Young Men's Christian Association (YMCA, 1844 unter dem Einfluss der *muscular Christianity* in den USA gegründet) geschaffen wurde und der Hasan al-Banna zeitlebens angehörte, und die von den Briten geförderte Pfadfinderbewegung (Boy Scouts, 1907), der die Muslimbrüder in den ausgehenden 1930er Jahren in aller Form beitraten.

Ungeachtet aller tradierten Vorbehalte gegen Musik und Spiel, aber in Einklang mit der Position eines Muhammad Abduh setzten die Muslimbrüder gezielt auch Kunst und Unterhaltung ein, solange diese vorrangig der nützlichen Erbauung dienten und nicht der bloßen Zerstreuung. Neu war die Kombination von Erziehungs- und Sozialarbeit mit politischem Engagement. Die Unterstützung des Arabischen Aufstands in Palästina trug einiges zur Popularisierung der Bewegung bei, rückte sie zugleich aber ins Blickfeld der Behörden und der britischen Botschaft. Dabei verfochten die Muslimbrüder bis zum Zweiten Weltkrieg eine Reformstrategie, die primär auf Mission (arab. *da'wa*) und Erziehung setzte, Überzeugungs- und Graswurzelarbeit also. Wieder lässt sich die Auseinandersetzung mit westlichen Ideen und Praktiken erkennen, hier in Gestalt der christlichen, vor allem angelsächsisch-protestantischen Mission, mit der die Muslimbrüder konkurrierten, die sie bekämpften, deren Mittel und Methoden *(pamphleteering, street corner preaching)* sie aber in adaptierter Form übernahmen.[329]

Vor der Einschüchterung und Gewaltanwendung gegen Kritiker und Konkurrenten schreckten die Muslimbrüder nicht zurück. In den frühen 1940er Jahren entstand ein Geheimapparat, den al-Banna, wie es scheint, nicht kontrollierte und der mit Anschlägen auf staatliche Einrichtungen, Regierungsvertreter, Ausländer und Juden auf sich aufmerksam machte. Eine Revolution lehnte al-Banna ausdrücklich ab. Dennoch eskalierte die Situation an der Jahreswende 1948/49: Als die Muslimbruderschaft Anfang Dezember 1948 verboten wurde, ermordete ein Mitglied des Geheimapparates den ägyptischen Ministerpräsidenten, im Februar 1949 erschoss die ägyptische Geheimpolizei Hasan al-Banna. Der Verlust ihres charismatischen Führers bedeutete einen tiefen Einschnitt in der Geschichte der Muslimbruderschaft, schwächte sie zunächst jedoch nicht.

In den 1940er Jahren gewannen sozialistische und kommunistische Ideen und Gruppierungen breiteren Rückhalt, in denen bislang ethnische und religiöse Minderheiten wie Juden, Kurden, Griechen und Armenier prominent vertreten gewesen waren.[330] Lenin hatte, wie erwähnt, im Ersten Weltkrieg das Selbstbestimmungsrecht der kolonialen Völker proklamiert, die sowjetische Regierung in den frühen 1920er Jahren aber die jungen Republiken annektiert, die sich nach der Februarrevolution zwischen der Krim, Tiflis und Buchara gebildet hatten. In den 1920er Jahren entstanden in Algerien, Ägypten, Syrien, dem Libanon, Palästina, der Türkei und Iran kommunistische Parteien mit enger Bindung an die Kommunistische Internationale (Komintern). Sie folgten deren Leitlinien mit Blick auf die »nationale Frage«, propagierten den Atheismus aber nicht offen, wenn sie ihn nicht überhaupt ablehnten. Obgleich die sowjetische Führung im eigenen Machtbereich »muslimisches nationales Abweichlertum« niederschlug, gelang den Kommunisten das Bündnis mit nationalen Kräften und die Ausweitung auf Länder wie Irak, Sudan, der Jemen und Bahrain.

Bis zum Aufstieg der syrischen Baath-Partei in den 1940er Jahren waren die kommunistischen Parteien neben der Muslimbruderschaft die einzige politische Kraft, die einer klar definierten Ideologie verpflichtet und nicht auf der Grundlage von Klientelbeziehungen organisiert war. Angesichts gravierender sozialer Missstände und des Aufstiegs der Sowjetunion als Gegenkraft zu den westlichen Kolonialmächten konnten sie zunehmend auch sunnitische und schiitische Muslime an sich binden. Am stärksten waren sie in Iran und Irak. Die Mitgliederbasis blieb allerdings fast überall städtisch und konzentrierte sich auf eine gebildete Jugend, Intellektuelle und gewerkschaftlich organisierte Arbeiter.

4. Assimilation und Emanzipation im Maghreb

Der französisch beherrschte Maghreb ging in der Zwischenkriegszeit eigene Wege: Nicht nur waren Kultur und Gesellschaft hier anders konturiert als im Vorderen Orient, die koloniale Beherrschung nahm deutlich andere Züge an als in Ägypten, Syrien und Irak.[331] Dazu gehörte, dass neben der Regierung in Paris die europäischen Siedler (colons) ein maßgebliches Wort bei der Gestaltung der Kolonialpolitik mitzusprechen hatten (hier bietet sich ein Vergleich mit den Buren in Südafrika an) und zugleich Zehntausende von Maghrebinern in Frankreich arbeiteten und studierten. Weder für das eine noch das andere gab es im arabischen Vorderen Orient eine Entsprechung. Eine gewisse Parallele bietet allenfalls das Verhältnis zwischen Aserbaidschan und Russland.

Vor allem in den nordalgerischen Departements intervenierten die französischen Kolonialbehörden gezielt in religiös-rechtliche Belange bis hin zum sensiblen Bereich des Ehe- und Familienrechts. Gerade dies verstärkte die Assoziation von Scharia und kollektiver Identität, die das politische und gesellschaftliche Leben weit über die Kolonialzeit hinaus beeinflussen sollte. In Marokko diente die Anwendung der Scharia als Katalysator des anti-kolonialen Widerstands: Der »Berber-Dahir« (arab. Erlass) vom Mai 1930, dem zufolge die Berber in zivilrechtlichen Fragen künftig anstelle der Scharia ihr eigenes Gewohnheitsrecht anwenden sollten und in Strafsachen französisches Recht, löste in den größeren Städten eine Protestwelle aus. Zwar mochten manche Berber tatsächlich ihr jeweiliges Gewohnheitsrecht gegenüber der Scharia bevorzugen. Doch sahen nicht nur Araber, sondern auch sehr viele Berber den Erlass als Ausdruck einer kolonialen Politik des Teile-und-Herrsche, das muslimische Berber und muslimische Araber auseinanderdividieren sollte – und anders als die Kurden und Tscherkessen in der Türkei, Syrien und dem Irak waren die Berber in Marokko keine Minderheit. Der Berber-Dahir verschärfte somit eine Spannung, die später offen aufbrechen sollte: die Spannung zwischen kollektiver Emanzipation, Identität und »Authentizität« im Zeichen von Islam und Scharia auf der einen Seite und der Verteidigung kultureller und politischer Gruppenrechte der Berber auf der anderen. Und noch ein Konflikt zeichnete sich ab, der nach der Unabhängigkeit deutlicher hervortreten sollte: der Konflikt zwischen der Anwendung der Scharia und der Gleichberechtigung von Mann und Frau, die das islamische Juristenrecht (Fiqh) gerade nicht verwirklicht. Zur gleichen Zeit aber verdichteten sich die kulturellen und intellektuellen Bindungen an Frankreich, in den 1940er Jahren zusätzlich verstärkt durch die massenhafte Migration von Arbeitern und Studenten. Während in keinem der britischen Mandate und Schutzgebiete des arabischen Raums Englisch zur Umgangssprache der westlich gebildeten Eliten avancierte, sprachen sie im Maghreb Französisch. Zur gleichen Zeit beherrschten viele Maghrebiner zwar den jeweiligen arabischen oder berberischen Dialekt, waren aber mit Ausnahme der klassisch gebildeten Religions- und Rechtsgelehrten nicht in der Lage, sich mündlich oder schriftlich in Hocharabisch auszudrücken.

Die Stämme und die in den ländlichen Regionen stark verankerten Sufi-Bruderschaften verloren in den 1930er Jahren zugunsten städtischer Gruppen und Bewegungen an Mobilisierungskraft. Im nördlichen Marokko war die Bewegung der Rifkabylen 1926 endgültig zerschlagen, die unter Führung des Religionsgelehrten Muhammad b. Abd al-Karim al-Khattabi (in westlichen Quellen meist Abdelkrim, 1882–1963) 1921 eine der ersten Republiken in der Region gegründet hatte. Im Süden leisteten die berberischen Stämme des mittleren Atlas noch bis 1934 Widerstand gegen die französische Mandatsmacht und die Zentralregierung des Sultans. Dann war auch in Marokko die Zeit des tribalen Widerstands im Wesentlichen vorbei. Anders als im Vorderen Orient spielten neben den modern gebildeten Angehörigen der neuen städtischen Mittelschicht (Efendiyya) nicht nur muslimische Reformgelehrte, sondern auch Arbeiter und Gewerkschaften eine prominente Rolle in Politik, Wirtschaft und Gesellschaft.

Dabei kreisten nicht alle gesellschaftlichen und politischen Aktivitäten um das Verhältnis zur Kolonialmacht. Die 1931 gegründete Vereinigung der Muslimischen Algerischen Religionsgelehrten unter Scheich Abd al-Hamid Ben Badis (1889–1940) zum Beispiel konzentrierte sich in der Tradition der Salafiyya auf die Erneuerung des algerischen Islam bzw. der algerischen Muslime. Ihr Hauptgegner war der »volkstümliche« Sufismus, der oft abschätzig als »Maraboutismus« bezeichnet wurde; Frankreich und die französische Kolonialverwaltung standen eher im Hintergrund. In Marokko dagegen profilierte sich ʿAllal al-Fasi (1910–1974) als innovativer Reformgelehrter und Patriot, der sich schon in den 1930er Jahren nationalistischen Positionen annäherte und 1944 schließlich die Unabhängigkeitspartei (Istiqlal) gründete.

Bis weit in die 1930er Jahre hinein stand generell jedoch nicht

der Kampf um nationale Unabhängigkeit im Vordergrund, sondern
»Assimilation« und Gleichberechtigung unter französischer Ägide.
»Assimilation« hieß für die meisten Maghrebiner nicht die völlige
Angleichung an Frankreich, sondern politische Gleichberechtigung
unter Wahrung ihrer muslimischen Identität. (Insofern könnte man
hier eine Parallele zu den »Arabisten« der spätosmanischen Ära sehen, die gleichfalls von einer arabischen Kulturnation unter osmanischem Schirm träumten.) Träger dieser Ideen waren vor allem die
Absolventen moderner privater und staatlicher Schulen. In Tunesien
diente das Sadiqi College, das 1875 als weiterführende Schule für die
muslimisch-arabische Oberschicht gegründet worden war, als regelrechte »Kaderschmiede«, in dieser Hinsicht dem Teheraner Dar
al-Funun vergleichbar. In Marokko kamen die Aktivisten aus den
»freien«, das heißt nichtstaatlichen Schulen. Auch in Tunesien verstanden sich gebildete städtische Kreise zunächst nicht als nationale,
sondern als soziale und kulturelle Reformbewegung, die islamische
Werte mit französischen Ideen und Institutionen in Einklang zu
bringen suchte. Die Gruppe der »Jungen Tunesier« trat 1907/08 für
eine kulturelle Neubelebung des Landes unter französischem Protektorat ein. Die Liberale Tunesische Verfassungspartei Destour (arab.
dustur: Verfassung) forderte 1920 die »Emanzipation« der muslimischen Tunesier, eine Verfassung sowie die Einrichtung einer bera-
tenden Kammer. Ähnlich wie in Algerien bot ihnen die französische
Kolonialverwaltung jedoch lediglich begrenzte Zugeständnisse an,
wie die selektive Einbürgerung unter Aufgabe des islamischen Per-
sonenstandsrechts.

Unter den Auswirkungen der Weltwirtschaftskrise verschärfte
sich zu Beginn der 1930er Jahre die wirtschaftliche und politische
Lage. Landenteignungen durch die französischen Kolonialbehörden
steigerten die Landflucht, Arbeitslosigkeit und allgemeine Unzufriedenheit. In Tunesien spaltete sich im März 1934 der Néo-Destour
von der Mutterpartei ab, der unter der Führung von Mahmoud Ma-
teri und Habib Bourguiba auf ein politisch unabhängiges, jedoch
liberal und westlich geprägtes Tunesien hinarbeitete. In Algerien
trug der Widerstand der europäischen Siedler gegen eine mögliche

Ausweitung der politischen Rechte der einheimischen Muslime entscheidend zu deren späterer Radikalisierung bei. Als Wendepunkt erwies sich das Scheitern einer von französischen Sozialisten getragenen Initiative. Sie stellte rund 20 000 gebildeten und um Frankreich verdienten muslimischen Algeriern (sogenannte *évolués*, eine westlich gebildete Elite und keineswegs die Bevölkerungsmehrheit) die französische Staatsbürgerschaft in Aussicht, was 1938 aber vom Parlament in Paris abgelehnt wurde. Dennoch sollte erst die Schwächung Frankreichs im Zweiten Weltkrieg den Akzent endgültig von der Assimilation bei voller Gleichberechtigung auf die Unabhängigkeit verlagern.

C Zweiter Weltkrieg und Entkolonisierung

1. Der Zweite Weltkrieg

Der Zweite Weltkrieg markierte für die arabischen Länder erneut eine Zäsur, die allerdings in erster Linie »äußeren« Faktoren geschuldet war, nicht einer tiefgreifenden Veränderung der eigenen Kultur, Politik und Gesellschaft. Bagatellisieren darf man die inneren Entwicklungen deshalb nicht: Wie der Erste, so verschärfte auch der Zweite Weltkrieg die innergesellschaftlichen Widersprüche. Die kriegsbedingte Unterbrechung strategischer Verkehrs- und Handelswege verhalf lokalen Unternehmern zu besseren Wettbewerbschancen. Die Bauern erzielten, sofern sie nicht Exportgüter wie Baumwolle, Tabak oder Zuckerrohr produzierten, die während des Kriegs nicht ausgeführt werden konnten, höhere Gewinne. Die kriegführenden Mächte stationierten Truppen vor Ort, was die Nachfrage nach einheimischen Produkten erhöhte. Zugleich aber verschärften Hunger und Tod, Güterknappheit, Preisanstieg und Inflation die bereits vorhandenen Spannungen, die schließlich in den Nachkriegsjahren offen ausbrachen. Dennoch sind die »äußeren« Faktoren höher einzuschätzen: Zum einen schwächte der Krieg die Kolonialmächte Großbritannien, Frankreich und Italien, die in den Folgejahren ihre imperialen Ansprüche zurücknehmen, wenn nicht überhaupt aufgeben mussten. Zum anderen führte die Gründung Israels kurz nach Kriegsende ein neues Element in der Regionalpolitik ein, das über Jahrzehnte nicht nur die Außen- und Sicherheits-, sondern auch die Innenpolitik der arabischen Staaten beeinflussen sollte.

Anders als im Ersten war im Zweiten Weltkrieg keine der regionalen Mächte selbst kriegführende Partei. Iran erklärte sich erneut für neutral. Die Türkei schloss im Oktober 1939 einen Beistandspakt mit

Großbritannien und Frankreich und hielt unter großem Aufwand den gesamten Krieg hindurch ihre Streitkräfte in Einsatzbereitschaft, trat aber nicht in den Krieg ein. Für die Achsenmächte Deutschland, Italien (seit Juni 1940) und Japan (seit September 1940) ebenso wie für die europäischen Alliierten und die USA, die sich ihnen erneut mit Verzögerung anschlossen (Dezember 1941), waren der Vordere Orient und Nordafrika alles in allem eher ein Nebenschauplatz. Zwar waren auch hier die Opfer und Verwüstungen groß, doch führten die Achsenmächte im Nahen und Mittleren Osten keine Vernichtungskriege, und die Alliierten setzten weder Flächenbombardements ein wie gegen Deutschland noch gar atomare Massenvernichtungswaffen wie gegen Japan. (Die Landminen allerdings, die die kriegführenden Parteien entlang der Mittelmeerküste bis auf die Höhe von El-Alamein legten, sind bis heute nur zu einem kleinen Teil geräumt.)

Im Mittelmeerraum und am Horn von Afrika ging die Aggression von Italien aus, das auf eine Restauration des Römischen Imperiums hinarbeitete, das nun sogar über das Horn von Afrika hinaus ausgedehnt werden sollte. Schon 1935 hatte Italien das Kaiserreich Äthiopien überfallen. Durch die italienische Expansionspolitik sah vor allem Großbritannien seine kolonialen und strategischen Interessen bedroht. Das Middle East Command, das London in Kairo einrichtete, wurde schließlich für den gesamten Raum von Griechenland über Ägypten, Sudan, Kenia, Uganda und Aden bis zum Persischen Golf zuständig. Frankreich stand bis zu seiner Kapitulation im Juni 1940 aufseiten der Alliierten. Unter dem Vichy-Regime kollaborierte es mit den Achsenmächten und wechselte schließlich nach dem Sieg der 1944 in Algier gegründeten Provisorischen Regierung General de Gaulles erneut auf die Seite der Alliierten.

Die europäischen Mächte bezogen ihre Mandats- und Protektoratsgebiete in ihre »Kriegsanstrengung« ein, auch jene, die nominell unabhängig geworden waren, und die nordafrikanischen Küsten sowie der Libanon, Teile Syriens, der Südirak und Westiran waren selbst Kriegsschauplatz.[332] Die Vichy-Regierung mobilisierte in Marokko, Algerien und Tunesien Hunderttausende von Männern, die an verschiedenen Fronten eingesetzt wurden. Erste italienische

Angriffe auf Ägypten und Britisch-Somaliland vermochten die Briten, gestützt auf Truppen des Empire und Commonwealth, im Juni 1940 zurückzuschlagen; bis Juli 1941 verloren die Italiener ihre Besitzungen am Horn von Afrika (Italienisch-Ostafrika) einschließlich Äthiopiens an die Briten und den lokalen Widerstand. Zur Unterstützung seines faschistischen Bündnispartners entsandte Hitler im Februar 1941 ein deutsches Afrikacorps unter Erwin Rommel, das im Juni 1942 die lang umkämpfte Festung Tobruk an der ägyptisch-libyschen Grenze eroberte. Die zwei Schlachten von El-Alamein im Juli und Oktober 1942 zwangen das Afrikacorps jedoch zum Rückzug nach Tunesien.

In parallelen Operationen besetzten britische, indische und australische Truppen, begleitet von Einheiten des Freien Frankreich, der ostjordanischen Arabischen Legion und des Palmach – einer in Palästina rekrutierten jüdischen Kampftruppe – im Juni und Juli 1941 den Libanon und Syrien. Sie sollten verhindern, dass die vichytreue Mandatsregierung den Achsenmächten gestattete, das Mandatsgebiet für Einsätze gegen Ägypten und den Irak zu nutzen. Wenig später rückten im Gefolge des deutschen Überfalls auf die Sowjetunion (Unternehmen Barbarossa) britische und sowjetische Truppen im August 1941 ohne Kriegserklärung in den neutralen Iran vor. Die Bedeutung vor allem Westirans hatte sich seit dem Ersten Weltkrieg noch einmal vervielfacht: Weiterhin diente es als Aufmarsch- und Rückzugsgebiet für die Kriegführung in angrenzenden Regionen. Es war wichtig für die Verbindung nach Britisch-Indien und die Sicherung der mittlerweile intensiv ausgebeuteten Ölfelder nahe Kirkuk und der Ölraffinerie von Abadan am Persischen Golf. Neu hinzu kam die Chance, vom Persischen Golf aus den alliierten Nachschub für die sowjetische Armee zu organisieren. Dazu bot sich die Transiranische Eisenbahn an, die Reza Schah als Teil der Modernisierungs- und Industrialisierungspolitik von 1927 bis 1938 hatte bauen lassen – zwar mit Hilfe ausländischer Fachleute und Materialien, aber ohne ausländische Darlehen aus Steuergeldern. Sie verband nun den Persischen Golf mit dem Kaspischen Meer. Kaum waren jedoch die enorm anspruchsvollen Trassen gelegt, brach der Krieg aus und verwandelte das Instrument nationaler Selbstbestimmung in ein Werkzeug imperialistischer Kontrolle. Briten und Russen marschierten erneut in Iran ein, teilten das Land in drei Zonen auf, zwangen Reza Schah zur Abdankung und versorgten anschließend über den sogenannten Persischen Korridor die Rote Armee mit dem dringend benötigten Nachschub.

Tatsächlich sympathisierten nicht nur in Iran Teile der politischen Öffentlichkeit, die auf Unterstützung gegen die britische oder französische Kolonialherrschaft hofften, mit den Achsenmächten. In Bagdad brachten irakische Offiziere im April 1941 den Nationalisten Rashid Ali al-Kailani (1892–1965) an die Macht. Als Ministerpräsident einer »Regierung der nationalen Verteidigung« erklärte Kailani sein Land für neutral und verweigerte den Briten den militärischen Beistand gegen die vichytreuen Kräfte in Syrien und dem Libanon, zu dem ihn der Anglo-Irakische Vertrag an sich verpflichtete. Seine Bitte um deutsche Militärhilfe war freilich vergeblich, schon Ende Mai 1941 besetzten britische Truppen mit Hilfe assyrischer und kurdischer Freiwilligenverbände erneut den Irak. Politisch ein Fehlschlag, stärkte der Coup dennoch das Ansehen der irakischen Armee im eigenen Land. Kurz nach dem Einmarsch der Briten kam es in Bagdad zu einem antijüdischen Pogrom, das als »Farhud« bekannt wurde – Zeichen einer wachsenden anti-jüdischen und anti-imperialistischen Stimmung im Vorderen Orient, in deren Folge die Juden als Fünfte Kolonne des Kolonialismus und Zionismus unter Generalverdacht gerieten.[333] Die Demonstranten, die in Kairo während des deutsch-italienischen Vormarsches im Februar 1942 »Vorwärts Rommel« skandierten, bewirkten keinen Kurswechsel ihrer Regierung, vielmehr wurde auf britischen Druck anstelle der nationalistischen Wafd-Regierung ein pro-britisches Kabinett installiert. Ungleich weiter als die nationalistischen Kräfte in Ägypten und dem Irak, die auf die militärische Hilfe des Deutschen Reiches hofften, ging der ehemalige Mufti von Jerusalem, Hajj Amin al-Husaini (um 1895–1974): Er unterstützte nach seiner Absetzung und Flucht aus Jerusalem erst in Bagdad die anti-britischen Kräfte um Kailani und kollaborierte anschließend von Berlin aus offen mit den Nationalsozialisten. Aber er tat dies nicht als Bevollmächtigter des palästinensischen Volkes, sondern aus eigener Initiative.[334]

Bei Kriegsende standen Marokko, Algerien, Tunesien, Libanon und Syrien unter amerikanischer, britischer und französischer Kontrolle, wobei Frankreich durch die Provisorische Regierung unter Charles de Gaulle vertreten wurde. Tripolitanien und die Cyrenaika kontrollierten seit 1943 Briten und Amerikaner, den Fezzan (das südliche Libyen) die Franzosen. In Ägypten, Sudan, Palästina, Transjordanien, im Irak, in Aden, am Persischen Golf und in Westiran standen Truppen des britischen Empire und des Commonwealth. Diese Präsenz britischer und französischer Truppen spiegelte jedoch nicht länger die globalen Kräfteverhältnisse: Der Zweite Weltkrieg bestätigte die USA als weltweit agierende Groß-, ja Supermacht, die sich in den Folgejahren zusehends auch im Vorderen Orient und in Nordafrika engagierte. Großbritannien und Frankreich hingegen büßten ihren Status als global agierende Großmächte Zug um Zug ein. Freiwillig oder unfreiwillig, rasch oder verzögert zogen sie sich aus ihren mittelöstlichen und asiatischen Kolonien zurück. Für das britische Empire bedeuteten die Unabhängigkeit Indiens 1947 und die Gründung Pakistans – der erste von Muslimen für Muslime gegründete Staat der modernen Geschichte – den größten Einschnitt. Im Vorderen Orient und in Nordafrika wurden Syrien, Libanon und Jordanien zwischen 1943 und 1946 unabhängig, Libyen 1951, Sudan, Tunesien und Marokko 1956. Als letzter nordafrikanischer Staat erlangte 1962 Algerien nach langem und blutigem Befreiungskampf seine Unabhängigkeit. »Östlich von Suez« wurde 1961 Kuwait unabhängig, 1967 die Volksrepublik Jemen (Südjemen einschließlich der früheren Kronkolonie und des Protektorats Aden), 1971 schließlich Bahrain, Qatar und die übrigen Scheichtümer am Persischen Golf, die sich zu den Vereinigten Arabischen Emiraten zusammenschlossen. Beendet war die Kolonialherrschaft im Vorderen Orient und in Nordafrika allerdings erst mit dem Abzug der letzten britischen und französischen Truppen, der an vielen Orten nicht mit dem Tag der Unabhängigkeit zusammenfiel.

2. Der Konflikt um Palästina und die Gründung Israels

Mitte der 1930er Jahre war die Palästinafrage erstmals in den Fokus politisch engagierter arabischer Kreise gerückt, ohne freilich die arabische Politik zu dominieren. Noch interessierte der Gegensatz zwischen zionistischen Juden sowie muslimischen und christlichen Arabern außerhalb Palästinas nur einen kleinen Teil der arabischen Öffentlichkeit. Der Zionismus war im Ursprung eine europäische Erscheinung, die eine Antwort auf europäische Probleme anbot, mit dieser Antwort aber die Verhältnisse im arabischen Vorderen Orient, in geringerem Maß später auch im Maghreb, tiefgreifend beeinflusste. Der Zionismus konnte an die religiöse Tradition der Zions-Sehnsucht anknüpfen, die in der jüdischen Diaspora nach der Zerstörung des zweiten Jerusalemer Tempels im Jahr 70 n. Chr. lebendig geblieben war. Dennoch gilt für ihn wie für jede andere Form des Nationalismus, dass er weder »natürlich« noch unausweichlich war, sondern eine von mehreren Möglichkeiten kollektiver Selbstwahrnehmung und Zuordnung. Die zionistische Bewegung wollte bekanntlich die »jüdische Frage« lösen und sprach nach eigenem Verständnis für alle Juden der Welt, nicht nur für die Zionisten unter ihnen. Aber bei weitem nicht alle Juden verstanden den Zionismus als Lösung ihrer Probleme – die Mehrheit der Juden zwischen Marokko und Usbekistan tat dies nicht.

Die Idee einer Erneuerung des Judentums durch die »Sammlung« des jüdischen Volkes in Eretz Israel, dem »Land der Väter«, war in den 1840er und 1850er Jahren in europäischen jüdisch-orthodoxen Kreisen bereits vereinzelt formuliert worden. Ihre Vertreter reagierten damit *nicht* auf den Antisemitismus – der trat massiv erst in den 1870er Jahren auf –, sondern auf die fortschreitende Emanzipation der Juden in West-, Mittel- und Südosteuropa, die sie um ihre jüdische Identität fürchten ließ. Aus anderen Quellen schöpfte die Idee einer »Produktivierung des jüdischen Menschen« durch körperliche Arbeit, verbunden mit einer »Colonisierung« von Eretz Israel. Diese Idee hatten Vertreter der jüdischen Aufklärung (Haskala) im

19. Jahrhundert als Teil eines emanzipatorischen Projekts propagiert, nun wurde sie durch jüdische »Colonisationsvereine« in die Praxis umgesetzt. In den 1880er Jahren entstanden im Zeichen einer nationalen Wiedergeburt erste jüdische Siedlungen in Palästina. Theodor Herzl (1860–1904) war nicht der Erfinder des Zionismus, wohl aber der Gründer der zionistischen Bewegung. Mit seiner Schrift »Der Judenstaat« gab er ihr 1896 ein Programm und mit der Gründung der Zionistischen Weltorganisation (World Zionist Organization, WZO) nur ein Jahr später auch ein Gesicht und eine Struktur, die den jungtürkischen, armenischen und arabischen Vereinigungen zu dieser Zeit fehlten.

Die jüdische Einwanderung nach Palästina wird üblicherweise in eine Reihe von Wellen (hebr. *aliya*, Aufstieg) gegliedert, was die diffuse Migrationsbewegung als zielgerichteten Prozess erscheinen lässt. Nicht alle Juden, die in diesen Jahren nach Palästina auswanderten, waren allerdings Zionisten. Auch lebten in Palästina bereits Juden, die von den zionistischen Neuzuwanderern bald als »alter Yishuv« bezeichnet wurden. »Alt« war in erster Linie ein qualitatives Merkmal, das die Vertreter des »neuen Yishuv«, die für den kulturellen und nationalen Aufbruch des jüdischen Volkes standen, von den Repräsentanten der jüdisch-orthodoxen Tradition abgrenzte. Die jüdischen Einwanderer gründeten »Kolonien«, wobei Palästina gegen Ende des 19. Jahrhunderts zwar dünn besiedelt, aber keineswegs menschenleer war. Es war also nicht »das Land ohne Volk«, von dem die Zionisten sprachen und in dem sie »das Volk ohne Land« ansiedeln wollten.[335]

Seit 1867 konnten Ausländer im Osmanischen Reich ländlichen Grund und Boden erwerben. Die jüdischen Organisatoren der Kolonisation fanden willige Verkäufer nicht nur unter »abwesenden Grundbesitzern«, die in Beirut residierten und in Palästina Land aufkauften, sondern auch unter palästinensischen Grundbesitzern. Parallel zum Landkauf entstanden in den Städten jüdische Vereinigungen, Clubs und Zeitungen, deren Spektrum von linkszionistisch bis orthodox reichte und die einen neuen, mehrheitlich zionistischen »jüdischen Sektor« entstehen ließen. Auf dem Land dominierte die

Plantagenwirtschaft, die vor allem arabische Arbeiter beschäftigte; die zionistischen Siedlungen (Kibbuzim, Moshavim u. a.) weiteten sich erst in den 1920er Jahren aus. Das erklärt auch den geringen Widerstand, der sich anfangs gegen die jüdischen Landkäufe und Siedlungen formierte. Wo er auftrat, war er eher ökonomisch denn politisch motiviert: Nicht wenige Araber profitierten von den neuen Verdienstmöglichkeiten. Andere litten, weil sie durch den Verkauf des Landes von ihrem gepachteten Grund und Boden vertrieben oder ihrer angestammten Weide- und Wasserrechte beraubt wurden. Die osmanischen Behörden widersetzten sich der jüdischen Einwanderung ernsthaft nur während des Ersten Weltkriegs, wobei sie die Einwanderer primär nicht als Juden wahrnahmen, sondern als Untertanen des russischen Zaren und daher als Angehörige eines Feindstaates.

Das britische Mandat über Palästina änderte die Rahmenbedingungen für alle Beteiligten grundlegend: Die Balfour-Erklärung als Teil des Mandatsvertrags verpflichtete die Briten, die Einrichtung einer »nationalen Heimstätte« für das jüdische Volk »in Palästina« zu unterstützen. Zugleich verpflichtete sie das Mandat, die lokale Bevölkerung zu politischer Selbstbestimmung zu führen. Die Erfüllung dieser »doppelten Verpflichtung« erwies sich bald als unmöglich. Die Jüdische Agentur, der Jüdische Nationalfonds Keren Kayemeth le-Yisrael und der Gewerkschaftsverband Histadrut gingen daran, den Boden zu »erlösen« und den Arbeitsmarkt zu »erobern«. In den 1920er Jahren kam es zu ersten, religiös und politisch gefärbten antibritischen und anti-jüdischen Unruhen, die Jerusalem als heilige Stätte der Muslime und Christen in den Vordergrund rückten. In der Folge etablierte sich der von den Briten eingesetzte Mufti von Jerusalem, Hajj Amin al-Husaini – Angehöriger einer der großen Jerusalemer Notabelnfamilien und überzeugter arabischer Nationalist – als Sprecher des palästinensischen Volkes.[336] Die Konflikte kulminierten im Arabischen Aufstand von 1936 bis 1939, der ungleich breiter angelegt war als die vorhergegangenen Unruhen und mit seinen Boykotts und Streiks zugleich moderner in den Ausdrucksformen. Der britische Peel-Plan, der 1937 eine Teilung des Landes in einen jüdischen und einen arabischen Staat vorschlug, konnte den Aufstand nicht beenden. Erstmals zog er Aktivisten und Politiker des arabischen Umlands in die Auseinandersetzung hinein und internationalisierte sie auf ganz neue Weise. Zur gleichen Zeit trieb die nationalsozialistische Judenverfolgung und -vernichtung Hunderttausende von Juden in Flucht und Emigration, auch nach Palästina.

1945 schlossen sich die unabhängigen arabischen Staaten in der Arabischen Liga zusammen, noch im selben Jahr traten sie als Gründungsmitglieder den Vereinten Nationen bei, die das Prinzip der nationalen Souveränität und Unabhängigkeit bekräftigten. Der erste arabisch-israelische Krieg von 1948/49 legte jedoch die Schwäche der gerade unabhängig gewordenen arabischen Staaten unbarmherzig offen: Ihre militärische Führung war ebenso unfähig und korrupt wie ihre politische Elite. Kampferfahrung besaß lediglich die von den Briten geschaffene und bis 1956 von dem legendären Glubb Pascha kommandierte Arabische Legion in Transjordanien. Nachdem die Briten im Februar 1947 ihr Palästinamandat an die Vereinten Nationen übertragen hatten, beschloss deren Vollversammlung am 29. November 1947 eine Teilung des Landes in einen arabischen und einen jüdischen Staat. In der Nacht vom 14. auf den 15. Mai 1948 wurde in Tel Aviv der Staat Israel proklamiert, zur gleichen Zeit entsandten Ägypten, Jordanien, Syrien und der Irak militärische Kontingente nach Palästina – insgesamt 25 000 Mann, deren Zahl in den folgenden Wochen und Monaten allerdings aufgestockt wurde.[337] Im Laufe der Kämpfe, in denen die Palästinenser selbst nur mehr eine untergeordnete Rolle spielten, besetzte Jordanien das Westjordanland (Westbank) und die Osthälfte Jerusalems, Syrien okkupierte große Teile der Golanhöhen und Ägypten den Gazastreifen. Der israelischen Armee gelang es, über das von den Vereinten Nationen als jüdisch definierte Territorium hinaus strategisch wichtige Gebiete zu erobern. Im Gefolge der Kämpfe und Massaker sowie gezielter Vertreibung flüchteten rund 700 000 arabische Palästinenser in die angrenzenden arabischen Länder. Ein Waffenstillstand legte 1949 lediglich vorläufige Grenzlinien fest und begründete so den jahrzehntelangen Zustand eines »Weder-Krieg-noch-Frieden« zwischen Israel und seinen arabischen Nachbarn.

Der Exodus der »orientalischen Juden«

Kaum weniger umstritten als Flucht und Vertreibung der arabischen Palästinenser ist der »Exodus« von rund 850 000 Juden aus den arabischen Ländern, Iran und der Türkei, bedingt nicht allein durch politische Faktoren, sondern auch durch Armut und religiöse Motive.[338] Der von israelischer und jüdischer Seite verschiedentlich angestellte Vergleich mit dem »Bevölkerungsaustausch« zwischen Griechenland und der Türkei ist dabei eher als politisches Argument angesichts palästinensischer Forderungen nach Rückkehr und / oder Entschädigung zu verstehen. Seit Jahrhunderten waren Juden aus der islamischen Welt in kleinerer Zahl nach Palästina bzw. Eretz Israel ausgewandert. Meist waren religiöse Gründe ausschlaggebend – aufbauend auf der Zions-Sehnsucht, die vor allem im Jemen und Maghreb lebendig war –, gelegentlich ökonomische Motive. In Palästina verstärkten diese Einwanderer den sogenannten alten Yishuv.

Die Situation vor Ort änderte sich grundlegend mit dem Holocaust und der immer dezidierteren Politik der zionistischen Organisationen, die Juden der Welt in Palästina / Eretz Israel zusammenzuführen. 1944 fasste die Jüdische Agentur den »Eine-Million-Plan«: Innerhalb von 18 Monaten sollten eine Million Juden aus aller Welt – darunter erstmals auch der islamischen Welt mit ihren alteingesessenen »orientalischen« und sephardischen Gemeinden – in Eretz Israel »versammelt« werden, um den Aufbau der jüdischen Heimstätte voranzutreiben. Nach der Staatsgründung 1948 unternahm die israelische Regierung unter äußerst schwierigen Rahmenbedingungen große Anstrengungen, die Juden der arabischen Welt möglichst komplett nach Israel zu überführen. Verschiedene arabische Regierungen schwankten zwischen einem Auswanderungsverbot für Juden, zumal in den Feindstaat Israel, und der Möglichkeit, sich großer Teile ihrer nichtmuslimischen Unter- und Mittelschicht zu entledigen und so die ethnische Homogenisierung ihrer Staaten zu befördern. Im Jemen erlaubte Imam Yahya 1949 und 1950 die »Evakuierung« von rund 44 000 jemenitischen Juden nach Israel (Operation Fliegender Teppich). 1951 wurden mit Genehmigung der irakischen

Regierung in den Operationen Ezra und Nehemia rund 160 000 Juden (unter weitgehender Zurücklassung ihres Besitzes) nach Israel ausgeflogen.

Die anti-koloniale Politik und Stimmung in den arabischen Staaten, die Identifikation der lokalen Juden mit den kolonialen Besatzern, Antizionismus, Antisemitismus und die Nationalisierungspolitik der 1960er Jahre trieben schließlich auch diejenigen Juden außer Landes, die es nicht nach Israel zog, sondern nach Europa und Nordamerika; in ihrer Mehrheit waren dies Angehörige der Mittelschicht. Der Massenexodus der Juden veränderte die Ursprungsländer in ähnlicher Weise, wie das Jahrzehnte zuvor Flucht und Vertreibung der Christen in Kleinasien getan hatten. In Marokko zum Beispiel hatten 1948 noch etwa 250 000 bis 265 000 Juden gelebt, 2006 waren es noch rund 2500. Von den geschätzten 140 000 Juden in Algerien, 135 000 bis 140 000 im Irak und gut 70 000 in Ägypten wanderten nach 1948 fast alle aus. Besser war die Lage in Iran, wo etwa 10 000 der gut 65 000 Juden blieben, und in der Türkei (knapp 18 000 von 80 000). Der Exodus veränderte zugleich das demographische, kulturelle und politische Profil Israels, das bislang so gut wie ausschließlich von europäischen (aschkenasischen) Juden geformt worden war.

3. Militärregime, Panarabismus und arabischer Sozialismus

Schon 1948/49 zeigte sich die Wechselwirkung zwischen dem Palästinakonflikt und der Legitimation der arabischen Regime, die den Vorderen Orient über mehr als ein halbes Jahrhundert prägen sollte. Die Niederlage gegen Israel löste 1949 eine erste Welle von Militärputschen aus (Syrien, Ägypten), die anti-imperialistische Politik des nasseristischen Ägyptens 1957/58 eine zweite (Irak, Sudan; in Jordanien und dem Libanon scheiterten vergleichbare Umsturzversuche), das Debakel des Junikriegs von 1967 eine dritte (Irak, Syrien, Sudan, Libyen). Bei den Putschisten handelte es sich zumeist um Offiziere mittleren Ranges im Alter zwischen 20 und 35 Jahren, die der ländlichen Mittel- oder der städtischen unteren Mittelschicht entstammten. Damit ähnelten sie altersmäßig gesehen den Jungtürken, repräsentierten aber mehr als diese eine Generation der Städter mit ländlichem Hintergrund. 1936 war ein erster Militärputsch im Irak noch ohne größere Auswirkung geblieben. Nun aber entstand tatsächlich so etwas wie ein Dominoeffekt, wenngleich ein zeitlich langgestreckter. Einige Länder durchliefen eine ganze Serie von Umstürzen (Syrien, Irak, Sudan), in anderen änderte ein einziger Coup dauerhaft die politischen Machtverhältnisse (Ägypten, Libyen, Südjemen). 1970 war das Militär schließlich in Algerien, Libyen, Ägypten, Sudan, Syrien, Irak, der Republik Jemen (Nordjemen) und der Volksrepublik Jemen (Südjemen) an der Macht. In der Türkei putschte es unter deutlich anderen Rahmenbedingungen 1960, 1971 und 1980, in Iran spielte es seit 1921 eine dominierende Rolle in Staat und Gesellschaft. Damit verkehrte sich die Tendenz zu einer Zivilisierung der Herrschaft durch die Zurückdrängung militärischer und die Stärkung ziviler Eliten, die im 19. Jahrhundert begonnen und sich unter kolonialen Vorzeichen fortgesetzt hatte, in ihr Gegenteil.

In den jungen Staaten der Levante, im Irak und in Ägypten bildete das Militär zum Zeitpunkt der Unabhängigkeit eine vergleichsweise moderne, kompakte Institution, die durchaus das Potential zu organisiertem Handeln besaß. Unter kolonialer Ägide hatte die Armee allerdings, ebenso wie Polizei und Gendarmerie, als Instrument kolonialer Beherrschung gedient, was sie gerade *nicht* zum Träger nationalen Denkens und Handelns prädestinierte. In Jordanien bildete die Arabische Legion die schlagkräftigste Waffe des Emirs und späteren Königs gegen rebellische Stämme in den 1920er Jahren und die politische Opposition in den 1950er und 1960er Jahren. Den jordanischen Beduinen wiederum diente die Armee als wichtigster Kanal des sozialen Aufstiegs. Im Irak, in Syrien und im Libanon hatten die Mandatsregierungen gezielt Angehörige unterschiedlicher ethnisch-religiöser Gemeinschaften in die einfachen Ränge rekrutiert, um die Bildung konfliktfähiger ethnisch-religiöser Blöcke zu verhindern. In der irakischen Armee waren Schiiten stark vertreten, in den syrischen und libanesischen Troupes Spéciales du Levant dagegen vor allem Alawiten, Drusen und Tscherkessen. Auch in der Kolonialära war das Militär im Wesentlichen eine muslimische Domäne; Christen oder Juden spielten in ihm, von assyrischen Kontingenten im Irak und jüdischen Kämpfern in Palästina abgesehen, keine Rolle. Die alten Muster von Über- und Unterordnung waren ungeachtet aller Reformen nicht überwunden. Hingegen sorgte Mitte der 1930er Jahre die Öffnung der Militärakademien dafür, dass auch nationalistisch gesinnte junge Männer der Mittel- und Unterschichten die Offizierslaufbahn einschlugen. Spätestens jetzt bildeten Sunniten selbst in Syrien und dem Libanon die Mehrheit im Offizierscorps. Dennoch verfügten die Militärs zum Zeitpunkt ihrer Machtübernahme mit der möglichen Ausnahme des Iraks weder über eine breite Verankerung im Volk noch über hohes gesellschaftliches Ansehen.

Die arabischen Staaten, die im Gefolge des Zweiten Weltkriegs ihre Unabhängigkeit erlangten, teilten wesentliche Züge mit anderen ehemaligen Kolonien in Afrika, Asien, Lateinamerika und im Pazifik: das Trauma der Kolonisierung, das mit dem Rückzug der Kolonialmächte selbstverständlich nicht überwunden war und in Politik und Kultur mühsam verarbeitet werden musste; die Strukturen und Verwerfungen einer kolonial überformten Wirtschaft und Gesellschaft; eine politische Kultur, die die Verantwortung für Missstände jeder Art eher bei äußeren und verborgenen Mächten suchte als im eigenen System oder bei der eigenen Person (Verschwörungsdenken); und schließlich Außenbeziehungen, die die einzelnen Staaten bilateral an ihre ehemalige Kolonialmacht banden, zu Lasten von Querverbindungen zwischen den einzelnen Staaten und Regionen (besonders deutlich zu sehen im Maghreb, wo jahrzehntelang die schnellste Flugverbindung von Rabat nach Algier oder Tunis über Paris führte). Das Muster erinnert auffällig an das osmanische Radialsystem, das die einzelnen Provinzen an das imperiale Zentrum band und Querverstrebungen nach Möglichkeit zu unterbinden suchte.

In den 1950er Jahren wurde auch der Vordere Orient in den Kalten Krieg hineingezogen, in dessen Rahmen die aufsteigenden Supermächte USA und Sowjetunion mit ihren jeweiligen Verbündeten (NATO, Warschauer Pakt) versuchten, weltweit Hegemonie und Vetomacht zu erlangen, den Gegner einzudämmen *(containment)* und regionale Akteure in Bündnisse zu integrieren. Im Vorderen Orient war dies der Bagdad-Pakt (ab 1959 Central Treaty Organisation, CENTO). Der Bewegung der blockfreien Staaten, die sich 1955 formierte und 1961 in aller Form konstituierte (im Englischen ist oft von »Third-Worldism« die Rede), gelang es letztlich nicht, sich diesem Sog völlig zu entziehen. Darüber hinaus wirkten im Vorderen Orient, und mit gewisser Abschwächung auch im Maghreb, zwei Faktoren, die ihre Innen- und Außenpolitik in spezifischer Weise formten, ja verformten: das Erdöl und der arabisch-israelische Konflikt. Sie verliehen der Region eine strategische Bedeutung, die in den 1970er Jahren in aller Deutlichkeit hervortrat, als sich die arabischen Golfstaaten, Algerien und Libyen zu Erdölproduzenten ersten Ranges entwickelten.

Die arabischen Militärregime lassen sich in vielem mit den Militärdiktaturen vergleichen, die in den 1950er, 1960er und 1970er Jahren in Ländern wie Südkorea, Birma (dem heutigen Myanmar), Griechenland und Paraguay errichtet wurden. Über die Sicherung der eigenen Macht hinaus ging es diesen Regimen um die Durchsetzung nationaler Souveränität auf allen Ebenen. Dazu gehörte die Modernisierung von Armee, Bürokratie und Wirtschaft (hier mit einem deutlichen Akzent auf Industrialisierung). Ideologisch vertraten sie die eine oder andere Variante des arabischen Nationalismus, der sozialistisch, offen säkular oder islamisch ausgerichtet sein konnte, hinsichtlich der Wirtschaftsordnung waren ihre Vorstellungen anfänglich eher diffus. Die Schlagworte lauteten *Einheit* und *Würde* der Nation, sei diese einzelstaatlich oder transregional definiert; *Freiheit* von kolonialer Bevormundung, soll heißen Freiheit nicht im Sinne des politischen Liberalismus, sondern einer selbstbestimmten, anti-imperialistischen und anti-zionistischen Außen- und Sicherheitspolitik; sowie *Gerechtigkeit* durch wirtschaftliche Entwicklung und die Überwindung von Armut, Hunger, Analphabetismus und der sozialen Gegensätze allgemein.

Unabhängig von ihrer Ideologie und Selbstbezeichnung eta-

blierten die Offiziere autoritäre, »neopatrimoniale« Regime, gestützt
auf einen rasch anwachsenden Militär- und Sicherheitsapparat einschließlich konkurrierender Polizei- und Geheimdienste, eine auf-
geblähte Bürokratie, einen überdimensionierten öffentlichen Sektor
und eine Einheitspartei mit angeschlossenen Massenorganisationen
für Jugend, Studenten, Bauern, Lehrer, Frauen usw. (Korporatis-
mus). Der Volkswille wurde über Propaganda, kontrollierte Medien
und Referenden gesteuert, gefiltert und manipuliert (Populismus).
Eine systematische Überwachung, Zensur und Einschüchterung
zielten auf die möglichst lückenlose Kontrolle von Menschen, Raum
und Ressourcen ab. Diese blieb letztlich zwar hinter den eigenen
Ambitionen zurück, reichte aber weit über das hinaus, was ein Sultan Abdülhamid im letzten Drittel des 19. Jahrhunderts aufgeboten
hatte. Das Klima der Verunsicherung und Angst, das hier geschaffen
wurde, und das Verständnis von Politik als Null-Summen-Spiel, das
Kompromisse als Zeichen der Schwäche erscheinen ließ, belaste-
ten die Gesellschaften auch in den kurzen Phasen einer Liberalisierung. Ägypten unter Nasser, Syrien unter Asad, Libyen unter Qad-
dafi und vor allem der Irak unter Saddam Husain betrieben zugleich
einen beispiellosen Personenkult, der an die Idolisierung der kommunistischen Machthaber Stalin, Mao und Kim Il-sung gemahnte.[339]
    Die Herrschaft der Offiziere beruhte jedoch nicht allein auf Ge-
walt. Vergleichbar mit Entwicklungsdiktaturen in anderen Teilen
der sich entkolonisierenden Welt, boten sie ihrer Bevölkerung unter
dem Stichwort »Gerechtigkeit« einen »Gesellschaftsvertrag«: Schutz
und Versorgung durch das Regime gegen politische Loyalität und
Enthaltsamkeit.[340] Der Kontrakt erinnerte an den »Zirkel der Gerechtigkeit«, der den Untertanen im Rahmen einer vormodernen
monarchischen Ordnung Schutz gegen Gehorsam bot. Er erweiterte
ihn jedoch um die wichtige Komponente der wohlfahrtsstaatlichen
Versorgung, die sich auf Bildung, Gesundheit, Wohnraum, Arbeit,
subventionierte Grundnahrungsmittel und sonstige Grundgüter
wie Wasser, Treibstoff und Benzin erstreckte. Agrarreformen entzogen der grundbesitzenden Mittel- und Oberschicht im Wortsinn
den Boden und verhalfen Teilen der ländlichen Bevölkerung zu

einer sicheren Existenz. Wie in der kemalistischen Türkei erweiterte der autoritäre Staat die Rechte von Frauen und schwächte religiöse Akteure und Institutionen. Anders als in der Türkei aber kristallisierte sich in den arabischen Ländern keine breite, ideologisch fundierte säkularistische Politik und Bewegung heraus. Eine Ausnahme machte allenfalls Tunesien unter Habib Bourguiba (Staatspräsident 1957–1987), ohnehin ein Regime anderer, vergleichsweise liberaler Couleur, das sich deutlich von den Diktaturen der arabischen Nachbarländer absetzte.

Ideologisch waren die Regime weniger festgelegt, als ihre Rhetorik es vermuten ließ. Hinter dem »arabischen Nationalismus« konnte sich Unterschiedliches verbergen, darunter ein dezidierter Bezug auf den Einzelstaat oder aber eine panarabische Vision. Der »arabische Sozialismus«, den einzelne Intellektuelle bereits in der Zwischenkriegszeit propagiert hatten, setzte sich weitflächig erst in den 1960er Jahren durch. In den 1940er Jahren entstand in Syrien eine neue Variante des arabischen Nationalismus: Die Arabische Sozialistische Baath-Partei (Hizb al-Baʿth al-ʿArabi al-Ishtiraki), gegründet von syrischen Intellektuellen um Michel ʿAflaq (um 1910–1989), Salah ad-Din al-Bitar (1912–1980) und Anhängern des Philosophen und Aktivisten Zaki al-Arsuzi (1899–1968), sah die arabische Nation als Kulturnation, konstituiert durch Sprache, Geschichte und den Islam als spirituelle Erfahrung. Der Kolonialismus hatte diese Nation zerstückelt, nun galt es, sie durch Überwindung der Kleinstaaterei wiederzuerwecken, und zwar auf revolutionärem Weg.[341] Wie ein halbes Jahrhundert zuvor die Jungtürken, benutzten die Baathisten für »Revolution« das Wort *inqilab*, nicht das im Arabischen gebräuchlichere *thaura*. Ähnlich dem arabischen *nahda*, das im 19. Jahrhundert die sprachlich-kulturelle Neubelebung beschrieb, verweist *baʿth* auf eine »Revitalisierung« und »Erweckung«. Islamische Kreise benutzten später den Begriff *sahwa*, um diese nach vorn gerichtete, dynamische Bewegung auszudrücken, für die auch die Nahda und der Baʿth standen.

Die Baath-Partei war überkonfessionell und im Prinzip säkular ausgerichtet, bediente sich aber der sakralisierenden Sprache, die auch die europäischen Nationalisten sprachen. Die »eine arabische Nation mit ewiger Mission« reichte »vom Fluss bis zum Meer« *(min an-nahr ila l-bahr)*, das heißt vom Euphrat bis zum Mittelmeer, wenn nicht dem Atlantik. Die Baath-Partei unterschied zwischen dem transregionalen arabischen Nationalismus *(qaumiyya)* und einem regionalen oder einzelstaatlichen Partikularismus *(qutriyya)*; ihr Ziel war die Überwindung des Partikularismus und die Schaffung eines arabischen Einheitsstaates (Panarabismus). Wie die zahlreichen Hegemonialkonflikte zeigten, die in den folgenden Jahren gerade die baathistischen Regime im Irak und in Syrien entzweiten, wurde die Spannung zwischen dem panarabischen Einheitsstreben und einzelstaatlichen Interessen jedoch nicht aufgelöst. Die Forschung sprach für die 1960er Jahre sogar von einem »arabischen Kalten Krieg«.[342] Alle Ansätze einer Vereinigung auf staatlicher Ebene scheiterten, ohne jedoch unter den vielfach beschworenen »arabischen Massen« das Gefühl der Zusammengehörigkeit auszulöschen, das vor allem in der Auseinandersetzung mit Israel und »dem Westen« wieder und wieder zum Vorschein trat.

Der arabische Sozialismus *(ishtirakiyya)* bildete die zweite Säule der Baath-Ideologie. Überall dort, wo sie in den 1960er und 1970er Jahren an die Macht gelangten, übersetzten Baathisten »Sozialismus« in die möglichst vollständige Kontrolle des Staates über Wirtschaft und Gesellschaft. Die Idee des Klassenkampfes lehnten die arabischen Sozialisten als spalterisch ab, und der Atheismus galt ihnen als unvereinbar mit der arabischen Kultur und Geschichte, die sie vom Islam »inspiriert« sahen. Die Kommunisten und der Kommunismus wurden, von kurzzeitigen Zweckbündnissen abgesehen, selbst in den Phasen einer engen Zusammenarbeit mit der Sowjetunion als Konkurrenten rigoros bekämpft. Dies wiederum schuf gewisse Gemeinsamkeiten mit den Vertretern eines »islamischen Sozialismus«, für den in den 1950er und 1960er Jahren sunnitische Islamisten wie der Syrer Mustafa as-Siba'i (1915–1964) und der Ägypter Muhammad al-Ghazali (1917–1996) standen, der eine Führer der syrischen Muslimbrüder, der andere langjähriges Mitglied der ägyptischen Mutterorganisation. Faktisch begründete der arabische Sozialismus über

Agrarreformen und Verstaatlichungen in Industrie, Handel und Gewerbe ein staatskapitalistisches System, das einer *politischen* Logik gehorchte, nicht einer ökonomischen.

Nasser und der Nasserismus

In der Mitte der 1950er Jahre stieg Ägypten zur arabischen Führungsmacht auf, deren Einfluss selbst auf Staaten und Gesellschaften ausstrahlte, die mit Ägypten konkurrierten und Nassers Führungsanspruch nicht anerkannten. Als in der Nacht zum 23. Juli 1952 die geheime Organisation der »Freien Offiziere« in einem unblutigen Putsch die Macht übernahm – einem Putsch, der erst später zur »Julirevolution« erklärt wurde, so wie der Aufstand von 1919 nachträglich zur »Nationalen Revolution« stilisiert worden war –, besaß sie weder eine gesicherte Machtbasis noch ein Programm, das über den Ruf nach nationaler Einheit, Würde, Freiheit und Gerechtigkeit hinausging. Wie in Syrien agierte eine kleine Gruppe ideologisch unterschiedlich orientierter Offiziere mittleren Ranges, die der ländlichen und kleinstädtischen unteren Mittelschicht entstammten, und wie dort setzte sich eine dominierende Persönlichkeit erst allmählich durch. Nur langsam zeichneten sich zugleich die Umrisse einer neuen, »nasseristischen« Ordnung ab. Dass sie wie in der »kemalistischen« Türkei nach einer Person benannt wurde, war im arabischen Kontext eher ungewöhnlich. Jamal Abd an-Nasir (Nasser, 1918–1970) war als Sohn eines Postbeamten in Alexandria geboren und in Oberägypten, Kairo und Alexandria aufgewachsen, Absolvent der Kairoer Militärakademie, Teilnehmer am ersten arabisch-israelischen Krieg und von Jugend an glühender Nationalist. Er war jedoch keineswegs von Beginn an die charismatische Erscheinung, als die er in Erinnerung bleiben sollte. Seine Ausstrahlung erwarb er erst in der Suezkrise von 1956.

Wenige Monate nach der Machtübernahme leiteten die Freien Offiziere, die sich mittlerweile als Revolutionärer Kommandorat organisiert hatten, im September 1952 eine Agrarreform ein. Sie sollte schrittweise den ländlichen Grundbesitz einschränken, die Lohn- und Pachtbedingungen zugunsten der Kleinbauern, land-

Abb. 39: Die Freien Offiziere in Ägypten (Quelle: AFG/getty images)

losen Bauern und Landarbeiter verbessern und die frommen Stiftungen auflösen. Die Reform war nicht allein unter dem Vorzeichen der Gerechtigkeit zu sehen, sondern einer Entmachtung der Großgrundbesitzer (die Freien Offiziere sprachen von Feudalismus). Anfang 1953 wurden die von ihnen dominierten Parteien verboten und ihre führenden Vertreter wegen »Korruption« des politischen Lebens vor Gericht gestellt. Weder die Grundbesitzer mit ihren Klientelnetzwerken und Parteien noch die islamischen Institutionen waren – und dies ist gerade mit Blick auf die zeitgleichen Entwicklungen in Iran bemerkenswert – zu einer wirksamen Gegenwehr in der Lage. Die Wirkung der Agrarreform blieb im Übrigen zwiespältig: Sie verbesserte tatsächlich die Lebensbedingungen der Pächter und Landarbeiter, verhalf der großen Zahl der Landlosen und der Kleinbauern jedoch nicht zu eigenem Grund und Boden. Vielmehr erlaubte sie mittleren Grundbesitzern, ihren Landbesitz – und damit zumindest auf lokaler Ebene auch ihren sozialen und politischen Einfluss – zu wahren, wenn nicht auszuweiten.[343]

Nachdem 1953 die politischen Parteien aufgelöst, die unabhängigen Gewerkschaften unterdrückt und die Monarchie abgeschafft worden war, eliminierten die Freien Offiziere im Oktober 1954 die letzte autonome Bewegung mit funktionierendem Apparat und breiter gesellschaftlicher Verankerung und verboten die Muslimbruderschaft, deren Führungsriege sie bis dahin unterstützt hatte. Den Anlass (oder Vorwand) dafür bot der Attentatsversuch eines Muslimbruders auf Nasser. Zahllose Führer und Kader wurden inhaftiert, viele gingen ins Exil oder in den Untergrund. Über die Bedingungen in den nasseristischen Folterkellern und Internierungslagern berichtet ein eigenes Genre der Gefängnisliteratur. Ein Nebeneffekt der Aktion dürfte unbeabsichtigt gewesen sein, denn die Flucht zahlreicher Muslimbrüder und ihrer Familien in die arabischen Golfstaaten, nach Westeuropa und in die USA trug nicht nur zu einer weiteren Internationalisierung der Muslimbruderschaft bei, sondern auch zu ihrer Annäherung an ein noch konservativeres, wahhabitisch geprägtes Islamverständnis.

Früh, wenn auch eher ungewollt, verbanden sich die innenpolitischen Reformen mit einem außenpolitischen Kurswechsel. Ein sichtbares Zeichen ihrer anti-imperialistischen Gesinnung setzten die Freien Offiziere, als sie im Februar 1953 das sudanesische Recht auf Selbstbestimmung anerkannten (das angloägyptische Kondominium war noch vor ihrem Putsch im Oktober 1951 aufgehoben worden). 1956 wurde der Sudan in aller Form unabhängig. Als ihre Hauptgegner sahen die Freien Offiziere zunächst Großbritannien und Frankreich. In Algerien unterstützten sie die Nationale Befreiungsfront, die sich 1954 gebildet hatte und einen immer härteren Kampf gegen die französische Armee und die europäischen Siedler führte. An einer Zusammenarbeit mit den USA waren die Freien Offiziere durchaus interessiert; die USA wiederum schätzten die Offiziere als progressive Kraft und hofften, sie unter dem Vorzeichen des Kalten Kriegs in ein Bündnis gegen die Sowjetunion einbinden zu können. Bald aber trübte eine Reihe von Entwicklungen das Verhältnis: die Gründung des anti-kommunistischen Bagdad-Paktes 1955, bestehend aus der Türkei, Irak, Pakistan, Iran und Großbritannien, Nassers Auftreten auf der ersten Konferenz der Blockfreien im indonesischen Bandung, ständige Angriffe palästinensischer Kämpfer

auf Israel von ägyptischem Boden aus und israelische Vergeltungs-
schläge vor allem auf Gaza, die Aufrüstung Israels durch Frankreich,
umfangreiche ägyptische Waffenkäufe bei der Tschechoslowakei
(die sowjetische Waffen lieferte), die diplomatische Anerkennung
der Volksrepublik China durch Kairo und schließlich die Weigerung
der USA und Großbritanniens, den Bau eines neuen Hochdamms in
Assuan zu finanzieren.

Der Hochdamm von Assuan sollte ein Symbol der technischen
Moderne sein, die das unabhängige Ägypten kraft eigener Anstrengung erreichte, Nassers Pyramide sozusagen. Der Suezkanal hingegen stand weiterhin für Fremdbestimmung. Seine Bedeutung als
»Lebensader« des britischen Empire hatte er mit der Unabhängigkeit Indiens und Pakistans 1947 zwar weitgehend eingebüßt, doch
gewann er in den 1950er Jahren eine neue strategische Bedeutung für
die Erdölzufuhr nach Europa. Im Rahmen eines neuen Abkommens
zogen bis Oktober 1954 die letzten britischen Truppen aus der Kanal-
zone ab, die Suezkanal-Gesellschaft sollte 1958 in ägyptische Hände
übergehen. Als Nasser am 26. Juli 1956 überraschend die Verstaatlichung der Suezkanal-Gesellschaft ankündigte, war dies spektakulär,
aber nicht ohne Vorbild: 1951 hatte das iranische Parlament nach
jahrelangen Verhandlungen mit der Anglo-Iranian Oil Company,
die den iranischen Anteil an den Erdöleinnahmen auf 50 Prozent
heraufsetzen sollten, die Verstaatlichung der Ölförder- und Verarbei-
tungsanlagen beschlossen. Noch früher, 1917, hatte bereits Mexiko
seine Ölindustrie verstaatlicht, und Venezuela hatte 1943 eine Fifty-
fifty-Regelung durchgesetzt, die mittlerweile auch im Irak, in Kuwait
und in Saudi-Arabien galt. Den Verstaatlichungsbeschluss des iranischen Parlaments setzte der neue Ministerpräsident Mohammed
Mossadegh (Mussadiq, 1882–1967) um, ein Angehöriger der alten
qajarischen Elite, der bis dahin nicht als Vorkämpfer nationaler
Werte und Interessen aufgetreten war. Großbritannien widersetzte
sich der Entscheidung, stoppte die Erdölförderung und blockierte
die iranischen Häfen. Der Wegfall der Öleinnahmen, kombiniert
mit der Seeblockade, verursachte in kürzester Zeit eine Finanz- und
Wirtschaftskrise. Mossadegh verschärfte die Spannungen, indem

er sich vom Parlament diktatorische Vollmachten übertragen ließ, Kritiker ausschaltete, das Parlament auflöste und den Schah weitestgehend entmachtete. Schließlich bewirkten Großbritannien und die USA, vermittelt über ihre Geheimdienste, im August 1953 den Sturz Mossadeghs. Ein neuer Rahmenvertrag mit der iranischen Regierung, der bis 1979 laufen sollte, beließ den größten Teil der Ölindustrie in ausländischer Hand.

Sehr anders Verlauf und Ergebnis der Suezkrise: Zum einen war die Nationalisierung des Suezkanals innenpolitisch nicht umstritten, sondern im Gegenteil immens populär, zum anderen intervenierten die USA aufseiten Ägyptens. Hatten sie in Iran ein Vordringen des Kommunismus befürchtet, so fürchteten sie in Ägypten eine Rückkehr des europäischen Kolonialismus. Tatsächlich unterzeichneten Frankreich und Großbritannien im Oktober 1956 ein geheimes Protokoll mit Israel, um Nasser zu stürzen, den sie als »neuen Hitler« dämonisierten – ein unübersehbarer Verweis auf die britische Appeasement-Politik der späten 1930er Jahre, die sich nicht wiederholen sollte. Als israelische Truppen am 29. Oktober 1956 in den Sinai und den Gazastreifen einmarschierten und eine Woche später britische und französische Fallschirmjäger am Suezkanal landeten, erzwangen massive amerikanische und sowjetische Drohungen bis hin zu einem Nuklearschlag einen Waffenstillstand und den Rückzug der britischen, französischen und israelischen Truppen. Die Suezkrise hatte gravierende Auswirkungen nicht nur auf die regionale, sondern auch die globale Politik: Großbritannien büßte weiter an internationalem Einfluss ein; Frankreich ging gleichfalls geschwächt aus der Krise hervor, bewahrte aber sein enges Verhältnis zu Israel, dem es in den Folgejahren Flugzeuge, Waffen und Bauteile für das israelische Nuklearprogramm lieferte. Israel orientierte sich dessenungeachtet verstärkt in Richtung USA. Die Sowjetunion engagierte sich intensiver im Nahen Osten (und schlug im Schatten der Suezkrise den Volksaufstand in Ungarn nieder), und in den USA verkündete Präsident Eisenhower im Januar 1957 die nach ihm benannte Doktrin. Sie besagte, dass die USA mit allen zur Verfügung stehenden Mitteln, das heißt bis hin zum Nuklearschlag, prowestliche Regierungen vor kommunistischer Unterwanderung und sowjetischer Bedrohung schützen würden.

Militärisch eine Niederlage, war der Ausgang der Suezkrise politisch ein Triumph für die ägyptische Führung im Allgemeinen und Nasser im Besonderen, ein Triumph, der geradezu exemplarisch das Eigengewicht von Wahrnehmungen gegenüber Fakten beleuchtet. Die Suezkrise beförderte Nasser endgültig zum Vorkämpfer des Panarabismus gegen (Neo-)Imperialismus und Zionismus, der über die Köpfe der Regierenden hinweg die »arabischen Massen« von Algier bis Bagdad elektrisierte. Nasser war der erste regionale Führer, der sämtliche Medien von Dichtung, Film und Musik bis zum Kairoer Radiosender »Stimme der Araber« nutzte, und er war der erfolgreichste. In den darauffolgenden Jahren und Jahrzehnten sollte es keinem der arabischen Führer gelingen, die Medien ähnlich virtuos einzusetzen, und zwar nicht primär, weil ihnen hierzu das Format fehlte, sondern weil sich die Medien vervielfachten und kein einzelner Sender (und das galt später auch für den von Qatar finanzierten Sender al-Jazeera) das Quasi-Monopol als »Stimme der Araber« erlangte.

Der Zusammenschluss Ägyptens und Syriens in der Vereinigten Arabischen Republik schien 1958 den Siegeszug des Panarabismus unter ägyptischer Führung fortzusetzen. Während in Jordanien 1957 zwei pro-nasseristische Putschversuche scheiterten, stürzte im Juli 1958 eine Offiziersgruppe das haschemitische Königshaus im Irak. Dass dabei neben dem König, dem Regenten und Nuri as-Saʿid, dem prominentesten pro-britischen Politiker des Landes, auch zahlreiche Mitglieder der königlichen Familie ums Leben kamen, war eine Ausnahme im Vorderen Orient und in Nordafrika, wo die Monarchien ansonsten unblutig beseitigt wurden. Die irakischen Offiziere schlugen zunächst einen nasseristischen Kurs ein, führten Agrar-, Bildungs- und Sozialreformen durch und beriefen 1959 sogar erstmals in der arabischen Welt eine Frau in ein Ministeramt. In den folgenden Jahren rieben sie sich jedoch in erbarmungslosen Machtkämpfen auf. Im Libanon verhinderte eine amerikanische Militärintervention im Zeichen der Eisenhower-Doktrin 1958 den Sturz einer prowestlichen Regierung.

In Ägypten selbst konnte Nassers Engagement in der Blockfreien-Bewegung die wachsende Abhängigkeit von der Sowjetunion nicht überdecken. Moskau lieferte Waffen und ermöglichte den Bau des Assuan-Staudamms, forderte dafür aber politischen Einfluss und militärische Stützpunkte. Der Übergang zu einem »arabischen Sozialismus«, der de facto ein staatskapitalistisches System etablierte, war erst 1961 abgeschlossen, fast ein Jahrzehnt nach der Machtübernahme der Freien Offiziere. Zum einen wurde die Agrarreform, die anfangs nicht unter sozialistischem Vorzeichen gestanden hatte, ausgeweitet. Zum anderen wurden 1961 auch Industrie, Handel und Bankwesen verstaatlicht. Nachdem im Gefolge der Suezkrise bereits der britische und französische Besitz einschließlich zahlreicher Industrieunternehmen beschlagnahmt worden war, traf die Verstaatlichung nun die ägyptische Wirtschaft und Gesellschaft selbst. Wie bei der Agrarreform war das Ergebnis ambivalent: Die Enteignung der privaten Unternehmen ermöglichte zwar den Aufbau eines stetig wachsenden Staatssektors und moderner Industriekomplexe wie des Eisen- und Stahlwerks von Helwan, die in großem Umfang Arbeitsplätze schufen. Zugleich fügten jedoch Kapitalflucht, Abwanderung und der *brain drain* nicht nur von Europäern und Juden, sondern auch von arabischen Ägyptern der ägyptischen Volkswirtschaft erheblichen Schaden zu. Ideologisch begründet wurde der arabische Sozialismus nasseristischer Prägung erst 1962 in einer »Charta der Nationalen Aktion«.

In der von Nasser und seinen Anhängern geschaffenen Präsidialrepublik mit formal-demokratischer Fassade waren die vorrevolutionären Parteien und Bewegungen sämtlich verboten, die Einheitspartei mehrfach umbenannt und umgestaltet worden, Medien und Presse verstaatlicht und strikt zensiert. Staatliche Entscheidungen wurden per Referendum abgesegnet. Zivilgesellschaftliche Vereinigungen von den Gewerkschaften über Anwaltskammern, Journalisten-, Lehrer-, Frauen- und Studentenverbänden bis zu den Sufi-Bruderschaften waren der staatlichen Kontrolle ebenso unterworfen wie das religiöse Bildungssystem. Die Azhar-Universität selbst wurde 1961 tiefgreifend umorganisiert und verstaatlicht.

Streiks wurden niedergeschlagen, politischer Protest gleich welcher Couleur unterdrückt. Zugleich aber verbesserten die Agrarreformen, staatlich festgelegte Mindestlöhne, Miet- und Preiskontrollen, Beschäftigungsgarantieren für Hochschulabsolventen, subventionierte Grundgüter und der Zugang zu freier Bildung und medizinischer Versorgung die Lebensbedingungen breiter Bevölkerungskreise nicht nur in den Städten, sondern auch auf dem flachen Land. Zu den materiellen Werten kamen immaterielle. Nasser wurde von der Mehrheit der Ägypter als authentisch wahrgenommen: Er sprach die Sprache des Volkes, war persönlich nicht korrupt, lebte bescheiden, forderte Imperialismus und Zionismus heraus und vermittelte ihnen das Gefühl wiedergewonnener Würde.

Der Junikrieg und seine Folgen

Im Innern war das ägyptische Regime zu Beginn der 1960er Jahre gefestigt, außenpolitisch musste es einen empfindlichen Rückschlag hinnehmen, als sich im September 1961 Syrien aus der Vereinigten Arabischen Republik zurückzog, innerhalb deren allein Kairo den Kurs bestimmt hatte. Kontrapunkte setzten Algerien, das 1962 unter dem überzeugten Nasseristen Ahmed Ben Bella unabhängig wurde, und der Nordjemen, wo nach dem Tod des regierenden Imam eine pro-nasseristische Gruppe sunnitischer Offiziere im September 1962 dessen Nachfolger Muhammad al-Badr stürzte und die Republik ausrief. Der darauffolgende Bürgerkrieg trug bereits die Züge eines Stellvertreterkriegs, in dem Ägypten die republikanischen Offiziere, Saudi-Arabien und Jordanien hingegen Muhammad al-Badr unterstützten. In Syrien und im Irak putschten im Frühjahr 1963 erneut nasseristische Offiziere, wobei in Syrien bald Baathisten die Nasseristen ausschalteten. Die ideologischen Gegensätze spielten dabei eine gewisse, aber keineswegs die ausschlaggebende Rolle.

Dennoch geriet das nasseristische System Mitte der 1960er Jahre in die Krise. Den Wendepunkt markierte die Niederlage gegen Israel im Sechs-Tage-Krieg vom Juni 1967. In Verletzung internationaler Konventionen schloss die ägyptische Regierung am 22. Mai die Straße von Tiran am Golf von Aqaba für israelische und andere Schiffe. Anschließend kündigte sie, in völliger Verkennung der Kräfteverhältnisse, die Vernichtung Israels an und ging ein Militärbündnis mit Syrien, Jordanien und dem Irak ein, musste dann aber erleben, wie die arabischen Truppen binnen weniger Tage an allen Fronten geschlagen wurden. Israel zerstörte in einem einzigen Blitzangriff große Teile der ägyptischen Luftwaffe und eroberte die Golanhöhen von Syrien, das Westjordanland einschließlich Ostjerusalems von Jordanien, Sinai und Gaza von Ägypten. Erneut flüchteten Hunderttausende arabischer Palästinenser in die angrenzenden arabischen Länder. Auf einer Konferenz in der sudanesischen Hauptstadt Khartum einigten sich die arabischen Führer im August und September 1967 auf »drei Neins«: kein Frieden mit Israel, keine Verhandlungen und keine Anerkennung Israels. Der UN-Sicherheitsrat forderte im November 1967 in der Resolution 242 den Rückzug der israelischen Streitkräfte auf die Waffenstillstandslinien von 1948 gegen die »Achtung und Anerkennung der Souveränität, territorialen Unversehrtheit und politischen Unabhängigkeit eines jeden States in der Region«, das hieß an erster Stelle Israels selbst.

Die Niederlage der arabischen Armeen war vor allem eine Niederlage Nassers und seines politischen Kurses. Die Kombination von militärischem Scheitern und politischem Versagen riss gewissermaßen die Wunde auf, die der Kolonialismus geschlagen und der autoritäre Staat ungeachtet seiner Versprechungen nicht geheilt hatte. Weithin war von Demütigung und verletztem Stolz die Rede. Führende Intellektuelle, Künstler und Theaterleute wie die Syrer Saadallah Wannous (1941–1997) und Sadiq Jalal al-'Azm (geb. 1934) oder auch der Marokkaner Abdallah Laroui (al-'Arwi, geb. 1933) forderten demgegenüber Selbstkritik und eine radikale Überprüfung der eigenen Positionen.[344] Studenten, Arbeiter und Angehörige der freien Berufe demonstrierten für politische Reformen. Erneut aber zeigte sich die Bedeutung des emotionalen Faktors in der Politik: Als Nasser am 9. Juni 1967 seinen Rücktritt anbot, gingen Hunderttausende auf die Straße, um ihn (erfolgreich) zum Bleiben zu bewegen. Als er im September 1970 schwer zuckerkrank und nach mehreren Herzinfarkten mit 52 Jahren starb, folgten fünf Millionen Ägypter und alle arabischen Staatsoberhäupter mit Ausnahme des saudischen Königs seinem Sarg.

Der arabische Nationalismus war dennoch nicht abgeschrieben: Im Irak putschten im Juli 1968 baathistische Offiziere, die die Landreform vorantrieben und 1972 die irakische Erdölindustrie verstaatlichten. 1979 setzte sich in einer stillen, wenngleich nicht unblutigen Wende Saddam Husain (1937–2006) an die Spitze von Armee, Staat und Partei. Sein Regime, eines der brutalsten der arabischen Neuzeit, wurde erst ein Vierteljahrhundert später durch eine von den USA geführte internationale Koalition gestürzt. Im Sudan putschte 1969 der überzeugte Nasserist Ja'far an-Numairi (1930–2009). 1981 vollzog er eine überraschende Wende hin zum Islamismus und wurde schließlich im April 1985 durch die Armee entmachtet. In Libyen stürzte 1969 Oberst Mu'ammar al-Qaddafi (1942–2011) – ein weiterer Bewunderer Nassers – König Idris as-Sanusi, den die alliierten Siegermächte 1951 im befreiten Libyen installiert hatten. Qaddafis Herrschaft sollte erst gut vier Jahrzehnte später im Zuge der Arabellion (»Arabischer Frühling«) ihr Ende finden. In Syrien schließlich übernahm 1970 General Hafiz al-Asad (1930–2000) in einer unblutigen »Korrekturbewegung« die Macht. Asad gelang es mit rücksichtsloser Härte nicht nur, die eigene Herrschaft zu sichern, sondern seinen Sohn Bashar als Nachfolger durchzusetzen; Militärdiktaturen mit Erbfolge waren ein Novum im Nahen und Mittleren Osten.

Was sich als ermüdende Abfolge von Kriegen, Staatsstreichen und Rebellionen liest, war Ausdruck einer allumfassenden Malaise, die die arabische Welt in den ausgehenden 1960er Jahren erfasste und über Jahrzehnte nicht loslassen sollte. Politik wurde in einer Weise von Gewalt bestimmt, wie dies – sieht man von den anti-kolonialen Aufständen ab – in der neueren arabischen Geschichte bislang nicht der Fall gewesen war. Wie immer verschränkten sich dabei innere und äußere Faktoren. Dazu gehörten die Politik der autoritären Regime, die sich über Repression und Aufrüstung abzusichern suchten, der Druck einer geradezu explosiv anwachsenden Bevölkerung und die weiter ansteigende strategische Bedeutung der Region, die sich mit den Stichworten Erdöl, Israel und Kalter Krieg beschreiben lässt. Die Militärdiktaturen in Syrien, im Irak und in Algerien mit ihren mörderischen Macht- und Flügelkämpfen und der Unterdrückung jeder autonomen Regung und Bewegung sorgten für eine weitere Politisierung von Religion und Ethnizität, die sich in komplizierter Weise mit regionalen Macht- und Hegemonialansprüchen verbanden. Juden gerieten in den Verdacht, als Fünfte Kolonne mit Israel zu kollaborieren, Schiiten galten als verlängerter Arm Irans.

Die schrittweise Verengung der Machteliten ist wiederum als Ausdruck von *sectarianism* oder »Konfessionalismus« verstanden worden. Dabei waren die Regime in ethnisch-religiöser Hinsicht nie einheitlich: Das syrische Asad-Regime rekrutierte seinen innersten Kern zwar aus der alawitischen Minderheit, band über ökonomische Anreize und sozialstaatliche Leistungen zugleich aber große Teile der sunnitischen und christlichen städtischen Mittelschicht und der ländlichen Bevölkerung an sich. Das Regime Saddam Husains griff auf tribale, ja sogar sufische Netzwerke der sunnitisch-arabischen Region um Tikrit, Samarra und Bagdad zurück, integrierte aber auch Christen, Kurden und einzelne Schiiten.

4. Öffnungspolitik und neoliberale Reform

Wenn sich nach 1967 die Frage nach Legitimation und Leistung der arabischen Regime mit neuer Schärfe stellte, so lag das nicht allein an ihren regionalpolitischen Entscheidungen und Misserfolgen. Großes Gewicht hatten demographische und soziale Entwicklungen, und diese standen für die *Erfolge* der Regierungspolitik, insbesondere auf den Feldern von Gesundheit, Infrastruktur und Bildung. Die verbesserte Gesundheits- und Sozialfürsorge ließ gerade die junge Bevölkerung rasch ansteigen, der Anstieg der Bevölkerungszahl verstärkte wiederum Landflucht und Urbanisierung. Zugleich wuchsen die Ansprüche an Qualität und Umfang staatlicher Dienstleistungen, von der Versorgung mit Nahrung, Wasser, Wohnraum und Arbeit bis zum Schul- und Gesundheitswesen. Die gewachsenen Ansprüche verschärften unweigerlich den Legitimations- und Leistungsdruck auf die Regime. Vor allem das demographische Wachstum (manche sprachen von einer Bevölkerungsexplosion) stellte die Regime vor unlösbare Probleme.

In Ägypten wuchs die Bevölkerungszahl in den 1950er und 1960er Jahren um jährlich 2,5 Prozent von 19 Millionen 1949 auf 30 Millionen 1965.[345] (In den folgenden fünf Jahrzehnten verdreifachte sie sich und wurde Mitte der 2010er Jahre auf rund 90 Millionen geschätzt.) Waren Großstädte wie Kairo bereits in spätosmanischer Zeit schwer regierbar geworden, so verwandelten sie sich nun in unkontrollierbare Metropolen, wenn nicht regelrechte Moloche. Die Schul- und Hochschulabsolventen, die das System in wachsender Zahl hervorbrachte, fanden in dem überdimensionierten öffentlichen Sektor zwar Platz, aber keine Betätigung mit angemessener Entlohnung. Gerade die besser Ausgebildeten waren stärker von Arbeits- und Perspektivlosigkeit betroffen als die Ungelernten. Der Druck, den die Regime mit ihrer Rhetorik selbst genährt hatten, wurde häufig als »Revolution der steigenden Erwartungen« beschrieben: Verlangt wurden nicht nur politische Unabhängigkeit (Freiheit, Würde), wirtschaftliche Entwicklung und sozialer Ausgleich (Gerechtigkeit), sondern auch kulturelle Authentizität, und diese wurde von den ausgehenden 1960er Jahren an zunehmend mit Bezug auf den Islam definiert.

Es ist aber doch bemerkenswert, dass die »Revolution der steigenden Erwartungen« mit Ausnahme der Volksrepublik Jemen (Südjemen), wo 1969 Marxisten die Macht übernahmen und 1970 die Demokratische Volksrepublik Jemen ausriefen, bis zur Arabellion von 2011/12 nirgends in eine »echte« Revolution im Sinne eines grundlegenden Wandels des Herrschaftssystems und der Machteliten umschlug. Es kam zu Kurskorrekturen und Verschiebungen innerhalb dieser Eliten, aber zu keinem gesellschaftlichen und politischen Umbruch. Spannung, Widerspruch und Unzufriedenheit mit den herrschenden Verhältnissen kamen freilich nicht nur in offenem Protest und Widerstand zum Ausdruck, sondern ebenso in einer generellen Gleichgültigkeit gegenüber formaldemokratischen Prozessen, wenn nicht der Politik überhaupt. Viele zogen sich in familiäre und tribale Patronage- und Beziehungsnetze zurück, und das selbst in Staaten wie Irak und Algerien, die sich einer forcierten Modernisierung ihrer Gesellschaft verschrieben, die Herrschaft aber nach klientelistisch-neopatrimonialem Muster ausübten. Die autoritäre Konsolidierung wurde befördert durch eine internationale Politik, die mit Blick auf den Leitwert Stabilität im Zweifelsfall die scheinbar berechenbare autoritäre Statik bevorzugte, statt eine unkontrollierte, potentiell destabilisierende Dynamik zuzulassen. Das galt selbst dann, wenn lokale politische Kräfte für legitime Ziele eintraten oder im Namen von Demokratie und Menschenrechten auf eine Veränderung von Staat und Gesellschaft hinwirkten.

»Korrekturrevolution« in Ägypten

In Ägypten erlaubte Nassers Tod im September 1970 seinem Nachfolger, Anwar as-Sadat (1918–1981), die Kurskorrekturen vorzunehmen, die Nasser nach dem Junikrieg bereits angedeutet, aber nicht vollzogen hatte. Noch unter Nasser hatte Ägypten zuletzt sein Engagement für arabische Belange (und, damit eng verknüpft, seine nationalen Interessen und Hegemoniebestrebungen) zurückgenommen. Deutlich zu sehen war dies im Jemen, wo Ägypten nach der Konferenz von Khartum seine letzten Truppen abzog. Die Gelegenheit zum offenen Kurswechsel schuf der Oktoberkrieg von 1973, in dem es die ägyptische Führung wie in der Suezkrise von 1956 verstand, einen militärischen Teil-, wenn nicht Misserfolg in einen politischen Sieg umzuwandeln. Nach wiederholten Ankündigungen, die 1967 verlorenen Gebiete zurückerobern zu wollen (Ankündigungen, die in Israel nicht hinreichend ernst genommen wurden), griffen ägyptische und syrische Streitkräfte am 6. Oktober 1973 mitten im islamischen Fastenmonat Ramadan und am höchsten jüdischen Feiertag Yom Kippur israelische Stellungen auf den Golanhöhen und am Suezkanal an. Ägyptischen Kommandos gelang es, den Suezkanal zu überqueren und auf die Sinai-Halbinsel vorzustoßen, syrische Fallschirmjäger landeten auf dem Berg Hermon. Israel konnte zwar, gerade weil Feiertag war, sehr rasch seine Reservisten mobilisieren, die syrischen Truppen bis kurz vor Damaskus zurückdrängen und auf dem Sinai eine ganze ägyptische Armee einkesseln. Der UN-Sicherheitsrat setzte jedoch nach zwei Wochen einen Waffenstillstand durch und vermied so eine mögliche nukleare Konfrontation zwischen den USA und der Sowjetunion. Während die israelische Regierungschefin Golda Meir zurücktreten musste, ließ sich Anwar as-Sadat als »Held der Überquerung« feiern. Im Folgenden trugen in Ägypten nicht nur wichtige Brücken, sondern ganze Neusiedlungen den Namen »6. Oktober«.

Nachdem der Oktoberkrieg aus arabischer Sicht einen Teil der 1948 und 1967 verlorenen Ehre wiederhergestellt hatte, nahm Sadat eine »Korrekturrevolution« in Angriff (die in manchen Zügen später von Hafiz al-Asad und zeitweise auch von Saddam Husain nachvollzogen werden sollte). An die Stelle des arabischen Sozialismus setzte er eine Öffnung (arab. *infitah*) für in- und ausländisches Privatkapital. Sie löste den öffentlichen Sektor allerdings nicht auf, sondern ergänzte ihn lediglich durch einen zunächst noch strikt beaufsichtigten Privatsektor. Das erinnerte an die Tanzimat-Reformen, die bestehende Institutionen in der Regel gleichfalls nicht abgeschafft, sondern durch neue ergänzt und flankiert hatten, so dass auf gewissen Feldern ein duales System mit all den damit verbundenen Reibungen entstand. Von erheblicher sozialer und politischer Tragweite war die Rückerstattung enteigneten Grundbesitzes und Vermögens, die Sadats Nachfolger fortsetzte und die von manchen als Rückkehr der vorrevolutionären Eliten gedeutet wurde.

Die Rhetorik des arabischen Sozialismus wich einem verstärkten Rückgriff auf islamische Werte und Symbole. So ließ Sadat 1971 in der revidierten Verfassung die (an keiner Stelle festgelegten) »Grundsätze der islamischen Scharia« zu *einer* der Quellen von Gesetzgebung und Rechtsprechung erheben, eine weitere Novellierung definierte sie 1980 als deren *Hauptquelle*. An die Stelle des Einparteiensystems trat ein strikt kontrolliertes Mehrparteiensystem, zugleich erhielten Justiz, Presse und zivilgesellschaftliche Vereinigungen mehr Spielraum als zuvor. Die Wissenschaft klassifiziert dies als

»gelenkte Demokratie«, Sadat sprach vom »Staat des Rechts« *(daulat al-qanun)*, wobei hier nicht die Scharia gemeint war, sondern das Prinzip der auf staatlicher Satzung, *qanun*, beruhenden Rechtsstaatlichkeit. Nicht angetastet wurden im Zuge der Korrekturrevolution die Pfeiler staatlicher Macht: Armee, Polizei, Geheim- und sonstige Sicherheitsdienste, Bürokratie, Staatspartei sowie das staatliche Monopol über Rundfunk und Fernsehen, die anders als die Printmedien auch die Mehrheit derer erreichten, die weder lesen noch schreiben konnten.

Einen Bruch vollzog Sadat in der Außenpolitik, wo an die Stelle von Panarabismus, Antizionismus und Blockfreiheit bzw. »positiver Neutralität« die Rückbesinnung auf ägyptische Interessen treten sollte (»Egypt first«). Die Wahrung der nationalen Interessen erforderte nach Sadats Überzeugung eine neuerliche Annäherung an die USA und den Friedensschluss mit Israel. Schon im Juli 1972 hatten rund 20 000 russische Militärberater Ägypten verlassen müssen. Auf Sadats spektakuläre Reise nach Jerusalem im November 1977 folgten im September 1978 die Friedensverhandlungen von Camp David, die im März 1979 in einen separaten Friedensvertrag mit Israel mündeten. Der Kurswechsel war innenpolitisch hochumstritten und blieb auf ägyptischer Seite ein »kalter Frieden«. Regional isolierte der mit keinem arabischen Partner abgesprochene Separatfrieden Ägypten und brachte es um seine arabische Führungsrolle. Erst 1994 sollte Jordanien als zweiter arabischer Staat offiziell Frieden mit Israel schließen. Etwa zur selben Zeit bewegte sich die Palästinensische Befreiungsorganisation (Palestine Liberation Organization, PLO) unter Yasir Arafat (1929–2004) im Zuge des Osloer Friedensprozesses in dieselbe Richtung. Dennoch zeigte sich gerade in Ägypten das Beharrungsvermögen des autoritären Staates: Über alle Wechsel der politischen Ideologien und Führer hinweg – und immerhin wurde Sadat im Oktober 1981 aufgrund seiner Innen- und Außenpolitik von militanten Islamisten ermordet –, behauptete er seine Kontrolle über Politik, Wirtschaft und Gesellschaft.

5. Ölboom und Rentierstaat

Die strategische Aufwertung der Region hatte ambivalente Folgen, und diese betrafen nicht allein die autoritären arabischen Militärregime, sondern ebenso die kaum minder autoritären arabischen Monarchien, die sich ihnen im Wettbewerb um Hegemonie und Einfluss entgegenstellten. In den 1960er Jahren bildeten sich politische Ökonomien heraus, die als »Rentierstaaten« oder »Rentierökonomien« bezeichnet werden. Rentierstaaten beziehen ihre Einkünfte in erster Linie nicht aus den Steuern und Abgaben der eigenen Bevölkerung. Sie finanzieren sich vielmehr über Einnahmen (»Renten«) aus der Ausbeutung ihrer natürlichen Ressourcen sowie Zahlungen auswärtiger Mächte für ihre strategische Bedeutung und das politische Wohlverhalten ihrer Regierungen.[346] Rentierstaaten sind und waren daher nicht nur die ressourcenreichen Öl- und Gasproduzenten in Nordafrika (Algerien, Libyen) und am Persischen Golf (Saudi-Arabien, Kuwait, Qatar, Bahrain und die Vereinigten Arabischen Emirate). Zu dieser Kategorie zählen auch ressourcenarme Staaten wie Jordanien, Ägypten, Oman und Jemen, die von auswärtigen Mächten aufgrund ihrer strategischen Lage und Bedeutung umworben und alimentiert wurden und zum Teil immer noch werden. Die Renteneinnahmen erlaubten ihren Regierungen, sich zu einem gewissen Grad von der eigenen Gesellschaft unabhängig zu machen und deren Zustimmung durch soziale und andere Leistungen zu gewinnen, Widerspruch gegebenenfalls aber auch zu unterdrücken. Das eine schloss das andere nicht aus. Entscheidend war und ist die Kontrolle des Staatsapparates bzw. der herrschenden Elite über die Einkünfte und deren Zuteilung (»Allokation«) innerhalb der Machtelite und der Gesellschaft als Ganzes.

Die Erdöl- und Erdgasvorkommen, die von den 1930er und 1940er Jahren an in Bahrain, Kuwait und Saudi-Arabien entdeckt und von den 1960er Jahren an in großem Umfang ausgebeutet wurden, verwandelten die Golfstaaten sukzessive von marginalen Größen in unverzichtbare Akteure der globalen Wirtschafts- und Finanzordnung.

In Algerien und Libyen wurden Erdöl und Erdgas nach dem Zweiten Weltkrieg entdeckt und in immer größerem Umfang gefördert. In Algerien, das früh eine Industrialisierung in Angriff nahm, rückte der Erdöl- und Erdgassektor faktisch zur Monokultur auf, mit all den daraus resultierenden Verzerrungen und Abhängigkeiten von einem Weltmarkt, den der algerische Staat aus eigener Kraft nicht zu steuern vermochte. Sowohl in der Innen- als auch in der Außenpolitik dieser Staaten blieben Politik und Wirtschaft weiter eng verknüpft. Das zeigte sich, als sie im Zusammenhang mit dem Nahostkonflikt erstmals konzertiert handelten. Während des arabisch-israelischen Kriegs vom Oktober 1973 setzten die in der Organization of Arab Oil Producing Countries (OAPEC) zusammengeschlossenen arabischen Erdölproduzenten die »Ölwaffe« ein: Nachdem der US-amerikanische Kongress beschlossen hatte, Israel über eine Luftbrücke mit Waffen zu versorgen, verhängten sie ein totales Ölembargo gegen die USA. Die Ölkrise führte zu einem dramatischen Anstieg des Ölpreises und entsprechenden Mehreinnahmen der Ölproduzenten, beides mit globalen Folgen. Mit dem exponentiellen Wachstum der Öleinnahmen wuchs die Konkurrenz um deren Kontrolle, besonders deutlich zu sehen in Algerien, im Irak und am Persischen Golf generell. Die Dynamik der Konflikte beleuchtet der irakische Überfall auf Kuwait (Zweiter Golfkrieg), mit dem Saddam Husain 1990 die reichen kuwaitischen Ölfelder annektieren und den Zugang seines Landes zum Persischen Golf erweitern wollte, nachdem der Angriff auf Iran (Erster Golfkrieg) sein Ziel verfehlt hatte. Ein Jahr später vertrieb eine internationale Militärallianz unter Führung der USA die irakischen Truppen aus Kuwait (Operation Desert Storm).

Am stärksten wirkte der Ölboom auf Gesellschaft und Kultur der arabischen Golfstaaten einschließlich Saudi-Arabiens, die sich, und das mag zunächst paradox erscheinen, selbst explizit als konservativ verstanden und verstehen: Auf der Arabischen Halbinsel war jenseits Omans und des Jemens jener »rasche soziale Wandel« zu spüren, von dem sonst häufig zu Unrecht die Rede ist, denn in weiten Teilen der Region war und ist der soziale Wandel gerade nicht rapide, sondern schleichend. Der Ölsektor veränderte die Ökonomie der arabischen Golfstaaten, ihre physische Infrastruktur und nicht zuletzt die Zusammensetzung ihrer Bevölkerung; zu Beginn des 21. Jahrhunderts hatten sie sich bis zur Unkenntlichkeit verändert. Die Massenzuwanderung von Arbeitskräften aus der arabischen Welt, dem indischen Subkontinent und Südostasien, die von Bau- und Industriearbeitern über Angestellte, Lehrer und Ingenieure bis zu Hausangestellten und Kindermädchen reichte, transformierte Demographie und Wirtschaft. Innerhalb der mit Bürgerrechten ausgestatteten lokalen Gesellschaften zementierte sie zugleich jedoch die Geschlechterordnung, ermöglichte sie doch den meisten ihrer Frauen, sich ganz Haus und Familie zu widmen, während die Arbeit von ausländischen, häufig in sklavenartigen Verhältnissen gehaltenen Arbeitskräften erledigt wurde. In Qatar und den Vereinigten Arabischen Emiraten stieg der Ausländeranteil an der Gesamtbevölkerung zu Beginn des 21. Jahrhunderts auf 90 Prozent.

Die soziale und rechtliche Ordnung hielt mit diesen Umwälzungen nicht Schritt: Die Sklaverei wurde in Saudi-Arabien zwar in den frühen 1960er Jahren abgeschafft, die ausländischen Arbeitskräfte blieben jedoch hier wie in den anderen arabischen Golfstaaten weitgehend entrechtet. Ein System der Bürgschaft (arab. *kafala*) machte sie von inländischen Bürgen abhängig. Religiösen Minderheiten wie den Schiiten wurden kulturelle Gruppen- und Bürgerrechte vorenthalten. Frauen wurden mit Verweis auf Religion und Tradition nicht nur die Gleichberechtigung, sondern selbst solche Rechte versagt, die sie in anderen, konservativen muslimischen Milieus selbstverständlich besaßen. Politische Reformen wurden systematisch verschleppt. Die große Mehrheit der ausländischen Arbeitskräfte hatte ohnehin keine Stimme. Als klassische Rentierstaaten vermochten die Golfmonarchien jedoch über Jahrzehnte Kritik und Opposition der eigenen Bürger über soziale Leistungen aufzufangen.

D Islamisierung und politischer Islam

1. Identitätspolitik: Religion und Authentizität

In den ausgehenden 1960er Jahren wurden in der arabischen Welt islamische Stimmen laut, die mit ihrer Kritik an den herrschenden Verhältnissen immer deutlicher das gesellschaftliche Klima und die politische Auseinandersetzung (den »öffentlichen Diskurs«) bestimmten. Der Islam, so lautete ihre Devise, war die Lösung für die Malaise der Muslime nicht nur der arabischen Welt. Die Islamisten verstanden sich als (einzig wahre) Vertreter des Islam und der Muslime, die »das Eigene« gegen »das Fremde« verteidigten – typischer Ausdruck eines religiös-kulturell gefärbten Nativismus, wie er in unterschiedlicher Form auch in Peru, Thailand oder Indien auftrat. Für das Fremde stand der Westen, ein Kürzel für die USA und die übrige industrialisierte westliche Welt mitsamt der westlich orientierten Kreise im eigenen Land. Für die Sowjetunion und ihre Verbündeten stand kein analoger Begriff zur Verfügung, denn »der Osten« beschrieb traditionell den Raum von Arabien bis Japan und China (also nichts anderes als den Orient der westlichen Orientalisten) und war auch unter Islamisten eher positiv belegt.

Anders als der Panarabismus war die islamische Wende primär nicht die Antwort auf die Existenz und die Politik Israels oder des Westens allgemein, sondern auf die Politik der arabischen Führer nach Erlangung der nationalen Unabhängigkeit: Sie richtete sich in erster Linie nicht gegen äußere Mächte, sondern gegen den inneren Feind, die eigenen Regime, ja die eigene Gesellschaft. Vielerorts war vom »Scheitern« des arabischen Sozialismus und aller vom Westen übernommenen Ideologien die Rede. An ihre Stelle sollte ein »islamischer Aufbruch« treten, eine »islamische Erweckung«, wobei der Begriff *sahwa*, wie erwähnt, sowohl dem Begriff der *nahda*, der kulturellen Erneuerung der arabischen Nation, als auch des *ba'th*, ihrer kulturell-politischen Wiedererweckung, nahesteht. Aus Koran und Sunna sollte ein gesellschaftspolitisches Programm abgeleitet werden, das den Islam als System neben andere Systeme stellte. Aus diesem Grund und um sie von »normalen« Muslimen abzugrenzen, die den Islam zwar leben, aber nicht in ein Programm und System umwandeln wollten, wurden die Träger dieser Ideen vor allem im Westen als »Islamisten« oder »Integristen« bezeichnet. Die Bezeichnung bürgerte sich in Gestalt des Begriffes *islamiyyun* auch im Arabischen ein, wobei ein Terminus der islamischen Tradition ins Politische umgedeutet wurde. Ebenso gebräuchlich blieb jedoch die neutrale Beschreibung »islamische Strömung« *(tayyar islami)*, die nicht zwischen Islam als Ideologie und Islam als Religion unterscheidet. Die Sufi-Bruderschaften, die gleichfalls Individuum und Gesellschaft islamisch inspirieren wollen, wurden der islamischen Strömung nicht zugerechnet.

Als globales Phänomen ist der Islamismus ebenso komplex wie der mit ihm verknüpfte Prozess der Islamisierung. Historisch gesehen kann man für den Vorderen Orient und Nordafrika mehrere Phasen unterscheiden: 1930er bis späte 1960er Jahre; 1967 (Junikrieg) bis 1979 (iranische Revolution); 1979 bis 2001 (11. September); 2001 bis heute. Der Zusammenbruch des sowjetischen Imperiums und das damit einhergehende Ende des Kalten Kriegs waren dabei nicht entscheidend. Auch mit Blick auf Ideologie und Strategie muss man differenzieren: Zunächst sind nicht alle »islamischen« Intellektuellen, Gelehrten und Aktivisten politisch engagiert. Wo der Islamismus sich jedoch explizit als politisch versteht, wird er als politischer Islam bezeichnet. Der vielgebrauchte Begriff des Fundamentalismus ist zu eng, denn Islamisten propagieren unterschiedliche Formen des Schriftverständnisses, von wortgläubig-fundamentalistisch bis modernistisch, wenn nicht revolutionär. Und sie verfolgen unterschiedliche Strategien, die von pragmatisch-gemäßigt (Mission im Sinne der *da'wa*, Graswurzelarbeit, Marsch durch die Institutionen, Integration ins politische System) bis militant und revolutionär (Verweigerung gegenüber dem System, bewaffneter Kampf, »Jihadismus«) reichen.

Eine weitere Unterscheidung betrifft den geographischen Aktionsraum und die lokale, regionale oder globale Vision der Islamisten: Den »Islamismus in einem Land« vertraten zu unterschiedlichen Zeitpunkten Organisationen wie die palästinensische Hamas, die Algerische Heilsfront oder die jemenitische Islamische Reformbewegung (Islah), die im Wesentlichen lokal verankert waren, selbst wenn sie international Unterstützung fanden. In dieselbe Reihe gehört die türkische Gerechtigkeitspartei AKP. In *einem* Land verwurzelt und primär auf dieses konzentriert, jedoch mit breiterer internationaler Ausstrahlung und einem Netz verwandter Gruppierungen in anderen Ländern agierten die Muslimbrüder und nach 1979 auch die iranischen Islamisten. Den globalen Islamismus vertrat von den 1990er Jahren an die Organisation al-Qaʿida, die im Wesentlichen aus dem Widerstand in einem Land hervorgegangen war, nämlich Afghanistan nach dem sowjetischen Einmarsch von 1979. Zwischen diesen Polen bewegte sich nach 2010 der Islamische Staat, der in Teilen Syriens und des Iraks tatsächlich einen eigenen Staat bzw. ein arabisches Kalifat errichtete. Zugleich verfügte er aber über ein Netzwerk jihadistischer Gruppen zwischen Burkina Faso, Tschetschenien und Indonesien, das aus der Revolution in einem Land die islamische Weltrevolution entwickeln wollte.

Neben den Vertretern des politischen Islam gab und gibt es »islamische Intellektuelle« (so die Eigenbezeichnung), Prediger und Anhänger und Anhängerinnen einer islamischen Frömmigkeitsbewegung. Sie lehnen politische Arbeit, gleichgültig ob friedlich oder bewaffnet, als Irrweg ab, der über kurz oder lang den Islam als Religion kompromittieren muss. Stattdessen setzen sie auf eine religiös-moralische Erneuerung der Individuen und kleiner Gruppen. Zu ihnen zählte zumindest bis 2010/11 die Mehrheit der Salafisten, die weder mit der Salafiyya des ausgehenden 19. und beginnenden 20. Jahrhunderts noch mit den heutigen Jihadisten identisch sind. Als Salafisten bezeichnen sie sich selbst aufgrund ihrer Orientierung an den ersten Generationen der Muslime (der *salaf salih*). Von der historischen Salafiyya unterscheiden sie sich in vielen Punkten, insbesondere ihren Vorbehalten gegenüber einer vernunftgeleiteten

Schriftauslegung (Ijtihad). Die Salafisten des ausgehenden 20. und beginnenden 21. Jahrhunderts interessierten sich weniger für eine zeitgemäße und in diesem Sinn moderne Auslegung der *Texte,* soll heißen des Koran und der Sunna. Sie konzentrierten sich vielmehr auf die *Praxis* islamischer Lebensführung, die in strikter Nachahmung des Propheten Muhammad und seiner Gefährten erfolgen sollte. Die Nachahmung war freilich selektiv, indem sie zwar mit Blick auf Kleidung, Essen, Geschlechterrollen und gegebenenfalls das Strafrecht auf das frühislamische Vorbild zurückgriff, nicht jedoch mit Blick auf Kommunikation und Medien, die durchaus an die Moderne angepasst wurden.

Was die islami(sti)schen Theoretiker, Prediger und Aktivisten über alle Gegensätze hinweg einte, war ihr Glaube an den Islam als Garant von Reinheit, Einheit und Macht. Die »islamische Ordnung« (arab. *nizam islami*) stellte für sie keine rückwärtsgewandte, nostalgisch verfärbte Utopie dar, als die ihre Kritiker sie wahrnahmen. Sie war vielmehr ein Angebot für die Gegenwart, das Muslime im eigenen Alltag und in der Gesellschaft als Ganzes realisieren sollten. Die islamische Vision, in der Gerechtigkeit, soziale Eintracht und moralische Eindeutigkeit im Zeichen des Islam und der Scharia die allgegenwärtige Korruption, Zersplitterung und Ohnmacht überwinden, entwickelte in den 1980er und 1990er Jahren erhebliche Sprengkraft. Den Ruf moralischer Integrität festigte das soziale Engagement vieler Vertreter der islamischen Strömung, von reichen Unternehmern mit oder ohne politische Ambitionen bis zu bewaffneten Widerstandsbewegungen. Die islamische Strömung beschränkte sich keineswegs auf die marginalisierten Gruppen ländlicher Migranten und halbgebildeter arbeitsloser Jugendlicher, unter denen militante Gruppen seit den 1970er Jahren zumindest einen Teil ihrer Mitglieder rekrutierten. Der pragmatische Flügel hatte seine Basis in der städtischen unteren Mittelschicht, die in den Jahren einer neoliberalen Öffnung und Strukturanpassung ihren Status und ihre Einkünfte gefährdet sah. Er fand aber auch im gebildeten, gutsituierten Bürgertum der Staatsbediensteten, Freiberufler und Unternehmer Rückhalt, die sich in Berufsverbänden, Bürgerinitiativen und Menschenrechtsorganisationen »zivilgesellschaftlich« engagierten, stieß also immer weiter in die Mitte der Gesellschaft vor.

Sosehr die Islamisten in einer Situation der Unübersichtlichkeit und Verunsicherung auf Eindeutigkeit setzten, so widersprüchlich blieben sie als intellektuelle und politische Erscheinung: Sie waren in ihren eigenen Gesellschaften gut verankert, profitierten zugleich jedoch von der Unterstützung durch die arabischen Golfmonarchien, an vorderster Stelle Saudi-Arabien, das sich als Bollwerk einer sunnitischen Orthodoxie darstellte – einer Orthodoxie, die nicht wenige Sunniten dem wahhabitischen Islam absprachen. Gerade die Einbindung der ölproduzierenden Golfstaaten in den vom Westen dominierten Weltmarkt ermöglichte einerseits die globale Verbreitung eines in religiös-rechtlicher Hinsicht rigiden und in sozialen Fragen konservativen Islam. Andererseits nährte sie die Kritik an den Herrschenden – einschließlich der Herrscher der Golfstaaten selbst. Und wenngleich die Islamisten spätestens in den 1980er Jahren in ihren Ländern den öffentlichen Diskurs bestimmten (die Wissenschaft spricht derzeit gerne von *agenda setting*), beherrschten sie ihn doch nicht zur Gänze. Vor allem im Maghreb, im Libanon, in Syrien, Ägypten und in der Türkei blieb die Kritik laut, während sie sich unter Iranern seit der Islamischen Revolution eher im Ausland artikulierte.

Die Kritiker griffen die Islamisten an mehreren Punkten an, darunter ihrem Anspruch auf Authentizität und ihren illiberalen Ideen und Strukturen: Wenn Kritiker in den 1980er und 1990er Jahren vom Islamismus als »Petro-Islam« sprachen, reduzierten sie die islamische »Erweckung« auf materielle Anreize, ermöglicht durch den Reichtum äußerer Mächte, hier der arabischen Golfmonarchien. Deren Islamverständnis aber, so lautete die Botschaft offen oder verhüllt, war in einem Land wie Tunesien, Ägypten oder Sudan kaum weniger fremd und unauthentisch als westliche Ideen und Verhaltensweisen. Die Identitätspolitik, die Islamisten und muslimische Regime seit den 1970er Jahren immer offensiver führten, ließ sich gegen diese selbst kehren: Aus der Sicht ihrer Kritiker reduzierte sich weder die individuelle noch die kollektive Identität auf den Islam und schon gar nicht auf dessen islamistische Varianten. Individuen mochten kulturell vom Islam geprägt sein, sie gingen in ihm aber nicht auf. Die Nation umfasste Muslime und Nichtmuslime, und die nationale Einheit war ein hohes Gut. Gerade die nationale Identität wurde so verschiedentlich gegen Authentizitätsansprüche im Namen des Islam in Stellung gebracht. Nicht weniger deutlich blieb die Kritik an den illiberalen Ideen und autoritären Strukturen islamistischer Regime und Bewegungen von Saudi-Arabien bis zu der Islamischen Heilsfront in Algerien.

2. Legitimitätspolitik: Jihad und Scharia

In den 1960er und 1970er Jahren entstand in Ägypten ein militanter, den Jihad als bewaffneten Kampf propagierender und praktizierender Islamismus. Schon der Geheimapparat der Muslimbrüder hatte Gewalt selbst gegen Muslime im eigenen Land eingesetzt. Breitere Zustimmung fand die militante Linie jedoch erst, als unter Nasser Tausende von Muslimbrüdern gefangen gesetzt, gefoltert, hingerichtet oder ins Exil getrieben wurden. In islamistischen Kreisen ist diese Phase als »Heimsuchung« (arab. *mihna*) bekannt, ein Verweis auf die sogenannte Inquisition des abbasidischen Kalifen al-Ma'mun (reg. 812–832) und seiner Nachfolger, die gegen den Widerstand namhafter Religions- und Rechtsgelehrter die umstrittene Doktrin von der Erschaffenheit des Koran durchgesetzt hatten. Den Islamisten der Nasser- und Sadat-Ära ging es jedoch nicht länger um die theologische Frage, sondern um den Topos des tyrannischen Herrschers, dem sich aufrechte Muslime nicht unterwerfen, weil sie Recht und Wahrheit auf ihrer Seite wissen.[347] Verfolgung, Haft und Folter radikalisierten gerade die jüngere Generation der Muslimbrüder und ihrer Sympathisanten. Viele fanden Inspiration bei Sayyid Qutb (1906–1966), einem früheren Literaturkritiker und Literaten, der sich der Muslimbruderschaft erst in den frühen 1950er Jahren angeschlossen hatte. 1954 erstmals verhaftet, wurde er 1966 hingerichtet, was ihn nach Hasan al-Banna zum zweiten großen Märtyrer der Bewegung machte. Seine Schrift »Wegmarken« *(Ma'alim fi t-tariq)*, 1964 aus dem Gefängnis heraus verbreitet, wurde zum einflussreichsten Manifest des radikalen politischen Islam sunnitischer Prägung.[348]

Qutb griff vor allem auf zwei Autoren zurück, der eine historisch, der andere zeitgenössisch, deren Ideen er eigenständig weiterentwickelte: Der hanbalitische Gelehrte Ibn Taimiyya (gest. 1328) hatte zu Beginn des 14. Jahrhunderts den Jihad gegen die zum Islam konvertierten Mongolen propagiert, als diese sich anschickten, Syrien zu erobern. Der Indopakistaner Abu l-Ala Maududi (1903–1979) hatte in den 1940er Jahren bereits zentrale Begriffe des modernen Islamismus geprägt, allerdings in Urdu. Qutb formulierte das islamistische Credo nun in arabischer Sprache: Er propagierte den Jihad einer revolutionären Avantgarde gegen ein tyrannisches Regime, das sich die allein Gott zustehende Souveränität *(hakimiyya)* angemaßt und die Scharia zugunsten menschlicher Gesetze außer Kraft gesetzt hatte. Dabei dachte Qutb nicht an die direkte Herrschaftsausübung Gottes: An die Stelle des Tyrannen sollte nicht Gott treten, sondern Gottes Gesetz. Zur Debatte stand nicht die Staatsform, sondern die Kompetenz der Normsetzung. Die Kurzformel dafür lautete »Anwendung der Scharia«.

Das theokratische Argument diente als Werkzeug des *empowerment*, indem die Unterwerfung unter Gott allein den Menschen aus der Knechtschaft des Menschen befreite. Für Qutb war es gleichgültig, welche Leistungen das nasseristische Regime auf sozialem, ökonomischem oder außenpolitischem Feld aufweisen mochte: Weil er die Scharia nicht befolgte und den Islam und die Muslime (auf jeden Fall aber die Muslimbrüder) unterdrückte, war Nasser Tyrann und Götze *(taghut)*, seine Herrschaft basierte auf Unrecht, stiftete Unheil, verstieß gegen die göttliche Souveränität und war damit gleichbedeutend mit Heidentum. Qutb sprach in diesem Zusammenhang von *shirk* (wörtlich »Beigesellung«, soll heißen die Vorstellung, dass neben Gott andere Kräfte und Mächte wirken) und suggerierte damit, dass die herrschende Ordnung den *tauhid* verletzte, das Dogma

von der Einheit Gottes, Kern des muslimischen Glaubensbekennt-
nisses. Qutb benutzte die Sprache der Theologie, aber sein Thema
waren Politik und Recht: Die Scharia stand bei ihm für Legitimität
und gute Regierungsführung anstelle von Unterdrückung und Willkür, und dieser Glaube an die Scharia als legitimitäts- und ordnungs-
stiftende Kraft lässt sich durchaus mit dem früheren Glauben an eine
Verfassung vergleichen. Mit der Einführung menschlicher Gesetze
anstelle der »göttlichen Scharia« hatte das Regime Qutb zufolge die
eigene, sich selbst irrigerweise als muslimisch verstehende Gesellschaft in die vorislamische Epoche der »Unwissenheit« (arab. *jahiliyya*) zurückgestoßen. Die Jahiliyya galt ihm nicht länger als unver-
schuldetes Unwissen, sondern als gewollte Leugnung des Islam. Ob
er die Gesellschaft insgesamt für ungläubig erklärte *(takfir)* oder nur
die Herrschenden, ließ Qutb offen, und auch die Islamisten, die ihn
lasen, zogen unterschiedliche Schlüsse aus seiner Analyse. Gleichgültig aber, wie sie sich zum Jihad als bewaffnetem Kampf gegen
Nichtmuslime und Muslime (bzw. aus ihrer Sicht: Scheinmuslime)
verhielten, sie fanden in Qutbs Schriften eine Theologie der Befreiung, der Ermächtigung und des Widerstands.

In den ausgehenden 1970er Jahren verschärfte sich das Klima in
der Region. Zu Beginn des neuen islamischen Jahrhunderts (1400
nach der Hijra) kam es 1978/79 zu einer Zuspitzung der Gewalt,
ohne dass die einzelnen Ereignisse miteinander verbunden gewesen
wären. 1978 besetzte eine Gruppe wahhabitischer Muslime um Ju-
haiman al-ʿUtaibi die Große Moschee von Mekka. Die Aktion war
aufsehenerregend und die Gruppe innerhalb des sunnitischen islamistischen Spektrums ungewöhnlich, denn al-ʿUtaibi sah sich als
Vertreter eines lebenden Mahdi und erwartete mit seinen Anhängern das unmittelbar bevorstehende Ende der Zeit. Die saudischen
Behörden vermochten die Moscheebesetzung nur mit Hilfe französischer (und das heißt: ungläubiger) Spezialkräfte zu beenden.[349]
In Afghanistan löste zur selben Zeit die sowjetische Invasion eine
breite, allerdings nicht ausschließlich islamistische Widerstandsbe-
wegung aus. In Ägypten schließlich machten in den 1970er Jahren
militante islamische Gruppierungen mit Attentaten auf Staatsorgane

und touristische Einrichtungen auf sich aufmerksam, ohne jedoch die bestehende Ordnung ernsthaft erschüttern zu können.

3. Die iranische Revolution

Die iranische Revolution erbrachte 1978/79 den Beweis, dass eine in der Gesellschaft breit verankerte und ideologisch fundierte Bewegung selbst ein hochgerüstetes und vom westlichen Ausland gestütztes Regime besiegen konnte. Getragen von einer breiten Koalition sozialer Kräfte, die von der kritischen, vielfach marxistischen Intelligenz über städtische Handwerker und Händler (Basaris) und die Einwohner der rasch wachsenden Slums bis in den hohen schiitischen Klerus reichte, stürzte eine Volkserhebung Mohammed Reza Schah (1919–1980). Dessen »Weiße Revolution« war im Januar 1963 noch durch ein Referendum mit großer Mehrheit bestätigt worden. Sie baute auf der Politik seines Vaters auf und erinnerte in ihrer Verbindung von Agrarreform, Industrialisierung und gesellschaftlicher Modernisierung (darunter Ausbau des Bildungs- und Gesundheitswesens, aktives und passives Wahlrecht für Frauen) an das kemalistische und das nasseristische Programm. Deutliche Unterschiede zeigten sich in der Außen- und Sicherheitspolitik, denn im Gegensatz zu den Kemalisten und den arabischen Nationalisten band sich Mohammed Reza Schah eng an westliche, insbesondere US-amerikanische Interessen. Diese Bindung beeinflusste zugleich seine Wahrnehmung als Statthalter des Westens im eigenen Land. Der Vater des Schahs hatte in den 1920er Jahren bereits eine umfassende Justizreform durchgesetzt, das Gesundheitswesen modernisiert, die Wehr- und die Schulpflicht eingeführt, in den Schulen die Koedukation gefördert sowie die traditionelle Kleidung verboten. Männern schrieb er den westlichen Anzug und den Hut vor, Frauen verbot er den Gesichts- und den Ganzkörperschleier (Tschador). Die säkulare Modernisierungspolitik provozierte, obgleich sie keineswegs flächendeckend umgesetzt wurde, die schiitischen Religions- und Rechtsgelehrten, die ihre angestammten Domänen im Rechts- und Bildungswesen bedroht sahen. Die Landreform seines Sohnes, der den Großgrundbesitz abschaffen wollte, tastete nun auch ihre ökonomischen Interessen an. Nutznießer der Reformen waren in erster Linie allerdings nicht die Bauern und die städtischen Mittel- und Unterschichten, sondern die mit dem Schah verbundenen Eliten in Staatsapparat, Militär und modernem Wirtschaftssektor. Anstoß erregte dabei nicht allein der politische Kurs als solcher, sondern die Art seiner Durchsetzung: Autoritär waren auch das kemalistische und nasseristische System; in Iran aber kam zu Repression und Folter die massive Korruption im Umfeld des Schahs selbst.

Anders als in der Türkei stieß auch die Symbolpolitik auf breite Kritik: 1976 ersetzte der Schah den islamischen Kalender – und zwar nicht durch den europäischen, sondern durch einen vorislamischen – und ließ die neue Zeitrechnung mit der Thronbesteigung des Achämeniden Cyrus des Großen 550 v. Chr. beginnen, als dessen Nachfolger er sich inszenierte. Der Versuch, eine nationale Identität vor dem und jenseits des Islam zu begründen, war in der Region nicht ungewöhnlich, verschärfte aber die Auseinandersetzung um das Verhältnis von Identität, Tradition und Religion. Den deutlichsten Unterschied zwischen der Türkei und der arabischen Welt auf der einen, Iran auf der anderen Seite aber markierte der Umstand, dass der Unmut, der sich in all diesen Ländern gegen Landreform und Modernisierung richtete, in Iran in organisierten Widerstand mündete. Mehrere Faktoren tragen zu einer Erklärung bei: Zum einen wirkten in der iranischen Gesellschaft auch in den Zeiten der Weißen Revolution autonome Kräfte, die ihre Forderungen symbolisch ausdrücken und breite Bevölkerungskreise mobilisieren konnten. Zum anderen fehlte dem Schah, anders als Atatürk und Nasser, die nationale Legitimation.

Die Proteste gegen die repressive Modernisierungspolitik des Schahs entwickelten die Symbolik und Aktionsformen weiter, die bereits in der Verfassungsbewegung von 1905 bis 1911 zum Tragen gekommen waren und nun durch neue Medien wie Audiokassetten, Flugblätter und Bilder ergänzt wurden.[350] Was den Sunniten die frommen Altvorderen und die unbeugsamen Religionsgelehrten der Abbasidenzeit, waren den Schiiten der Prophetenenkel Husain und sein Tod in der Schlacht von Kerbela 680. Kritische, vom Marxismus angezogene Intellektuelle wie der in Paris ausgebildete iranische Soziologe Ali Shariati (1933–1977) formten die um Martyrium, Opfer und Trauer kreisende schiitische Tradition in den 1960er Jahren in eine aktivistische Theologie des Widerstands und der Befreiung um.[351] Großen Widerhall fand der von dem Schriftsteller Jalal Al-e Ahmad (1923–1969) popularisierte Begriff des *gharbzadegi*, »vom Westen infiziert«, »nach dem Westen verrückt sein«, der die kulturelle Entfremdung, ja Vergiftung der Iraner und Muslime durch den Westen beschrieb. Die Proteste gegen das Schah-Regime begannen unter Studenten der schiitischen Seminare in Qum, steigerten sich unter Nutzung religiöser Bilder und symbolischer Handlungen im Rhythmus von vierzig Tagen und erreichten im Monat Muharram 1399 (Dezember 1978) ihren Höhepunkt – im Abstand von vierzig Tagen gedenkt man der Toten, auf den 10. Muharram fällt 'Ashura mit den hochemotionalen Trauerriten für den Prophetenenkel Husain. Im Januar 1979 verließ der Schah das Land, am 1. Februar kehrte Ayatollah Ruhollah Khomeini (1902–1989) aus seinem französischen Exil nach Teheran zurück. In kurzer Zeit wurden diejenigen Kräfte ausgeschaltet, die nicht der »Linie des Imam« folgten (gemeint ist Imam Khomeini), und der breite, von ganz unterschiedlichen Kräften getragene Volksaufstand in eine islamische Revolution umgewandelt.

Die iranische Revolution fand zwar Bewunderer in der gesamten islamischen Welt, jedoch kaum Nachahmer. Der Revolutionsexport scheiterte nicht allein an machtpolitischen Gegebenheiten, darunter dem Irak-Iran-Krieg von 1980 bis 1988 (Erster Golfkrieg) – dem längsten Krieg des 20. Jahrhunderts, in dem Irak möglicherweise bis zu 300 000 und Iran bis zu 500 000 Menschen verlor. Während das irakische Regime hoffte, die iranische Revolution im Keim ersticken und die Vormacht am Golf erringen zu können, stabilisierte sich das iranische Regime ungeachtet der immensen Verluste als Verteidigerin nationaler Identität und Interessen. Mit den nationalen Interessen vermengte sich der religiöse Gegensatz zwischen Sunniten und Schiiten, der bereits im Verhältnis zwischen Osmanen, Safaviden und Qajaren zum Tragen gekommen war und der zu Beginn des 21. Jahrhunderts der regionalen Politik ihren Stempel aufprägen sollte. Den Revolutionsexport behinderte zugleich Khomeinis Lehre von der »Herrschaft« oder »Treuhänderschaft« des Rechtsgelehrten (pers. *velayat-e faqih,* arab. *wilayat al-faqih*). Khomeini erklärte den »qualifiziertesten Rechtsgelehrten« zum Träger der politischen Gewalt und entschied damit das nie aufgelöste Spannungsverhältnis zwischen Religion (hier verkörpert von den Ulama) und Staat (hier dem Schah) zugunsten Ersterer. Obgleich sie nach zwölferschiitischem Verständnis eine problematische Neuerung darstellte und von einer ganzen Reihe prominenter Mujtahids vehement kritisiert wurde, wurde die Doktrin in die Verfassung der Islamischen Republik aufgenommen.[352] Damit war erstmals in der Geschichte der Schia, wenn nicht des Islam überhaupt eine klerikale Herrschaft errichtet und zugleich der Kontrapunkt zur kemalistischen Ordnung in der Türkei gesetzt.

Die Islamische Republik trat in doppeltem Sinn als repräsentative Theokratie auf: Schiitische Gelehrte partizipierten an der Herrschaft, und die Scharia wurde theoretisch umfassend, faktisch immerhin partiell angewandt. Über die Einhaltung der Scharia und die Vereinbarkeit aller von Parlament und Regierung verabschiedeten Gesetze mit der Scharia wachte – dies weckte Erinnerungen an den Verfassungszusatz von 1907 – ein vom Obersten Führer (pers. *rahbar)* eingesetzter klerikaler Wächterrat. Dieses Arrangement fand jenseits Irans wenig Zustimmung. Zwölferschiiten im Irak, im Libanon und am Persischen Golf, die sich zunächst für die Islamische Revolution begeisterten, rückten schrittweise von der Doktrin des *velayat-e faqih* ab. Sunnitische Aktivisten erklärten sie zur schiitischen Besonderheit, die man respektieren mochte, aber nicht auf sunnitische Verhältnisse übertragen konnte.

4. Politischer Islam und globaler Jihadismus

Als Mitglieder der Organisation Islamischer Jihad 1981 den ägyptischen Präsidenten Anwar as-Sadat während einer Militärparade er-
schossen, war das ein spektakulärer Akt, doch löste er keine islamische
Revolution aus, sondern umso härtere Repression. Ähnliches gilt für
Syrien, wo das Asad-Regime 1982 einen Aufstand der Muslimbrüder
im nordsyrischen Hama in einem Blutbad ertränkte. Nur im Sudan
gelangte 1989 unter Umar Hasan al-Bashir eine Militärjunta an die
Macht, die enge Beziehungen zur Nationalen Islamischen Front des
einflussreichen Islamisten Hasan at-Turabi (1932–2016) unterhielt,
der aber bald in den Hintergrund gedrängt wurde. Wenngleich es
im Vorderen Orient und in Nordafrika somit zu keiner islamischen
Revolution kam, wurden Islamisten unterschiedlicher Couleur und
Verankerung in den 1980er und 1990er Jahren doch fast überall zur
tonangebenden Kraft. Ausnahmen bildeten eigentlich nur Oman,
aufgrund seiner ibaditischen Tradition seit jeher ein Sonderfall, sowie die Vereinigten Arabischen Emirate, Bahrain und Libyen. Islamisten veränderten entweder von den Graswurzeln her (Marokko,
Tunesien, Ägypten, Türkei) oder mit Hilfe staatlicher Zwangsgewalt
(Iran, Sudan) die herrschenden Vorstellungen von Moral, Anstand
und einer korrekten islamischen Lebensführung. Exemplarisch ablesen konnte man das an der Verbreitung von Kopftuch und Schleier
(Tschador, Burka, *niqab*), den sie für Frauen für verbindlich erklärten, und zwar nicht unbedingt nur für muslimische Frauen. Theologische Fragen fanden dagegen wenig Beachtung.

Die Regime passten sich dem Klimawandel an, soweit dies ihre
Kontrolle über die Säulen staatlicher Macht (Armee, Sicherheitsdienste, Bürokratie und staatliche Medien) nicht gefährdete. Dabei
verwandelte sich nicht nur die politische Sprache und Ikonographie
in Richtung »islamischer« Konventionen und Inhalte. In manchen
Staaten (Algerien und Irak vor allem) wurde das Ehe- und Familienrecht konservativen Vorstellungen angepasst. In Ägypten ließ
Präsident Sadat, wie erwähnt, durch Verfassungsänderungen 1971
die »Grundsätze der Scharia« zu *einer* und 1980 sogar zu *der* Quelle

der ägyptischen Gesetzgebung erklären. Die Umsetzung dieses Artikels blieb den Gerichten vorbehalten, deren Richter in der Regel keine vertieften Kenntnisse des islamischen Rechts und der islamischen Theologie aufwiesen. Eine flächendeckende »Anwendung der Scharia«, die auch das Straf- und Wirtschaftsrecht erfasste, fand nur in der Minderheit jener Staaten statt, die sich ausdrücklich als islamisch definierten – und auch dort in unterschiedlicher und vielfach nicht der klassischen Juristenlehre entsprechender Weise, wie ein Vergleich zwischen Saudi-Arabien, Iran, Sudan oder auch Pakistan zeigen könnte.[353]

Die Bemühungen islamistischer Akteure, über Kommunal-, Parlaments- und Präsidentschaftswahlen auf mehr oder weniger demokratische Art politische Mitsprache, wenn nicht überhaupt die Macht zu erlangen, zeitigten unterschiedliche Ergebnisse: Das Spektrum reicht vom Verfassungsputsch in Algerien, durch den die algerische Armee 1992 mit westlicher Rückendeckung einen sicher scheinenden Wahlsieg der Islamischen Heilsfront verhinderte, bis zu den vielen Schattierungen staatlicher Manipulation und Wahlfälschung, für die sich stellvertretend Tunesien und Ägypten nennen lassen. Dem stehen verschiedene Experimente der Regierungsbeteiligung, wenn nicht Regierungsbildung islamischer bzw. islamisch verankerter konservativer Parteien in Marokko, Jordanien, Libanon, Palästina, Jemen und der Türkei gegenüber, von denen das türkische Beispiel zu Recht die meiste Beachtung gefunden hat.[354] Umso mehr erstaunt das Diktum einflussreicher westlicher Sozialwissenschaftler, die an der Wende zum 21. Jahrhundert das »Scheitern des politischen Islam« konstatierten.[355] Nicht nur die Ausbreitung des globalen Jihadismus im Gefolge des 11. September 2001, sondern auch der Aufschwung islamistischer Organisationen im Gefolge der Arabellion von 2010/11 legt eine andere Bewertung nahe.

Globaler Jihad

Der globale Jihadismus, der sich in den 1990er Jahren herausbildete, erweiterte das Spektrum islamistischer Aktionen und Organisationen um eine ganz neue Dimension. Er setzte zwar an regionalen

Konflikten an, entwickelte aber systematisch überregional vernetzte Strukturen und nutzte zu diesem Zweck konsequent die jeweils modernsten Medien. Einen starken Impuls erhielten jihadistische Gruppierungen durch den Konflikt in Afghanistan: 1989 erzwangen islamische Kämpfer (Mujahidin oder Taliban, »Koranschüler«) dort den Abzug der sowjetischen Truppen und errichteten eine islamische Diktatur, die erst 2002 durch eine amerikanische Invasion beseitigt wurde. Bis zu diesem Datum richtete sich ihr Kampf in erster Linie gegen eine fremde Besatzungsmacht, danach auch gegen die mit den USA kooperierende eigene, muslimische Regierung. Ungeachtet ihrer internationalen Ausstrahlung blieben die Taliban jedoch auf Afghanistan und das nordöstliche Pakistan konzentriert. Anders die Organisation al-Qaʻida (»die Basis«), die der saudische Islamist Usama b. Ladin (1957–2011) und sein Netzwerk schufen, um den bewaffneten Jihad gegen die Feinde des Islam zu richten, nichtmuslimische ebenso wie (schein-)muslimische.

Die Internationalisierung beinhaltete in mehrerer Hinsicht einen Qualitätswandel des Jihadismus: Zum einen wandelte sich der geographisch klar verortete Widerstandskampf endgültig in einen Terrorismus, der im Prinzip keine geographische Begrenzung kannte. Die Attentäter des 11. September 2001 trugen den Jihad in die Metropolen des Westens, und ihrer Strategie folgten diverse, von al-Qaʻida inspirierte Individuen und Gruppen in unterschiedlichen Teilen der Welt. Zur gleichen Zeit verflüssigten sich in den internationalen Netzwerken organisatorische Grenzen: So wurden in den 2010er Jahren über das Internet und die sozialen Medien zunehmend Männer und Frauen radikalisiert, die keiner islamistischen Gruppe angehörten und sich auf eigene Faust dem Jihad anschlossen. Der Islamische Staat, der auf syrischem und irakischem Boden ein Kalifat errichtete, bewegte sich gewissermaßen zwischen den Taliban und al-Qaʻida, gleichermaßen lokal präsent und global vernetzt.[356]

5. »Post-Islamismus« und »Re-Islamisierung«

Die These vom Scheitern des politischen Islam, wenn nicht gar des Islamismus insgesamt erwies sich als verfrüht. Offener ist das Konzept des Post-Islamismus, das der Anthropologe Asef Bayat in die Diskussion eingebracht hat.[357] Er beschreibt den Umstand, dass sich aus der islami(sti)schen Bewegung selbst neue Kräfte und Ideen entwickeln, die nicht länger einen islamischen Staat anstreben, sondern eine rechtsstaatliche, womöglich sogar demokratische Ordnung, die in der einen oder anderen Weise islamisch grundiert ist. Tatsächlich verwiesen zumindest bis zur Arabellion einflussreiche Islamisten bis hin zu den ägyptischen Muslimbrüdern auf einen »islamischen Referenzrahmen« (arab. *marja'iyya islamiyya*), der nach dem Sturz der alten Regime die neue Ordnung unterfüttern sollte. Auch das Konzept des Post-Islamismus konzentriert sich allerdings auf das politische Feld. Blickt man über dieses hinaus, tun sich andere Perspektiven auf. Dann nämlich zeigt sich, dass von den ausgehenden 1960er Jahren an und verstärkt seit den 1990er Jahren unterschiedlichste Bereiche des privaten und des öffentlichen Lebens von religiösen Normen und Symbolen durchdrungen und in diesem Sinn religiös besetzt wurden. Die Tendenz erfasste Nichtmuslime und Muslime, wurde in erster Linie jedoch als »Islamisierung« greifbar. Wenn gelegentlich von »Re-Islamisierung« die Rede ist, so kann das zu Missverständnissen führen, denn die Mehrheit der Bevölkerung bekannte sich auch unter den säkularen Regimen zum Islam, und selbst in der kemalistischen Türkei spielten islamische Normen und Werte durchaus eine Rolle in Kultur, Recht und Gesellschaft. Im Zuge der »Re-Islamisisierung« aber erlangten islamische Symbole und Referenzen eine Sichtbarkeit in allen Sphären von Wirtschaft, Gesellschaft und Kultur, die sie zuvor nicht besessen hatten.

Die »Rückkehr der Religion« und der Prozess der Islamisierung lassen sich besonders gut am Beispiel Ägyptens vor dem Militärputsch von 2012 ablesen: In Ägypten entwickelte sich die islamische Strömung in ihrer ganzen Breite, von pragmatischen islamistischen Organisationen wie der Muslimbruderschaft bis zu militanten Untergrundorganisationen mit oder ohne internationales Netzwerk, von »neuen islamischen Denkern« und »neuen islamischen Predigern« (vor allem Männern) bis zu einer vielfach apolitischen Frömmigkeitsbewegung (die vor allem bei Frauen Zuspruch fand).[358] Auch die politischen Aktivisten und die frommen Zirkel waren jedoch nur Teil eines noch breiteren Trends, der so gut wie alle Aspekte individuellen und gemeinschaftlichen Lebens durchdrang: die staatliche Propaganda und Selbstdarstellung, Alltagssprache, Kleidung und Verhalten, Ethik und Ästhetik, Wohltätigkeit, Medien, Wirtschaft und Handel. Mit Politik hatte das oftmals wenig zu tun, von oppositioneller Politik ganz zu schweigen.

In den 1980er und 1990er Jahren multiplizierten sich die Einrichtungen, die die islamische Botschaft in die Gesellschaft trugen: Moscheen und Gebetsräume, islamische Vereinigungen und religiöse Schulen, Wohlfahrtseinrichtungen von Ambulanzen und Kliniken bis zu Alphabetisierungs- und Computerklassen. Ungeachtet aller Anstrengungen vermochte der Staat sie nicht wirksam zu kontrollieren. Anders der islamische Banken- und Investmentsektor, der, unabhängig von seinen tatsächlichen Zielen und Interessen, als Financier islamistischer Aktivitäten im In- und Ausland bezeichnet und unter staatliche Kontrolle gestellt wurde. Außerhalb dieses Sektors aber expandierte ein islamischer Wirtschaftssektor (»Islamo-business«) mitsamt der Massenproduktion »islamischer« Artikel und Accessoires, darunter nicht zuletzt einer islamischen Mode, die über Kopftuch und Schleier weit hinausging. Besonders auffällig war die Islamisierung in den Medien. Beginnend mit der Presse, die bereits die Vertreter der historischen Salafiyya virtuos genutzt hatten, griff sie schrittweise auf das Radio, Privat- und Satellitenfernsehen, Internet und die sozialen Medien aus.

Noch auffälliger war möglicherweise die medial unterstützte Islamisierung auf dem Gebiet von Kunst, Unterhaltung und Bildung *(edutainment)*. Hier entstand eine selbsterklärte »fromme Kunst« bzw. eine »Kunst mit einer Botschaft«, vergleichbar der »engagierten Kunst« *(art engagé)*, die ihre Gesellschaftskritik allerdings tendenziell eher links verortete. Das Spektrum reichte von »islamischer

Dichtung« bis zu »sauberen Filmen« einschließlich der sogenannten *halal soaps* (*halal* bedeutet islamrechtlich unbedenklich), die vor
allem während des Fastenmonats Ramadan ein Massenpublikum
erreichten. Reuige Sängerinnen, Tänzerinnen und Filmschauspie-
lerinnen wandten sich öffentlichkeitswirksam von ihrem sündigen
Tun ab und nahmen gewissermaßen den Schleier. In der Musik
entwickelte sich eine eigene, »islamische« Szene, deren Repertoire
vom tradierten Genre des gesungenen Prophetenlobs, in dem Umm
Kulthum (um 1904–1975), *die* arabische Musikikone des 20. Jahrhunderts, brilliert hatte, bis zu Rap, Hip-Hop und Heavy Metal
reichte. Am wenigsten wurden wohl die Sektoren erreicht, die eine
gewisse Enthüllung des Körpers erfordern, an vorderster Stelle Sport
(Fußball) und Tanz, obwohl sich auch hier einzelne Personen, Clubs
und Fangruppen als »islamisch« outeten.

Der breitgefächerte und vielfach ohne politische Ambitionen
auftretende islamische Trend wurde einerseits einer Jugendkultur
zugerechnet, andererseits den städtischen Mittelschichten mit ihrem
frommen Lebensstil und ihrem frommen Unternehmertum. Bekannt ist Letzteres vor allem aus der Türkei (Stichwort »anatolische
Tiger«), hier wie anderswo wird es vielfach mit der Ausbreitung neo-
liberaler Politik und Wirtschaft in Verbindung gebracht. Das greift in
mehr als einer Hinsicht zu kurz: Der Fokus auf der städtischen Mittelschicht blendet die Tatsache aus, das auch weite Teile der übrigen
Bevölkerung islamische Normen und Symbole bewahren wollten
oder neu belebten. Der neoliberale Fokus übersieht die längeren historischen Entwicklungslinien. Unübersehbar aber verknüpften sich
in der Islamisierung Religion, Konvention und Kommerz.

6. (K)ein Ausblick: Rebellion und Repression

Spätestens in der Arabellion der Jahre 2010/11 ist die Krise des
Vorderen Orients und Nordafrikas offen ausgebrochen, von der in
manchen Kreisen seit Jahrzehnten die Rede war. Das Aufbegehren

gegen Repression und Korruption wurde in Ländern wie Tunesien, Ägypten, Syrien und Bahrain vor allem von nicht-religiösen (und nicht zuletzt deshalb allgemein als demokratisch wahrgenommenen) Kräften getragen. Sie konnten mit der möglichen Ausnahme Tunesiens ihre Ziele nicht erreichen: Zwar wurden in Tunesien, Libyen und Ägypten die Autokraten gestürzt, an ihre Stelle traten nach kurzer Zeit jedoch entweder neue Diktatoren, die sich auf das alte Regime stützten (Ägypten), oder aber das Land zerbrach (Libyen). In Bahrain wurde der Aufstand vornehmlich schiitischer, aber nicht primär religiös argumentierender Kräfte nicht zuletzt mit Hilfe der konservativen sunnitisch-arabischen Golfstaaten niedergeschlagen. In Syrien und dem Jemen brachen Bürgerkriege aus, intensiviert und verzerrt durch äußere Mächte, die entweder das Regime stützten oder aber unterschiedliche Teile der Opposition, innerhalb deren sich sunnitische Milizen zusehends gegen nichtreligiöse Kräfte durchsetzten. Ähnliches gilt für den Irak, wo 2003 eine internationale, von den USA geführte Koalition das Regime Saddam Husains gestürzt hatte und den die Arabellion 2010/11 nicht erreichte. Im Zuge dieser Krisen und Konflikte verlor der arabisch-israelische Konflikt seinen Status als Dreh- und Angelpunkt nahöstlicher Außen- und Sicherheitspolitik, und zwar auch für die internationalen Akteure. Ein Indiz dafür waren die Bemühungen um eine friedliche Begrenzung des iranischen Nuklearpotentials, in denen die westlichen Verhandlungspartner den Einspruch der israelichen Regierung übergingen.

Zumindest in der arabischen Welt erwiesen sich gerade die militanten Islamisten letztlich als Stütze der autoritären Systeme. Die »islamistische Bedrohung« erlaubte es den Regimen, sich der eigenen Bevölkerung und der internationalen Öffentlichkeit als letzter Damm gegen die Barbarei zu präsentieren, in Marokko und Algerien nicht anders als in Ägypten, Syrien und Saudi-Arabien. Lokale Konflikte wurden durch regionale Mächte verschärft (in erster Linie Iran, Saudi-Arabien und auch die Türkei), die ihre Hegemonialkonflikte auf fremdem Boden austrugen (so in Irak, Syrien, Libanon und Jemen) und dabei – vergleichbar mit dem Osmanischen und dem Safavidischen Reich im 16. und 17. Jahrhundert – die Religions- und die Machtpolitik miteinander verknüpfen. Zu Beginn des 21. Jahrhunderts positionierten sich so erneut Schiiten gegen Sunniten und umgekehrt. Auswärtige Mächte suchten zur Wahrung ihrer ökonomischen und strategischen Interessen »Stabilität« zu erhalten oder wiederzugewinnen und unterstützten zu diesem Zweck die autoritären Regime, und zwar nicht nur gegen militante Islamisten, sondern auch gegen eine aufbegehrende nationalistische, linke oder liberale Opposition. Eine Ausnahme machte am ehesten Syrien, wo zumindest die USA und Europa auf einen Regimewechsel drängten.

Ob die Gesellschaften zwischen Marokko, dem Irak und dem Jemen längerfristig von einem autoritären Staat überwältigt werden oder von gewalttätigen Oppositionskräften, ist offen. Eine kreative Kunstszene stemmt sich an vielen Orten gegen den Druck, der von allen Seiten auf die Gesellschaften ausgeübt wird. Wie weit sie die Verkrampfung lösen kann, bleibt abzuwarten. Solange Macht- und Identitätspolitik das Geschehen überschatten, lässt sich die tiefer liegende soziale Dynamik kaum erfassen. Die Spannungen und Verwerfungen, die aus dem Bevölkerungswachstum, aus Armut, Arbeitslosigkeit, Massenmigration und sozialer Ungleichheit in der Kombination mit Korruption, Repression und mangelnder wirtschaftlicher Leistung erwachsen, sind unübersehbar. Sie belasten mit Ausnahme der herrschenden Eliten alle, insbesondere aber die junge Generation und diejenigen Frauen und Männer, die überkommenen Rollenbildern gerecht werden sollen, die den Realitäten nicht länger entsprechen. Nicht hinreichend gewürdigt wird neben allen Krisen- und Zerfallssymptomen die bemerkenswerte Absorptions- und Überlebensfähigkeit regionaler Gesellschaften, die über die Jahrzehnte Krieg und Bürgerkrieg, Willkür und Gesetzlosigkeit, die erzwungene Rückkehr Hunderttausender Auslandsarbeiter oder massive kriegsbedingte Flüchtlingsströme ausgehalten haben und weiterhin aushalten. Der Jemen ist hier ein Beispiel unter mehreren. Doch ist dies eine *Geschichte* des Vorderen Orients und Nordafrikas, nicht eine Analyse ihrer Gegenwart und Zukunft.

Schluss

Wenn der Vordere Orient und Nordafrika heute meist als Einheit genannt werden, so ist das nicht selbstverständlich, denn integriert ist die Region weder in politischer noch in wirtschaftlicher Hinsicht, und nach außen ist sie nicht klar abgegrenzt. Historische Bindungen haben sich im 20. Jahrhundert aufgelöst, neue, einigende Strukturen konnten sich bislang nicht hinlänglich festigen: Als das Osmanische Reich, dem zumindest die Territorien zwischen der algerischen Küste, Ostanatolien und dem Südirak seit dem 16. Jahrhundert angehörten, nach dem Ersten Weltkrieg zerbrach, bildeten sich auf seinem Boden Territorial- und Nationalstaaten. Deren Einzelinteressen konnte keine überstaatliche Ideologie oder Organisation überwinden. Die Wirtschafts- und Handelsbeziehungen zwischen dem Maghreb, der Türkei und der Golfregion mögen sich in den letzten Jahrzehnten zwar verdichtet haben, sie haben aber keinen einheitlichen Wirtschaftsraum geschaffen. Gemeinsamkeit und Zugehörigkeit werden daher eher gedacht oder »vorgestellt«, als dass sie institutionell zu greifen wären. Kultur, Sprache und Religion wiederum schaffen zwar innerhalb der Region oder einzelnen ihrer Subregionen Verbindungen, sie eignen sich aber schlecht zur Abgrenzung nach außen: Turksprachen spricht man nicht nur in der Türkei und in Westiran, sondern auch in Zentralasien und im nordwestlichen China, Persisch und mit dem Persischen verwandte Sprachen dominieren nicht nur in Iran, sondern auch in Afghanistan und Tadschikistan. Arabisch wiederum spricht man zwar zwischen Marokko und dem Irak, aber nicht in Iran und der Türkei. Zum Islam schließlich bekennt sich auch die Mehrheit der Menschen in Zentralasien, Afghanistan und Pakistan sowie in Teilen der Sahelzone und des Horns von Afrika. Gerade dieses Geflecht von Binnen- und Außenbeziehungen hat die Kultur, Wirtschaft und Politik der Region seit Jahrhunderten bestimmt.

Der Vordere Orient und Nordafrika waren immer beides: Ursprungsort religiöser Ideen, kultureller Güter und politischer Institutionen, die in benachbarte Regionen ausstrahlten, und Empfänger neuer Ideen, Praktiken und Institutionen, die vor Ort in der einen oder anderen Weise adaptiert und verarbeitet wurden. Dabei ging die Dynamik in der Frühen Neuzeit von regionalen Kräften aus: Sowohl das Osmanische als auch das Safavidische Reich waren Erobererstaaten, die nach außen blickten und nach Kräften expandierten, sei es in Südosteuropa, im Kaukasus, im heutigen Afghanistan und Nordindien oder am Horn von Afrika; in kleinerem Maßstab gilt dies auch für Marokko und Oman, die in den benachbarten west- bzw. ostafrikanischen Raum vorstießen. Krieg und Eroberung begleiteten die freiwillige oder unfreiwillige Bewegung von Menschen, Gütern und auch Ideen. Diese Dynamik kehrte sich im 19. Jahrhundert um: Europäische Mächte durchdrangen Nordafrika und den Vorderen Orient politisch, militärisch, wirtschaftlich und nicht zuletzt kulturell. Nach dem Ersten Weltkrieg stand der größte Teil des arabischen Raums unter europäischer Kolonialherrschaft unterschiedlichen Formats. Erst in den 1970er Jahren war der Prozess der Dekolonisierung formal abgeschlossen. Eine stabile Regionalordnung bildete sich nicht heraus. Vielmehr führten der Reichtum an natürlichen Ressourcen, soziale und ethnische Konflikte, die Erosion staatlicher Steuerungskapazitäten und der Aufstieg eines in Teilen militanten, global agierenden Islamismus dazu, dass seit den 1990er Jahren außerregionale Mächte von den USA über Russland bis zu führenden europäischen Staaten erneut massiv in die Region intervenierten. Im zweiten Jahrzehnt des 21. Jahrhunderts sind der Vordere Orient und Nordafrika dichter in die internationale Politik und Wirtschaft eingebunden als jede andere nichtwestliche Region. Der Lösung lokaler und regionaler Probleme ist dies nicht zuträglich.

Die Leitfragen, die am Anfang dieses Bandes formuliert wurden, sollen zum Schluss noch einmal aufgegriffen werden: Kultur wurde hier in einem weiten Sinn verstanden als Muster der Wahrnehmung und Repräsentation, die im Prinzip alle Handlungsfelder durchdringen und sich daher nicht auf das Feld der schönen Künste beschränken. Nur der weite Kulturbegriff macht es überhaupt möglich, von einer »islamisch geprägten« Gesellschaft und einem »islamisch geprägten« Raum zu sprechen, wie das hier der Fall war. Der Begriff verdeutlicht, wie stark hier Kultur mit Religion verknüpft wird – und diese Verknüpfung ist nicht ohne Gefahr: Religiöse Ideen, Werte und Normen waren in den Gesellschaften des Vorderen Orients und Nordafrikas keineswegs das alles bestimmende Moment. Die arabische und die persische Kultur kreisten nicht primär um religiöse Motive, und sie wurden nicht allein von Muslimen geschaffen. Bäuerliche und nomadische Gruppen – und damit die große Mehrheit der Bevölkerung – lebten bis weit ins 20. Jahrhundert hinein in erster Linie nicht nach religiösem, sondern nach eigenem »Gewohnheitsrecht«. Vormoderne Herrschaft orientierte sich vorrangig nicht an religiösen Vorgaben, sondern an Interessen und tradierten Maximen »guter Regierungsführung«. Heutige Akteure, und das gilt selbst für die Mehrzahl der Islamisten, denken und handeln in den Kategorien moderner Staatlichkeit. Dennoch waren religiöse Ideen, Werte und Normen in die verschiedensten Lebensbereiche eingeschrieben. Sie wirkten auf Geschlechterrollen, ökonomische Praktiken, kulturelle Ideale und politische Ordnungsvorstellungen. »Wirken auf« ist freilich nicht gleichbedeutend mit »determinieren«. Überall traten religiöse Referenzen in Beziehung zu Tradition und Konvention. Nicht selten wurde ein Verhalten als islamisch verstanden, das sich weder auf den Koran und die Prophetentradition noch auf die Scharia zurückführen ließ, sondern lokale Sitten, Gebräuche und Machtverhältnisse widerspiegelte. Zeigen lässt sich dies unter anderem am Thema Ungleichheit, sei es zwischen Freien und Unfreien, Männern und Frauen, Muslimen und Nichtmuslimen.

Die Gesellschaften des Vorderen Orients und Nordafrikas waren sozial differenziert, die soziale Zugehörigkeit war jedoch schwach institutionalisiert. Sieht man von tribal geordneten Gesellschaften wie etwa der jemenitischen ab, so waren die Chancen sozialer Mobilität über die Grenzen von Geburt, Ethnie und Hautfarbe hinweg beachtlich. Vertikale Bindungen besaßen in der Regel größeres Gewicht als horizontale. Inkorporiert waren am ehesten städtische Handwerker, Händler und Gewerbetreibende mit ihren Zünften oder zunftähnlichen Vereinigungen, an bestimmten Orten auch die Statusgruppe der Prophetennachkommen. In modifizierter Form gelten diese Grundsätze noch heute. So ist Klassenbewusstsein als eine Ausprägung horizontaler Bindung auch in der Moderne nur schwach entwickelt.

Die allgemeinen Prinzipien lassen sich am Beispiel der Sklaverei konkretisieren, die in weiten Teilen der Region bis ins 20. Jahrhundert hinein praktiziert wurde. Die Institution war »islamisch geprägt« und reflektierte so das Zusammenspiel religiöser Bezüge, gesellschaftlicher Konventionen und materieller Interessen. Sklaven galten zugleich als Sache und als Person, über deren Körper ihr Herr oder ihre Herrin in bestimmtem Umfang verfügten. Zugleich besaßen die Sklaven aber gewisse Rechte und konnten diese gegebenenfalls vor Gericht einklagen. Dazu gehörte das Recht auf Besitz und in manchen Fällen die Möglichkeit, sich nach einem gewissen Zeitraum aus der Unfreiheit freizukaufen. Wie nicht nur das Beispiel der unfreien Eliten der Osmanen, Safaviden und anderer regionaler Mächte demonstriert, bestimmte ihr Rechtsstatus nicht die Gesamtheit ihrer sozialen Beziehungen. Dazu trug bei, dass in den meisten Gesellschaften der Region Herrschaft, Eigentum und Hautfarbe bzw. Rasse weniger eng miteinander verknüpft waren als in Europa, Amerika und der Karibik und daher Unfreiheit nicht in vergleichbarer Weise mit Hautfarbe bzw. Rasse identifiziert wurde.

Kulturelle Vielfalt gibt auch im Vorderen Orient und in Nordafrika das Leitmotiv ab, eine Vielfalt, die sich auf Kultur, Wirtschaft und Gesellschaft ausgesprochen belebend auswirken konnte, die allerdings keineswegs immer gewollt und bejaht wurde, sondern oft genug Konflikt und Spannung in sich barg. Das galt bereits in den multiethnischen und multireligiösen Imperien und Lokalherrschaften der Frühen Neuzeit. Die modernen Territorial- und Nationalstaaten stellten die Frage nach Selbstverständnis, Zugehörigkeit und Loyalität dann aber mit neuer Schärfe. Die Tatsache, dass unter kolonialen und postkolonialen Bedingungen Identitätspolitik so sehr in den Vordergrund rückte, verlieh der Frage zusätzliche Brisanz. Dabei war das Verhältnis von Ethnizität, Sprache und Religion auch im 20. Jahrhundert nicht eindeutig festgelegt. Individuelles und kollektives Selbstverständnis, das Gefühl der Zugehörigkeit und Loyalität müssen ja keineswegs exklusiv sein; sie können einander überlagern, sogar in Spannung zueinander stehen, und natürlich können sie sich über die Zeit verändern.

Loyalität und Zugehörigkeit konnten ethnisch-sprachlich begründet werden: So brachten sich in der Frühen Neuzeit gelegentlich Iraner bzw. Perser gegen Araber, Türken und Mongolen in Stellung, in der Neuzeit standen und stehen sich Berber und Araber gegenüber oder Kurden und Türken. Zumindest ebenso großes Identifikations- und Abgrenzungspotential aber lag und liegt in der Religion, die sich über Jahrhunderte mit politischen Hierarchien und Konflikten verquickte oder verquicken konnte: Nicht nur in der Vormoderne diskriminierte die muslimische Obrigkeit ihre nichtmuslimischen Untertanen ebenso wie die Anhänger islamischer Richtungen, die nicht der eigenen entsprachen. Das Binnenverhältnis der muslimischen Gemeinschaften war durchaus ambivalent: Sunniten und Schiiten können, wie Jahrhunderte der Konvivenz belegen, sehr gut mit- und nebeneinander leben, sie können ihre religiösen Überzeugungen, Erinnerungen und Emotionen aber auch politisch aufladen. Das war in der Frühen Neuzeit der Fall, als sich Osmanen, Usbeken und Safaviden unter religions- und machtpolitischen Vorzeichen bekämpften, und es ist heute möglich, wo sich Iran und Saudi-Arabien als konkurrierende Hegemonialmächte schiitischer bzw. sunnitischer Observanz gegenüberstehen.

Das Verhältnis von Muslimen und Nichtmuslimen hat sich auch in der Gegenwart nicht vollkommen aus einem historischen Schema gelöst, dem zufolge der Islam herrscht und Nichtmuslime sich – wenngleich mit anerkannten, einklagbaren Individual- und Gruppenrechten – in die vom Islam und den Muslimen bestimmte

Ordnung einfügen. Gegenüber den Nichtmuslimen übte die vormoderne Obrigkeit zumeist Toleranz im Sinne einer Duldung, und diese »Duldung ohne Anerkennung« reflektierte zu einem guten Teil ihre eigenen Interessen. Die Dhimmis waren den Muslimen zwar rechtlich nicht gleichgestellt, aber sie waren nicht rechtlos. Das tradierte Schema von Schutz und Unterordnung ist mit dem modernen Gleichheitsgrundsatz nicht in Einklang zu bringen, der auch im Vorderen Orient und in Nordafrika geltend gemacht wird, und zwar nicht nur von Nichtmuslimen. Ähnliches gilt für das Geschlechterverhältnis, in dem gleichfalls jahrhundertealte, durch Religion und Konvention unterfütterte patriarchale Muster wirken. Auch sie werden im Zeichen einer Identitätspolitik wachgerufen, in der nicht nur die Islamisten überkommene Hierarchien und Rollenbilder als Ausdruck religiöser und nationaler Authentizität verteidigen und Emanzipationsbestrebungen als Zeichen der Unterwerfung unter unauthentische, westliche Normen angreifen.

Die kulturelle und politische Bedeutung der Region in Geschichte und Gegenwart ist wohl unbestritten. Weniger offenkundig ist möglicherweise ihr Beitrag zur wissenschaftlichen Theorie- und Begriffsbildung. Das Konzept des Rentierstaats wurde am Beispiel der modernen arabischen Territorialstaaten insbesondere der Golfregion entwickelt. Der Patrimonialismus lässt sich am Beispiel vormoderner Herrschaftspraktiken vorzüglich studieren: Kennzeichen einer patrimonialen Ordnung ist die Rekrutierung der inneren Machtelite aus dem Haushalt des Anführers oder Herrschers. In Anlehnung an jahrhundertealte Sprach- und Denkmuster, die zwischen dem »gemeinen Volk« und der »Elite« differenzierten, galt bis ins 18. Jahrhundert hinein eine Unterscheidung zwischen Herrschenden und Beherrschten. Die Unterscheidung war nicht religiös begründet – aus dem Koran lässt sich sogar ein egalitärer Impetus ableiten –, sondern politisch. Sie spiegelte auch nicht die sozialen Hierarchien und Besitzverhältnisse wider, sondern das Herrschaftsverhältnis. Das Besondere lag darin, dass in dieser Konstruktion Rechtsstatus, Eigentum und Teilhabe an der Herrschaft weitgehend entkoppelt waren:

Während der zum Islam konvertierte dunkelhäutige Eunuch oder Sklave des Herrschers der Machtelite angehören konnte, war der frei geborene muslimische Kaufmann von ihr ausgeschlossen. Ungeachtet aller Tendenzen zur Erblichkeit von Titeln, Ämtern und Privilegien verwandelte sich die patrimoniale Ordnung nicht in eine auf Geburt, Amt und Beruf gestützte ständische Ordnung, in der soziale Vorrechte mit politischen Rechten einhergingen. Vor allem entstand kein rechtlich und politisch anerkannter und privilegierter Adel.

Bis ins 19. Jahrhundert wurde Herrschaft über »Haushalte« ausgeübt. Wie diese Haushalte gebildet und generationenübergreifend stabilisiert wurden, hing von vielerlei Faktoren ab, darunter neben allgemeinen rechtlichen und fiskalischen Bedingungen nicht zuletzt davon, ob Frauen kraft eigenen Rechts Besitz, Titel und Klientelnetze erwerben und weitergeben konnten. Fast überall in der Region galt (und gilt) das patrilineare Prinzip, dem zufolge sich der Status des Einzelnen nach dem des Vaters bemisst, nicht der Mutter. Frauen verfügten zwar auch in der Ehe über Eigentum, konnten es üblicherweise jedoch nur über Vertreter verwalten und waren von Hoheitsfunktionen jeder Art ausgeschlossen. Frauen mochten politisch großen Einfluss ausüben, an der Spitze politischer Haushalte standen immer Männer. Mit gewissen Modifikationen gelten diese Regeln noch für die neopatrimonialen Regime des 20. und 21. Jahrhunderts, wobei hier nicht mehr Haushalte die entscheidende Größe abgeben, sondern personale Netzwerke, gestiftet auf der Grundlage gemeinsamer Ausbildung in Armee und Schule, Clan- und Stammesbindungen, lokaler und religiöser Bezüge. Auch in diesen spielen Frauen nur selten eine tragende Rolle.

Nicht nur die Islamisierung der vergangenen Jahrzehnte, sondern auch die Konsolidierung autoritärer Regime lädt zu einer neuerlichen Beschäftigung mit dem Modernisierungsparadigma ein: Modernisierung wird allgemein als Prozess verstanden, in dessen Rahmen sich Felder, Sphären oder Systeme ausdifferenzieren, die ihrer je eigenen Funktions- und Handlungslogik folgen. Säkularisierung ist Teil dieses Prozesses. Das mag einer liberalen Vorstellung entsprechen, die sich im postkolonialen Vorderen Orient und Nordafrika aber nicht durchgesetzt hat. Weithin herrscht hier der Primat der

Politik. Schon bei der Wirtschafts- und Handelspolitik der Osmanen und Safaviden, wenn man von einer solchen Politik überhaupt reden will, verbanden sich politische mit kommerziellen Interessen. Der arabische Sozialismus schuf in der zweiten Hälfte des 20. Jahrhunderts staatskapitalistische Systeme, die einer *politischen* Logik gehorchten, nicht einer ökonomischen. Die starke Durchdringung von Wirtschaft, Recht und Kultur durch den autoritären Staat, und zwar auch in den arabischen Monarchien und der Türkei, läuft einer Ausdifferenzierung erkennbar zuwider.

Ähnliches gilt für die »Rückkehr der Religion«, die Politik, Kultur und Gesellschaft der Region nicht erst seit den 1990er Jahren zu bestimmen scheint: Wie immer man Säkularität im Einzelnen versteht, sie steht für eine Unterscheidung zwischen religiösen und nichtreligiösen Feldern.[359] Islamisierung zielt auf das Gegenteil, nämlich die Durchdringung aller Felder und ihre Unterstellung unter das Dach islamischer Werte und Normen (»Scharia«). Das bedeutet Integration statt Differenzierung. Die Befürworter einer Re-Integration unter islamischem Vorzeichen stehen der (»westlichen«) Moderne kritisch gegenüber. Gleichwohl vollzieht sich diese Re-Integration unter den Bedingungen der Moderne – Kommunikation, Konnektivität, Kapitalismus – und ist ohne die modernen Medien nicht vorstellbar, die schon den Reformbewegungen des ausgehenden 19. Jahrhunderts den Boden bereiteten. Dieser Zusammenhang lässt sich nicht allein dadurch aufheben, dass man, wie Islamisten und andere Vertreter eines Nativismus oder Kulturnationalismus es gerne tun, zwischen Werten und Techniken unterscheidet, wobei die Techniken für wertneutral erklärt werden, die Werte hingegen konstitutiv für Selbstverständnis und Zusammenhalt sein sollen. Auch in diesem Punkt erweist sich die überregionale Bedeutung dieser Region.

Anhang

Dank

Mit dem Vorderen Orient und Nordafrika beschäftigen sich üblicherweise mehrere Disziplinen – Iranistik, Islamwissenschaft, Osmanistik, Turkologie und auch die Geschichtswissenschaft mit ihren je eigenen fachlichen Traditionen –, und sie arbeiten in der Regel nicht so eng zusammen, wie man sich das vielleicht erhoffen würde. Die Geschichte dieses Bandes ist daher selbst das Ergebnis von Beziehungsgeschichte: Ich habe ihn nicht in Einsamkeit und Freiheit geschrieben, sondern im Austausch mit anderen.

Viele Ideen, Fragen und Einsichten verdanke ich Gesprächen mit Kolleginnen, Kollegen und Studierenden aller Stufen, ihren Vorträgen, Diskussionsbeiträgen und natürlich auch der Lektüre ihrer Schriften. Besonders danken möchte ich einer Reihe von Kollegen, die sich die Mühe gemacht haben, längere oder kürzere Teile einer früheren Fassung des Manuskripts kritisch zu lesen. In alphabetischer Reihenfolge sind dies Axel Havemann, Klaus Kreiser, Stefan Reichmuth, Claus Schönig und Michael Zeuske. Ihre Großzügigkeit weiß ich sehr zu schätzen.

Die Herausgeber der Reihe haben mit Anregungen gleichfalls nicht gespart, und auch ihnen bin ich dankbar. Schließlich möchte ich Tanja Hommen danken, die als Lektorin nicht nur den einen oder anderen langen Satz zerlegt, sondern mit ihren Rückfragen zur Präzisierung mancher Aussage beigetragen hat, die ich für klar und verständlich hielt.

Mein Mann hat die jahrelange Rede von »dem Buch«, das nun unbedingt vorangetrieben, dokumentiert, illustriert und optimiert werden müsse, mit Humor und Fassung ertragen.

Unterstützung habe ich somit von vielen Seiten erhalten, die Unzulänglichkeiten dieses Unternehmens habe ich selbst zu verantwor-
ten.

Berlin, im Februar 2016
Gudrun Krämer

Umschrift

Die Umschrift ist immer ein leidiges Thema, zumal wenn es um mehrere Sprachen mit ihren je eigenen Konventionen geht und Begriffe verwendet werden, die in verschiedenen Sprachen unterschiedlich transkribiert werden. Im Sinne der guten Lesbarkeit habe ich mich für die größtmögliche Vereinfachung entschieden und generell auf diakritische Zeichen verzichtet. Den arabischen Buchstaben *ʿayn* habe ich selbst in der Wortmitte nur dann gesetzt, wenn ein Name sonst zu sehr verunstaltet worden wäre (Jaʿfar zum Beispiel) oder ein originalsprachlicher Terminus in Klammern ergänzt werden sollte. Im Fließtext werden die im Deutschen üblichen Namen und Begriffe verwendet, die auch für den Fachwissenschaftler eindeutig zu identifizieren sind (Ali, Abbas, Abd al-Wahhab und Ismail statt ʿAli, ʿAbbas, ʿAbd al-Wahhab oder Ismaʾil, Nasser statt ʿAbd an-Nasir). Persische Namen und Begriffe folgen mit wenigen Ausnahmen der arabischen Konvention (Isfahan statt Esfahan, Mulla statt Molla, Qum statt Qom, aber Khomeini statt al-Khumaini und Reza statt Rida). Besonders heikel ist immer das Osmanische mit seinen zahlreichen arabischen und persischen Elementen. Hier habe ich mich an der modernen türkischen Wiedergabe orientiert, die auch die meisten Osmanisten zumindest dann verwenden, wenn sie nicht nur ihre eigene Fachgemeinde erreichen wollen (Kızılbaş statt Qızılbaş, *ilmiyye* statt *ʿilmiyye*), schreibe allerdings *-iyye* statt *-iye* (Safiyye, *kalemiyye* usw.). Um den Text nicht über Gebühr zu befrachten, habe ich das türkische Kızılbaş selbst für den iranischen Kontext verwendet, wo man normalerweise Qizilbash schreiben würde. Bei Ortsnamen habe ich gelegentlich die international verbreitete englische Umschrift der deutschen vorgezogen (Hijaz statt Hedschas).

Konsequenz und Einheitlichkeit lassen sich auf diesem Weg nicht
erzielen. Wenn dafür aber der Zugang zu einem unvertrauten und
nicht selten sperrigen Gegenstand erleichtert werden kann, lohnt es
vielleicht das Opfer.

Anmerkungen

Einleitung

1 Michael E. Bonine, Abbas Amanat, Michael Ezekiel Gasper (Hg.),
Is There a Middle East? The Evolution of a Geopolitical Concept, Stanford 2012. Anregender ist der auf das frühneuzeitliche Osmanische Reich zugespitzte Beitrag von Palmira Brummett, »Imagining the early modern Ottoman space, from world history to Piri Reis«, in: Virginia H. Aksan, Daniel Goffman (Hg.), *The Early Modern Ottomans. Remapping the Empire*, Cambridge 2007, S. 13–58.
2 Benedict Anderson, *Die Erfindung der Nation. Zur Karriere eines folgenreichen Konzepts*, Berlin 1998 (engl. Originalausgabe: *Imagined Communities. Reflections on the Origin and Spread of Nationalism*, London 1983).
3 Stephen F. Dale, *The Muslim Empires of the Ottomans, Safavids, and Mughals*, Cambridge 2010, S. 43, 54; Stefan Leder, »Nomaden und nomadische Lebensformen in arabischer Begrifflichkeit – Eine Annäherung«, in: ders., Bernhard Streck (Hg.), *Mitteilungen des SFB »Differenz und Integration«* 1: *Nomadismus aus der Perspektive der Begrifflichkeit*, Halle / Saale 2002, S. 11–40.
4 Suraiya Faroqhi, *Kultur und Alltag im Osmanischen Reich. Vom Mittelalter bis zum Anfang des 20. Jahrhunderts*, München 1995, S. 52.
5 Jürgen Osterhammel, »›Weltgeschichte‹: Ein Propädeutikum«, in: *Geschichte in Wissenschaft und Unterricht* 56 (2005), S. 452–479, hier S. 460.

I Die frühneuzeitlichen Imperien im 16. Jahrhundert

6 Carter Vaughn Findley, *The Turks in World History*, Oxford 2005, Kap. 1–3; anschaulich Johannes Kalter, Irene Schönberger, *Der lange Weg der Türken. 1500 Jahre türkische Kultur*, Stuttgart 2003, S. 1–60

und David J. Roxburgh (Hg.), *Turks. A Journey of a Thousand Years,
600–1600*, London 2005, Kap. I und II.

7 Hans Robert Roemer, *Persien auf dem Weg in die Neuzeit. Iranische
Geschichte von 1350–1750*, Beirut, Würzburg 2003, S. 178–218.

8 Roemer, *Persien*, S. 228–233, 245–251, 394–402; Vladimir Minorsky,
»The Poetry of Shāh Ismā'īl I«, in: *Bulletin of the School of Oriental
and African Studies* 10 (1939/42), S. 1006–1053; Andrew J. Newman,
Safavid Iran. Rebirth of the Persian Empire, London 2009, insbes.
S. 13–19.

9 Ertuğrul Düzdağ, *Şeyhülislam Ebusuud Efendi Fetvaları Işığında
16. Asır Türk Hayatı*, Istanbul 1972, S. 109–112; Roemer, *Persien*,
S. 256–266; weiterführend Elke Eberhard, *Osmanische Polemik gegen
die Safaviden im 16. Jahrhundert*, Freiburg 1970.

10 Halil İnalcık mit Donald Quataert (Hg.), *An Economic and Social
History of the Ottoman Empire. Volume One: 1300–1600*, Cambridge
1994, S. 77–102.

11 Rhoads Murphey, *Ottoman Warfare, 1500–1700*, London 1999,
Karte 4, S. xiv und S. 20–25, 65–83; Gábor Ágoston, *Feuerwaffen für
den Sultan. Kriegswesen und Waffenindustrie im Osmanischen Reich*,
Leipzig 2010, S. 77, 221.

12 Manfred Hildermeier, *Geschichte Russlands. Vom Mittelalter bis zur
Oktoberrevolution*, München 2013, bes. Zweiter und Dritter Teil; Da-
vid Nicolle, *Die Osmanen*, Wien 2008, S. 92 ff.; zu den Kosaken auch
Alfred J. Rieber, *The Struggle for the Eurasian Borderlands. From the
Rise of Early Modern Empires to the End of the First World War*,
Cambridge 2014, S. 347–371.

13 Maurits H. van den Boogert, *The Capitulations and the Ottoman Legal
System. Qadis, Consuls and Beratlıs in the 18th Century*, Leiden 2005,
Introduction und Kap. 1 und 2.

14 Colin Imber, *The Ottoman Empire*, Houndmills 2002, S. 53.

15 Andrew C. Hess, »The Battle of Lepanto and its Place in Mediterranean
History«, in: *Past and Present* 57 (1972), S. 53–73; Fernand Braudel,
La Méditerranée et le monde méditerranéen à l'époque de Philippe II,
Bd. 2, Paris [79]1990 (1949), S. 383–415; aus militärhistorischer Sicht
Daniel Panzac, *La marine ottomane, de l'apogée à la chute de l'Empire
(1572–1923)*, Paris 2009, Kap. 1.

16 Das Folgende nach Gudrun Krämer, *Geschichte des Islam*, München
2005, S. 187–192.

17 Cesare Casale, *The Ottoman Age of Exploration*, Oxford 2010, insbes. S. 135–137; Baki Tezcan, *The Second Ottoman Empire. Political and Social Transformation in the Early Modern World*, Cambridge 2010, S. 94.

18 Jane Hathaway, *The Arab Lands Under Ottoman Rule, 1516–1800*, Harlow 2008, insbes. S. 13 f., 81 f.; nicht nur für das 18. Jahrhundert anregend ist Henning Sievert, *Zwischen arabischer Provinz und Hoher Pforte. Beziehungen, Bildung und Politik des osmanischen Bürokraten Rāġıb Meḥmed Paşa (st. 1763)*, Würzburg 2008, S. 22–25, 31 f., 338 ff.

19 Exemplarisch zu den Herrschertugenden *(fadā'il)* des Hauses Osman Mar'ī b. Yūsuf al-Karmīs (gest. 1624), *Qalā'id al-'iqyān fī faḍā'il Āl 'Uthmān* und Aḥmad al-Ḥamāwī (gest. 1685), *Faḍā'il salāṭīn banī 'Uthmān*, nach Otfried Weintritt, *Arabische Geschichtsschreibung in den arabischen Provinzen des Osmanischen Reiches (16.–18. Jahrhundert)*, Bonn 2008, S. 207–213; auch Hakan T. Karateke, Maurus Reinkowski (Hg.), *Legitimizing the Order. The Ottoman Rhetoric of State Power*, Leiden 2005.

20 Die folgenden Daten nach Klaus Kreiser, *Der osmanische Staat 1300–1922*, München 2001, S. 16; Klaus Kreiser, Christoph K. Neumann, *Kleine Geschichte der Türkei*, Stuttgart ²2008, S. 120; Suraiya Faroqhi, *The Ottoman Empire and the World Around It*, Taschenbuchausgabe London 2006, S. 100; Dale, *Muslim Empires*, S. 107 f.; Imber, *Ottoman Empire*, S. 107; Donald Quataert, *The Ottoman Empire 1720–1922*, Cambridge 2000, S. 3, 74.

21 Dale, *Muslim Empires*, S. 107; Newman, *Safavid Iran*, S. 221, Anm. 6; auch Barbara D. Metcalf, Thomas R. Metcalf, *A Concise History of India*, Cambridge 2002, S. 1.

22 İnalcık, *Economic and Social History*; Imber, *Ottoman Empire*; Tezcan, *Second Ottoman Empire*; Linda T. Darling, »Another Look at Periodization in Ottoman History«, in: *Turkish Studies Association Bulletin* 20 (Fall 1996) 2, S. 19–28 und Jane Hathaway, »Problems of Periodization in Ottoman History. The Fifteenth through the Eighteenth Centuries«, *ebd.*, S. 25–31.

23 Kreiser, *Der osmanische Staat*, S. 2; Kreiser, Neumann, *Kleine Geschichte*, S. 100; auch Sievert, *Arabische Provinz*, S. 37 f.

24 Maurus Reinkowski, *Die Dinge der Ordnung. Eine vergleichende Untersuchung über die osmanische Reformpolitik im 19. Jahrhundert*, München 2005, S. 19 f. Zu *daula* und *devlet* Heidemarie Doganalp-

Votzi, Claudia Römer, *Herrschaft und Staat: Politische Terminologie des Osmanischen Reiches der Tanzimatzeit*, Wien 2008, S. 173 ff.

25 Dale, *Muslim Empires*, S. 25; auch Karen Barkey, *Bandits and Bureaucrats. The Ottoman Route to State Centralization*, Ithaca NY 1994, S. 24, 44.

26 Karen Barkey spricht von Nabe-und-Speiche und insistiert zugleich auf der Elastizität der Strukturen und Arrangements: dies., *Empire of Difference. The Ottomans in Comparative Perspective*, Cambridge 2008, insbes. S. 1, 9 ff., 14, 18, 93 f. Der Begriff Radialsystem stammt von mir. Zu Zentrum und Peripherie auch Reinkowski, *Dinge der Ordnung*, S. 23.

27 İnalcık, *Economic and Social History*, insbes. S. 103–114, 139–141 und Teil C; Kreiser, Neumann, *Kleine Geschichte*, S. 100; Jürgen Paul, *Zentralasien*, Frankfurt am Main 2012 (= Neue Fischer Weltgeschichte 10), S. 180–183.

28 Tezcan, *Second Ottoman Empire*, S. 42, 57–59; zu früheren turkomongolischen Gesetzessammlungen Dale, *Muslim Empires*, S. 200 f.; Paul, *Zentralasien*, S. 315–318.

29 Eher behutsam İnalcık, *Economic and Social History*, S. 127.

30 Otfried Weintritt, »Familie im Islam«, in: Rolf Peter Sieferle (Hg.), *Familiengeschichte. Die europäische, chinesische und islamische Familie im historischen Vergleich*, Wien, Berlin 2008, S. 261–336.

31 Leslie P. Peirce, *The Imperial Harem. Women and Sovereignty in the Ottoman Empire*, New York, Oxford 1993, S. 37, 41. Zum Folgenden ferner Imber, *Ottoman Empire*, S. 89 f., 95 f.; Necdet Sakaoğlu, *Bu Mülkün Kadın Sultanları*, Istanbul 2008.

32 Maria Suppé, »La participation des femmes de la famille royale à l'exercice du pouvoir en Iran safavide au XIVe siècle«, in: *Studia Iranica* 23 (1994) 2, S. 211–258 und 24 (1995) 1, S. 61–122; Sussan Babaie, Kathryn Babayan, Ina Baghdiantz-McCabe, Massumeh Farhad, *Slaves of the Shah. New Elites of Safavid Iran*, London 2004, S. 18, 25, 33.

33 *Quataert, Ottoman Empire*, S. 89 f.; Paul, *Zentralasien*, S. 109, 180, 213.

34 Nicolas Vatin, Gilles Veinstein, *Le Sérail ébranlé. Essai sur les morts, dépositions et avènements des sultans ottomans XIVe-XIXe siècle*, Paris 2003, S. 121–170, bes. S. 122.

35 Imber, *Ottoman Empire*, S. 109 zufolge wurde diese Bestimmung wohl erst nachträglich in die Gesetzessammlung eingefügt; auch *ebd.*,

S. 102; Vatin, Veinstein, *Sérail ébranlé*, S. 152 f., 170 ff.; zu den Bestattungen *ebd.*, S. 166, 353 ff., 394–435.

36 Zit. nach Babaie u. a., *Slaves of the Shah*, S. 22. Zum Folgenden auch Newman, *Safavid Iran.*

37 Gülru Necipoğlu, *Architecture, Ceremonial, and Power. The Topkapı Palace in the Fifteenth and Sixteenth Centuries*, Cambridge, Mass. 1991, insbes. S. 2; Peirce, *Imperial Harem*, S. 178.

38 Necipoğlu, *Architecture*, zur Zeichensprache insbes. S. 26–30; Peirce, *Imperial Harem*, S. 11; zur Zahl der Haremsbewohner Kreiser, Neumann, *Kleine Geschichte*, S. 154. Anschaulich ist İlber Ortaylı, *Private and Royal Life in the Ottoman Palace*, New York 2014.

39 Suraiya Faroqhi, Arzu Öztürkmen (Hg.), *Celebration, Entertainment and Theatre in the Ottoman World*, London 2014, Teil I.

40 Zum Folgenden Gülru Necipoğlu, *The Age of Sinan. Architectural Culture in the Ottoman Empire*, London 2005, S. 28, 31, 66; Vatin, Veinstein, *Sérail ébranlé*, S. 42, 54, 59, 96, 159, 259–320, 450.

41 Imber, *Ottoman Empire*, S. 245 f.; Kreiser, Neumann, *Kleine Geschichte*, S. 138.

42 So auch Madeline C. Zilfi, *Women and Slavery in the Late Ottoman Empire. The Design of Difference*, Cambridge 2010, S. 10 f., 130, 133 f.; Sievert, *Arabische Provinz*, S. 70–72; Tezcan, *Second Ottoman Empire*, S. 95 f.

43 Miura Toru, John Edward Philips (Hg.), *Slave Elites in the Middle East and Africa. A Comparative Study*, London, New York 2000. Die Knabenlese behandeln alle Standardwerke zu Verwaltung und Sklaverei im Osmanischen Reich, darunter Y. Hakan Erdem, *Slavery in the Ottoman Empire and its Demise, 1800–1909*, Houndmills 1996, S. 1–11.

44 Albertus Bobovius, *Topkapi. Relation du sérail du Grand Seigneur. Édition présentée et annotée par Annie Berthier et Stéphane Yerasimos*, Paris 1999; Robert Dankoff, *An Ottoman Mentality. The World of Evliya Çelebi*, Leiden, Boston 2006, S. 167 f., 251 f.; zu Menavino Imber, *Ottoman Empire*, S. 48 f.; zu den Verheiratungen Metin Kunt, *The Sultan's Servants. The Transformation of Ottoman Provincial Government, 1550–1650*, New York 1983, S. 47; Schaubild der Karrierewege *ebd.*, S. 98 (leicht modifiziert in: Kreiser, Neumann, *Kleine Geschichte*, S. 157). Zur Hofschule auch Necipoğlu, *Architecture*, S. 111–122. Zu Bidlisi Babaie u. a., *Slaves of the Shah*, S. 29, 119.

45 Peirce, *Imperial Harem*, S. 39.

46 Kunt, *Sultan's Servants*, S. 41 f., 55; Zilfi, *Women and Slavery*, S. 15,
    26 ff., 101 ff., 136–142; Sievert, A*rabische Provinz*, S. 45 f., 69–72; Ba-
    baie u. a., *Slaves of the Shah*, S. 48, 150 mit Anm. 1.

47 Metin Kunt, »Ethnic-regional *(cins)* solidarity in the seventeenth-
    century Ottoman establishment«, in: *International Journal of Middle
    East Studies* 5 (1974), S. 233–239; Hathaway, *Arab Lands*, insbes.
    S. 66 f.; Zilfi, *Women and Slavery*, S. 104.

48 Jane Hathaway, »Eunuchs«, in: *The Encyclopaedia of Islam Three*,
    2015–3, S. 84–92; William G. Clarence-Smith, *Islam and the Abolition
    of Slavery*, Oxford, New York 2006, bes. 46 f., 82 f., 93; Jan S. Hogen-
    dorn, »The Location of the ›Manufacture‹ of Eunuchs«, in: Toru, Phi-
    lips (Hg.), *Slave Elites*, S. 41–68; Tezcan, *Second Empire*, S. 100–104;
    für das 18. Jahrhundert auch Sievert, *Arabische Provinz*, S. 164–167,
    203–205, 322 f.

49 Babaie u. a., *Slaves of the Shah*, S. 14, 20, 39, 76, 94 f.; David Blow, *Shah
    Abbas. The Ruthless King Who Became an Iranian Legend*, London,
    New York 2009, S. 173 f.; weiterführend Walter G. Andrews, Mehmet
    Kalpaklı, *The Age of Beloveds. Love and the Beloved in Early-Modern
    Ottoman and European Culture and Society*, Durham, London 2005,
    insbes. S. 11–14, 28; Peirce, *Imperial Harem*, S. 86 f., 133.

50 Zum Folgenden Murphey, *Ottoman Warfare*; Imber, *Ottoman Empire*,
    S. 193–206, 252–286 und 287–317; Kreiser, Neumann, *Kleine Ge-
    schichte*, S. 157–161.

51 Die beiden Zitate nach Gottfried Liedl, Manfred Pittioni, Thomas
    Kolnberger, *Im Zeichen der Kanone. Islamisch-christlicher Kultur-
    transfer am Beginn der Neuzeit*, Wien 2002, S. 182 bzw. 52. Zu den
    Fachleuten, Migranten und Konvertiten detailliert Ralf C. Müller,
    Franken im Osten, Leipzig 2005, insbes. Kap. IV B. Zu Militärtechno-
    logie und Artillerie ferner Ágoston, *Feuerwaffen für den Sultan*; zu
    den Mamluken Hathaway, *Arab Lands*, S. 39; zur sozialen Verortung
    der Janitscharen Imber, *Ottoman Empire*, S. 140–142 und Kreiser,
    Neumann, *Kleine Geschichte*, S. 155–157.

52 Thomas Kolnberger, »Das Konzept der Militärzone. Die geographische
    Reichweite militärischer Systeme«, in: Gerfried Mandl, Ilja Steffel-
    bauer (Hg.), *Krieg in der antiken Welt*, Essen 2007, S. 115–128.

53 Zu den Timars Kunt, *Sultan's Servants*, S. 9, 12 und passim; İnalcık,
    Economic and Social History, S. 114–117, 141 f.; Imber, *Ottoman*

Empire, S. 193–206; Hathaway, *Arab Lands*, S. 49 f.; Barkey, *Bandits*,
S. 36 ff., 65, 98; Kreiser, Neumann, *Kleine Geschichte*, S. 100, 120 f.,
Tabelle *ebd.*, S. 126; zur Monetarisierung auch Tezcan, *Second
Ottoman Empire*.

54 Vgl. die oben, Anm. 50–52, genannten Arbeiten und David Nicolle,
The Janissaries, Oxford 1995.

55 Thierry Zarcone, Art. »Bektaşiyye«, in: *Encyclopaedia of Islam Three*,
2014–4, S. 21–30.

56 Imber, *Ottoman Empire*, S. 154–176; knapp Kreiser, Neumann, *Kleine
Geschichte*, S. 166 f.; auch Fariba Zarinebaf, *Crime and Punishment in
Istanbul 1700–1800*, Berkeley 2010, S. 145, 150–152.

57 Gottfried Hagen, *Ein osmanischer Geograph bei der Arbeit. Entstehung
und Gedankenwelt von Katib Çelebis Gihannüma*, Berlin 2003, S. 11 f.

58 Carter V. Findley, *Ottoman Civil Officialdom. A Social History*,
Princeton 1989, S. 22 f., zit. nach Ariel Salzmann, *Tocqueville in the
Ottoman Empire. Rival Paths to the Modern State*, Leiden, Boston
2004, S. 83; Hathaway, *Arab Lands*, S. 10.

59 İnalcık, *Economic and Social History*, insbes. S. 74; Kunt, *Sultan's
Servants*, S. 64–67, 89, 91–93; Kreiser, Neumann, *Kleine Geschichte*,
S. 216 f.; Sievert, *Arabische Provinz*, bes. S. 22–31, 75; auch Andrews,
Kalpaklı, *Age of Beloveds*, S. 94 f.

60 Imber, *Ottoman Empire*, S. 160 ff.

61 Quataert, *Ottoman History*, S. 28.

62 Ömer Lutfi Barkan, »Research on the Ottoman Cadastral Surveys«,
in: Michael A. Cook (Hg.), *Studies in the Economic History of the
Middle East*, Oxford 1970, S. 163–171; İnalcık, *Economic and Social
History*, Kap. 1 und 2; Imber, *Ottoman History*, S. 196–200; Tezcan,
Second Ottoman Empire, S. 20, 33.

63 Zarinebaf, *Crime and Punishment*.

64 Madeline C. Zilfi, *The Politics of Piety. The Ottoman Ulema in the
Postclassical Age (1600–1800)*, Minneapolis 1988; Imber, *Ottoman
Empire*, S. 247 f.; zur *siyasa shar'iyya* auch Tezcan, *Second Ottoman
Empire*, S. 27, 49 f. Ausführlicher unten, Kap. I D, 2. Ulama und Staat.

65 Imber, *Ottoman Empire*, S. 179; Kreiser, Neumann, *Kleine Geschichte*,
S. 115, 124; Salzmann, *Tocqueville*, S. 51 f.; Sievert, *Arabische Provinz*,
S. 221; Andreas Birken, *Die Provinzen des Osmanischen Reiches*,
Wiesbaden 1976.

66 Hathaway, *Arab Lands*, S. 5–12.

67 Sievert, *Arabische Provinz*; ähnlich Lutz Berger, *Gesellschaft und Individuum in Damaskus 1550–1791*, Würzburg 2007, S. 97. Zu den Kompetenzen und Einkünften eines Gouverneurs Kunt, *Sultan's Servants*, S. 54; Imber, *Ottoman Empire*, S. 109, 190 f.

68 So Kunt, *Sultan's Servants*, S. 9 f. Zu seinen logistischen Aufgaben Imber, *Ottoman Empire*, S. 234; zu den Vertretern auch Hathaway, *Arab Lands*, S. 116–121; zu Nichtmuslimen vor Gericht Zarinebaf, *Crime and Punishment*, S. 5 f., 141–148.

69 Halil Berktay, »The Feudalism Debate«, in: *Journal of Peasant Studies* 14 (1987) 3, S. 291–333; Tezcan, *Second Ottoman Empire*, passim. İnalcık, *Economic and Social History*, S. 115 und 171–173 verweist dagegen ausdrücklich auf die Unterschiede.

70 Steffen Patzold, *Das Lehnswesen*, München 2012; für die frühe Neuzeit Louise Schorn-Schütte, *Konfessionskriege und europäische Expansion. Europa 1500–1648*, München 2010, insbes. S. 22 f., 27–39, 46–50.

71 Für eine spätere Periode gültig, aber grundsätzlich wichtig sind Axel Havemann, *Rurale Bewegungen im Libanongebirge im 19. Jahrhundert. Ein Beitrag zur Problematik sozialer Veränderungen*, Berlin 1983, S. 48–65 und Alexander Schölch, *Palästina im Umbruch 1856–1882. Untersuchungen zur wirtschaftlichen und sozio-politischen Entwicklung*, Stuttgart 1986, S. 161–169.

72 James C. Scott, *Seeing Like a State*, New Haven 1998; dazu Barkey, *Empire of Difference*, S. 12.

73 Zilfi, *Women and Slavery*, S. 11 spricht von einem Grundwiderspruch.

74 Mein Ansatz deckt sich daher nicht mit C. A. O. Van Nieuwenhuijze (Hg.), *Commoners, Climbers and Notables. A Sample of Social Ranking in the Middle East*, Leiden 1977; lesenswert insbes. sein Beitrag, *ebd.*, S. 83–101. Zu den Prophetennachkommen Morimoto Kazuo, *Sayyids and Sharifs in Muslim Societies. The Living Links to the Prophet*, London, New York 2012.

75 Gudrun Krämer, »Der Reiz des Gesellschaftsvergleichs. Kategorien sozialer Ordnung im islamisch geprägten Vorderen Orient«, in: Tilman Lohse, Benjamin Scheller (Hg.), *Europa in der Welt des Mittelalters. Ein Colloquium für und mit Michael Borgolte*, Berlin, Boston 2014, S. 101–118.

76 Zilfi, *Women and Slavery*, S. 98, 125, 150.

77 Clarence-Smith, *Islam and the Abolition of Slavery*, S. 9, 11–14, 28 f.,

148 f.; interessant auch die Analysen und Graphiken in Müller, *Franken im Osten*, S. 244–291, 353–462.

78 Anne Kuhlmann-Smirnov, *Schwarze Europäer im Alten Reich. Handel, Migration, Hof*, Göttingen 2013. Ich danke Michael Zeuske für diesen Hinweis.

79 Zilfi, *Women and Slavery*, S. 130, 194.

80 Orlando Patterson, *Slavery and Social Death. A Comparative Study*, Cambridge, Mass. 1982.

81 İnalcık, *Economic and Social History*, S. 103–142; Kreiser, Neumann, *Kleine Geschichte*, S. 138–143; Barkey, *Bandits*, S. 111 ff.

82 Daniel Rivet, *Le Maghreb à l'épreuve de la colonisation*, Paris 2002, S. 89 f.

83 İnalcık, *Economic and Social History*, S. 30, 143–178.

84 Schölch, *Palästina im Umbruch*, S. 167 f.

85 Anatoly M. Khazanov, *Nomads and the Outside World*, Madison ²1994, bes. Kap. 1; Leder, Streck (Hg.), *Mitteilungen des SFB*; Philip S. Khoury, Joseph Kostiner (Hg.), *Tribes and State Formation in the Middle East*, Berkeley, Los Angeles 1990, S. 1–22 und die Beiträge von Tapper, Caton und Gellner; auch Paul, *Zentralasien*, S. 25, 46–48, 63.

86 Barkey, *Bandits*, hier S. 137–140, 158 f.

87 Das Folgende nach Gudrun Krämer, *Geschichte Palästinas. Von der osmanischen Eroberung bis zur Gründung des Staates Israel*, München ⁶2015, S. 66 f.; auch Dale, *Muslim Empires*, S. 110 f., 139; auf die Praxis verweist Astrid Meier, »Für immer und ewig? Befristete Formen islamischer Stiftungen in osmanischer Zeit«, in: dies., Johannes Pahlitzsch, Lucian Reinfandt (Hg.), *Islamische Stiftungen zwischen juristischer Norm und sozialer Praxis*, Berlin 2009, S. 191–212.

88 Kreiser, Neumann, *Kleine Geschichte*, S. 128 f., 143–146; Necipoğlu, *The Age of Sinan*, S. 21 f., 55–57; am Beispiel Istanbuls Ebru Boyar, Kate Fleet, *A Social History of Ottoman Istanbul*, Cambridge 2010; Zarinebaf, *Crime and Punishment*; Andrews, Kalpaklı, *Age of Beloveds*, S. 51 f., 187–193.

89 Faroqhi, *Kultur und Alltag*, S. 71.

90 Kreiser, *Der osmanische Staat*, S. 15 f.; korrigierte Zahlen für Istanbul nach Kreiser, Neumann, *Kleine Geschichte*, S. 122; Faroqhi, *Kultur und Alltag*, S. 55 und 325, Anm. 1.

91 Zu diesem Abschnitt Yaron Ayalon, »Ottoman Urban Privacy in Light

of Disaster Recovery«, in: *International Journal of Middle East Studies* 43 (2011) 3, S. 513–528; Faroqhi, *Kultur und Alltag*, S. 170 f., 178 f., 245.

92 Zilfi, *Women and Slavery*, S. 2, 53 f. und passim.

93 Shirin Hamadeh, *The City's Pleasures. Istanbul in the Eighteenth Century*, Seattle, London 2008, insbes. S. 22–28; für Damaskus Berger, *Gesellschaft und Individuum*, S. 215; für Isfahan Dale, *Muslim Empires*, S. 216. Zu den imperialen Gärten Michel Conan (Hg.), *Middle East Garden Traditions: Unity and Diversity*, Dumbarton Oaks 2007, insbes. die Beiträge von Nurhan Atasoy, Jean-Do Brignoli und B. Deniz Çalış, sowie Yves Porter, Arthur Thévenart, *Palais et Jardins de Perse*, Paris 2002.

94 Faroqhi, *Kultur und Alltag*, S. 166 f., 170 f. Wolfgang Schwentker, »Die ›vormoderne Stadt‹ in Europa und Asien«, in: Peter Feldbauer, Michael Mitterauer, Wolfgang Schwentker (Hg.), *Die Vormoderne Stadt. Asien und Europa im Vergleich*, Wien, München 2002, S. 259–287.

95 Faroqhi u. a. (Hg.), *Economic and Social History*, S. 545–547; Salzmann, *Tocqueville*, S. 69; Kreiser, Neumann, *Kleine Geschichte*, S. 130–134, 145 f.; Hathaway, *Arab Lands*, S. 149 f.; van den Boogert, *Capitulations*.

96 Gudrun Krämer, »Moving out of Place. Minorities in Middle Eastern Urban Societies, 1800–1914«, in: Peter Sluglett (Hg.), *The Urban Social History of the Middle East, 1750–1950*, Syracuse 2008, S. 182–223, hier S. 191–194; Maya Shatzmiller, Art. »Artisans (pre-1500)«, in: *Encyclopaedia of Islam Three*, 2012–2, S. 29–36; Donald Quataert, Art. »Artisans. Ottoman and Post-Ottoman«, *ebd.*, 2011–3, S. 65–71; Pascale Ghazaleh, Art. »Guild«, *ebd.*, 2015–1, S. 130–134; Kreiser, Neumann, *Kleine Geschichte*, S. 130 f., 145 f.; exemplarisch Charles L. Wilkins, *Forging Urban Solidarities. Ottoman Aleppo 1640–1700*, Leiden, Boston 2010, Kap. IV.

97 Salzmann, *Tocqueville*, S. 48, 50 f., 66 f.; Quataert, *Ottoman Empire*, S. 119 f.; zu den Karawansereien Dale, *Muslim Empires*, S. 41, 109 f.; Anoushe Pirbadian, *Iranian Caravanserais*, Teheran 2012.

98 Richard Blackburn, *Journey to the Sublime Porte. The Arabic Memoir of a Sharifian Agent's Diplomatic Mission to the Ottoman Imperial Court in the Era of Suleyman the Magnificent*, Beirut 2005, S. 102 f.

99 Rudi Matthee, »Was Safavid Iran an Empire?«, in: *Journal of the Economic and Social History of the Orient (JESHO)* 53 (2010),

S. 233–265, hier S. 235; Blow, *Shah Abbas*, S. 24 f. Die Schwierigkeiten einer Erfassung nichtsesshafter Gruppen beleuchtet Jürgen Paul, »Nomaden in persischen Quellen«, in: Leder, Streck (Hg.), *Mitteilungen des SFB*, S. 41–56.

100 Dale, *Muslim Empires*, bes. S. 26, 120, 124–126, 252.

101 Vgl. neben Newman, Blow, Dale, Babaie u. a. vor allem Ina Baghdiantz McCabe, *The Shah's Silk for Europe's Silver. The Eurasian Trade of the Julfa Armenians in Safavid Iran and India (1530–1750)*, Atlanta 1999; Rudi Matthee, *The Politics of Trade in Safavid Iran. Silk for Silver, 1600–1730*, Cambridge 1999; İnalcık, *Economic and Social History*, S. 218–255.

102 Dale, *Muslim Empires*, S. 128, 132 f.; Salzmann, *Tocqueville*, S. 60–71; Kreiser, Neumann, *Kleine Geschichte*, S. 229 f.; Rudi Matthee, »Coffee in Safavid Iran«, in: *Journal of the Economic and Social History of the Orient (JESHO)* 37 (1994), S. 1–32, hier S. 1, 31 f.; für Kairo im 18. Jahrhundert André Raymond, *Artisans et commerçants au Caire au XVIIIe siècle*, Bd. 1, Damaskus 1973, S. 69–77, 107–202. Zum mittelalterlichen Weltsystem vgl. Janet L. Abu-Lughod, *Before European Hegemony. The World System A. D. 1250*, Oxford 1991.

103 Suraiya Faroqhi, »Crisis and Change, 1590–1699«, in: dies., Bruce McGowan, Donald Quataert, Şevket Pamuk, *An Economic and Social History of the Ottoman Empire*, Cambridge 1997, S. 474–530; dies., *Kultur und Alltag*, S. 57–66; exemplarisch Nelly Hanna, *Making Big Money in 1600. The Life and Times of Isma'il Abu Taqiyya, Egyptian Merchant*, Kairo 1998, Kap. 1 und 2.

104 Rudolf Schlögl, *Alter Glaube und moderne Welt. Europäisches Christentum im Umbruch 1750–1850*, Frankfurt am Main 2013, S. 34.

105 Gudrun Krämer, »Gottes-Recht bricht Menschen-Recht. Theokratische Entwürfe im zeitgenössischen Islam«, in: Kai Trampedach, Andreas Pečar (Hg.), *Theokratie und theokratischer Diskurs*, Tübingen 2013, S. 493–515.

106 Peirce, *Imperial Harem*, S. 32 f.; auch Ahmet T. Karamustafa, *God's Unruly Friends. Dervish Groups in the Islamic Middle Period 1200–1550*, Oxford 2006, insbes. S. 61–84.

107 Linda T. Darling, »Contested Territory. Ottoman Holy War in Comparative Context«, in: *Studia Islamica* 91 (2000), S. 133–163.

108 Zum Folgenden Dale, *Muslim Empires*, S. 18 f., 50 f.; Imber, *Ottoman Empire*, S. 115–127; ferner Paul Wittek, »Der Stammbaum der

Osmanen«, in: *Der Islam* 14 (1925), S. 94–100; Barbara Flemming, »Political genealogies in the sixteenth century«, in: *Osmanlı Arastirmaları* VII-VIII (1987), S. 123–137.

109 Azmi Özcan, *Pan-Islamism. Indian Muslims, the Ottomans and Britain (1877–1924)*, Leiden usw. 1997, S. 1–4; Abdellah Hammoudi, *Master and Disciple. The Cultural Foundations of Moroccan Authoritarianism*, Chicago, London 1997, S. 65–68; Mercedes García-Arenal, *Messianism and Puritanical Reform. Mahdis of the Muslim West*, Leiden, Boston 2006, S. 285–288.

110 Max Weber, *Wirtschaft und Gesellschaft*, 5., rev. Auflage (Studienausgabe), Tübingen 1972, S. 140–148; kritisch zu Webers Charisma-Konzept Stefan Breuer, *Max Webers Herrschaftssoziologie*, Frankfurt am Main 1991, S. 33–67.

111 Patrick Franke, *Begegnung mit Khidr*, Beirut 2000, bes. S. 159–161, 292–297, 371–374.

112 Houari Touati, *Entre Dieu et les hommes. Lettrés, saints et sorciers au Maghreb (17ᵉ siècle)*, Paris 1994, Kap. 9.

113 Rula Jurdi Abisaab, *Converting Persia. Religion and Power in the Safavid Empire*, London 2004; Stefan Winter, *The Shiites of Lebanon under Ottoman Rule, 1616–1788*, Cambridge 2010, S. 20–26.

114 Miriam Younes, *Diskussionen schiitischer Gelehrter über juristische Grundlagen von Legalität in der frühen Safawidenzeit. Das Beispiel der Abhandlungen über das Freitagsgebet*, Würzburg 2010, S. 61–113. Zur Verfluchung Willem Floor, »The Practice of Cursing and Bad Language in Iran«, in: *Zeitschrift der Deutschen Morgenländischen Gesellschaft* 165 (2015) 1, S. 155–184.

115 Juan Cole, *Sacred Space and Holy War. The Politics, Culture and History of Shi'ite Islam*, London 2005, S. 16–22; Winter, *Shiites of Lebanon*, Kap. 1; Hathaway, *Arab Lands*, S. 31f., 146f., 199f.; Necipoğlu, *Sinan*, S. 63f.

116 Zum Folgenden Newman, *Safavid Iran*, insbes. S. 17, 29f., 38, 70–72, 109, 138; Babaie u. a., *Slaves of the Shah*, S. 140–145; Said Amir Arjomand, *The Shadow of God and the Hidden Imam. Religion, Political Order, and Societal Change in Shi'ite Iran from the Beginning to 1890*, Chicago, London 1984, Kap. 5–8; Willem Floor, »The ṣadr or head of the Safavid religious administration«, in: *Zeitschrift der Deutschen Morgenländischen Gesellschaft* 18 (2000), S. 461–500.

117 Zur Ilmiyye Hans Georg Majer, *Vorstudien zur Geschichte der İlmiye*,

München 1978, insbes. S. 1–28; R. C. Repp, *The Müfti of Istanbul. A Study in the Development of the Ottoman Learned Hierarchy*, London 1986; Zilfi, *Politics of Piety*; knapper Imber, *Ottoman Empire*, S. 18 f., 225–244. Tezcan, *Second Ottoman Empire*, S. 36–41 und passim spricht von den hochrangigen Ulama als »lords of the law« (osman. *mevali*).

118 Suraiya Faroqhi, *Herrscher über Mekka. Die Geschichte der Pilgerfahrt*, München, Zürich 1990. Faszinierend Blackburn, *Journey to the Sublime Porte*. (Der aus dem westindischen Gujarat stammende Verfasser an-Nahrawali wirkte als hanafitischer Gelehrter in Mekka und sollte in Istanbul die Ablösung des Kommandeurs der osmanischen Garnison in Medina erwirken.)

119 Zum Folgenden Krämer, *Geschichte Palästinas*, S. 45–52; Müller, *Franken im Osten*, insbes. S. 161–197; exemplarisch Leonharti Rauwolfen / der Arzney Doctorn / vnd bestelten Medici zu Augspurg *Aigentliche beschreibung der Raiß / so er vor dieser zeit gegen Auffgang inn die Morgenländer [...] nicht ohne geringe mühe vnd grosse gefahr selb volbracht [...]*, Laugingen 1582, Nachdruck Hannover 1977. Für Iran Sheila R. Canby, *Shah ʿAbbas. The Remaking of Iran*, London 2009, insbes. Kishvar Rizvi, »Sites of Pilgrimage and Objects of Devotion«, *ebd.*, S. 98–115.

120 Einen Überblick bietet Krämer, »Moving out of Place«; zur normativen Ordnung Yohanan Friedman, *Tolerance and Coercion in Islam. Interfaith Relations in the Muslim Tradition*, Cambridge 2003.

121 Berger, *Gesellschaft und Individuum*, S. 190.

122 Ebd., S. 138; Camilla Adang, Sabine Schmidtke (Hg.), *Contacts and Controversies between Muslims, Jews and Christians in the Ottoman Empire and Pre-Modern Iran*, Würzburg 2010. Zur »Ideologie des Schweigens« vgl. Sievert, *Arabische Provinz*, S. 351 und Andrews, Kalpaklı, *Age of Beloveds*, bes. S. 20, 130.

123 So Abraham Marcus, *The Middle East on the Eve of Modernity. Aleppo in the Eighteenth Century*, New York 1989, S. 43.

124 Zum Folgenden Kreiser, Neumann, *Kleine Geschichte*, S. 56; zum Balkan Ira M. Lapidus, *A History of Islamic Societies*, Cambridge ³2014, S. 336; zu den »Nestorianern« Christoph Baumer, *The Church of the East. An Illustrated History of Assyrian Christianity*, London, New York 2008.

125 Vergl. die Beiträge von Rudi Matthee und Dennis Halft in: Adang, Schmidtke (Hg.), *Contacts and Controversies*, S. 245–271 und 273–327.

126 Rainer Forst, *Toleranz im Konflikt. Geschichte, Gehalt und Gegenwart eines umstrittenen Begriffs*, Frankfurt am Main 2003, bes. S. 42–48.

127 Theoretisch hochgerüstet, dennoch interessant Babak Rahimi, *Theater State and the Formation of (sic) Early Modern Public Sphere in Iran. Studies of Safavid Muharram Rituals, 1590–1641 CE*, Leiden, Boston 2012, Kap. 4–6.

128 Berger, *Gesellschaft und Individuum*, S. 87; kritische Stimmen referiert Sievert, *Arabische Provinz*, S. 391, 394–398, 401.

129 Markus Dressler, Art. »Alevīs«, in: *Encyclopaedia of Islam Three*, 2008–1, S. 93–121.

130 Houari Touati, »L'Arbre du Prophète. Prophétisme, ancestralité et politique au Maghreb«, in: Mercedes García-Arenal (Hg.), Mahdisme et millénarisme en Islam (= *Revue des mondes musulmans et de la Méditerranée (RMM)* 91–94, Paris 2000, S. 137–156 und García-Arenal, *Messianism and Puritanical Reform*, Kap. 12.

131 Zu den Nuqtavis Newman, *Safavid Iran* und Blow, *Shah Abbas*. Allgemeiner Erika Glassen, »Krisenbewußtsein und Heilserwartung in der islamischen Welt zu Beginn der Neuzeit«, in: Ulrich Haarmann, Peter Bachmann (Hg.), *Die islamische Welt zwischen Mittelalter und Neuzeit*, Beirut 1979, S. 167–179; Sanjay Subrahmanyam, »Du Tage au Gange au XVIe siècle: une conjoncture millénariste à l'échelle euroasiatique«, in: *Annales* 56 (2001) 1, S. 51–84; David Cook, *Studies in Muslim Apocalyptic*, Princeton 2003.

132 Marc David Baer, *Honored by the Glory of Islam. Conversion and Conquest in Ottoman Europe*, Oxford 2008, insbes. S. 121–138 und ders., *The Dönme. Jewish Converts, Muslim Revolutionaries and Secular Turks*, Stanford 2009.

133 Gudrun Krämer, »Justice in Modern Islamic Thought«, in: Abbas Amanat, Frank Griffel (Hg.), *Shariʻa. Islamic Law in the Contemporary Context*, Stanford 2007, S. 20–37, 187–196.

134 Michael Cook, *Commanding Right and Forbidding Wrong in Islamic Thought*, Cambridge 2001.

135 Faroqhi, *Kultur und Alltag*, S. 183–206; Faroqhi, Öztürkmen (Hg.), *Celebration*.

136 Andrews, Kalpaklı, *Age of Beloveds*, S. 10 und 271 f.

137 Zilfi, *Women and Slavery*, S. 183, 186–189; Peirce, *Imperial Harem*, S. 6, 141.

138 Zum Folgenden vgl. neben Andrews, Kalpaklı und Zilfi die Fall-studien von Zarinebaf, *Crime and Punishment*; Elyse Semerdjian, *»Off the Straight Path«: Illicit Sex, Law, and Community in Ottoman Aleppo*, Syracuse 2008 und Avner Wishnitzer, »Into the Dark: Power, Light, and Nocturnal Life in 18th-Century Istanbul«, in: *International Journal of Middle East History* 46 (2014) 3, S. 513–531. Für Iran Rudi Matthee, *The Pursuit of Pleasure*, Princeton 2005 und ders., »Prosti-tutes, Courtesans, and Dancing Girls: Women Entertainers in Safavid Iran«, in: Rudi Matthee, Beth Baron (Hg.), *Iran and Beyond. Essays in Middle Eastern History in Honor of Nikki R. Keddie*, Costa Mesa 2000, S. 121–150.

139 Zum Folgenden Ralph S. Hattox, *Coffee and Coffee Houses. The Origins of a Social Beverage in the Medieval Near East*, Seattle, London 1985; Hathaway, *Arab Lands*, S. 162–166; Dana Sajdi (Hg.), *Ottoman Tulips, Ottoman Coffee. Leisure and Lifestyle in the Eighteenth Century*, London 2007, Taschenbuchausgabe 2014, Kap. 4–6; James Grehan, »Smoking and Early Modern Sociability. The Great Tobacco Debate in the Ottoman Middle East (Seventeenth to Eighteenth Centuries)«, in: *The American Historical Review* 111 (2006) 5, S. 1352–1377.

140 Newman, *Safavid Iran*, S. 227, Anm. 55; Matthee, »Coffee«, S. 24–26.

141 Madeline C. Zilfi, »The Kadızadelis: Discordant Revivalism in Seven-teenth-Century Istanbul«, in: *Journal of Near Eastern Studies* 45 (1986) 4, S. 251–269, und dies., *Politics of Piety*, Kap. 4; Cook, *Commanding Right*, S. 323–330; Hagen, *Osmanischer Geograph*, insbes. S. 23, 30, 39, 46 ff.; zu Üstüvani Berger, *Gesellschaft und Individuum*, bes. S. 150, 303–305; für Iran Newmann, *Safavid Iran*, S. 31–34, 85–87, 97 f., 108.

II   Krise und Anpassung im 17. und 18. Jahrhundert

142 Kreiser, Neumann, *Kleine Geschichte*, insbes. S. 187–189, 202–206, 215; Tezcan, *Second Ottoman Empire*, S. 9 f. und passim; für Kultur und Gesellschaft Dana Sajdi, »Decline, its Discontents and Ottoman Cultural History: By Way of Introduction«, in: dies. (Hg.), *Ottoman Tulips*, Kap. 1.

143 Kreiser, Neumann, *Kleine Geschichte*, S. 221 f.

144 Zur Bezeichnung William J. Griswold, *The Great Anatolian Rebellion, 1000–1020 / 1591–1611*, Berlin 1983, S. 245, Anm. 41; Kreiser, Neumann, *Kleine Geschichte*, S. 195 f.; auch Faroqhi u. a. (Hg.), *Economic and Social History*, S. 415–419, 433–452, 467–470; Barkey, *Bandits*, S. 179–188; Tezcan, *Second Empire*; sowie Dale, *Muslim Empires*, S. 116–134. Zu Aleppo und den Janbulad Berger, *Gesellschaft und Individuum*, S. 102 f., 252–256; Hathaway, *Arab Lands*, S. 72. Zu Fakhr ad-Din Maʿn II., einer bedeutenden Figur in der Geschichte des Libanons, Stefan Winter, Art. »Fakhr al-Dīn Maʿn«, in: *Encyclopaedia of Islam Three*, 2015–4, S. 127–129. Zum Klimawandel Sam White, *The Climate of Rebellion in the Early Ottoman Empire*, Cambridge 2011. Zu Diyarbakır Faroqhi, *Ottoman Empire and World Around It*, S. 45.

145 Eleni Gara, »Popular Protest and the Limitations of Sultanic Justice«, in: dies., M. Erdem Kabadayı, Christoph K. Neumann (Hg.), *Popular Protest and Political Participation in the Ottoman Empire*, Istanbul 2011, S. 89–104, insbes. S. 100–104; auch die Beiträge in: Jane Hathaway (Hg.), *Mutiny and Rebellion in the Ottoman Empire*, Madison 2002.

146 Hathaway, *Arab Lands*, S. 13 f., 81 f.

147 Eric J. Hobsbawm, *Sozialrebellen. Archaische Sozialbewegungen im 19. und 20. Jahrhundert*, Gießen 1979; am Beispiel des Banditen Köroğlu Barkey, *Bandits*, S. 179–188.

148 Cornell H. Fleischer, »The Lawgiver as Messiah: The Making of the Imperial Image in the Reign of Süleyman«, in: Gilles Veinstein (Hg.), *Soliman le Magnifique et Son Temps / Süleyman the Magnificent and his Time*, Paris 1992, S. 159–177; Necipoğlu, *Sinan*, S. 36 f.; Barkey, *Bandits*, S. 23.

149 Zu diesem Abschnitt Vatin, Veinstein, *Sérail ébranlé*, S. 30, 72–77, 158, 187, 240 f., 248–251; Peirce, *Imperial Harem*, S. 21 f.; Zilfi, *Women and Slavery*, S. 31, 98–100.

150 Gabriel Piterberg, *An Ottoman Tragedy. History and Historiography at Play*, Berkeley 2003, S. 17, zit. nach Baer, *Honored by the Glory*, S. 143; eingehend hierzu Necipoğlu, *Architecture*, insbes. S. 103, 254–258.

151 Peirce, *Imperial Harem*, S. 184; ähnlich Vatin, Veinstein, *Sérail ébranlé*, S. 218; Dale, *Muslim Empires*, S. 182 f.

152 Zit. nach Zilfi, *Women and Slavery*, S. 116; ausführlich Necipoğlu, *Architecture*, insbes. S. 61–69, 102 f., 254.

153 Hammoudi, *Master and Disciple*, S. 68–75.

154 Osman II. hat in der modernen Forschung auffallend viel Interesse gefunden: Baki Tezcan, »The 1622 Military Rebellion in Istanbul. A Historiographical Journal«, in: Hathaway (Hg.), *Mutiny*, S. 25–43 und ders., *Second Ottoman Empire*; Piterberg, *An Ottoman Tragedy*; Vatin, Veinstein, *Sérail ébranlé*, S. 61–65, 221–240.

155 Vgl. das vierbändige Werk des Historikers Ahmed Refik Altinay (1880–1937), *Kadınlar saltanatı*; auch Peirce, *Imperial Harem*, S. vii.

156 So Faroqhi, *Artisans*, S. 7; eingehend Sakaoğlu, *Bu Mülkün*.

157 Kreiser, Neumann, *Kleine Geschichte*, S. 206–209; Hathaway, *Arab Lands*, S. 76–78; Baer, *Honored by the Glory*.

158 So Kreiser, Neumann, *Kleine Geschichte*, S. 189, 215; Hathaway, *Arab Lands*, S. 8.

159 Linda T. Darling, *Revenue-Raising and Legitimacy. Tax Collection and Finance Administration in the Ottoman Empire, 1560–1660*, Leiden, Boston 1996; Salzmann, *Tocqueville*, S. 84–86; Sievert, *Arabische Provinz*, S. 222–226, 257.

160 Madeline C. Zilfi, »Elite circulation in the Ottoman Empire: great mollas of the eighteenth century«, in: *Journal of the Economic and Social History of the Orient (JESHO)* 26 (1983), S. 237–257; dies., *Women and Slavery*, Kap. 2.

161 Rifat Abou-El-Haj zit. nach Salzmann, *Tocqueville*, S. 19 und 83.

162 Faroqhi, *Kultur und Alltag*, S. 152 f.; Engin D. Akarlı, Art. »Gedik«, in: *Encyclopaedia of Islam Three*, 2014–4, S. 126–129.

163 Komprimiert Jürgen Kocka, *Kapitalismus*, München 2013; Gudrun Krämer, »Islam, Kapitalismus und die protestantische Ethik«, in: Gunilla Budde (Hg.), *Kapitalismus. Historische Annäherungen*, Göttingen 2011, S. 116–146. Wichtig sind die Arbeiten von Nelly Hanna: *Making Big Money in 1600*, S. 39–42, 102–118 und *Artisan Entrepreneurs in Cairo and Early Modern Capitalism 1600–1800*, Cairo 2011, insbes. Kap. 2, 5, 7, für die uns aber Vergleichsstudien fehlen.

164 Kocka, *Kapitalismus*, S. 44.

165 Bruce McGowan, »The Age of the *Ayan*s, 1699–1812«, in: Faroqhi u. a. (Hg.), *Economic and Social History*, S. 639–758; Hathaway, *Arab Lands*, S. 7–16, 79–113; Quataert, *Ottoman Empire*, S. 46 ff., 99; Doganalp-Votzi, Römer, *Herrschaft und Staat*, S. 150–153. Für die »Notabelnpolitik« unten, Anm. 216.

166 Kreiser, Neumann, *Kleine Geschichte*, S. 219. Zum Folgenden

Ehud R. Toledano, »The Emergence of Ottoman-Local Elites (1700–1800)«, in: Ilan Pappé, Moshe Ma'oz (Hg.), *Middle Eastern Politics and Ideas. A History from Within*, London, New York 1997, S. 145–162.

167 Esther Peskes, Art. »Wahhābiyya«, in: *Encyclopaedia of Islam. New Edition*, Bd. 11, Leiden 2002, S. 39–45; Astrid Meier, Johann Büssow, Art. »ʿAnaza«, in: *Encylopaedia of Islam Three*, 2012–2, S. 63–67; Natana J. Delong-Bas, *Wahhabi Islam. From Revival and Reform to Global Jihad*, Oxford 2004, Kap. 1 und 2.

168 Peter Avery, »Nādir Shāh and the Afsharid Legacy«, in: ders. u. a. (Hg.), *The Cambridge History of Iran*, Bd. 7, Cambridge 2008, S. 1–62; Ernest Tucker, »Nadir Shah and the Jaʿfari *Madhhab* Reconsidered«, in: *Islamic Studies* 27 (1994), S. 163–179; Newman, *Safavid Iran*, S. 126 ff.; für die osmanische Perspektive Sievert, *Arabische Provinz*, S. 102–122.

169 Anschaulich *Molla und Diplomat. Der Bericht des Ebû Sehil Nuʿmân Efendi über die österreichisch-osmanische Grenzziehung nach dem Belgrader Frieden 1740/41*, übersetzt, eingeleitet und erklärt von Erich Prokosch, Graz 1972. Hier kamen auch osmanische Landvermesser zum Einsatz.

170 Roderic H. Davison, *Reform in the Ottoman Empire 1856–1876*, New York ²1973, S. 462–483 und ders., »Russian Skill and Turkish Imbecility. The Treaty of Kuchuk Kainardji Reconsidered«, in: *Slavic Review* 35 (1976) 3, S. 463–483; Finkel, *Osman's Dream*, S. 377–379; Özcan, *Pan-Islamism*, S. 23–30.

171 Marshall G. S. Hodgson, *The Venture of Islam. Bd. 1: The Classical Age of Islam*, Chicago, London 1974, S. 57–60.

172 Bert Fragner, *Die »Persophonie«: Regionalität, Identität und Sprachkontakt in der Geschichte Asiens*, Halle, Berlin 1999; Osman Fikri Sertkaya, »The Turkic Languages«, in: Roxburgh (Hg.), *Turks*, S. 472–475.

173 Robert Hillenbrand, *Islamic Art and Architecture*, London 1999, S. 174. Zum Folgenden auch Roxburgh (Hg.), *Turks*, S. 449; Michael Barry, *Figurative Art in Medieval Islam and the Riddle of Bihzâd of Herât (1465–1535)*, Paris 2004.

174 Sajdi, *Ottoman Tulips*, Kap. 2; Hamadeh, *The City's Pleasures*, insbes. S. 13 f., 216–237; *Turcs et turqueries (xvie-xviiie siècles)*, Paris 2009, Teil II; Wishnitzer, »Into the Dark«; auch Anna Parvord, *The Tulip*, London 1999.

175 Dale, *Muslim Empires*, S. 135–137, 209–211.

176 Zu Sinan als Renaissancekünstler Necipoğlu, *Sinan*, S. 13 f., 20, 77 ff.

177 Dale, *Muslim Empires*, S. 145 f.; Blow, *Shah Abbas*, S. 197–199.

178 Sheila R. Canby, *The Shahname of Shah Tahmasp. The Persian Book of Kings*, New Haven, London 2014, insbes. S. 13–18.

179 David J. Roxburgh, *The Persian Album, 1400–1660. From Dispersal to Collection*, New Haven 2004; Dale, *Muslim Empires*, S. 235 f.

180 Nurhan Atasoy, *1582. Surname-i Hümayun. An Imperial Celebration*, Istanbul 1997; Esin Atıl, *Levni ve Surname. Bir Osmanlı Şenliğinin Öyküsü*, Istanbul 1999.

181 Willem Floor, *The History of Theater in Iran*, Washington, D. C. 2005; Rahimi, *Theater State*, Kap. 1 und 6; Faroqhi, Öztürkmen (Hg.), *Celebration*, Teil II.

182 Berger, *Gesellschaft und Individuum*, S. 24, Anm. 21.

183 Faroqhi, *Kultur und Gesellschaft*, S. 78, 136, 217–227; Dale, *Muslim Empires*, S. 222–224, 237; zu den Dichterinnen Andrews, Kalpaklı, *Age of Beloveds*, S. 197–216.

184 Stefan Wild (Hg.), *Islamic Enlightenment in the 18th Century* (= *Die Welt des Islams*, Special Theme Issue, 36, 1996, 3). Zum Verhältnis von dichterischer Konvention und Kreativität Dale, *Muslim Empires*, S. 150 ff.

185 Walter Feldman, *Music of the Ottoman Court*, Berlin 1996; Faroqhi, *Kultur und Gesellschaft*, S. 139, 144.

186 Faroqhi, *Kultur und Gesellschaft*, S. 211–217.

187 Beiträge in: *Livres et lecture dans le monde ottoman*, Aix-en-Provence 1999 (= *Revue des mondes musulmans et de la Méditerranée* 87–88); für Ägypten Nelly Hanna, *In Praise of Books. A Cultural History of Cairo's Middle Class, Sixteenth to the Eighteenth Century*, Syracuse 2003, insbes. Kap. 4.

188 Orlin Sabev (Orhan Salih), »The First Ottoman Turkish Printing Enterprise: Success or Failure?«, in: Sajdi (Hg.), *Ottoman Tulips*, Kap. 3.

189 Hagen, *Osmanischer Geograph*, S. 115; zu Ali Akbar *ebd.*, S. 95 f., 205. Die »politische These« vertritt Pinar Emiralioğlu, *Geographical Knowledge and Imperial Culture in the Early Modern Ottoman Empire*, Burlington VT 2014.

190 Zum Folgenden Hagen, *Osmanischer Geograph*, S. 66, 102–104, 277–281; Svat Soucek, *Piri Reis and Ottoman Mapmaking after Columbus. The Khalili Portolan Atlas*, London ²1996; Sonja Brentjes,

Art. »Cartography«, in: *Encyclopaedia of Islam Three*, 2016–4, S. 14–29.

191 Dankoff, *Ottoman Mentality*; Hagen, *Osmanischer Geograph*, S. 2; Faroqhi, *Kultur und Alltag*, S. 86, 103–105.

192 *Im Reiche des Goldenen Apfels. Des türkischen Weltenbummlers Evliyâ Çelebi denkwürdige Reise in das Giaurenland und in die Stadt und Festung Wien anno 1665.* Übersetzt, eingeleitet und erklärt von Richard F. Kreutel, Graz 1957, S. 105 f.

193 Ebd., S. 108 f.

III Reform und Selbstbehauptung im »langen« 19. Jahrhundert

194 *Shmuel Eisenstadt* (Hg.), *Multiple Modernities*, New Brunswick 2002, und ders., *Comparative Civilizations and Multiple Modernities*. 2 Bde., Leiden 2003; Gudrun Krämer, »Moderne. Arabische Welt«, in: Friedrich Jaeger, Wolfgang Knöbl, Ute Schneider (Hg.), *Handbuch der Moderneforschung*, Stuttgart 2015, S. 27–37.

195 Benjamin C. Fortna, »An Historical Introduction to the Nineteenth Century: Trends and Influences«, in: Doris Behrens-Abouseif, Stephen Vernoit (Hg.), *Islamic Art in the 19th Century. Tradition, Innovation, and Eclecticism*, Leiden, Boston 2006, S. 1–18; detaillierter Stanford Shaw, *Between Old and New. The Ottoman Empire under Sultan Selim III, 1789–1807*, Cambridge, Mass. 1971; Finkel, *Osman's Dream*, S. 383–412 (Zahlen S. 393); Odile Moreau, *L'Empire ottoman à l'âge des réformes. Les hommes et les idées du »Nouvel Ordre« militaire 826–1914*, Paris 2007, S. 14 f.

196 Finkel, *Osman's Dream*, S. 419–425.

197 Hathaway (Hg.), *Mutiny*, S. 121–123; Reinkowski, *Dinge der Ordnung*, S. 73.

198 Khaled Fahmy, *All the Pasha's Men. Mehmed Ali, His Army and the Making of Modern Egypt*, Kairo 2002 (Cambridge 1997), insbes. S. 97–107, 112–159.

199 Rifâ'a al-Ṭahṭāwī, *Ein Muslim entdeckt Europa. Die Reise eines Ägypters im 19. Jahrhundert nach Paris*, hg. von Karl Stowasser, München 1989, S. 73 f. Auch Elizabeth Suzanne Kassab, *Contemporary Arab Thought. Cultural Critique in Comparative Perspective*, New York 2010, S. 22–25.

200 Finkel, *Osman's Dream*, S. 413–446; Gara u. a. (Hg.), *Popular Protest*, S. 105 f., 116–123, 136 f.; zu den *ayan*, Polizei und Gendarmerie Thomas Scheben, *Verwaltungsreformen der frühen Tanzimatzeit. Gesetze, Maßnahmen, Auswirkungen*, Frankfurt am Main 1991, S. 62–72, 157–239; zum Militär Moreau, *L'Empire ottoman*, S. 21–31.

201 Olivier Bouquet, *Les pachas du sultan. Essai sur les agents supérieurs de l'État ottoman (1839–1909)*, Leuven 2007, S. 280–288, 293–295.

202 Donald Quataert, »Clothing Laws, State, and Society in the Ottoman Empire, 1720–1829«, in: *International Journal of Middle East Studies* 29 (1997) 3, S. 403–425; Zilfi, *Women and Slavery*, S. 23, 86–95, 226; Doganalp-Votzi, Römer, *Herrschaft und Staat*, S. 86 f.; für Iran Abbas Amanat, *Pivot of the Universe. Nasir al-Din Shah and the Iranian Monarchy*, London, New York 2008, S. 427. Zu Titeln und Orden Bouquet, *Les pachas*, Teil 3, insbes. S. 108–116, 168–180.

203 Rivet, *Maghreb*, Kap. 3; James McDougall, Art. » ʿAbd al-Qādir, Amīr«, in: *Encyclopaedia of Islam Three*, 2014–2, S. 5–8.

204 Rivet, *Maghreb*, S. 140–144.

205 Faroqhi, *Kultur und Alltag*, S. 30; Reinkowski, *Dinge der Ordnung*, S. 29; Finkel, *Osman's Dream*, S. 447–487.

206 Bouquet, *Les pachas*, S. 22–28.

207 Zilfi, *Women and Slavery*, S. 29. Butrus Abu Manneh, »The Islamic Roots of the Gülhane Rescript«, in: *Die Welt des Islams* 34 (1994), S. 173–203; Reinkowski, *Dinge der Ordnung*, Kap. 13 und 14; deutsche Übersetzung in: Scheben, *Verwaltungsreformen*, S. 255–258.

208 Engl. Übersetzung in: James L. Gelvin, *The Modern Middle East. A History*, New York, Oxford 2005, S. 148–150.

209 Die Umsetzung der Dekrete beleuchten die Fallstudien von Mahmoud Yazbak, *Haifa in the Late Ottoman Period, 1864–1914. A Muslim Town in Transition*, Leiden usw. 1998, Kap. 2; Jens Hanssen, *Fin de siècle Beirut. The Making of a Provincial Capital*, Oxford 2005, Kap. 1 und 2; Stefan Weber, *Damascus. Ottoman Modernity and Urban Transformation (1808–1918)*, Bd. 1, Aarhus 2009, Teil II und IV; Johann Büssow, *Hamidian Palestine. Politics and Society in the District of Jerusalem 1872–1908*, Leiden, Boston 2011, Kap. 1; Ebubekir Ceylan, *The Ottoman Origins of Modern Iraq. Political Reform, Modernization and Development in the Nineteenth-Century Middle East*, London, New York 2011, Kap. 4–6.

210 Moreau, *L'Empire ottoman*, S. 22–44, 52–58; Elke Hartmann, *Die*

Reichweite des Staates. Wehrpflicht und moderne Staatlichkeit im Osmanischen Reich 1878–1910, Paderborn 2016. Zum Strafrecht Roger A. Deal, *Crimes of Honor, Drunken Brawls and Murder. Violence in Istanbul under Abdülhamid II*, Istanbul 2010, S. 38–46.

211 Scheben, *Verwaltungsreformen*, S. 73–156; Nora Lafi (Hg.), *Municipalités méditerranéennes. Les réformes urbaines ottomanes au miroir d'une histoire comparée (Moyen-Orient, Maghreb, Europe méridionale)*, Berlin 2005, S. 11–34, 73–138, 177–251; Fallstudien von Malik Sharif, *Imperial Norms and Local Realities. The Ottoman Municipal Laws and the Municipality of Beirut (1860–1908)*, Beirut, Würzburg 2014, Kap. 1–6 und Büssow, *Hamidian Palestine*, Kap. 1.

212 So Hanssen, *Fin de siècle Beirut*, S. 138–162, hier S. 156.

213 Rivet, *Maghreb*, S. 144–153.

214 Nader Sohrabi, *Revolution and Constitutionalism in the Ottoman Empire and Iran*, Cambridge 2011 (S. 42 f. zu den Wahlen von 1877); Doganalp-Votzi, Römer, *Herrschaft und Sprache*, S. 49–51; zu Verfassung und Parlament auch Christoph Herzog, Malek Sharif (Hg.), *The First Ottoman Experiment in Democracy*, Würzburg 2010.

215 Thomas Kuehn, *Empire, Islam, and the Politics of Difference. Ottoman Rule in Yemen, 1849–1919*, Leiden, Boston 2011; Eugene Rogan, *Frontiers of the State in the Late Ottoman Empire. Transjordan 1850–1921*, Cambridge 1999; Krämer, *Geschichte Palästinas*, S. 90–120.

216 Albert Hourani, »Ottoman Reform and the Politics of Notables«, in: William R. Polk, Richard L. Chambers (Hg.), *Beginnings of Modernization in the Middle East. The Nineteenth Century*, Chicago 1968, S. 41–68; exemplarisch Beshara Doumani, *Rediscovering Palestine. Merchants and Peasants in Jabal Nablus, 1700–1900*, Berkeley, Los Angeles 1995, Kap. 1.

217 Quataert, *Ottoman Empire*, S. 54, 62–64; Moreau, *L'Empire ottoman*, S. 24 f., 32–37; faszinierend Bouquet, *Les pachas*, S. 66–99 und Teil 4.

218 Zur Sozialkontrolle Zilfi, *Women and Slavery*, S. 7; Reinkowski, *Dinge der Ordnung*, insbes. S. 69, 103 ff., 246–248, 285–287; exemplarisch Nazan Maksudyan, *Orphans and Destitute Children in the Late Ottoman Empire*, Syracuse NY 2014. Zu den verbotenen Wörtern Sohrabi, *Revolution and Constitutionalism*, S. 53; generell auch Scheben, *Verwaltungsreformen*, S. 158–239 und die Studien oben, Anm. 209–211.

219 Selim Deringil, *The Well-Protected Domains. Ideology and the Legitimation of Power in the Ottoman Empire 1876–1909*, London, New York 1998, S. 41 f., 101–104; Moreau, *L'Empire ottoman*, S. 91–98 und die Studien von Kuehn, Rogan (beide Anm. 215) und Reinkowski (Anm. 24).

220 Finkel, *Osman's Dream*, S. 463–465; Ceylan, *Ottoman Origins*, S. 77–84; Thabit A. J. Abdullah, *A Short History of Iraq*, London 2003, S. 102–106; Fruma Sachs, *The Making of Syrian Identity. Intellectuals and Merchants in Nineteenth Century Beirut*, Leiden, Boston 2005, S. 114–119.

221 Weber, *Damascus*, Kap. IV; Hanssen, *Fin de siècle Beirut*, S. 9.

222 Deringil, *Well-Protected Domains*, Kap. 1 und 7; Gelvin, *Modern Middle East*, S. 134; vgl. auch Abb. 31 und 32.

223 Deringil, *Well-Protected Domains*, Kap. 1–3; Jacob M. Landau, *The Politics of Pan-Islam. Ideology and Organisation*, Oxford 1994, Kap. 1; Özcan, *Pan-Islamism*, S. 34–40, 46–63.

224 Exemplarisch Krämer, *Geschichte Palästinas*, S. 152–164.

225 Demographische Angaben nach Quataert in: Faroqhi u. a. (Hg.), *Economic and Social History*, S. 777–797 und ders., *Ottoman Empire*, S. 111–116; Kemal Karpat, *Ottoman Population 1830–1914. Demographic and Social Characteristics*, Madison 1985, insbes. S. 60–77; Justin McCarthy, *Muslims and Minorities. The Population of Ottoman Anatolia and the End of the Empire*, New York 1983.

226 Hanssen, *Fin de siècle Beirut*, Kap. 4; Sharif, *Imperial Norms*, Kap. 7.

227 Quataert, *Ottoman Empire*, S. 113; Karpat, *Ottoman Population*.

228 Quataert in: Faroqhi u. a. (Hg.), *Economic and Social History*, S. 798–823; als Fallbeispiel Hanssen, *Fin de siècle Beirut*, S. 84–112.

229 Annabelle Sreberny-Mohammadi, Ali Mohammadi, *Small Media, Big Revolution. Communication, Culture, and the Iranian Revolution*, Minneapolis, London 1994, S. 44–49.

230 Quataert in: Faroqhi u. a. (Hg.), *Economic and Social History*, S. 781 f.; exemplarisch Christoph Werner, *An Iranian Town in Transition. A Social and Economic History of the Elites of Tabriz, 1747–1848*, Wiesbaden 2000, S. 88–92; Heidi A. Walcher, *In the Shadow of the King. Zill al-Sultan and Isfahan under the Qajars*, London 2008, S. 28–30; Michael J. Reimer, *Colonial Bridgehead. Government and Society in Alexandria 1807–1882*, Boulder 1997, Kap. 5 und 9.

231 Beitrag von Şule Gürbüz in: *Zamanın Görünen Yüzü: Saatler /*

Visible Faces of the Time: Time Pieces. Ausstellungskatalog Istanbul 2009, S. 132–147; Mehmet Bengü Uluengin, »Secularizing Anatolia Tick by Tick: Clock Towers in the Ottoman Empire and the Turkish Republic«, in: *International Journal of Middle East Studies* 42 (2010) 1, S. 17–36; Klaus Kreiser, »Les tours d'horloge ottomans: inventaire préliminaire et remarques générales«, in: François Georgeon, Frédéric Hitzel (Hg.), *Les Ottomans et le temps*, Leiden, Boston 2012, S. 61–76. Zum Umgang mit Zeit Avner Wishnitzer, »Teaching Time: Schools, Schedules, and the Ottoman Pursuit of Progress«, in: *New Perspectives on Turkey* 32 (2010), S. 5–32 und ders., *Reading Clocks, Alla Turca*, Chicago 2015; On Barak, *On Time. Technology and Temporality in Modern Egypt*, Berkeley 2013.

232 Quataert in: Faroqhi u. a. (Hg.), *Economic and Social History*, S. 843–887; Roger Owen (Hg.), *New Perspectives on Property and Land in the Middle East*, Harvard 2000, Kap. 1–3; für die Provinz Bagdad Ceylan, *Ottoman Origins*, S. 132–174.

233 Heinz-Georg Migeod, *Die persische Gesellschaft unter Nāṣiru'd-Dīn Šāh (1848–1896)*, Berlin 1990, S. 218–281, bes. S. 281.

234 Quataert in: Faroqhi u. a. (Hg.), *Economic and Social History*, S. 914–920 (zu Handel und Gewerbe generell *ebd.*, S. 824–842, 888–933) und ders., *Ottoman Manufacturing in the Age of the Industrial Revolution*, Cambridge 1993; Leonard M. Helfgott, *Ties That Bind. A Social History of the Iranian Carpet*, Washington, London 1994, S. 226–274; Willem Floor, *The Persian Textile Industry*, Paris 1999; Nadia Erzini, »The Survival of Textile Manufacture in Morocco in the Nineteenth Century«, in: Behrens-Abouseif, Vernoit (Hg.), *Islamic Art in the 19th Century*, S. 157–190; zur Frauenarbeit auch Akram Fouad Khater, *Inventing Home. Emigration, Gender, and the Middle Class in Lebanon, 1870–1920*, Berkeley 2001, S. 19–38.

235 Quataert in: Faroqhi u. a. (Hg.), *Economic and Social History*, S. 890–898; Willem Floor, *Guilds, Merchants & Ulama in Nineteenth-Century Iran*, Washington, D. C. 2009, S. 7–21, 99–158; Migeod, *Persische Gesellschaft*, S. 195–210.

236 Exemplarisch Joel Beinin, Zachary Lockman, *Workers on the Nile. Nationalism, Communism, Islam, and the Egyptian Working Class, 1881–1954*, Princeton 1987, Kap. 2–4; John T. Chalcraft, *The Striking Cabbies of Cairo and Other Stories. Crafts and Guilds in Egypt, 1863–1914*, New York 2005, insbes. Kap. 5 und Conclusion.

237 Zum Folgenden Hanssen, *Fin de siècle Beirut*, S. 85 ff.

238 Zum Folgenden Walcher, *In the Shadow of the King*, S. 141 – 203.

239 Zum folgenden Abschnitt Monica M. Ringer, *Education, Religion, and the Discourse of Cultural Reform in Qajar Iran*, Cosa Mesa CA ²2013 (2001); David Menashri, *Education and the Making of Modern Iran*, Ithaca, London 1992, S. 46 f., 60 – 63, 66 – 69; Migeod, *Persische Gesellschaft*, S. 159 – 162.

240 Stephen Vernoit, »The Visual Arts in Nineteenth-Century Muslim Thought«, in: Behrens-Abouseif, Vernoit (Hg.), *Islamic Art in the 19th Century*, S. 19 – 35, hier S. 35.

241 Englische Übersetzung des Schulakts in: Emine Ö. Evered, *Empire and Education under the Ottomans. Politics, Reform and Resistance from the Tanzimat to the Young Turks*, London, New York 2012, S. 205 – 246; grundlegend Selçuk Akşin Somel, *The Modernization of Public Education in the Ottoman Empire 1839 – 1908. Islamization, Autocracy and Discipline*, Leiden 2001; Benjamin C. Fortna, *Imperial Classroom. Islam, the State, and Education in the Late Ottoman Empire*, Oxford 2002; Bouquet, *Les pachas*, S. 231 – 263.

242 Ami Ayalon, *The Press in the Arab Middle East. A History*, New York, Oxford 1995, S. 141 – 145.

243 Vernoit, »Visual Arts«, S. 20 f.; Ayalon, *Press*, S. 13, 166 – 182, 190 – 214; Beiträge von Schulze und Ostle in: *The Introduction of the Printing Press in the Middle East*, Oslo 1997 (= *Culture and History* 16); Bianca Devos, *Presse und Unternehmertum in Iran. Die Tageszeitung* Iṭṭilāʿāt *in der frühen Pahlavī-Zeit*, Würzburg 2012, S. 37 – 50.

244 P. C. Sadgrove, *The Egyptian Theatre in the Nineteenth Century (1799 – 1882)*, Reading 1996, S. 31 – 87.

245 Zum Folgenden Johann Strauss, »L'image moderne dans l'Empire ottoman: quelques points de repère«, in: Bernard Heyberger, Silvia Naef (Hg.), *La multiplication des images en pays d'islam*, Würzburg 2003, S. 139 – 176; knapper Deringil, *Well-Protected Domains*, S. 22.

246 Weber, *Damascus*, insbes. S. 276 – 301, 322 – 330.

247 Exemplarisch Klaus Kreiser, »The Equestrian Statue of the Qajar Ruler Nāṣir ad-Dīn Shāh in Teheran (1888)«, in: *Iran und iranisch geprägte Kulturen, Studien zum 65. Geburtstag von Bert G. Fragner*, Wiesbaden 2008 (= Beiträge zur Iranistik 27), S. 389 – 435.

248 Nimet Şeker, *Die Fotografie im Osmanischen Reich*, Würzburg 2009, S. 39 – 71; Wolf-Dieter Lemke, »Ottoman Photography: Recording and

Contributing to Modernity«, in: Jens Hanssen, Thomas Philipp, Stefan Weber (Hg.), *The Empire in the City. Arab Provincial Cities in the Late Ottoman Empire*, Beirut, Würzburg 2002, S. 237–249. Besonders gut dokumentiert ist Palästina; vgl. u. a. Yehoshua Nir, *The Bible and the Image. The History of Photography in the Holy Land, 1839–1899*, Philadelphia 1985 und Elias Sanbar, *The Palestinians. Photographs of a Land and its People from 1839 to the Present Day*, New Haven, London 2014. Für Ägypten Beth Baron, *Egypt as a Woman. Nationalism, Gender, and Politics*, Berkeley, Los Angeles 2005, Kap. 4; für Iran Frederick N. Bohrer (Hg.), *Sevruguin and the Persian Image. Photographs of Iran, 1870–1930*, Washington, D. C. usw. 1999.

249 Beth Baron, *The Women's Awakening in Egypt. Culture, Society, and the Press*, New Haven, London 1994, Teil II; Mervat F. Hatem, *Literature, Gender, and Nation-Building in Nineteenth-Century Egypt. The Life and Work of 'A'isha Taymur*, New York 2011, Kap. 2; kritischer einige Stimmen im Libanon: Khater, *Inventing Home*, Kap. 6.

250 Menashri, *Education*, S. 22, 39 f.; Migeod, *Persische Gesellschaft*, S. 199–210.

251 Fruma Sachs, *The Making of Syrian Identity. Intellectuals and Merchants in Nineteenth Century Beirut*, Leiden, Boston 2005, S. 50–67; Frank Peter, *Les entrepreneurs de Damas. Nation, impérialisme et industrialisation*, Paris 2010, S. 49–58.

252 Exemplarisch Weber, *Damascus*, Kap. III.5 und Toufoul Abou-Hodeib, »Taste and Class in Late Ottoman Beirut«, in: *International Journal of Middle East Studies* 43 (2011) 3, S. 475–492. Für das frühe 20. Jahrhundert: Palmira Brummett, *Image & Imperialism in the Ottoman Revolutionary Press, 1908–1911*, Albany 2000, S. 189–257 und Keith Watenpaugh, *Being Modern in the Middle East. Revolution, Nationalism, Colonialism, and the Arab Middle Class*, Princeton 2006.

253 Zum Folgenden Doganalp-Votzi, Römer, *Herrschaft und Sprache*, S. 224–233; Reinkowski, *Dinge der Ordnung*, S. 249–253; Hanssen, *Fin de siècle Beirut*, S. 7, 15; Sachs, *Making of Syrian Identity*, S. 67–77.

254 Doganalp-Votzi, Römer, *Herrschaft und Sprache*, S. 190 f.

255 Zilfi, *Women and Slavery*, S. 172 f., 213.

256 Zum Folgenden Clarence-Smith, *Islam and Abolition*, insbes. S. 10 f., 13, 75 f., 99 f., 110, 133, 163–167; Michael Zeuske, *Handbuch Geschichte der Sklaverei. Eine Globalgeschichte von den Anfängen bis heute*, New York, Berlin 2013.

257 Englische Übersetzung einer Ansprache Ahmad Beys an die Gesetz-
gebende Kammer aus dem Jahr 1846 in: John Hunwick, Eve Troutt
Powell (Hg.), *The African Diaspora in the Mediterranean Lands of
Islam*, Princeton 2007, S. 183 f.; Ismael Musa Montana, *The Abolition
of Slavery in Ottoman Tunisia*, Gainesville 2013; Bouquet, *Les pachas*,
S. 54–56.

258 Neben Clarence-Smith, *Islam and Abolition* vor allem Migeod,
Persische Gesellschaft, S. 330–344.

259 Die klassische Studie ist Leila Tarazi Fawaz, *An Occasion for War.
Civil Conflict in Lebanon and Damascus in 1860*, Berkeley, Los
Angeles 1994; zum ländlich-bäuerlichen Widerstand Havemann,
Rurale Bewegungen und Birgit Schäbler, *Aufstände im Drusenberg-
land. Von den Osmanen bis zum unabhängigen Staat*, Würzburg 2003.

260 Ussama Makdisi, *The Culture of Sectarianism. Community, History
and Violence in Nineteenth-Century Ottoman Lebanon*, Berkeley 2000,
S. 6 f., 159–164; Hanssen, *Fin de siècle Beirut*, S. 3; Reinkowski, *Dinge
der Ordnung*, Kap. 11.

261 Eingehend Hans-Lukas Kieser, *Der verpaßte Friede. Mission, Ethnie
und Staat in den Ostprovinzen der Türkei 1839–1938*, Zürich 2000;
auch Moreau *L'empire ottoman*, S. 119–148.

262 Fortna, »Historical Introduction«, passim. Zu den Kopten Paul Sedra,
*From Mission to Modernity. Evangelicals, Reformers and Education in
Nineteenth-Century Egypt*, London, New York 2011.

263 Samuel Smiles, *Self-Help. With Illustrations of Character, Conduct,
and Perseverance. Edited with an Introduction and Notes by
Peter W. Sinnema*, Oxford 2002.

264 Kamran Rastegar, *Literary Modernity between the Middle East and
Europe. Textual Transactions in Nineteenth-Century Arabic, English,
and Persian Literatures*, London 2007; Ziad Fahmy, *Ordinary
Egyptians. Creating the Modern Nation through Popular Culture*,
Stanford 2011.

265 Die neuere, kritische Diskussion reflektieren Dyala Hamza (Hg.),
*The Making of the Arab Intellectual. Empire, Public Sphere and the Co-
lonial Coordinates of Selfhood*, London, New York 2013, Introduction
und Kap. 5; Ilham Khuri-Makdisi, *The Eastern Mediterranean and the
Making of Global Radicalism, 1860–1914*, Berkeley 2010, Kap. 2.

266 Hanssen, *Fin de siècle Beirut*, S. 7; Kassab, *Contemporary Arab
Thought*, Kap. 1.

267 Werner Ende, »Wahn und Wissenschaft. Zur Wirkungsgeschichte westlicher Rassentheorien im Nahen und Mittleren Osten«, in: Börte Sagaster u. a. (Hg.), *Hoṣsohbet. Erika Glassen zu Ehren*, Würzburg 2011, S. 265–289, insbes. S. 269–275.

268 Am Beispiel von Täbriz zeigt das Werner, *Iranian Town*, Kap. 5.

269 Hildermeier, *Geschichte Russlands*, Kap. 35–38.

270 Klaus Kreiser, »Der japanische Sieg über Russland (1905) und sein Echo unter den Muslimen«, in: *Die Welt des Islams* 21 (1981), S. 209–239; Renée Worringer, »›Sick Man of Europe‹ or ›Japan of the Near East‹? Constructing Ottoman Modernity in the Hamidian and Young Turk Eras«, in: *International Journal of Middle East Studies* 36 (2004) 2, S. 207–230.

271 Mit Schwerpunkt 20. Jahrhundert Rivet, *Maghreb*, S. 39–54; für die maghrebinischen Juden *ebd.*, S. 54–58, 73.

272 Juan R. I. Cole, *Colonialism and Revolution in the Middle East. Social and Cultural Origins of Egypt's 'Urabi Movement*, Princeton 1993; F. Robert Hunter, *Egypt Under the Khedives. From Household Government to Modern Bureaucracy*, Pittsburg 1984.

273 Roger Owen, *Lord Cromer. Victorian Imperialist, Edwardian Proconsul*, Oxford 2004.

274 Zum Folgenden Rivet, *Maghreb*, S. 91–102, 158–174.

275 Das Beispiel Täbriz verweist aber doch auf gewisse Zentralisierungstendenzen: Werner, *Iranian Town*, Kap. 4.

276 Zum Folgenden Amanat, *Pivot*, S. 66 f., 293 f., 300 f., 434 f.; Migeod, *Persische Gesellschaft*, S. 139–162; Meir Litvak, *Shi'i Scholars of Nineteenth-Century Iraq. The 'Ulama' of Najaf and Karbala'*, Cambridge 1998.

277 Amanat, *Pivot*, S. 18.

278 Migeod, *Persische Gesellschaft*, S. 139–178, 179–210, 312–325; am Beispiel Isfahans Walcher, *In the Shadow of the King*, Kap. 9.

279 Zit. nach Taner Akçam, *A Shameful Act. The Armenian Genocide and the Question of Turkish Responsibility*, New York 2006, S. 55.

280 François Georgeon (Hg.), *»L'ivresse de la liberté«. La révolution de 1908 dans l'Empire ottoman*, Leuven 2012; am Beispiel Palästinas Michelle U. Campos, *Ottoman Brothers. Muslims, Christians, and Jews in Early-Twentieth Century Palestine*, Stanford 2011.

281 Zum Folgenden Sohrabi, *Revolution and Constitutionalism*, insbes. S. 189–223, 269–283; Moreau, *L'Empire ottoman*, S. 193–223, 225–251.

282 Quataert in: Faroqhi u. a. (Hg.), *Economic and Social History*, S. 792 f.

283 Hasan Kayalı, *Arabs and Young Turks. Ottomanism, Arabism, and Islamism in the Ottoman Empire, 1908–1918*, Berkeley 1997, S. 82–96, 113–115; zur Sprachkompetenz der osmanischen Verwaltungs- und Militärelite Bouquet, *Les pachas*, S. 263–298.

284 Oliver Janz, *Der Große Krieg 14*, Frankfurt am Main, New York 2013, insbes. S. 40–42, 165–177; Jay Winter (Hg.), *The Cambridge History of the First World* War. Bd. 1: *Global War*, Cambridge 2014.

285 Zu der umstrittenen Teşkilat-ı Mahsusa sehr kritisch Akçam, *Shameful Act*, S. 58 f., 93–97 und ders., *The Young Turks' Crime Against Humanity. The Armenian Genocide and Ethnic Cleansing in the Ottoman Empire*, Princeton 2012, S. 4 f., 410 ff.; Ryan Gingeras, *Sorrowful Shores. Violence, Ethnicity, and the End of the Ottoman Empire, 1912–1923*, Oxford 2009, S. 58–65; David Gaunt, *Massacres, Resistance, Protectors. Muslim-Christian Relations in Eastern Anatolia During World War I*, Piscataway NJ 2006, S. 56–58, 81 ff., 313.

286 Geprägt wurde die Formulierung 1915 von dem niederländischen Orientalisten C. Snouck Hurgronje; vgl. Landau, *Politics of Pan-Islam*, Kap. 2 und 3; Tilman Lüdke, *Jihad Made in Germany. Ottoman and German Propaganda and Intelligence Operations in the First World War*, Münster 2005; auch Stefan M. Kreutzer, *Dschihad für den deutschen Kaiser. Max von Oppenheim und die Neuordnung des Orients (1914–1918)*, Graz 2012, S. 58–78; zu den Reaktionen in Indien auch Özcan, *Pan-Islamism*, S. 177–183.

287 Stefan Reichmuth, »Der Erste Weltkrieg und die muslimischen Republiken der Nachkriegszeit«, in: *Geschichte und Gesellschaft* 40 (2014), S. 184–213, insbes. S. 190–193, 200–203; Rieber, *Struggle*, S. 588–613.

288 Mihran Dabagh, »Katastrophe und Identität. Verfolgung und Erinnerung in der armenischen Gemeinschaft«, in: Hanno Loewy, Bernhard Moltmann (Hg.), *Erlebnis – Gedächtnis – Sinn. Authentische und konstruierte Erinnerung*, Frankfurt am Main 1996, S. 177–235, insbes. S. 177–189; Ronald Grigor Suny, »Writing Genocide: The Fate of the Ottoman Armenians«, in: ders., Fatma Müge Göçek, Norman M. Naimark (Hg.), *A Question of Genocide. Armenians and Turks at the End of the Ottoman Empire*, Oxford 2011, S. 15–41; Akçam, *Shameful Act*, S. 4–13, Kieser, *Der verpaßte Friede*.

289 Die Formel wurde erstmals wohl in den 1890er Jahren aufgebracht;

Akçam, *The Young Turks' Crime*, S. xvi mit Anm. 20; S. 243, Anm. 56; S. 242 ff., 253 f.

290 Exemplarisch Elke Hartmann, »The ›Loyal Nation‹ and Its Deputies. The Armenians in the First Ottoman Parliament«, in: Herzog, Sharif (Hg.), *First Ottoman Experiment*, S. 187–222 und Vahé Tachjian (Hg.), *Ottoman Armenians. Life, Culture, Society*. B. 1, Berlin 2014.

291 Akçam, *The Young Turks' Crime*, S. 254 ff., 258 f.

292 Gaunt, *Massacres*, insbes. S. 2 ff., 13 ff.

293 Zur Rückkehrerlaubnis Akçam, *Young Turks' Crime*, S. 333, Anm. 175; Gingeras, *Sorrowful Shores*, S. 52 f.; Opferzahlen bei Gaunt, *Massacres*, S. 300–303; Baumer, *Church of the East*, S. 252, 263; Clancy-Smith, *Abolition of Slavery*, S. 14.

IV Identität und Emanzipation im 20. Jahrhundert

294 David Fromkin, *A Peace to End All Peace. Creating the Modern Middle East 1914–1922*, London 1989, S. 258–262; Jörg Fisch, *Das Selbstbestimmungsrecht der Völker. Die Domestizierung einer Illusion*, München 2010, insbes. S. 138 f., 148–157; Erez Manela, *The Wilsonian Moment. Self-Determination and the International Origins of Anticolonialism*, Oxford 2007.

295 Quataert, *Ottoman Empire*, S. 187.

296 Janz, *Der Große Krieg*, S. 9 f., 15 ff.; Reşat Kasaba (Hg.), *The Cambridge History of Turkey*, Bd. 4, Cambridge 2008, S. 93, 113; Gelvin, *Modern Middle East*, S. 172.

297 Zum Folgenden Shaw, Shaw, *Reform*, Kap. 5; Hasan Kayalı, »The Struggle for Independence«, in: *Cambridge History of Turkey*, Bd. 4, S. 112–146; Gingeras, *Sorrowful Shores*, Kap. 3.

298 Zum Folgenden Paul, *Zentralasien*, S. 392–402; Reichmuth, »Der Erste Weltkrieg«, S. 188–193, 196, 198; auch Fromkin, *Peace to End All Peace*, S. 475–490.

299 Klaus Kreiser, *Atatürk. Eine Biographie*, München 2008, S. 170–172; ausführlich Hervé Georgelin, *La fin de Smyrne. Du cosmopolitisme aux nationalismes*, Paris 2005, S. 201–225.

300 Reinhard Schulze, *Geschichte der islamischen Welt im 20. Jahrhundert*, München 1994, S. 90.

301 Kayalı, »The Struggle for Independence«, S. 143; Onur Yıldırım,

Diplomacy and Displacement. Reconsidering the Turco-Greek Exchange of Populations, 1922–1934, New York 2007.

302 Schulze, *Geschichte*, S. 92, 106; Quataert, »Clothing Laws«; zur Sprachpolitik Gingeras, *Sorrowful Shores*, S. 147, 158; zu Sprachverlust und Geschichtsvergessenheit Akçam, *Shameful Act*, S. 11 f.

303 Überblick bei Reichmuth, »Der Erste Weltkrieg«, S. 200–203; Beiträge von Homa Katouzian und Stephanie Cronin in: Touraj Atabaki, Erik J. Zürcher (Hg.), *Men of Order. Authoritarian Modernization under Atatürk and Reza Shah*, London 2004.

304 Die klassische Referenz ist George Antonius, *The Arab Awakening*, New York ⁸1965 (1946).

305 Grundlegend die Beiträge in: Rashid Khalidi u. a. (Hg.), *The Origins of Arab Nationalism*, New York 1991, und in: James Jankowski, Israel Gershoni (Hg.), *Rethinking Nationalism in the Arab Middle East*, New York 1997.

306 Schulze, *Geschichte*, S. 61, 76.

307 Englischer Text der Dokumente in: Fromkin, *Peace to End All Peace*, S. 168–199 (Sykes-Picot), 96–115, 173–187 (Husain-McMahon), 274–300 (Balfour); hierzu ferner Antonius, *Arab Awakening*, S. 413–430; Krämer, *Geschichte Palästinas*, S. 168–179.

308 Eliezer Tauber, *The Arab Movements in World War I*, London 1993, S. 9 und Kap. 2; Kayalı, *Arabs and Young Turks*, Kap. 3–6 und die Titel oben, Anm. 305.

309 Kassab, *Contemporary Arab Thought*, S. 35–39.

310 Joshua Teitelbaum, »›Taking Back‹ the Caliphate. Sharif Husayn Ibn 'Ali, Mustafa Kemal and the Ottoman Caliphate«, in: *Die Welt des Islams* 40 (2000) 3, S. 412–424.

311 Linda Schatkowski Schilcher, »The Famine of 1915–1918 in Greater Syria«, in: John P. Spagnolo (Hg.), *Problems of the Modern Middle East in Historical Perspective*, Oxford, Reading 1992, S. 227–258; Elizabeth Thompson, *Colonial Citizens. Republican Rights, Paternal Privilege and Gender in French Syria and Lebanon*, New York 2000, Kap. 1; Najwa al-Qattan, »*Safarbarlik*: Ottoman Syria and the Great War«, in: Thomas Philipp, Christoph Schumann (Hg.), *From the Syrian Land to the States of Syria and Lebanon*, Beirut, Würzburg 2004, S. 163–173.

312 Guido Steinberg, »The Commemoration of the ›Spanish Flu‹ of 1918–1919 in the Arab East«, in: Olaf Farschid, Manfred Kropp, Stephan Dähne (Hg.), *The First World War as Remembered in the*

Countries of the Eastern Mediterranean, Beirut, Würzburg 2006, S. 151–162.

313 Exemplarisch Reinhard Schulze, *Die Rebellion der ägyptischen Fallahin. Zum Konflikt zwischen der agrarisch-orientalischen Gesellschaft und dem kolonialen Staat*, Berlin 1981; zur Beteiligung von Frauen Baron, *Egypt as a Woman*, Kap. 5.

314 Albert Hourani, *Arabic Thought in the Liberal Age, 1798–1939*, Oxford 1962, Cambridge ²1983; kritisch Christoph Schumann (Hg.), *Liberal Thought in the Eastern Mediterranean. Late 19ᵗʰ Century until the 1960s*, Leiden 2008.

315 Metcalf, Metcalf, *Concise History of India*, Kap. 3, S. 74 f.

316 Zum Folgenden Anderson, *State and Social Transformation*, Kap. 10; Jakob Krais, *Geschichte als Widerstand. Geschichtsschreibung und nation-building in Qaḏḏāfis Libyen*, Würzburg 2016.

317 Das Folgende nach Malcolm E. Yapp, *The Near East since the First World War*, London, New York 1991, S. 23–34.

318 Exemplarisch für die Notabelnpolitik Philip S. Khoury, *Syria and the French Mandate. The Politics of Arab Nationalism, 1920–1945*, Princeton 1987, insbes. Kap. 8–11; Ilan Pappe, *The Rise and Fall of a Palestinian Dynasty. The Husaynis 1700–1948*, Berkeley, Los Angeles 2010, S. 12–19 und Kap. 4–7; Marius Deeb, *Party Politics in Egypt. The Wafd and its Rivals 1919–1939*, London 1979.

319 Thompson, *Colonial Citizens*, S. 94–100 und Kap. 7; Baron, *Egypt as a Woman*, Kap. 6 und 7.

320 Yapp, *Near East*, S. 4.

321 Dass es sich hier nicht, wie lange behauptet, um einen drusischen Aufstand handelte, betont Michael Provence, *The Great Syrian Revolt and the Rise of Arab Nationalism*, Austin 2005, S. 12–20; vgl. auch Nadine Méouchy (Hg.), *France, Syrie et Liban 1918–1946. Les ambiguités et dynamiques de la relation mandataire*, Damaskus 2002.

322 Israel Gershoni, James P. Jankowski, *Egypt, Islam, and the Arabs. The Search for Egyptian Nationhood, 1900–1930*, New York, Oxford 1986, insbes. S. 1–54; Deeb, *Party Politics*; beispielhaft Baber Johansen, *Muḥammad Ḥusain Haikal. Europa und der Orient im Weltbild eines ägyptischen Liberalen*, Beirut 1967.

323 Yapp, *Near East*, S. 23–34; Schulze, *Geschichte*, S. 122 f.

324 Israel Gershoni, James P. Jankowski, *Redefining the Egyptian Nation 1930–1945*, Cambridge 1995, insbes. S. 1–96; Christoph Schumann,

Radikalnationalismus in Syrien und Libanon. Politische Sozialisation und Elitenbildung, 1930–1938, Hamburg 2003; Lucie Ryzova, *The Age of the Effendiyya. Passages to Modernity in National-Colonial Egypt,* Oxford 2014.

325 Zu diesem Abschnitt Peter Wien, René Wildangel (Hg.), *Blind für die Geschichte? Arabische Begegnungen mit dem Nationalsozialismus,* Berlin 2004; Gudrun Krämer (Hg.), *Anti-Semitism in the Arab World* (= *Die Welt des Islams* 46, 2006, 3); Israel Gershoni, James Jankowski, *Confronting Fascism in Egypt. Dictatorship versus Democracy in the 1930s,* Stanford 2010; Götz Nordbruch, *Sympathie und Schrecken. Begegnungen mit Faschismus und Nationalsozialismus in Ägypten, 1922–1937,* Berlin 2011.

326 Das Folgende nach Gudrun Krämer, *Hasan al-Banna,* Oxford 2010.

327 »Ilā ay shay' nadʿū n-nās (Wozu rufen wir die Menschen auf?)«, in: *Majmūʿat ar-rasāʾil lil-imām ash-shahīd Ḥasan al-Bannā,* al-Manṣūra 2012, S. 35–63, hier S. 38.

328 Clifford Putney, *Muscular Christianity. Manhood and Sports in Protestant America, 1880–1920,* Harvard 2001; Wilson Chacko Jacob, *Working Out Egypt. Effendi Masculinity and Subject Formation in Colonial Modernity, 1870–1940,* Durham, London 2011, insbes. Kap. 2 und 3.

329 Beth Baron, *The Orphan Scandal. Christian Missionaries and the Rise of the Muslim Brotherhood,* Stanford 2014, S. 117–134.

330 Joel Beinin, Art. »Communism« in: *Encyclopaedia of Islam Three,* 2014–4, S. 38–42; exemplarisch Hanna Batatu, *The Old Social Classes and the Revolutionary Movements of Iraq. A Study of Iraq's Old Landed and Commercial Classes and of its Communists, Baʿthists, and Free Officers,* Princeton 1978.

331 Rivet, *Le Maghreb,* Kap. 5–9; Anderson, *State and Social Transformation,* Kap. 7 und 8; für Algerien insbes. McDougall, *History.*

332 Alexander Swanston, Malcolm Swanston, *The Historical Atlas of World War II,* London 2008, S. 78–81 (Ostafrika), 86–97 (Afrikafeldzug), 82–85 (Syrien bis Iran), 98–101 (»Operation Torch«). David Motadel, *Islam and Nazi Germany's War,* Cambridge, Mass., London 2014.

333 Abdullah, *Iraq,* S. 141–143; Orit Bashkin, *New Babylonians. A History of Jews in Modern Iraq,* Stanford 2012, S. 141–180.

334 Pappe, *Rise and Fall,* S. 302–319; René Wildangel, *Zwischen Achse und*

Mandatsmacht. Palästina und der Nationalsozialismus, Berlin 2008;
Krämer, *Geschichte Palästinas*, S. 252–275.

335 Krämer, *Geschichte Palästinas*, S. 152–158, 195–198, 215.

336 *Ebd.*, Kap. 10–12; Pappe, *Rise and Fall*, S. 147–159 und Kap. 6–8;
Ted Swedenburg, *Memories of Revolt. The 1936–1939 Rebellion
and the Palestinian National Past*, Minneapolis, London 1995, insbes.
Kap. 3.

337 Krämer, *Geschichte Palästinas*, S. 367–375.

338 Aus sehr unterschiedlicher Perspektive Norman Stillman, *The Jews
of Arab Lands in Modern Times*, Philadelphia 2003; Yehuda Shenhav,
*The Arab Jews. A Postcolonial Reading of Nationalism, Religion, and
Ethnicity*, Stanford 2006.

339 Am besten erforscht ist der Irak: Samir al-Khalil (pseud. für Kanan
Makiya), *Republic of Fear. Saddam's Iraq*, London 1989, insbes. S. 46–72
und ders., *The Monument. Art, Vulgarity and Responsibility in Iraq*,
London 1991; Amatzia Baram, *Culture, History and Ideology in the
Formation of Ba'thist Iraq, 1968–89*, London 1991, S. 30–68. Für
Syrien ist die Referenz Lisa Wedeen, *Ambiguities of Domination.
Politics, Rhetoric, and Symbols in Contemporary Syria*, Chicago 1999.

340 Ghassan Salamé (Hg.), *Democracy Without Democrats. The Renewal
of Politics in the Muslim World*, London, New York 1994, insbes. S. 2 f.

341 Knapp Elizabeth Picard, Art. »Ba'th Party«, in: *Encyclopaedia of Islam
Three*, 2011–2, S. 71–74.

342 Malcolm H. Kerr, *The Arab Cold War. Gamal 'Abd al-Nasir and His
Rivals, 1958–1970*, Oxford, London ³1971.

343 Leonard Binder, *In a Moment of Enthusiasm. Political Power and the
Second Stratum in Egypt*, Chicago, London 1978; kritisch dazu John
Waterbury, *The Egypt of Nasser and Sadat. The Political Economy of
Two Regimes*, Princeton 1983, S. 272–304.

344 Fouad Ajami, *The Arab Predicament. Arab Political Thought and
Practice Since 1967*, Cambridge 1981; Kassab, *Contemporary Arab
Thought*, Kap. 2.

345 Philippe Fargues, »Demographic Explosion or Social Upheaval?«, in:
Salamé (Hg.), *Democracy Without Democrats*, S. 156–179.

346 Hazem Beblawi, »The Rentier State in the Arab World«, in: Giacomo
Luciani (Hg.), *The Arab State*, London 1990, S. 85–98; kritisch dazu
John Waterbury in: Salamé (Hg.), *Democracy Without Democrats*,
Kap. 1 und 5.

347 Gilles Kepel, *Der Prophet und der Pharao. Das Beispiel Ägypten*, Zürich, München 1995 (frz. Original: *Le Prophète et pharaon*, Paris 1984).

348 John Calvert, *Sayyid Qutb and the Origins of Radical Islam*, Kairo 2011 (London 2010), insbes. Kap. 1–3 und 6–7; zum Folgenden auch Krämer, »Gottes-Recht«.

349 Stéphane Lacroix, *Les islamistes saoudiens. Une insurrection man-quée*, Paris 2010, insbes. S. 119–121; Thomas Hegghammer, Stéphane Lacroix, »Rejectionist Islamism in Saudi Arabia. The Story of Juhay-man al-'Utaybi Revisited«, in: *International Journal of Middle East Studies* 39 (2007) 1, S. 103–122.

350 Sreberny-Mohammadi, Mohammadi, *Small Media, Big Revolution*, Kap. 8 und 9.

351 Hamid Dabashi, *Theology of Discontent. The Ideological Foundation of the Islamic Revolution in Iran*, New York, London 1993, insbes. Kap. 2.

352 Asghar Shirazi, *The Constitution of Iran*, London 1997.

353 Clark B. Lombardi, *State Law as Islamic Law in Modern Egypt. The Incorporation of the* Sharī'a *into Egyptian Constitutional Law*, Leiden, Boston 2006; Jan Michiel Otto (Hg.), *Sharia Incorporated. A Comparative Overview of the Legal Systems of Twelve Muslim Countries in Past and Present*, Leiden, Boston 2010.

354 Empirisch gut belegt und intellektuell anregend sind Jillian Schwedler, *Faith in Moderation. Islamist Parties in Jordan and Yemen*, New York 2006; Malika Zeghal, *Islamism in Morocco. Religion, Authoritarianism and Electoral Politics*, Princeton 2008 (frz. Original 2005); Güneş Murat Tezcür, *Muslim Reformers in Iran and Turkey. The Paradox of Moderation*, Austin 2010.

355 Olivier Roy, *L' échec de l'islam politique*, Paris 1992; Gilles Kepel, *Das Schwarzbuch des Jihad. Aufstieg und Niedergang des Islamismus*, München, Zürich 2002 (frz. Original 2003).

356 Christoph Günther, *Ein zweiter Staat im Zweistromland? Genese und Ideologie des »Islamischen Staates Irak«*, Würzburg 2014.

357 Asef Bayat, *Making Islam Democratic. Social Movements and the Post-Islamist Turn*, Stanford 2007, und ders. (Hg.), *Post-Islamism. The Changing Faces of Political Islam*, Oxford 2013.

358 Zum Folgenden Karin Van Nieuwkerk, *Performing Piety. Singers and Actors in Egypt's Islamic Revival*, Austin 2013, und dies. (Hg.), *Muslim Rap, Halal Soaps, and Revolutionary Theater. Artistic Developments in*

the Muslim World, Austin 2011; faszinierend auch Virginia Danielson, *The Voice of Egypt. Umm Kulthūm, Arabic Song, and Egyptian Society in the Twentieth Century*, Chicago 1997.

Schluss

359 Marian Burchardt, Monika Wohlrab-Sahr, Matthias Middell (Hg.), *Multiple Secularities Beyond the West. Religion and Modernity in the Global Age*, Boston 2015.

Ausgewählte Literatur

Die folgende Auswahl berücksichtigt Titel in deutscher, englischer und
französischer Sprache. Die Literatur in den Regional- und Landessprachen
ist ungleich umfangreicher.

Unter den **Überblicksdarstellungen über die Imperien der Osmanen,
Safaviden und Großmogul** ist lesenswert, wenngleich elitenzentriert
Stephen F. Dale, *The Muslim Empires of the Ottomans, Safavids, and
Mughals*, Cambridge 2010; beeindruckend in seiner Breite Ira M. Lapidus,
A History of Islamic Societies, Cambridge 1988, ³2014. Sehr gut orientiert
die jeweils mehrbändige *Cambridge History of Egypt, of Iran* und *of Turkey*.
Der vorliegende Band greift gelegentlich zurück auf Gudrun Krämer,
Geschichte des Islam, München 2005, überarbeitete Fassung Frankfurt am
Main 2008.

Als **Kartenwerke** sind zu empfehlen Günter Kettermann, *Atlas zur
Geschichte des Islam*. 2., aktualisierte Ausgabe Darmstadt 2008 und Malise
Ruthven, with Azim Nanji, *Historical Atlas of Islam*, Cambridge 2004.
Exzellente Übersichts- und Einzelkarten enthält zudem der *Tübinger Atlas
des Vorderen Orients (TAVO)*, Wiesbaden 1977 – 1994.

Türk und Osmanisches Reich

Zum Osmanischen Reich bieten (ungeachtet des Titels) Klaus Kreiser,
Christoph K. Neumann, *Kleine Geschichte der Türkei*, Stuttgart ²2008 die
beste deutschsprachige Einführung; deutlich knapper ist Suraiya Faroqhi,
Geschichte des Osmanischen Reiches, München 2000. Die wichtigsten Überblicksdarstellungen in englischer Sprache sind: Colin Imber, *The Ottoman
Empire*, Houndmills 2002 und Caroline Finkel, *Osman's Dream. The Story
of the Ottoman Empire 1300 – 1923*, London 2005, Taschenbuchausgabe
2006, beide ereignisgeschichtlich und faktenorientiert angelegt und, das

gilt vor allem für Finkel, gut erzählt. Daniel Goffman, *The Ottoman Empire and Early Modern Europe*, Cambridge 2002 sowie Virginia H. Aksan, Daniel Goffman (Hg.), *The Early Modern Ottomans. Remapping the Empire*, Cambridge 2007 decken auch Kultur und Unterhaltung ab. Wichtiges Karten- und Bildmaterial bietet David Nicolle, *Die Osmanen. 600 Jahre islamisches Weltreich*, Wien 2008, der im Text weniger überzeugt.

Geschichte und Kultur der Turkvölker zwischen Zentral- und Westasien behandeln Carter Vaughn Findley, *The Turks in World History*, Oxford 2005, sowie die Ausstellungskataloge von Johannes Kalter, Irene Schönberger, *Der lange Weg der Türken. 1500 Jahre türkische Kultur*, Stuttgart 2003, und, hervorragend illustriert und mit sehr guten Beiträgen versehen, David J. Roxburgh (Hg.), *Turks. A Journey of a Thousand Years, 600–1600*, London 2005.

Auf die regionale Einbettung der osmanischen Politik vom 16.–19. Jahrhundert konzentriert sich Suraiya Faroqhi, *The Ottoman Empire and the World Around It*, Taschenbuchausgabe London 2006. Zu den osmanischen Eroberungen empfiehlt sich Giancarlo Casale, *The Ottoman Age of Exploration*, Oxford 2010. Das Vordringen der Portugiesen behandeln Peter Feldbauer, *Estado da India. Die Portugiesen in Asien 1498–1620*, Wien 2003; Reinhardt Wendt, *Vom Kolonialismus zur Globalisierung. Europa und die Welt seit 1500*, Paderborn 2007, sowie, geographisch weniger breit angelegt, Salih Özbaran, *The Ottoman Responses to European Expansion: Studies on the Ottoman-Portuguese Relations in the Indian Ocean and Ottoman Administration of the Arab Lands during the Sixteenth Century*, Istanbul 1994. Die eurasische Zone behandelt detailliert Alfred J. Rieber, *The Struggle for the Eurasian Borderlands. From the Rise of Early Modern Empires to the End of the First World War*, Cambridge 2014.

Safavidisches Reich

Die Standardwerke zum Safavidischen Reich sind Hans Robert Roemer, *Persien auf dem Weg in die Neuzeit. Iranische Geschichte von 1350–1750*, Beirut, Würzburg 2003 (das Manuskript wurde 1989 abgeschlossen); Charles Melville (Hg.), *Safavid Persia. The History and Politics of an Islamic Society*, London 1996, und Andrew J. Newman, *Safavid Iran. Rebirth of the Persian Empire*, London 2009. Für Herrschaft und Verwaltung sind wichtig Willem Floor, *Safavid Government Institutions*, Cosa Mesa 2001, sowie Sussan Babaie, Kathryn Babayan, Ina Baghdiantz-Cabe, Massumeh Farhad, *Slaves of the Shah. New Elites of Safavid Iran*, London 2004; für die regionale Einbettung Willem Floor, Edmund Herzig (Hg.), *Iran and the World in the Safavid Age*, London, New York 2012. Die Schiitisierung Irans behandelt Rula Jurdi Abisaab, *Converting Persia. Religion and Power in the Safavid Empire*, London 2004.

Die frühneuzeitlichen Imperien im 16. Jahrhundert

Militär, Recht und Verwaltung

Auf der Elastizität der Strukturen des Osmanischen Reiches beharrt vor allem Karen Barkey in ihren Studien *Bandits and Bureaucrats. The Ottoman Route to State Centralization*, New York 1994, und *Empire of Difference. The Ottomans in Comparative Perspective*, Cambridge 2008.

Mit Blick auf das Haus Osman und den **imperialen Harem** sind zwei Studien zentral: Leslie P. Peirce, *The Imperial Harem. Women and Sovereignty in the Ottoman Empire*, New York, Oxford 1993 und Madeline C. Zilfi, *Women and Slavery in the Late Ottoman Empire*, Cambridge 2010. Namen und Daten finden sich bei A. D. Alderson, *The Structure of the Ottoman Dynasty*, Oxford 1956, und Necdet Sakaoğlu, *Bu Mülkün Kadın Sultanları*, Istanbul 2008. Zur Thronfolge ist unverzichtbar Nicolas Vatin, Gilles Veinstein, *Le Sérail ébranlé. Essai sur les morts, dépositions et avènements des sultans ottomans XIVe-XIXe siècle*, Paris 2003.

Für die **Safaviden** sind einschlägig: Maria Szuppe, »La participation des femmes de la famille royale à l'exercice du pouvoir en Iran safavide au XIVe siècle«, in: *Studia Iranica* 23 (1994), 2, S. 211–258 und 24 (1995) 1, S. 61–122 und Beiträge in: Babaie u. a., *Slaves of the Shah. New Elites of Safavid Iran*, London 2004.

Der **Topkapı-Serail** ist hervorragend dokumentiert: Zu den Standardwerken zählen zwei Studien von Gülru Necipoğlu: *Architecture, Ceremonial, and Power. The Topkapı Palace in the Fifteenth and Sixteenth Centuries*, Cambridge, Mass., 1991, und *The Age of Sinan. Architectural Culture in the Ottoman Empire*, London 2005. Schön illustriert ist J. M. Rogers (Hg.), *Topkapı Sarayı-Museum. Architektur*, Herrsching am Ammersee 1988; anschaulich sind İlber Ortaylı, *Private and Royal Life in the Ottoman*

Palace, New York 2014 und Gerry Oberling, Grace Martin Smith, *The Food Culture of the Ottoman Palace*, Istanbul 2001.

Das **osmanische Militärwesen** ist intensiv erforscht. Standardwerke sind die Arbeiten von Rhoads Murphey, insbesondere *Ottoman Warfare, 1500–1700*, London 1999, und Gábor Ágoston, darunter namentlich *Feuerwaffen für den Sultan. Kriegswesen und Waffenindustrie im Osmanischen Reich*, Leipzig 2010 (Cambridge 2005). Anregend ist Gottfried Liedl, Manfred Pittioni, Thomas Kolnberger, *Im Zeichen der Kanone. Islamisch-christlicher Kulturtransfer am Beginn der Neuzeit*, Wien 2002.

Reich illustriert und dementsprechend anschaulich ist der kleine Band von David Nicolle, *The Janissaries*, Oxford 1995. Einen Einblick in Leben und Ausbildung eines »Sklaven der Pforte« bietet Albertus Bobovius, *Topkapi. Relation du sérail du Grand Seigneur. Édition présentée et annotée par Annie Berthier et Stéphane Yerasimos*, Paris 1999.

Die **osmanische Flotte** hat in den vergangenen Jahren viel Interesse gefunden. Das Referenzwerk ist Daniel Panzac, *La marine ottomane, de l'apogée à la chute de l'Empire (1572–1923)*, Paris 2009; lesenswert sind aber auch J. F. Gilmartin, *Gunpowder and Galleys. Changing Technology and Mediterranean Warfare at Sea in the Sixteenth Century*, Cambridge 1974, und Palmira Brummett, *Ottoman Seapower and Levantine Diplomacy in the Age of Discovery*, Albany NY 1994.

Zu den **Piraten und Korsaren** bieten das Wichtigste: Robert Bohn, *Die Piraten*, München 2003; Salvatore Bono, *Piraten und Korsaren im Mittelmeer. Seekrieg, Handel und Sklaverei vom 16. bis 19. Jahrhundert*, Stuttgart 2009, und Svat Soucek, »The Rise of the Barbarossas in North Africa«, in: *Archivum Ottomanicum* 3 (1971), S. 238–250.

Die meisten grundlegenden Arbeiten zur **osmanischen Reichs- und Provinzverwaltung** sind älteren Datums: Ömer Lutfi Barkan, »Research on the Ottoman Cadastral Surveys«, in: Michael A. Cook (Hg.), *Studies in the Economic History of the Middle East*, Oxford 1970, S. 163–171; Klaus Röhrborn, *Untersuchungen zur osmanischen Verwaltungsgeschichte*, Berlin 1973; Josef Matuz, *Das Kanzleiwesen Sultan Süleymans des Prächtigen*, Wiesbaden 1974; Metin Kunt, *The Sultan's Servants. The Transformation of Ottoman Provincial Government, 1550–1650*, New York 1983, und Carter V. Findley, *Ottoman Civil Officialdom. A Social History*, Princeton 1989; etwas neuer und unverzichtbar ist Linda T. Darling, *Revenue-Raising and Legitimacy. Tax Collection and Finance Administration in the Ottoman Empire 1560–1660*, Leiden, Boston 1996. Andreas Birken, *Die Provinzen* *des Osmanischen Reiches,* Wiesbaden 1976 enthält die wesentliche Information. Sehr gute Überblicke über die **arabischen Provinzen** bieten Jane Hathaway, *The Arab Lands Under Ottoman Rule, 1516–1800,* Harlow 2008, und Bruce Masters, *The Arabs of the Ottoman Empire, 1516–1918. A Social and Cultural History,* Cambridge 2013.

Zu **Protest und Widerstand** sind mehrere Sammelbände zu empfehlen: Eleni Gara, M. Erdem Kabadayı, Christoph K. Neumann (Hg.), *Popular Protest and Political Participation in the Ottoman Empire. Studies in Honor of Suraiya Faroqhi,* Istanbul 2011; Jane Hathaway (Hg.), *Mutiny and Rebellion in the Ottoman Empire,* Madison 2002, sowie (mit modernerem Fokus) Ulrike Freitag, Nelida Fuccaro, Claudia Ghrawi, Nora Lafi (Hg.), *Urban Violence in the Middle East. Changing Cityscapes in the Transition from Empire to the Nation State,* New York, Oxford 2015. Islamisch geprägte Vorstellungen von Gerechtigkeit behandelt im Überblick Gudrun Krämer, »Justice in Modern Islamic Thought«, in: Abbas Amanat, Frank Griffel (Hg.), *Shariʿa. Islamic Law in the Contemporary Context,* Stanford 2007, S. 20–37, 187–196.

Wirtschaft und Gesellschaft

Für die **osmanische Wirtschafts- und Sozialgeschichte** ist die zweibändige *Economic and Social History of the Ottoman Empire* (Originalausgabe Cambridge 1994, broschierte Ausgabe 1997) unverzichtbar; Band 1 (1300–1600) ist verfasst von Halil İnalcık mit Donald Quataert, Band 2 (1600–1914) von Suraiya Faroqhi, Bruce McGowan, Donald Quataert und Şevket Pamuk; wichtig auch Şevket Pamuk, *A Monetary History of the Ottoman Empire,* Cambridge 2000.

Einen Einblick in die umfangreiche Literatur zu **Ehe und Familie** bietet Otfried Weintritt, »Familie im Islam«, in: Rolf Peter Sieferle (Hg.), *Familiengeschichte. Die europäische, chinesische und islamische Familie im historischen Vergleich,* Wien, Berlin 2008, S. 261–336. Form und Bedeutung von **Haushalt und Familie** beleuchten sehr gut Beshara Doumani (Hg.), *Family History in the Middle East. Household, Property, and Gender,* Albany 2003 und Jane Hathaway, *The Arab Lands Under Ottoman Rule, 1516–1800,* Harlow 2008.

Zum Thema **soziale Differenzierung** behandelt Louise Marlow, *Hierarchy and Egalitarianism in Islamic Thought,* Cambridge 1997, einen früheren

Zeitraum, Maurus Reinkowski, *Die Dinge der Ordnung. Eine vergleichende Untersuchung über die osmanische Reformpolitik im 19. Jahrhundert,* München 2005, eine späteren, doch sind beide auch für die Frühe Neuzeit relevant. Den Prophetennachkommen gelten: Biancamaria Scarcia Amoretti, Lora Bottini (Hg.), *The Role of the sādāt/ašrāf in Muslim History and Civilizations. Proceedings of the International Colloquium* (Rome 2–4/3/1998), Sonderheft der Zeitschrift *Oriente Moderno* n.s., 18 (1999) 2, und Morimoto Kazuo, *Sayyids and Sharifs in Muslim Societies. The Living Links to the Prophet,* London, New York 2012.

Sklaverei und Unfreiheit in islamisch geprägten Gesellschaften sind in den vergangenen Jahren intensiver erforscht worden. Zwei Monographien des Osmanisten Ehud R. Toledano sind hier grundlegend: *Slavery and Abolition in the Ottoman Middle East,* Seattle 1998 und *As If Silent and Absent. Bonds of Enslavement in the Islamic Middle East,* New Haven, London 2007; ebenso wichtig ist Madeline C. Zilfi, *Women and Slavery in the Late Ottoman Empire. The Design of Difference,* Cambridge 2010. Die Studien von William Gervase Clarence-Smith, *Islam and the Abolition of Slavery,* Oxford, New York 2006, und Y. Hakan Erdem, *Slavery in the Ottoman Empire and its Demise, 1800–1909,* Houndmills 1996 beschränken sich nicht auf die Abschaffung der Sklaverei. Den Hintergrund bietet Michael Zeuske, *Handbuch Geschichte der Sklaverei. Eine Globalgeschichte von den Anfängen bis heute,* New York, Berlin 2013.

Den transsaharischen Sklavenhandel behandeln John Wright, *The Trans-Saharan Slave Trade,* London 2007; John Hunwick, Eve Troutt Powell (Hg.), *The African Diaspora in the Mediterranean Lands of Islam,* Princeton 2007, sowie Terence Walz, Kenneth M. Cuno (Hg.), *Race and Slavery in the Middle East. Histories of Trans-Saharan Africans in Nineteenth-Century Egypt, Sudan, and the Ottoman Mediterranean,* New York 2010. Mit Sklaverei im Maghreb befassen sich: Mohammed Ennaji, *Le sujet et le mamelouk. Esclavage, pouvoir et religion dans le monde arabe,* Paris 2007; M'hamed Oualdi, *Esclaves et maîtres. Les mamelouks des beys de Tunis du XVIIe siècle aux années 1880,* Paris 2011; Chouki El Hamel, *Black Morocco. A History of Slavery, Race, and Islam,* Cambridge 2013 und Ismael Musa Montana, *The Abolition of Slavery in Ottoman Tunisia,* Gainesville FL 2013.

Die **ländliche Gesellschaft** der Frühen Neuzeit ist schlecht erforscht. Einblicke bieten neben Halil Berktay, Suraiya Faroqhi (Hg.), *New Approaches to State and Peasant in Ottoman Society,* London 1992 und Halil İnalcık,

Economic and Social History of the Ottoman Empire. Band 1 (1300–1600), Cambridge 1997 vor allem Mohammad Afifi u. a., *Sociétés rurales ottomanes / Ottoman Rural Societies*, Kairo 2005. Zu Stämmen und Nomaden sind wichtig Anatoly M. Khazanov, *Nomads and the Outside World*, Madison ²1994; Philip S. Khoury, Joseph Kostiner (Hg.), *Tribes and State Formation in the Middle East*, Berkeley, Los Angeles 1990 und Stefan Leder, Bernhard Streck (Hg.), *Mitteilungen des SFB »Differenz und Integration« 1: Nomadismus aus der Perspektive der Begrifflichkeit*, Halle / Saale 2002.

Die Literatur zu **Stadt und städtischer Gesellschaft** ist ausgesprochen umfangreich; einen guten Überblick vermittelt Peter Sluglett (Hg.), *The Urban Social History of the Middle East, 1750–1950*, Syracuse 2008, darunter Gudrun Krämer, »Moving out of Place. Minorities in Middle Eastern Urban Societies, 1800–1914«, S. 182–223. Vorzüglich ist Abraham Marcus, *The Middle East on the Eve of Modernity. Aleppo in the Eighteenth Century*, New York 1989. Für den Maghreb empfiehlt sich exemplarisch Tal Shuval, *La ville d'Alger vers la fin du XVIIIe siècle*, Paris 1998. Istanbul ist auch in westlichen Sprachen sehr gut abgedeckt. Neben dem reich illustrierten Band von Stéphane Yérasimos, *Konstantinopel. Istanbuls historisches Erbe*, Köln 2000 vgl. Klaus Kreiser, *Istanbul*, München 2011 und (wenngleich gelegentlich zu unkritisch gegenüber den Quellen) Ebru Boyar, Kate Fleet, *A Social History of Ottoman Istanbul*, Cambridge 2010.

Stark angewachsen ist die Forschungsliteratur zu den **frommen Stiftungen**: Johannes Pahlitzsch, Lucian Reinfandt (Hg.), *Islamische Stiftungen zwischen juristischer Norm und sozialer Praxis*, Berlin 2009; Pascale Ghazaleh (Hg.), *Held in Trust. Waqf in the Islamic World*, Kairo, New York 2011. Grundlegend sind der Eintrag »Wakf« (mehrere Autoren), in: *Encyclopaedia of Islam. New Edition*, Bd. XI, Leiden 2002, S. 59–99 und Astrid Meier, Art. »Wakf. In the Arab Lands«, in: *ebd., Supplement*, Leiden 2004, S. 823–828; vergleichend angelegt sind Michael Borgolte (Hg.), *Stiftungen in Christentum, Judentum und Islam vor der Moderne*, Berlin 2005, und ders. (Hg.), *Enzyklopädie des Stiftungswesens in mittelalterlichen Gesellschaften. Bd. 1: Grundlagen*, Berlin 2014. Exemplarisch die Studie von Miriam Hoexter, *Endowments, Rulers and Community. Waqf al-Ḥaramayn in Ottoman Algiers*, Leiden 1998. Besonders gut ist Syrien im 18. und 19. Jahrhundert untersucht: Richard van Leeuwen, *Waqf and Urban Structures. The Case of Ottoman Damascus*, Leiden usw. 1999; Stefan Knost, *Die Organisation des religiösen Raums in Aleppo*, Beirut, Würzburg 2009.

Die Erforschung von **Handwerk, Gewerbe und Zünften** hat seit der Pionierarbeit von André Raymond (*Artisans et commerçants au Caire au XVIIIe siècle*, 2 Bde., Damaskus 1973, 1974) große Fortschritte gemacht. Zu den wichtigsten Überblickdarstellungen zählen: Pascale Ghazaleh, *Masters of the Trade. Crafts and Craftspeople in Cairo, 1750–1850*, Kairo 1999; Suraiya Faroqhi, *Artisans of Empire. Crafts and Craftspeople Under the Ottomans*, London, New York 2009. Zum Besten, was hierzu geschrieben wurde, zählt die unveröffentlichte Magisterarbeit von Thomas Berchtold, *Organisation und sozioökonomische Strategien von Handwerkern im späten Osmanischen Reich (18.–19. Jh.)*, Freie Universität Berlin 2001. Wichtige Einzelstudien sind Amnon Cohen, *The Guilds of Ottoman Jerusalem*, Leiden 2001; Eunjeong Yi, *Guild Dynamics in Seventeenth Century Istanbul. Fluidity and Leverage*, Leiden, Boston 2004; Charles L. Wilkins, *Forging Urban Solidarities. Ottoman Aleppo 1640–1700*, Leiden, Boston 2010. Das Ende der Zünfte behandeln Joel Beinin, Zachary Lockman, *Workers on the Nile. Nationalism, Communism, Islam, and the Egyptian Working Class, 1881–1954*, Princeton 1987 und John T. Chalcraft, *The Striking Cabbies of Cairo and Other Stories. Crafts and Guilds in Egypt, 1863–1914*, New York 2005. Für Iran ist über das 19. Jahrhundert hinaus informativ Willem Floor, *Guilds, Merchants, & Ulama in Nineteenth-Century Iran*, Washington D.C. 2009.

Die Literatur zu **Schah Abbas** ist umfangreich, hervorragend der Ausstellungskatalog von Sheila R. Canby, *Shah 'Abbas. The Remaking of Iran*, London 2009, gut lesbar David Blow, *Shah Abbas. The Ruthless King Who Became an Iranian Legend*, London, New York 2009. Den Seidenhandel behandeln Ina Baghdiantz McCabe, *The Shah's Silk for Europe's Silver. The Eurasian Trade of the Julfa Armenians in Safavid Iran and India (1530–1750)*, Atlanta 1999 und Rudi Matthee, *The Politics of Trade in Safavid Iran. Silk for Silver, 1600–1730*, Cambridge 1999.

Religion, Kultur und Politik

Die osmanische **Ilmiyye** behandeln Hans Georg Majer, *Vorstudien zur Geschichte der İlmiye im Osmanischen Reich. Band 1: Zu Uşakizade, seiner Familie und seinem Zeyl-i Şakayık*, München 1978; R. C. Repp, *The Müfti of Istanbul. A Study in the Development of the Ottoman Learned Hierarchy*, London 1986 und Madeline C. Zilfi, *The Politics of Piety. The Ottoman Ulema in the Postclassical Age (1600–1800)*, Minneapolis 1988.

Zu **Patronage und Mäzenatentum** lohnt sich neben den obenge-
nannten Arbeiten von Gülru Necipoğlu und Sheila R. Canby vor allem
D. Fairchild Ruggles (Hg.), *Women, Patronage, and Self-Representation in
Islamic Societies*, Albany NY 2000.

Einen Überblick über **Status und Rolle von Nichtmuslimen** zwischen
dem Maghreb und Iran bietet Gudrun Krämer, »Moving out of Place.
Minorities in Middle Eastern Urban Societies, 1800–1914«, in: Peter
Sluglett (Hg.), *The Urban Social History of the Middle East, 1750–1950*,
Syracuse 2008, S. 182–223. Die normative Ordnung analysiert Yohanan
Friedmann, *Tolerance and Coercion in Islam. Interfaith Relations in the
Muslim Tradition*, Cambridge 2003; sozial- und kulturgeschichtlich
angelegt ist Bruce Masters, The *Arabs of the Ottoman Empire, 1516–1918.
A Social and Cultural History*, Cambridge 2013, religionsgeschichtlich
Camilla Adang, Sabine Schmidtke (Hg.), *Contacts and Controversies be-
tween Muslims, Jews and Christians in the Ottoman Empire and Pre-
Modern Iran*, Würzburg 2010. Weitgespannt und exzellent dokumentiert
ist Ralf C. Müller, *Franken im Osten. Art, Umfang, Struktur und Dynamik
der Migration aus dem lateinischen Westen in das Osmanische Reich des
15./16. Jahrhunderts auf der Grundlage von Reiseberichten*, Leipzig 2005.

Schiitische Lehren sind komplex, die schiitische Strömung ist ver-
zweigt. Orientierung bieten die Studien von Heinz Halm, *Die Schia*,
Darmstadt 1988, und *Die Schiiten*, München 2005 sowie das Schaubild in
meiner *Geschichte des Islam*, München 2005, S. 114. Vertiefte Einblicke
bieten Abdulaziz A. Sachedina, *Islamic Messianism. The Idea of Mahdi in
Twelver Shi'ism*, Albany 1981, und ders., *The Just Ruler in Shi'ite Islam. The
Comprehensive Authority of the Jurist in Imamite Jurisprudence*, Oxford,
New York 1988; Said Amir Arjomand, *The Shadow of God and the Hidden
Imam. Religion, Political Order, and Societal Change in Shi'ite Iran from the
Beginning to 1890*, Chicago, London 1984, und ders. (Hg.), *Authority and
Political Culture in Shi'ism*, Albany 1988.

Einen guten historischen Überblick über den **Sufismus** bietet Alexander Knysh, *Islamic Mysticism. A Short History*, Leiden usw. 2000. Zwei der
bedeutendsten Sufi-Bruderschaften behandeln Éric Geoffroy (Hg.), *Une
voie soufie dans le monde: la Shadhiliyya*, Paris 2005, und Itzchak Weis-
mann, *The Naqshbandiyya*, London, New York 2007; für die Bektaşis s.
Alexandre Popovic, Giles Weinstein (Hg.), *Bektachiyya. Études sur l'ordre
mystique des Bektachis et les groupes relevant de Hadji Bektach*, Istanbul
1995. Die großen Kontroversen behandeln Frederick de Jong, Bernd

Radtke (Hg.), *Islamic Mysticism Contested. Thirteen Centuries of Controversies & Polemics*, Leiden usw. 1999. Die devianten Derwische und Sufis untersuchen für Kleinasien Ahmet T. Karamustafa, *God's Unruly Friends. Dervish Groups in the Islamic Middle Period 1200–1550*, Oxford 2006, für Iran Kathryn Babaian, *Mystics, Monarchs, and Messiahs. Cultural Landscapes of Early Modern Iran*, Cambridge Mass. 2002 und Shahzad Bashir, *Messianic Hopes and Mystical Visions. The Nurbakhshiya Between Medieval and Modern Islam*, Columbia, South Carolina 2003.

Die **Endzeiterwartungen** behandeln Erika Glassen, »Krisenbewußtsein und Heilserwartung in der islamischen Welt zu Beginn der Neuzeit«, in: Ulrich Haarmann, Peter Bachmann (Hg.), *Die islamische Welt zwischen Mittelalter und Neuzeit*, Beirut 1979, S. 167–179, und Sanjay Subrahmanyam, »Du Tage au Gange au XVIe siècle: une conjoncture millénariste à l'échelle euroasiatique«, in: *Annales* 56 (2001) 1, S. 51–84; Bashear Suliman, »Muslim Apocalypses and the Hour: A Case Study in Traditional Reinterpretation«, in: *Israel Oriental Studies* 13 (1999), S. 75–99 und Marcia Hermansen, »Eschatology«, in: *Cambridge Companion to Classical Islamic Theology*, Cambridge 2008, S. 308–325. Die Studien von Mercedes García-Arenal gelten dem Maghreb: *Messianism and Puritanical Reform. Mahdis of the Muslim West*, Leiden, Boston 2006, und dies. (Hg.), *Mahdisme et millénarisme en Islam* (= *Revue des mondes musulmans et de la Méditerranée 91–94*), Paris 2000.

Konsum, Geselligkeit und Moralpolitik

Suraiya Faroqhi hat viel zur Erforschung von **Konsum, Geselligkeit und Unterhaltung** im Osmanischen Reich beigetragen. Neben ihrer Monographie *Kultur und Alltag im Osmanischen Reich. Vom Mittelalter bis zum Anfang des 20. Jahrhunderts*, München 1995, lohnt die Lektüre dreier Sammelbände: Suraiya Faroqhi, Arzu Öztürkmen (Hg.), *Celebration, Entertainment and Theatre in the Ottoman World*, London 2014; Suraiya Faroqhi, Christoph K. Neumann (Hg.), *The Illuminated Table, the Prosperous House. Food and Shelter in Ottoman Material Culture*, Würzburg 2003, und Suraiya Faroqhi, *Ottoman Costume. From Textile to Identity*, Istanbul 2004. Wichtig ist auch Donald Quataert (Hg.), *Consumption Studies and the History of the Ottoman Empire, 1550–1922*, Albany NY 2000.

Zum **Kaffee und dem Kaffeehaus** bietet Ralph S. Hattox, *Coffee and Coffee Houses. The Origins of a Social Beverage in the Medieval Near East*, Seattle, London 1985, die beste Einführung, für den Tabak James Grehan, »Smoking and ›Early Modern‹ Sociability. The Great Tobacco Debate in the Ottoman Middle East (Seventeenth to Eighteenth Centuries)«, in: *The American Historical Review* 111 (2006) 5, S. 1352–1377. Innovativ und anregend sind Dana Sajdi (Hg.), *Ottoman Tulips, Ottoman Coffee. Leisure and Lifestyle in the Eighteenth Century*, London 2007, Taschenbuchausgabe 2014, und Shirine Hamadeh, *The City's Pleasures. Istanbul in the Eighteenth Century*, Seattle, London 2008.

Für Iran sind die Studien von Rudi Matthee grundlegend, darunter *The Pursuit of Pleasure. Drugs and Stimulants in Iranian History, 1500–1900*, Princeton 2005; »Coffee in Safavid Iran: Commerce and Consumption«, in: *Journal of the Economic and Social History of the Orient (JESHO)* 37 (1994), S. 1–32; »Tobacco in Iran«, in: S. L. Gilman, Z. Xun (Hg.), *Smoke. A Global History*, London 2004, S. 58–67.

Sexualität, Erotik und Verbrechen behandeln aus unterschiedlicher Warte Walter G. Andrews, Mehmet Kalpaklı, *The Age of Beloveds. Love and the Beloved in Early-Modern Ottoman and European Culture and Society*, Durham, London 2005; Rudi Matthee, »Prostitutes, Courtesans, and Dancing Girls: Women Entertainers in Safavid Iran«, in: ders., Beth Baron (Hg.), *Iran and Beyond. Essays in Middle Eastern History in Honor of Nikki R. Keddie*, Costa Mesa 2000, S. 121–150; Elyse Semerdjian, »*Off the Straight Path*«. *Illicit Sex, Law, and Community in Ottoman Aleppo*, Syracuse 2008; Fariba Zarinebaf, *Crime and Punishment in Istanbul 1700–1800*, Berkeley 2010 und für das 19. Jahrhundert Roger A. Deal, *Crimes of Honor, Drunken Brawls and Murder. Violence in Istanbul under Abdülhamid II*, Istanbul 2010.

Zur **Kadızade-Bewegung** sind die Arbeiten von Madeline C. Zilfi grundlegend: »The Kadızadelis: Discordant Revivalism in Seventeenth-Century Istanbul«, in: *Journal of Near Eastern Studies* 45 (1986) 4, S. 251–269 und *The Politics of Piety. The Ottoman Ulema in the Postclassical Age (1600–1800)*, Minneapolis 1988.

II Krise und Anpassung im 17. und 18. Jahrhundert

Mit der »**Krise des 18. Jahrhunderts**« **und dem Aufstieg der Ayan**
befassen sich alle obengenannten osmanistischen Darstellungen, insbe-
sondere Bruce McGowan, »The Age of the *Ayan*s, 1699–1812«, in: Suraiya
Faroqhi u. a. (Hg.), *Economic and Social History of the Ottoman Empire*,
Cambridge 1997, S. 639–758; wichtig auch Donald Quataert, *The Ottoman
Empire, 1700–1922*, Cambridge 2000. Baki Tezcan, *The Second Ottoman
Empire. Political and Social Transformation in the Early Modern World*,
Cambridge 2010 unterstreicht die Monetarisierung von Staat und Gesell-
schaft. Ariel Salzmann, *Tocqueville in the Ottoman Empire. Rival Paths to
the Modern State*, Leiden, Boston 2004 wird kontrovers diskutiert, nicht
dagegen Maurits H. van den Boogert, *The Capitulations and the Ottoman
Legal System. Qadis, Consuls and Beratlıs in the 18th Century*, Leiden 2005.

Für die »**politischen Haushalte**« liegen exzellente Einzelstudien vor,
darunter Jane Hathaway, *The Politics of Households in Ottoman Egypt. The
Rise of the Qazdağlıs*, Cambridge 1997; Margaret L. Meriwether, *The Kin
Who Count. Family and Society in Ottoman Aleppo 1770–1840*, Austin
1999, und Henning Sievert, *Zwischen arabischer Provinz und Hoher Pforte.
Beziehungen, Bildung und Politik des osmanischen Bürokraten Rāġıb Meḥmed Paşa (st. 1763)*, Würzburg 2008.

Die **Celali-Revolten** behandeln vor allem William J. Griswold, *The Great
Anatolian Rebellion, 1000–1020/1591–1611*, Berlin 1983; Karen Barkey,
Bandits and Bureaucrats, Ithaca NY 1994; Jane Hathaway (Hg.), *Mutiny
and Rebellion in the Ottoman Empire*, Madison 2002 und Baki Tezcan, *The
Second Ottoman Empire*, Cambridge 2010; unkonventionell ist Sam White,
The Climate of Rebellion in the Early Ottoman Empire, Cambridge 2011. Zu
Janbulad und den Verhältnissen im syrisch-libanesischen Raum vgl. Abdul-
Rahim Abu-Husayn, *Provincial Leadership in Syria, 1575–1650*, Beirut 1985.

Die Rolle von **Frauen und Eunuchen am osmanischen Hof** beleuchten
Leslie Peirce, *Imperial Harem*, New York, Oxford 1993, und Nicolas Vatin,
Gilles Veinstein, *Le sérail ébranlé*, New York, Oxford 1993; für Osman II.
interessieren sich vor allem Baki Tezcan, *Second Ottoman Empire* und
Gabriel Piterberg, *An Ottoman Tragedy. History and Historiography at
Play*, Berkeley 2003.

Für die Herausbildung eines **indigenen Kapitalismus** argumentiert
Nelly Hanna, *Making Big Money in 1600. The Life and Times of Isma'il Abu
Taqiyya, Egyptian Merchant*, Kairo 1998 und dies., *Artisan Entrepreneurs*

in Cairo and Early Modern Capitalism 1600–1800, Cairo 2011; zurückhaltender ist Gudrun Krämer, »Islam, Kapitalismus und die protestantische Ethik«, in: Gunilla Budde (Hg.), *Kapitalismus. Historische Annäherungen*, Göttingen 2011, S. 116–146.

Bildung, Wissen und die schönen Künste

Die **Welt der Bücher** beleuchten *Livres et lecture dans le monde ottoman*, Aix-en-Provence 1999 (= *Revue des mondes musulmans et de la Méditerranée* 87–88); Nelly Hanna, *In Praise of Books. A Cultural History of Cairo's Middle Class, Sixteenth to the Eighteenth Century*, Syracuse 2003 und Orlin Sabev (Orhan Salih), »The First Ottoman Turkish Printing Enterprise: Success or Failure?«, in: Dana Sajdi (Hg.), *Ottoman Tulips, Ottoman Coffee*, London 2014, Kap. 3.

Zu **Individualität und den Zeugnissen »gewöhnlicher« Männer** vgl. Stefan Reichmuth, Florian Schwarz (Hg.), *Zwischen Alltag und Schriftkultur: Horizonte des Individuellen in der arabischen Literatur des 17. und 18. Jahrhunderts*, Beirut, Würzburg 2008, und Dana Sajdi, *The Barber of Damascus. Nouveau Literacy in the Eighteenth-Century Ottoman Levant*, Stanford 2013.

Das (osmanische) **Wissen von der Welt** explorieren mit unterschiedlichem Ansatz Gottfried Hagen, *Ein osmanischer Geograph bei der Arbeit. Entstehung und Gedankenwelt von Katib Çelebis Gihannüma*, Berlin 2003; Giancarlo Casale, *The Ottoman Age of Exploration*, Oxford 2010; Pinar Emiralioğlu, *Geographical Knowledge and Imperial Culture in the Early Modern Ottoman Empire*, Burlington VT 2014 und Robert Dankoff, *An Ottoman Mentality. The World of Evliya Çelebi*, Leiden, Boston 2006.

III Reform und Selbstbehauptung im »langen« 19. Jahrhundert

Muhammad Ali, Tanzimat und hamidische Reform

Zu **Reform und Wandel im »langen 19. Jahrhundert«** bietet Benjamin C. Fortna einen guten Überblick: »An Historical Introduction to the Nineteenth Century: Trends and Influences«, in: Doris Behrens-Abouseif, Stephen Vernoit (Hg.), *Islamic Art in the 19th Century. Tradition, Innovation, and Eclecticism*, Leiden, Boston 2006, S. 1–18.

Zu **Muhammad Ali** sind wichtig: Ehud Toledano, Art. »Muhammad
'Ali Pasha«, in: *The Encyclopedia of Islam. Rev. Edition*, Bd. VII, Leiden
1993, S. 423–431 und, mit anderer Bewertung, Afaf Lutfi al-Sayyid Marsot,
Egypt in the Reign of Muhammad Ali, Cambridge 1984; unverzichtbar auch
die Arbeiten Khaled Fahmys: *All the Pasha's Men. Mehmed Ali, His Army
and the Making of Modern Egypt*, Cambridge 1997 (Kairo 2002) und *Mehmed
Ali, From Ottoman Governor to Ruler of Egypt*, Oxford 2009.

Für das **Osmanische Reich** jenseits Ägyptens gelten noch immer
mehrere aus imperialer Warte geschriebene Werke als Referenz: Stanford
Shaw, *Between Old and New. The Ottoman Empire under Selim III
1789–1807*, Cambridge, Mass. 1971, sowie ders., Ezel Kural Shaw, *History
of the Ottoman Empire and Modern Turkey. Bd. II: Reform, Revolution,
and Republic. The Rise of Modern Turkey 1808–1975*, Cambridge 1977,
sowie Roderic Davison, *Reform in the Ottoman Empire, 1856–1876*, Princeton 1963. Informativ ist Thomas Scheben, *Verwaltungsreformen
der frühen Tanzimatzeit. Gesetze, Maßnahmen, Auswirkungen*, Frankfurt
am Main 1991, gleichermaßen analytisch und faktenreich Maurus Reinkowski, *Die Dinge der Ordnung. Eine vergleichende Untersuchung über
die osmanische Reformpolitik im 19. Jahrhundert*, München 2005. Superb
ist die prosopographische Studie von Olivier Bouquet, *Les pachas du sultan. Essai sur les agents supérieurs de l'État ottoman (1839–1909)*, Leuven
2007.

Zu den osmanischen **Militärreformen** hat Eric Jan Zürcher einige der
wichtigsten Studien beigetragen, darunter *Turkey. A Modern History*,
London 1993, und ders. (Hg.), *Arming the State. Military Conscription in
the Middle East and Central Asia 1775–1925*, London 1999. In die Tiefe
gehen Odile Moreau, *L'Empire ottoman à l'âge des réformes. Les hommes
et les idées du »Nouvel Ordre« militaire 1826–1914*, Paris 2007; und Elke
Hartmann, *Die Reichweite des Staates. Wehrpflicht und moderne Staatlichkeit im Osmanischen Reich 1869–1910*, Paderborn 2016.

Zu den **Rechtsreformen** sind wichtig Roger Owen (Hg.), *New Per-
spectives on Property and Land in the Middle East*, Harvard 2000 und
Roger A. Deal, *Crimes of Honor, Drunken Brawls and Murder. Violence in
Istanbul under Abdülhamid II*, Istanbul 2010.

Das hochkontroverse Thema **Demographie** behandeln Justin Mc-
Carthy, *Muslims and Minorities. The Population of Ottoman Anatolia and
the End of the Empire*, New York 1983; Kemal Karpat, *Ottoman Population
1830–1914. Demographic and Social Characteristics*, Madison 1985, oder

auch Alan Duben, Cem Behar, *Istanbul Housholds. Marriage, Family and Fertility 1880–1940*, Cambridge 1991.

Exemplarisch für den Ausbau der **Infrastruktur** ist Thomas Philipp, Birgit Schaebler (Hg.), *The Syrian Land: Processes of Integration and Fragmentation. Bilād al-Shām from the 18th to the 20th Century*, Stuttgart 1998. Zu Handwerk, Gewerbe und den Ansätzen einer industriellen Produktion vgl. Donald Quataert, *Ottoman Manufacturing in the Age of the Industrial Revolution*, Cambridge 1993.

Die Reform der **Provinz- und Stadtverwaltung** behandelt übergreifend Nora Lafi (Hg.), *Municipalités méditerranéennes. Les réformes urbaines ottomanes au miroir d'une histoire comparée (Moyen-Orient, Maghreb, Europe méridionale)*, Berlin 2005; als Fallstudien sind wichtig Mahmoud Yazbak, *Haifa in the Late Ottoman Period, 1864–1914. A Muslim Town in Transition*, Leiden usw. 1998; Jens Hanssen, *Fin de Siècle Beirut. The Making of a Provincial Capital*, Oxford 2005; Stefan Weber, *Ottoman Modernity and Urban Transformation (1808–1918)*, 2 Bde., Aarhus 2009; Malik Sharif, *Imperial Norms and Local Realities. The Ottoman Municipal Laws and the Municipality of Beirut (1860–1908)*, Beirut, Würzburg 2014.

Den städtischen und den ländlichen Raum erfassen Beshara Doumani, *Rediscovering Palestine. Merchants and Peasants in Jabal Nablus, 1700–1900*, Berkeley, Los Angeles 1995; Eugene Rogan, *Frontiers of the State in the Late Ottoman Empire. Transjordan 1850–1921*, Cambridge 1999; Johann Büssow, *Hamidian Palestine. Politics and Society in the District of Jerusalem 1872–1908*, Leiden, Boston 2011, und Ebubekir Ceylan, *The Ottoman Origins of Modern Iraq. Political Reform, Modernization and Development in the Nineteenth-Century Middle East*, London, New York 2011.

Zu den wenigen Studien, die sich mit den sozialen Konflikten in der ländlichen Gesellschaft befassen, zählen Axel Havemann, *Rurale Bewegungen im Libanongebirge im 19. Jahrhundert. Ein Beitrag zur Problematik sozialer Veränderungen*, Berlin 1983, und Birgit Schäbler, *Aufstände im Drusenbergland. Von den Osmanen bis zum unabhängigen Staat. Eine historisch-anthropologische Studie*, Würzburg 2003.

Die wichtigsten Studien zur *sectarian violence* sind Leila Tarazi Fawaz, *An Occasion for War. Civil Conflict in Lebanon and Damascus in 1860*, Berkeley, Los Angeles 1994 und Ussama Makdisi, *The Culture of Sectarianism. Community, History and Violence in Nineteenth-Century Ottoman Lebanon*, Berkeley 2000.

Am Beispiel des Jemens diskutiert Thomas Kuehn die **Frage eines**

osmanischen Kolonialismus: *Empire, Islam, and Politics of Difference.*
Ottoman Rule in Yemen, 1849–1919, Leiden, Boston 2011; wichtig auch
Maurus Reinkowski, *Die Dinge der Ordnung*, München 2005.

Bildung, Medien und Öffentlichkeit

Das **Schul- und Bildungswesen** im Osmanischen Reich ist mittlerweile
recht gut ausgeleuchtet: Selçuk Akşin Somel, *The Modernization of Public
Education in the Ottoman Empire 1839–1908. Islamization, Autocracy
and Discipline*, Leiden 2001; Benjamin C. Fortna, *Imperial Classroom.
Islam, the State, and Education in the Late Ottoman Empire*. Oxford 2002;
Emine Ö. Evered, *Empire and Education Under the Ottomans. Politics,
Reform and Resistance from the Tanzimat to the Young Turks*. London,
New York 2012; für Iran vgl. David Menashri, *Education and the Making of
Modern Iran*, Ithaca, London 1992, und Monica M. Ringer, *Education, Re-
ligion, and the Discourse of Cultural Reform in Qajar Iran*, Cosa Mesa CA
²2013 (2001).

Für die **Presse** im arabischen Raum ist Ami Ayalon, *The Press in the
Arab Middle East. A History*, New York, Oxford 1995 das Standardwerk;
lesenswert auch Christoph Herzog u. a. (Hg.), *Presse und Öffentlichkeit im
Nahen Osten*, Heidelberg 1995, sowie mehrere Beiträge in: *The Introduction
of the Printing Press in the Middle East* (= *Culture & History* 1997); exemplarisch die Studie von Dagmar Glaß, *Der Muqtaṭaf und seine Öffentlichkeit. Aufklärung, Räsonnement und Meinungsstreit in der frühen arabischen
Zeitschriftenkommunikation*. 2 Bde., Würzburg 2004; für Iran Bianca
Devos, *Presse und Unternehmertum in Iran. Die Tageszeitung* Iṭṭilāʿāt
in der frühen Pahlavī-Zeit, Würzburg 2012. Der Frauenpresse und weiblichen Literatur widmen sich Beth Baron, *The Women's Awakening in
Egypt. Culture, Society, and the Press*, New Haven, London 1994 und Mervat F. Hatem, *Literatur, Gender, and Nation-Building in Nineteenth-Century
Egypt. The Life and Work of ʿA'isha Taymur*, New York 2011.

Viel Interesse haben **Übersetzungen und Sprachreformen** gefunden:
Ami Ayalon, *Language and Change in the Arab Middle East*, New York,
Oxford 1987; Heidemarie Doganalp-Votzi, Claudia Römer, *Herrschaft und
Staat. Politische Terminologie des Osmanischen Reiches der Tanzimatzeit*,
Wien 2008.

Bild und Fotografie werden immer besser erforscht: Johann Strauss,

»L'image moderne dans l'Empire ottoman: quelques points de repère«, in: Bernard Heyberger, Silvia Naef (Hg.), *La multiplication des images en pays d'islam*, Würzburg 2003, S. 139–176; Doris Behrens-Abouseif, Stephen Vernoit (Hg.), *Islamic Art in the 19th Century. Tradition, Innovation, and Eclecticism*, Leiden, Boston 2006; Nimet Şeker, *Die Fotografie im Osmanischen Reich*, Würzburg 2009; Beth Baron, *Egypt as a Woman. Nationalism, Gender, and Politics*, Berkeley, Los Angeles 2005 und Frederick N. Bohrer (Hg.), *Sevruguin and the Persian Image. Photographs of Iran, 1870–1930*, Washington D. C. usw. 1999

Das gewandelte **Zeitverständnis** analysieren für das Omanische Reich und Ägypten Avner Wishnitzer, »Teaching Time: Schools, Schedules, and the Ottoman Pursuit of Progress«, in: *New Perspectives on Turkey* 32 (2010), S. 5–32, und ders., *Reading Clocks, Alla Turca*, Chicago 2015; Mehmet Bengü Uluengin, »Secularizing Anatolia Tick by Tick: Clock Towers in the Ottoman Empire and the Turkish Republic«, in: *International Journal of Middle East Studies* 42 (2010) 1, S. 17–36, sowie On Barak, *On Time. Technology and Temporality in Modern Egypt*, Berkeley 2013.

Die ökonomische und kulturelle Bedeutung der verdichteten **transregionalen Verbindungen** beleuchten sehr gut: Leila Tarazi Fawaz, C. A. Baylay (Hg.), *Modernity & Culture. From the Mediterranean to the Indian Ocean*, New York 2002 und James L. Gelvin, Nile Green (Hg.), *Global Muslims in the Age of Steam and Print*, Berkeley 2014.

Reform und Erneuerung

Zur **christlichen Mission** ist zuletzt viel publiziert worden. Überblicke bieten Heleen Murre-van den Berg (Hg.), *New Faiths in Ancient Lands. Western Missions in the Middle East in the Nineteenth and Early Twentieth Centuries*, Leiden, Boston 2006 und Norbert Friedrich, Uwe Kaminsky, Roland Löffler (Hg.), *The Social Dimensions of Christian Missions in the Middle East. Historical Studies of the 19th and 20th Centuries*, Stuttgart 2010; Heather J. Sharkey, *American Evangelicals in Egypt. Missionary Encounters in an Age of Empire*, Princeton, Oxford 2008 und Mehmet Ali Doğan, Heather J. Sharkey (Hg.), *American Missionaries and the Middle East*, Salt Lake City 2011; interessante Einzelstudien sind Hans-Lukas Kieser, *Mission, Ethnie und Staat in den Ostprovinzen der Türkei 1839–1938*, Zürich 2000; Paul Sedra, *From Mission to Modernity. Evangelicals, Reformers and*

Education in Nineteenth-Century Egypt, London, New York 2011, und Beth Baron, *The Orphan Scandal. Christian Missionaries and the Rise of the Muslim Brotherhood,* Stanford 2014.

Die **Nahda und Salafiyya** haben immer viel Aufmerksamkeit auf sich gezogen (vgl. auch die Arbeiten zur Presse, oben). Eine gute Übersicht vermittelt Elizabeth Suzanne Kassab, *Contemporary Arab Thought. Cultural Critique in Comparative Perspective,* New York 2010; wichtig auch Maher el-Charif, Sabrina Mervin (Hg.), *Modernités islamiques,* Damaskus 2006; S. A. Dudoignon, K. Hisao, K. Yasushi (Hg.), *Intellectuals in the Modern Islamic World. Transmission, Transformation, Communication,* London 2006; Kamran Rastegar, *Literary Modernity between the Middle East and Europe. Textual Transactions in Nineteenth-Century Arabic, English, and Persian Literatures,* London 2007; Ilham Khuri-Makdisi, *The Eastern Mediterranean and the Making of Global Radicalism, 1860–1914,* Berkeley 2010, und Dyala Hamza (Hg.), *The Making of the Arab Intellectual. Empire, Public Sphere and the Colonial Coordinates of Selfhood,* London, New York 2013.

Das Referenzwerk zu den **Jungosmanen** ist Şerif Mardin, *The Genesis of Young Ottoman Thought. A Study in the Modernization of Turkish Political Ideas,* Syracuse 2000.

Panislamismus und Kalifatsbewegung sind recht gut aufgearbeitet: Gail Minault, *The Khilafat Movement. Religious Symbolism and Political Mobilization in India,* New York 1982; Jacob M. Landau, *The Politics of Pan-Islam. Ideology and Organisation,* Oxford 1994; Azmi Özcan, *Pan-Islamism. Indian Muslims, the Ottomans and Britain (1877–1924),* Leiden usw. 1997; M. Naeem Qureeshi, *Pan-Islam in British Indian Politics. A Study of the Khilafat Movement, 1918–1924,* Leiden 1999.

Krieg, Reform und Revolution

Für **Kolonialismus und Widerstand** sind wichtig: James L. Gelvin, *The Modern Middle East. A History,* New York, Oxford 2005 und Juan R. I. Cole, *Colonialism and Revolution in the Middle East. Social and Cultural Origins of Egypt's 'Urabi Movement,* Kairo 1999; für den Maghreb Daniel Rivet, *Le Maghreb à l'épreuve de la colonisation,* Paris 2002; Lisa Anderson, *The State and Social Transformation in Tunisia and Libya, 1830–1980,* Princeton 1987; Julia Clancy-Smith, *Muslim Notables, Populist Protest, Colonial Encounters*

(Algeria and Tunisia, 1800–1914), Berkeley 1994; James McDougall, *History and the Culture of Nationalism in Algeria*, Cambridge 2006; Jakob Krais, *Geschichte als Widerstand. Geschichtsschreibung und nation-building in Qaḏḏāfīs Libyen*, Würzburg 2016.

Zur **Wahrnehmung Japans** vgl. Klaus Kreiser, »Der japanische Sieg über Russland (1905) und sein Echo unter den Muslimen«, in: *Die Welt des Islams* 21 (1981), S. 209–239, und Renée Worringer (Hg.), *The Islamic Middle East and Japan. Perceptions, Aspirations, and the Birth of Intra-Asian Modernity*, Princeton 2007.

Zu **Iran unter den Qajaren** liegen mehrere sehr gute Einzelstudien vor: Wirtschafts- und sozialgeschichtlich angelegt sind Heinz-Georg Migeod, *Die persische Gesellschaft unter Nāṣiru'd-Dīn Šāh (1848–1896)*, Berlin 1990; Christoph Werner, *An Iranian Town in Transition. A Social and Economic History of the Elites of Tabriz, 1747–1848*, Wiesbaden 2000, und Willem Floor, *Guilds, Merchants, & Ulama in Nineteenth-Century Iran*, Washington D. C. 2009. Lesenswert sind Abbas Amanat, *Pivot of the Universe. Nasir al-Din Shah and the Iranian Monarchy*, London, New York 2008, und Heidi A. Walcher, *In the Shadow of the King. Zill al-Sultan and Isfahan under the Qajars*, London 2008 (vgl. ferner die Titel unter Bildungs- und Pressewesen).

Eine ausgezeichnete vergleichende Studie zur **iranischen Verfassungsbewegung** und der **Jungtürkischen Revolution** hat Nader Sohrabi vorgelegt: *Revolution and Constitutionalism in the Ottoman Empire and Iran*, Cambridge 2011. Für die Jungtürken ist Şükrü Hanioğlu besonders ausgewiesen: *Young Turks in Opposition*, Oxford 1995 und *Preparing for a Revolution: The Young Turks, 1902–1908*, Oxford 2001; wichtig sind daneben François Georgeon (Hg.), *»L'ivresse de la liberté«. La révolution de 1908 dans l'Empire ottoman*, Leuven 2012, und Palmira Brummett, *Image & Imperialism in the Ottoman Revolutionary Press, 1908–1911*, Albany NY 2000.

Erster Weltkrieg und Völkermord

Mit dem hundertjährigen Jahrestag des Kriegsausbruchs ist die Zahl einschlägiger Veröffentlichungen regelrecht explodiert. Einen sehr guten Überblick bieten Oliver Janz, *Der Große Krieg 14*, München 2013 und Jay Winter (Hg.), *The Cambridge History of the First World War. Bd. 1: Global War*, Cambridge 2014. Zu den neueren Einzelstudien zählen Mustafa

Aksakal, *The Ottoman Road to War in 1914. The Ottoman Empire and the First World War*, Cambridge 2008; für Iran Touraj Atabaki (Hg.), *Iran and the First World War*, London 2006. Exzellent dokumentiert ist Stefan Reichmuth, »Der Erste Weltkrieg und die muslimischen Republiken der Nachkriegszeit«, in: *Geschichte und Gesellschaft* 40 (2014), S. 184–213. Den gesamten Mittelmeerraum erfassen Olaf Farschid, Manfred Kropp, Stephan Dähne (Hg.), *The First World War as Remembered in the Countries of the Eastern Mediterranean*, Beirut, Würzburg 2006. Ganz auf die europäischen Akteure konzentriert ist David Fromkin, *A Peace to End All Peace. Creating the Modern Middle East 1914–1922*, London 1989.

Übergreifende Aspekte behandeln Reinhard Schulze, *Geschichte der islamischen Welt im 20. Jahrhundert*, München 1994 und Helmut Mejcher, *Die Politik und das Öl im Nahen Osten*. 2 Bde., Stuttgart 1980.

Zum »**Bevölkerungsaustausch**« liegen mehrere gute Studien vor: Renée Hirschon (Hg.), *Crossing the Aegean. An appraisal of the 1923 Compulsory Population Exchange between Greece and Turkey*, Oxford 2003; Onur Yildirim, *Diplomacy and Displacement. Reconsidering the Turco-Greek Exchange of Populations, 1922–1934*, New York 2007; Andrew Mango, »Turkey Old and New. Part II«, in: *Middle Eastern Studies* 48 (2012) 4, S. 647–666. Am Beispiel Izmirs sind Konvivialität und Konflikt gut untersucht: Hervé Georgelin, *La fin de Smyrne. Du cosmopolitisme aux nationalismes*, Paris 2005

Die Literatur zu **Vertreibung und Vernichtung der kleinasiatischen Christen** ist in den letzten Jahren enorm angewachsen. Zu den wichtigsten Arbeiten zählen die zahlreichen Veröffentlichungen des türkischen Historikers Taner Akçam, insbesondere *A Shameful Act. The Armenian Genocide and the Question of Turkish Responsibility*, New York 2006, und *The Young Turks' Crime Against Humanity. The Armenian Genocide and Ethnic Cleansing in the Ottoman Empire*, Princeton 2012; kritisch dazu Mihran Dabagh, »Katastrophe und Identität. Verfolgung und Erinnerung in der armenischen Gemeinschaft«, in: Hanno Loewy, Bernhard Moltmann (Hg.), *Erlebnis – Gedächtnis – Sinn. Authentische und konstruierte Erinnerung*, Frankfurt am Main 1996, S. 177–235. Unverzichtbar sind Hans-Lukas Kieser, *Der verpaßte Friede. Mission, Ethnie und Staat in den Ostprovinzen der Türkei 1839–1938*, Zürich 2000; Ronald Grigor Suny, Fatma Müge Göçek, Norman M. Naimark (Hg.), *A Question of Genocide. Armenians and Turks at the End of the Ottoman Empire*, Oxford 2011; David Gaunt, *Massacres, Resistance, Protectors. Muslim-Christian Relations* *in Eastern Anatolia During World War I*, Piscataway NJ 2006 und Ryan Gingeras, *Sorrowful Shores. Violence, Ethnicity, and the End of the Ottoman Empire, 1912–1923*, Oxford 2009.

IV Identität und Emanzipation im 20. Jahrhundert

Zu **Mustafa Kemal Atatürk und der modernen Türkei** ist viel publiziert worden, zu empfehlen sind namentlich Eric Jan Zürcher, *Turkey. A Modern History*, London 1993; Touraj Atabaki, Erik J. Zürcher (Hg.), *Men of Order. Authoritarian Modernization under Atatürk and Reza Shah*, London 2004, und Klaus Kreiser, *Atatürk. Eine Biographie*, München 2008.

Aus der gleichfalls reichen Literatur zu **Arabismus, Patriotismus und arabischem Nationalismus** stechen hervor: Hasan Kayalı, *Arabs and Young Turks. Ottomanism, Arabism, and Islamism in the Ottoman Empire, 1908–1918*, Berkeley 1997; Rashid Khalidi u. a. (Hg.), *The Origins of Arab Nationalism*, New York 1991; Israel Gershoni, James P. Jankowski (Hg.), *Rethinking Nationalism in the Arab Middle East*, New York 1997, und Israel Gershoni, James P. Jankowski, *Egypt, Islam, and the Arabs. The Search for Egyptian Nationhood, 1900–1930*, New York, Oxford 1986.

Zum antikolonialen Kampf vgl. exemplarisch Reinhard Schulze, *Die Rebellion der ägyptischen Fallahin. Zum Konflikt zwischen der agrarisch-orientalischen Gesellschaft und dem kolonialen Staat*, Berlin 1981; Michael Provence, *The Great Syrian Revolt and the Rise of Arab Nationalism*, Austin 2005, und die oben (Kolonialismus und Widerstand) genannten Arbeiten zum Maghreb von Anderson, McDougall und Rivet.

Albert Houranis Klassiker *Arabic Thought in the Liberal Age, 1798–1939*, Oxford 1962, ²Cambridge 1983 wird mittlerweile recht kritisch gesehen; so etwa Christoph Schumann (Hg.), *Liberal Thought in the Eastern Mediterranean. Late 19ᵗʰ Century until the 1960 s*, Leiden 2008, und ders. (Hg.), *Nationalism and Liberal Thought in the Arab East. Political Practice and Experience*, London 2010.

Zur **neuen Mittelschicht** und der **Efendiyya** liegen mehrere interessante Arbeiten vor: für den syrisch-irakischen Raum Walid M. S. Hamdi, *Rashid Ali al-Gailani and the Nationalist Movement in Iraq 1939–1941*, London 1987; Christoph Schumann, *Radikalnationalismus in Syrien und Libanon. Politische Sozialisation und Elitenbildung, 1930–1938*, Hamburg 2003, und, mit anderem zeitlichen und thematischen Fokus, Keith Watenpaugh, *Being Modern in the Middle East. Revolution, Nationalism, Colonialism, and the Arab Middle Class*, Princeton 2006; für Ägypten James P. Jankowski, *Egypt's Young Rebels: »Young Egypt«, 1933–1952*, Stanford 1975; Wilson Chacko Jacob, *Working Out Egypt. Effendi Masculinity and Subject Formation in Colonial Modernity, 1870–1940*, Durham, London 2011, und Lucie Ryzova, *The Age of the Effendiyya. Passages to Modernity in National-Colonial Egypt*, Oxford 2014.

Die Debatte um **Faschismus und Antisemitismus** ist erwartungsgemäß lebhaft: Überblicke bieten Gudrun Krämer (Hg.), *Anti-Semitism in the Arab World* (= *Die Welt des Islams*, 46, 2006, 3); Gerhard Höpp, Peter Wien, René Wildangel (Hg.), *Blind für die Geschichte? Arabische Begegnungen mit dem Nationalsozialismus*, Berlin 2004; Israel Gershoni, James Jankowski, *Confronting Fascism in Egypt. Dictatorship versus Democracy in the 1930s*, Stanford 2010 und Götz Nordbruch, *Sympathie und Schrecken. Begegnungen mit Faschismus und Nationalsozialismus in Ägypten, 1922–1937*, Berlin 2011. Zu Amin al-Husaini sind grundlegend: Gerhard Höpp, »Der Gefangene im Dreieck. Zum Bild Amin al-Husseinis in Wissenschaft und Publizistik seit 1941. Ein bio-bibliographischer Abriß«, in: Rainer Zimmer-Winkel (Hg.), *Eine umstrittene Figur: Hadj Amin al-Husseini, Mufti von Jerusalem*, Trier 1999, S. 5–23; Philip Mattar, *The Mufti of Jerusalem: al-Hajj Amin al-Husayni and the Palestinian Arab National Movement*, New York [2]1992 und René Wildangel, *Zwischen Achse und Mandatsmacht. Palästina und der Nationalsozialismus*, Berlin 2008.

Zur **Muslimbruderschaft bis 1952** sind die Klassiker Richard P. Mitchell, *The Society of the Muslim Brothers*. New ed. New York, Oxford 1993, und Brynjar Lia, *The Society of the Muslim Brothers in Egypt. The Rise of an Islamic Mass Movement 1928–1942*, Reading 1998; auf die Gründerfigur konzentriert sich Gudrun Krämer, *Hasan al-Banna*, Oxford 2010.

Zu den **linken und nationalen Bewegungen** liegt exemplarisch die monumentale Studie von Hanna Batatu vor: *The Old Social Classes and the Revolutionary Movements of Iraq. A Study of Iraq's Old Landed and Commercial Classes and of its Communists, Ba'thists, and Free Officers*, Princeton 1978.

Die Literatur zu **Palästina, Israel und dem Nahostkonflikt** ist unüberschaubar. Für die historische Entwicklung bis 1948 verweise ich auf meine Monographie *Geschichte Palästinas*, [6]München 2015, mit den dort enthaltenen Literaturhinweisen; für die neuere Zeit auch auf Ilan Pappe, *A History of Modern Palestine. One Land, Two Peoples*, Cambridge [2]2006.

Zu den arabischen **Militärregimen** vgl. Samir al-Khalil (pseud. für Kanan Makiya), *Republic of Fear. Saddam's Iraq*, London 1989 und ders., *The Monument. Art, Vulgarity and Responsibility in Iraq*, London 1991; Amatzia Baram, *Culture, History & Ideology in the Formation of Ba'thist Iraq, 1968–89*, London 1991, und ders., *Saddam Husayn and Islam, 1968–2003. Ba'thi Iraq from Secularism to Faith*, Washington, D. C. 2014, sowie Achim Rohde, *State-Society Relations in Ba'thist Iraq. Facing Dictatorship*, London 2010; politikgeschichtlich angelegt sind Nikolaos van Dam, *The Struggle for Power in Syria*, New York 1979 und Patrick Seale, *Asad. The Struggle for the Middle East*, Berkeley, Los Angeles 1988; theoretisch deutlich anspruchsvoller Lisa Wedeen, *Ambiguities of Domination. Politics, Rhetoric, and Symbols in Contemporary Syria*, Chicago 1999.

Die Literatur zur **iranischen Revolution von 1978/79** ist umfangreich. Zu den Referenzwerken zählen Michael M. J. Fischer, *Iran. From Religious Dispute to Revolution*, Cambridge, Mass., London 1980, und Said Amir Arjomand, *The Turban for the Crown. The Islamic Revolution in Iran*, New York, Oxford 1988; für die intellektuellen und sozialen Hintergründe sind wichtig Roy Mottahedeh, *The Mantle of the Prophet. Religion and Politics in Iran*, New York 1985 und Hamid Dabashi, *Theology of Discontent. The Ideological Foundation of the Islamic Revolution in Iran*, New York, London 1993.

Der **Islamismus** hat eine eigene Industrie hervorgebracht. Unterschiedliche Facetten beleuchten Gilles Kepel, *Der Prophet und der Pharao. Das Beispiel Ägypten*, Zürich, München 1995; Güneş Murat Tezcür, *Muslim Reformers in Iran and Turkey. The Paradox of Moderation*, Austin 2010, und John Calvert, *Sayyid Qutb and the Origins of Radical Islam*, Kairo 2011. Das vieldiskutierte Phänomen des Salafismus behandeln Bernard Rougier (Hg.), *Qu'est-ce que le Salafisme?*, Paris 2008; Roel Meijer (Hg.), *Global Salafism. Islam's New Religious Movement*, London 2009 und Behnam T. Said, Hazim Fouad, *Salafismus. Auf der Suche nach dem wahren Islam*, Freiburg 2014; zum »Post-Islamismus« Asef Bayat (Hg.), *Post-Islamism. The Changing Faces of Political Islam*, Oxford 2013.

Die **Arabellion** (»Arabischer Frühling«) hat eine Flut von Veröffentlichungen nach sich gezogen. Seriös sind Annette Jünemann, Anja Zorob (Hg.), *Arabellions. Zur Vielfalt von Protest und Revolte im Nahen Osten und Nordafrika*, Wiesbaden 2013 und Fawas A. Gerges (Hg.), *The New Middle East. Protest and Revolution in the Arab World*, Cambridge 2014.

Glossar

adab (arab.) angemessenes, kultiviertes Benehmen, oft gruppen-
spezifisch; dazugehörige Unterweisungsliteratur; allgemein schön-
geistige und belehrende Literatur

ahl al-kitab (arab.: [monotheistische] Schriftbesitzer) vor allem Juden
und Christen, bei manchen islamischen Religions- und Rechtsgelehrten
auch die Zoroastrier und die schwer zu identifizierenden Sabier

Ahmadiyya (arab.; oft auch Qadiyaniyya) religiöse Gemeinschaft, die
sich im Punjab aus Anhängern des Mirza Ghulam Ahmad (1839–1908)
bildete und selbst als muslimisch versteht, von vielen Sunniten und
Schiiten jedoch als häretisch bzw. nichtislamisch bezeichnet wird

Aleviten (eingedeutscht, Bezug auf Ali b. Abi Talib) aus dem Milieu der
Kızılbaş hervorgegangene religiöse Gemeinschaft mit Schwerpunkt
heutige Türkei, die sich je nach Kontext als muslimisch oder als
eigenständige Religionsgemeinschaft versteht

Askeri (osman., von arab. *'askari*: Krieger, Soldat) im Osmanischen
Reich die steuerbefreiten, vielfach mit hoheitlichen Aufgaben betrauten
Untertanen des Sultans

Ayan (osman., von arab. *a'yan*, Sing. *'ain*, hier: herausgehobene Person)
Notabeln

b. Abkürzung für arab. *ibn*: »Sohn des«

baba (türk. Vater) im 13.–15. Jahrhundert muslimische Prediger, Lehrer
und Heiler vor allem in Kleinasien und Südosteuropa, die von Zeitgenossen als Heilige verehrt oder als Häretiker verurteilt wurden

Babi Anhänger des Sayyid Ali Muhammad, genannt der Bab (arab. Tor,
hingerichtet 1850)

Bahai (Baha'i) Anhänger des Mirza Husain Ali Nuri Baha'ullah
(1817–1892), die sich aus einem iranisch-schiitischen Milieu zu einer
eigenständigen, weltweit agierenden Religionsgemeinschaft entwickelten

Bey (arab., türk.) ziviler und militärischer Titel

bid'a (arab.) aus islamischer Sicht unzulässige Neuerung

Celali (osman., arab. Jalali; verweist wohl auf Scheich Celal) Aufständische im Osmanischen Reich des ausgehenden 16. und des 17. Jahrhunderts

Çelebi (osman.) im Osmanischen Reich Titel gebildeter Personen

dar al-islam (arab.: Haus des Islam) islamischer Herrschaftsbereich

daula (arab.: Drehung) Dynastie, heute: Staat

Derwisch (pers. *dervish*: arm) frommer Mann, oft ein Sufi oder Asket

dhikr (arab.) vor allem sufische Praktik des Gottesgedenkens

Dhimmi (Schutzbefohlener, von arab. *dhimma*: Schutz) unter dem Schutz der muslimischen Gemeinschaft bzw. eines muslimischen Fürsten oder Stammesführers stehender Nichtmuslim, meist ein monotheistischer Schriftbesitzer

Drusen (von arab. *duruz*: Anhänger des Darzi) religiöse Gemeinschaft, die sich im heutigen Libanon seit dem 11. Jahrhundert aus Anhängern des ismailitischen Kalifen al-Hakim bi-Amri 'llah entwickelte und je nach Umständen als muslimisch versteht oder auch nicht

Efendi (osman.) im 16. Jahrhundert Titel hochrangiger muslimischer Religions- und Rechtsgelehrter, seit dem 19. Jahrhundert Bezeichnung für Angehörige der städtischen, westlich gebildeten Mittelschichten; daraus abgeleitet Efendiyya

fasad (arab.) Korruption, vor allem in religiös-moralischer Hinsicht

Fatwa (arab.) islamisches Rechtsgutachten

Fiqh (arab., abgeleitet von »verstehen«) islamisches Juristenrecht

fitna (arab.) Versuchung, Störung der Ordnung

futuwwa (arab.: Männlichkeit, männliche Tugend, türk. *fütüvet*) Ethos von Jungmännerbünden, häufig ausgeweitet auf die Jungmännerbünde selbst

ghazwa (arab., türk. *gaza*) Überfall, Razzia

ghazi (arab., türk. *gazi*) Kämpfer für den Islam, in der Moderne auch für das Vaterland

ghulam (arab., pers., türk.) junger Mann, Knabe, häufig hellhäutiger männlicher Sklave

Hadith (arab.: Erzählung, Bericht) Überlieferung von den Handlungen und Aussprüchen des Propheten Muhammad

hajj (arab.) islamische Pilgerfahrt nach Mekka und Medina

Harem (türk., von arab. *haram*: tabu, verboten) i. d. R. Frauentrakt

innerhalb eines größeren Hauses oder Palastes und die darin lebenden
Frauen

hauza   (arab., pers. *houze*) schiitischer Lehrzirkel, schiitische Hochschule

hijra   (arab.) die auf das Jahr 622 n. Chr. datierte Übersiedelung des
Propheten Muhammad und seiner Anhänger von Mekka nach Medina,
Beginn der islamischen Zeitrechnung

hudud   (arab.: Schranken, Grenzen, Sing. *hadd)* islamische kanonische
Körperstrafen

Ibaditen   ursprünglich aus der kharijitischen Bewegung des 7. und
8. Jahrhunderts hervorgegangene muslimische Gemeinschaft mit
Schwerpunkt in Oman und der zentralalgerischen Oasenregion M'zab

Ijtihad   (arab., abgeleitet von »sich bemühen«) eigenständige, auf die
normativen Quellen des Koran und der Prophetentradition gestützte
Rechtsmeinung, allgemeiner Rechtsentwicklung

Ilmiyye   (osman., abgeleitet von arab. *'ilm*: religiös relevantes Wissen)
Hierarchie der sunnitischen Richter und Madrasa-Professoren im
Osmanischen Reich

Imam   (arab.: der vorne steht) u. a. Vorbeter; religiöses, gelegentlich
auch politisches Oberhaupt einer muslimischen Gemeinschaft; bei den
Schiiten ausgewählte männliche Nachkommen Muhammads und Alis
aus dessen Ehe mit der Prophetentochter Fatima

Imamiten   (abgeleitet von Imam) Zwölferschiiten

Ismailiten   Bezug auf Ismail b. Musa, einen Sohn des sechsten zwölferschiitischen Imam Ja'far as-Sadiq, daher auch Siebenerschia

Jahiliyya   (arab., von *jahil*: unwissend) vorislamische Ära; heute allgemeiner Zustand der Unwissenheit bzw. Leugnung Gottes und des Islam

Jihad   (arab., abgeleitet von »sich bemühen«) Anstrengung auf dem Wege
Gottes, auch bewaffneter Kampf für den Islam

Jizya   (koranischer Begriff umstrittener Herkunft) von Nichtmuslimen
im islamischen Herrschaftsbereich zu entrichtende Kopfsteuer

Kaaba   (arab. *ka'ba*) würfelförmiges vorislamisches und islamisches
Heiligtum in Mekka

Kadi   (türk. *kadı*, von arab. *qadi*) Richter, im Osmanischen Reich
Magistrat mit weitgefassten Aufgaben

Käfig   (türk. *kafes*) im 17. und frühen 18. Jahrhundert gefängnisartiger
Aufenthaltsort osmanischer Prinzen innerhalb des Istanbuler Topkapı-Palastes

kafa'a   (arab.) Ebenbürtigkeit der Ehepartner gemäß islamischem Recht

Kalif (von arab. *khalafa*: nachfolgen, hinter jemandem oder etwas stehen) Nachfolger des Propheten Muhammad als Oberhaupt der muslimischen Gemeinschaft, mit gewissen religiös relevanten Kompetenzen, aber ohne prophetische Sendung

Kanun (arab., osman., von griech. *kanon*) Gesetz, insbes. vom Sultan gesatztes Recht

Kanunname (osman.-pers.) sultanisches Gesetzbuch

Kapitulationen nach ihren einzelnen Kapiteln benannte Handelsverträge zwischen muslimischen und nichtmuslimischen Herrschern

Khasseki (osman. von arab. *khass*, türk. *has*: eigen, privat; türk. Haseki) Titel osmanischer Sultansgattinnen

khums (arab.: Fünftel, Fünfter) Abgabe schiitischer Gläubiger analog zur Zakat der Sunniten

Kızılbaş (türk.: Rotköpfe, oft auch Qizilbash) vor allem turkmenische Anhänger Scheich Safi ad-Dins und der Safaviden

Knabenlese (türk. *devşirme*: Einsammeln) Zwangsrekrutierung christlicher Knaben für den Sultansdienst vor allem in den südosteuropäischen Territorien des Osmanischen Reiches

Konkubinat (von lat. *concubinatus*: Beischlaf) nach islamischem Recht die sexuelle Beziehung zwischen einem Mann und seiner Sklavin, die formell geregelt, aber nicht auf Dauer angelegt ist

Kopten (von griech. *aygyptos*: Ägypter) indigene ägyptische Christen, mehrheitlich Angehörige der monophysitischen koptisch-orthodoxen Kirche

Korsar (von italien. *corso*: Gefecht, Schlacht) Pirat, i. d. R. ausgestattet mit einem Frei- oder Kaperbrief

kul (türk.) Sklave, im osmanischen Kontext auch Pfortensklave

kuloghlu (türk.: Söhne von *kul*) soziale Gruppe der Nachkommen von (Pforten-)Sklaven

madhhab (arab., abgeleitet von »gehen«) islamische Rechtsschule. Allgemein anerkannt sind im sunnitischen Islam seit der Frühen Neuzeit die nach prominenten Rechtsgelehrten benannten Hanafiten, Hanbaliten, Malikiten und Schafiiten. Gelegentlich werden die Zwölferschiiten mit Bezug auf den siebten zwölferschiitischen Imam Ja'far as-Sadiq (gest. 765) als Ja'fariten bezeichnet

Madrasa (arab., abgeleitet von »lehren« und »lernen«; türk. Medrese) höhere islamische Lehranstalt, Hochschule

Mahdi (arab.: der Rechtgeleitete) bezeichnet oft eine endzeitliche

Erlöserfigur oder dessen Vorläufer; nach zwölferschiitischer Lehre der
im 9. Jahrhundert in die Verborgenheit entrückte Zwölfte Imam, der am
Ende der Zeit wiederkehren wird

Makhzen   (arab. *makhzan*: Speicher) Zentralverwaltung bzw. -regierung
im Sultanat Marokko

malikane   (pers.-arab. Mischbegriff) dauerhafter, eigentumsähnlicher
Anspruch auf Einkünfte aus einer Steuerpacht

Mamluk   (arab.: etwas, das man besitzt, Eigentum) freigelassener hellhäutiger Militärsklave, meist türkischer oder tscherkessischer Herkunft

miri   (von arab. *amir*: Befehlshaber, Fürst) »dem Fürsten gehörend«,
Staatsland

Mufti   (arab.) islamischer Rechtsgutachter

Muhtasib   (arab.) Marktaufseher

Mujtahid   (arab., abgeleitet von »sich bemühen«) zum Ijtihad befähigter
islamischer Rechtsgelehrter

Mulla   (wahrscheinlich von arab. *maula*: Herr) zwölferschiitischer
Religions- und Rechtsgelehrter

Nizam-i cedid   (osman., arab. *nizam jadid*: neue Ordnung) seit dem
ausgehenden 18. Jahrhundert nach modernen, anfangs erkennbar europäischen Methoden gedrillte und ausgerüstete militärische Einheiten,
oft einfach: Nizami-Truppen

Patrimonialismus   (von lat. *patrimonium*: Eigentum des Vaters) politische
Ordnung, in der die Träger der Hoheitsgewalt aus dem Haushalt des
Fürsten kommen

Pfortensklaven   (osman. *kapu* oder *kapı kulları*) von ihrem Rechtsstatus
her unfreie Angehörige der steuerbefreiten Gruppe der Askeri

Reaya   (osman., von arab. *ra'iyya*: Herde) steuerpflichtige Untertanen
eines muslimischen Herrschers, hier des osmanischen Sultans

Reis   (osman. *re'is*, von arab. *ra'is*: Kopf) im osmanischen Kontext Kapitän

Rum   (arab., türk.) Römer, Byzantiner; im Arabischen Bezeichnung für
Angehörige der griechisch-orthodoxen Kirche

salaf salih   (arab.: rechtschaffene, fromme Vorgänger) erste Generationen
der Anhänger Muhammads

Salafi(st)   (arab.) Muslim, der sich um die getreue Nachahmung der *salaf
salih* bemüht

Salafiyya   (arab.) sunnitisch-arabischer Reformzirkel des ausgehenden
19. und beginnenden 20. Jahrhunderts, nicht identisch mit den heutigen
Salafis oder Salafisten

Safawiyya (arab.) Anhänger des Scheichs Safi ad-Din (um 1251 bis 1334) und deren Nachkommen

Sayyid (arab.) allgemein Herr; oft Nachfahre des Propheten Muhammad (alternativ *sharif*: Edler, Pl. *ashraf* oder *shurafaʾ*, im Maghreb auch *chorfa*)

Scharia (arab.) islamische Rechts- und Werteordnung, islamisches Gesetz

Scharif in westlichen Quellen häufig Hinweis auf den Emir von Mekka; s. o. Sayyid

Schia, Schiit (von arab. *shiʿat ʿAli*: Partei Alis) Anhänger des Ali b. Abi Talib (gest. 661) mit eigenen religiösen und politischen Lehren und Praktiken

Schreinstädte (arab. *ʿatabat*: Schwellen) die zwölferschiitischen Zentren Najaf, Kerbela und Kazimain im heutigen Irak

Schutzbefohlener s. Dhimmi

Şeihülislam (osman., arab. *shaykh al-islam*) Mufti von Istanbul, seit dem 16. Jahrhundert oberster hanafitischer Rechtsgelehrter des Osmanischen Reiches

Sipahi (osman., von pers. *sipah*: Armee) Angehöriger der osmanischen Provinzreiterei

Sufi (abgeleitet wohl von arab. *suf*: Wolle) muslimischer Mystiker

Sultan arabisch-türkischer Herrschertitel; dem Eigennamen nachgestellt: Titel weiblicher Angehöriger des osmanischen Hauses

Sunna (arab.) vorbildliche Praxis des Propheten Muhammad, Prophetentradition

Sunnit (arab. *sunni, ahl as-sunna wal-jamaʿa*) jeder, der der Sunna des Propheten Muhammad folgt; konkret Angehöriger der muslimischen Mehrheitsströmung

takfir (arab., abgeleitet von *kufr*: Undankbarkeit, Unglaube) (einen Muslim) für ungläubig erklären und aus der Gemeinschaft ausschließen, »exkommunizieren«

Tanzimat (arab.: Anordnungen, Regelungen) osmanische Reformperiode 1839–1876/78

tauhid (arab., abgeleitet von *wahada*: allein, einzig sein) islamische Lehre von der Einheit Gottes, in Abgrenzung u. a. von der christlichen Dreifaltigkeitslehre

Timar (osman.: Zuwendung) Pfründe, vor allem an Sipahis vergeben

tribal stammesmäßig

Tulpenära moderner Begriff für die Jahre 1718–1730, ein Abschnitt in der Regierungszeit des osmanischen Sultans Ahmed III.

Turkmenen muslimische turksprachige Nomaden und Halbnomaden

Ulama (arab. *'ulama'*, Singl. *'alim*, abgeleitet von arab. *'ilm*: religiös relevantes Wissen) islamische Religions- und Rechtsgelehrte

Wahhabiten (arab., eingedeutscht) anfänglich Fremdbezeichnung für die Anhänger des Muhammad b. Abd al-Wahhab (1703–1792), heute auch in Saudi-Arabien weithin als Eigenbezeichnung übernommen

Waqf (arab., abgeleitet von »anhalten«, »stehenbleiben«; Pl. *auqaf*) fromme Stiftung

Wesir (arab. *wazir*) »Minister« eines muslimischen Fürsten

Yeshiva (hebr., abgeleitet von »sitzen«) höhere jüdische Religionsschule

Zaiditen (arab., Bezug auf Zaid b. Ali, einen 740 hingerichteten Nachkommen Muhammads und Alis) Fünferschiiten

Zakat (arab., abgeleitet von »reinigen«) islamische Almosenpflicht oder -steuer

Zoroastrier Anhänger des iranischen Religionsstifters Zarathustra (arab. *majus*: Magier)

Schaubild Islamische Strömungen

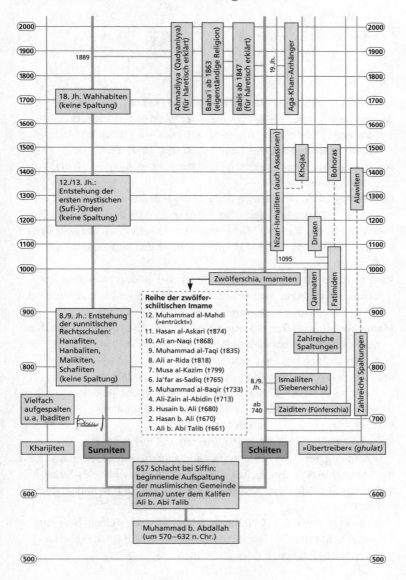

Dynastien und Stammesverbände

Abbasiden   arabisch-muslimische Dynastie (Kalifat), reg. 750–1258

Ak Koyunlu   (türk.: Weiße Hammel oder Widder) turkmenische Stammeskonföderation, reg. 1396–1508 in Ostanatolien und Iran; größte Ausdehnung unter Uzun Hasan (reg. 1457–1478)

Ayyubiden   sunnitisch-arabische Dynastie, reg. in Ägypten 1169/1171 bis 1250, in Syrien bis 1260

Dhulkadir   (türk. Dulkader, von arab. Dhu l-Qadir) 1522 von den Osmanen erobertes turkmenisches Fürstentum oder Beylik in Anatolien

Il-Khane   (mongol.-türk.) Nachkommen des Dschingis Khan über dessen Enkel Hülägü, reg. 1256–1335 in Iran, Anatolien und angrenzenden Gebieten

Kara Koyunlu   (türk.: Schwarze Hammel oder Widder) turkmenische Stammesföderation, reg. von der zweiten Hälfte des 14. Jahrhunderts bis 1469 in Ostanatolien, Nordirak, Nord- und Zentraliran

Mamluken   (arab.) freigelassene Militärsklaven überwiegend türkischer oder tscherkessischer Herkunft, reg. 1250–1516/1517 in Ägypten, Syrien und abhängigen Gebieten

Moguln   (abgeleitet von Mongole) eroberten 1511/25 unter dem aus Herat vertriebenen Timuridenprinzen Babur große Teile des indischen Subkontinents, reg. bis in die Mitte des 19. Jahrhunderts

Pahlavi   Dynastie, reg. in Iran 1925–1979

Qajaren   zwölferschiitischer Stammesverband turkmenischer Abstammung, reg. 1779–1925 in Iran und angrenzenden Gebieten

Rum-Seldschuken   »römische«, d.h. hier kleinasiatische Seldschuken

Safaviden   (s. Safawiyya, Kızılbaş) reg. 1501–1722 in Iran und angrenzenden Gebieten

Seldschuken   nach dem Clanführer Seldschuk (türk. Selcuk) benannter türkisch-sunnitischer Familienverband, der 1055 Bagdad eroberte; regierten neben dem Kalifen als Sultane

Timuriden Nachkommen des turko-mongolischen Eroberers Timur
(gest. 1405), reg. 1405–1507 im Raum zwischen dem heutigen
Afghanistan, Usbekistan, Iran, Irak, der Osttürkei und Georgien

Usbeken turko-mongolische, sunnitische Stammeskonföderation, die
sich auf Dschingis Khan zurückführte und in der Nachfolge der
Timuriden im 15. Jahrhundert Transoxanien und angrenzende
Gebiete beherrschte

Zeittafel

1453	Der osmanische Sultan Mehmed II. erobert Konstantinopel.
1475	Das Khanat der Krimtataren unter der Familie der Giray wird tributpflichtig.
1501	Die Kızılbaş unter dem Safaviden Ismail nehmen Täbriz ein und erobern bis 1512 Iran und Teile des Iraks
1514	Schlacht von Çaldıran: osmanischer Sieg über die Safaviden
1515	Die Portugiesen besetzen die Insel Hormuz im Persischen Golf.
1516	Schlacht von Marj Dabiq. Nach ihrem Sieg über die Mamluken besetzen die Osmanen Syrien.
1517	Die Osmanen siegen bei Kairo über die Mamluken und besetzen Ägypten. Ende der Mamlukenherrschaft und des abbasidischen Schattenkalifats. Der Emir von Mekka unterstellt sich dem Sultan.
1521	Belgrad kapituliert.
1522	Die Osmanen erobern die Insel Rhodos. Der Johanniter-Orden übersiedelt 1530 nach Malta.
1526	Schlacht von Mohácz; bis 1541 Eroberungen in Ungarn
1529	Die Osmanen belagern Wien.
1534/35	Kampagne der zwei Irak; die Osmanen erobern Bagdad.

1538	Heilige Liga
1538	In der Seeschlacht von Preveza siegen die Osmanen über die Flotte der Heiligen Liga unter Andrea Doria.
1555	Friede von Amasya zwischen dem Osmanischen und dem Safavidischen Reich
1569	Erster rechtskräftiger osmanischer Handelsvertrag (»Kapitulationen«) mit Frankreich
um 1570	Die Osmanen erobern größere Teile des Jemens, der sich in den 1630er Jahren wieder befreit.
1570–1571	Die Osmanen erobern Zypern, unterliegen in der Seeschlacht von Lepanto jedoch der Flotte der Heiligen Liga unter Juan d'Austria.
1574	Die Osmanen erobern endgültig Tunis.
1590er Jahre	Beginn der Celali-Aufstände in Kleinasien, die bis 1608 weitgehend niedergeschlagen werden.
1593–1606	»Langer Krieg« zwischen Habsburg und dem Osmanischen Reich; 1606 Vertrag von Zsitvatorok
1604	Schah Abbas lässt Tausende von Armeniern umsiedeln; Gründung von Neu-Julfa.
1622	Ermordung Sultan Osmans II.; erster Königsmord in der osmanischen Geschichte
1638	Die Osmanen erobern das 1623 von den Safaviden eingenommene Bagdad zurück; 1639 Friedensvertrag von Qasr-i Shirin (Zuhab)
1669	Die Osmanen schließen die Eroberung Kretas ab.
1683	Die Osmanen belagern Wien und unterliegen in der Schlacht am Kahlenberg.
1683–1699	»Langer Krieg« zwischen Österreich, Polen und dem Osmanischen Reich; 1699 Friede von Karlowitz, die Osmanen verlieren Belgrad und Ungarn.
1684	Heilige Liga
1718	Friede von Passarowitz

1722	Der afghanische Stammesverband der Ghilzay erobert große Teile Irans und beendet die safavidische Herrschaft.
1728–1746	Druckerpresse des Ibrahim Müteferrika in Istanbul
1730	Aufstand des Patrona Halil; Ende der sogenannten Tulpenära
1736–1747	Nadir Schah regiert Iran, Feldzüge nach Nordindien und im Kaukasus.
1749	Mamluken regieren in Bagdad weitgehend autonom (bis 1831).
1745	Bündnis zwischen Muhammad b. Abd al-Wahhab und Al Saʿud
1768–1770	Osmanisch-russischer Krieg; 1770 Vernichtung der osmanischen Flotte bei Çeşme
1774	Friede von Küçük Kaynarca mit Russland. Die Osmanen verlieren die Krim, die Russland 1783 annektiert; der Zar beansprucht den Schutz orthodoxer Christen im Osmanischen Reich.
1779	Die Qajaren erobern größere Teile Irans
1794/96	Aufstellung der ersten osmanischen Nizami-Einheiten (nizam-i cedid)
1798–1801	Eine französische Armee unter Napoleon Bonaparte besetzt Ägypten (»Französische Expedition«).
1801–1813	Erster russisch-iranischer Krieg, große Gebietsverluste der Qajaren im Kaukasus
1802/06	Die Wahhabiten besetzen Kerbela und Mekka.
1808	Sened-i Ittifak
1811	Muhammad Ali vernichtet die Mamluken in Kairo.
1811–1818	Ein ägyptisches Heer zerschlägt im Auftrag des Sultans den ersten saudischen Staat.
1821–1830	Griechischer Unabhängigkeitskrieg

1826	Vernichtung der Janitscharen in Istanbul (»wohltätiges Ereignis«)
1827	Niederlage der osmanischen Flotte bei Navarino
1830	Frankreich besetzt Algier und beginnt mit der Eroberung Algeriens.
1831–1840	Ägyptische Truppen besetzen Syrien; 1840 Konvention von London.
1839	Hatt-i şerif von Gülhane, Beginn der Tanzimat-Ära (bis 1876/78)
1853–1860	Krimkrieg zwischen Russland und dem Osmanischen Reich
1856	Hatt-i hümayun (imperiales Reformedikt)
1860	Massaker an Christen in Damaskus; 1861 Règlement organique für das Libanon-Gebirge
1861	Ahmed Bey von Tunis oktroyiert eine Verfassung (1864 aufgehoben).
1864	Reform der osmanischen Provinzverfassung
1869	Beginn der zweiten osmanischen Eroberung des Jemens
1869	Eröffnung des Suezkanals
1875	Staatsbankrott in Ägypten und im Osmanischen Reich; Verkauf der Suezkanalaktien an Großbritannien; 1881 Einrichtung der Administration de la dette publique ottomane
1876	Verkündung einer osmanischen Verfassung; 1877 Parlamentswahlen. 1878 suspendiert Sultan Abdülhamid II. Parlament und Verfassung, Beginn der hamidischen Ära
1877–1878	Russisch-osmanischer Krieg; 1878 Berliner Vertrag. Zypern wird »vorübergehend« an Großbritannien abgetreten.
1878	Österreich-Ungarn besetzt Bosnien und die Herzegowina.

1879	Aufstellung der Kosakenbrigade in Iran
1881	Frankreich okkupiert Tunis und errichtet das Protektorat Tunesien.
1881	'Urabi-Revolte in Ägypten
1882	Die Briten besetzen Ägypten.
1882	Erste zionistische Siedlung in Palästina
ab 1889	formiert sich die Gruppe der Jungtürken, Komitee für Einheit und Fortschritt
1891–1892	Tabakboykott in Iran
1898	Niederschlagung des Mahdi-Aufstands im Sudan durch anglo-ägyptische Truppen
1899	Schutzvertrag zwischen Großbritannien und dem Emir von Kuwait
1905–1911	Verfassungsbewegung in Iran; 1906 Parlaments- wahlen; 1907 Verfassungszusätze
1907	Der britische König und der russische Zar ver- ständigen sich in Reval über ihre Interessensphären in Iran.
1908	Die Jungtürkische Revolution erzwingt die Wiedereinsetzung von Parlament und Verfassung.
1909	Eine »Konterrevolution« scheitert, der Sultan wird abgesetzt.
1911–1913	Italienische Invasion der Provinz Tripoli (Libyen)
1912	Frankreich errichtet Protektorat über Marokko.
1912	Erster Balkankrieg
1913	Das Triumvirat von Cemal, Enver und Talat übernimmt die Macht in Istanbul. Zweiter Balkankrieg
1914	Das Osmanische Reich tritt in den Ersten Welt- krieg ein, Iran erklärt sich für neutral. London erklärt Ägypten zum Protektorat.

1915–1916	Völkermord an den Armeniern und anderen kleinasiatischen Christen
1915–1916	Husain-McMahon-Korrespondenz, 1916 arabischer Aufstand
1916	Sykes-Picot-Abkommen
1917	Balfour-Erklärung
1918	Waffenstillstand von Mudros
1918	Arabische Nationalisten proklamieren in Damaskus einen arabischen Staat.
1919	Nationale Revolution in Ägypten, Gründung der Wafd-Partei
1920	Konferenz von San Remo; Einrichtung von Völkerbundsmandaten
1919–1922	Türkischer Befreiungskrieg
1920	Vertrag von Sèvres
1922	Ägypten wird formal unabhängig.
1922	Die Türkische Nationalversammlung schafft das Sultanat ab.
1923	Friedensvertrag von Lausanne
1924	Die Türkische Nationalversammlung schafft das Kalifat ab
1924	Ibn Saud erobert den Hijaz mit den Heiligen Stätten von Mekka und Medina.
1925	Großer Aufstand in Syrien
1928	Hasan al-Banna gründet die Muslimbruderschaft.
1936–1939	Arabischer Aufstand in Palästina
1945	Gründung der Arabischen Liga
1948	Proklamation des Staates Israel, 1948–1949 Erster arabisch-israelischer Krieg
1949	Erster Militärputsch in Syrien

1951–1953	Versuch des iranischen Ministerpräsidenten Mohammed Mossadegh, die iranische Ölindustrie zu verstaatlichen, Sturz Mossadeghs durch westliche Geheimdienste
1952	Putsch der Freien Offiziere in Ägypten. 1953 Abschaffung der Monarchie, ab 1954 steht Jamal Abd an-Nasir (Nasser) an der Spitze des Revolutionären Kommandorates.
1956	Nasser verstaatlicht den Suezkanal. Suezkrieg: Koordinierter Angriff von Frankreich, Großbritannien und Israel auf Ägypten
1958	Blutiger Umsturz im Irak
1967	Juni- oder Sechs-Tage-Krieg
1969	Offiziersputsch in Libyen unter Muhammad al-Qaddafi
1970	Hafiz al-Asad ergreift die Macht in Syrien, Herrschaft der Baath-Partei
1973	Oktober- oder Yom-Kippur-Krieg; 1973–1974 Ölembargo der Organisation erdölexportierender Länder
1975–1990	Libanesischer Bürgerkrieg
1978	Besetzung der Großen Moschee in Mekka durch eine Gruppe um Juhaiman al-ʿUtaibi
1978–1979	Iranische Revolution, Sturz von Mohammed Reza Schah (reg. seit 1941), Rückkehr von Ayatollah Khomeini, Gründung der Islamischen Republik Iran
1978	Reise des ägyptischen Präsidenten Anwar as-Sadat nach Jerusalem. 1979 Friedensvertrag von Camp David
1979	Sowjetische Invasion in Afghanistan
1980–1988	Irakisch-iranischer Krieg
1981	Ermordung des ägyptischen Präsidenten Sadat durch die islamistische Organisation al-Jihad

1990	Irakische Invasion in Kuwait; beendet durch die Operation Desert Storm
1992	Algerische Armee putscht, um Wahlsieg der Islamischen Heilsfront zu verhindern; Beginn des algerischen Bürgerkriegs, der um 2000 beendet wird
2001	Mitglieder von al-Qaʿida zerstören das World Trade Center in New York (11. September).
2003	US-amerikanische und britische Truppen marschieren im Irak ein, Sturz des Regimes von Saddam Husain
2010/11	Arabellion (»Arabischer Frühling«) demokratische Aufstände in verschiedenen arabischen Staaten

Personen- und Ortsregister

David Abulafia
Das Mittelmeer
Eine Biographie
Aus dem Englischen von Michael Bischoff
960 Seiten. Gebunden

Über seine Wasser fuhren Kaufleute, Pilger, Krieger und
Seeräuber. An seinen Küsten siedelten sich die unterschiedlichsten Kulturen an. Seit über 3 000 Jahren ist das Mittelmeer
eines der großen Zentren unserer Zivilisation. Der große
britische Historiker David Abulafia erzählt brillant die Geschichte des »Mare Nostrum«, unseres Meeres, wie die Römer
es nannten: von der Errichtung der ersten, geheimnisvollen
Tempel auf Malta bis zum heutigen Massentourismus an
seinen Stränden. Farbig lässt er die großen Hafenstädte –
Alexandria, Saloniki, Triest, Konstantinopel, Marseille – wie-
derauferstehen.

Wir erfahren von der Entstehung und Zerstörung ganzer
Reiche, von Irrfahrten, Schrecken, Kriegen und Tragödien –
und wir lernen die kulturelle, religiöse und sprachliche Vielfalt entlang der Küsten dieses faszinierenden Meeres kennen.
Ein beeindruckendes, fulminantes Werk.

»Diese bemerkenswerte Studie – Gelehrsamkeit verbunden
mit Humor und einem besonderen Sinn für ungewöhnliche
Details – feiert die einzigartige Beziehung zwischen Mensch
und Natur entlang der mediterranen Küsten.«
The Sunday Telegraph

Das gesamte Programm gibt es unter
www.fischerverlage.de

fi 1-000904 / 1

Neue Fischer Weltgeschichte

bereits erschienen:

www.fischerverlage.de

Neue Fischer Weltgeschichte

in Planung:

Band 1
Vorderasien und Ägypten im Altertum

Band 2
Die Mittelmeerwelt in der Antike

Band 4
Europa in Hoch- und Spätmittelalter

Band 6
Europa im 19. Jahrhundert

Band 7
Europa im 20. Jahrhundert

Band 8
Vorderasien und Nordafrika vom 7. bis zum 15. Jahrhundert

Band 12
Südostasien

Band 14
Ostasien ab ca. 1800

Band 15
Australien, Neuseeland, Ozeanien

Band 17
Süd- und Mittelamerika ab ca. 1500

Band 18
Nordamerika ab ca. 1500

Band 20
Afrika ab ca. 1850

Band 21
Die großen Themen der Weltgeschichte

www.fischerverlage.de